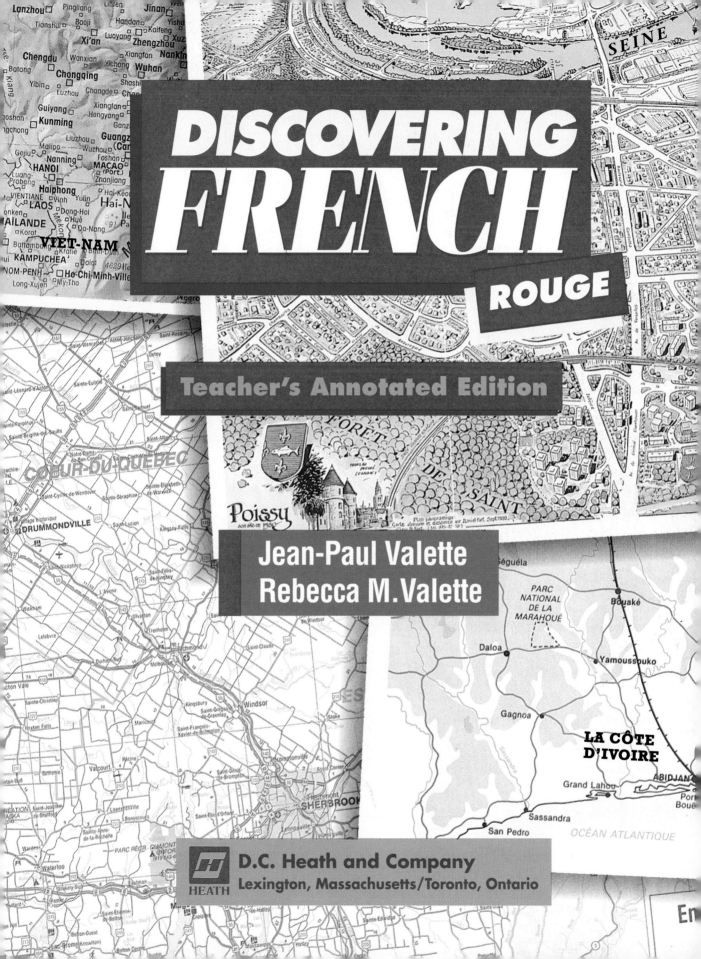

DISCOVERING FRENCH

ROUGE

Teacher's Annotated Edition

**Jean-Paul Valette
Rebecca M. Valette**

D.C. Heath and Company
Lexington, Massachusetts/Toronto, Ontario

Dedication

This book is dedicated to Caroline, Pierre, Zoé, and Esmé in the hope that they will grow to understand and appreciate their French heritage.

Director, Modern Languages
Roger D. Coulombe

Managing Editor
Gail G. Smith

Project Editor
Jeanine A. Caunt

D.C. Heath National Modern Language Marketing Manager
Karen Ralston

D.C. Heath National Modern Language Coordinator
Dr. Teresa Carrera-Hanley

D.C. Heath Modern Language Consultants
Daniel Battisti
Ines Lormand
A.-Lorena Richins Layser
Camille Weirsgalla

Design and Production
Series Designer: Christine Beckwith
Senior Designer: Pamela Daly
Design Staff: Caroline Bowden, Dan Derdula, Greg Johnson, Diana Maloney, Kathy Meisl, Michele Locatelli
Art Editor: Carolyn Langley
Photography Coordinator: Carmen Johnson
Photo Research: Carole Frohlich, Jennifer Carnevale, Linda Finigan, Martha Friedman
Design Section Head, Modern Languages: Victor Curran
Production: Sandra Easton, *Production Section Head;* Karen Hyneman, *Production Coordinator;* Grace Talusan, *Production Assistant*
Text Permissions Editor: Dorothy B. McLeod
Cover: Photographs of students by Nancy Sheehan, © D.C. Heath. Model coordinator, Shawna Johnston.

Published simultaneously in Canada.

Printed in the United States of America.

International Standard Book Number 0–669–43529–5

1 2 3 4 5 6 7 8 9 10 —VHP— 01 00 99 98 97 96

Contents

A Word from the Authors

Dear French teachers and friends,

We would like to welcome you and your students to the third level of our **DISCOVERING FRENCH** series. Although this book is the last volume of the **BLEU**, **BLANC**, **ROUGE** trilogy, we hope that it will not mark the end of your students' French studies, but rather that it will further stimulate their interest in French and the culture of the French-speaking world. We would hope they would be eager to continue beyond this level, whether in high school or in college.

As we were planning the development of **F ROUGE**, we wanted to construct a book which would reflect the style and manner in which most French Level Three courses are generally taught. At this level, the teaching of French is no longer linear, and teachers have great flexibility in choosing the material they want to present and the skills they want to emphasize. What teachers told us they wanted in a text was a classroom instrument that could be used as a base for further expansion in the directions of their choice, whether this be communication, vocabulary building, cultural awareness, reading or grammar. Our aim was, therefore, to create a book that would give the teacher a maximum of flexibility by offering different strands to build upon: vocabulary, language, daily-life culture as well as French and francophone civilization.

While the units of **F ROUGE** follow a logical progression in terms of increasing complexity, the book need not necessarily be presented in a linear manner, beginning with the first page and continuing sequentially to the last page. Rather, each teacher is encouraged to establish a Level Three curriculum on the basis of the skills or outcomes to be emphasized in the course of instruction. The course can then be programmed in such a way as to best meet these objectives. Perhaps this will mean concentrating on certain sections and skipping others. Occasionally one may want to refer ahead or go back to specific information that is presented in other parts of the book. A teacher who wants to stress oral communication in daily-life situations may wish, for example, to concentrate primarily on the *Français pratique* sections. Another teacher, interested primarily in culture, may allocate much more classroom time to the *Interludes culturels*. Still another teacher, preferring to focus on control of structure and building the reading skill, will spend more time with the *Langue et Communication* sections and the *Lectures,* and will refer as needed to the information contained in the *Interludes culturels* to elucidate specific points of French and francophone cultural background. Again, the key word to success is FLEXIBIILTY.

Another important point that we would like to mention is that **F** ROUGE is not simply a book but an integrated program with a variety of components that can be further complemented with other materials familiar to teachers: readers, films, recordings, etc. While the text itself emphasizes primarily communication and reading skills, many of its activities are focussed on developing the listening and writing skills. The **Cahier d'activités** reinforces both the reading and writing skills. This is where students will find ample opportunity to review and practice the structures presented in the text. To develop the listening skill, there is the Cassette Program. In addition, we highly recommend the classroom use of authentic French films. To this effect, we have selected three movies which are particularly appropriate for their general appeal as well as for their very different cultural content. These three movies, **Cyrano**, **Rue Case-Nègres**, and **Au revoir**, **les Enfants**, are fully described in the *Interludes culturels*.

As our series **F** BLEU, BLANC, ROUGE is now complete, we find ourselves looking back over the five years of intensive work that have gone into its preparation, and to the joy (and occasional frustration) that we have experienced in the process. In particular, we recall the pleasure of working with so many of you across the country, listening to your suggestions, and being prodded on by your words of encouragement. However, our biggest reward lies ahead, for we hope that teachers and students alike will enjoy using the series, and through it will come to a greater love and appreciation of the French language and the beauties of the French-speaking world!

Bon courage à tous!

Jean-Paul Valette   Rebecca M. Valette

Acknowledgements

We would like to thank the many teachers across the country who have responded to surveys and sent suggestions for this new program. In particular, we would like to thank the following people who participated in the development process and provided guidance and encouragement:

Susan Arandjelovic, *Dobson High School, Mesa, AZ*

Pat Barr-Harrison, *Prince George's County Public Schools, Landover, MD*

Beth Bossong, *Vestal High School, Vestal, NY*

Celeste Carr, *Howard County Public Schools, Ellicott City, MD*

Linda Crecca, *Hampton Bays Junior/Senior High School, Hampton Bays, NY*

Kay Dagg, *Washburn Rural High School, Topeka, KS*

Dorothy Davis, *Royal High School, Simi Valley, CA*

Deborah DeMelfi, *Central Columbia High School, Bloomsburg, PA*

Janice Dowd, *Teaneck High School, Teaneck, NJ*

Christiane Fabricant, *The Winsor School, Boston, MA*

Susan Fritz, *Reading Memorial High School, Reading, MA*

Susan Hennessey, *Reading Memorial High School, Reading, MA*

Mary Sue Hoffman, *Upper Moreland High School, Willow Grove, PA*

Barbara Holohan, *Princeton High School, Princeton, NJ*

Lula Lewis, *Hyde Park Academy, Chicago, IL*

Virginia Mayer, *Padua Academy, Wilmington, DE*

Patricia McCann , *Lincoln-Sudbury High School, Sudbury, MA*

William Price, *Day Junior High School, Newton, MA*

T. Jeffrey Richards, *Roosevelt High School, Sioux Falls, SD*

Virginia Rossy, *Simi Valley High School, Simi Valley, C*

Dr. Judith Smith, *Baltimore, MD*

Kathy Withington, *McCluer Senior High School, Florissant, MO*

We would also like to thank the following persons for helping us acquire a better insight into their area of the French-speaking world:

Thierry Gustave, *Martinique*

Kouadio Konan, *Ivory Coast*

Yasmina Hacien-Bey, *Algeria*

Ourida Mostefai, *Algeria*

Introducing DISCOVERING FRENCH-ROUGE

F ROUGE immerses students in authentic cultural contexts and language designed to develop and expand effective communication in French.

F ROUGE is a flexible, integrated skills approach to Level Three. It provides extensive reading opportunities; varied writing practice; continuing thematic vocabulary and language development; and a wide range of communication activities.

Key Objectives

- Build and reinforce active communication skills
- Develop reading skills and cultural awareness
- Build a strong linguistic base

What are the Key Features of **F** ROUGE?

 Global awareness developed through presentation of the culture of France and the French-speaking world

 Emphasis on **daily life themes**

 Abundant use of **authentic realia** and illustrative material in support of the text

 Introduction to literature through short stories, poems, and brief introductions to important works by French and francophone authors

 A strong **reading strand** that includes reading for pleasure, reading for content and reading fiction

 Abundant **writing practice** in a variety of formats

 A **flexible program** that allows teachers to teach according to their own style and objectives

 Content-based student-centered activities offer personalization and self-expression in French

 Cooperative practice and cooperative learning activities

 Cyclical re-entry and review to assure student success in acquiring solid communication skills

 Critical thinking encouraged in discussion of cultural issues and research topics

Organization of DISCOVERING FRENCH–ROUGE

The Student Text contains
- brief review section, **Reprise**
- ten basic units
- ten cultural sections, **Interludes culturels**

Reprise

F ROUGE begins with a short review of basic communicative structures. Students have the opportunity to identify their own strong and weak points, and design their own individualized review.

The Basic Units

The ten units of the text introduce expanded thematic vocabulary and more complex language functions.

Info Magazine Consists of flexible reading sections that introduce and expand the unit theme in a magazine format. The personalized style reflects the viewpoints, attitudes, and accomplishments of young people. Articles and short interviews are illustrated with authentic realia materials, photos and art.

Le Français pratique Presents and activates conversational patterns and useful vocabulary. Students actively participate in a wide variety of oral and written activities for communication practice and self-expression on daily-life topics.

Langue et communication Presents and activates the linguistic goals for each section with a focus on functional language use.

Lecture Offers a short story or fictional piece accompanied by a variety of pre-reading and post-reading activities.

Interludes culturels These cultural interludes provide basic information on the culture, history, art and literature of France and other parts of the French-speaking world: North Africa, West Africa, the Antilles, and North America.

F ROUGE Teacher's Annotated Edition

The following icons are used throughout the Teacher's Edition to indicate ancillary keying and cultural expansions:

 Practice Activities Workbook

 Cassette Program

 Assessment Program

N1 **Answer Key/Teaching Notes**

 Culture Notes
(Pages T52–T57)

Organization of a Unit

Each unit has a main theme which is developed across its different sections. A unit consists of two (and sometimes three) parts, each introduced by an **Info Magazine** section. Each part of a unit consists of two integrated sections: **Le Français pratique** and **Langue et communication**. The unit ends with a **Lecture**. Units are linked to each other with an **Interlude Culturel**.

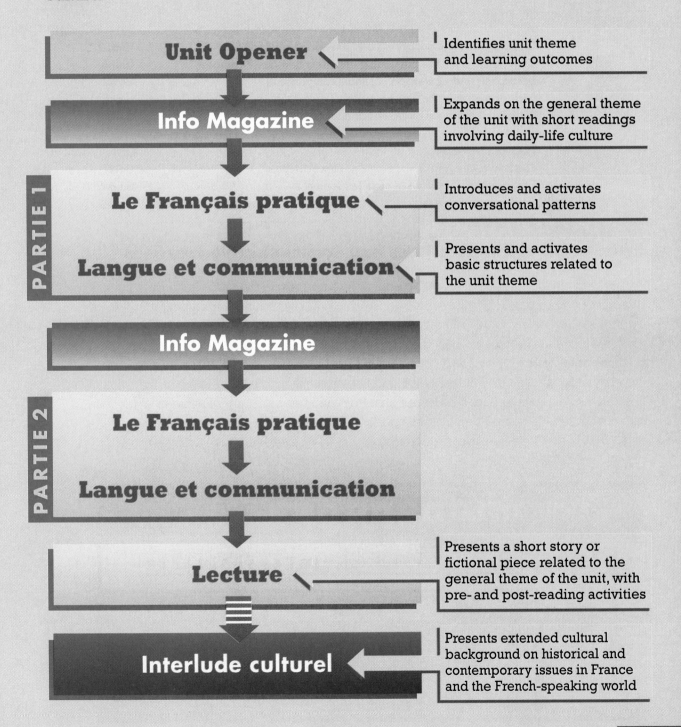

Unit Opener — Identifies unit theme and learning outcomes

Info Magazine — Expands on the general theme of the unit with short readings involving daily-life culture

PARTIE 1

Le Français pratique — Introduces and activates conversational patterns

Langue et communication — Presents and activates basic structures related to the unit theme

Info Magazine

PARTIE 2

Le Français pratique

Langue et communication

Lecture — Presents a short story or fictional piece related to the general theme of the unit, with pre- and post-reading activities

Interlude culturel — Presents extended cultural background on historical and contemporary issues in France and the French-speaking world

Articulation with DISCOVERING FRENCH

DISCOVERING FRENCH is a carefully articulated three-level sequence of French instruction. Each level has its own special focus:

BLEU	Rudimentary communication with learned phrases Simple questions and answers: present tense Introduction to past narration	Level A (1-3) Level B (4-7) Level C (8-9)
BLANC	Creative conversation: asking and answering questions Basic narration in the past, using imperfect and passé composé Description and expression of simple comparisons Basic narration in the future Expression of simple conditions and wishes	Units 1-5 Unit 6 Unit 7 Unit 8 Units 8-9
ROUGE	Extended conversations: all tenses Past and future narration using complex sentences Expression of conditions in complex sentences Expression of emotions, wishes and hypotheses in complex sentences	Units 1, 4, 6, 10 Units 1, 3, 8 Units 5, 8 Units 2, 7, 9

Articulation of Key Structures and Communicative Functions

Whereas **F BLEU** and **F BLANC** follow a rather linear progression typical of Level One and Two programs, **F ROUGE** is organized in a more modular manner with cyclical reentry of key structures and communicative functions.

The following charts show how the three programs are articulated. Note that because of the careful review and recycling of material from one level to the next it is easy at Levels Two and Three to accomodate students who either have not finished the previous level or who have come from another program. Moreover, for accelerated classes with motivated students who have completed all nine units of **F BLEU** (Level One), it is possible to skip **F BLANC** (Level Two) and to move directly into **F ROUGE** (Level Three).

FUNCTION	**BLEU**	**BLANC**	**ROUGE**
Greeting people and socializing	Niveau A: Units 1, 2, 3	Reprise: Rappel 1	—
Talking about the present Asking and answering questions Describing people, places and things Describing future plans (Simple description)	Niveau B: Units 4, 5, 6, 7	Reprise: Rappels 2, 3; Unit 1	Reprise A
Narrating past events (Simple narration)	Niveau C: Unit 8	Unit 2	Reprise B
Discussing daily routines (Simple narration)	—	Unit 5	Unit 1
Describing people, places, things (Extended description)	Niveau C: Unit 9	Units 3, 4, 5	Reprise C Units 2, 4
Describing past conditions and narrating past events (Extended narration)	—	Unit 6	Reprise B Units 3, 7
Comparing and discussing people, things and actions (Complex description)	—	Unit 7	Units 6, 9
Discussing future events (Extended narration)	—	Unit 8	Unit 5, 8
Discussing hypothetical conditions and events (Complex discussion)	—	Unit 8	Units 5, 8
Expressing wishes and obligations (Direct statements)	—	Unit 9	Unit 2
Expressing doubts and emotions (Complex discussion)	—	—	Unit 7
Expressing cause and purpose (Complex discussion)	—	—	Unit 10

Articulation of Themes and Contexts

The presentation of communication themes and contexts across the **DISCOVERING FRENCH** program follows a pattern of cyclical reentry and expansion. This articulation technique can best be presented by following a single theme, such as weather, across the three levels.

BLEU	Basic expressions (Unit 3)	*Il fait beau.*
BLANC	Basic expressions (Reprise) Past narration (Unit 6) Future narration (Unit 7)	*Il fait beau.* *Il neigeait souvent en hiver.* *Il fera beau demain.*
ROUGE	Past narration (Reprise) Extended vocabulary (Unit 3) Future statements (Unit 5) Feelings, wishes and doubts (Units 2, 7, 10)	*Il ne faisait pas beau.* *Le ciel est couvert.* *Quand il fera beau, nous irons à la plage.* *Je voudrais qu'il fasse beau demain.*

The articulation of basic communication themes and topics is shown in the chart below. (Only the major entry and reentry points are shown. These themes and topics are recycled throughout the program in the various exercises, readings and communication activities.)

THEMES AND TOPICS	▶F BLEU	▶F BLANC	▶F ROUGE
Greeting and meeting people	Niveau A: Unit 1	Reprise: Rappel 1	—
Time and weather	Niveau A: Unit 3	Reprise: Rappel 1	Unit 3
Family and friends; Family relationships	Niveau A: Unit 2	Unit 1	Reprise A Unit 9
Food and restaurants	Niveau A: Unit 3 Niveau C: Unit 9	Units 1, 3	Reprise A
Money and shopping	Niveau A, Unit 3	Reprise: Rappel 2	Reprise B Unit 4
School and education	Niveau A: À l'école	Reprise: Faisons Connaissance	Unit 10
Daily activities	Niveau B, Unit 4	Reprise: Rappel 3	Reprise A
Getting around the city	Niveau B: Unit 4 Niveau B: Unit 6	Unit 2	Unit 8
Describing oneself	Niveau B: Unit 5	Units 1, 7	Unit 1
Home and furnishings	Niveau B: Unit 5 Niveau B: Unit 6	Unit 6	Unit 6
Possessions and their description	Niveau B: Unit 5	Reprise: Rappel 2 Unit 2	Reprise A Unit 2
Sports, fitness, daily routine	Niveau B: Unit 6	Units 5, 8	Unit 1
Medical and dental care	—	Unit 5	Unit 7
Clothing and personal appearance	Niveau B: Unit 7	Unit 7	Reprise A Unit 4
Leisure activities, music, and entertainment	Niveau C: Unit 8	Unit 4	Interlude 4
Vacation and travel	Niveau C: Unit 8	Unit 8	Reprise B; Unit 3
Transportation	Niveau C: Unit 8	Units 8, 9	Unit 5
Jobs and professions	—	Unit 1	Units 2, 10
Helping around the house	—	Unit 2	Unit 2
Nature and the environment	—	Unit 2	Unit 3
Services and repairs	—	—	Unit 4
Hotel accomodations	—	—	Unit 6

Scope and Sequence

The following charts present the scope and sequence of �F ROUGE according to the two main objectives of the student text:

- development and reinforcement of the communication skills
- development of the reading skill and of cultural awareness

Reprise

OBJECTIVE Light Review of Basic Material (from Levels One and Two)

	BASIC REVIEW
	Structures
A. La vie courante	■ *Describing the present* • Present of regular verbs • **Être, avoir, aller, faire, venir** and expressions used with these verbs • Other common irregular verbs • Use of present with **depuis** • Regular and irregular adjectives • Use of the partitive article
B. Hier et avant	■ *Describing the past* • Passé composé with **avoir** and **être** • Imperfect and its basic uses
C. Nous et les autres	■ *Referring to people, things, and places* • Object pronouns • Negative expression • **Connaître** and **savoir** • Other irregular verbs

BASIC REVIEW

Vocabulary

- Daily Activities
- Food and beverages

- Clothes

CULTURE AND READING

Vacation options: travel, sports, archeology, helping others

The French-speaking world:
   Its people

The French-speaking world:
   Cultural background

Lecture:
   Les trois bagues

Unité 1 Au jour le jour

MAIN THEME Looking good; one's daily routine

COMMUNICATION OBJECTIVES

COMMUNICATION FUNCTIONS AND CONTEXTS *(Le Français pratique)*	LINGUISTIC GOALS *(Langue et communication)*
■ *Describing people* • their physical appearance ■ *Caring for one's appearance* • personal care and hygiene • looking good ■ *Describing the various aspects of one's daily routine* ■ *Expressing how one feels and inquiring about other people*	■ *Describing people and their ailments* • the use of the definite article ■ *Describing what people do for themselves* • reflexive verbs ■ *Explaining one's daily activities* • reflexive verbs: different tenses and uses

Unité 2 Soyons utiles!

MAIN THEME Being helpful around the house

COMMUNICATION OBJECTIVES

COMMUNICATION FUNCTIONS AND CONTEXTS *(Le Français pratique)*	LINGUISTIC GOALS *(Langue et communication)*
■ *Helping around the house* • in the house itself • outside ■ *Asking for help and offering to help* • accepting or refusing help • thanking people for their help ■ *Describing an object* • shape, weight, length, consistency, appearance, etc. • the material it is made of	■ *Explaining what has to be done* • **il faut que** + subjunctive ■ *Telling people what you would like them to do* • **vouloir que** + subjunctive

READING AND CULTURAL OBJECTIVES

DAILY LIFE (Info Magazine)	READING (Lecture)

■ *How important is personal appearance for French young people and what they do to enhance it*
  • the importance of *le look*
  • clothing and personal style
■ *How artists have expressed their concept of beauty*
■ *How people begin their daily routine*
	Ionesco, *Conte pour enfants de moins de trois ans*

INTERLUDE CULTUREL 1
Le monde des arts

GENERAL CULTURAL BACKGROUND

French modern art
- **Impressionism** and impressionist artists: **Monet, Degas, Renoir, Manet, B. Morisot**
- Artists of the **post-impressionist** era: **Van Gogh, Gauguin, Matisse, Rousseau, Toulouse-Lautrec**
- **Surrealism** as an artistic and literary movement: **Magritte**

Poems
- **Desnos**, *La fourmi*
- **Prévert**, *Pour faire le portrait d'un oiseau*

READING AND CULTURAL OBJECTIVES

DAILY LIFE (Info Magazine)	READING (Lecture)

■ *Why do French people enjoy do-it-yourself activities?*
  • What is **bricolage**?
  • What is **jardinage**?
■ *How should you take care of your plants?*
■ *How do French young people earn money by helping their neighbors?*
	La Couverture (Une fable médiévale)

INTERLUDE CULTUREL 2
Les grands moments de l'histoire français (jusqu'en 1453)

GENERAL CULTURAL BACKGROUND

Early French history
- Important events
The Roman conquest
The Holy Roman Empire
The Norman Conquest of England
The Hundred Years War
- Important people
Vercingétorix
Charlemagne
Guillaume le Conquérant
Aliénor d'Aquitaine
Jeanne d'Arc

Literature:
La Chanson de Roland

Unité 3 Vive la nature!

MAIN THEMES Vacation and outdoor activities; the environment and its protection

COMMUNICATION OBJECTIVES

COMMUNICATION FUNCTIONS AND CONTEXTS
(Le Français pratique)

- ■ *Talking about outdoor activities*
  - what to do
  - what not to do
- ■ *Describing the natural environment and how to protect it*
- ■ *Talking about the weather and natural phenomena*
- ■ *Relating a sequence of past events*
- ■ *Describing habitual past actions*

LINGUISTIC GOALS
(Langue et communication)

- ■ *Talking about the past*
  - the passé composé
  - the imperfect
  - the passé simple
  - contrastive uses of the passé composé and the imperfect
- ■ *Narrating past events*
  - differentiating between specific actions (passé composé) and the circumstances under which they occurred (imperfect)
  - providing background information (imperfect)

Unité 4 Aspects de la vie quotidienne

MAIN THEME Going shopping and asking for services

COMMUNICATION OBJECTIVES

COMMUNICATION FUNCTIONS AND CONTEXTS
(Le Français pratique)

- ■ *Shopping for various items*
  - in a stationery store
  - in a pharmacy
  - in a convenience store
- ■ *Buying stamps and mailing items at the post office*
- ■ *Having one's hair cut*
- ■ *Asking for a variety of services*
  - at the cleaners
  - at the shoe repair shop
  - at the photo shop

LINGUISTIC GOALS
(Langue et communication)

- ■ *Answering questions and referring to people, things, and places using pronouns*
  - object pronouns
  - two-pronoun sequence
- ■ *Talking about quantities*
  - the pronoun **en**
  - indefinite expressions of quantity
- ■ *Describing services that you have done by other people*
  - the construction **faire** + infinitive

Unité 5 Bon voyage!

MAIN THEME Travel

COMMUNICATION OBJECTIVES

COMMUNICATION FUNCTIONS AND CONTEXTS *(Le Français pratique)*	**LINGUISTIC GOALS** *(Langue et communication)*

■ *Planning a trip abroad*
■ *Going through customs*
■ *Making travel arrangements*
  • Purchasing tickets
■ *Travel in France*
  • At the train station
  • At the airport
	■ *Making negative statements*
	  • Affirmative and negative expressions
	■ *Describing future plans*
	  • Future tense
	  • Use of future after **quand**
	■ *Hypothesizing about what one would do*
	  • Introduction to the conditional

Unité 6 Séjour en France

MAIN THEME Hotels and other places to stay when travelling

COMMUNICATION OBJECTIVES

COMMUNICATION FUNCTIONS AND CONTEXTS *(Le Français pratique)*	**LINGUISTIC GOALS** *(Langue et communication)*

■ *Deciding where to stay when traveling*
■ *Reserving a room in a hotel*
■ *Asking for services in a hotel*
	■ *Comparing people, things, places and situations*
	  • The comparative
	  • The superlative
	■ *Asking for an alternative*
	  • The interrogative pronoun **lequel**?
	■ *Pointing out people or things*
	  • The demonstrative pronoun **celui**
	■ *Indicating possession*
	  • The possessive pronoun **le mien**

READING AND CULTURAL OBJECTIVES

DAILY LIFE (Info Magazine)	READING (Lecture)
■ *What are the advantages of visiting France by train?* • the **TGV** • the **Eurotunnel** ■ *Why do French people like to travel abroad and what do they do on their vacations?* • Impressions of young people visiting the United States	*Le mystérieux homme en bleu*

INTERLUDE CULTUREL 5
Les grands moments de l'histoire de France (1715–1870)

GENERAL CULTURAL BACKGROUND

The historical foundation of modern France
- Important periods
  the **French Revolution**,
  the **Napoleonic era**,
  important contemporary French institutions
- Important people
  Louis XVI et Marie-Antoinette, Napoléon

Song:
  Rouget de Lisle, *La Marseillaise*

Literature:
  Victor Hugo, *Les Misérables*

READING AND CULTURAL OBJECTIVES

DAILY LIFE (Info Magazine)	READING (Lecture)
■ *What inexpensive accomodations are available to students* • **Auberges de la jeunesse** • **Séjour à la ferme** ■ *How to use the Guide Michelin when traveling in France* • to find a hotel • to choose a restaurant	*Une étrange aventure*

INTERLUDE CULTUREL 6
Les grands moments de l'histoire de France (1870 au présent)

GENERAL CULTURAL BACKGROUND

France in the 20th century
- Important events
  the two World Wars,
  the economic union of Europe
- Important people
  Marie Curie
  Charles de Gaulle
  Simone Veil

Literature
  Éluard, *Liberté*

Film
  L. Malle, *Au revoir, les Enfants*

Unité 7 La forme et la santé

MAIN THEMES Health and medical care

COMMUNICATION OBJECTIVES

COMMUNICATION FUNCTIONS AND CONTEXTS (*Le Français pratique*)	LINGUISTIC GOALS (*Langue et communication*)
■ *Going to the doctor's office* • Describing your symptoms • Explaining what is wrong • Giving information about your medical history • Understanding the doctor's prescriptions ■ *Going to the dentist* ■ *Going to the emergency ward*	■ *Expressing how you and others feel about certain facts or events* • Use of the subjunctive after expressions of emotion ■ *Expressing fear, doubt or disbelief* • Use of the subjunctive after expressions of doubt and uncertainty ■ *Expressing feelings or attitudes about past actions and events* • The past subjunctive

Unité 8 En ville

MAIN THEME Cities and city life

COMMUNICATION OBJECTIVES

COMMUNICATION FUNCTIONS AND CONTEXTS (*Le Français pratique*)	LINGUISTIC GOALS (*Langue et communication*)
■ *Making a date and fixing the time and place* ■ *Explaining where one lives and how to get there* ■ *Discussing the advantages and disadvantages of city life*	■ *Narrating past actions in sequence* • The pluperfect ■ *Formulating polite requests* • The conditional ■ *Hypothesizing about what one would do under certain circumstances* • The conditional and its uses • The past conditional • Sequence of tenses in **si**-clauses

READING AND CULTURAL OBJECTIVES

DAILY LIFE (Info Magazine)	READING (Lecture)
■ **How the French take care of their health** • How does the French health system work? • What is the **Sécurité sociale**? • Why do the French consume so much mineral water? • What is **thermalisme**? ■ **How French doctors participate in humanitarian missions around the world** • What is **Médecins sans frontières**? • Who is **Dr. Kouchner**?	**Maupassant,** *En voyage*

INTERLUDE CULTUREL 7
Les Français d'aujourd'hui

GENERAL CULTURAL BACKGROUND

Modern France as a multi-ethnic and multi-cultural society
- The French as citizens of Europe
- The new French mosaic: the impact of immigration on French society
- The **Maghrébins** — their culture and their religion
- **SOS Racisme**
- Two French humanitarians: **Abbé Pierre** and **Coluche**

Song:
   Éthiopie

READING AND CULTURAL OBJECTIVES

DAILY LIFE (Info Magazine)	READING (Lecture)
■ **What a typical French city looks like** • its historical development • its various neighborhoods • its buildings • the **villes nouvelles** ■ **Why French people love to stroll in the streets** • various street shows • sculpture to view while walking in Paris	**Theuriet,** *Les Pêches*

INTERLUDE CULTUREL 8
Les Antilles francophones

GENERAL CULTURAL BACKGROUND

The French-speaking Carribean islands
- Historical background
- Important people
   Toussaint Louverture
   Joséphine de Beauharnais
   Aimé Césaire
- Haitian art as an expression of life

Literature:
   Césaire, *Pour saluer le
      Tiers-Monde*

Film:
   Palcy: *Rue Cases-nègres*

Unité 9 Les relations personnelles

MAIN THEME Personal relationships, friendships, and family life

COMMUNICATION OBJECTIVES

COMMUNICATION FUNCTIONS AND CONTEXTS
(Le Français pratique)

- **Describing degrees of friendship**
- **Expressing different feelings towards other people**
- **Discussing the state of one's relationship with other people**
- **Congratulating, comforting and expressing sympathy for other people**
- **Describing the various phases of a person's life**

LINGUISTIC GOALS
(Langue et communication)

- **Describing how people interact**
  - Reciprocal use of reflexive verbs
- **Describing people and things in complex sentences**
  - Relative pronouns
  - Relative clauses

Unité 10 Vers la vie active

MAIN THEME University studies and careers

COMMUNICATION OBJECTIVES

COMMUNICATION FUNCTIONS AND CONTEXTS
(Le Français pratique)

- **Deciding on a college major**
  - University courses
- **Planning for a career**
  - Professions
  - The work environment
  - Different types of industries
- **Looking for a job**
  - Preparing a résumé
  - Describing one's qualifications at a job interview

LINGUISTIC GOALS
(Langue et communication)

- **Describing simultaneous actions**
  - The present participle
- **Explaining the purpose of an action**
  - **Pour** + infinitive
  - **Pour que** + subjunctive
- **Explaining the timing, conditions and constraints of an action**
  - The use of the infinitive or the subjunctive after certain prepositions and conjunctions

READING AND CULTURAL OBJECTIVES

DAILY LIFE (Info Magazine)	READING (Lecture)
■ *How important are friends and family to French people* • the meaning of friendship • family relationships ■ *How socially concerned are French young people and what type of social outreach do they do* ■ *What is a typical French wedding like* • Where French spouses meet one another • Planning the wedding • A French wedding ceremony	M. Maurois, *Le bracelet*

INTERLUDE CULTUREL 9
L'Afrique dans la communauté francophone

GENERAL CULTURAL BACKGROUND

The place of Western and Central Africa in the Francophone world
- Historical periods and events: prehistory, the **African empires**, colonization and independence
- Basic facts about Western Africa: the people
  their language and culture
  their religions and traditions
- **African art** and its influence on European art

African Fable:
  La Gelinotte et la Tortue

Literature:
  D. Diop, *Afrique*
  Dadié, *La légende baoulé*

READING AND CULTURAL OBJECTIVES

DAILY LIFE (Info Magazine)	READING (Lecture)
■ *How important is academic success to French young people* • The French school system: high schools and universities • **Le bac:** its history and its importance ■ *What to do after graduation* • Choosing a profession • **Le service militaire** ■ *Interviewing for a job* • How to prepare for the interview • How to write a résumé in French	Thériault, *Le Portrait*

INTERLUDE CULTUREL 10
La France et le Nouveau Monde

GENERAL CULTURAL BACKGROUND

The French presence in North America
- Historical background
  The French in Canada and Louisiana
- Important people
  Jacques Cartier, Jeanne Mance, Cavelier de La Salle
- Why certain American cities have French names

Song:
  Richard, *Réveille*

Literature:
  La Fayette, *Lettre à sa femme*

Teaching with DISCOVERING FRENCH-ROUGE

General Introduction

As the authors have emphasized in their opening letter, the key feature of **F ROUGE** is its flexibility. This flexibility derives from its modular construction, its four-skills options, its varied cultural content, and its cyclical reentry and expansion of vocabulary and structure. The key to success in teaching lies in using this flexibility to custom tailor the Level Three course in response to the needs of the students and the goals of the curriculum.

◆ Modular design

While **F ROUGE** consists of 10 units, these units do not necessarily have to be presented in sequence. For example, the subjunctive is first introduced in Unit 2. Teachers who prefer postponing the introduction of the subjunctive until later in the course, can skip from Unit 1 to Unit 3. This flexibility is possible because each unit is built around its own daily-life theme, and the vocabulary topics specific to that theme are reflected in the exercises and activities of that unit.

Similarly, the **Lecture** sections have been designed so that they may be read out of sequence, if so desired. The *Mots Utiles* contains the key vocabulary for a given story, and does not assume that the students have read all the preceding selections.

Most flexible are the **Interludes culturels**. These cultural reference and reading sections have been organized thematically and spread out between the basic units. A given **Interlude** can be introduced any time in the year, depending on the course objectives and the special interests of the teacher and the students.

◆ Four-skills options

F ROUGE provides teachers with the option of focussing on all four skills, or placing special emphasis on one or two specific areas, such as oral communication, reading comprehension, or written self-expression. Even within each category, there are numerous activities from which to pick and choose:

- Oral communication: getting along in France (**Le Français pratique**), discussing contemporary topics (**Info Magazine**), interpreting readings (**Lecture**), fictional role-play (**Lecture**)
- Reading comprehension: reading for pleasure (**Le Français pratique**), reading for information (**Interlude culturel**), reading fiction (**Lecture**)
- Written self-expression: writing letters, messages and guided paragraphs (**Le Français pratique, Langue et communication**), expressing opinions (**Info Magazine**), creative writing (**Lecture**)

◆ Varied cultural content

The cultural content of **F ROUGE** is rich enough to give the teacher a broad range of classroom options:

- contemporary daily-life culture
- the cultural background of the French-speaking world (France, North and West Africa, the Antilles, North America)
- an introduction to the arts: literature, film, painting, music
- a sampling of French fiction (short stories)

The Level Three program can emphasize one or two of the previous areas, or introduce all of them.

◆ Cyclical reentry and expansion of linguistic components

The primary linguistic goal of **F ROUGE** is to allow students to express themselves in increasingly more precise, and consequently more detailed language. At this stage, they are beginning to progress from sentence-level speech to paragraph-level speech. However, this move toward more complex language requires a firm linguistic base. Therefore, all essential structures are reentered several times throughout the program. Consider, for example, the function of narrating in the past: the *passé composé* and the *imperfect* are reviewed in the **Reprise**, entered again with reflexive verbs in Unit 1, consolidated in Unit 3 with the addition of the *passé simple*, and expanded upon in Unit 8 with sequential past narration using the *pluperfect*.

Setting Course Goals

Level Three teachers generally want to design their own curriculum rather than be constrained by the contents and organization of a given textbook. **F ROUGE** has been structured so that teachers can emphasize certain course outcomes and organize their teaching accordingly. Here are two simple guidelines:

◆ First, establish the main parameters of the course.

- Do you want to focus on practical language-use situations, such as travel abroad, shopping and hotel reservations (**Le Français pratique**)?
- Do you want to include specific daily-life concerns, such as interpersonal relationships or looking for a job (**Info Magazine**)?
- Do you want to emphasize certain linguistic structures or functions, such as extended narration in the past (**Langue et communication**)?
- Do you want to incorporate specific cultural or historical units, such as Black francophone areas of the world or the French Revolution (**Interludes culturels**)?
- Do you want to focus strongly on building reading skills and expanding vocabulary (**Lectures**)?
- Do you want to include additional writing activities (**Cahiers d'Activités**)?
- Do you want to combine elements from some or all the above, and if so in what combination?

◆ Second, use the Scope and Sequence charts to set up your course outline.

Once you have established your objectives, refer to the Scope and Sequence Charts (pages T14-T25) and select the material that best corresponds to these goals. Remember, **F ROUGE** does not have to be used in a strict linear manner. Feel free to pick and choose, go backward and forward, and use the textbook as a creative support for your teaching.

Teaching the Reprise Unit

The **Reprise** unit reviews some basic French structures with which students should be familiar at this level. It has been deliberately kept light and brief so as not to impede the students' progress towards the new and more significant material contained in the basic units of the text. At the same time, the **Reprise** gives students ample opportunity to brush up on the material they have forgotten over the summer. The language and corresponding activities are contextualized in a variety of formats that involve students in expressing preferences, making decisions, conversing on daily life-topics, and solving problems.

If additional review is necessary, students are referred to the charts presented in **Appendix A** (pages R2–R5) and to the corresponding practice activities in the **Cahier d'activités**.

SUGGESTED STRATEGIES

Depending on the general level of the students, the **Reprise** may be skipped entirely, used as a diagnostic tool, used for selective reviewing, or, if necessary, used for reteaching. While a minimum amount of time should be spent on this unit, the actual time devoted to it will depend on how intensively it is used. Preferably this time should not exceed two weeks.

- Since most of the material contained in the **Reprise** and **Appendix A** is quite basic, the advanced students may not need to review it. They should, however, be encouraged to review the imperfect (**Rappel 6** and **Appendix A**, page R5), since this structure appears in the readings before being reintroduced in Unit 3.

- When review is needed, it should be done selectively, with concentration on the areas with which the students are experiencing difficulty. Students can be asked to review the

corresponding Appendix material and to do the practice exercises in the **Cahier d'activités** on their own. In a class of students with different abilities, the students who do not need review should be encouraged to read ahead in the book. They could, for instance, select an **Interlude culturel** that interests them and browse through it.

- In cases where more in-depth review of specific structures is necessary, you may want to use selected videos from **F BLEU** and **F BLANC**.

> IMPORTANT NOTE concerning Rappel 6 *(review of the imperfect):* At the **Reprise** level, students should be able to recognize the imperfect tense. However, the class should not spend too much time on Rappel 6. In Unit 3, students will have the opportunity to review the forms and uses of the imperfect (and the passé composé) once more and will be given ample opportunity to use these tenses in narrating past events.

Rappel 8 Un garçon timide

Dans la classe, il y a une nouvelle élève. Elle s'appelle Catherine. Pierre la trouve sympathique, mais il est trop timide pour lui parler.

Je la trouve vraiment très sympa . . .

Qui est ce garçon? Pourquoi est-ce qu'il me regarde tout le temps?

Après la classe, Pierre et Catherine attendent le bus . . .

Je voudrais bien lui parler . . . Oui, mais qu'est-ce que je vais lui dire?

Pourquoi est-ce qu'il ne me parle pas?

Le lendemain après la classe.

Pierre, il y a un bon film au Rex. Est-ce que tu l'as vu?

Euh oui . . . je l'ai vu. C'est un film vraiment super!

Est-ce que tu veux le revoir avec moi ce soir?

Mais oui, avec plaisir.

Et maintenant, avec votre partenaire, imaginez la suite de l'histoire. Par exemple . . .

- Quand est-ce que Pierre et Catherine sont allés au cinéma?
- Qu'est-ce qu'il lui a dit?
- Qu'est-ce qu'elle lui a dit?
- Est-ce qu'ils ont eu d'autres rendez-vous?

Chez lui, Pierre pense toujours à Catherine. Il prend le guide et regarde le programme des films de la semaine.

Il y a un bon film ce soir. Je pense que Catherine aime le cinéma. Est-ce que je l'invite? Courage, je vais lui téléphoner!

Mais Pierre ne téléphone pas à Catherine.

Et si elle me dit qu'elle n'est pas libre . . . Bon . . . Je vais lui téléphoner samedi . . .

Pierre met sa veste et il va seul au cinéma.

RAPPEL!

To refer to people previously mentioned, use:

le / la / les		lui / leur	
Je regarde **Marc.**	Je **le** regarde.	Je téléphone **à Marc.**	Je **lui** téléphone.
Tu connais **Claire.**	Tu **la** connais.	Tu parles **à Claire.**	Tu **lui** parles.
J'invite **mes** amis.	Je **les** invite.	J'écris **à mes** amis.	Je **leur** écris.

- **le/la/les** may also refer to things.
  Je regarde **la photo.** Je **la** regarde.
- **le/la → l'** before a vowel sound
  Nous écoutons **le CD.** Nous **l'**écoutons.

Les compléments d'object direct et indirect
Révision ▶ p. R8-R9
Pratique ▶

REPRISE		BLEU Video	BLANC Video
Rappel 1	**avoir, aller être, venir** adjectives	Modules 19, 20	Unit 1
Rappel 2	present + **depuis; faire**	Modules 23, 28	Unit 1
Rappel 3	partitive; foods; **prendre**	Modules 33, 34, 35	Unit 3
Rappel 4	passé composé (**avoir**)	Modules 30, 31	Unit 2
Rappel 5	passé composé (**être**)	Module 32	Unit 2
Rappel 6	clothing imperfect	Modules 25, 26, 27	Unit 6
Rappel 7	**me, te, nous, vous connaître**	Module 36	Unit 4
Rappel 8	**le, la, les / lui, leur**	Module 36	Unit 4

If your school has these videos available, you will find that they provide a most effective way of bringing your students back into contact with the French language as spoken by today's young people.

- The **F BLEU** video modules each contain several independent scenes and a variety of language activities.
- The **F BLANC** videos are somewhat different in that each unit consists of three sequential modules with a continuous story-line. The language of the Level Two videos is more colloquial and the speakers have a somewhat faster rate of delivery.

Teaching the Basic Units: Info Magazine

Each basic unit contains two (and sometimes three) **Info Magazine** sections. These sections introduce, and occasionally recapitulate, the core material of the unit. As the name indicates, the **Info Magazines** provide information on the unit themes in an attractive magazine format.

- The first text of the **Info Magazine** section is the equivalent of a magazine lead article. It provides general information and background on a given aspect of French daily-life culture.

- The other texts treat a variety of subjects related to the central theme of the unit. They reflect the many formats generally found in popular French magazines: interviews, questionnaires, opinion polls, vignettes on prominent people, anecdotes, advice, etc.

- To stimulate interest, the **Info Magazines** are abundantly illustrated with photographs, realia, and cartoons.

The main purpose of the **Info Magazine** is to let the students discover the theme of the unit. The pedagogical aim of these sections is to encourage *reading for pleasure*. Just as one picks up a popular magazine in order to pass the time and to be entertained while keeping abreast of what is happening in the world, so the **Info Magazines** are intended to be accessible, enjoyable, and informative. Students are certainly not expected to "learn" the material they have read. Rather, it is hoped that this relaxed contact with authentic reading selections will help them pick up new vocabulary, particularly cognates, and develop a better feeling for the French language and how it is used.

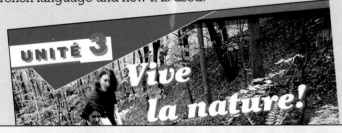

SUGGESTED STRATEGIES

A magazine is not designed to be read from cover to cover, nor is the **Info Magazine** intended to be presented sequentially or read in its entirety. Since the reading material is abundant and of varied levels of difficulty, teachers are encouraged to select those pieces that best correspond to their course objectives and the interests of their students. The selections may be read as introductions to the **Français pratique** sections which they precede, or they may skipped, or they may be read at a later point in the unit. Again, the key is flexibility.

◆ Learning to browse

Students can be invited to browse through an **Info Magazine** independently or with a partner. For example, the teacher might set a ten-minute time limit, and ask each person to jot down three interesting points, or make two critical comments, or write out a question for further class discussion.

La protection de la nature

Quand on aime la nature, il faut la protéger. À cet effet, le gouvernement français a créé des réserves naturelles et de grands parcs nationaux. Ces parcs sont situés principalement dans les zones de montagne (Alpes, Pyrénées, Massif Central). Là, tout est fait pour préserver la faune° et la flore° typiques de la région, en particulier les espèces en danger. Il est interdit de camper, de faire du feu,° de toucher à la végétation et de déranger° les animaux.

Évidemment, la protection de la nature n'est pas seulement l'affaire° du gouvernement. C'est l'affaire de tout le monde. Pour 80% des Français, l'environnement est «un problème immédiat et urgent.» Cette préoccupation explique sans doute le succès des partis° écologiques. Aux élections, les «écolos» ou les «verts» obtiennent généralement 10% ou 12% des voix. Ce n'est pas beaucoup, mais c'est assez pour avoir une action politique efficace. Cette action se porte° sur beaucoup de domaines: protection de l'environnement, lutte° contre la pollution, limitation et contrôle de l'énergie nucléaire, aide et subventions° pour le développement de l'énergie solaire. Si on veut préserver la qualité de la vie de demain, c'est aujourd'hui qu'il faut agir!°

Les éco-musées

Une autre forme de tourisme écologique consiste à visiter les «éco-musées». Le but de ces musées et de préserver la vie rurale d'autrefois quand la majorité des Français habitaient à la campagne. Ces musées sont souvent des reconstructions de fermes et de villages avec...
outils,° l...
qu'on u...

ECOMUSEE

Les sept commandements
du campeur

Pour protéger la terre et l'eau, restons simples...

Des idées pour mieux respirer

Chaque année, des millions de Français font du camping. Si vous venez un jour en France, vous aurez peut-être l'occasion d'en faire aussi. Voici quelques consignes° à observer.

1. Respectez les règlements.°
En France le camping est en principe libre° sur le territoire public ... sauf° là où il est interdit. Le camping est interdit sur les plages de mer, dans les réserves naturelles, près des points d'eau utilisés pour la consommation, près des monuments historiques. Et si vous campez sur un terrain privé, n'oubliez pas de demander l'autorisation au propriétaire.°

2. Faites attention au feu.°
L'incendie est la plus grande menace qui existe pour la

3. Préservez l'environnement.
La nature est fragile et a besoin de notre protection. Alors, préservez la végétation au lieu de° la détruire. Ne cassez° pas les branches des arbres. N'arrachez° pas les plantes. Ne cueillez° pas les fleurs, qui ne sont pas pour vous seulement, mais pour tout le monde.

4. Ne dérangez pas les animaux.
Les animaux sont chez eux et vous, vous êtes sur leur territoire. Ce sont vos hôtes. Agissez° avec eux en invité respectueux, et non pas en barbare.

6. Ne laissez pas de déchets.°
Emportez° vos déchets avec vous. Déposez-les dans les réceptacles spéciaux que vous trouverez sur les routes. Surtout, ne laissez pas d'objets en plastique. Le plastique n'est pas biodégradable et il peut provoquer la mort° dans un animal qui le mangent.

7. Ne faites pas de bruit.
Si vous avez décidé de faire du camping, c'est pour profiter du calme de la nature et non pas pour écouter de la musique. Alors, laissez votre radio chez vous et n'oubliez pas que le bruit est une forme de pollution.

Les médecins et l'action humanitaire

Nathalie, 27 ans, vient d'obtenir° son diplôme de médecin. Dans quelques semaines elle va partir pour l'Afghanistan. Hélène une infirmière de 35 ans, rentre de Thaïlande où elle a passé dix mois dans les camps de réfugiés. Emmanuel, 25 ans, n'a pas de spécialité médicale, mais il a passé deux ans au Bangladesh avec «Médecins sans frontières.»°

Nathalie, Hélène, Emmanuel: trois exemples parmi° des milliers de Français qui ont décidé de faire quelque chose pour les oubliés° de la terre.°

Nathalie explique: «Comme médecins, notre premier rôle est d'aider les gens qui sont dans la détresse. Aujourd'hui, la détresse humaine existe

■ «Médecines sans frontières,» Rwanda

partout° dans le monde, et spécialement dans les pays du tiers-monde° où des centaines de milliers de gens souffrent° de la misère, de la faim et de la maladie. Dans ces pays, les catastrophes naturelles, les épidémies, la guerre° civile font des millions de victimes chaque année. Nous autres° citoyens° des pays dits *civilisés*, nous ne pouvons pas rester insensibles° au sort° de ces êtres° humains qui sont nos frères et nos sœurs. Nous devons agir°. Malheureusement, les besoins sont immenses et nos ressources très limitées. Nous sommes là non seulement pour soigner les gens, mais pour leur redonner° l'envie° de vivre.°

Plusieurs organisations ont été créées en France pour répondre aux besoins...

nouvelles

MÉDECINS SANS FRONTIÈRES
SIDA

Pour être volontaire, il n'est pas nécessaire d'être médecin ou infirmier. Il suffit° d'être une personne de bonne volonté° et de croire à la solidarité des peuples de la terre. Les organisations les plus connues sont «Médecins sans frontières» qui intervient° dans 60 pays différents, «Médecins du monde» qui a 6000 volontaires dans 40 pays, et «Les Médecins aux pieds nus.»° L'originalité de cette dernière organisation est d'utiliser des médicaments d'origine végétale ou animale et les techniques traditionnelles des pays d'intervention, comme par exemple, l'acupuncture dans les pays d'Asie.

Un champion de l'action humanitaire

MÉDECINS DU MONDE

Le docteur Bernard Kouchner, fondateur° de *Médecins du monde*, est un homme d'action. Jeune médecin, il s'engage° dans une équipe de la Croix° Rouge° pour aider les victimes de la guerre° du Biafra en Afrique. Là, il découvre les ravages provoqués par la guerre civile: pillages de village, tortures, exécutions sommaires. De retour en France, il dénonce le silence et l'inaction des pays occidentaux.°

En 1980, il fonde les *Médecins du monde*. Ses missions se mènent° un peu partout° dans le monde, au Tchad, au Salvador, en Afghanistan. Pour le docteur Kouchner, l'action médicale est importante, mais elle n'est pas suffisante. Son message est simple. Il n'y a pas de solution permanente aux...

et vous?

DÉFINITIONS
Définissez les mots ou expressions suivantes. (Quand c'est possible, donnez des exemples.)
- un(e) volontaire
- la bonne volonté
- une épidémie
- la solidarité
- un réfugié
- l'action humanitaire
- les pays du tiers-monde
- un catastrophe naturelle
- la guerre civile

EXPRESSION ÉCRITE
1. Imaginez que vous voulez être volontaire pour l'une des organisations mentionnées dans le texte. Écrivez une courte lettre où vous expliquez ...
   - pourquoi l'action humanitaire vous intéresse
   - dans quel pays vous voudriez aller et pourquoi
   - ce que vous voulez faire pour aider les gens de ce pays
2. Imaginez que le docteur Kouchner va visiter votre ville. Écrivez une lettre (en français!) au journal local. Dans cette lettre, expliquez qui est le docteur Kouchner et décrivez les choses importantes qu'il a faites.

◆ Finding cultural information

Students, individually or in pairs, can read through an article or a group of articles to find points of cultural contrast or cultural similarity between what is presented in the **Info Magazine** and their own background or experience.

For classes that like to play team games, students can be asked to compose two or three true/false statements about the cultural information contained in the readings and illustrations. The teacher can shuffle all the statements and use them as the basis for a class contest.

◆ Using the *Et vous?* activities

When time permits, and if the student interest in a topic warrants further exploitation, the *Et vous?* activities can be used for class discussion and/or out-of-class writing activities.

◆ Using the Cahier d'activités

The **Cahier d'activités** contains a variety of additional activities (reading comprehension, vocabulary expansion, writing) that can be used for further expansion. They can also function as a comprehension check, especially if the **Info Magazine** sections are assigned for independent or extra-credit work.

Teaching the Basic Units: Le Français pratique

The core material of each unit consists of the **Français pratique** and the **Langue et communication** sections. These two sections are interrelated to the extent that the lexical material presented in **Le Français pratique** is often recycled in the **Langue et communication** sections. Because of this thematic relationship, it is recommended that within a given unit the core material be covered sequentially.

The objective of **Le Français pratique** is to develop the vocabulary base that corresponds to a given cultural theme. These themes revolve around daily life situations that American students would encounter if they were living or traveling in a French-speaking country. Some of the material expands on Level Two topics (e.g., traveling by train or plane). Most of the units, however, present new themes. The themes are of three types:

- *practical* (finding a room, helping around the house, shopping for items other than food and clothes, asking for services),

- *personal* (making plans for the future, discussing relationships with friends and family),

- *issue-oriented* (preserving the environment).

All words and idioms are presented in a contextualized, and generally conversational, format. To facilitate learning, new verbs and verbal expressions are not only incorporated into sentences, but also shown in their infinitive form (in side boxes). Other new lexical items are highlighted in heavy print and glossed as necessary.

The presentation of this new material is enhanced and reinforced by abundant visuals: drawings, cartoons, realia, and photos. Where appropriate, additional cultural information is included.

The accompanying activities follow a variety of formats, such as realia-based dialogues, discussion of preferences, decision making, and letter writing. Frequently they simulate real-life situations and emphasize interpersonal communication by encouraging students to interact with a partner. Some of these activities are guided, but most of them encourage creativity and elicit personal responses. These activities culminate in the *Conversations libres,* where students are asked to create an original dialogue within the context of a daily-life situation.

SUGGESTED STRATEGIES

In order for the students to do the various communication activities in the **Français pratique**, they first need to develop a fairly good familiarity with the thematic vocabulary and new expressions presented in these sections. This initial introduction is teacher-guided, whereas many of the communication activities are designed for more student-centered pair work.

◆ Teaching the thematic vocabulary

- Model the pronunciation of all new words and expressions in mini-dialogue format so that students can practice pronouncing them correctly in context. Then let students work in pairs practicing their own mini-dialogues by reading the corresponding questions and answers from the textbook.

- When the **Français pratique** vocabulary is illustrated, you can use a copy machine to create transparency masters. Copy the appropriate page on a very light setting. Then edit the new master by cutting out the illustration, and whiting out the vocabulary words. Use this edited version to make the transparency. For example, in Unit 5, you could make a transparency out of the drawing of the airport scene (page 197).

- When the **Français pratique** has lists of concrete vocabulary, have the students bring in appropriate visuals (from magazine ads) or the actual items. For example, in Unit 4, *Quelle boutique?* (page 153), students can bring in items such as empty detergent boxes, soap wrappers, string, and safety pins.

- Have students do the **Français pratique** listening and speaking activities in the Cassette Program so that they acquire greater ease and fluency in manipulating the new material.

- As preparation for the oral communication activities, have students do the corresponding vocabulary exercises in the **Cahier d'activités** for homework.

◆ Using the communication activities

The communication activities in the student textbook offer a wide variety of options from which the teacher can select those that best fit the needs and interests of the students. In general, the initial activities in a given section are more structured, and serve as preparation for the more creative and longer dialogues elicited in the *Conversations libres*.

Many of these activities encourage the students to work with a partner. However, most may also be done as full-class activities, either by requesting individual responses or by eliciting choral responses. Certain activities also lend themselves well to written preparation.

Using Pair Activities

Many of the activities in ▮F ROUGE have been designed to allow students to work in pairs. These types of activities have proven to be particularly effective in building language competence because they encourage participation and foster interpersonal communication.

Paired activities can assume many different formats. They may be highly guided or they may elicit totally free responses. They may be limited to one exchange or they may consist of a series of exchanges.

To become an effective teaching tool, pair activities must be properly prepared. In particular, students should be able to generate relatively accurate language within the parameters of the conversational exchange.

SUGGESTED STRATEGIES

- Make sure that students very clearly understand what is expected. They should be familiar with the context of the situation and know which role they are supposed to play.

- Model one or two items with the entire class, so that everyone feels comfortable with the activity and knows what to do.

- For some activities, match students of similar abilities. For other activities, match weaker students with stronger ones, assigning the latter the more challenging role, for instance, the asking of questions. (Remember, it is good to have students change partners from time to time.)

- If a dialogue activity appears to be more demanding, ask each pair of students to write out their exchanges before performing it.

- During the pair activity, circulate among the students, helping those who need guidance.

- If the activity does not work, discontinue it. (Pair activities should be fun, and not a source of frustration).

The pair activities proposed in the text do not always have to be performed as dialogues between two students. Many can be adapted, according to your own style of teaching. Here are a few suggestions:

- As the teacher, you may assume one of the roles and have students, either as a whole class or individually, provide the responses.

- For guided pair activities, you may sometimes have the students work in groups of three. While two students carry out the exchanges, the third student acts as resource person and follows along with the Answer Key. (These answers can be copied from the **Answer Key/Teaching Notes**.)

- Occasionally you may want to assign one or more pair activities as guided written work.

- As a follow-up activity, you may ask each student in a pair to write a third-person report of his/her partner's responses.

DIALOGUE	FOLLOW-UP NARRATION
— Tu as une cousine?	[Marc] a une cousine. Il la voit de temps en temps. Il …
— Oui, bien sûr.	
— Tu la vois souvent?	
— Oui, je la vois de temps en temps. etc.	

Teaching the Basic Units: Langue et communication

The **Langue et communication** sections help students improve their control of Level Three language functions by presenting and activating the requisite linguistic structures. These sections are organized according to the general pattern used in ■F BLEU and ■F BLANC. Each section presents two to four basic structures which are practiced in a series of activities that emphasize communication.

To facilitate learning, each structure is presented as schematically as possible. The most important information is color-coded:

- green screens are used for grammar patterns and verb charts
- yellow screens are used for vocabulary.

In order to focus on meaningful language use and avoid undue emphasis on grammar, only key structures are presented for active mastery. Where elaboration may be warranted (especially for more advanced students), supplementary information is set apart in the section entitled *Allons plus loin*. (Note that the structures presented in *Allons plus loin* are practiced in the **Cahier d'activités**, but usually not in the Student text.) Further grammar notes are given in the **Answer Key/Teaching Notes**.*

The presentation of each structure is followed by several related activities. Since communication is the main objective of the course, the more mechanical and manipulative practice exercises have been placed in the **Cahier d'activités**. This means that most of the activities in the textbook are student-centered and invite students to participate in a broad variety of contextualized real-life situations. Some of the activities are more guided, while others are more open-ended and encourage original responses. Activities may be based on realia or illustrations. Many have been designed so that students can work together with a partner, while others are more teacher-guided and elicit individual responses. Where possible, activities invite critical thinking, making choices among alternatives, negotiating outcomes and making decisions. This variety allows the teachers to choose those activities that are most appropriate to their style of teaching and to the needs of their students.

* Teachers who would like to expand on grammar may wish to use **French for Fluency** as a source of additional information and correlated exercises.

SUGGESTED STRATEGIES

◆ Setting the progression

The modular design of ■F ROUGE allows teachers a maximum of flexibility in organizing their lesson plans. Depending on the approach selected, teachers may either use the **Langue et communication** sections as the main focus of their teaching or as a support for other sections of the text that they prefer to emphasize.

Teachers also have the option of following the proposed progression or customizing and resequencing it according to their own preferences. For example, the subjunctive (together with its most frequent uses) is introduced in Unit 2 and then re-entered and expanded in Units 7 and 10.

(This progression has been followed so that the students will have several occasions to familiarize themselves with an important but difficult aspect of French.) It is, however, possible to resequence the material, grouping all uses of the subjunctive and presenting them in the middle of the course. With ■F ROUGE, teachers can devise a curriculum that reflects their objectives.

Within a given unit, teachers can decide to give more emphasis to certain structures and downplay others. Certain structures can be presented primarily for recognition (that is, for receptive use in listening and reading) while others can be practiced more intensively so that they become part of the students' production repertoire (that is, for active use in speaking and writing).

A. Résumé: les pronoms relatifs

Review the use of the relative pronouns in the chart below.

The relative pronoun functions as . . .	The relative pronoun refers to: PEOPLE	THINGS
SUBJECT	QUI l'ami **qui** est arrivé	QUI la lettre **qui** est arrivée
DIRECT OBJECT	QUE la fille **que** tu connais	QUE le café **que** tu connais
OBJECT OF A PREPOSITION (other than de)	QUI la personne **avec qui** je travaille	LEQUEL la machine **avec laquelle** je travaille
OBJECT OF THE PREPOSITION **de**	DONT le garçon **dont** je te parle	DONT le livre **dont** je te parle

1 Photos de vacances

Catherine montre ses photos de vacances à son frère Marc. Jouez les deux rôles en faisant les substitutions suggérées. (Utilisez les pronoms qui conviennent.)

▶ Mélanie / Nous avons rencontré cette fille à la plage.

Tu te souviens de Mélanie?

Non, pas vraiment.

Mais si! C'est la fille que nous avons rencontrée à la plage.

Ah, oui. Je me souviens maintenant.

1. Jean-Paul / Tu jouais au tennis avec ce garçon.
2. Pierre et Jérôme / Ces garçons nous ont invités à une boum.
3. Alice / J'ai dîné chez cette fille un jour.
4. Véronique / Tu as fais la connaissance de cette fille dans un café.
5. La Tulipe noire / Nous passions nos soirées dans cette discothèque.

2 Quel pron...

Complétez l...

1. Je n'ai pa...
   j'a...
   ét...
   dans...
   j'...
2. Ma co...
   ave...

362 Unit...

Tristan et Yseult est une très vieille légende (1) date du Moyen Age et (2) on retrouve dans les littératures anglaise, française et allemande de l'époque.

Cette légende relate la tragique histoire de deux jeunes gens, unis par un amour (3) ils ne peuvent pas contrôler. Dans cette légende, le roi Marc va épouser une jeune fille (4) il ne connaît pas mais (5) ses conseillers lui ont parlé. Il envoie Tristan, son neveu en (6) il a toute confiance, chercher cette jeune fille (7) s'appelle Yseult et (8) habite en Irlande. Tristan trouve Yseult et la ramène en Cornouailles°, le pays du roi Marc. Sur le bateau (9) les transporte, Tristan et Yseult boivent par mégarde° une potion (10) un magicien avait préparée pour assurer l'amour éternel entre Marc et Yseult. Sous l'influence de la potion (11) ils ont bue, Tristan et Yseult tombent éperdument° amoureux l'un de l'autre.

À leur retour, le roi Marc, (12) a découvert la vérité, chasse le pauvre Tristan. Des années passent. Tristan a épousé une autre jeune fille (13) il a fait la connaissance dans son exil. En réalité, il ne cesse de penser à la belle Yseult (14) il est resté amoureux. Un jour, il participe à une bataille au cours de (15) il est très grièvement blessé! Yseult à (16) on a annoncé la nouvelle veut revoir l'homme (17) elle aime toujours. Malheureusement, quand elle arrive chez Tristan, celui-ci est déjà mort. À son tour, Yseult meurt de désespoir. Les deux amants (18) la vie a séparés sont finalement unis par la mort.

Cornouailles *Cornwall (in southwestern England)* par mégarde = *par accident* éperdument *madly*
grièvement = *très sérieusement*

4 Descriptions

Choisissez l'une des situations suivantes et décrivez la chose ou la personne dont il est question. Pour cela, utilisez la construction relative dans au moins trois phrases différentes.

▶ Vous avez perdu votre cahier d'exercices. Décrivez ce cahier.
   C'est un cahier qui est assez grand.
   C'est le cahier que j'avais avec moi ce matin.
   C'est le cahier dans lequel j'ai pris beaucoup de notes.
   C'est un cahier dont j'ai absolument besoin.

1. Vous avez perdu la montre que votre oncle vous a donnée pour votre anniversaire. Décrivez cette montre.
2. Vous avez dîné dans un restaurant qu'un ami vous a recommandé. Décrivez ce restaurant.
3. Vous avez trouvé un job pour l'été. Décrivez ce job.
4. Vous avez inventé une machine. Décrivez cette machine.
5. Vos parents ont acheté une nouvelle voiture. Décrivez cette voiture.
   ...ssance d'un(e) étudiant(e) francophone très sympathique
   ...Décrivez cet(te) étudiant(e). Décrivez cette personne.

B. L'ordre des pronoms

Sometimes a sentence may contain **two** object pronouns. Note the sequence of these pronouns in the following sentences:

DIRECT- AND INDIRECT-OBJECT PRONOUNS

| le
la
les | before | lui
leur | Je prête **mon vélo** à Alice.
Tu envoies **cette carte** à tes cousins.
Nous montrons **nos diapos** à Éric. | Je **le lui** prête.
Tu **la leur** envoies.
Nous **les lui** montrons. |

➡ This order is also used in affirmative commands.
   Montre **la photo** à Catherine.   Montre-**la-lui**.

| me
te
nous
vous | before | le
la
les | Vous me donnez **le journal**.
Le coiffeur te coupe **les cheveux**.
Paul nous vend **sa chaîne-stéréo**.
Sylvie vous prête **ses CD**. | Vous **me le** donnez.
Il **te les** coupe.
Paul **nous la** vend.
Elle **vous les** prête. |

➡ Note the order in affirmative commands:

| le
la
les | before | moi
nous | Donne-**moi** ton adresse.
Montre-**nous** ces photos. | Donne-**la-moi**.
Montre-**les-nous**. |

OBJECT PRONOUNS AND Y, EN

| le/la/les
lui/leur
me/te/nous/vous | before | y
en | J'amène **mes amis** au concert.
Je donne **des conseils** à Marc.
Alice me prête **de l'argent**.
L'employé nous vend **des timbres**. | Je **les y** amène.
Je **lui en** donne.
Elle **m'en** prête.
Il **nous en** vend. |

➡ This order is also used in affirmative commands.
   Donne **des timbres** à Catherine.   Donne-**lui-en**.
   Donne-**moi** du papier à lettres.   Donne-**m'en**.

---

5 Conversation

Demandez à votre partenaire s'il/si elle fait les choses suivantes. Il/elle va répondre affirmativement ou négativement.

▶ prêter tes disques à ton copain?
   — Est-ce que tu prêtes tes disques à ton copain?
   — Oui, je les lui prête. (Non, je ne les lui prête pas.)

1. prêter de l'argent à tes copains?
2. montrer ton journal *(diary)* à ta copine?
3. montrer tes notes *(grades)* à tes parents?
4. emprunter la tondeuse à tes voisins?
5. demander des conseils à ton prof?
6. donner de l'argent aux pauvres?
7. dire la vérité à tes amis?
8. couper les cheveux à ton petit frère?

6 Échanges

Votre partenaire va vous demander de lui prêter une des choses suivantes. Négociez un échange avec lui/elle. Votre partenaire va accepter ou refuser.

▶ — Dis, prête-moi **ton walkman**.
   — D'accord, je vais te le prêter si tu me prêtes ton vélo.
   — Bon, je vais te la prêter.
   (Non, je ne veux pas te la prêter.)

7 Oui ou non?

Répondez aux questions suivantes, affirmativement ou négativement. Utilisez les pronoms **lui/leur** et **en**. Soyez logique!

▶ — Est-ce qu'on donne de l'aspirine à un malade?
   Oui, on lui en donne.

1. Est-ce qu'on donne des allumettes aux enfants?
2. Est-ce qu'on parle de ses pro...

8 À Paris

Vous travaillez à Paris dans l'un des endroits suivants. Offrez certains services à votre partenaire, qui va accepter. (S'il/si elle refuse, votre partenaire va vous donner une explication.)

▶ — Je vous apporte le menu?
   — Oui, apportez-le-moi, s'il vous plaît.
   (Non, pas maintenant! Je vais attendre...

◆ **Reactivating prior knowledge**

If your school has the **F BLANC** videos, you might want to use some of the segments as a point of departure to review structures which were introduced in a more basic way in Level Two. Hearing French young people use these structures in a situational context helps students develop a feeling for their appropriate usage.

Unit	Structure	**F** BLANC Video
Unité 1	Partie 1: Reflexive, present tense Partie 2: Reflexive, passé composé	Modules 5-A and 5-B Module 5-C
Unité 2	Partie 1: Subjunctive, **il faut que** Partie 2: Subjunctive, **vouloir que**	Modules 9-A and 9-B Module 9-C
Unité 3	Partie 1: Imperfect (review) Partie 2: Imperfect and passé composé	Module 6-A Modules 6-B and 6-C
Unité 4	Partie 1: Pronouns **y** and **en** Partie 2: Object pronouns (review)	[Module 5-A] Modules 4-A, 4-B, 4-C
Unité 5	Partie 1: [Review: passé composé] Partie 2: Future and conditional	Module 8-A Modules 8-B and 8-C
Unité 6	Partie 1: Comparative, superlative Partie 2: Pronouns **lequel** and **celui**	Modules 7-A and 7-B Module 7-C

◆ Practicing forms and usage

While communication and self-expression are the ultimate goals of instruction, these objectives cannot be achieved without a basic control of the structures of French. Indeed, true communication can take place only if the language produced is intelligible to the native speakers. To acquire this necessary linguistic base, a certain amount of practice is necessary. In **F ROUGE**, the more mechanical practice activities are found in the **Cahier d'activités.** Here are several strategies that can be used to build control of the new forms:

- Assign the practice activities for homework and have students correct their work quickly using the answers found in the **Cahier d'activités .**
- Have students do the practice activities in class and go over the work rapidly in class.

◆ Using the new structures in communicative contexts

The **Langue et communication** activities in the student textbook offer a wide variety of options, ranging from completion exercises to more extended exchanges. Within a given section, the first exercises are often more structured, with the focus placed on accurate production of forms.

As in the **Français pratique** section, certain activities are designed to encourage students to work with a partner (see the inset on *Pair Work*). However, others lend themselves to teacher-guided practice with emphasis on individual responses or choral work. Many activities can be used for written production.

LANGUE ET COMMUNICATION

A. La construction faire + infinitif

Note the use of the construction faire + INFINITIVE.

Je **fais développer** les photos.	*I am having the pictures developed.*
Tu **as fait réparer** ton vélo.	*You had your bicycle fixed.*
Nous allons **faire laver** notre auto.	*We are going to have our car washed.*

The construction faire + INFINITIVE is used to describe actions that people have done by someone else.

➡ In this construction, it is the verb **faire** that is used:
- in the negative
  Je **fais** réparer ma télé.   Je **ne fais pas** réparer ma caméra.
- with pronouns
  Ma montre était cassée.   Je **l'ai fait** réparer.
  Ta voiture est sale.   **Fais-la** laver.

Faire + infinitif

Pratique ▶

The construction faire + INFINITIVE is also used to describe actions that we make or have other people do.

Le professeur **fait étudier** les élèves.   *The teacher makes the students study.*

ALLONS PLUS LOIN
- The construction faire + INFINITIVE is used in certain expressions:
  faire cuire *to cook*   **faire frire** *to fry*   **faire bouillir** *to boil*
  Also: **faire marcher** *to operate (equipment)*   **faire voir** *to show*
- Note the use of **se faire** + INFINITIVE to describe actions that people are having done for themselves.
  Je vais **me faire couper** les cheveux.   *I am going to have my hair cut.*

Services

Demandez à votre partenaire pourquoi il va à certains endroits. Il/elle va répondre logiquement.

▶ — Tu vas à la teinturerie?
— Oui, je vais faire nettoyer mon blazer.

OÙ?
• à la station-service
• chez le mécanicien
• à la teinturerie
• chez le photographe
• à la laverie *(laundry)*
• à la boutique d'appareils électriques
• à la serrurerie *(locksmith)*
• chez le vétérinaire

POURQUOI?
• réparer mon vélo
• réparer mon séchoir
• changer cette serrure *(lock)*
• nettoyer mon blazer
• laver mon linge
• laver ma voiture
• vacciner mon chien
• développer mes diapos

Que faire?

Votre partenaire vous explique certains problèmes. Dites-lui ce qu'il/elle doit faire.

▶ — Ma montre est cassée.
— Fais-la réparer.

PROBLÈMES
• Ma montre est cassée.
• Ma veste a une tache *(spot)*.
• Mes cheveux sont trop longs.
• Mon walkman ne marche pas.
• Les piles de ma radio-cassette sont usées *(worn out)*.
• Mon chien n'a pas eu ses piqûres *(shots)*.

QUE FAIRE?
changer . . .
couper . . .
nettoyer . . .
réparer . . .
vacciner . . .

«Mes cheveux sont trop longs.»   «Mon walkman ne marche pas.»

JE NE ... PAS
RÉPARE ...

DANS CE CAS,

LANGUE ET COMMUNICATION

A. La formation du subjonctif (1)

The sentences below express a NECESSITY or OBLIGATION. In sentences of this type, the French use a verb form called the SUBJUNCTIVE.

Il faut que **je finisse** mon travail.	*It is necessary that **I finish** my work.*
	(I have to finish my work.)
Il faut que **vous aidiez** vos parents.	*It is necessary that **you help** your parents.*
	(You have to help your parents.)

The SUBJUNCTIVE is a verb form that occurs frequently in French. It is used after certain verbs and expressions in the construction:

VERB OR EXPRESSION	+	que	+	SUBJECT	+	SUBJUNCTIVE VERB . . .
Il faut		que		Marc		**tonde** la pelouse

➡ The subjunctive is almost always introduced by **que.**

FORMS

For all regular verbs and many irregular verbs, the subjunctive is formed as follows:

SUBJUNCTIVE STEM	+	SUBJUNCTIVE ENDINGS
ils-form of present minus **-ent**		**-e, -es, -e, -ions, -iez, -ent**

Note the subjunctive forms of the regular verbs **parler, finir, vendre,** and the irregular verb **dire.**

INFINITIVE	parler	finir	

Dire, lire, écrire

Révision ▶

Pratique ▶   pp.

Le subjonctif, s'il vous plaît!

Pour chaque verbe du tableau, donner la forme **ils** du présent. Ensuite, complétez les phrases avec le subjonctif de ces verbes.

INFINITIF	PRÉSENT	SUBJONCTIF
▶ laver	ils **lavent**	Il faut que (nous) **lavions** la voiture.
1. aider	ils . . .	Il faut que (tu, nous, vous) . . . les voisins.
2. réussir	ils . . .	Il faut que (je, vous, les élèves) . . . à l'examen.
3. répondre	ils . . .	Il faut que (je, Pauline, nous) . . . à cette lettre.
4. attendre	ils . . .	Il faut que (nous, tu, les voyageurs) . . . le train.
5. lire	ils . . .	Il faut que (je, Charlotte, vous) . . . cet article.
6. écrire	ils . . .	Il faut que (tu, nous, mes copains) . . . à Philippe.
7. partir	ils . . .	Il faut que (je, Olivier, nous) . . . à six heures.
8. mettre	ils . . .	Il faut que (je, tu, vous) . . . la table.
9. se laver	ils . . .	Il faut que (tu, vous, ce garçon) . . . les cheveux.
10. se dépêcher	ils . . .	Il faut que (Pierre, nous, vos amis) . . .

Avant de partir ce weekend

Expliquez ce que chacun doit faire avant de partir ce weekend.

▶ Claire   Il faut que Claire range sa chambre. Et puis, il faut qu'elle . . .

Claire	moi	toi
• ranger sa chambre	• finir mes devoirs	• laver la cage du lapin
• laver son linge	• écrire une lettre	• remplir l'aquarium
• passer l'aspirateur	• téléphoner à mon copain	• donner à man...

168 Unité 4

To Correct or Not to Correct?

The question of whether or not to correct students' mistakes as they express themselves in French has become a topic of extended discussion in the profession. On the one hand, if the teacher overcorrects students, this may not only stifle their spontaneity and creativity, but also discourage them in their efforts at speaking French altogether. On the other hand, however, failure ever to correct students may encourage them to generate gibberish and reinforce in them a false sense of confidence. (The fractured or anglicized French that they end up speaking may be intelligible to their classmates, but will not be understood by native speakers.)

It has been argued that language learning is a self-correcting process and that by listening long enough to authentic language the learner will eventually acquire the correct patterns of pronunciation and linguistic use. While this may be true for some students, it requires the type of immersion atmosphere typical of an extended stay in a French school or a French home. It is hardly the case in an American classroom context where students have only a few hours of exposure to French per week and where only during a fraction of that time are they in contact with accurate native speech. In such a context, mistakes, when unchecked, do not disappear over time but may actually tend to take root.

The question of correcting students should not be treated in theoretical terms (of yes versus no), but on a practical level where common sense is allowed to prevail. A common sense approach consists of setting your *own* level of minimally acceptable language, that is, language which takes into account the abilities of your students and which is nevertheless intelligible to the native speaker. Thus, in spoken French, the failure to use proper contractions (such as **au** and **du**) may be tolerated, while the gross mispronunciation of key words may need to be rectified. With respect to the written language, you may decide to overlook the agreement of the past participles, but to insist on the correct use of the auxiliary verbs **être** and **avoir**.

Maintaining standards so that most* if not all students reach the minimum level of acceptable language may require that you adjust the pace of the class from time to time. It is even possible that you will not be able to teach all the material you intended to cover during the year. In the long run, however, it is better for your students (and later on for your colleagues who will teach them in more advanced classes) to produce less language and produce it intelligibly than to produce more language which native speakers find difficult to understand. As in any discipline or human endeavor, the more solid the foundation, the higher one will be able to build on it.

* While the minimum level should theoretically be the same for all students, it may need to be modified in special instances where students experience overwhelming difficulties with certain aspects of the language.

Focus on form (but don't forget content) …	**Focus on content…** (but don't ignore major errors) …
• in vocabulary-building activities (**Le Français pratique**) • in structure-practice activities (**Langue et communication**)	• in *Et vous?* activities (**Info Magazine**) • in self-expression activities (throughout the program) • in *Après la lecture* activities (**Lecture**)

Teaching the Lectures

The **Lecture** sections feature short stories which were selected for their high student interest. They appeal to readers because they present an element of mystery, an unexpected ending, a humorous situation, or an unusual dilemma. Each story is directly or indirectly related to the main theme of the unit and recycles many of its lexical and structural elements. Some of them have been written or adapted specifically for this program, and are, therefore, quite closely related to the theme and the content of the units. Other stories, written by recognized francophone authors, tend to be linguistically more challenging. All contain that special element of intrigue which will stimulate student interest.

The main objective of the **Lectures** is to develop the reading skill as it relates to short fiction. (This type of reading, *reading fiction,* is different from the *reading for pleasure* which is developed with the **Info Magazine**, and the *reading for content* which is the goal of the **Interlude culturel**.)

So that students focus their effort on understanding and appreciating the story, key words are grouped in small *Mots Utiles* boxes for quick reference. Less important new vocabulary items are glossed at the bottom of the page. Words and expressions that can be readily guessed from context are left unglossed.

While the **Lecture** comes at the end of the each unit, and is more or less intended be used as a wrap-up activity, it is not at all necessary to read the stories sequentially. Some teachers may decide to skip certain stories, perhaps postponing them till the second semester of the course. Others may want to pick a favorite story from the second part of the book and present it earlier in the program. This type of flexibility is not only possible (since the vocabulary expansion activities are treated on a story-by-story basis and do not build sequentially on one another), but it is a specific feature of **F Rouge**. It is important that teachers construct a curriculum that best meets their students' needs and their own course objectives.

SUGGESTED STRATEGIES

Building the literary reading skill depends on two basic elements:

- One essential element in learning to read French more fluently is the acquisition of a *broad vocabulary*.

- The second element is *personal interaction with the text*. Students need to learn to use appropriate pre-reading strategies (anticipating the development of the plot) and while-reading

strategies (verifying one's guesses), and then to go beyond the text itself in terms of post-reading reflection and personalization (discussion, analysis, creative role-play, creative writing).

The following components of the **Lecture** sections help develop the students' ability to read and interact with short fictional works.

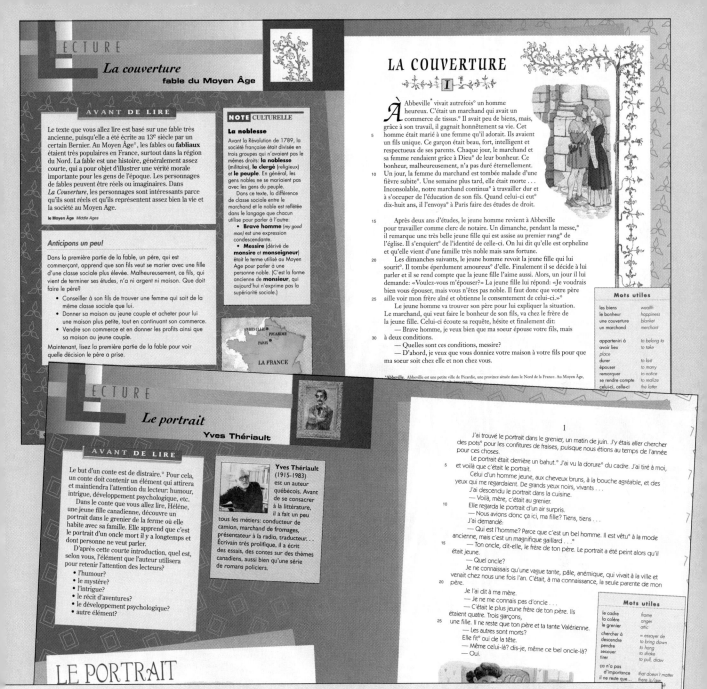

◆ Vocabulary building

One of the aims of the **Lectures** is to build the students' vocabulary. For each segment of the reading, the *Mots Utiles* lists key words that relate to the theme of story. These words will also be useful in answering the comprehension questions and doing the various activities related to the story. As a homework assignment, students can be asked to pick a given number of words from the *Mots Utiles* box and then…

- copy the sentence in the story where the word was used
- write an original sentence using the same word.

Additional vocabulary building activities are found in the **Cahiers d'activités.**

◆ Pre-reading strategies

Before beginning a short story, the reader should establish an anticipatory mind-set: what type of story is it to be? what is the context? who are the characters? The *Avant de lire* section helps put the students in the mood for the story they are about to read. Where necessary, students are introduced to the corresponding historical context. Students are then asked to guess what the story might be about. As a pre-reading strategy, each student might be asked to write his/her guess on a sheet of paper, and these guesses could be collected and tabulated. Then students read the story to see how many had guessed correctly.

◆ While-reading strategies

The short stories are usually divided into two or three major segments. Students can check their comprehension by answering the *Avez-vous compris?* questions at the end of each segment. Then, they are asked to anticipate what will happen next. In this way, students, while reading, are actively engaged in recreating the story, and then thinking ahead, creating and checking hypotheses. As suggested above, the student responses to the *Anticipons un peu!* activities can be shared with the class before the next segment is read.

◆ Post-reading activities

The *Après la lecture* section contains a broad variety of oral and written activities which vary in form and style from unit to unit. Teachers will probably want to select only one or two of the suggested activities per story.

The *Expression orale* activities encourage the students to discuss the story, debate points raised, and, in the *Situations*, play roles and retell in various ways what happened. These activities allow the students to interact orally, at some length, and to imitate a variety of speech registers.

The *Expression écrite* contains a variety of creative writing activities that encourage students to use the elements of the story they have read to compose original pieces. Since most of the topics build heavily on the lexicon and structures of the short story under study, most students will be able to write compositions that read quite fluently and accurately. The best work might be placed on the bulletin board or disseminated in a class Newsletter.

Occasionally teachers may want to place a recording of an *Expression orale* activity or a copy of a well-written *Expression écrite* piece into the student's portfolio.

Teaching the Interlude culturel

The ten **Interludes culturels** are inserts that come in between the core units of the program. These sections have been designed to stand independently and are not related to the basic units either in theme or content. Their primary purpose is to present a general overview of the "big-C" culture and civilization of France and the French-speaking world, especially in the domains of *history* and *the arts* (music, painting, literature, and film).

Each **Interlude** consists of different segments that can be read separately or together as part of the general theme of the **Interlude**. In each segment, the material presented consists of a basic text with its inserts and graphic materials (maps, diagrams, time lines, photos, drawings, etc.). Because these graphics support and illustrate the text, they are treated as an integral part of the subject matter.

L'AFRIQUE DANS LA COMMUNAUTÉ FRANCOPHONE

INTERLUDE CULTUREL

■ Un peu d'histoire ■

■ Les dates

- 6000 av. J.-C.
- Tassili
- 0
- 670 arrivée des Arabes
- 700 Empire du Ghana (700-1200)
- 1200 Empire du Mali (1200-1500)
- 1300 Empire de Songhaï (1350-1600) Royaume du Bénin (1350-1900)
- 1500
- 1600
- 1900
- 1960 Indépendance

Empires africains

colonisation

■ Les événements

La préhistoire en Afrique occidentale

Pendant six mille ans avant Jésus-Christ, le Sahara était une savane habitée par un peuple qui a laissé de remarquables peintures rupestres° dans la région de Tassili.

7e - 8e siècles: Conquête de l'Afrique du Nord par les Arabes

En 670, les Arabes arrivent en Afrique du Nord où ils imposent la religion musulmane. Ils établissent progressivement des relations commerciales avec les populations d'Afrique occidentale. Au contact des Arabes, beaucoup d'Africains adoptent la religion musulmane.

10e - 16e siècles: Période de prospérité et de grande civilisation

...tes empires se succèdent en Afrique occidentale:
...empire de Songhaï. La
...d'Afrique...

14e - 19e siècles: Le royaume de Bénin

Indépendamment des empires d'Afrique occidentale, le royaume du Bénin se développe dans la région tropicale près du Golfe de Guinée. Le génie de cette civilisation est préservé dans de splendides sculptures de bronze.

17e et 19e siècles: Arrivée des Européens — esclavage et colonisation

À partir du 17e siècle, l'arrivée des Européens provoque le déclin progressif de cette grande civilisation africaine. Les Européens viennent en Afrique chercher des esclaves pour travailler dans leurs plantations des Antilles, de Louisiane, du Brésil . . . Des centaines de milliers d'Africains sont arrachés° de leur terre° ancestrale et déportés en Amérique dans des conditions épouvantables°. Cet
...ux trafic d'êtres° humains dure jusqu'au début du 19e siècle,
...vé au 19e siècle, les Européens, qui ont
...sident de coloniser

Map legend:
- TASSILI
- EMPIRE DE GHANA (700-1200)
- EMPIRE DU MALI (1200-1500)
- EMPIRE DE SONGHAÏ (1350-1600)
- ROYAUME DE BÉNIN (1350-1900)

Cette plaque de bronze représente l'**oba** ou roi du Bénin avec sa famille. Ses serviteurs le protègent du soleil.

■ Nous, c'est les autres! ■

La France d'aujourd'hui est un pays riche et prospère. Ses habitants ont l'un des niveaux de vie les plus élevés du monde. Pourtant, comme toute société moderne, la société française a ses problèmes et ses victimes.° Il y a les chômeurs,° les sans-abri,° les gens qui ont faim. Que fait-on pour ces déshérités de la société? Certains Français ont répondu à cette question par leurs actions.

L'abbé Pierre et les «Chiffonniers d'Emmaüs»

EMMAÜS FRANCE

L'abbé Pierre a 80 ans ou un peu plus. C'est un homme simple qui, depuis 40 ans, porte le même béret et la même pèlerine° noire. C'est aussi l'un des hommes les plus admirés de France. Issu d'une famille riche, l'abbé Pierre a décidé de mettre sa religion en pratique et de devenir l'apôtre° des pauvres. En réalité, l'abbé Pierre s'appelle Henri G...

Coluche et les «Restos du Coeur»

À son époque, **Coluche**, de son vrai nom Michel Colucci, était le comédien le plus célèbre de France. Son visage bonhomme,° ses manières rustres,° sa salopette° étaient universellement connus. Mais pour Coluche, faire des films, se produire° à la télévision et gagner de l'argent, ne suffisait pas. Coluche était un homme généreux, courageux et juste qui ne pouvait pas tolérer la misère ou les inégalités sociales. Alors, un jour il est passé à l'action et il a créé les «Restaurants du coeur». Cette organisation prépare des repas chauds pour les sans-abri, pour les personnes sans ressources, et généralement pour tous ceux qui ont faim et qui n'ont pas d'argent.

rupestres *on rock walls* chargées °...

372 INTE 4

VIVE LA MUSIQUE!

INTERLUDE CULTUREL

■ Histoire de la chanson française ■

Un proverbe français dit que «tout finit par une chanson». On pourrait° dire aussi que tout a commencé par une chanson. L'histoire de la chanson française est en effet un peu l'histoire de France. La première grande oeuvre° littéraire française date du douzième siècle.° C'était une chanson: *La Chanson de Roland.*

Au Moyen Age,° les **«troubadours»** allaient de cour° en cour en chantant des poèmes qu'ils composaient. Sous **Louis XIV**, les soldats allaient à la guerre en chantant des chansons comme «Malbrough s'en va-t-en guerre»° ou «Auprès° de ma blonde». En 1789, les Français ont fait la Révolution en chantant «Ça ira!»° Pendant la guerre de 1940, le «Chant des partisans» était le cri de ralliement° de la Résistance contre les troupes allemandes.

Mais la chanson n'est pas seulement un phénomène historique. C'est aussi un art populaire et un spectacle. Les premiers chanteurs populaires chantaient dans la rue. Ils recevaient un peu d'argent si leurs chansons étaient bonnes . . . et parfois un seau° d'eau sur la tête si leurs chansons étaient mauvaises.

Plus tard, la chanson a fait son entrée dans les **«cabarets»**. Le cabaret le plus célèbre était un cabaret de Montmartre qui

Leurs grands succès

Édith Piaf:
La vie en rose
Mon légionnaire, Milord
Non, je ne regrette rien

Yves Montand:
Les feuilles mortes
Les grands boulevards
À Paris
Mon manège à moi

Georges Brassens:
Chanson pour l'Auvergnat
Une jolie fleur
Auprès de mon arbre
Les croquants

Jacques Brel:
Ne me quitte pas
Amsterdam
Le pays plat

Charles Aznavour:
La Mamm
Il faut savoir
Tu te laisses aller

Le grand public, lui, allait au «café-concert» ou au «music-hall». Dans ... années 1930, la grande vedette° était **Joséphine Baker**, une danse... noire° américaine que tout le monde applaudissait quand elle chan... «J'ai deux amours: mon pays et Paris». Peu après, les Français ... découvrent **Édith Piaf**, célèbre pour ses robes noires et sa ve... terriblement poignante. Dans les années 1960, avec le développement ... l'amplificateur et le succès de la guitare électrique, une nouvelle forme... chanson est apparue en France. C'était la chanson «yé-yé». Ce ... comptait,° ce n'était plus° le texte de la chanson, mais son rythme... surtout les contorsions du chanteur ou de la chanteuse ... scène . . . La vedette de l'époque était **Johnny Hallyday** qui en quelqu... mois est devenu l'idole des jeunes Français. La chanson personnelle ... cependant pas disparu. Elle est restée vivante° et variée avec Georg... **Brassens**, l'anarchiste sympa, **Yves Montand**, le gentleman romanti... **Jacques Brel**, le poète venu du pays des brumes,° et **Charles Aznav**... le petit bonhomme° à la voix grêle.°

Yves Montand   Georges Brassens   Jacques Brel   Charles Aznav...

■ *Les vedettes d'hier . . .*

T44

SUGGESTED STRATEGIES

As their name indicates, the **Interludes culturels** are intermissions or "resting periods" which come between periods of more structured and often more arduous learning. While they contain important information, their presentation, to be effective, should remain enjoyable and not be overwhelming. The teaching strategies to be adopted will depend on one's course focus, which may range from a *light emphasis* (building cultural awareness) to a *heavy emphasis* (conveying cultural knowledge).

◆ Reading for discovery: expanding one's cultural awareness

One excellent way to utilize the **Interludes culturels** is to use them as the basis for a brief five- or ten-minute activity within the regular lesson plan. For example, prepare a few short-answer questions or true/false statements on a specific **Interlude** segment. Students individually or in pairs compete to see who can find the most answers within a given time limit.

EXAMPLE:

Have the students turn to *La Révolution impressionniste* (the first spread of **Interlude culturel 1**) and distribute the following worksheet.

```
Indiquez si les phrases suivantes caractérisent
(A) les artistes des académies ou (B) les
Impressionnistes.
A  B   Ils essaient d'imiter la réalité.
A  B   Ils s'intéressent aux effets de la lumière.
A  B   Ils peignent leurs sujets avec beaucoup de
       détails.
A  B   Ils travaillent dans des ateliers.
A  B   Ils travaillent en plein air.
A  B   Comme sujet, ils préfèrent les scènes de
       bataille.
A  B   Comme sujet, ils choisissent des scènes de
       la vie de tous les jours.
A  B   Pour eux, l'essentiel est la forme.
A  B   Pour eux, l'essentiel est l'impression
       qu'ils créent.
A  B   Leurs tableaux étaient très populaires dans
       les années 1870.
A  B   Leurs tableaux sont admirés dans les plus
       grands musées du monde.
A  B   Leurs tableaux coûtent extrêmement cher
       aujourd'hui.
```

LE MONDE DES ARTS

Monet «Les Nymphéas»

▪ La Révolution impressionniste ▪

L'art moderne est né en France dans les années 1870. C'est à cette époque, en effet, qu'un groupe d'artistes, nommés «les **Impressionnistes**», a présenté au monde une nouvelle façon° de concevoir la peinture. Avant eux, la peinture était très traditionnelle. Les artistes essayaient d'imiter la réalité en reproduisant de façon très exacte et avec beaucoup de détails les sujets qu'ils peignaient. Ils apprenaient leur métier° dans des «académies», c'est-à-dire dans des écoles où ils copiaient minutieusement des modèles sous la direction de maîtres sans grande imagination. Pour ces artistes, l'essentiel dans la peinture était la forme.

Au lieu de° s'intéresser à la forme, les Impressionnistes se sont intéressés à la couleur, et surtout aux effets de la lumière° sur les objets qu'ils représentaient. Au lieu de peindre des scènes de bataille ou des héros de l'Antiquité, ils ont peint des scènes de la vie courante,° des portraits d'amis, et surtout la nature. Au lieu de travailler dans des ateliers,° ils ont travaillé en plein air.° Cette façon simple et naturelle de peindre a révolutionné le monde des arts.

À l'origine, cependant, les Impressionnistes n'ont eu aucun° succès. C'est par dérision° qu'un journaliste leur a donné le nom d'«impressionnistes». Ces peintres ne pouvaient même pas exposer leurs toiles° dans les salons officiels patronnés par le gouvernement. Ils ont donc organisé leurs propres° expositions chez des amis. Il y a eu huit expositions impressionnistes entre 1874 et 1886, mais ces expositions ont été des échecs.

La peinture impressionniste choquait trop le sens esthétique de l'époque!

Peu à peu, les critiques d'art ont finalement compris l'importance de la «révolution» impressionniste. Les collectionneurs ont commencé à acheter les tableaux° de ces peintres. Aujourd'hui, ces tableaux valent° des fortunes. On peut les admirer dans les plus grands musées du monde: à Paris, à New York, à Londres, à Chicago, à Boston, à Saint Pétersbourg.

Les peintres impressionnistes sont considérés parmi° les plus grands artistes de tous les temps: **Monet, Manet, Cézanne, Renoir, Degas** . . . Parmi ces artistes, il y avait des femmes: **Berthe Morisot** et une Américaine, **Mary Cassatt**. Mary Cassatt, fille d'un riche banquier de Philadelphie, était venue étudier l'art à Paris. En faisant connaître° l'impressionnisme aux États-Unis, elle a assuré le triomphe dans le monde.

façon *manner* peinture *painting* métier *trade* au lieu de *instead of* lumière *light* vie courante *daily life* ateliers *studios* en plein air *outdoors* aucun *no* dérision *mockery* toiles *paintings (canvases)* propres *own* échecs *failures* tableaux *paintings* valent *are worth* parmi *among* en faisant connaître *by making known*

▪ Quelques peintres impressionnistes

Degas «Répétition d'un ballet»

Manet «Le fifre»

Renoir «Bal à Bougival»

Morisot, Fillette lisant / La lecture

▪ Edgar Degas (1834-1917)
Degas était le fils d'un banquier. Sa mère était issue d'une riche famille de la Nouvelle-Orléans. Degas a étudié le droit,° mais il a abandonné ses études pour se consacrer à la peinture. C'était aussi un sculpteur. Ses sujets préférés étaient les danseuses de l'Opéra, les scènes de café et les chevaux.

▪ Édouard Manet (1832-1883)
Manet voulait être officier de marine, mais après un voyage au Brésil, il a décidé de se consacrer à la peinture. Ses premiers tableaux, de couleur violente, ont provoqué l'hostilité du public et des critiques, mais l'admiration de jeunes peintres alors inconnus: Monet, Renoir, Cézanne. C'est ainsi qu'il est devenu le chef d'un nouveau mouvement qui allait être l'impressionnisme. Manet a peint toutes sortes de sujets: portraits d'amis, scènes de la vie courante et familière, paysages° divers.

▪ Pierre-August Renoir (1841-1919)
Renoir a commencé par peindre des devantures° de café, puis il est allé à l'École des Beaux-Arts. Ce peintre aimait les couleurs chaudes. Ses sujets principaux sont les enfants, les jeunes filles, les femmes, les fleurs, les scènes de café et les bals populaires.

▪ Berthe Morisot (1841-1895)
Berthe Morisot était la belle-sœur d'Édouard Manet. Elle s'est intéressée très jeune à la peinture. Comme beaucoup d'artistes de l'époque, elle a commencé à copier les tableaux du musée du Louvre. C'est là qu'elle a fait la connaissance de Manet. Elle a alors rejoint le groupe des peintres impressionnistes. Elle a peint avec eux et elle a participé à leurs expositions. Berthe Morisot aimait utiliser les couleurs claires. Ses sujets principaux sont les fleurs, les paysages, les scènes de la vie champêtre° et les portraits de jeunes filles.

droit *law* devantures *store fronts* paysages *landscapes* claires *light* champêtre = *rurale*

T45

◆ Searching for specific information: learning research skills

The **Interludes culturels** may be used as a reference source, to elucidate or expand on specific points of culture that have come up in other sections of the text. For instance, have students turn to a specific **Interlude** segment and, in pairs, write down one related new fact they have found.

EXAMPLE:

When learning that Claire Delamotte (**Info Magazine 9**) works for the "Restos du Coeur," students may be asked to look for additional information on the topic in **Interlude culturel 7**.

EXAMPLE:

When students encounter the Bénin sculpture in the reading on *Les visages de la beauté* (**Info Magazine 1**), they can be sent to find additional information about the Bénin civilization in **Interlude culturel 9**.

◆ Building general reading skills

For this purpose, you may choose among the many short texts that have a plot or a human interest aspect. For example, select a text that students can read relatively easily and which they will find interesting.

EXAMPLE:

If some students are familiar with the musical *Les Misérables*, they could be asked to tell what they know of the plot. Then the entire class could read the summary (**Interlude culturel 5**).

◆ Acquiring cultural knowledge: broadening one's background

In classes where the presentation of culture is to be a major objective of instruction, it is important not to overwhelm the students by giving them too much information. It is better to be selective and make the material lively and interesting so that students will want to expand their knowledge.

INTERLUDE CULTUREL 3

LES GRANDS MOMENTS DE L'HISTOIRE DE FRANCE

(1453-1715)

■ Les dates   ■ Les événements

- 1453 Fin de la Guerre de Cent Ans

La Renaissance (1500-1570)

Après la Guerre de Cent Ans et la reconquête de son territoire, la France est finalement en paix. La période qui commence s'appelle la «**Renaissance**», c'est-à-dire le renouvellement. C'est une période de grande activité artistique et culturelle. C'est à cette époque que les rois de France ont habité en Touraine où ils ont construit de magnifiques châteaux: **Chenonceaux, Amboise, Chambord.**

La cour de François Ier

- 1515

Règne de François Ier

- 1547

Le château de Chambord est immense, avec plus de 400 pièces et 365 cheminées.

- 1589

Règne de Henri IV

- 1610

Règne de Louis XIII

- 1643

Le Grand Siècle (1643-1715)

Le Grand Siècle, c'est le siècle de **Louis XIV**, ou «**Roi-Soleil**». C'est aussi la période la plus brillante de l'histoire de France. Louis XIV est devenu roi à l'âge de cinq ans et il a régné sur la France pendant 72 ans. Pendant son règne, il a encouragé les arts et les sciences. Il a créé des académies de peinture, de sculpture, de sciences, d'architecture. Avec Louis XIV, le prestige de la culture française s'est répandu° dans toute l'Europe. Mais Louis XIV était aussi un roi autoritaire et ambitieux. De son château de Versailles il exerçait un pouvoir absolu sur le reste du pays. C'est lui qui a dit: «L'État, c'est moi». Louis XIV a engagé la France dans de nombreuses guerres qui ont fini par ruiner le pays.

Règne de Louis XIV

- 1715 Mort de Louis XIV

Louis XIV à la guerre

s'est répandu spread

■ Les personnes

François Ier et Mona Lisa

Léonard de Vinci la «Joconde»

Le roi **François Ier (1494-1547)** était très grand, très beau et très athlétique. Il aimait tous les sports de son époque, et en particulier le jeu de paume, l'ancêtre du tennis actuel. Sa grande passion était la chasse° qu'il pratiquait dans les forêts de ses châteaux de **Chambord** et **d'Amboise**.

C'était aussi un esprit fin° et cultivé qui aimait la musique, les arts et les lettres. Il a fait venir° dans son château d'Amboise le grand artiste italien **Léonard de Vinci** à qui il a acheté la «**Joconde**» ou «**Mona Lisa**», aujourd'hui le portrait le plus célèbre du monde.

Jean Clouet «François Ier»

La vie de cour sous François Ier

Louis XIV et sa cour

Louis XIV (1638-1715) a longtemps vécu au château de **Versailles**. Il a construit ce château non seulement pour son plaisir, mais pour attirer les nobles du pays. C'était une façon de les contrôler et de les empêcher° de se révolter contre lui. Trois mille personnes vivaient au château de Versailles.

À la cour de Louis XIV, tout était organisé autour de la personne du roi. Les événements de sa vie quotidienne° étaient des cérémonies officielles, réglées par° une étiquette très stricte. C'était un privilège d'assister au lever, au dîner, au souper, au coucher du roi. Seuls les grands seigneurs° étaient invités.

Patron des arts et des lettres, Louis XIV s'intéressait personnellement à la musique, au théâtre et surtout au ballet. Parfois, il participait lui-même aux représentations. Un jour, il paraît sur scène déguisé en soleil, d'où son nom de «**Roi-Soleil**». Ce nom est avant tout° symbolique. Louis XIV brillait sur sa cour, sur la France et sur le monde. Il se considérait vraiment comme le centre de l'univers.

Louis XIV

La cour de Louis XIV à Versailles

la chasse *hunting* **fin** *refined* **fait venir** *brought* **empêcher** *to prevent* **quotidienne** *daily* **réglées par** *structured according to* **seigneurs** = *nobles* **avant tout** *above all*

- Begin by discovering the extent of the students' prior background, and then encourage them to expand that knowledge.

EXAMPLE:

Before beginning the section entitled *L'histoire de la chanson française* (**Interlude culturel 4**), ask students to name singers they are familiar with and write their responses on the board. Then have the students read the selection carefully, checking which of the names on the board appear in the text, and adding new names to their list. As a follow-up activity, bring to class recordings of some of the songs mentioned. Students may also have cassettes of some of the more popular singers.

- Stimulate interest in a cultural topic, and then expand upon it.

EXAMPLE:

Instead of presenting modern French history (**Interlude culturel 6**) by starting with the synopsis (pp. 252–253), you may begin by introducing the movie **Au revoir, les Enfants** (pp. 256–259) in a way that will stimulate curiosity about the period 1940–1944. You may have students go back to the synopsis and read the description of World War II events (*Occupation, Résistance, Libération*). Students who are interested in the topic can be encouraged to do further research.

With the **Interludes culturels**, even more than with the other sections of the text, the key to success lies in the creative and flexible presentation of the material. By using a variety of teaching strategies, teachers can make the material in these **Interludes** come alive for the students.

■ *En Haïti, l'art, c'est la vie*

Tous les Haïtiens, ou presque, ont une âme° d'artiste. En Haïti, l'art est partout:° sur les murs, sur les devantures des magasins,° sur les volets° des maisons, dans les églises, sur les autobus, sur les camions° ou sur les voitures. Et maintenant, il se trouve aussi dans les collections privées et dans les musées.

L'art haïtien est avant tout un art populaire: il est issu du peuple et il est fait pour le peuple. À la différence des artistes européens ou américains, les artistes haïtiens n'ont généralement pas reçu de formation technique dans des écoles d'art spécialisées. Ils ont appris eux-mêmes à peindre.° Leur style, souvent appelé «style naïf», est caractérisé par un dessin° relativement simple, l'absence de perspective et l'usage d'une palette aux couleurs chaudes et vibrantes.

Les sources de l'art haïtien sont intérieures et personnelles: c'est l'environnement immédiat de l'artiste, la nature, la culture, la religion et les croyances° d'un peuple aux profondes racines° africaines. Les sujets représentés expriment la vie et l'âme de ce peuple. Ce sont souvent des scènes de la vie quotidienne, la ville avec ses gens aux vêtements multicolores ou la campagne haïtienne avec sa végétation luxuriante, parfois des cérémonies ou des sujets religieux, ou des scènes historiques.

C'est un Américain, De Witt Peters, qui a fait découvrir au monde les merveilles de l'art haïtien. Peters était venu en Haïti au début° des années 1940 pour enseigner° l'anglais. Lui-même peintre, il a tout de suite° été séduit° par l'art simple et coloré des peintres haïtiens. Avec l'aide des gouvernements haïtien et américain, il a ouvert un Centre d'Art où étaient exposées les oeuvres° des meilleurs peintres haïtiens. L'existence de ce centre a encouragé de nombreuses vocations d'artistes. Autrefois méconnu,° l'art haïtien est aujourd'hui apprécié par un nombre croissant° d'amateurs° un peu partout dans le monde.

J.M. Obin *«La Bataille de Vertières»*

J.M. Obin est spécialiste de scènes historiques. Ce tableau représente la dernière bataille de la guerre d'indépendance haïtienne qui a eu lieu le 13 novembre 1803 à Vertières. Au cours de cette bataille décisive, l'armée des anciens esclaves, commandée par le général Dessalines (au centre), met en fuite l'armée française (à droite). Quelques jours plus tard, l'armistice est déclarée. Le premier janvier 1804, Haïti devient une nation indépendante.

Salnave Philippe-Auguste *«Les crocodiles»*

Avocat de profession, **Salnave Philippe-Auguste** s'est consacré à plein temps à la peinture à l'âge de 51 ans. Dans un style délicat et symbolique, il peint des scènes exotiques remplies d'animaux sauvages. Ici il a choisi comme sujet des crocodiles qu'on trouve encore dans les régions marécageuses° et reculées° d'Haïti. Ces crocodiles semblent protéger des fleurs aquatiques, symboles de la liberté chèrement acquise par les Haïtiens en 1804.

âme *soul* **partout** *everywhere* **devantures des magasins** *storefronts* **volets** *shutters* **camions** *trucks* **peindre** *to paint* **dessin** *design* **croyances beliefs** **racines** *roots* **début** *beginning* **enseigner** *to teach* **tout de suite** *immediately* **séduit** *attracted, seduced* **oeuvres** *works* **méconnu** *peu connu* **croissant** *increasing* **amateurs** *art-lovers* **marécageuses** *swampy* **reculées** *remote*

340 INTERLUDE: Les Antilles francophones

Préfète Duffaut *«Village magique»*

Préfète Duffaut est l'un des peintres haïtiens les plus célèbres. Il n'avait jamais vu d'oeuvres artistiques quand il a commencé à peindre vers l'âge de 20 ans. Dans un style tout à fait personnel, il aime peindre des villages imaginaires, mais très détaillés, avec des rues en zigzag qui s'accrochent aux flancs des montagnes. La présence de montagnes caractérise les tableaux de Duffaut et rappelle l'origine du nom d'Haïti qui, en langue arawak, signifie «pays de montagnes».

Hector Hyppolite, *«Agoué et son consort»*

Hector Hyppolite, l'un des premiers peintres exposés au Centre d'Art, était aussi un *houngan,* c'est-à-dire un prêtre vaudou. Dans ce tableau, Hyppolite a peint Agoué, loa de la mer, symbolisée ici par une ancre marine, et son consort.

* Pour une définition de l'animisme, voir page 375.

Dans ce tableau, **Dieuseul Paul** représente des *loas*, esprits bénéfiques° ou maléfiques° de la religion vaudou. Cette religion populaire d'Haïti a inspiré beaucoup d'autres artistes haïtiens. Originaire du Bénin en Afrique, le vaudou intègre les croyances et rituels des religions animistes° africaines avec certains éléments de la religion catholique. Les pratiquants du vaudou vénèrent un grand nombre de dieux et de loas représentant les forces visibles et invisibles du monde qui nous entoure. Chaque pratiquant a son propre° loa.

Dieuseul Paul *«Loas»*

Pauleus Vital *«Paysage de Sables-Cabaret»*

Comme son demi-frère Préfète Duffaut, **Pauleus Vital** aime peindre les paysages de montagnes, mais d'une façon réaliste et précise. Dans ce tableau, l'artiste représente le travail quotidien des gens de la campagne. On peut remarquer la régularité des champs et la luxuriance de la végétation haïtienne, rendue encore plus intense par les couleurs brillantes utilisées par l'artiste.

bénéfiques *= qui font du bien* **maléfiques** *= qui font du mal* **propre** *own*

Lecture et culture **341**

T47

Introduction to French Literature

Beginning with Level Three, the teaching of literature becomes a significant objective in the curriculum of many French courses. Because most authentic French literary pieces are linguistically very complex, it is important that the introduction to French literature be done in a *progressive* manner so as to correspond to the linguistic abilities of the students. It should also be done in an *interesting* and *stimulating* way and include a variety of texts that students can relate to easily.

If the initial introduction to literature is successful, students are more likely to develop an interest in the richness of French literature and breadth of francophone culture. Many will be encouraged to continue their study of French, and perhaps make plans to travel or study in a French-speaking part of the world.

The literature-related contents of **F ROUGE** have been selected to meet the following objectives:

- To *present integral literary pieces that are linguistically accessible* to Level Three students. All the twentieth-century texts are presented as written with only minor occasional abridgments. Because of their lexical complexity, however, the short stories of the nineteenth century have been somewhat adapted.

- To *introduce longer significant literary works* via summaries and synopses. By encountering some major works of literature through brief summaries, students will broaden their awareness of the breadth of the French cultural heritage and develop a growing interest in French literature.

- To show how *poetry can be used to convey powerful political messages*. Students tend to dismiss poetry as boring and uninteresting. Here they will discover how Paul Éluard's *Liberté* became a call to Resistance in World War II, how David Diop and Aimé Césaire used poetry to promote African independence, and how Zachary Richard uses song lyrics to plead for the maintenance of Cajun culture in Louisiana.

- To bring students into direct contact with *the variety of the literature of the French-speaking world*, by including authors from France, Africa, the Caribbean and North America. Genres include short stories, fables, legends, letters, poetry, as well as introductions to novels and plays.

The breadth of the literary content of **F ROUGE** is shown in the following chart.

Documents: Le corbeau et le renard

Le corbeau et le renard

À l'école, tous les jeunes Français apprennent par coeur les fables de La Fontaine. Leur auteur est l'un des écrivains les plus célèbres du siècle de Louis XIV. À travers° ses portraits d'animaux, **Jean de La Fontaine** (1621-1695) voulait critiquer les défauts de ses contemporains. La morale de ses fables est en réalité éternelle.

La fameuse fable *Le corbeau et le renard* s'adresse aux gens qui ont besoin d'être admirés.

Le corbeau et le renard

Maître Corbeau, sur un arbre perché,
        Tenait° en son bec un fromage.
Maître Renard, par l'odeur alléché,°
        Lui tint à peu près ce langage:°
«Hé! bonjour, Monsieur du Corbeau,
Que vous êtes joli! que vous me semblez beau!
        Sans mentir,° si votre ramage°
        Se rapporte° à votre plumage
Vous êtes le phénix° des hôtes de ces bois.
À ces mots,° le Corbeau ne se sent pas de joie;°
        Et pour montrer sa belle voix,
Il ouvre un large bec, laisse tomber° sa proie.°
Le Renard s'en saisit,° et dit: «Mon bon Monsieur,
        Apprenez que tout flatteur
Vit° aux dépens° de celui qui l'écoute:
Cette leçon vaut° bien un fromage, sans doute.»
        Le Corbeau, honteux° et confus,°

L'histoire de France à travers ses châteaux

Carcassonne
Comme beaucoup de villes médiévales, Carcassonne était entourée de hauts remparts qui la protégeaient contre d'éventuels envahisseurs.° Elle résista aux Anglais pendant la Guerre de Cent Ans.

Chenonceaux
Le château de Chenonceaux est de pur style Renaissance. Sur ses murs on peut y lire encore des graffiti (en anglais) laissés par les gardes écossais° du roi Henri II.

Angers
Angers était la capitale des Plantagenêts, ducs d'Anjou et futurs rois d'Angleterre. Avec ses grosses tours rondes, le château est un bel exemple d'architecture féodale.

Fontainebleau
Maintes fois transformé, Fontainebleau a servi de résidence à plus de 2 rois de France, parmi lesquels François Ier, Louis XIII, père de Louis XIV. C'est ici que Napoléon a fait ses adieux avant de partir en exil.

Château-Gaillard
Construit en 1196 par Richard Coeur de Lion, Château-Gaillard dominait la Seine et barrait la route entre Paris et Rouen. Dix ans plus tard, le château tomba dans les mains des Français et il n'en reste aujourd'hui que d'imposantes ruines.

Vaux-le-Vicomte
Le château de Vaux-le-Vicomte a été construit par Nicolas Fouquet, surintendant des finances du royaume de France. Un jour, Fouquet eut la mauvaise idée d'y inviter le jeune roi Louis XIV. Celui-ci, jaloux de la richesse de son ministre, le fit emprisonner.

Amboise

Versailles
Toute la majesté de

Literature Selections in

Using Feature-length Movies in Level Three Classes

Feature-length movies are not only artistic documents (they are after all "filmed theater" performed by professional actors), they also present a wide range of authentic patterns of spoken language. Furthermore, they belong to a media category which has broad appeal among today's student population. As such, films can be effectively and profitably integrated into a Level Three curriculum, especially one which stresses the development of the communication skills.

Many French language movies are now available on video-cassette, usually with English subtitles. The presence of subtitles is not necessarily a disadvantage. First of all, many students find them reassuring, especially on the first viewing. Secondly, once students are more familiar with the film, they will be able to tell when the subtitles are a direct English translation of what is being said and when they are paraphrases. Some students may even begin to pay more careful attention to the dialogue in order to spot such differences.

The selection of movies to be used in the classroom, however, must be carefully done so that the films to be shown correspond to the students' level of maturity and linguistic sophistication. **It is absolutely essential that the teacher view a film in its entirety before deciding to use it in class.** Resumes in film catalogues and even ratings may be deceptive. Moreover a film that is appropriate for one class, may not be approriate for another class. The presentation of an inappropriate movie can be a frustrating experience, and may have negative rather than positive consequences on the progress of the students.

SUGGESTED STRATEGIES

Strategies of film presentation will vary, depending on the nature of the movie, the linguistic ability of the students, the overall objectives of the course, and the amount of time available. On the whole, however, these strategies involve three steps which are rather similar to those used in presenting a printed text.

Step 1: Pre-viewing activities

The purpose of these initial activities is to prepare the students for the viewing of the film. They may consist of …

- explaining the cultural or historical context of the film
- reviewing certain linguistic elements which will facilitate the understanding of the dialogue
- focussing the attention of the students on some key scenes of the film
- helping them anticipate what they will see

Step 2: Viewing the film

Ideally, the film is viewed in its entirety. On another day, scenes that are particularly important may be shown again, either once or several times. Finally, if time allows, the entire film is presented again.

Since a feature film is much longer than the typical class hour, some teachers may find that circumstances require them to show the film in two or three segments. In this event, it is essential that the teacher know in advance where to stop each viewing session so that the film is presented in logical, self-contained parts. When a feature film is viewed in several segments, viewing activities may consist of:

- inviting the class, at the end of the first segment, to anticipate what will happen in the next segment
- the next day, having the students recount what happened in the previous segment and reviewing their anticipated guesses before showing the second segment, etc.

Step 3: Post-viewing activities

The purpose of these activities, whether oral or written, is to ascertain that the students have understood the film. They may consist of:

- summarizing the movie
- debating certain key points
- presenting personal interpretations and individual points of view
- acting out key scenes
- writing a critical "review"

LASERDISC TECHNOLOGY

With the rapid development of new technologies, it is quite likely that more and more French movies will soon become available on laserdisc. The laserdisc format is particularly well suited for classroom use, since it allows rapid access via barcode to individual scenes and also permits the teacher to show photographic-quality film stills on the screen.

Of even greater interest to French teachers is the laserdisc + computer format. This advanced technology has the following advantages:

- possibility for the teacher to edit out brief scenes or exchanges judged inappropriate or problematic
- possibility of showing the film with or without English subtitles
- option of showing the film with or without French captions
- availability of a dictionary which allows students to check the precise meaning of selected words or expressions
- accessibility of extensive explanatory material: either in the form of text, maps, illustrations, or even video clips

THREE FILMS

Recognizing the usefulness of films as a teaching tool, we have included a summary of the following three movies in the **Interlude culturel** sections of ▗F ROUGE. These movies were selected because they illustrate important aspects of francophone culture and French history.*

Cyrano de Bergerac
(Directed by J.P. Rappeneau, 1990). Rated PG.

This movie is based on the famous play by Edmond Rostand and closely follows the original work. The action takes place in 17th century France. Although students will find that the more poetic *tirades* are difficult to understand without the subtitles, they will be able to follow much of the other dialogue.

Au revoir, les Enfants
(Directed by Louis Malle, 1987). Rated PG.

This award-winning semi-autobiographical movie is based on a script by Louis Malle. It describes a dramatic incident in a private boys' boarding school during the German occupation of France (1940-1944). (Note: A couple of brief exchanges between the boys in their dormitory may not be considered appropriate for some classes.)

Rue Cases-nègres
(Directed by Euzhan Palcy, 1983). Rated PG.

This movie, based on the novel by Joseph Zobel, depicts life in rural Martinique in the 1930s. Although some parts of the sound track are difficult to understand, students will readily appreciate the story-telling style of the old man, interspersed as it is with the typical exclamations: *Et cric? Et crac!*

* For additional film ideas, see "Dix Films Français," *Au Courant Newsletter*, Vol. 1, No. 1, fall 1992, pp. 4–6. Available from D. C. Heath, upon request.

> THE DECISION TO PRESENT THESE FILMS OR ANY OTHER FILM MENTIONED IN THIS TEXT IS LEFT TO THE SOLE AND ENTIRE DISCRETION OF THE TEACHER. IT SHOULD BE MADE AFTER CAREFUL ADVANCE VIEWING OF THE MOVIE AND, IF NECESSARY, WITH THE APPROVAL OF THE SCHOOL ADMINISTRATION AND THE PARENTS.

Documents: Au Revoir, les Enfants

L'action du film a lieu dans une école catholique de garçons dont le directeur, **le père Jean**, est un prêtre° d'une grande intégrité morale. Le héros du film est un jeune garçon d'une douzaines d'années, **Julien Quentin** (c'est, bien sûr, Louis Malle lui-même), qui est pensionnaire° avec son frère aîné François dans cette école.

1. Le film commence à la rentrée des classes après les vacances de Noël. Dans la première scène, Julien est à la gare. Il dit au revoir à sa mère, puis il prend son train. Quand il arrive au collège, il retrouve tous ses copains. Dans la classe, il y a un nouvel élève qui s'appelle

2. **Jean Bonnet**. C'est un garçon timide et réservé qui ne parle jamais de sa famille. C'est aussi un brillant élève, en maths, en français, en musique. Julien, qui était jusqu'alors° le meilleur élève de la classe, sent en lui un rival. Il questionne Jean sur son passé, mais celui-ci répond d'une façon évasive.

Louis Malle

Louis Malle est l'un des grands réalisateurs° du cinéma français moderne. Il a d'abord fait des films documentaires, comme son premier film *Le monde du silence*, réalisé en coopération avec Jacques-Yves Cousteau, l'explorateur du monde marin.°
Dans ses films plus récents, Louis Malle traite de thèmes personnels comme celui évoqué dans *Au revoir, les Enfants*.
Louis Malle est marié avec l'actrice américaine Candice Bergen et habite à New York.

1. Julien dit au revoir à sa mère avant de prendre son train pour rentrer au collège.

2. Au collège, il y a un nouvel élève. Il s'appelle Jean Bonnet.

3. Les deux garçons deviennent amis.

réalisateur director marin = de la mer prêtre priest pensionnaire boarding student jusqu'alors until then

258 INTERLUDE: Les Grands Moments de l'Histoire de France (1870-présent)

Culture Notes

REPRISE

1. Les chapelles romanes *(page 2)*

Les chapelles romanes sont caractérisées par leurs épais murs de pierre, leurs fenêtres petites et arrondies, leur nef voûtée.

2. Saint-Exupéry *(page 6)*

Antoine de Saint-Exupéry (1900–1944) était un aviateur aussi bien qu'un écrivain. Il a décrit ses expériences de pionnier de l'aviation dans plusieurs livres. Pendant l'Occupation de la France par les troupes allemandes (1940–1944), Saint-Exupéry s'est exilé aux États-Unis où il a écrit *Le Petit Prince*. Bien qu'ayant dépassé la limite d'âge, il s'est porté volontaire comme pilote des Forces Françaises Libres. Il est mort au cours d'une mission au-dessus de la Méditerranée. Pour commémorer le 50e anniversaire de sa mort, un billet de 50 francs a été émis à son effigie.

UNITÉ 1

3. L'Académie française *(page 56)*

Les membres de l'**Académie française** sont élus à vie. On les appelle «Immortels» car quand un Académicien meurt, ses collègues élisent un successeur. Parmi les Académiciens d'origine étrangère: **Julien Green** (américain), **Léopold Senghor** (sénégalais), **Marguerite Yourcenar** (belge).

4. Le «pin's» *(page 34)*

La vogue du «**pin's**» est récente. Elle a commencé en 1988 à l'Open du tennis de Bercy. Depuis, le pin's est non seulement un accessoire, mais aussi un objet de collection.

5. La mode «rétro» *(page 34)*

Le terme **rétro** s'applique généralement à la mode des années 1920–1960.

6. Morphée *(page 46)*

Dans la mythologie grecque, **Morphée** est le dieu du sommeil.

7. Camille Claudel *(page 65)*

Dans le film *Camille Claudel* (1988), réalisé par Brunot Nuytten, **Isabelle Adjani** joue le rôle principal de Camille Claudel.

8. Rodin *(page 65)*

Auguste Rodin (1840–1917) est surtout connu pour sa sculpture: *Le Penseur*.

9. Le «javanais» *(page 67)*

Le javanais est le dialecte indonésien parlé dans l'île de Java. Pour les Français, c'est aussi une langue artificielle dans laquelle les syllabes "av" ou "va" sont intercalées entre chaque consonne. Par exemple, en javanais, **bonjour** devient **b**av**onj**av**our**.

10. Trois sculpteurs *(page 69)*

Niki de Saint Phalle (1930–), peintre et sculpteur français, membre du groupe des Nouveaux Réalistes des années 60.

Jean Dubuffet (1901–1985), peintre, sculpteur et écrivain français, s'est d'abord inspiré des graffiti et des dessins d'enfants. En 1962 il a commencé à faire des sculptures en matière plastique peinte, comme celle de l'Hôtel de la Monnaie.

César Baldaccini (1921–), sculpteur français, apparenté aux Nouveaux Réalistes. Il a surtout travaillé les métaux et les matières plastiques.

UNITÉ 2

11. La Révolution française *(page 92)*

L'un des principaux objectifs de la Révolution était d'établir l'égalité de tous les citoyens et, par conséquent, d'abolir les privilèges réservés à la noblesse et au clergé. Cet objectif figure dans la devise de la France: **Liberté, Égalité, Fraternité**.

12. La vie domestique d'autrefois *(page 94)*

La vie domestique d'autrefois comprenait un grand nombre de tâches qui n'existent plus aujourd'hui. On devait couper du bois (nécessaire non seulement pour le chauffage, mais aussi pour la cuisine), nourrir les animaux qu'on élevait pour l'alimentation (poulets, lapins, canards) et s'occuper du jardin potager (pour les légumes) et du verger (pour les fruits).

13. La vie au Moyen Âge *(page 95)*

- À la campagne, les maisons avaient généralement une **étable** pour les animaux (pour les vaches et les chevaux). On utilisait les chevaux non seulement pour le transport, mais aussi pour les travaux de la ferme.

- Au Moyen Age, les villes avaient des **hospices** pour les indigents et les personnes âgées sans ressources. Dans ces hospices, le confort était inexistant.

14. Le canif *(page 96)*

Jusqu'il y a trente ou quarante ans, les jeunes Français qui habitaient à la campagne avaient tous **un couteau de poche** ou **un canif**. Ils utilisaient ce couteau pour couper le pain, pour tailler leurs crayons, et aussi pour faire des sifflets et toutes sortes de sculptures en bois.

15. La morale de la fable *(page 97)*

Le texte original, transcrit en français moderne, est le suivant: «Mirez-vous dans ce miroir, vous qui avez des enfants à marier. Ne suivez pas l'exemple du vieillard. Si vous êtes en avant, ne vous mettez pas en arrière. Méfiez-vous: les enfants sont sans pitié. Ils en ont assez de leurs pères quand ceux-ci ne sont plus bons à rien. Se mettre à la merci d'autrui, c'est s'exposer à grande affliction.»

16. Astérix *(page 100)*

Dans la série *Astérix*, Goscinny a donné des noms humoristiques à ses personnages. Ces noms sont des transformations de mots ou d'expressions contemporains avec des suffixes gaulois ou romains.

- Noms gaulois avec le suffixe **-ix** (comme dans le nom **Vercingétorix**)

Astérix	astérisque	*asterisk*
Obélix	obélisque	*oblelisk*
Idéfix	idée fixe	*fixed idea, obsession*
Panoramix	panoramique	*panoramic*

- Noms romains (avec le suffixe **-us** ou **-um**)

Babaorum	baba au rhum	*a sponge cake soaked with rum*
Petibonum	petit bonhomme	*little man*
Marchéopus	marché aux puces	*flea market*

17. La crêpe créole *(page 82)*

La **crêpe créole** est flambée au rhum. Sa pâte contient du lait de coco, de la cannelle et de la muscade.

18. France *(page 98)*

Le nom de **France** est dérivé du mot **Franc** (Frank), nom de l'une des tribus germaniques qui ont envahi la Gaule à partir du 5e siècle.

19. La bataille d'Azincourt *(page 98)*

La bataille d'Azincourt est la scène centrale de la pièce de Shakespeare *Henri V*.

20. Aliénor d'Aquitaine et sa famille *(page 105)*
- **Louis VII** (1120–1180)
- **Henri II Plantagenêt** (né au Mans 1133, mort à Chinon 1189)
- **Richard Ier Coeur de Lion** (né à Oxford 1157, mort à Châlus 1199)
- **Jean sans Terre** (né à Oxford 1167, mort en Nottinghamshire 1216). En 1215, il a été contraint à accepter la **Grande Charte** (*Magna Carta*). C'est contre le roi Jean que luttait **Robin des Bois** (*Robin Hood*).

21. Jeanne d'Arc *(page 107)*

Jeanne d'Arc assiste au sacre de **Charles VII** à Reims le 17 juillet 1429, mais peu après, son armée échoue devant Paris. En mai 1430, elle est faite prisonnière. Les Anglais la font juger comme sorcière devant un tribunal ecclésiastique à Rouen. Déclarée hérétique, elle fut brûlée le 30 mai 1431.

UNITÉ 3

22. Les grenouilles *(page 136)*

Tous les écoliers français connaissent les grenouilles à travers **Les Fables de La Fontaine**, telles que *La grenouille qui voulait se faire plus grosse que le boeuf* et *Les grenouilles qui voulaient un roi*.

23. Louis XIV et sa succession *(page 141)*

Louis XIV a survécu à son fils et à son petit-fils. À sa mort, ce fut son *arrière-petit-fils* qui a pris sa succession sous le nom de **Louis XV**.

24. *Le corbeau et le renard* *(page 146)*
- *Maître* est aujourd'hui le titre honorifique des avocats et des notaires; au 17e siècle, ce titre était donné aux gens de condition moyenne.
- *Monsieur du Corbeau* est un titre cérémonieux de noblesse.
- Le **phénix** est un oiseau fabuleux de la mythologie qui, d'après la légende, renaît de ses propres cendres.

UNITÉ 4

25. Sopalin *(page 153)*

«**Sopalin**» est le nom d'une marque de papier absorbant. Maintenant on utilise ce nom d'une manière générique. Notez qu'en anglais on fait souvent la même chose, par exemple, *Kleenex, Jello*.

26. Le rap *(page 180)*

MC Solaar est le nom de scène de Claude M'Barali. ''MC'' se prononce comme ''emcee'' en anglais.

27. Ballet classique *(page 184)*

L'introduction du **tutu** date de 1830 et correspond à la période des ballets romantiques. La forme de ballet que l'on désigne sous le nom de **ballet classique** s'est développée plus tard en Russie. On y a maintenu la terminologie et les pas principaux du ballet français traditionnel.

28. L'épopée napoléonienne *(page 216)*

Après sa défaite à Leipzig (Allemagne) en 1814, **Napoléon** est exilé à l'île d'**Elbe**. Il revient en France en mars 1815 et remonte sur le trône, mais son nouveau règne ne dure que Cent-Jours. Son armée est vaincue à **Waterloo** (Belgique) le 18 juin 1815, et Napoléon est exilé à **Sainte-Hélène** où il passera la fin de sa vie.

29. Louis XVI et Marie-Antoinette *(page 217)*

- **Louis XVI**: fils de Louis XV et d'une princesse polonaise, Louis XVI avait seulement un grand-père français.
- **Marie-Antoinette**: fille de l'impératrice autrichienne Marie-Thérèse et de François, duc de Lorraine, Marie-Antoinette avait une grand-mère et un grand-père français.
- La ville de **Marietta** (Ohio) est nommée en l'honneur de Marie-Antoinette.

30. La guillotine *(page 217)*

La **guillotine** est une machine servant à exécuter les condamnés à mort. Elle a été inventée pendant la Révolution par un certain docteur **Guillotin**, qui a été lui-même guillotiné.

31. L'empereur Napoléon et sa famille *(page 217)*

Voici les autres membres de la famille de Napoléon:
- **Lucien** Bonaparte, prince de Canino
- **Elisa** Bonaparte, grande duchesse de Toscane
- **Pauline** Bonaparte, duchesse de Guastalla
- **Caroline** Bonaparte, reine de Naples

Note: **Napoléon III** était le fils de Louis Bonaparte.

32. Le système métrique *(page 221)*

Littéralement, **le pouce** *(thumb)* est le dernier doigt de la main. Dans l'ancien système de mesure, un **pouce** correspondait à la longueur de la dernière phalange du pouce. Le **pied**, équivalent à 12 pouces, correspondait plus ou moins à la longueur du pied humain.

33. Victor Hugo et *Les Misérables* *(page 224)*

- **Victor Hugo** est aussi connu pour son roman du Moyen Âge, *Notre Dame de Paris,* avec **Quasimodo**, le sonneur de Notre-Dame, et la belle **Esmeralda** qui se promène à travers Paris avec sa chèvre.
- La scène des barricades dans le roman *Les Misérables* se passe pendant la **Révolution de 1830** qui a déposé le roi **Charles X**. (Voir le tableau historique à la page *219*.)
- Dans sa représentation de **Gavroche**, Victor Hugo, l'auteur des *Misérables*, a probablement été inspiré par le jeune garçon qui figure sur le tableau de **Delacroix** intitulé *La Liberté guidant le peuple*. Eugène Delacroix (1798–1863) a peint ce tableau peu après la Révolution de 1830.

UNITÉ 6

34. Les Guides Michelin *(page 228)*

Il y a deux sortes de **Guides Michelin:**
- **Le Guide Rouge** pour les hôtels et les restaurants
- **Les Guides Verts** pour les renseignements touristiques sur chaque région de la France.

35. L'École de Paris *(page 252)*

Parmi les artistes étrangers qui sont allés en France et qui ont constitué l'**École de Paris,** on peut mentionner:
- **Picasso** (Espagne)
- **Modigliani** (Italie)
- **Diego Rivera** (Mexique)
- **Foujita** (Japon)
- **Soutine** (Lithuanie)
- **Chagall** (Russie)

36. Anciennes colonies et protectorats français *(page 252)*

Quelques anciennes colonies et protectorats français:
- Afrique du Nord: **Maroc, Algérie, Tunisie**
- Afrique occidentale: **Sénégal, Côte d'Ivoire**, etc.
- Asie: **Vietnam, Cambodge, Laos**

37. Le souvenir de Charles de Gaulle *(page 254)*

Les endroits suivants sont nommés en l'honneur de **Charles de Gaulle**:
- l'aéroport Charles de Gaulle (ou Roissy, l'aéroport international de Paris)
- la place Charles de Gaulle (ou Place de l'Étoile, en haut des Champs-Elysées)

UNITÉ 7

38. Les pharmacies en France *(page 261)*

Les **pharmaciens de garde** sont ouvertes la nuit et le dimanche.

39. Le SIDA *(page 275)*

SIDA est un acronyme pour Syndrome d'Immuno-Déficience Acquise. C'est un savant français, le professeur **Montagné** de l'**Institut Pasteur**, qui a réussi le premier à isoler le virus causant le SIDA (VIH: Virus de l'Immuno-déficience humaine).

40. L'abbé Pierre et les «Chiffonniers d'Emmaüs» *(page 294)*

- Des sondages récents ont montré que l'**Abbé Pierre** est la personne la plus admirée en France, avant **Jacques Cousteau** et le premier ministre.
- **Emmaüs** est un village au nord de Jérusalem. Dans la tradition chrétienne, c'est là où Jésus s'est manifesté à ses disciples incrédules la nuit de sa résurrection.

41. Les Vikings *(page 296)*

Les Scandinaves ou **Vikings** venaient de Norvège, de Suède et du Danemark. Ils étaient connus sous le nom de **Normans** (ou **hommes du Nord**).

42. Les gens d'Afrique du Nord *(page 297)*

Les **Arabes** d'Afrique du Nord sont les descendants des conquérants venus de la péninsule arabique au 8e siècle. Les habitants du **Maghreb** ne sont cependant pas tous arabes. Il y a aussi les Berbères dont les ancêtres vivaient en Afrique du Nord des siècles avant l'invasion arabe. Aujourd'hui, **Berbères** et Arabes sont de religion musulmane.

43. Les «beurs» *(page 298)*

Le mot «**beur**» est un néologisme dérivé du **verlan** qui est un argot codé dans lequel on inverse les syllabes des mots. Par exemple: *l'envers* → **verlan**; *bizarre* → **zarbi**; *pourri* → **ripou**. Le mot «**beur**» vient d'une double transformation du mot *arabe* en verlan: *arabe* → (**rabeu**) **rebeu** → **beur**.

44. L'Islam *(page 298–299)*

- **Mahomet** (570–632), le fondateur de **l'Islam**, considérait les patriarches et les prophètes de la Bible comme ses précurseurs.
- En 622, le prophète **Mahomet** a fondé la religion musulmane. **L'an 622** est devenu l'an zéro du calendrier musulman.

- Le livre sacré des Musulmans s'appelle **le Coran** et est écrit en arabe. Il contient la parole d'Allâh telle qu'elle a été transmise à Mahomet par l'archange Gabriel.
- Dans le calendrier musulman, le mois de **Ramadan** est le mois où le Coran a été révélé à Mahomet.

45. L'Islam: les cinq prières obligatoires *(page 299)*

En principe, il y a cinq prières obligatoires par jour auxquelles peuvent s'ajouter d'autres prières. Les cinq prières obligatoires représentées dans le document à la page 299 sont:

Al-Fajr: matin (lever du soleil)
Ad-Dohr: midi
Al-Asr: après-midi
Al-Maghrib: soir (coucher du soleil)
Al-Ichaa: nuit

Ce jour-là, **Ach-Chrouq** est une prière facultative.

UNITÉ 8

46. Les «villes nouvelles» *(page 311)*

En dehors de Paris, d'autres «villes nouvelles» ont été créées près de certaines grandes villes.

Lyon: **Villeneuve-d'Ascq**
Marseille: **Rives de l'Étang de Berre**
Lille: **L'Île d'Abeau**
Rouen: **Le Vaudreuil**

47. Les HLM *(page 312)*

Les **HLM**, ou Habitations à Loyer Modéré, sont subventionnées par le gouvernement français pour donner des logements bon marché aux familles disposant de revenus peu élevés.

48. Les élections *(page 325)*

En France, les élections ont toujours lieu le dimanche.

49. Les Antilles *(page 334)*

Les **Antilles** est le nom généralement donné aux îles de la mer Caraïbe. (Les **Caraïbes** étaient les Indiens qui habitaient ces îles avant l'arrivée de Christophe Colomb.) Les Antilles francophones comprennent les départements français de la **Martinique** et de la **Guadeloupe**, et la république d'**Haïti**.

50. L'île de la Tortue *(page 334)*

La fameuse **île de la Tortue**, repaire de pirates, était française de 1665 à 1804. Depuis 1804, cette île, connue sous le nom espagnol de Tortuga, fait partie d'Haïti.

51. Fort-de-France *(page 335)*

Fort-de-France est devenue la capitale (ou **chef-lieu**) de la **Martinique** après la destruction de Saint-Pierre.

52. Haïti *(page 338)*

Haïti est le nom donné à l'île par les **Arawaks** qui y habitaient avant l'arrivée de Christophe Colomb. Ce nom signifie «île montagneuse»..

53. J.M. Obin, «La Bataille de Vertières» *(page 340)*

- À remarquer le drapeau français représenté avec des bandes horizontales plutôt que verticales.
- À la **bataille de Vertières**, l'armée française était commandée par le général **Rochambeau**, fils de Rochambeau, héros de l'indépendance américaine. (Voir page 413.)
- **Jean-Jacques Dessalines**, le général victorieux de la bataille de Vertières, se proclame empereur d'Haïti et prend le nom de **Jacques Ier**.

54. Hector Hyppolite *(page 341)*

Le peintre **Hector Hyppolite** (décédé en 1948) est l'un des premiers artistes haïtiens à avoir été découvert non seulement par **De Witt Peters**, mais aussi par les surréalistes français. Au cours d'un voyage à Haïti, l'écrivain **André Breton**, fondateur du surréalisme, rencontra Hyppolite et, absolument fasciné par l'art haïtien, acheta plusieurs de ses toiles. Aujourd'hui on peut trouver les oeuvres d'Hyppolite dans des collections un peu partout dans le monde.

55. Le houngan *(page 341)*

À la fois prêtre, prophète, pharmacien, médecin et conseiller de sa communauté, le **houngan** joue encore un rôle important dans la société haïtienne d'aujourd'hui.

56. Le film *Rue Cases-nègres* *(page 342)*

- **Joséphine Baker** (1906–1975). Dans la scène qui se passe à la maison de Léopold, on peut entendre la fameuse chanson de Joséphine Baker, *J'ai deux amours, mon pays et Paris.* (À propos de Joséphine Baker, voir Interlude 4, page 178.).
- **Joseph Zobel** (né en 1915), auteur du roman autobiographique **La rue Cases-nègres**, fait une brève apparition dans le film sous les traits du prêtre. Né et élevé à la Martinique dans des conditions semblables à celles de José, Zobel est allé au Sénégal où il a été professeur.

57. Euzhan Palcy *(page 342)*

Euzhan Palcy a réalisé son premier film, *Rue Cases-nègres*, à l'âge de 27 ans. Produit avec un budget de moins de 1 million de dollars, ce film a été acclamé dès sa sortie en 1982. En plus du César décerné pour le «Meilleur Premier Film», *Rue Cases-nègres* a aussi reçu un Lion d'Argent au Festival de Venise. À l'exception de deux personnages, aucun acteur professionnel n'a été utilisé pour ce film.

Dans un film plus récent, *Siméon*, Euzhan Palcy met en scène un groupe de musique zouk qui vient à Paris en quête d'un contrat.

UNITÉ 9

58. Le mariage en France *(page 350)*

- Le **mariage civil** est le seul mariage reconnu légalement. En général, mais pas toujours, le mariage civil et le mariage religieux ont lieu le même jour.
- En France, le garçon et la demoiselle d'honneur sont aussi appelés **les témoins**, car ils signent les documents officiels du mariage.

59. Tassili *(page 372)*

On a découvert les peintures préhistoriques de **Tassili** dans le sud de l'Algérie en 1956. Ces peintures témoignent de l'évolution de ce peuple africain: c'était d'abord des chasseurs (de 6000 à 4000 av. J.-Chr.), puis des bergers (de 4000 à 1000 av. J.-Chr.).

60. L'enseignement du français en Afrique *(page 374)*

L'enseignement du français varie de pays en pays. En **Côte d'Ivoire**, par exemple, il commence dès l'école maternelle.

61. Le christianisme en Afrique *(page 375)*

Le christianisme a été introduit en Afrique occidentale dans la deuxième moitié du 19e siècle. Les populations chrétiennes se trouvent principalement le long du littoral, là où arrivaient les missionnaires européens.

62. L'animisme *(page 375)*

Le mot **animisme** vient du latin, **anima** *(soul)*.

63. La polygamie en Afrique *(page 000)*

La **polygamie** tend à disparaître, surtout dans les villes. Elle subsiste cependant dans certains villages où la population est musulmane.

64. Le rôle de la mère dans la famille africaine (page 376)

Dans certaines sociétés africaines, chez les Baoulés de la Côte d'Ivoire, par exemple, c'était la mère qui était traditionnellement le chef de la famille. Aujoud'hui, ce matriarcat a disparu, mais la mère est toujours très écoutée et très respectée.

65. La «Négritude» (page 377)

Quand **Léopold Senghor** était étudiant à Paris dans les années 1920, lui et son ami **Aimé Césaire** ont fondé le journal L'Étudiant noir dans lequel ils ont défini le concept de «**négritude**».

66. Le Cubisme (page 379)

Le **Cubisme** est un mouvement artistique qui est né à Paris vers 1906. Les fondateurs de ce mouvement sont **Georges Braque** (1881–1963) et **Pablo Picasso** (1882–1973). Les artistes cubistes représentent leurs sujets sous des perspectives différentes et les décomposent en formes géométriques fondamentales: cubes, sphères, ovales, un peu à la manière des sculpteurs africains. Dans son tableau révolutionnaire, Les Demoiselles d'Avignon (1907), **Picasso** a peint certains de ses personnages en leur donnant des visages ressemblant d'assez près à des masques africains.

67. Le baobab (page 378)

Le nom **baobab** signifie «arbre de mille ans». Ses fruits, de la taille d'une orange, ont le goût un peu amer. Pour Diop, cet arbre majestueux, dont le tronc peut atteindre 23 mètres de circonférence, symbolise le dynamisme et l'avenir de l'Afrique.

UNITÉ 10

68. Le service militaire en France (page 385)

Certains jeunes Français font leur service militaire comme conseillers techniques dans les consulats français aux États-Unis.

69. Molière (page 388)

C'est **Molière** (1622–73) qui a popularisé ce dicton célèbre dans sa comédie L'Avare: «Suivant le dire d'un ancien, il faut manger pour vivre, et non pas vivre pour manger.»

70 La Fayette en Amérique (page 414)

La Fayette a débarqué à North Island, près de Charleston en Caroline du Sud. De là, il est allé par voie de terre à Philadelphie où il a reçu son brevet de général du Congrès américain le 31 juillet 1777.

71. La ville de Saint Louis (page 417)

- **Saint Louis** — le roi **Louis IX** (1226–1270) — est connu pour son intégrité et sa piété. Il a participé aux **Croisades** et a fait construire la **Sainte-Chapelle**.
- En 1763, par le **traité de Paris**, la France a cédé à l'Angleterre tous ses territoires situés à l'est du Mississippi. Ceci explique pourquoi **Chouteau** a décidé de choisir la rive ouest comme site de Saint Louis.

CULTURAL REFERENCE GUIDE

DISCOVERING
FRENCH
ROUGE

Jean-Paul Valette • Rebecca M.Valette

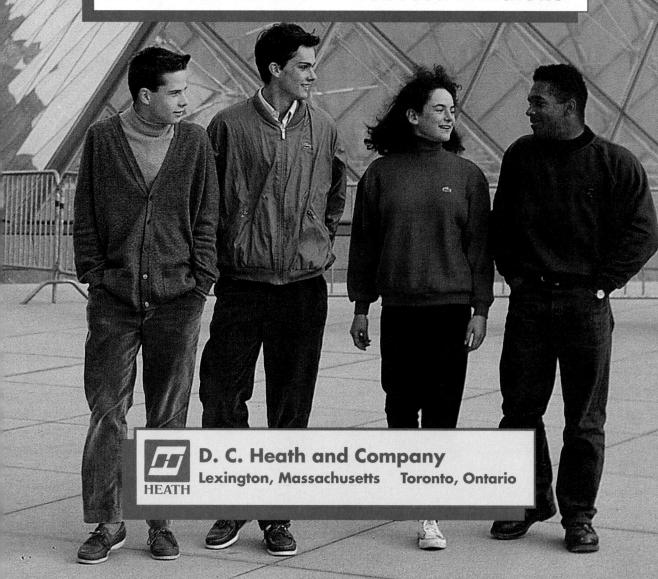

D. C. Heath and Company
Lexington, Massachusetts   Toronto, Ontario

HEATH

Director, Modern Languages
Roger D. Coulombe

Managing Editor
Gail G. Smith

Project Editor
Jeanine A. Caunt

Editorial Support
Marie-Claire Antoine   Marian Weekly
Anne Squire   Marilyn Marvin

D.C. Heath National Modern Language Marketing Manager
Karen Ralston

D.C. Heath National Modern Language Coordinator
Dr. Teresa Carrera-Hanley

D.C. Heath Consultants
Daniel Battisti   A.-Lorena Richins Layser
Ines Lormand   Camille Wiersgalla

Design and Production
Series Designer: Christine Beckwith
Senior Designer: Pamela Daly
Design Staff: Caroline Bowden, Dan Derdula, Greg Johnson, Diana Maloney, Kathy Meisl
Art Editor: Carolyn Langley
Photography Coordinator: Carmen Johnson
Photo Research: Carole Frohlich, Jennifer Carnevale, Linda Finigan, Martha Friedman
Design Section Head, Modern Languages: Victor Curran
Production Coordinator: Karen Hyneman, Production Assistant, Grace Talusan
Text Permissions Editor: Dorothy B. McLeod
Cover: Photographs of students by Nancy Sheehan, © D.C. Heath. Model coordinator, Shawna Johnston.

Illustrations
Francis Back, Pierre Ballouhey, Gilles-Marie Bauer, Jean-Louis Besson, Dave Clegg, Véronique Deiss,
Chris Demarest, Patrick Deubelbeiss, Philippe Dumas, Jacques Ferrandez, Caroline Finadri, Michel Garneau,
Paul Giambarba, Carol Inouye, Louise-Andrée Laliberte, Winslow Pinney Pels, Mike Reagan, John Rumery,
Dave Shepherd, Lorraine Silvestri, Anna Vojtech, Laura Wallace, Fabrice Weiss, Yayo

Published simultaneously in Canada.

Printed in the United States of America.

International Standard Book Number 0–669–43528–7

1 2 3 4 5 6 7 8 9 10 —VHP— 01 00 99 98 97 96

MERCI!

We would like to thank the many teachers across the country who have responded to surveys and sent suggestions for this new program. In particular, we would like to thank the following people who participated in the development process and provided guidance and encouragement:

Susan Arandjelovic
Dobson High School
Mesa, AZ

Pat Barr-Harrison
Prince George's County Public Schools
Landover, MD

Beth Bossong
Vestal High School
Vestal, NY

Celeste Carr
Howard County Public Schools
Ellicott City, MD

Linda Crecca
Hampton Bays Junior/Senior High School
Hampton Bays, NY

Kay Dagg
Washburn Rural High School
Topeka, KS

Dorothy Davis
Royal High School
Simi Valley, CA

Deborah DeMelfi
Central Columbia High School
Bloomsburg, PA

Janice Dowd
Teaneck High School
Teaneck, NJ

Christiane Fabricant
The Winsor School
Boston, MA

Susan Fritz
Reading Memorial High School
Reading, MA

Susan Hennessey
Reading Memorial High School
Reading, MA

Mary Sue Hoffman
Upper Moreland High School
Willow Grove, PA

Barbara Holohan
Princeton High School
Princeton, NJ

Lula Lewis
Hyde Park Academy
Chicago, IL

Virginia Mayer
Padua Academy
Wilmington, DE

Patricia McCann
Lincoln-Sudbury High School
Sudbury, MA

William Price
Day Junior High School
Newton, MA

T. Jeffrey Richards
Roosevelt High School
Sioux Falls, SD

Virginia Rossy
Simi Valley High School
Simi Valley, CA

Dr. Judith Smith
Baltimore, MD

Kathy Withington
McCluer Senior High School
Florissant, MO

We would also like to thank the following persons for helping us acquire a better insight into their areas of the French-speaking world:

Thierry Gustave (*Martinique*)   **Kouadio Konan** (*Ivory Coast*)

Yasmina Hacien-Bey (*Algeria*)   **Ourida Mostefai** (*Algeria*)

CONTENTS

Reprise

Au jour le jour

UNITÉ 2

Soyons utiles!

Handwritten note:

FALL	SPRING
1er Reprise Unité 1	4e Unité 5 et 6
2e Unité 2 et 3	5e Unité 7 et 8
3e Unité 4	6e Unité 9

UNITÉ 4

Aspects de la vie quotidienne

UNITÉ 5 Bon voyage!

UNITÉ 6

Séjour en France

UNITÉ 7

La forme et la santé

UNITÉ 8

En ville

UNITÉ 10

Vers la vie active

Vous êtes fantastiques!

You are terrific! We would like to welcome you back to DISCOVERING FRENCH, but first and foremost we congratulate you on your decision to continue your study of French. As you have discovered, French is a language that broadens your horizons and opens doors to a world of new experiences and opportunities. French offers you the chance to communicate with new people and learn about their culture, the opportunity to explore the wonderful variety of the French-speaking world, and maybe one day the possibility to travel, study or even work in a country where French is spoken… knowing French gives you that extra little "plus" that makes life richer and more enjoyable!

With DISCOVERING FRENCH—ROUGE you will learn to communicate on a variety of topics useful when you travel abroad: making a train reservation, staying in a youth hostel, shopping for things you need, asking for services, etc. But you will learn much more than that. First, you will expand your communication and reading skills. You will also learn to express your thoughts more naturally and more effectively. You will increase your awareness of the francophone world and become more familiar with the many contributions that French-speaking people have made in the world of arts, sciences and great ideas.

As you progress in your study of French, we hope that you will be able to put your knowledge into practice. Perhaps you will have the opportunity to visit Quebec on a school trip. Maybe in the summer you will be able to go bicycling in Belgium or study in France or participate in a home stay program in the Ivory Coast. Even if travel is not in your immediate future, you may have the chance to meet French speakers in the region where you live: new American citizens from Haiti, tourists from Quebec or France, foreign students who have studied French. Remember that in the world there are millions of young people who, like you, are learning French! Don't be shy! Use your French! It's a great language!

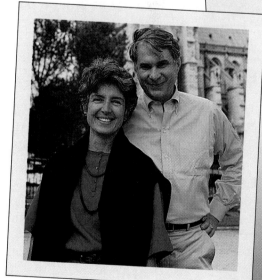

Jean-Paul Valette   *Rebecca M. Valette*

Reprise

Vive les vacances!

NOTE: See *Answer Key/Teaching Notes* and *Cahier d'Activités* for additional materials and information.

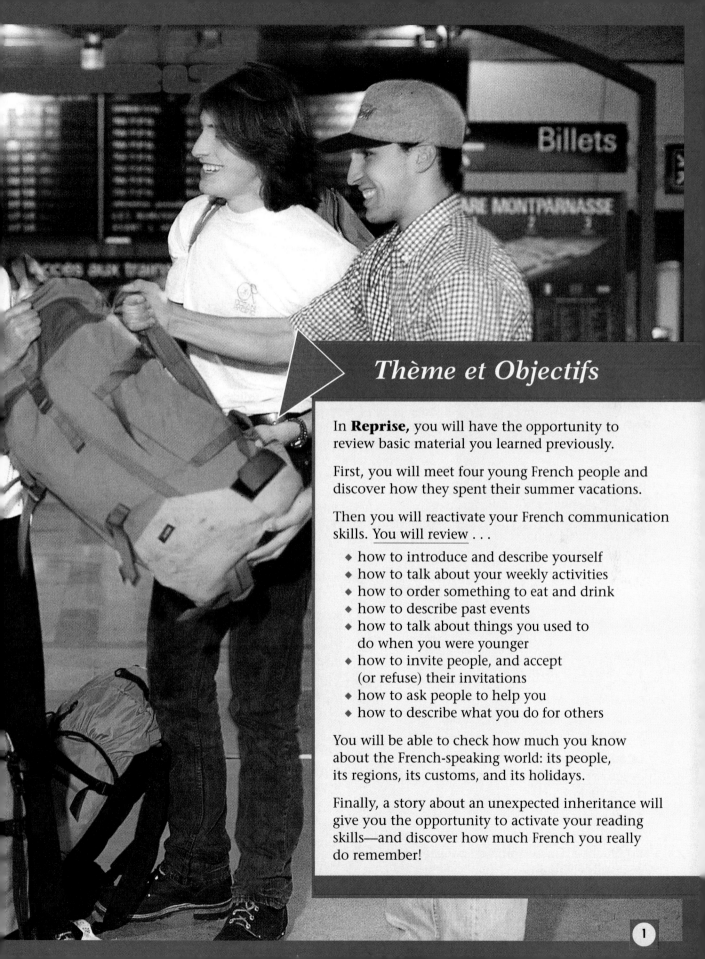

Thème et Objectifs

In **Reprise,** you will have the opportunity to review basic material you learned previously.

First, you will meet four young French people and discover how they spent their summer vacations.

Then you will reactivate your French communication skills. You will review . . .

- ◆ how to introduce and describe yourself
- ◆ how to talk about your weekly activities
- ◆ how to order something to eat and drink
- ◆ how to describe past events
- ◆ how to talk about things you used to do when you were younger
- ◆ how to invite people, and accept (or refuse) their invitations
- ◆ how to ask people to help you
- ◆ how to describe what you do for others

You will be able to check how much you know about the French-speaking world: its people, its regions, its customs, and its holidays.

Finally, a story about an unexpected inheritance will give you the opportunity to activate your reading skills—and discover how much French you really do remember!

Vive les vacances!

C'est la rentrée. Quatre jeunes Français (deux garçons et deux filles) parlent de ce qu'ils ont fait pendant les vacances.

Jean-Michel Renaudin (15 ans et demi)

Comme d'habitude,° j'ai passé les vacances avec ma famille. Chaque année, nous allons dans un endroit différent. Cette année, nous sommes allés à Sanary-sur-Mer où nous avons fait du camping. J'ai fait un stage° dans un club de planche à voile. À la fin° du stage, j'ai participé à un championnat et je suis arrivé troisième. Pas mal pour un débutant!°

comme d'habitude *as usual* **faire un stage** = suivre des leçons
la fin *end* **un débutant** *beginner*

Ali Belkacem (18 ans)

Je suis allé au Québec avec un programme d'échange. Nous étions quatre Français dans notre groupe. Nous avons passé les deux premières semaines à la ferme Pouliot sur l'Île d'Orléans. Là, on a cueilli° les framboises et on a fait la récolte° du maïs.° (On dit «blé° d'Inde» en québécois.)

Après notre séjour° sur l'Île d'Orléans, nous avons visité la ville de Québec où nous avons loué° un camping-car. Puis, nous avons fait le tour de la Gaspésie. Partout nous avons été accueillis° dans les familles québécoises. Les Québécois sont vraiment des gens formidables!° J'espère bien retourner un jour dans la «Belle Province»!

cueillir *to pick* **faire la récolte** *to harvest* **le maïs** *corn* **blé** *wheat*
un séjour *stay* **louer** *to rent* **être accueilli** = être invité **formidable** *great, terrific*

FLASH d'information

Sanary-sur-Mer
C'est une petite ville de la Côte d'Azur° située près de Toulon.

Le Jura
Le Jura est une région montagneuse située à l'est de la France.

La Gaspésie
C'est une région située à l'est de la province de Québec. Cette région est connue° pour ses petits villages de pêcheurs° et son parc naturel.

L'Auvergne
C'est une région du centre de la France, célèbre pour ses volcans, ses stations thermales,° ses eaux minérales, ses chapelles romanes et ses vieux châteaux.

la Côte d'Azur *French Riviera [blue coast]*
connu(e) *known* **un pêcheur** *fisherman*
une station thermale *hot springs resort*

Laurence Legarec (16 ans et demi)

J'ai passé l'été en Auvergne sur un chantier° de «Chefs d'oeuvre°
en péril». C'est une organisation qui recrute des volontaires pour
restaurer les monuments anciens. Le projet de notre groupe était
de restaurer une chapelle romane du XIIe siècle.°

D'abord, on a reconstruit° un mur° qui tombait en ruines. Puis,
on a refait le toit°. Le travail était dur, c'est vrai, mais il y avait
beaucoup d'avantages. Pour moi, l'avantage principal de cette
expérience a été de faire la connaissance° de jeunes d'autres pays
européens. Notre groupe était, en effet, très international. Il y avait
des Allemands, des Belges, des Hollandais, des Anglais . . . et un
jeune Italien très sympathique avec qui je continue à correspondre!

un chantier *worksite* **un chef d'oeuvre** *masterpiece* **un siècle** = 100 ans
reconstruire *to rebuild* **un mur** *wall* **le toit** *roof*
faire la connaissance = rencontrer

Valérie Laroze (17 ans)

En juillet je suis restée chez moi. En août, je suis allée dans
le Jura où j'ai travaillé comme animatrice° dans une colonie
de vacances pour jeunes handicapés mentaux. Nous étions trois
animatrices pour accompagner un groupe de vingt jeunes.

Chaque jour, on faisait une randonnée° de 10 à 15 kilomètres
dans la montagne. Pendant les haltes, on étudiait la faune° locale.
(Je devais° être bien préparée, parce que les jeunes voulaient tout
connaître sur les animaux et les oiseaux de la région.) Le soir, j'or-
ganisais des activités et des jeux pour le groupe.

Pour moi qui habite dans une grande ville, j'ai bien profité
de ces vacances en plein air.° Mais surtout, en aidant ces jeunes
handicapés à avoir une vie° normale, j'ai fait un travail utile et
intéressant. Et en plus,° j'ai gagné un peu d'argent!

une animatrice *counselor* **une randonnée** *long hike* **la faune** = les animaux
je devais *I had to* **en plein air** = dans la nature **une vie** *life* **en plus** *in addition*

À votre avis *(In your opinion)*

Avec un(e) ou plusieurs partenaires,
discutez des questions suivantes.

◆ Qui a fait le voyage le plus long?

◆ Qui a passé les vacances les plus
intéressantes? Pourquoi?

◆ Qui a fait la chose la plus utile?
Pourquoi?

◆ Vous avez la possibilité de passer
les vacances comme ces quatre
jeunes Français. Qu'est-ce que
vous choisissez de faire? Pourquoi?

À votre tour!

Maintenant parlez de vos vacances.

1. Êtes-vous resté(e) chez vous ou avez-vous fait un
voyage? Si vous avez fait un voyage, où êtes-vous
allé(e)? Avec qui? Combien de temps êtes-vous
resté(e) là-bas? Qu'est-ce que vous avez vu?

2. Est-ce que vous vous êtes reposé(e) ou est-ce que
vous avez travaillé? Si vous avez travaillé, quel travail
avez-vous fait? Où? Est-ce que vous avez gagné
de l'argent?

3. Qu'est-ce que vous avez fait d'intéressant?

4. Qu'est-ce que vous avez fait d'utile?

La vie courante

Rappel ◆1◆ Bonjour!

1 À l'Institut de Touraine

L'Institut de Touraine est une école où beaucoup d'étudiants viennent apprendre le français en été. Vous allez passer un mois à l'Institut de Touraine.

Donnez oralement les renseignements demandés.

INSTITUT D'ÉTUDES FRANÇAISES

DE TOURAINE

1, Rue de la Grandière, 37000 TOURS

BULLETIN D'INSCRIPTION

Prénoms et Nom...

Né(e) le ....

à...

Nationalité:..

Profession:...

Adresse (dans le pays d'origine):...................................

École ou collège d'origine:..

Nombre d'années d'étude du français: ....

---

2 Les parents idéaux

Quelles sont les qualités les plus importantes pour la mère idéale ou le père idéal? Un magazine québécois, le *Bulletin Pacijou*, a posé cette question à des jeunes de 13 à 18 ans. Voici les résultats de cette enquête.

N1

LA MÈRE IDÉALE: QUALITÉS ESSENTIELLES

selon les filles		selon les garçons	
compréhensive	29%	gentille	39%
gentille	29%	compréhensive	17%
attentive	15%	joyeuse	17%
confiante°	11%	généreuse	11%
tolérante	9%	patiente	8%
patiente	7%	confiante	8%

LE PÈRE IDÉAL: QUALITÉS ESSENTIELLES

selon les filles		selon les garçons	
gentil	31%	gentil	31%
compréhensif	30%	compréhensif	31%
tolérant	23%	riche et généreux	21%
affectueux	16%	drôle	17%

confiant(e) *trusting*

Maintenant faites une enquête dans votre classe:
* Quelles sont les qualités essentielles pour être la mère idéale?
* Quelles sont les qualités essentielles pour être le père idéal?

Les adjectifs réguliers et irréguliers

Révision ▶ p. R7

Pratique ▶

3 Notre personnalité

Nous avons tous des qualités, mais nous avons aussi des petits défauts. Choisissez une des personnes suivantes (ou une autre personne de votre choix). Décrivez deux qualités—au moins—et un petit défaut de cette personne.

- moi
- mon copain
- ma copine
- mon cousin
- ma cousine
- mes profs
- mes parents
- mes voisins
- les élèves de cette classe
- ??

En général . . .

mais de temps en temps . . .

☺ QUALITÉS

actif
aimable
amusant
attentif
brillant
compréhensif
consciencieux
courageux
discret
drôle
dynamique
énergique
gentil
généreux
honnête
imaginatif
intéressant
joyeux
optimiste
organisé
patient
poli
ouvert
sensible *(sensitive)*
sérieux
spirituel *(witty)*
spontané
sympathique
tolérant
??

☹ DÉFAUTS

bête
distant
égoïste
ennuyeux
impoli
inactif
incompréhensif
indifférent
indiscret
indiscipliné
méchant
paresseux
pénible
pessimiste
prétentieux
renfermé *(uncommunicative)*
sévère
stupide
timide
triste
vaniteux *(vain)*
??

> **En général, ma cousine Élisabeth est très gentille. Elle est aussi drôle et optimiste. De temps en temps elle est un peu prétentieuse.**

Avoir et les expressions avec avoir

Révision ▶ p. R3

Pratique ▶

4 Que faire?

Choisissez une expression de la colonne A et décrivez votre situation à votre partenaire. Votre partenaire va vous dire ce qu'il faut faire, en utilisant les suggestions de la colonne B.

> J'ai chaud!

Eh bien, tu peux ouvrir la fenêtre!

A. Votre situation
- faim
- soif
- chaud
- froid
- sommeil
- besoin d'un livre
- envie de voir un film
- besoin de ??
- envie de ??

B. Conseils
- mettre un pull
- ouvrir la fenêtre
- aller au ciné
- passer à la bibliothèque
- manger un sandwich
- boire un soda
- dormir
- prendre un café
- ??

RAPPEL!

TO DESCRIBE . . .	USE . . .	
• what you ARE GOING TO DO	**aller** + infinitive	**Je vais sortir.**
• what you ARE DOING RIGHT NOW	**être en train de** + infinitive	**Je suis en train de téléphoner.**
• what you HAVE JUST DONE	**venir de** + infinitive	**Je viens de dîner.**

Aller, être, venir

Révision ▶ p. R3

Pratique ▶

| Il va dîner. | Il est en train de dîner. | Il vient de dîner. |

Moi, avec mes amies.

Bonjour,

Je m'appelle Valérie Dussart. J'ai 17 ans et j'habite à Lyon. Je suis élève de première au Lycée Saint-Exupéry où je prépare le bac.

J'ai beaucoup de travail, mais je ne travaille pas tout le temps. Le samedi, par exemple, est un jour que je me réserve entièrement. L'après-midi je vais en ville et je fais du shopping. Quand il y a une bonne exposition, je vais au musée. Le soir, je sors en bande° (J'ai beaucoup de copains et de copines, mais je n'ai pas de «copain» en particulier.) En général, on va voir un film. De temps en temps, on va danser dans une «boîte»°.

J'ai d'autres loisirs. Je fais du théâtre depuis un an à la Maison des Jeunes. En juin, nous allons présenter «La leçon» une pièce de l'écrivain° Ionesco dans laquelle° je joue le rôle de l'Élève... Je suis° aussi des cours de danse africaine. C'est excellent pour la forme!

Pendant l'année, je n'ai pas l'occasion de faire beaucoup de sport, mais en été je me rattrape°. Ma passion, c'est la planche à voile. Il y a d'autres sports que j'aimerais faire, comme le parapente. Malheureusement, mes parents ne sont pas d'accord!

Et vous, quels sont vos loisirs préférés?

Valérie

---

en bande = en groupe   **une boîte** club, nightspot   **un écrivain** = une personne qui écrit
laquelle which   **suivre** to take [a class]   **se rattraper** to catch up with

J'ATTENDS MON COPAIN DEPUIS TROIS HEURES!

RAPPEL!

To describe what you <u>have been</u> <u>doing</u> <u>for</u> or <u>since</u> some time, you use:

present + **depuis** + time

Depuis

Pratique ▶

PAW

- In French, there are three groups of regular verbs: **-er, -ir, -re**.
- **Vouloir, pouvoir, devoir** and verbs like **sortir** are irregular.
- **Faire**, an irregular verb, is used in many expressions.

Verbes réguliers

Révision ▶ 📖 p. R2

Pratique ▶ 📄

Quelques verbes irréguliers

Révision ▶ 📖 p. R2

Pratique ▶ 📄

Faire et expressions avec faire

Révision ▶ 📖 p. R3

Pratique ▶ 📄

1 Et vous?

Répondez au questionnaire suivant. Si vous voulez, comparez vos réponses avec les réponses de votre partenaire ou de votre groupe.

N3

1. À la maison, quand j'ai du temps libre *(free time)*, je préfère . . .
   - regarder la télé
   - écouter de la musique
   - lire un bon livre
   - ??

2. Quand je suis en ville, je préfère . . .
   - faire du shopping
   - faire du lèche-vitrine *(window-shopping)*
   - voir une exposition
   - ??

3. Avec mon argent, je préfère . . .
   - aller au cinéma
   - acheter des vêtements
   - acheter des CDs
   - ??

4. Le samedi soir, je préfère . . .
   - sortir seul(e) *(by myself)*
   - sortir avec mes copains
   - regarder une vidéo-cassette à la maison
   - ??

5. Quand je sors avec mes copains, je préfère . . .
   - assister à un concert
   - voir un film
   - aller au restaurant
   - ??

6. Pour rester en forme, je préfère . . .
   - courir
   - faire du vélo
   - faire des exercices de gymnastique
   - ??

7. L'après-midi, quand il fait beau, je préfère . . .
   - faire du jogging
   - faire du roller *(roller blades)*
   - jouer au basket
   - ??

N4

8. Quand je suis à la plage, je préfère . . .
   - nager
   - jouer au volley
   - prendre des bains de soleil
   - ??

9. Pendant les vacances, je préfère . . .
   - faire un voyage
   - rendre visite à des amis ou à des parents
   - travailler et gagner de l'argent
   - ??

10. Je voudrais apprendre à . . .
    - jouer de la clarinette
    - faire du parapente
    - piloter un avion
    - ??

2 Une lettre à Valérie

Écrivez une lettre à Valérie où vous expliquez . . .

- qui vous êtes
- à quelle école vous allez
- ce que vous faites le samedi
- quels sont vos loisirs
- quels sports vous pratiquez
- ce que vous faites en été

Puis comparez votre lettre avec celle de votre partenaire.

1 Le bon choix ——————————————

Regardez les illustrations pour compléter les phrases avec l'option qui convient. Soyez logique.

Nourriture et boissons

Révision ▶ 📖 p. R11

Pratique ▶ 📝

Le Grenier de Notre Dame

RESTAURANT VÉGÉTARIEN
18, rue de la Bûcherie
75005 PARIS ☎ (1) 43 29 98 29 +
Métro St. Michel   NATURESTO

On va dans ce restaurant si on aime . . .
- ■ les légumes
- ■ la viande de porc
- ■ la cuisine chinoise

La Langouste

Poissons - Fruits de mer -
Langouste - Homard - Bouillabaisse
FORMULE HOMARD 157 F s.c. + CARTE (ouvert dimanche)
Place des Ternes (1, av. des Ternes) - Tél. 43 80 15 83

Dans ce restaurant, on peut commander . . .
- ■ du saumon grillé
- ■ du poulet rôti
- ■ une omelette aux champignons

IZRAEL

L'ÉPICERIE DU MONDE
PRODUITS DES AMÉRIQUES
DES INDES ET DE LA MEDITERRANÉE
Fermé en Août
30, rue François Miron - Paris 4ᵉ
——— 42 72 66 23 ———

On va dans ce magasin si on veut acheter . . .
- ■ des côtelettes de veau
- ■ du poivre
- ■ des croissants

Au Prince Gourmand

pâtisserie - traiteur - réception
magasins:

122, rue Saint-Dominique 75007 PARIS - (16-1) 45 51 68 64
2, impasse des Noisetiers-Chamblean 28500 Garnay - (16) 37 42 14 93

On va dans ce magasin si on veut acheter . . .
- ■ une tarte aux fraises
- ■ des pommes de terre
- ■ une douzaine d'oeufs

RAPPEL!

- To refer to things you like in general, use: **le (l'), la (l'), les.**
  J'aime <u>le</u> poulet, <u>la</u> salade, <u>les</u> frites.
- To refer to a CERTAIN, UNDEFINED QUANTITY or AMOUNT of something, use: **du (de l'), de la (de l'), des.**
  Je voudrais <u>du</u> poulet, <u>de la</u> salade, <u>des</u> frites.

  Note: In negative sentences: **du, de la, des → de**
  Je ne vais pas prendre <u>de</u> fromage.

Les articles définis et partitifs

Révision ▶ 📖 p. R6

Pratique ▶ 📝

2 Et vous? ·····

Répondez au questionnaire suivant. Si vous voulez, comparez vos réponses avec celles de votre partenaire ou de votre groupe.

Prendre *(to take, to have),* **boire** *(to drink)*

Révision ▶ 📖 p. R2;
pp. R24–R29
Pratique ▶ 📝

N1

1. Mon repas préféré est . . .
   - le petit déjeuner
   - le déjeuner
   - le dîner

2. Au petit déjeuner, je prends généralement . . .
   - des céréales
   - des oeufs
   - du pain avec du beurre et de la confiture
   - ??

3. Avec ça, je bois . . .
   - du lait
   - du chocolat chaud
   - du jus d'orange
   - ??

4. Je préfère les sandwichs avec . . .
   - du jambon
   - du fromage
   - du beurre de cacahuète *(peanut)*
   - ??

5. Quand je dîne au restaurant, je commande généralement . . .
   - de la viande
   - du poisson
   - des spaghetti
   - ??

6. En général, sur mes hamburgers, je mets . . .
   - du ketchup
   - de la moutarde
   - de la mayonnaise
   - ??

7. Mon plat favori est . . .
   - le steak-frites
   - le poulet rôti
   - le filet de sole
   - ??

8. Il y a certaines choses que je n'aime pas, par exemple, . . .
   - les brocoli
   - les carottes
   - les épinards *(spinach)*
   - ??

9. Comme dessert, je préfère manger . . .
   - de la glace
   - du gâteau au chocolat
   - de la tarte aux pommes
   - ??

10. Ma cuisine favorite est . . .
    - la cuisine italienne
    - la cuisine chinoise
    - la cuisine mexicaine
    - ??

3 Chez Inno

Votre partenaire et vous, vous faites les courses chez Inno, un supermarché français.

Vous passez par les rayons suivants. Chacun va faire une liste des articles qu'il/elle va acheter.

Achetez deux (2) articles par rayon. Puis comparez vos listes:
- Quels produits identiques avez-vous achetés?
- Quels produits différents avez-vous choisis?

INNO

← BOISSONS	PRODUITS LAITIERS →
BOUCHERIE CHARCUTERIE FRUITS	↓ BOULANGERIE PÂTISSERIE LÉGUMES

N2

TU VEUX DU LAIT?

OUI, J'EN VEUX!

RAPPEL!

- **Y** replaces a NAME OF A PLACE introduced by **à, dans, chez** . . .

  Je vais <u>au restaurant</u>. → J'**y** vais.
  Je ne vais pas <u>chez Paul</u>. → Je n'**y** vais pas.

- **En** replaces **de, du, de la, des** + NOUN.

  Je mange <u>du pain</u>. → J'**en** mange.
  Je ne bois pas <u>de limonade</u> → Je n'**en** bois pas.

····· À votre tour! ···

SITUATIONS

Imagine you are in the following situations. Your partner will take the role of the other person in the dialogue and answer your questions.

4 You are visiting Quebec City with your friend. It is about one o'clock.

Ask your friend . . .
- if he/she is hungry
- if he/she feels like going to a French restaurant
- what he/she feels like eating.

1 While on an errand, you see a friend waiting at the bus stop.

Ask your friend . . .
- where he/she is going
- what he/she is going to do there
- how long he/she has been waiting for the bus.

5 You are making weekend plans with your friend.

Ask your friend . . .
- if he/she is going to go out
- what he/she is going to do
- if he/she feels like going to the movies on Sunday.

2 At a party last weekend, your friend met a French-speaking girl named Juliette. You want to know more about Juliette.

Ask your friend . . .
- how old Juliette is
- if she is French or Canadian
- what she is doing in the United States.

6 You have invited your friend for dinner next Saturday and want to find out if your friend has any special food preferences.

Ask your friend . . .
- if he/she eats meat
- what desserts he/she likes
- what he/she does not eat.

3 You are new in town and you would like some information.

Ask your friend . . .
- to which supermarket he/she goes shopping
- where he/she buys her clothes
- what sports one can do in the summer.

7 You have been invited to spend a week at the home of your French friend. You are asking about meals.

Ask your friend . . .
- at what time they have breakfast
- what they eat
- what they drink.

N1

Rap...

Utilisez v...
pour com...

Handwritten note:
MARTINEZ — 171
   ELIZABETH "hello"
MUÑOZ — 175
   DANIEL
MOLINA — 178
   CHARLES
BURNS — 176
   LINDA
GOLDIE — 177
   KAZUKO
CARLOS — 175
   → CESAR
Thompson — 173
   KIMBERLY

1 Virginie habite à la Martinique. En classe elle parle français, mais avec ses copains elle parle souvent . . .

  a. créole
  b. italien
  c. espagnol
  d. alsacien

...sa famille.
...sont d'origine

2 Nathalie est née à Bruxelles. Elle parle français, mais elle n'est pas française. Elle est de nationalité . . .

  a. belge
  b. suisse
  c. allemande
  d. luxembourgeoise

...n, mais il n'est pas
...ançais mais

3 Aya parle français. Elle est d'Abidjan, une grande ville de 2,5 millions d'habitants. Son pays est . . .

  a. l'Algérie
  b. le Nigéria
  c. le Zaïre
  d. la Côte d'Ivoire

...d. cubain

7 Gilles habite à Montana dans une région très montagneuse. En hiver, il est moniteur de ski. Là où il habite, on parle français. À l'est, on parle un dialecte allemand. Plus à l'est, on parle italien. Gilles est . . .

  a. canadien
  b. américain
  c. suisse
  d. français

4 Albert Bilodeau est un homme de 60 ans. Il habite dans la paroisse d'Iberville où ses ancêtres sont venus il y a plus de deux cents ans. Albert Bilodeau comprend le français et il le parle un peu. Il adore aller aux festivals de musique «cajun» de la région. Albert Bilodeau habite . . .

  a. en Floride
  b. en Louisiane
  c. en Nouvelle Angleterre
  d. dans la province de Québec

8 Mai Van Lee vient d'un pays d'Asie où beaucoup de gens parlaient (used to speak) français. Il est . . .

  a. coréen
  b. vietnamien
  c. thaïlandais
  d. japonais

Answers: 1-a; 2-a; 3-d; 4-b; 5-d; 6-d; 7-c; 8-b

Rappel **Le weekend**

1 Êtes-vous bon(ne) détective?

Le weekend dernier, vous avez trouvé un portefeuille dans la rue. Dans ce portefeuille il n'y a pas d'argent, mais il y a les choses suivantes. Regardez bien ces choses. Pouvez-vous décrire ce qu'a fait la personne qui a perdu le portefeuille?

```
RATP
AUTOBUS        0021940 7

12 avr
10h16

SECTION URBAINE
PAR METRO AUTOBUS
CE TICKET DOIT
ÊTRE OBLITÉRÉ AUSSITÔT
APRÈS L'ACHAT
```

```
** NOUVELLES GALERIES **

COMPACT        100F
LIVRE           50F
TOTAL          150F

CB 5201001190741190
000000002809717 VIV

*************
    MERCI
```

- Comment est-ce que cette personne est allée en ville?
- À quelle heure?

- Où est-elle allée?
- Qu'est-ce qu'elle a acheté?
- Combien a-t-elle payé chaque objet?

Chez Jacqueline

CAFÉ - RESTAURANT
21, RUE BERTHELOT
47-05-69-34

Table n° 4	
1 steak-frites	30 F
1 salade mixte	15 F
1 eau minérale	12 F
Total	57 F

- Où est-ce que cette personne a déjeuné?
- Qu'est-ce qu'elle a mangé?
- Qu'est-ce qu'elle a bu?
- Combien est-ce qu'elle a dépensé pour le déjeuner?

CINÉ-VOX

Festival Belmondo
Les films de la semaine

lundi-vendredi
CARTOUCHE

samedi-dimanche
L'HOMME DE RIO

Séances à 14h30 et 17h

```
CINÉ-VOX
ENTRÉE
45F
350717
```

- Où est-elle allée après le déjeuner?
- Qu'est-ce qu'elle a vu?
- À quelle heure est-ce que le film a commencé?

JE N'AI PAS ÉTUDIÉ PENDANT LES VACANCES.

RAPPEL!

To describe what people DID in the past, use the PASSÉ COMPOSÉ.

- For most verbs,
    passé composé = **avoir** + PAST PARTICIPLE
    Tu as étudié hier. Je n'ai pas étudié.

- For a few verbs like **aller**,
    passé composé = **être** + PAST PARTICIPLE
    Je suis allé(e) au cinéma.

Le passé composé des verbes réguliers avec avoir

Révision ▶ p. R4

Pratique ▶

2 Oui ou non?

Décrivez deux choses que vous avez faites et une chose que vous n'avez pas faite le weekend dernier. Utilisez les activités suggérées ou d'autres activités de votre choix.

- dormir
- ranger ma chambre
- travailler dans le jardin
- acheter des vêtements
- déjeuner dans un restaurant
- visiter un musée
- assister à un concert
- rendre visite à des copains

- lire un livre
- voir un film
- faire des achats
- avoir un rendez-vous
- faire une promenade à la campagne
- faire du camping
- prendre des photos
- ??

Les participes passés irréguliers

Révision ▶ p. R4

Pratique ▶

3 Un weekend à la campagne

Ces personnes ont passé le weekend à la campagne. Dites ce qu'elles ont fait.

Hélène · Damien et Julie · Philippe et Valérie · Élise · François · Isabelle · M. Vénard · Mme Vénard · Caroline et Jean-Pierre · Alice

J'AI ACHETÉ MA VOITURE IL Y A 70 ANS!

RAPPEL!

To express HOW LONG AGO you did something, use:

il y a + time

Il y a

Pratique ▶

1 Un voyage au Maroc

L'été dernier, Gabrielle a fait un voyage au Maroc avec un tour organisé. Voici le programme de ce voyage. Regardez bien ce programme et répondez aux questions.

- Comment est-elle allée au Maroc?
- Quel jour est-elle partie?
- À quelle heure est-elle arrivée à Rabat?
- Qu'est-ce qu'elle a visité dans cette ville?
- Dans quelle ville est-elle allée ensuite?

- Qu'est-ce qu'elle a fait dans cette ville?
- Quelle est la dernière ville qu'elle a visitée?
- Qu'est-ce qu'elle a vu dans cette ville?
- Quel jour est-elle rentrée en France?
- À quelle heure a-t-elle pris son avion?
- À quelle heure est-elle arrivée à Paris?

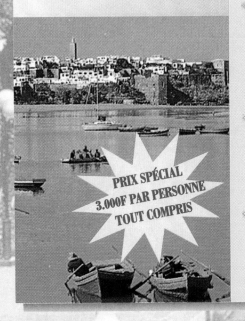

Agence Maroc-Tours

PRIX SPÉCIAL 3.000F PAR PERSONNE TOUT COMPRIS

5 jours au Maroc
◈ PROGRAMME DU VOYAGE ◈

N1

◈ **VENDREDI, 10 JUIN**

matin	Départ de Paris, vol Air Maroc 104, 8h35 Arrivée à Rabat, 11h18
après-midi	Tour de Rabat en autocar

◈ **SAMEDI, 11 JUIN**

matin	Visite de la Kasbah Musée des Arts marocains
après-midi	Libre

◈ **DIMANCHE, 12 JUIN**

matin	Départ pour Fès en autobus, 8h00
après-midi	Libre

◈ **LUNDI, 13 JUIN**

matin	Visite guidée de Fès-el-Boli (vieille ville)
après-midi	Départ pour Marrakech en avion, 18h35

◈ **MARDI, 14 JUIN**

matin	Marrakech, Visite de la Médina Mosquée de la Koutoubia
après-midi	Visite des souks: shopping

◈ **MERCREDI, 15 JUIN**

matin	Libre
après-midi	Départ pour Paris, vol Air Maroc 121, 12h35 Arrivée à Paris, 15h21

FLASH' d'information

Le Maroc est un pays de 25 millions d'habitants situé au nord-ouest de l'Afrique. La majorité des Marocains sont arabes et pratiquent la religion musulmane.

La capitale du Maroc est Rabat, mais la plus grande ville est Casablanca. Marrakech et Fès sont des villes traditionnelles avec des monuments anciens.

Ancien protectorat français, le Maroc est devenu indépendant en 1956. C'est une monarchie constitutionnelle avec un roi, le Roi Hasan II.

When the passé composé of a verb is formed with **être**, the past participle AGREES WITH THE SUBJECT.

Julien <u>est arrivé</u> ce matin.

Pauline et Claire <u>sont arrivées</u> hier soir.

Le passé composé
des verbes avec **être**

Révision ▶   p. R4

Pratique ▶

---

2 **Dialogues** ───────────────────────────────

Avec votre partenaire, composez et jouez l'un des dialogues suivants.

▶

Tu as étudié hier soir?

Non, je suis allée au ciné.

Qu'est-ce que tu as vu?

Un film policier.

1. • rester chez toi ce weekend
   • aller à la campagne
   • faire
   • une promenade à vélo

2. • sortir avec ton copain samedi
   • faire des achats
   • acheter
   • un blouson

3. • rentrer chez toi à midi
   • déjeuner au restaurant
   • manger
   • ??

4. • venir à la boum dimanche
   • aller au théâtre
   • voir
   • ??

---

3 **Pendant les vacances** ───────────────────────

Pendant les vacances, ces personnes ont fait des choses différentes. Avec un(e) partenaire, choisissez une des illustrations et décrivez-la ensemble. Faites trois ou quatre phrases et utilisez votre imagination.

Où sont allées les personnes? Qu'est-ce qu'elles ont fait?

N2

Paul et Robert

Juliette

Monsieur Ramirez

Alice et Julien

Caroline

Cécile et Sophie

Thomas

Olivier

1 Plus de peur que de mal

En général, Monsieur Léveillé dort très bien, mais la nuit dernière, il n'a pas bien dormi.
Expliquez pourquoi. Avec votre partenaire, décrivez l'histoire en répondant aux questions
correspondant à chaque illustration.

Scène A

1. **Quelle heure était-il?**
   - Il était onze heures.
   - Il était minuit.
   - Il était une heure du matin.

2. **Où était Monsieur Léveillé?**
   - Il était au salon.
   - Il était dans la salle à manger.
   - Il était dans sa chambre.

3. **Qu'est-ce qu'il faisait?**
   - Il dormait.
   - Il lisait le journal.
   - Il écoutait son walkman.

Scène B

4. **Pourquoi est-ce que Monsieur Léveillé s'est réveillé?**
   - Il avait chaud.
   - Il avait mal à la tête.
   - Il a entendu un bruit.

Scène C

5. **Qu'est-ce qu'il a fait?**
   - Il est resté au lit.
   - Il est descendu.
   - Il a téléphoné à la police.

6. **Qu'est-ce qu'il avait à la main?**
   - Il avait un revolver.
   - Il avait une batte de baseball.
   - Il avait une raquette de tennis.

Scène D

7. Qu'est-ce qu'il a vu?
   - Il a vu un homme armé.
   - Il a vu une ombre *(shadow)* dans le jardin.
   - Il a vu des traces sur le sol.

Scène F

Maintenant racontez la fin de l'histoire.
- Qu'a fait Monsieur Léveillé?
- Et les ratons-laveurs?
- Et le chat?

N2

Scène E

8. Qu'est-ce qu'il y avait dans la cuisine?
   - Il y avait un fantôme.
   - Il y avait un cambrioleur *(burglar)*.
   - Il y avait des ratons-laveurs *(raccoons)*.

9. Qu'est-ce qu'ils faisaient là?
   - Ils dormaient.
   - Ils jouaient avec le chat.
   - Ils mangeaient la nourriture du chat.

10. Où était le chat?
    - Il était sur la table.
    - Il était sous la table.
    - Il mangeait avec les ratons-laveurs.

RAPPEL!

To describe what you USED TO DO, what you WERE DOING, or to describe the CIRCUMSTANCES of an event, use the **imperfect** tense.

J'allais au ciné.	*I used to go* to the movies.
	I was going to the movies.
Il était six heures.	*It was* 6 o'clock.

→ You will learn more about the use of the imperfect in Unit 3.

L'imparfait

Révision ▶ p. R5

Pratique ▶

---

2 Dialogue

Avec votre partenaire, composez et jouez l'un des dialogues suivants.

▶ — Où étais-tu hier soir?
— J'étais dans ma chambre.
— Qu'est-ce que tu faisais?
— Je lisais un livre.
— Et qu'est-ce que tu as fait après?
— J'ai fini mes devoirs.

1. • cet après-midi
   • au café
   • attendre un copain
   • aller au ciné

2. • à deux heures
   • à la bibliothèque
   • étudier
   • rentrer chez moi

3. • samedi matin
   • au centre commercial
   • faire du shopping
   • ??

4. • samedi après-midi
   • dans le jardin
   • aider mon père
   • ??

Au café

Vous avez passé l'après-midi à la terrasse d'un café. Vous avez vu les personnes suivantes passer dans la rue. Décrivez chacune de ces personnes.

- Il était (quelle heure?)
- J'ai vu (un homme? une dame? . . . ?)
- Il/elle était (jeune? grand(e)? . . . ?)

- Il/elle portait (quels vêtements?)
- Il/elle avait aussi (quoi?)
- Il/elle allait (où?)
- Il/elle allait faire (quoi?)

N1

4 **Photos de vacances**

N2 Vous avez passé les vacances en France avec votre partenaire. Pendant votre voyage, vous avez pris les photos suivantes. Choisissez deux photos et décrivez ce qui se passait *(what was going on)* quand vous avez pris ces photos. Utilisez l'imparfait.

.....À votre tour!...

SITUATIONS

Imagine you are in the following situations.
Your partner will take the role of the other person
in the dialogue and answer your questions.

1 **Your friend just told you that he/she saw a great movie last Saturday.**

Ask your friend . . .
- with whom he/she went to the movies
- what movie they saw
- what they did afterwards.

2 **For his/her birthday, your friend was invited to a French restaurant.**

Ask your friend . . .
- if he/she went to this restaurant for lunch or dinner
- what he/she ate
- what he/she drank.

3 **You are phoning your French friend Valérie. Her brother/sister answers the phone and says that Valérie is not at home.**

Ask Valérie's brother/sister . . .
- what time Valérie left
- where she went
- when she is coming back home.

4 **Your friend came back from spring vacation with a tan and looks great.**

Ask your friend . . .
- where he/she went
- what he/she did there
- when he/she came back.

5 **Last summer your friend traveled through France with his/her family. You want to know more about their trip.**

Ask your friend . . .
- how long they stayed in France
- if they traveled by *(en)* car or by train
- what cities they visited.

6 **Last night your friend went to a concert by a French rock group.**

Ask your friend . . .
- if the group *(le groupe)* sang in French or in English
- what clothes they were wearing
- how many people there were at the concert.

7 **After supper last night you called your friend but nobody answered the phone.**

Ask your friend . . .
- where he/she was
- what he/she was doing
- what his/her family was doing.

8 **You and your friend are talking about your childhood — when you were eight years old.**

Ask your friend . . .
- where he/she used to live
- to which school he/she used to go
- what programs *(quelles émissions)* he/she used to watch on TV.

Rappel Culturel ··········

A. FAITS CULTURELS

N1

1. La devise *(motto)* de la France est . . .
   a. Paix et Prospérité
   b. Liberté, Égalité, Fraternité
   c. Je me souviens

2. La France est divisée administrativement en 96 . . .
   a. cantons
   b. départements
   c. provinces

3. Le TGV est . . .
   a. un avion supersonique
   b. une voiture électrique
   c. un train très rapide

4. Si on veut faire du ski en hiver, on peut aller . . .
   a. à Monaco
   b. en Normandie
   c. en Savoie

5. La «Belle Province» est le nom que l'on donne à . . .
   a. la Touraine
   b. la Louisiane
   c. la province de Québec

6. La Polynésie française est un groupe d'îles qui font partie de la France d'outre-mer. La plus grande de ces îles est . . .
   a. Tahiti
   b. la Martinique
   c. Madagascar

7. En 1803, la France a vendu aux États-Unis un vaste territoire pour la somme de 80 millions de dollars. Ce territoire était . . .
   a. la Louisiane
   b. la Caroline du Sud
   c. l'Alaska

8. Ce Français est un héros de la Révolution américaine. Il s'appelle . . .
   a. Cavelier de la Salle
   b. Champlain
   c. La Fayette

9. Le continent où il y a le plus grand nombre de pays qui utilisent le français comme langue officielle est . . .
   a. l'Europe
   b. l'Afrique
   c. l'Amérique du Sud

10. L'Algérie est une ancienne colonie française. Ce pays est situé . . .
   a. en Asie
   b. en Afrique noire
   c. en Afrique du Nord

11. En Afrique, les masques sont considérés comme des objets . . .
   a. religieux
   b. de collection
   c. de la vie courante

12. Au Sénégal, la religion principale est . . .
   a. la religion musulmane
   b. la religion catholique
   c. la religion protestante

13. La population de la France est de . . .
   a. 40 millions d'habitants
   b. 55 millions d'habitants
   c. 100 millions d'habitants

14. La «Nouvelle France» est le nom . . .
   a. d'un grand magasin à Paris
   b. d'un satellite français
   c. de l'ancien empire français en Amérique du Nord

Answers: 1-b; 2-b; 3-c; 4-c; 5-c; 6-a; 7-a; 8-c; 9-b; 10-c; 11-a; 12-a; 13-b; 14-c

B. SITUATIONS CULTURELLES

1. Les Smith, des touristes anglais, ont visité la France en voiture. À Paris ils ont vu Notre-Dame. En Normandie, ils ont vu le Mont-Saint-Michel. En Provence, ils ont vu le Pont du Gard. *Qu'est-ce qu'ils ont vu en Alsace?*
   a. *Le Futuroscope.*
   b. *Le château de Chambord.*
   c. *La cathédrale de Strasbourg.*

2. Patrick et Jérôme ont passé leurs vacances dans les Alpes. Un jour, ils ont assisté à un grand événement sportif. Pour voir cet événement, ils sont allés sur une route de montagne et là ils ont attendu patiemment avec des milliers d'autres personnes. Enfin, ils ont vu des voitures, des motos, et finalement les coureurs parmi lesquels ils ont reconnu le «maillot jaune».
À quel événement sportif ont-ils assisté?
   a. *Le Grand Prix de Monaco.*
   b. *Les 24 Heures du Mans.*
   c. *Le Tour de France.*

3. Catherine est une étudiante française. À Noël, elle va généralement faire du ski, mais cette année elle n'a pas fait de ski. Elle a fait un grand voyage, mais elle n'est pas allée à l'étranger. Là où elle est allée, elle a fait de la planche à voile et du ski nautique. Elle est rentrée chez elle très bronzée.
Où est-elle allée?
   a. *En Savoie.*
   b. *En Normandie.*
   c. *À la Guadeloupe.*

4. Chaque année Claire attend patiemment la période de Carnaval. Finalement le Carnaval est arrivé. Le premier jour, Claire a assisté au couronnement de la reine par «Bonhomme». Les jours suivants, Claire a assisté à la course des canoës sur le Saint-Laurent et elle a admiré les sculptures de glace et de neige.
Où habite Claire?
   a. *À Québec.*
   b. *À Nice.*
   c. *En la Guyane française.*

5. Hier c'était un jour férié *(holiday)*. Le matin, Julien est allé sur les Champs-Elysées où il a assisté au défilé militaire. L'après-midi, il est sorti avec sa copine Véronique. Le soir, les deux amis ont vu les feux d'artifice *(fireworks)*. Ensuite, ils ont dansé dans les rues comme des millions de Français. *Quelle fête est-ce qu'on célébrait hier?*
   a. *La fête du Travail.*
   b. *La fête nationale.*
   c. *La fête de Mardi Gras.*

6. Philippe montre les photos qu'il a prises pendant les vacances. Il explique: «Cet arbre géant est un baobab . . . Le vêtement que porte cette jeune fille s'appelle un boubou . . . Cet homme qui raconte une histoire est un griot.» *Où Philippe est-il allé pendant les vacances?*
   a. *Au Sénégal.*
   b. *En Algérie.*
   c. *À Tahiti.*

7. Il y a environ deux cents ans, Jean-Baptiste Pointe du Sable, un Français d'ascendance africaine, arrivait dans la région des Grands Lacs. Il a construit la première maison d'un petit village qui allait devenir l'une des plus grandes villes du continent américain. *Quelle est cette ville?*
   a. *Détroit.*
   b. *Chicago.*
   c. *Montréal.*

8. Monsieur Dutour est ingénieur pour une compagnie de prospection pétrolière. Dans sa profession, il voyage beaucoup. La semaine dernière, il est allé dans un pays d'Afrique du Nord qui produit beaucoup de pétrole et de gaz naturel. *Où est allé Monsieur Dutour?*
   a. *Au Congo.*
   b. *En Algérie.*
   c. *En République Centrafricaine.*

Nous et les autres

Rappel **7** **Vive l'amitié!**

Dans la vie, l'amitié est peut-être la chose la plus importante. Mais attention, il y a toutes sortes d'amis! Par exemple . . .

RAPPEL!

When we ask someone to do something for us, we often use OBJECT PRONOUNS:

> Téléphone-**moi** ce soir.   Prête-**moi** dix dollars.

Note also the constructions:

Tu **me** donnes ton numéro de téléphone?	Tu **nous** invites?
Je **te** donne aussi mon adresse.	Je **vous** invite à ma boum.

- me, te → m', t' before a vowel sound.
  Tu **m'**invites?   Oui, je **t'**invite.

Les pronoms compléments

Révision ▶ p. R8-R9

Pratique ▶

1 S'il te plaît

Vous venez d'arriver en France. Demandez à votre copain français (copine française) trois services et expliquez-lui pourquoi.

N1

QUELS SERVICES?

- amener dans une boutique de vêtements
- amener à la banque
- présenter à tes copains
- prêter ton plan *(map)* de la ville
- prêter ton appareil-photo
- donner l'adresse d'un bon restaurant
- montrer où est la poste
- ??

POURQUOI?

- envoyer une lettre
- changer de l'argent
- dîner en ville
- faire une promenade
- prendre des photos
- rencontrer des jeunes Français
- acheter un blouson
- ??

▶ **S'il te plaît, présente-moi à tes copains.**

Pourquoi?

Je voudrais rencontrer des jeunes Français.

2 Échanges

Demandez certains services à votre partenaire.
Il/elle va proposer un échange. Acceptez ou refusez.

▶ **Dis, Éric, prête-moi ton VTT.**

D'accord! Je te prête mon VTT si tu me prêtes tes patins à roulettes.

D'accord!

(Non, merci!)

prêter . . .	tes notes
	tes CDs
	ton VTT *(mountain bike)*
inviter . . .	chez toi
	à ta fête d'anniversaire
aider . . .	avec le devoir de français
	avec le devoir de maths
présenter . . .	à ton copain
	à ta copine
montrer . . .	tes photos

TU CONNAIS QUELQU'UN ICI?

NON, JE NE CONNAIS PERSONNE. JE NE SAIS PAS OÙ NOUS SOMMES.

RAPPEL!

Although **connaître** and **savoir** both mean *to know*, they are used differently:
Nous **connaissons** Yasmina.
Nous **savons** où elle habite.

Connaître et savoir

Révision ▶ p. R8–R9

Pratique ▶

RAPPEL!

| **quelqu'un** *(someone)* | Je vois **quelqu'un.** | **ne . . . personne** *(no one)* | Je **ne** vois **personne.** |
| **quelque chose** *(something)* | Je vois **quelque chose.** | **ne . . . rien** *(nothing)* | Je **ne** vois **rien.** |

Un garçon timide

Dans la classe, il y a une nouvelle élève. Elle s'appelle Catherine. Pierre la trouve sympathique, mais il est trop timide pour lui parler.

Je la trouve vraiment très sympa . . .

Qui est ce garçon? Pourquoi est-ce qu'il me regarde tout le temps?

Après la classe, Pierre et Catherine attendent le bus . . .

Je voudrais bien lui parler . . . Oui, mais qu'est-ce que je vais lui dire?

Pourquoi est-ce qu'il ne me parle pas?

Chez lui, Pierre pense toujours à Catherine. Il prend le guide et regarde le programme des films de la semaine.

Il y a un bon film ce soir. Je pense que Catherine aime le cinéma. Est-ce que je l'invite? Courage, je vais lui téléphoner!

Mais Pierre ne téléphone pas à Catherine.

Et si elle me dit qu'elle n'est pas libre . . . Bon . . . Je vais lui téléphoner samedi prochain. C'est promis!

Pierre met sa veste et il va seul au cinéma.

Pendant ce temps, Catherine regarde aussi le journal.

Tiens, il y a un bon film ce soir en ville . . . Je voudrais bien le voir, mais je n'ai pas envie d'aller seule au cinéma . . . Si je téléphonais à ce garçon qui me regarde tout le temps en classe. Après tout, je le trouve bien sympathique.

Catherine cherche le numéro de Pierre sur le Minitel. Puis elle lui téléphone . . .

. . . mais chez Pierre, personne ne répond au téléphone.

DRIN . . . DRIN . . .

N1

Le lendemain après la classe.

Pierre, il y a un bon film au Rex. Est-ce que tu l'as vu?

Euh oui . . . je l'ai vu. C'est un film vraiment super!

Est-ce que tu veux le revoir avec moi ce soir?

Mais oui, avec plaisir.

Et maintenant, avec votre partenaire, imaginez la suite de l'histoire. Par exemple . . .

- Quand est-ce que Pierre et Catherine sont allés au cinéma?
- Qu'est-ce qu'il lui a dit?
- Qu'est-ce qu'elle lui a dit?
- Est-ce qu'ils ont eu d'autres rendez-vous?

RAPPEL!

To refer to people previously mentioned, use:

le / la / les		lui / leur	
Je regarde **Marc**.	Je **le** regarde.	Je téléphone **à Marc**.	Je **lui** téléphone.
Tu connais **Claire**.	Tu **la** connais.	Tu parles **à Claire**.	Tu **lui** parles.
J'invite **mes** amis.	Je **les** invite.	J'écris **à mes amis.**	Je **leur** écris.

- **le/la/les** may also refer to things.
  Je regarde **la photo.**   Je **la** regarde.
- **le/la** → **l'** before a vowel sound
  Nous écoutons **le CD**.   Nous **l'**écoutons.

Les compléments d'objet direct et indirect

Révision ▶ p. R8-R9

Pratique ▶

Voir *(to see)*, **écrire** *(to write)*

Révision ▶ pp. R26-31

Pratique ▶

1 **Relations personnelles**

N2

Demandez à votre partenaire de décrire ses relations avec l'une des personnes indiquées.

▶ — **Tu as une cousine?**
  — Oui, bien sûr.
  — **Tu la vois souvent?**
  — Oui, je la vois de temps en temps.
  — **Tu lui écris?**
  — Non, je ne lui écris jamais.

QUI?	QUOI?	QUAND?
un copain	voir	souvent
des copines	inviter	de temps en temps
une tante	téléphoner (à)	rarement
des cousins	écrire (à)	jamais
une cousine	aider	toujours
des voisins	rendre visite (à)	
	donner des cadeaux (à)	
	donner des conseils *(advice)* (à)	
	demander des conseils (à)	

 N3

2 **La boum**

Vous préparez une boum. Demandez à votre partenaire s'il (si elle) peut vous aider avec les choses suivantes. Votre partenaire va accepter ou refuser.

▶ — **Tu peux préparer les sandwichs?**
  — Oui, d'accord, je vais les préparer. (Je suis désolé(e) mais je ne peux pas les préparer.)

- faire les courses
- acheter les boissons
- laver les verres
- ranger la cuisine
- mettre la table
- préparer les sandwichs

- décorer le salon
- apporter ta mini-chaîne
- choisir la musique
- inviter nos amis
- téléphoner aux voisins

····· À votre tour! ·······················

SITUATIONS

Imagine you are in the following situations.
Your partner will take the role of the other person
in the dialogue and answer your questions.

1 You are an exchange student in a French lycée. It is your first day at school and you need help.

Ask another student (who, of course, is willing to help you) . . .
- to loan you a notebook
- to give you a pencil
- to show you where the cafeteria is
- to take you *(amener)* to the library.

2 You are spending two weeks at the home of your French cousin who lives in Paris.

Ask your cousin (who will accept or refuse) . . .
- to introduce you to his/her friends
- to loan you something you need
- to show you a place in Paris you would like to visit
- to take you to a show or an event that you are interested in.

3 Your friend has a Belgian neighbor named Béatrice. You would like to know more about their relationship.

Ask your friend . . .
- how long he/she has known Béatrice
- if he/she knows her parents
- if he/she invites her often
- what he/she is going to give Béatrice for her birthday.

4 Your friend has a Canadian penpal, Jean, who is coming to visit next weekend. You want to know what your friend has planned for Jean's visit.

Ask your friend . . .
- to what restaurant he/she is going to invite Jean
- what places *(quels endroits)* he/she is going to show him
- what gift *(un cadeau)* he/she is going to give him.

5 You are the manager of a tourist shop in Montreal. You are hiring students for the summer and are interviewing one of the candidates.

Ask the candidate . . .
- if he/she knows how to speak French well
- What other languages he/she knows how to speak
- if he/she knows how to answer the phone in French
- what other things he/she knows how to do.

6 You and your friend are planning a party for next Friday night. You are checking if your friend has done his/her share of the work.

Ask your friend . . .
- if he/she sent the invitations
- if he/she called the neighbors
- if he/she chose the music
- if he/she bought the beverages *(les boissons)*.

7 You are visiting Paris with your friend. It is your first trip but your friend has visited Paris before.

Ask your friend . . .
- what monuments he/she knows
- if he/she knows how to get to the Eiffel Tower
- if he/she knows if the Louvre is open *(ouvert)* this afternoon
- if he/she knows a good restaurant.

LECTURE

Les trois bagues

AVANT DE LIRE

Quand on lit une histoire, il est utile d'anticiper ce qui va se passer d'après les éléments que l'on connaît déjà. Lisez d'abord la **Note culturelle** et **Une annonce**. D'après vous, pourquoi est-ce que les neveux vont aller chez le notaire?

- pour assister à un mariage
- pour vendre la maison familiale
- pour recevoir une somme d'argent
- pour régler *(to settle)* une dispute

Maintenant, continuez votre lecture pour vérifier votre réponse.

NOTE CULTURELLE

Le notaire

Le notaire joue un rôle important dans la vie des familles françaises. Son rôle est d'officialiser un grand nombre d'actes et de contrats de la vie civile (contrat de mariage, testaments,° ventes° de biens immobiliers,° etc.). Un notaire a le titre de **Maître,** Maître Durand, par exemple. Son bureau° s'appelle **une étude.**

testament *will* **vente** *sale*
biens immobiliers *real estate*
bureau *office*

LES TROIS BAGUES

Une annonce

Un jour l'annonce suivante a paru dans *La Nouvelle République* de Tours.

······· **Héritage** ·······

Les neveux de Jules Larivière né le 18 octobre 1930 à Amboise, sont invités à se présenter le 21 janvier à l'étude de Maître Durand, notaire à Tours.

Mots utiles

un neveu	*nephew*
un propriétaire	*owner*
un ouvrier	*worker*
gagner sa vie	*to earn one's living*

N1

Les trois neveux

Le 21 janvier, trois hommes se sont présentés° à l'étude de
Maître Durand. Neveux de Jules Larivière, ils étaient cousins,
mais de condition sociale très différente.

Le premier neveu, Roland Larivière, avait 45 ans et était   5
célibataire.° Propriétaire d'un grand hôtel dans le centre de Tours,
il était président de la Chambre de Commerce de la ville. C'était
un homme riche et influent.

Le second neveu, Henri Larivière, 38 ans, exerçait la profession
de pharmacien et gagnait bien sa vie. Marié, mais sans enfants,   10
il habitait avec sa femme dans une jolie maison située en banlieue.°

Le troisième neveu, Jean-Marc Larivière, 28 ans, était un simple
ouvrier agricole. Il habitait dans une petite ferme à la campagne°
avec sa femme et ses trois enfants.

La secrétaire de Maître Durand a pris le nom, la profession et   15
l'adresse des trois neveux, puis elle les a introduits° dans le bureau
du notaire.

se sont présentés = sont venus **célibataire** = non-marié **banlieue** *suburbs*
campagne *country* **les a introduits** *led, introduced them*

Avez-vous compris?

1. Quand et pourquoi les trois
   neveux vont-ils chez le notaire?
2. Qui est le plus riche des trois
   neveux? le moins riche?
3. À votre avis, lequel des trois
   neveux exerce la profession la
   plus intéressante? Pourquoi?
4. À vos yeux, lequel est le plus
   sympathique? Pourquoi?

Anticipons un peu!

D'après vous, qu'est-ce qui va se passer à la fin de l'histoire?
- Les trois neveux vont recevoir la même somme
  d'argent.
- Le neveu le plus riche va donner sa part *(share)* à
  ses cousins.
- Le neveu le moins riche va recevoir plus d'argent
  que ses cousins.
- Autre possibilité? Expliquez votre opinion.

Maintenant, finissez l'histoire et vérifiez si vous aviez raison.

Le Testament

Maître Durand a serré la main° des trois neveux et puis il a commencé à parler.

Me Durand	J'ai le regret de vous annoncer le décès° de votre oncle Jules Larivière. Il est mort le 12 décembre dernier au Mexique dans la ville de Cuernavaca où il habitait depuis son départ de France, il y a quinze ans. Il n'avait pas d'enfants. Vous êtes, par conséquent, ses héritiers.
Roland L.	Qu'est-ce qu'il nous a laissé?
Me Durand	Il vous a laissé trois bagues.
Roland L.	Trois bagues? C'est tout?!
Me Durand	Non, il vous a laissé aussi une très belle photo de lui.
Roland L.	Est-ce qu'on peut voir les bagues?
Me Durand	Oui, bien sûr.

20

25

Maître Durand a pris une grande enveloppe dans laquelle il y avait les trois bagues. Il les a mises sur une table et il a continué . . .

30

Me Durand	Voilà les trois bagues. Comme vous pouvez voir, ces bagues sont très différentes. Il y a une bague de diamant, une bague en or et une bague en argent . . .
Roland L.	Mais ces bagues n'ont pas la même valeur.° Le partage° est impossible.
Me Durand	Au contraire! Le testament de votre oncle est très explicite. Il stipule que c'est à l'aîné de ses neveux de choisir d'abord.
Roland L.	Alors là, mon oncle a eu une bonne idée!
Me Durand	Monsieur Roland Larivière, vous êtes l'aîné! Quelle bague voulez-vous?
Roland L.	Eh bien, c'est facile! Je prends la bague de diamant! Quel merveilleux souvenir de mon oncle!
Me Durand	Voulez-vous aussi la photo de votre oncle?
Roland L.	Euh, non. Je crois que je me souviendrai° mieux de mon oncle avec la bague. Et puis, j'ai assez de vieilles choses chez moi.

35

40

45

Maître Durand s'est tourné° ensuite vers Henri Larivière.

Me Durand	Monsieur Henri Larivière, vous êtes le second neveu. C'est votre tour maintenant.
Henri L.	Eh bien, moi, je proteste! Je ne suis peut-être pas l'aîné, mais c'était moi le neveu préféré de mon oncle. Pourquoi est-ce qu'il ne m'a pas donné la bague de diamant? Oui, je proteste!
Me Durand	Choisissez, s'il vous plaît! La bague en or ou la bague en argent?
Henri L.	Bon, je prends la bague en or, mais . . .
Me Durand	Voulez-vous la photo de votre oncle?
Henri L.	Ah ça, certainement pas! Mon oncle a été trop injuste avec moi!

50

55

Mots utiles	
un testament	*will*
un héritier	*heir*
laisser	*to leave*
une bague	*ring*
l'or	*gold*
l'argent	*silver*
l'aîné	= le plus âgé
une clé	*key*
un coffre	*safe*
juste ≠ injuste	*fair ≠ unfair*

a serré la main de *shook hands with* **décès** *death* **valeur** *value* **le partage** = la division
je me souviendrai *I will remember* **s'est tourné** *turned*

Finalement Maître Durand s'est tourné vers le troisième neveu.

Me Durand	Alors, Monsieur Jean-Marc Larivière, il vous reste° la bague en argent . . . Je suppose que vous non plus, vous ne désirez pas la photo de votre oncle.	60
Jean-Marc L.	Au contraire. Je me souviens bien de lui. C'était un homme très bon et très juste. Je l'aimais beaucoup!	
Me Durand	Eh bien, voilà votre bague, et voici la photo de votre oncle.	

Anticipons un peu!

D'après vous, qu'est-ce qui va se passer à la fin?

Maître Durand s'est levé,° puis il a serré très fort° la main de Jean-Marc Larivière.

Me Durand	Félicitations, vous êtes maintenant un homme très riche!	65
Jean-Marc L.	Mais non, je suis seulement un pauvre ouvrier agricole . . .	
Me Durand	Oui, mais vous avez la photo.	70
Jean-Marc L.	La photo?	
Me Durand	Retournez-la . . . Il y a la clé du coffre de votre oncle. Quand il était au Mexique, votre oncle a fait des investissements très profitables. Il est mort multi-millionnaire et c'est vous qui héritez de sa fortune!	75

il vous reste = vous avez   **s'est levé** got up   **très fort** = avec beaucoup de force

---

Avez-vous compris?

1. Pourquoi les neveux de Jules Larivière étaient-ils ses héritiers?

2. Quels objets est-ce que Jules Larivière a laissés à ses neveux?

3. En quoi ces bagues étaient-elles différentes?

4. Pourquoi est-ce que les deux premiers neveux n'ont pas pris la photo de leur oncle?

5. Pourquoi est-ce que le troisième neveu a pris la photo?

6. Comment est-ce qu'il a été récompensé (rewarded)?

EXPRESSION ORALE

■ Discussion

Voici plusieurs morales possibles pour l'histoire que vous avez lue. Avec votre partenaire, déterminez quelle est la meilleure morale et expliquez pourquoi. (Si vous préférez, vous pouvez suggérer une autre morale.)

- Il y a toujours une justice.
- L'avarice *(greed)* ne paie pas.
- Les riches ont souvent tort.
- L'argent ne fait pas le bonheur.

■ Dramatisation

Avec vos camarades de classe, jouez la scène du **Testament**. Chaque personne va adopter la personnalité correspondant à son rôle et jouer ce rôle avec beaucoup d'expression.

■ Situations

Avec votre partenaire, choisissez l'une des situations suivantes. Composez le dialogue correspondant et jouez-le en classe.

1 La bonne nouvelle

Jean-Marc Larivière rentre chez lui et annonce la bonne nouvelle à sa femme qui veut des détails.

Rôles: Jean-Marc Larivière, sa femme

2 Au café

Roland Larivière va au café où il rencontre un(e) ami(e). Il lui raconte l'histoire du testament.

Rôles: Roland Larivière, un(e) ami(e)

3 Un procès

Henri Larivière, très mécontent de ce qui s'est passé, va voir un(e) avocat(e) *(lawyer)*, dans l'intention de faire un procès *(suit)* à son cousin Jean-Marc. Il explique l'injustice de la situation à l'avocat(e) qui veut des détails.

Rôles: Henri Larivière, l'avocat(e)

EXPRESSION ÉCRITE

■ L'héritage

Dans un petit paragraphe, décrivez ce que Jean-Marc Larivière va faire avec l'argent de l'héritage.

■ Les trois neveux

Sur la base de l'histoire que vous avez lue, faites le portrait des trois neveux (leurs qualités, leurs défauts, ce qu'ils aiment, ce qu'ils n'aiment pas, etc.).

■ Jules Larivière

Écrivez une courte biographie de Jules Larivière. Utilisez votre imagination. Vous pouvez considérer les questions suivantes:

- Que faisait Jules Larivière avant d'aller au Mexique?
- Pourquoi a-t-il quitté la France?
- Qu'est-ce qu'il a fait à Cuernavaca?

■ Le testament

Choisissez l'un des personnages suivants:

Maître Durand, Roland Larivière, Henri Larivière, Jean-Marc Larivière

Écrivez une lettre dans laquelle vous décrivez l'histoire du point de vue de la personne que vous avez choisie. Comparez votre lettre avec celles que vos camarades ont écrites.

Au jour le jour

Thème et Objectifs

Culture

In this unit, you will discover . . .

- what French people call "le look" and why it is important to them
- how French teenagers care for their personal appearance
- how different artists have expressed the concept of beauty
- what constitutes the daily routine for different French people

Communication

You will learn how . . .

- to describe what a person looks like
- to explain what you do to make yourself look good
- to talk about your daily activities
- to describe how you feel in different circumstances

Langue

You will learn how . . .

- to describe what people do for themselves
- to describe certain aspects of your daily routine
- to express feelings and changes of mood

L'importance du 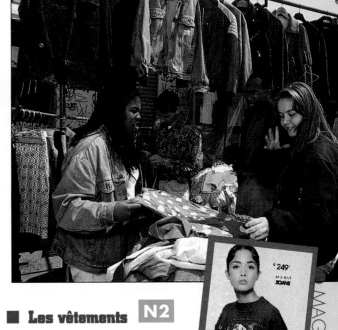 N1

« LOOK »

Il y a deux semaines, Cédric, 16 ans, avait les cheveux longs. Maintenant, il les a courts.° Cédric change de coiffure° tous les° trois mois. Véronique, 17 ans, dépense son argent en «fringues»° qu'elle achète au moment des soldes.° Pour se composer un «look», Sandrine préfère utiliser sa vaste collection d'accessoires.

Pour les jeunes Français, le «look» est extrêmement important. En fait, l'importance du look marque le passage de l'enfance° à l'adolescence. Avant l'âge de 12 ou 13 ans, ils ne s'intéressent° pas beaucoup à leur apparence. Après, ils y font très attention.

Le look, c'est une façon de personnaliser son apparence physique, de se créer un style. S'il est difficile de modifier son corps,° on peut facilement changer son look. Il suffit° de choisir les vêtements, les accessoires, la coupe° de cheveux correspondant à l'impression qu'on veut donner. Voici, par ordre d'importance, les éléments du look pour les «ados» (les adolescents) français.

"C'est la première impression qui compte"

■ Les vêtements N2

Avec le choix de ses vêtements, on détermine son style général: sport, classique, romantique, etc. . . Pour les ados, les vêtements les plus importants sont d'abord le jean, uniforme de la jeunesse internationale, et ensuite le blouson, le sweat et le tee-shirt. La marque des vêtements est capitale. On n'achète pas un blouson, mais un Naf Naf ou un Chevignon (marques° françaises) ou un Levis (marque américaine). On ne porte pas un sweat, mais un Benetton ou un Kookaï. Parce que la marque coûte cher, les ados mélangent° les vêtements de marque avec des vêtements moins chers qu'ils achètent dans les grandes surfaces.°

■ Les chaussures

Les Français sont les plus grands acheteurs de chaussures d'Europe: ils en achètent en moyenne cinq paires par an. Là aussi, la forme, le style et surtout la marque sont très importants.

---

courts *short* **coiffure** *hairstyle* **tous les** *every* **fringues** = *vêtements (slang)* **soldes** *sales* **l'enfance** *childhood* **ne s'intéressent** = ne sont pas intéressés
corps *body* **suffit** = il est suffisant **coupe** *cut* **marques** *designer (boutique) brand names* **mélangent** *mix* **grandes surfaces** *shopping centers*

OPTIONAL READINGS: These readings can be done in class, as homework, at the beginning of the unit, or as a wrap-up activity.

■ Les accessoires

Colliers, bracelets, boucles d'oreille, bijoux, chapeaux permettent aux filles de se créer un look ou d'en changer rapidement. Pour leur look, les garçons utilisent casquettes,° ceintures, bretelles,° et parfois des boucles d'oreilles. Le sac à dos° est un élément du look plus important pour les filles que pour les garçons.

Autre élément du look, le «pin's» est très populaire chez les ados. C'est non seulement un objet décoratif, mais aussi un objet qui permet de s'identifier (par les causes qu'on défend, les marques qu'on achète, les événements auxquels on a assisté . . .). **N1** ◉

Et n'oublions pas les lunettes. Suivant leur forme et leur couleur, on peut avoir un look sérieux, intelligent, drôle, rétro . . . **N2** ◉

■ Le maquillage et les produits de beauté

Aujourd'hui, les jeunes Françaises préfèrent un style naturel. Leur maquillage° et aussi leur parfum restent généralement discrets. Quant° aux jeunes Français, ils utilisent de plus en plus° de produits de beauté: eaux de toilette, crèmes et lotions pour les mains, gels pour les cheveux.

■ La coiffure

La coiffure fait partie° intégrale du look. C'est aussi une façon° de manifester ses opinions. Les cheveux longs des années 1970 ou le style «punk» des années 1980 marquaient le refus de s'intégrer à la société des adultes.

Les ados aujourd'hui sont retournés à un style assez classique de coiffure avec des cheveux ni° trop longs, ni trop courts. Courts ou longs, frisés, bouclés° ou souples, l'important c'est que les cheveux soient propres et faciles à entretenir.°

📖❓ **Entretenir** is conjugated like **tenir** pp. R30-31

LE LOOK ET VOUS

D'après vous, quelles sont les trois choses les plus importantes pour le look d'un garçon et le look d'une fille?

	POUR UN GARÇON	POUR UNE FILLE
● avoir beaucoup de vêtements différents	☐	☐
● avoir des vêtements qui vous vont bien	☐	☐
● avoir une coiffure originale	☐	☐
● porter des accessoires exotiques	☐	☐
● porter des couleurs vives°	☐	☐
● être naturel(le)	☐	☐
● avoir l'air décontracté°	☐	☐
● se sentir° bien physiquement	☐	☐

---

casquettes caps **bretelles** suspenders **sac à dos** backpack **fait partie** is a component **façon** = une manière **ni** neither **bouclés** wavy **entretenir** to take care of **maquillage** makeup **Quant à** as for **plus en plus** more and more **vives** bright **l'air décontracté** to look relaxed **se sentir** to feel

N3

Les artistes ont toujours voulu représenter leur idée de la beauté. La beauté a des visages différents à travers les âges et les cultures.

Les visages de la beauté

N4

La beauté, c'est . . .

Pour Léonard de Vinci (1452-1519)

. . . un visage tranquille
. . . des traits° réguliers
. . . un sourire°
    énigmatique
. . . la discrétion et le
    mystère

Pour ce sculpteur du moyen âge

. . . un visage ovale
. . . des cheveux bouclés
. . . un sourire d'ange
. . . la douceur° et
    la discrétion

Pour Pierre Auguste Renoir (1841-1919)

. . . un visage rond
. . . des joues° pleines°
. . . un teint° frais
. . . la joie de vivre

Pour Amedeo Modigliani (1884-1920)

. . . un visage ovale
. . . un nez long et fin
. . . des traits symétriques
. . . la délicatesse

Pour Paul Gauguin (1848-1903)

. . . un visage rond
. . . des cheveux
    abondants
. . . une bouche pleine
. . . la bonté° et
    la générosité

Pour Pablo Picasso (1881-1973)

. . . un regard profond
. . . des traits marqués
. . . une attitude fière
. . . la personnalité

Pour ce sculpteur anonyme du Bénin

. . . une coiffure°
    élaborée
. . . un visage altier°
. . . des traits fermes
. . . la noblesse°
    de caractère

**Et ça!
C'est le contraire
de la beauté!**

et vous?

- Parmi les huit visages représentés, lesquels correspondent le mieux à votre idéal de la beauté? Expliquez pourquoi.
- Apportez en classe des photos ou des portraits de personnes que vous considérez être belles. Décrivez ces portraits.

traits *features* **sourire** *smile* **douceur** *kindness* **joues** *cheeks* **pleines** *full* **teint** *complexion*
bonté *goodness* **coiffure** *hairdo* **altier** *proud* **noblesse** *nobility*

PARTIE 1

LE FRANÇAIS PRATIQUE

La description physique

La figure, le visage

- les cheveux
- le front
- un oeil (les yeux)
- le nez
- une oreille
- la joue
- la bouche
- le cou
- le menton

Un garçon / une fille . . .

LES CHEVEUX	est **brun(e)** ou	**blond(e)** **roux (rousse)** (redhead)	N1
	a les cheveux **bruns** ou	**blonds** **noirs** **roux**	**châtain** (chestnut) **châtain clair** (gold) **châtain foncé** (brown)
	a les cheveux **longs** **lisses** (straight)	ou ou	**courts** (short) **frisés** (curly, frizzy) **bouclés** (curly, wavy)
LES YEUX	a les yeux **noirs** ou	**bleus** **verts** **gris** **marron** (brown)	
LE VISAGE (LA FIGURE)	a le visage **ovale** ou	**rond** **rectangulaire** **carré** (square)	
LA TAILLE	est **grand(e)** ou	**petit(e)** **de taille moyenne** (average)	
L'APPARENCE GÉNÉRALE	est **mince** (thin) **maigre** (skinny) ou	**gros(se)** (heavyset, fat)	
	est **athlétique** **fort(e)** (strong) **costaud** (solid, well-built) ou	**faible** (weak)	
LES SIGNES PARTICULIERS	porte des **lunettes** ou	des **verres de contact** des **lentilles** (lenses) **de contact**	

▶ **À noter**   la taille (height)   **Je mesure** 1 mètre 75.   I am 5 feet 10 inches tall.   N2
le poids (weight)   **Je pèse** 65 kilos.   I weigh 143 pounds (65 kilos).

Ce monsieur. . .

 est chauve

 est barbu;
a une barbe

 a une moustache

 a une cicatrice
(scar)

Ce garçon . . .
Cette fille . . .

 a les cheveux
en brosse
(crew-cut)

 a une queue
de cheval
(ponytail)

 a des taches
de rousseur
(freckles)

 a un grain
de beauté
(beauty mark)
sur le menton

1 Dix ans après

Dix ans séparent ces deux photos.
Entre temps, les élèves du lycée
Descartes ont beaucoup changé.
Choisissez un(e) élève sur la photo
de l'école et décrivez-le(la).
Votre partenaire va décrire cette
personne maintenant.

2 Autoportrait

Faites votre autoportrait en donnant le maximum de détails sur votre aspect physique.

Conversations libres

Avec votre partenaire, choisissez l'une des situations suivantes.
Composez le dialogue correspondant et jouez-le en classe.

1 Rendez-vous

Votre partenaire vous propose
d'aller au cinéma avec un(e)
jeune Français(e) qu'il/elle
a rencontré(e) récemment.
Vous voulez avoir des détails
sur cette personne.

2 Un(e) enfant perdu(e)

Vous faites du shopping aux Galeries Lafayette
avec votre petit(e) cousin(e). Pendant que
vous êtes au rayon des jouets *(toys)*, votre
cousin(e) disparaît *(disappears)*. Faites une
description de votre cousin(e) au détective
du magasin (votre partenaire). Il va vous
demander des détails.

A. L'usage de l'article avec les parties du corps

Catherine a **les yeux** bleus.	*Catherine has blue eyes.* (= **Her eyes** are blue.)
Qu'est-ce que tu as dans **la main**?	*What do you have in **your hand**?*
J'ai une cicatrice sur **le menton**.	*I have a scar on **my chin**.*

In French the DEFINITE ARTICLE (**le, la, l', les**) is generally used with parts of the body.
(In English, we use possessive adjectives.)

1 **Monsieur et Madame Dupont** ─────────

Monsieur et Madame Dupont sont des touristes français. Complétez la description
de Monsieur Dupont et ensuite faites la description de Madame Dupont.

Monsieur Dupont a . . . frisés.

Il porte un chapeau sur . . .
Il a une pipe dans . . .
Il a un foulard autour (de) . . .
Il porte son appareil-photo sur . . .
Il a un magazine (à) . . .
Il porte des sandales (à) . . .

Madame Dupont a . . .

la bouche
les cheveux
le cou
l'épaule
la main
les pieds
la tête

RAPPEL!

à + le → au	de + le → du
à + les → aux	de + les → des

2 Dommage!

Aujourd'hui ça ne va pas! Choisissez une chose que vous ne pouvez pas faire et expliquez pourquoi.

Je ne peux pas travailler dans le jardin.

Mon/ma pauvre! Qu'est-ce que tu as?

J'ai mal au dos. (aux pieds).

Dommage!

QUELLE ACTIVITÉ?	POURQUOI?
parler	le genou
sortir avec toi	les pieds
dîner avec toi	la main
faire du jogging	le dos
jouer au foot	la gorge *(throat)*
jouer au ping-pong	les jambes
manger des bonbons	le ventre
transporter cette table	les dents
écouter cette cassette de rap	la tête
travailler dans le jardin	les oreilles
??	??

3 Enrichissez votre vocabulaire!

Voici certaines expressions que vous pouvez utiliser avec vos amis. Faites correspondre ces expressions avec leurs équivalents anglais.   *Réponses*: 1-d, 2-e, 3-c, 4-b, 5-g, 6-f, 7-a.

1. Ne fais pas la tête!
2. Ne mets pas les pieds dans le plat!
3. Tu as un poil *(hair)* dans la main!
4. Tu as les yeux plus gros que le ventre!
5. Tu as le coeur sur la main!
6. Tu coupes les cheveux en quatre.
7. J'ai l'estomac dans les talons *(heels)*.

a. I am very hungry.
b. You are too greedy. (Your eyes are bigger than your stomach.)
c. You are really lazy.
d. Don't look so upset.
e. Don't put your foot in your mouth.
f. You are very finicky. (You are splitting hairs.)
g. You are a very generous person. (You wear your heart on your sleeve.)

Usages de l'article défini

Pratique ▶

ALLONS PLUS LOIN: Autres usages de l'article défini

The definite article is used . . .

- with dates
    le 18 juin   **le samedi 3 avril**

- with days of the week (or parts of the day) to refer to a repeated or habitual action
    Compare:
    Que fais-tu **le samedi**?   *What do you do **on Saturdays?***
    Que fais-tu **samedi**?   *What are you doing **on (this) Saturday?***

- with geographical names (countries, states, rivers, mountains, etc.), except cities
    le Canada   **les États-Unis**   but   **Israël, Cuba, Tahiti**
    la Virginie   **le Mississippi**   **les Alpes**

- with names of languages, colors, and school subjects
    J'étudie **le français** et **les maths**.
    Mes couleurs préférées sont **le bleu** et **le rouge**.

- with certain titles
    le docteur Mercat   **la princesse** Diane   **la reine** Élizabeth

- with nouns indicating a weight, measure, or quantity
    L'essence coûte 5 francs **le litre**.   *Gas costs 5 francs **a liter**.*

Entre nous

«Je ne suis pas très belle»

Juliette a l'impression de ne pas être belle. Elle parle de son problème dans *Le Journal des Copains*. Lisez ce que les lecteurs de ce journal lui ont répondu.

Chers copains,

Quand je me regarde dans la glace, je ne suis pas satisfaite de moi. J'ai le nez trop long, les oreilles trop grandes, le front trop large, les cheveux trop raides° En un mot, je ne suis pas très belle. J'ai 15 ans, et pour moi, c'est un grave problème.

Juliette

Valérie (Grenoble), **17 ans**

Ne t'inquiète pas!° À 15 ans, toutes les filles pensent qu'elles ne sont pas assez belles. C'était mon cas quand j'avais ton âge. Je me suis trouvée° beaucoup plus belle le jour où un garçon m'a invitée. Patiente un peu! Un jour, ça va être ton tour.

Valérie

---

raides *straight* **ne t'inquiète pas** *don't worry* **Je me suis trouvée** *I found myself*

Cécile *(Pau),*
16 ans

La beauté, c'est une chose, mais il y a aussi le look. Ça aussi, c'est important. Tu peux changer de coiffure, te maquiller° un peu, porter des accessoires marrants,° choisir des vêtements qui correspondent à ta personnalité... L'essentiel, c'est de se créer un style. Essaie!° Ce n'est pas si difficile!

Cécile

Guillaume *(Bruxelles),*
18 ans

Tu sais, je ne suis pas très beau non plus, mais ce n'est pas si grave que tu penses. En fait, j'ai des tas° de copains et de copines. La clé° du succès, c'est de se sentir° bien dans sa peau°. La vraie beauté n'est pas physique. Elle dépend des qualités que tu as. Mets les tiennes° en valeur. Et n'oublie pas que la beauté ne fait pas nécessairement le bonheur.° Regarde donc Marilyn Monroe!

Guillaume

Philippe *(Nice),*
17 ans

La beauté est importante, mais ce n'est pas tout. Ce qui compte aussi, c'est le charme et la personnalité. Quand j'invite une fille, ce n'est pas parce qu'elle est super-jolie, mais parce qu'elle est sympa, drôle, et qu'elle aime rire!° Cultive ton sens de l'humour et tu auras toujours des amis!

Philippe

Et vous?

Expression orale
D'après vous, quelle lettre offre les meilleurs conseils à Juliette? Expliquez pourquoi.

Expression écrite
Écrivez votre propre *(own)* réponse à la lettre de Juliette.

---

te maquiller *put on makeup*   **marrants** = drôles *(slang)*   **essaie** *try*   **des tas** = quantités
la clé *key*   **se sentir** *to feel*   **dans sa peau** *inside (in one's skin)*   **les tiennes**= tes qualités
le bonheur *happiness*   **rire*** *to laugh*

La toilette et les soins personnels

Les parties du corps

Révision ▶ p. R12

Olivier utilise . . .   pour . . .

	le rasoir	se raser	**se raser** *to shave*
	le savon	se laver la figure **N1**	
	la brosse à dents	se brosser les dents	**se brosser** *to brush*
	la serviette	s'essuyer les mains	**s'essuyer** *to (wipe) dry*
	les ciseaux	se couper les ongles *(nails)*	**se couper** *to cut*

Charlotte utilise . . .   pour . . .

	le shampooing	se laver les cheveux	
	le séchoir	se sécher les cheveux	**se sécher** *to dry*
	le peigne	se peigner	**se peigner** *to comb one's hair*
	le rouge à lèvres	se maquiller	**se maquiller** *to apply makeup*
	l'eye-liner	se maquiller les yeux	

Eye-liner is pronounced as in English: ajlajnœr

N4

Quelques autres articles de toilette et produits de beauté

une glace

le fard à paupières   le rimmel   le parfum   l'eau de toilette
le mascara

le vernis à ongles   le déodorant

l'après-rasage   le rasoir   la crème à raser

un miroir

N3

un gant de toilette   la brosse à dents   une brosse à cheveux
le dentifrice

1 La trousse de toilette *(toiletry kit)*

Ce weekend vous n'allez pas rester chez vous.
Mentionnez cinq articles—ou plus—que
vous allez mettre dans votre trousse de toilette . . .

- si vous allez faire du camping
- si vous allez passer le weekend chez vos cousins.

Maintenant imaginez que vous allez en France cet été.
Faites une liste de dix articles ou produits
que vous allez emporter *(take along)* avec vous.

Comparez vos listes avec celles de votre partenaire.
Combien de choses identiques avez-vous prises?
Combien de choses différentes?

2 Qu'est-ce qu'ils vont faire?

Lisez les descriptions suivantes. Puis mentionnez deux ou trois choses que
chaque personne va faire.

▶ **Philippe vient de jouer au foot. Il va dans la douche du stade.**
Il va prendre une douche.
Il va se laver les cheveux.
Ensuite, il va se sécher et se mettre du déodorant.

1. Il est sept heures du matin. Monsieur Lebot, président
   de la Banque Industrielle, se lève et va dans la salle de bains.

2. Il est onze heures du soir. Jérôme va se coucher. D'abord il va dans la salle de bains.

3. Ce soir, la fameuse chanteuse d'opéra va jouer le rôle de Carmen. Elle est dans sa
   loge *(dressing room)* où elle se prépare pour la représentation *(performance)*.

4. Caroline va dîner avec Vincent, son nouveau copain, dans un restaurant très élégant.
   Elle se prépare pour l'occasion.

3 En voyage ▶

Vous êtes en voyage avec un groupe.
Demandez à votre partenaire l'un des objets
suivants et expliquez pourquoi vous
en avez besoin.

Tu as
du shampooing?

Oui,
pourquoi?

Je voudrais me laver
les cheveux.

B. Les verbes réfléchis

REFLEXIVE VERBS are formed with a REFLEXIVE PRONOUN that represents the same person as the subject.

Je **me** lave.   Monsieur Martin **se** rase.

FORMS

Review the forms of **se laver** in the present and the imperative.

	PRESENT	
AFFIRMATIVE	je **me** lave tu **te** laves il/elle/on **se** lave nous **nous** lavons vous **vous** lavez ils/elles **se** lavent	
NEGATIVE	**je ne me lave pas**	
INTERROGATIVE	**est-ce que tu te laves?** **te laves-tu?**	

IMPERATIVE	
AFFIRMATIVE	**NEGATIVE**
lave-toi!	**ne te lave pas!**
lavons-nous!	**ne nous lavons pas!**
lavez-vous!	**ne vous lavez pas!**

INFINITIVE CONSTRUCTIONS

Je vais **me** laver. Nous allons **nous** brosser les dents.	Je **ne** vais **pas me** laver les cheveux. Vous **n'**allez **pas vous** raser.

➡ In an infinitive construction, the reflexive pronoun comes immediately before the verb and represents the same person as the subject.

USES

Reflexive verbs are very common in French. They are used:

- to describe actions that the subject is performing on or for himself/herself.

  Catherine **se regarde** dans la glace.   *Catherine **is looking at herself** in the mirror.*
  Je **me fais** un sandwich.   *I **am fixing myself** a sandwich.*

- to describe many aspects of one's DAILY ROUTINE.

  Je **me lève** à sept heures.   *I get up at seven.*

➡ Note the use of the DEFINITE ARTICLE after reflexive verbs.

  Tu te brosses **les** dents.   *You are brushing **your** teeth.*
  Alice se coupe **les** ongles.   *Alice is cutting **her** nails.*

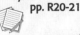

Le présent des verbes

Révision ▶ 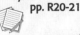 p. R2

comme préférer: se sécher
pp. R20-21
comme payer: s'essuyer
pp. R20-21

Pratique ▶

---

4 **Le matin**

Choisissez une personne et dites ce qu'elle fait et ce qu'elle va faire après. Soyez logique!

QUI?	
moi	Jean-Philippe
toi	Madame Lescure
nous	Monsieur Dupont
vous	Éric et Thomas
Alice	Sylvie et Catherine

QUOI?	
• se laver	• se brosser les dents
• se raser	• se laver la figure
• se maquiller	• se laver les mains
• se peigner	• se laver les cheveux
• s'essuyer	• se couper les ongles
• se regarder dans la glace	• se brosser les cheveux
	• se sécher les cheveux

N1

▶ **Tu te sèches les cheveux. Après, tu vas te peigner.**

---

5 **Publicité**

Composez des slogans publicitaires pour les produits suivants.

Radio-Symphonie	se raser
le savon SAMBON	se laver
le dentifrice SOURIRE	se laver les cheveux
l'eau de toilette VÉSUVE	se maquiller
le shampooing CAPILLO	se couper les ongles
le séchoir SAHARA	se couper les cheveux
le rasoir BLIP	se brosser les dents
les ciseaux CLIP	se parfumer
la brosse à dents BRIL	se sécher les cheveux
le fard CLÉOPÂTRE	se réveiller en musique

▶ **Mesdemoiselles, maquillez-vous avec le fard Cléopâtre!**

---

6 **Babysitting**

Vous faites du babysitting pour l'enfant de vos voisins français. Dites-lui de faire les choses suivantes. L'enfant (votre partenaire) va vous répondre qu'il/elle ne peut pas. Puis, il/elle va vous donner une excuse.

ACTIONS
• se peigner
• se laver les mains
• se laver les cheveux
• s'essuyer les mains
• se brosser les dents
• se sécher les cheveux

EXCUSES POSSIBLES
Je ne trouve pas . . .
Je ne sais pas où est . . .
Je ne peux pas trouver . . .
J'ai perdu . . .

▶ — **Brosse-toi les dents!**
— Je ne peux pas me brosser les dents!
— Et pourquoi donc?
— **J'ai perdu ma brosse à dents.**
   (**Je ne trouve pas** le dentifrice.)

ALLONS PLUS LOIN **N2**

To express what you or other people can do by themselves, use the construction:

STRESS PRONOUN + **même(s)**

J'ai réparé mon vélo **moi-même.** *I fixed my bike **by myself.***

→ **Même** is also used to reinforce a stress pronoun referring to the subject.

Jérôme parle toujours **de lui-même**. *Jérôme always talks **about himself**.*

Moi-même, toi-même, etc.

Pratique ▶

À LA RÉSIDENCE
BON REPOS

Aujourd'hui, les gens des villes habitent généralement dans des immeubles.° Ces immeubles ont beaucoup d'avantages . . . et quelques petits inconvénients.

Un jour comme un autre à la résidence° «Bon Repos» dans la banlieue° parisienne. Il est six heures du matin. Tout est calme. . . Tout d'un coup°. . .

N1

SIXIÈME ÉTAGE

Drin. . . Drin . . . Un réveil° sonne° chez Monsieur Léveillé. Drin. . .Drin. . . Monsieur Léveillé se réveille en sursaut°. . . Puis il se lève, met sa robe de chambre° et va dans la salle de bains. Il se regarde dans la glace, se brosse les dents. Ensuite, il branche° son rasoir électrique et commence à se raser. Zzz. . . Zzz. . .

CINQUIÈME ÉTAGE

Le bruit° du rasoir électrique de Monsieur Léveillé réveille Madame Dumoulin. Elle ouvre un oeil, puis l'autre, et attend deux ou trois minutes. Finalement, elle se lève et va dans la cuisine pour se préparer une tasse de café. Elle branche son nouveau moulin° électrique. Grr. . . Grr. . .

QUATRIÈME ÉTAGE

Le moulin à café de Madame Dumoulin réveille Mademoiselle Lasouplesse. Elle se lève, enfile° un short et un tee-shirt, met une vidéocassette de gymnastique et commence ses exercices. Une, deux. . . une, deux. . . une, deux . . .

TROISIÈME ÉTAGE

Quand il entend Mademoiselle Lasouplesse faire sa gymnastique, Monsieur Trémolo se réveille. Il va dans la salle de bains et prend une douche. Quand il se lave, Monsieur Trémolo adore chanter ses airs d'opéra favoris: «Toréador, toréador. . .»*

* «Toréador» is a well-known aria from Bizet's **Carmen**.

DEUXIÈME ÉTAGE

La belle voix de Monsieur Trémolo réveille Madame Bellamy. Elle se lève, prend un bain, et se lave les cheveux. Puis, elle s'habille, se peigne et se maquille. . .

À huit heures et demie, tous les locataires° de la résidence «Bon Repos» sont partis pour leurs occupations de la journée. . . Tous sauf° un. C'est Monsieur Morphée, le locataire du premier étage. Il travaille comme portier° de nuit dans un grand hôtel. À l'heure où les autres locataires se rendent° à leur travail, lui, il rentre chez lui. Là, il se déshabille et prend un bon bain. «Quelle chance d'habiter dans une résidence si calme» pense-t-il. Puis, il va dans sa chambre, met son pyjama, se couche et s'endort° d'un profond sommeil.

Une journée comme les autres vient de commencer.

N2 🌐

---

immeubles *apartment buildings* **résidence** = l'immeuble **banlieue** *suburbs* **Tout d'un coup** *all of a sudden* **réveil** *alarm clock* **sonne** *rings* **en sursaut** *with a start* **robe de chambre** *bathrobe* **branche** *plugs in* **bruit** *noise* **moulin** *coffee grinder* **enfile** = met **locataires** *tenants* **sauf** = excepté **portier** *doorman* **se rendent** = vont **s'endort** *falls asleep*

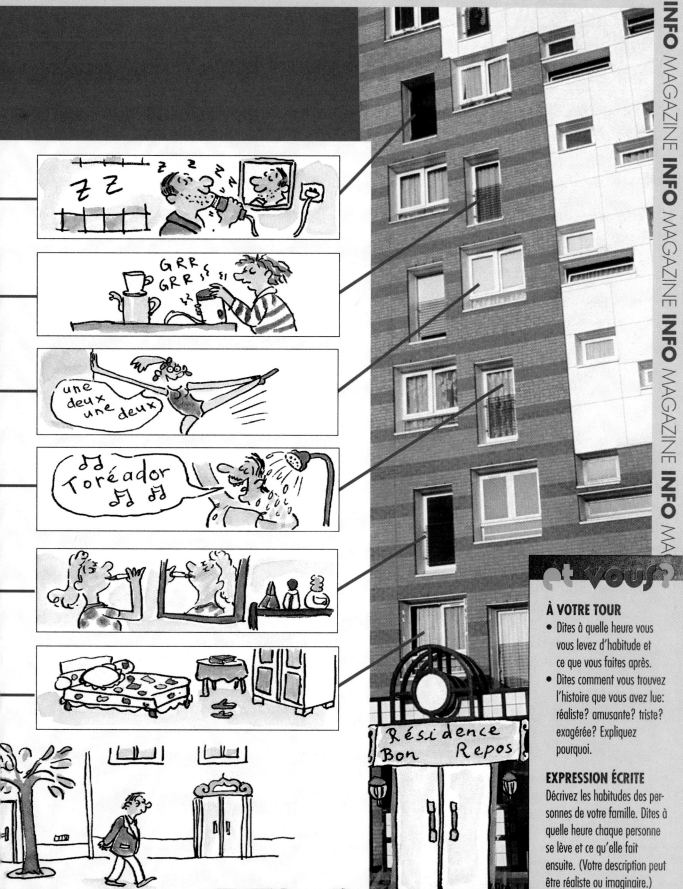

et vous?

À VOTRE TOUR

- Dites à quelle heure vous vous levez d'habitude et ce que vous faites après.
- Dites comment vous trouvez l'histoire que vous avez lue: réaliste? amusante? triste? exagérée? Expliquez pourquoi.

EXPRESSION ÉCRITE

Décrivez les habitudes des personnes de votre famille. Dites à quelle heure chaque personne se lève et ce qu'elle fait ensuite. (Votre description peut être réaliste ou imaginaire.)

PARTIE 2

LE FRANÇAIS PRATIQUE

La routine quotidienne

> Je me réveille à 7 heures et quart. Je me lève, et puis je me lave.

Il y a beaucoup de choses qu'on fait tous les jours. Ces choses font partie de la routine quotidienne *(daily)*. Ici Stéphanie explique sa routine quotidienne:

Le matin . . .

Je me réveille à 7 heures et quart.
Je me lève.
Je me lave.
Je prends **un bain** *(bath)* ou **une douche** *(shower)*.
Je m'habille.

se réveiller	*to wake up*
se lever	*to get up*
se laver	*to wash*
s'habiller	*to get dressed*

Après le petit déjeuner . . .

Je me prépare.
Puis, **je me rends** à l'école.
Je me dépêche pour être à l'heure.
(Si je suis en retard, **je m'excuse.**)

se préparer	*to get ready*
se rendre à	*to go to*
se dépêcher	*to hurry*
s'excuser	*to apologize*

N1

En classe . . .

J'étudie.
À midi, **je m'amuse** avec mes copains.

s'amuser	*to have fun*

L'après-midi, après les cours . . .

Je me promène en ville.
Je m'arrête parfois chez le marchand de glaces,
et **je m'achète** une glace.
Je rentre et **je me repose** un peu.

se promener	*to take a walk*
s'arrêter	*to stop*
s'acheter	*to buy (oneself)*
se reposer	*to rest*

À sept heures et demie . . .

Je me mets à table
et je dîne avec ma famille.
Puis je fais mes devoirs.

N2

se mettre à table	*to sit down to eat*

Le soir, **vers** *(at about)* onze heures . . .

Je me déshabille.
Je me couche.

Et finalement **je m'endors.**

se déshabiller	*to get undressed*
se coucher	*to go to bed*
s'endormir	*to go to sleep*

1 Et vous? ....

Décrivez certains aspects de votre vie. Comparez vos réponses avec celles de votre partenaire.

1. En semaine, je me réveille . . .
   - avant sept heures
   - à sept heures
   - ??

2. Je me rends à l'école . . .
   - à pied
   - en bus
   - à vélo
   - ??

3. Le soir, je me couche . . .
   - avant dix heures
   - après onze heures
   - ??

4. Généralement, je m'endors . . .
   - vite *(fast)*
   - assez vite
   - difficilement
   - ??

5. Le dimanche, je ne me lève jamais . . .
   - avant huit heures
   - avant neuf heures
   - ??

6. Quand j'ai du temps libre, je préfère . . .
   - me reposer
   - me promener en ville
   - me rendre chez mes amis
   - ??

7. Quand je me promène en ville, j'aime mieux m'arrêter . . .
   - dans les magasins
   - dans un fast-food
   - ??

8. Avec mon argent, je préfère m'acheter . . .
   - des cassettes
   - des vêtements
   - des magazines
   - ??

9. Je me dépêche le plus pour aller . . .
   - à l'école
   - à un rendez-vous
   - à un concert
   - ??

10. En général, je m'excuse quand . . .
    - j'ai tort
    - je suis en retard
    - ??

Conversations libres

Avec votre partenaire, choisissez l'une des situations suivantes. Composez le dialogue correspondant et jouez-le en classe.

N3

1 Camarade de chambre

Vous êtes étudiant(e) à l'université de Montréal. Vous cherchez un(e) camarade de chambre pour le trimestre prochain. Expliquez votre routine quotidienne à un(e) autre étudiant(e) (votre partenaire). Ensuite, posez-lui des questions sur sa routine.

2 Activités du dimanche

Vous avez invité un(e) camarade français(e) (votre partenaire) à passer le weekend chez vous. Expliquez-lui ce que vous faites le dimanche. Demandez-lui s'il/si elle fait les mêmes choses.

TEST

A. Le passé composé des verbes réfléchis

The PASSÉ COMPOSÉ of reflexive verbs is formed with **être.**

N1

AFFIRMATIVE	je **me suis lavé** tu **t'es lavé** il/on **s'est lavé** nous **nous sommes lavés** vous **vous êtes lavé(s)** ils **se sont lavés**	je **me suis lavée** tu **t'es lavée** elle **s'est lavée** nous **nous sommes lavées** vous **vous êtes lavée(s)** elles **se sont lavées**
NEGATIVE	je **ne me suis pas lavé**	je **ne me suis pas lavée**
INTERROGATIVE	**est-ce que tu t'es lavé?** **t'es-tu lavé?**	**est-ce que tu t'es lavée?** **t'es-tu lavée?**

Usually, but not always, the past participle agrees with the subject.

Éric s'est promen é **.**   **Anne et Claire se sont promen** ées **avec lui.**

➡ There is no agreement when the reflexive verb is directly followed by a NOUN. Compare:

Stéphanie **s'est lav** ée **.**   Elle **s'est lav** é les mains.

Note also:

Catherine et Sophie **se sont achet** é des vêtements.

---

1 **Samedi dernier**

Demandez à votre partenaire s'il/si elle a fait
les choses suivantes samedi dernier.
Votre partenaire peut donner des
précisions correspondant aux questions.

▶ se lever tard (à quelle heure?)

1. se promener (où?)
2. s'acheter des vêtements (quels vêtements?)
3. s'acheter autre chose (quoi?)
4. s'amuser (comment?)
5. se reposer (quand?)
6. se coucher tard (à quelle heure?)

> **Est-ce que tu t'es levée tard samedi dernier?**

> **Non, je ne me suis pas levée tard.**
> **Je me suis levée à 8 heures.**

Qu'est-ce qu'ils ont fait?

Informez-vous sur les personnes suivantes et dites
ce qu'elles ont fait. Pour cela, utilisez les verbes suggérés.

▶ Monsieur Marty a pris son rasoir.　**Il s'est rasé.**

1. Caroline a pris le dentifrice.
2. Tu as pris tes vêtements.
3. Nous avons entendu le réveil *(alarm clock)*.
4. À minuit, tu es allé dans ta chambre.
5. Vous avez pris une semaine de vacances.
6. Nous sommes allées à la campagne.
7. Marc et Philippe ont vu un film très drôle.
8. Dans le bus, j'ai marché *(stepped)* sur les pieds
    de quelqu'un.
9. Le chauffeur de bus a vu le feu-rouge *(red light)*.
10. Tu as pris les ciseaux.
11. Vous avez voulu être à l'heure au rendez-vous.

s'amuser
s'arrêter
se brosser les dents
se coucher
se couper les ongles
se dépêcher
s'excuser
s'habiller
se promener
se raser
se reposer
se réveiller

3　La journée d'un mannequin

Christine est mannequin *(model)* pour un magazine de mode. Lisez comment elle
décrit sa journée:

Je me réveille à huit heures. Je ne me lève pas immédiatement.
J'attends dix minutes. Ensuite je me lève et je vais dans la salle de bains.
Là, je prends une douche et je me lave les cheveux. Ensuite je me maquille
et je m'habille. Vers neuf heures, je descends dans la cuisine et
je me prépare un petit déjeuner très léger *(light)*. Après, je regarde
le journal. Je téléphone à mon magazine pour faire mes rendez-vous.
Je réponds à mon courrier *(mail)*.

Vers dix heures et demie, je sors et je fais les courses. Je rentre
chez moi, mais je ne déjeune pas. À une heure, je prends un taxi. Je vais
directement au magazine pour les séances *(sessions)* de photo.
Je travaille tout l'après-midi.

À sept heures, je rentre chez moi et je dîne. Ensuite je regarde un film
à la télé. À onze heures je me couche et je m'endors.

Chaque jour, Christine suit la même routine. Décrivez ce qu'elle a fait hier.
▶ **Hier, Christine s'est réveillée à huit heures . . .**

4　Ma routine personnelle

Décrivez votre routine personnelle. Pour cela, composez un petit paragraphe où vous
racontez ce que vous avez fait hier. (Si nécessaire, utilisez votre imagination!) Ensuite,
comparez votre journée avec celle de votre partenaire.

▶ **Hier, c'était samedi [dimanche]. Je me suis réveillé(e) à . . .**

La condition physique et les sentiments

Comment te sens-tu?

Je me sens bien.

Qu'est-ce qu'il y a?

Je me sens fatigué.

COMMENT DEMANDER DES NOUVELLES À UN(E) AMI(E)

Ça va?

Comment te sens-tu? | *How do you feel?*
Qu'est-ce que tu as? | *What's the matter?*
Qu'est-ce qu'il y a? | *What's wrong?*

| **se sentir** | *to feel* |

COMMENT RÉPONDRE

Ça va. ☺

Je me sens | **bien.**
en forme *(in shape)*

N1

décontracté(e) *(relaxed)*

Je suis | **heureux (heureuse).**
content(e)
de bonne humeur
(in a good mood)

Ça ne va pas. ☹

Je me sens | **mal.**
malade
fatigué(e) *(tired)*
tendu(e) *(tense, uptight)*

Je suis | **malheureux (malheureuse).**
triste *(sad)*
de mauvaise humeur *(in a bad mood)*
énervé(e) *(upset)*
furieux (furieuse)
en colère *(angry)*

COMMENT DÉCRIRE QUELQU'UN

Ton ami(e) | **semble** | **calme.**
a l'air

N2

Il/Elle | **semble** | **perplexe.**
à l'air | **préoccupé(e)** *(worried)*
inquiet (inquiète) *(worried)*
déçu(e) *(disappointed)*

N3

| **sembler** | *to seem* |
| **avoir l'air** | *to look, appear* |

▶ À noter

Sentir is conjugated like **dormir**.

sentir	*to smell*	Est-ce que **tu sens** cette bonne odeur?
se sentir (+ adjective or expression)	*to feel*	Est-ce que **tu te sens** fatigué? **Je me sens** en forme.
ressentir (+ noun)	*to feel (a pain or an emotion)*	**Je ressens** beaucoup d'admiration pour cette personne.

1 Ça va?

Choisissez trois des situations suivantes. Décrivez votre condition ou vos sentiments dans chacun des cas.

- Vous êtes en vacances.
- Vous avez un examen.
- Vous avez un rendez-vous.
- Vous faites du sport.
- Vous mangez trop.
- Vous étudiez trop.
- Vous avez une bonne note à un examen.
- Vous étudiez beaucoup mais vous avez une mauvaise note.

- Vous vous disputez avec votre copain (copine).
- Votre copain (copine) n'est pas à l'heure à un rendez-vous.
- Votre frère (soeur) oublie votre anniversaire.
- Le professeur est malade.
- Votre cousin(e) vous téléphone à une heure du matin.
- Vos professeurs sont contents de vous.
- Vos amis vous critiquent.

▶ **Quand j'ai un examen, je me sens malade (je me sens tendu(e), décontracté(e) . . .)**

2 Qu'est-ce qu'ils ont?

Décrivez les personnes suivantes. Avec votre partenaire, trouvez deux raisons pour cette situation.

▶ **— Monsieur Moreau a l'air en colère.**
— C'est parce qu'il a eu un accident de voiture.
— Non, je ne suis pas d'accord. C'est parce que son fils est rentré à deux heures du matin.

| M. Moreau | Thomas | Pauline | Juliette |
| Jean-Philippe | Mme Tessier | Charlotte | Christophe |

3 Créa-dialogue

C'est lundi matin. D'habitude votre partenaire est toujours de bonne humeur. Mais aujourd'hui il/elle est de mauvaise humeur. Vous voulez savoir pourquoi.

— Ça va?
— Non, ça ne va pas.
— Qu'est-ce que tu as?
— Je suis <u>triste</u>.
— Et pourquoi donc?
— <u>Mon copain a oublié la date</u>
   <u>de mon anniversaire.</u>

| • *Use another expression.* |
| • *Express another feeling: anger, disappointment, worry . . .* |
| • *Give an original and appropriate reason.* |

NE T'INQUIÈTE PAS!

A. L'usage idiomatique des verbes réfléchis

Reflexive verbs are used:

- to describe certain MOVEMENTS

  se rendre à   *to go to*   Mme Meunier **se rend à** son bureau.

- to describe FEELINGS or changes in feelings

  s'impatienter   *to get impatient*   Pourquoi est-ce que tu **t'impatientes?**

- to describe certain other actions and situations

  s'excuser   *to apologize*   Tu as tort! **Excuse-toi!**

  se trouver   *to be (located)*   Où **se trouve** la pharmacie?

Vocabulaire: Quelques verbes réfléchis

MOVEMENT

s'asseoir	*to sit down*	**s'approcher (de)**	*to come closer*
se lever	*to stand up*	**s'arrêter**	*to stop*
		s'en aller	*to go away*

FEELINGS

s'amuser	*to have fun*	**s'inquiéter**	*to worry*
s'embêter	*to get bored*	**se mettre en colère**	*to get angry*
s'impatienter	*to get impatient*	**se sentir (triste . . .)**	*to feel (sad)*
s'énerver	*to get upset*		

OTHER MEANINGS

s'appeler	*to be called, named*	**se rappeler**	*to remember; to recall*
se trouver	*to be (located)*	**se souvenir (de)**	*to remember*
s'intéresser à	*to be interested in*	**se tromper**	*to make a mistake*
s'occuper de	*to be busy with;*	**se taire**	*to be quiet; to shut up*
	to take care of		

➡ The verb **se souvenir** is conjugated like **venir.**

   PRESENT: **je me souviens   nous nous souvenons   elles se souviennent**

PASSÉ COMPOSÉ: **je me suis souvenu(e)**

> ✚ **Transports** Québec
>
> *AU QUÉBEC, LA PRUDENCE FAIT TOUTE LA DIFFÉRENCE!*
>
> ⚜ **Je me souviens**

➡ The following irregular verbs are commonly used in the imperative:

s'en aller	se taire	s'asseoir
Va-t'en!	**Tais-toi!**	**Assieds-toi!**
Allez-vous-en!	**Taisez-vous!**	**Asseyez-vous!**

> **Le présent des verbes s'appeler, se rappeler (comme appeler)**
>
> *Révision* ▸
>
> *Pratique* ▸
>
> pp. R20-21

ALLONS PLUS LOIN

Reflexive verbs are also used to express a reciprocal action, that is, an action in which two or more people interact with one another.

Philippe et Claire **se téléphonent.**	*Philippe and Claire phone each other.*
Marc et moi, **nous nous voyons** souvent.	*Marc and I often see each other.*
Où est-ce que vous allez **vous retrouver?**	*Where are you going to meet (each other)?*

1 Une question de personnalité

Analysez la personnalité des personnes suivantes et dites si oui ou non elles font les choses entre parenthèses.

▶ Tu es toujours calme. (s'inquiéter?)
Tu ne t'inquiètes pas.

1. Tu as une excellente mémoire. (se souvenir de tout?)
2. Vous n'aimez pas attendre. (s'impatienter?)
3. Alice est optimiste. (se sentir triste?)
4. Philippe est très irritable. (se mettre souvent en colère?)
5. Nous sommes curieux. (s'intéresser à tout?)
6. J'aime étudier. (s'embêter en classe?)
7. Tu es très patient. (s'énerver?)
8. Nous avons toujours raison. (se tromper?)

2 Que dire?

Qu'est-ce que vous allez dire à votre ami français dans les circonstances suivantes?
Utilisez l'impératif affirmatif ou négatif des verbes de la liste. Soyez logique dans votre choix!

▶ Votre ami est furieux.   **Ne te mets pas en colère!**
▶ Il a tort.   **Excuse-toi!**

- Il parle trop.
- Il attend sa copine depuis une heure.
- Il est insupportable *(unbearable)* avec vous.
- Il a un problème avec ses parents.
- Il va à une boum.
- Il a un examen de maths.
- Il est fatigué.
- Il a une entrevue professionnelle dans une semaine.

s'amuser
s'asseoir sur cette chaise
s'en aller
s'excuser
s'impatienter
s'inquiéter
se mettre en colère
se souvenir de la date
se taire
se tromper dans les calculs

3 Et vous?

Complétez les phrases suivantes avec une expression personnelle.
Ensuite, comparez vos réponses avec celles de votre partenaire.

1. Je m'intéresse à . . .
2. Je me souviens toujours de . . .
3. Je m'amuse quand . . .
4. Je m'embête quand . . .
5. Je m'inquiète quand . . .
6. Je me sens triste quand . . .
7. Je me sens heureux (heureuse) quand . . .
8. Je me mets en colère quand . . .
9. Je me sens fatigué(e) quand . . .
10. Je ne me tais pas quand . . .

4 Zut alors!

Aujourd'hui les personnes suivantes ont eu des problèmes. Expliquez leurs problèmes. Attention: les phrases peuvent être affirmatives ou négatives!

▶ Philippe / s'amuser à la boum
Philippe ne s'est pas amusé à la boum.

1. vous / s'énerver pendant l'examen
2. moi / se souvenir de mon rendez-vous
3. les élèves / se tromper dans l'exercice
4. Alice / se mettre en colère
5. nous / s'impatienter
6. toi / s'embêter pendant la classe
7. Pierre et Robert / se sentir malades au restaurant
8. Isabelle / se sentir en forme

Conte pour enfants de moins de trois ans

Eugène Ionesco

Eugène Ionesco (1912-1994) est né en Roumanie. Il fait des études de français à l'université de Bucarest, et devient lui-même professeur de français. En 1938, il quitte son pays menacé par le nazisme et vient s'installer en France. Il commence alors une brillante carrière littéraire qui lui vaudra d'être nommé à l'Académie française.

Ionesco est l'auteur de 33 pièces de théâtre. Dans ses pièces, il dénonce la banalité ou l'angoisse de l'existence avec une arme très puissante: l'humour. Combattant l'absurde par l'absurde, Ionesco a créé un théâtre entièrement nouveau que ses critiques ont justement appelé «Le Théâtre de l'Absurde».

AVANT DE LIRE

Dans ce conte, Ionesco met en scène un père et sa petite fille, âgée de deux ans et demi, dans une situation ordinaire de l'existence. Un matin, papa et sa fille se trouvent seuls à la maison. Pour une raison inexpliquée, la maman est partie chez sa mère. (Il y a peut-être eu une dispute dans le couple.) La petite fille, inquiète° de l'absence de sa mère, veut rester tout près de son père, mais celui-ci, qui veut se laver, n'a pas besoin d'elle. Pour être seul, il joue sur la psychologie des enfants: ce qui est absurde ou illogique pour un adulte peut sembler tout à fait° naturel et logique pour un enfant.

Pour mieux comprendre une histoire, il est utile de savoir quel genre° d'histoire c'est. À votre avis, d'après le titre, les illustrations et la note biographique sur Ionesco, quel genre d'histoire allez-vous lire?

- une histoire réaliste?
- une histoire humoristique?
- un drame psychologique?
- un conte fantastique?
- un récit d'aventures?

inquiète *worried* **tout à fait** = complètement **genre** = sorte

NOTE CULTURELLE

L'Académie française

Créée en 1635, l'Académie française a pour but° de préserver la langue française. Cette prestigieuse institution a 40 membres, appelés les «Immortels». Ce sont généralement des écrivains français très connus. Eugène Ionesco est l'un des rares Académiciens d'origine étrangère.

but = objectif

Mots utiles

avoir mal à l'estomac	*to have an upset stomach*
avoir mal à la tête	*to have a headache*
empêcher de	*to stop, keep from (doing)*
frapper	*to knock*
pleurer	*to cry*
profiter de	*to take advantage of*

Conte pour enfants de moins de trois ans

1

Ce matin, comme d'habitude,° Josette frappe à la porte de la chambre à coucher de ses parents. Papa n'a pas très bien dormi. Maman est partie à la campagne* pour quelques jours. Alors papa a profité de cette absence pour manger beaucoup de saucisson, pour boire de la bière, pour manger du pâté de cochon,** et beaucoup d'autres choses que maman l'empêche de manger parce que c'est pas bon pour la santé.° Alors, voilà, papa a mal au foie,** il a mal à l'estomac, il a mal à la tête, et ne voudrait pas se réveiller. Mais Josette frappe toujours° à la porte. Alors papa lui dit d'entrer. Elle entre, elle va chez son papa. Il n'y a pas maman. Josette demande:

10 — Où elle est maman?

Papa répond: «Ta maman est allée se reposer à
la campagne chez sa maman à elle.»

Josette répond: «Chez Mémée?»°

Papa répond: «Oui, chez Mémée.»

15 — Écris à maman, dit Josette. Téléphone à maman, dit Josette.

Papa dit: «Faut pas téléphoner.»

Josette dit: «Raconte une histoire avec maman et toi, et moi.»

— Non, dit papa, je vais aller au travail. Je me lève, je vais m'habiller.

Et papa se lève. Il met sa robe de chambre° rouge, par-dessus° son pyjama, il
20 met dans les pieds ses *poutouffles*.° Il va dans la salle de bains. Il ferme la porte
de la salle de bains. Josette est à la porte de la salle de bains. Elle frappe avec ses
petits poings,° elle pleure.

Josette dit: «Ouvre-moi la porte.»

Papa répond: «Je ne peux pas. Je suis tout nu,° je me lave, après je me rase.»

25 Josette dit: «Tu laves ta figure, tu laves tes épaules,° tu laves tes bras, tu laves
ton dos, tu laves ton *dérère*,° tu laves tes pieds.

— Je rase ma barbe, dit papa.

— Tu rases ta barbe avec du savon, dit Josette. Je veux entrer. Je veux voir.

N2

* **La campagne.** In French, the term **la campagne** (the country) is used to refer to any area outside **la ville** (the city).
** **Mal au foie.** The French believe that eating too many fatty foods, such as **saucisson** (sausage) and **pâté de
   cochon** (a type of meatloaf made of ground pork and served cold), and drinking too much wine or beer leads to **mal
   au foie** (abdominal pain indicating liver trouble).

comme d'habitude *as usual* **santé** *health* **Mémée** = grand-mère toujours = sans arrêter **autre part** *somewhere else*
robe de chambre *bathrobe* **par-dessus** = sur **poutouffles** = pantoufles *slippers* **poings** *fists* **nu** *naked, nude*
épaules *shoulders* **dérère** = derrière *behind, rear end*

Avez-vous compris?

1. Comment le Papa de Josette se sent-il ce matin-là? Pourquoi?

2. Qu'est-ce que Josette demande d'abord à son père?

3. Selon vous, pourquoi est-ce que Josette veut rester près de son père?

Anticipons un peu!

Imaginez que vous êtes dans une situation semblable à celle du Papa. Vous êtes dans la salle de bains où vous vous habillez pour aller à un rendez-vous. Vous vous dépêchez parce que vous avez peur d'être en retard . . . Votre petit(e) frère (soeur) veut entrer dans la salle de bains. Il/elle pleure, mais vous savez que ce n'est pas trop grave. Qu'est-ce que vous allez faire?

- fermer la porte à clé?
- dire à votre petit(e) frère (soeur) de se taire?
- ouvrir la porte et lui donner une sucette *(lollypop)*?
- sortir de la salle de bains pour lui raconter une histoire?
- trouver une autre solution plus originale? laquelle?

Maintenant, lisez la deuxième partie pour voir ce que le papa de Josette a fait.

II

un canapé

un buffet

les casseroles

le four

le paillasson

30 Papa dit: «Tu ne peux pas me voir, parce que je ne suis plus dans
la salle de bains.»
Josette dit (derrière la porte): «Alors, où tu es?»
Papa répond: «Je ne sais pas, va voir. Je suis peut-être dans la salle
à manger, va me chercher.»
Josette court dans la salle à manger, et papa commence sa toilette. Josette
35 court avec ses petites jambes, elle va dans la salle à manger.
Papa est tranquille, mais pas longtemps. Josette arrive de nouveau devant
la porte de la salle de bains, elle crie à travers la porte:
Josette: «Je t'ai cherché. Tu n'es pas dans la salle à manger.»
Papa dit: «Tu n'as pas bien cherché. Regarde sous la table.»
40 Josette retourne dans la salle à manger. Elle revient.
Elle dit: «Tu n'es pas sous la table.»
Papa dit: «Alors va voir dans le salon. Regarde bien si je suis sur le
fauteuil, sur le canapé, derrière les livres, à la fenêtre.»
Josette s'en va. Papa est tranquille, mais pas pour longtemps.
45 Josette revient.
Elle dit: «Non, tu n'es pas dans le fauteuil, tu n'es pas à la fenêtre,
tu n'es pas sur le canapé, tu n'es pas derrière les livres, tu n'es
pas dans la télévision, tu n'es pas dans le salon.»
Papa dit: «Alors, va voir si je suis dans la cuisine.»
50 Josette dit: «Je vais te chercher dans la cuisine.»
Josette court à la cuisine. Papa est tranquille, mais pas pour longtemps.
Josette revient.
Elle dit: «Tu n'es pas dans la cuisine.»
Papa dit: «Regarde bien, sous la table de la cuisine, regarde bien si je
55 suis dans le buffet, regarde bien si je suis dans les casseroles,
regarde bien si je suis dans le four avec le poulet.»
Josette va et vient. Papa n'est pas dans le four, papa n'est pas dans les
casseroles, papa n'est pas dans le buffet, papa n'est pas sous le paillasson,
papa n'est pas dans la poche de son pantalon. Dans la poche du pantalon,
60 il y a seulement le mouchoir.
Josette revient devant la porte de la salle de bains.
Josette dit: «J'ai cherché partout. Je ne t'ai pas trouvé. Où tu es?»

Mots utiles

aller voir	to go look
courir*	to run
crier	to yell, shout
embrasser	to kiss
être tranquille	to be alone, undisturbed
revenir*	to come back
sauter	to jump
à travers	across, through
de nouveau	again
ne . . . plus	no longer, not anymore

la poche, le mouchoir

une armoire

un tapis

une poubelle

Papa dit: «Je suis là.» Et papa, qui a eu le temps de faire sa toilette,
qui s'est rasé, qui s'est habillé, ouvre la porte.

65   Il dit: «Je suis là.» Il prend Josette dans ses bras, et voilà aussi
la porte de la maison qui s'ouvre, au fond du couloir,° et c'est maman
qui arrive. Josette saute° des bras de son papa, elle se jette° dans les bras
de sa maman, elle l'embrasse, elle dit:

— Maman, j'ai cherché papa sous la table, dans l'armoire, sous
70   le tapis, derrière la glace, dans la cuisine, dans la poubelle,
il n'était pas là.

Papa dit à maman: «Je suis content que tu sois revenue. Il faisait
beau à la campagne? Comment va ta mère?»

Josette dit: «Et Mémée, elle va bien? On va chez elle?»

au fond du couloir *at the end of the hall*   **saute** *jump*   **se jette** *throws herself*

Avez-vous compris?

1. Quel stratagème est-ce que le père utilise pour être tranquille?
2. Est-ce que ce stratagème réussit? Pourquoi, selon vous?
3. Comment se termine l'histoire?

APRÈS LA LECTURE

EXPRESSION ORALE

■ Situation
Avec votre partenaire, composez un dialogue correspondant à la situation suivante. Utilisez votre imagination.

Au bureau

Le papa de Josette parle de son weekend avec un(e) collègue de bureau qui veut des détails. Il décrit . . .
- pourquoi sa femme n'était pas là (il ne dit pas la vérité), et où elle était
- ce qu'il a bu et mangé
- ce qu'il a fait avec sa petite fille
- ce qu'il a fait d'autre

Rôles: le papa, le/la collègue

■ Théâtre
Avec votre partenaire, composez une scène semblable au conte que vous avez lu sur le thème suivant: Stéphanie (18 ans) fait du babysitting pour Dominique (3 ans). Elle veut téléphoner à son copain, mais Dominique ne la laisse pas tranquille. Pour se libérer, Stéphanie utilise un stratagème semblable à celui de l'histoire. (Variation: c'est Stéphane qui fait du babysitting, et il veut téléphoner à sa copine.)

EXPRESSION ÉCRITE

■ Un peu d'humour
Décrivez brièvement les éléments de l'histoire que vous avez trouvés drôles.

■ Une lettre
Imaginez que vous êtes la mère de Josette. Vous écrivez à votre cousine pour lui expliquer les événements du weekend. Vous pouvez mentionner. . .
- la raison de votre dispute avec votre mari (Inventez!)
- où vous êtes allée et ce que vous avez fait (Inventez!)
- quand vous êtes rentrée chez vous et pourquoi vous étiez heureuse de rentrer

Monet «Les Nymphéas»

▪ *La Révolution impressionniste* ▪

L'art moderne est né en France dans les années 1870. C'est à cette époque, en effet, qu'un groupe d'artistes, nommés «les **Impressionnistes**», a présenté au monde une nouvelle façon° de concevoir la peinture. Avant eux, la peinture° était très traditionnelle. Les artistes essayaient d'imiter la réalité en reproduisant de façon très exacte et avec beaucoup de détails les sujets qu'ils peignaient. Ils apprenaient leur métier° dans des «académies», c'est-à-dire dans des écoles où ils copiaient minutieusement des modèles sous la direction de maîtres sans grande imagination. Pour ces artistes, l'essentiel dans la peinture était la forme.

Au lieu de° s'intéresser à la forme, les Impressionnistes se sont intéressés à la couleur, et surtout aux effets de la lumière° sur les objets qu'ils représentaient. Au lieu de peindre des scènes de bataille ou des héros de l'Antiquité, ils ont peint des scènes de la vie courante,° des portraits d'amis, et surtout la nature. Au lieu de travailler dans des ateliers,° ils ont travaillé en plein air.° Cette façon simple et naturelle de peindre a révolutionné le monde des arts.

À l'origine, cependant, les Impressionnistes n'ont eu aucun° succès. C'est par dérision° qu'un journaliste leur a donné le nom d'«impressionnistes». Ces peintres ne pouvaient même pas exposer leurs toiles° dans les salons officiels patronnés par le gouvernement. Ils ont donc organisé leurs propres° expositions chez des amis. Il y a eu huit expositions impressionnistes entre 1874 et 1886, mais ces expositions ont été des échecs.°

La peinture impressionniste choquait trop le sens esthétique de l'époque!

Peu à peu, les critiques d'art ont finalement compris l'importance de la «révolution» impressionniste. Les collectionneurs ont commencé à acheter les tableaux° de ces peintres. Aujourd'hui, ces tableaux valent° des fortunes. On peut les admirer dans les plus grands musées du monde: à Paris, à New York, à Londres, à Chicago, à Boston, à Saint Pétersbourg.

Les peintres impressionnistes sont considérés parmi° les plus grands artistes de tous les temps: **Monet**, **Manet**, **Cézanne**, **Renoir**, **Degas** . . . Parmi ces artistes, il y avait des femmes: **Berthe Morisot** et une Américaine, **Mary Cassatt**. Mary Cassatt, fille d'un riche banquier de Philadelphie, était venue étudier l'art à Paris. En faisant connaître° l'impressionnisme aux États-Unis, elle en a assuré le triomphe dans le monde.

---

façon *manner* **peinture** *painting* **métier** *trade* **au lieu de** *instead of* **lumière** *light* **vie courante** *daily life* **ateliers** *studios* **en plein air** *outdoors* **aucun** *no* **dérision** *mockery* **toiles** *paintings (canvases)* **propres** *own* **échecs** *failures* **tableaux** *paintings* **valent** *are worth* **parmi** *among* **en faisant connaître** *by making known*

■ *Quelques peintres impressionnistes*

Degas «*Répétition d'un ballet*»

■ Edgar Degas (1834-1917)

Degas était le fils d'un banquier. Sa mère était issue d'une riche famille de la Nouvelle-Orléans. Degas a étudié le droit°, mais il a abandonné ses études pour se consacrer à la peinture. C'était aussi un sculpteur. Ses sujets préférés étaient les danseuses de l'Opéra, les scènes de café et les chevaux.

Manet «*Le fifre*»

■ Édouard Manet (1832-1883)

Manet voulait être officier de marine, mais après un voyage au Brésil, il a décidé de se consacrer à la peinture. Ses premiers tableaux, de couleurs violentes, ont provoqué l'hostilité du public et des critiques, mais l'admiration de jeunes peintres alors inconnus: Monet, Renoir, Cézanne. C'est ainsi qu'il est devenu le chef d'un nouveau mouvement qui allait être l'impressionnisme. Manet a peint toutes sortes de sujets: portraits de ses amis, scènes de la vie courante et familière, paysages° divers.

Renoir «*La Danse à Bougival*»

■ Pierre-Auguste Renoir (1841-1919)

Renoir a commencé par peindre des devantures° de café, puis il est allé à l'École des Beaux-Arts. Ce peintre aimait les couleurs chaudes. Ses sujets principaux sont les enfants, les jeunes filles, les femmes, les fleurs, les scènes de café et les bals populaires.

■ Berthe Morisot (1841-1895)

Berthe Morisot était la belle-sœur d'Édouard Manet. Elle s'est intéressée très jeune à la peinture. Comme beaucoup d'artistes de l'époque, elle a commencé à copier les tableaux du musée du Louvre. C'est là qu'elle a fait la connaissance de Manet. Elle a alors rejoint le groupe des peintres impressionnistes. Elle a peint avec eux et elle a participé à leurs expositions. Berthe Morisot aimait utiliser les couleurs claires.° Ses sujets principaux sont les fleurs, les paysages, les scènes de la vie champêtre° et les portraits de jeunes filles.

Morisot, *Fillette lisant / La lecture*

---

droit *law* **devantures** *store fronts* **paysages** *landscapes* **claires** *light* **champêtre** = rurale

■ *Claude Monet: le peintre de la lumière*

C'est un tableau de **Monet** intitulé **«Impression, soleil levant»**° qui a donné son nom à l'impressionnisme. Monet (1840-1926) était fasciné par les effets de la lumière. Il pensait qu'on pouvait reconstituer les reflets de la lumière sur les objets en décomposant celle-ci° en ses couleurs fondamentales. Il a donc inventé une technique qui consistait à peindre par petites taches° de couleur: du jaune, du rouge, du bleu, du vert, de l'orange et aussi du blanc et du noir.

Monet *«Impression, soleil levant»*

Claude Monet *(1840-1926)*

Monet, *«Gare Saint Lazare»*

Monet aimait peindre et repeindre les mêmes scènes sous des lumières différentes: à midi, très tôt le matin, le soir, au printemps, en plein été, sous la neige. Il a ainsi exécuté des séries entières d'un seul° sujet peint à différents moments de la journée ou de l'année. Monet a peint surtout des paysages, mais il a peint aussi des scènes urbaines très célèbres: **la cathédrale de Rouen, la Gare Saint Lazare** à Paris, **la Tamise**° à Londres.

Pendant de longues années, Monet est resté très pauvre, mais avec le succès de l'impressionnisme, il a finalement connu la célébrité, la gloire et la fortune. Après des années de misère, il est devenu un véritable héros national.

Monet, *«La cathédrale de Rouen»*

---

soleil levant *rising sun*   **celle-ci** = la lumière   **taches** *spots*   **un seul** *only one*   **la Tamise** *Thames (River)*

Monet a vécu° longtemps dans une maison de campagne située à **Giverny**, à 60 kilomètres de Paris. Devant cette maison, il avait créé un superbe jardin avec une très grande variété de fleurs qui changeait de couleur avec les saisons. C'est ce jardin aux couleurs chaudes et variées que Monet a peint dans de nombreux tableaux. À Giverny, Monet aimait recevoir ses amis et aussi beaucoup de jeunes peintres qui venaient écouter ses conseils.° Parmi ces peintres, il y avait une colonie d'artistes américains qui s'étaient installés dans un hôtel près de la maison de l'artiste. Vers° la fin° de sa vie, malheureusement, ce grand artiste de la lumière était devenu aveugle,° et ne pouvait plus peindre.

Renoir, «Monet peignant dans son jardin»

Maison de Monet à Giverny

Après la mort de Monet, la maison de Giverny et son jardin ont été abandonnés. Heureusement, grâce à° la générosité d'une riche Américaine, cette maison a été récemment restaurée et le jardin recréé dans sa splendeur originale. Aujourd'hui des centaines de milliers de visiteurs venus du monde entier viennent chaque année à Giverny saluer la mémoire du grand artiste français et admirer son merveilleux jardin.

Monet, «Le pont japonais»

Détail, «Le pont japonais»

Le jardin de Monet à Giverny

vécu lived   **conseils** advice   **vers** towards   **fin** end   **aveugle** blind   **grâce à** thanks to

▪ *Après l'Impressionnisme* ▪

Une conséquence importante de l'impressionnisme a été de libérer l'art des normes esthétiques traditionnelles. Ce mouvement a donc ouvert° des voies° nouvelles à d'autres artistes qui ont pu exercer librement° leur imagination et leur créativité. Après l'impressionnisme, d'autres mouvements artistiques sont nés en France. Vers 1900, Paris était devenu la capitale universelle des arts, attirant° des artistes de tous les pays du monde.

Van Gogh «*La nuit étoilée*»

▪ Vincent Van Gogh (1853-1890): Le génie de la folie

Van Gogh était hollandais, mais c'est en France qu'il a peint ses tableaux les plus célèbres. Comme les Impressionnistes, il avait un sens profond de la lumière et des couleurs brillantes, mais il est allé plus loin qu'eux. Van Gogh voulait non seulement peindre ce qu'il voyait, mais cherchait aussi à exprimer les sensations° étranges qu'il éprouvait.° Pour cela, il exagérait l'intensité des couleurs et il donnait un mouvement aux choses inanimées. Ses représentations de la lune° et des étoiles° tournant dans le ciel° sont particulièrement hallucinantes.

▪ Paul Gauguin (1848-1903): Le peintre de l'exotisme

Gauguin travaillait dans une banque où il gagnait bien sa vie. Un jour, à l'âge de 35 ans, il a décidé de tout abandonner, travail, famille, enfants, vie confortable, pour se consacrer totalement à la peinture. Il a rejoint les peintres impressionnistes, mais c'est dans l'exotisme qu'il a cherché son inspiration. Il est allé à Panama, à la Martinique, à Tahiti et, finalement, dans une petite île des Marquises.* Là, loin de la civilisation et en compagnie de gens simples, mais nobles et généreux, il a peint ses plus belles toiles.

* Les Marquises: a group of islands in the South Pacific

Gaugin «*Femmes de Tahiti*»

Rousseau «*La bohémienne endormie*»

▪ Henri Rousseau (1844-1910): Le douanier inspiré

Pendant la semaine, **Henri Rousseau** était un bureaucrate dont° le travail consistait à contrôler le trafic des marchandises à l'entrée de Paris (d'où son surnom de «douanier»).° Le dimanche, cet employé modèle quittait la ville avec sa boîte de peintures pour aller peindre en plein air. Comme il n'avait jamais étudié dans une école d'art, Rousseau utilisait une technique très rudimentaire où la perspective n'existait pas. Si son style était simple, «naïf», son imagination était débordante.° Ses tableaux les plus célèbres représentent des paysages irréels peuplés° d'animaux exotiques.

ouvert *opened* **voies** *ways* **librement** *freely* **attirant** *attracting* **sensations** *feelings* **éprouvait** *experienced, felt*
lune *moon* **étoiles** *stars* **ciel** *sky* **dont** *whose* **douanier** *customs officer* **débordante** *overflowing* **peuplés** *populated*

Toulouse-Lautrec «Jane Avril au Jardin de Paris»

■ Toulouse-Lautrec (1864-1901): **Le peintre de la vie parisienne**

Henri de Toulouse-Lautrec est né dans une famille aristocratique très illustre et très ancienne. À l'âge de 14 ans, il a eu un accident de cheval qui l'a rendu infirme° pour le reste de sa vie. Encouragé par sa mère, il a décidé de devenir artiste et il est allé étudier à l'École des Beaux Arts à Paris. Toulouse-Lautrec aimait fréquenter° les cafés, les cabarets et les music-halls, comme le Moulin Rouge pour lequel° il a dessiné des affiches célèbres.

Dans ses tableaux, il a surtout représenté les scènes de spectacle auxquels il assistait: théâtre, music-hall, cirque, vélodrome°. . . Il a immortalisé les artistes de ces spectacles, comme Jane Avril, dans de nombreux portraits.

■ Henri Matisse (1869-1954): **Le grand Fauve**

C'est au lit que **Matisse** a découvert la peinture. Jeune homme, il étudiait le droit pour être avocat. Les complications d'une appendicite l'ont obligé à rester dans sa chambre pendant plusieurs mois. Un jour, pour le distraire°, sa mère lui a offert des pinceaux° et une boîte de couleurs.° Tout d'un coup, Matisse a eu la révélation de sa véritable° vocation. Après sa maladie, il a abandonné ses études de droit pour se consacrer uniquement et entièrement à la peinture.

Matisse est l'un des plus grands artistes du vingtième siècle. Durant sa vie, Matisse a peint dans des styles très différents. Vers 1900, il a fondé avec quelques amis un nouveau mouvement artistique, le «Fauvisme». (On appelle ces artistes les «Fauves»° non seulement parce qu'ils utilisaient des couleurs violentes — rouge, brun, orange — mais aussi parce que leurs ateliers ressemblaient à des tanières° de bêtes sauvages!)

Plus tard, Matisse a utilisé des couleurs plus claires et plus délicates pour peindre des fruits, des fleurs, des jeunes femmes d'une façon très décorative. Il s'est exprimé dans des médias divers: il a dessiné, sculpté, illustré des livres, fait des collages avec du papier découpé.° Vers la fin de sa vie, Matisse était malade et paralysé, mais il a continué à peindre en attachant des pinceaux à ses avant-bras.°

Matisse «La desserte rouge»

Matisse «Icarus, Jazz»

■ Camille Claudel (1864-1943): **L'élève, égale au maître**

Claudel «Autoportrait»

Comme beaucoup de jeunes filles de son époque, **Camille Claudel** voulait être artiste. Comme elle s'intéressait à la sculpture, elle a décidé d'aller à Paris pour étudier sous la direction d'Auguste Rodin, le plus grand sculpteur d'alors. D'élève, Camille Claudel est devenue l'assistante et l'inspiratrice du maître. Son influence est présente dans un grand nombre de sculptures de Rodin.

Camille Claudel était elle-même un grand sculpteur, mais ses oeuvres,° produites dans l'ombre° d'un homme que l'on considérait comme l'un des grands génies de son temps, sont longtemps restées ignorées. Un film récent sur sa vie tragique a fait redécouvrir le talent de cette artiste méconnue.°

N1

---

infirme *crippled* **fréquenter** = *visiter* **lequel** *which* **vélodrome** *bicycle racetrack* **distraire** *to amuse* **pinceaux** *brushes* **boîte de couleurs** *paintbox* **véritable** *true* **Fauves** *wild beasts* **tanières** *lairs* **découpé** *cut out* **avant-bras** *forearms* **oeuvres** *works* **ombre** *shadow* **méconnue** *unrecognized*

■ *Le surréalisme* ■

■ *Peinture . . .*

Regardez bien ce tableau. Il représente un homme avec un chapeau sur la tête et une pomme verte. La juxtaposition de cette personne réelle avec un objet réel constitue une situation qui n'est pas réelle. C'est une situation surréelle ou **«surréaliste»**.

L'artiste qui a peint ce tableau est l'un des plus grands peintres surréalistes. Il était belge et s'appelait **René Magritte**. Magritte ressemblait beaucoup à l'homme du tableau. Il portait souvent une cravate, un manteau et un chapeau, même° quand il peignait. Il n'avait pas de studio. Il peignait ses tableaux dans sa cuisine ou dans son salon. Quand il ne travaillait pas, il aimait faire les courses ou promener son chien Loulou, comme les gens du quartier où il habitait. Cet homme à l'apparence très ordinaire faisait des tableaux absolument extraordinaires.

Les peintres surréalistes comme Magritte voulaient choquer le public en créant° des scènes bizarres à partir° d'éléments étrangement réels. Quand on regarde un tableau surréaliste, on reste perplexe et on veut savoir ce que veut représenter l'artiste. Quelle est la signification° des scènes qui apparemment n'ont pas de sens? La réponse est donnée par Magritte lui-même. Quand les gens lui demandaient d'expliquer ses tableaux, il répondait: «C'est simple! L'explication, c'est qu'il n'y a pas d'explication!»

Magritte, *«La Grande Guerre»*

René Magritte (1898–1967)

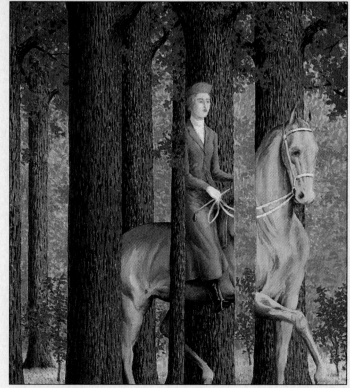

Magritte, *«Carte Blanche»*

---

même *even*   **en créant** *by creating*   **à partir de** *from*   **signification** *meaning*

■ . . . et littérature

Le surréalisme est un mouvement à la fois° artistique et littéraire.
Ce mouvement est né en Belgique et en France vers 1920, quelques années après
la première guerre mondiale.* Les artistes et les écrivains surréalistes se sont
révoltés contre tous les aspects de la société d'alors, responsable, selon eux, de
cette terrible guerre.

Pour les surréalistes, le monde tel qu'on le connaît° est une création
artificielle. La véritable réalité vient du subconscient qu'on peut atteindre° par le
rêve.° Le surréalisme rejette la raison et la logique. La seule° source d'inspiration
est l'imagination, mais celle-ci° doit être libre de tout contrôle et de toute
convention. Comme les enfants, et comme dans les rêves, les surréalistes ont
construit un monde imaginaire où tout est possible.

* La première guerre mondiale *(World War I)*: 1914-1918.

à la fois *at the same time*   **tel qu'on le connaît** *as we know it*   **atteindre** *to reach*   **rêve** *dream*   **seule** *only*   **celle-ci** = l'imagination

Documents: La fourmi

LA FOURMI

Une fourmi de dix-huit mètres
Avec un chapeau sur la tête,
Ça n'existe pas, ça n'existe pas.

Une fourmi traînant un char
Plein de pingouins et de canards,
Ça n'existe pas, ça n'existe pas.

Une fourmi parlant français,
Parlant latin et javanais,
Ça n'existe pas, ça n'existe pas.

Eh! Pourquoi pas?

Robert Desnos (1900-1945)

Robert Desnos est
l'un des fondateurs
du surréalisme.
Pendant la deuxième
guerre mondiale, il a
participé à la
Résistance contre les
Allemands. Fait
prisonnier, il est mort dans un camp en
Tchécoslovaquie.

Dans ce petit poème très simple,
Desnos pose la question fondamentale du
surréalisme: **Où est la réalité? Dans ce
que nous voyons ou dans ce que nous
imaginons?**

N1

N2 🌐

Bonjour!
Ave!
Bavonjavour!

Pour faire le portrait d'un oiseau

Peindre d'abord une cage
avec une porte ouverte
peindre ensuite
quelque chose de joli
quelque chose de simple
quelque chose de beau
quelque chose d'utile
pour l'oiseau

Jacques Prévert (1900-1977)

Jacques Prévert (1900-1977) est un autre poète surréaliste. Il a aussi écrit des chansons et des scénarios° de films. Dans ce poème, il explique de façon humoristique comment peindre° un oiseau.

N1

placer ensuite la toile° contre un arbre
dans un jardin
dans un bois°
ou dans une forêt
se cacher° derrière l'arbre
sans rien dire
sans bouger°...

Parfois l'oiseau arrive vite
mais il peut aussi bien mettre de
longues années
avant de se décider

Ne pas se décourager
attendre
attendre s'il le faut pendant des
années
la vitesse° ou la lenteur° de l'arrivée
de l'oiseau n'ayant aucun rapport°
avec la réussite du tableau

Quand l'oiseau arrive
s'il arrive
observer le plus profond silence
attendre que l'oiseau entre dans
la cage et quand il est entré
fermer doucement° la porte avec
le pinceau°
puis
effacer° un à un tous les barreaux
en ayant soin de ne toucher aucune
des plumes de l'oiseau

Faire ensuite le portrait de l'arbre
en choisissant la plus belle de ses branches
pour l'oiseau
peindre aussi le vert feuillage° et la fraîcheur° du vent
la poussière° du soleil
et le bruit des bêtes de l'herbe dans la chaleur° de l'été
et puis attendre que l'oiseau se décide de chanter
Si l'oiseau ne chante pas
c'est mauvais signe
signe que le tableau est mauvais
mais s'il chante c'est bon signe
signe que vous pouvez signer
alors vous arrachez° tout doucement
une des plumes de l'oiseau
et vous écrivez votre nom dans un coin° du tableau

N2

scénarios *scripts*　**peindre** *to paint*　**toile** *canvas*　**bois** *woods*　**se cacher** *hide*　**sans bouger** *without moving*　**se cacher** *hide*　**vitesse** *speed*
lenteur *slowness*　**aucun rapport** *no relationship*　**doucement** *gently*　**pinceau** *brush*　**effacer** *erase*　**feuillage** *leaves*
fraîcheur *coolness*　**poussière** *dust (visible in the rays of sunlight)*　**chaleur** *warmth*　**arracher** *pull out*　**coin** *corner*

■ *L'art dans la rue*

Quand on veut voir les oeuvres° des grands artistes, on va dans les musées. À Paris, on va au Louvre pour admirer les chefs-d'oeuvres° classiques, au Musée d'Orsay pour regarder les peintures des Impressionnistes et des grands artistes du 19e siècle, et au Centre Pompidou si on veut voir des tableaux modernes. Si on s'intéresse à l'art moderne, on peut aussi se promener dans la rue.

Cette sculpture mobile flottante se trouve° près du **Centre Pompidou**. C'est la création de **Niki de Saint-Phalle**, une artiste qui a aussi créé des bijoux très originaux.

Cette sculpture, intitulée «Hommage à Picasso», représente un centaure, créature imaginaire, mi-homme,° mi-cheval. C'est l'oeuvre du sculpteur **César Baldaccini**. Dans ses sculptures, César utilise toutes sortes de matériaux. Il est connu en particulier pour ses sculptures faites avec des voitures compressées.

Cette sculpture est l'oeuvre du peintre et sculpteur **Jean Dubuffet**. Elle est typique de son style, caractérisé par l'utilisation de lignes parallèles ou concentriques bleues et rouges sur un fond° blanc.

Cette sculpture se trouve près de la **Gare Saint Lazare**. Elle rappelle° peut-être aux voyageurs l'importance d'arriver à l'heure.

---

oeuvres *works*   **chefs-d'oeuves** *masterpieces*   **se trouve** *is located*   **mi-homme** *half man*   **fond** *background*   **rappelle** *reminds*

UNITÉ 2

Soyons utiles!

Thème et Objectifs

Culture
In this unit, you will discover . . .
- what the French call "bricolage"
- what types of creative activities they engage in at home
- how French young people earn spending money by performing services for their neighbors

Communication
You will learn how . . .
- to talk about various chores and activities around the home
- to ask others to help you, and to give excuses if you cannot be of service to them
- to describe objects: their shape, dimensions, weight, and construction

Langue
You will learn how . . .
- to describe what you have to do
- to ask others to do certain things for you
- to express opinions about situations and events

LES PASSE-TEMPS ACTIFS

Le samedi, Catherine, 15 ans, sort rarement avec ses copains. Avec sa soeur Mélanie, 16 ans, elle préfère passer son temps à perfectionner Gustave, un robot de leur invention qui peut se déplacer° sur simple commande vocale. Et quand il y a quelque chose à réparer à la maison, un meuble, un appareil électrique ou même° la voiture de Papa, c'est Catherine ou Mélanie qui s'en charge.° «Nous nous amusons et nous apprenons en même temps» déclare Catherine pour expliquer son goût° pour les travaux manuels.

Le cas de Catherine et de Mélanie n'est pas unique. En France il y a des milliers de jeunes qui préfèrent les passe-temps actifs aux passe-temps passifs comme la télévision et la lecture. Voici deux passe-temps qui sont à la fois créatifs et récréatifs:° le bricolage° et le jardinage.°

■ Le bricolage est une des occupations favorites des Français de tout âge.

Le bricolage N1

Bricoler, c'est faire toutes sortes de petits travaux manuels. Quand on est un peu créatif et pas trop maladroit,° il y a beaucoup de choses qu'on peut faire chez soi.° On peut peindre° sa chambre, construire des étagères,° installer un système hi-fi ou un système d'alarme, réparer la télé ou la machine à laver, ... Mais attention, quand on démonte° quelque chose, il faut aussi savoir le remonter.° Et surtout, il ne faut pas le casser!°

Le bricolage est une des occupations favorites des Français de tout âge. Et cette occupation n'est pas l'exclusivité des hommes. Aujourd'hui, 75% des Françaises bricolent (et 85% des Français). Pour subvenir° aux besoins des bricoleurs, tous les grands magasins et beaucoup de supermarchés ont un rayon «bricolage» où on trouve l'équipement et les outils° nécessaires. Pour les spécialistes, il y a aussi des magazines comme *Bricolage-Service*. Et pour les passionnés,° il y a à Paris chaque année un Salon° du Bricolage qui attire° des milliers de visiteurs.

---

se déplacer *move around*   **même** *even*   **s'en charge** *= s'en occupe*   **goût** *taste*   **récréatifs** *recreational*   **le bricolage** *fixing and building things*
le jardinage *gardening*   **maladroit** *clumsy*   **chez soi** *= à la maison*   **peindre** ❋ *to paint*   **construire** ❋ *to build*   **étagères** *shelves*
démonte *takes apart*   **remonter** *to put back together*   **casser** *break*   **subvenir** ❋ *to meet*   **les outils** *tools*   **les passionnés** *real devotees*
un Salon *show*   **attire** *attracts*

Le jardinage

Quand on voyage en France au printemps ou en été, on peut admirer les fleurs de toutes les couleurs qui ornent° les parcs publics, les jardins privés et les balcons des maisons. Les Français adorent les fleurs et 60% d'entre° eux pratiquent le jardinage.

Ce n'est pas suprenant° dans un pays où la majorité des gens habitent une maison individuelle et disposent° d'un jardin où ils peuvent planter des fleurs et faire pousser° des légumes. Le jardinage n'est pas seulement une activité manuelle. C'est un loisir écologique qui nous rapproche de la nature et qui est aussi esthétique ... et nutritif. Quoi de plus beau qu'un bouquet de fleurs et quoi de meilleur qu'un plat de tomates qui viennent de son jardin!

et vouf?

DÉFINITIONS

Définissez les mots et les expressions suivantes. Quand c'est possible, illustrez avec un example.

- un robot
- le bricolage
- les travaux manuels
- le jardinage
- un passe-temps
- un loisir écologique

EXPRESSION PERSONNELLE

- Faites-vous des petits travaux manuels chez vous? Qu'est-ce que vous aimez faire et qu'est-ce que vous n'aimez pas faire?
- À votre avis, quel est le passe-temps le plus intéressant: le jardinage ou le bricolage? Expliquez pourquoi.
- Connaissez-vous une personne qui aime bricoler comme Catherine et Mélanie? Décrivez ce que cette personne a fait.

Soyez bon pour les plantes

Les Français aiment beaucoup les plantes. Dans chaque maison française, il y a, en moyenne,° sept plantes.

Les plantes ont beaucoup d'avantages:
— Elles décorent votre chambre.
— Elles purifient l'air que vous respirez.°
— Elles demandent° une attention minime.
— Elles sont propres.°

Les plantes sont des êtres° vivants.° Comme nous, elles ont besoin qu'on s'occupe un peu d'elles. Alors, si vous avez une plante, soyez bon pour elle.

Voici quelques conseils élémentaires:

✿ Arrosez°-la régulièrement. Mais attention: certaines plantes ont très soif. D'autres ont besoin seulement d'un petit peu d'eau.

✿ Si elle aime le soleil,° mettez-la près de la fenêtre. Si elle préfère l'obscurité, ne l'exposez pas à la lumière.°

✿ De temps en temps, mettez-lui de la musique. Les plantes adorent la musique douce.° Elles aiment la musique classique, mais elles détestent le rock et le rap.

✿ Parlez-lui souvent. Chaque jour, dites-lui bonjour et bonsoir.

✿ Ne la maltraitez pas.

✿ Ne l'insultez pas.

✿ Soyez toujours poli et attentif avec elle.

✿ Dites-lui souvent «Je t'aime.»

et vouf?

- Est-ce qu'il y a des plantes chez vous? Quelles plantes? Dans quelles pièces sont-elles?
- Avez-vous des plantes ou des fleurs dans votre chambre? Qu'est-ce que vous faites pour elles?
- Pensez-vous que les plantes sont des êtres sensibles *(that have feelings)*? Expliquez votre position.

---

ornent = embellissent   **d'entre** *among*   **surprenant** *surprising*   **disposent** = ont   **pousser** *to grow*   **en moyenne** *on the average*   **respirez** *breathe*
demandent = nécessitent   **propres** *clean*   **êtres** *beings*   **vivants** *living*   **arrosez** *water*   **le soleil** *sun*   **la lumière** *light*   **douce** *soft*

Ça, c'est la JUSTICE!

Aujourd'hui, Madame Chauvat a beaucoup de travail. Elle demande à ses enfants Victor et Stéphanie de l'aider, mais ce n'est pas facile de les convaincre.° Elle s'adresse° d'abord à Victor qui regarde la télé au salon.

— Dis, Victor, qu'est-ce que tu fais?
— Tu vois, je regarde la télé.
— C'est bien, mais moi, j'ai besoin de toi.
— Pourquoi donc?
— Pour passer l'aspirateur.°
— Alors ça, c'est pas juste!°
— Comment ça?
— C'est pas juste parce que c'est moi qui ai passé l'aspirateur samedi dernier. Alors, cette fois-ci, c'est pas mon tour.° C'est le tour de Stéphanie. Elle ne fait jamais rien!
— Ah oui, c'est vrai, j'ai oublié! Je vais demander à ta soeur.

N1

Victor pousse un soupir de soulagement° pendant que sa mère monte chercher Stéphanie. Celle-ci° est dans sa chambre en train de jouer à un jeu électronique.

— Dis donc, Stéphanie. Je voudrais que tu passes l'aspirateur au salon…
— Ah non, maman. Ça, c'est pas juste… C'est moi qui fais tout dans cette maison!
— Qu'est-ce que tu as fait récemment?
— Eh bien, par exemple, j'ai fait la vaisselle hier.
— Ah oui, c'est vrai… Bon, je te laisse° le choix: la vaisselle ou l'aspirateur.

Stéphanie réfléchit° un instant.

— Mais dis, il y a beaucoup de casseroles° à laver?
— Oui, y en a plein l'évier.°
— Alors, dans ce cas, je suis d'accord pour passer l'aspirateur.

Madame Chauvat redescend au salon.

— Dis, Victor, est-ce que tu peux éteindre° la télé et faire la vaisselle?
— La vaisselle? Mais pourquoi, maman?
— Parce que c'est ton tour.

Et ça, c'est la justice!

N2

et vous?

EXPRESSION ORALE
Comment sont distribuées les tâches domestiques *(chores)* chez vous? (Décrivez les tâches de chaque personne.) À votre avis, est-ce que cette distribution est juste ou non? Expliquez.

EXPRESSION ÉCRITE
Imaginez que vous êtes Victor ou Stéphanie. Dans une lettre à un copain (une copine) vous décrivez ce qui est arrivé aujourd'hui.

---

convaincre ❖ *to convince*   **s'adresse** = *parle*   **l'aspirateur** *vacuum cleaner*   **juste** *fair*   **tour** *turn*   **un soupir de soulagement** *breathes a sigh of relief*   **celle-ci** = Stéphanie
laisse *leave*   **réfléchit** = *pense*   **casseroles** *pots*   **y en a plein l'évier** *the sink is full (of pots)*   **éteindre** ❖ *to turn off*

PARTIE 1

LE FRANÇAIS PRATIQUE

Les travaux domestiques

N1
N2

> Oh là là, j'ai beaucoup de travail aujourd'hui.

Est-ce que . . .
  la chambre est **propre** (clean) ou **sale** (dirty)?
  le salon est **rangé** (picked up) ou **en désordre**?
Oh là là, j'ai beaucoup de **travail** aujourd'hui.

le travail	work
les travaux domestiques	household chores

Dans la chambre et la salle de bains, je dois . . .

faire le ménage (to clean up) **ranger les vêtements**
faire le lit **nettoyer le lavabo** (sink)

ranger	to put away
nettoyer	to clean

Dans le salon, je dois . . .

ranger les magazines **nettoyer les vitres** (windows)
passer l'aspirateur (to vacuum) **vider la corbeille** (wastepaper basket)

vider	to empty

Dans la salle à manger, je dois . . .

mettre la table **débarrasser la table**
mettre le couvert (silverware)

débarrasser	to clear

Dans la cuisine, je dois . . .

couper le pain **essuyer la table**
laver les légumes **balayer le sol** (floor)
éplucher les carottes **vider les ordures** (garbage)
faire la vaisselle **sortir la poubelle** (trash can)
ranger la vaisselle
essuyer les verres

N3

couper	to cut
laver	to wash
éplucher	to peel
essuyer	to wipe, dry
balayer	to sweep
sortir	to take out

Dans **la lingerie** (laundry room), je dois . . .

laver le linge (laundry) **repasser les chemises**

repasser	to iron

> Je dois aussi m'occuper des animaux.

Dehors (outside), dans le jardin, je dois . . .

laver la voiture	**couper l'herbe** (grass)
arroser | **les plantes**	**tondre la pelouse** (lawn)
les fleurs (flowers)	**tailler les arbustes** (shrubs)

arroser	to water	**tondre**	to mow, to cut very short
tailler	to prune		

N4

Je dois aussi **m'occuper des animaux**. Je dois . . .

promener le chien
donner à manger \| **au chat**
  \| **au lapin**
vider \| **l'aquarium**
remplir \|
nettoyer la cage \| **de l'oiseau**
  \| **de la perruche** (parakeet)

N5

s'occuper de	to take care of

donner à manger à	to feed

remplir	to fill

Verbes en –ger (ranger)

Révision ▶
p.R21

---

1 ## Et vous? ·····································

Indiquez comment vous participez aux travaux domestiques. **N6**
Comparez vos réponses avec celles de votre partenaire.

1. En général, ma chambre est . . .
   - propre
   - rangée
   - en désordre
   - ??

2. Je fais mon lit . . .
   - le matin
   - le soir
   - jamais
   - ??

3. Je range ma chambre . . .
   - tous les jours
   - toutes les semaines
   - une fois par mois
   - ??

4. Quand j'aide à faire le ménage, je préfère . . .
   - passer l'aspirateur
   - vider les corbeilles
   - nettoyer les vitres
   - ??

5. Quand j'aide mon père (ma mère) dans la cuisine, je préfère . . .
   - éplucher les légumes
   - essuyer les assiettes
   - nettoyer l'évier (kitchen sink)
   - ??

6. Quand j'aide avec les repas, je préfère . . .
   - mettre le couvert
   - débarrasser la table
   - faire la vaisselle
   - ??

7. Quand je travaille dans le jardin, je préfère . . .
   - tondre la pelouse
   - arroser les plantes
   - tailler les arbustes
   - ??

8. Le travail que je déteste le plus est de . . .
   - balayer le garage
   - sortir les poubelles
   - vider les ordures
   - ??

2 La famille Duboulot

Aujourd'hui, tout le monde est très occupé chez les Duboulot. Choisissez deux personnes et dites où sont ces personnes et ce qu'elles font.

Sylvie · Mme Duboulot · M. Duboulot · Tante Mélanie · Oncle André · Philippe · Catherine · Jérôme · Pauline · le bassin · le grand-père · Titi · Isabelle · Jean-Paul · la grand-mère

3 Jobs d'été

Votre partenaire et vous, vous allez travailler cet été. Choisissez un job de la colonne A. Votre partenaire va choisir un job de la colonne B. Expliquez ce que vous allez faire. Donnez deux ou trois exemples.

▶ — **Moi, je vais travailler dans la cuisine d'un restaurant. Je vais éplucher les légumes et faire la vaisselle. Je vais aussi . . .**

— **Et moi, je vais travailler dans un zoo. Je vais . . .**

A. Vous	B. Votre partenaire
• travailler dans la cuisine d'un restaurant	• travailler dans la salle (*dining room*) d'un restaurant
• travailler pour les jardins publics de la ville	• travailler dans un zoo
• travailler pour une entreprise de nettoyage (*cleaning*) de bureaux	• travailler comme jardinier (*gardener*) dans un hôtel
• travailler chez un marchand d'animaux domestiques (*pets*)	• être concierge dans un immeuble (*building superintendent*)
• être garçon d'étage (femme de chambre) dans un hôtel	• travailler dans une blanchisserie (*laundry*)
	• travailler pour les voisins

N2

Quelques objets utiles

un couteau   un chiffon   une éponge   un balai   un sécateur

un aspirateur   une tondeuse   un tuyau d'arrosage   un fer à repasser

---

4 **Le bon objet**

Choisissez un objet de la liste et dites pourquoi vous avez besoin de cet objet.

RAPPEL!

de + le → du

J'ai besoin du couteau.

J'ai besoin de . . .

- l'aspirateur
- le balai
- le fer
- la tondeuse
- le sécateur
- le tuyau d'arrosage
- un chiffon
- un couteau
- une éponge

pour . . .

- essuyer la table
- nettoyer la chambre
- laver la voiture
- éplucher les carottes
- repasser cette chemise
- tondre la pelouse
- nettoyer le lavabo
- tailler le rosier
  (rose bush)
- balayer le garage

---

5 **Le chalet des Laurentides**

Vous passez l'été dans la région des Laurentides. Il y a beaucoup de travail dans le chalet que vous avez loué avec vos cousins. Malheureusement, vos cousins ne sont pas très coopératifs. Quand vous leur demandez de faire quelque chose, ils trouvent une excuse. Jouez les dialogues avec votre partenaire.

Dis, Annie, est-ce que tu peux essuyer la table?

Je voudrais bien, mais j'ai un problème.

Quoi?

Je ne trouve pas l'éponge.

TRAVAUX

- tondre la pelouse
- arroser les fleurs
- tailler les arbustes
- essuyer la table
- essuyer les assiettes
- éplucher les pommes de terre
- balayer la terrasse
- repasser les serviettes
  (napkins)
- nettoyer le salon
- ??

EXCUSES

- Le chiffon est sale.
- L'aspirateur est cassé *(broken)*.
- Le fer ne fonctionne pas.
- La tondeuse ne marche pas.
- Je ne trouve pas l'éponge.
- J'ai perdu le sécateur.
- Je n'ai pas de couteau.
- Je ne sais pas où est le balai.
- Il y a un trou *(hole)* dans le tuyau.
- ??

NOTE CULTURELLE

Située dans la province de Québec, la région des **Laurentides** est populaire à la fois pour ses stations de ski en hiver et pour ses stations d'été.

N1

A. La formation du subjonctif (1)

The sentences below express a NECESSITY or OBLIGATION. In sentences of this type, the French use a verb form called the SUBJUNCTIVE.

Il faut que **je finisse** mon travail.
> *It is necessary that **I finish** my work.*
> *(I have to finish my work.)*

Il faut que **vous aidiez** vos parents.
> *It is necessary that **you help** your parents.*
> *(You have to help your parents.)*

The SUBJUNCTIVE is a verb form that occurs frequently in French. It is used after certain verbs and expressions in the construction:

VERB OR EXPRESSION	+	**que**	+	SUBJECT	+	SUBJUNCTIVE VERB . . .
Il faut		**que**		Marc		**tonde** la pelouse

⟹ The subjunctive is almost always introduced by **que**.

FORMS

For all regular verbs and many irregular verbs, the subjunctive is formed as follows:

SUBJUNCTIVE STEM	+	SUBJUNCTIVE ENDINGS
ils-form of present minus **-ent**		**-e, -es, -e, -ions, -iez, -ent**

N2

Note the subjunctive forms of the regular verbs **parler**, **finir**, **vendre**, and the irregular verb **dire**.

INFINITIVE		**parler**	**finir**	**vendre**	**dire**	SUBJUNCTIVE ENDINGS
PRESENT STEM	ils	**parlent** **parl-**	**finissent** **finiss-**	**vendent** **vend-**	**disent** **dis-**	
SUBJUNCTIVE	que je	**parle**	**finisse**	**vende**	**dise**	**-e**
	que tu	**parles**	**finisses**	**vendes**	**dises**	**-es**
	qu'il/elle/on	**parle**	**finisse**	**vende**	**dise**	**-e**
	que nous	**parlions**	**finissions**	**vendions**	**disions**	**-ions**
	que vous	**parliez**	**finissiez**	**vendiez**	**disiez**	**-iez**
	qu'ils/elles	**parlent**	**finissent**	**vendent**	**disent**	**-ent**

N3

1 Le subjonctif, s'il vous plaît!

Pour chaque verbe du tableau, donner la forme **ils** du présent. Ensuite, complétez les phrases avec le subjonctif de ces verbes.

INFINITIF	PRÉSENT	SUBJONCTIF
▶ laver	ils lavent	Il faut que (nous) lavions la voiture.
1. aider	ils . . .	Il faut que (tu, nous, vous) . . . les voisins.
2. réussir	ils . . .	Il faut que (je, vous, les élèves) . . . à l'examen.
3. répondre	ils . . .	Il faut que (je, Pauline, nous) . . . à cette lettre.
4. attendre	ils . . .	Il faut que (nous, tu, les voyageurs) . . . le train.
5. lire	ils . . .	Il faut que (je, Charlotte, vous) . . . cet article.
6. écrire	ils . . .	Il faut que (tu, nous, mes copains) . . . à Philippe.
7. partir	ils . . .	Il faut que (je, Olivier, nous) . . . à six heures.
8. mettre	ils . . .	Il faut que (je, tu, vous) . . . la table.
9. se laver	ils . . .	Il faut que (tu, vous, ce garçon) . . . les cheveux.
10. se dépêcher	ils . . .	Il faut que (Pierre, nous, vos amis) . . .

2 Avant de partir ce weekend

Expliquez ce que chacun doit faire avant de partir ce weekend.

▶ Claire   **Il faut que Claire range sa chambre. Et puis, il faut qu'elle . . .**

Claire	**moi**	**toi**
• ranger sa chambre	• finir mes devoirs	• laver la cage du lapin
• laver son linge	• écrire une lettre	• remplir l'aquarium
• passer l'aspirateur	• téléphoner à mon copain	• donner à manger au chat

Éric et Vincent	**vous**	**nous**
• tailler les arbustes	• finir la vaisselle	• regarder la carte *(map)*
• tondre la pelouse	• vider les ordures	• choisir notre itinéraire
• arroser les fleurs	• sortir la poubelle	• préparer la voiture

3 Après la boum

Votre partenaire et vous, vous avez organisé une boum chez vous. Maintenant vous devez ranger. Vous vous distribuez les tâches. Choisissez une tâche de la colonne A pour votre partenaire. Il/elle va choisir une tâche de la colonne B pour vous.

▶

Dis, Bernard, il faut que tu laves les verres.

Bon, je vais laver les verres, mais toi, il faut que tu ranges la cuisine.

D'accord!

A
• ranger le salon
• laver les assiettes
• laver les verres
• débarrasser la table
• vider les ordures
• ??

B
• ranger la cuisine
• passer l'aspirateur
• laver les casseroles *(pots)*
• mettre les chaises à leur place
• sortir la poubelle
• ??

B. Comment exprimer une obligation personnelle:
l'usage du subjonctif après **il faut que**

Note the use of the subjunctive in the following sentences:

Il faut que je **parte**. *I have to (I must) **leave**.*
Il faut que vous **travailliez**. *You have to (you must) **work**.*

To express what people HAVE TO or MUST DO, use the construction:

> **il faut que** + SUBJUNCTIVE

➡ Personal obligations can also be expressed with **devoir** + INFINITIVE.

Je dois **partir**. *I have to **leave**.*

➡ Note that **il faut** + INFINITIVE is used to express a GENERAL obligation.

Il faut **étudier**. *One has to (one should) **study**. You [people in general] have to **study**.*

➡ The negative **il ne faut pas que** + SUBJUNCTIVE expresses a PROHIBITION or INTERDICTION.

Il ne faut pas que tu **dormes** en classe. *You should not **sleep** in class.*

ALLONS PLUS LOIN

The following expressions are used to express the LACK OF OBLIGATION:

Il n'est pas nécessaire que tu partes.
Tu n'es pas obligé(e) de partir. ⎫
Tu n'as pas besoin de partir. ⎬ *You **don't have** to leave.*
Tu n'as pas à partir. ⎭

 Obligations?

Voici certains travaux domestiques.
Faites une liste des cinq principaux
travaux que vous devez faire.
Classez-les par ordre d'importance.
Puis comparez votre liste avec celle
de votre partenaire.

- ranger le salon
- laver la vaisselle
- débarrasser la table
- laver le linge
- sortir la poubelle
- arroser les plantes
- tondre la pelouse
- passer l'aspirateur
- mettre le couvert
- ranger ma chambre
- vider les ordures
- donner à manger
  au chien/chat
- ??

MA LISTE
IL FAUT QUE JE...
1
2
3
4
5

5 **C'est interdit**

Vous êtes en France avec des copains. Vous voyez les panneaux *(signs)* suivants.
Expliquez ce que vous ne devez pas faire.

N2

INTERDICTION DE . . .

| fumer | marcher sur la pelouse | entrer ici | tourner à gauche | déposer des ordures | écrire sur les murs |

▶ — Il ne faut pas que nous . . .

C. La formation du subjonctif (2)

Some verbs like **venir** have different stems in the **ils**- and **nous**-forms of the present. Verbs of this type have TWO STEMS in the subjunctive. (Note that the following verbs all have regular subjunctive endings.) **N3**

INFINITIVE	venir	
PRESENT	ils	**viennent**
	nous	**venons**
SUBJUNCTIVE	que je	**vienne**
	que tu	**viennes**
	qu'il/elle/on	**vienne**
	qu'ils/elles	**viennent**
	que nous	**venions**
	que vous	**veniez**

N4

Il faut que . . .

acheter	j'**achète**	nous **achetions**
espérer	j'**espère**	nous **espérions**
appeler	j'**appelle**	nous **appelions**
payer	je **paie**	nous **payions**
boire	je **boive**	nous **buvions**
voir	je **voie**	nous **voyions**
prendre	je **prenne**	nous **prenions**

6 Chez le médecin

Vous êtes médecin. Donnez des conseils à un patient, Monsieur Grosjean, qui n'est pas en forme. Commencez vos phrases par **il faut que vous . . .**

ou

il ne faut pas que vous . . .

▸ boire trop de café
   Il ne faut pas que vous buviez trop de café.

- boire beaucoup d'eau minérale?
- se lever tôt?
- se lever tard?
- dormir bien?
- acheter un vélo?
- apprendre à nager?
- prendre des vitamines?
- s'inquiéter trop?
- payer ma note *(bill)?*
- revenir dans un mois?

7 La meilleure solution — **N5**

Avec votre partenaire, choisissez une des situations et décidez ensemble des choses que les personnes doivent faire **(il faut que . . .)** ou ne pas faire **(il ne faut pas que . . .)**.

1. Philippe veut rentrer chez lui, mais il n'a pas la clé.
   - attendre sa mère?
   - casser *(break)* une fenêtre?
   - retourner à l'école?
   - ??

2. Valérie a dîné au restaurant. Elle a oublié son portefeuille.
   - partir sans payer?
   - téléphoner à son copain?
   - travailler dans la cuisine?
   - ??

3. Les touristes sont à l'hôtel. Ils voient de la fumée *(smoke)*.
   - sortir par la porte?
   - sauter *(jump)* par la fenêtre?
   - attendre l'arrivée des pompiers?
   - ??

4. Marc est secrètement amoureux de Stéphanie mais il est très timide.
   - lui écrire un poème?
   - lui envoyer une lettre d'amour anonyme?
   - prendre des leçons de danse et inviter Stéphanie dans une discothèque?
   - ??

5. Hélène et Catherine ont eu un accident avec la voiture de leur mère.
   - dire la vérité à leur mère?
   - voir un garagiste?
   - payer la réparation?
   - ??

6. Thomas et Julien ont trouvé un portefeuille dans la rue.
   - apporter le portefeuille à la police?
   - mettre une annonce dans un journal?
   - garder *(keep)* le portefeuille?
   - ??

Le travail, ça paie!

Aux États-Unis, beaucoup de jeunes travaillent régulièrement dans les supermarchés, les restaurants ou les stations-service. En France, les jeunes n'ont pas de travail régulier pendant l'année scolaire. (Ils ont trop de devoirs à faire à la maison!) Mais certains ont des jobs qui leur permettent de gagner un peu d'argent. Voici le cas de cinq jeunes Français qui ont découvert° que le travail, ça paie!

Camille, 15 ans, adore les animaux. Un jour, elle espère être vétérinaire. En attendant,° elle a transformé son amour° des animaux en job.

《 *Dans mon quartier, il y a beaucoup d'animaux, mais leurs propriétaires° n'ont pas toujours le temps de s'occuper d'eux. Alors, c'est moi qui le fais. Quand les gens partent le weekend, par exemple, je vais chez eux pour donner à manger à leurs chats et je promène leurs chiens. Je préfère les gros° chiens, comme les dobermans et les bergers allemands.° D'abord, ça a plus d'allure° et puis les pourboires° sont meilleurs.*

Je pourrais° gagner plus d'argent si je pouvais garder° les animaux chez moi. Malheureusement, mon père n'est pas d'accord. Il veut bien° que je gagne de l'argent, mais il refuse absolument que je transforme la maison en chenil.° Dommage! **》**

Pour Jean-François, 15 ans, la cuisine n'a pas de secret, mais c'est dans la pâtisserie qu'il excelle.

《 *J'ai toujours aimé faire des gâteaux. Quand j'étais petit, je passais mon temps dans la cuisine à regarder ma mère. C'est elle qui m'a appris à faire les mousses, les brioches,* les tartes aux fruits, les gâteaux à la crème ou au chocolat, et surtout les crêpes créoles,** une spécialité de la Martinique. Je cuisine° pour m'amuser, mais aussi pour gagner un peu d'argent. Quand les gens du quartier préparent une fête, c'est souvent à moi qu'ils font appel° pour les pâtisseries. (Ils savent que mes gâteaux sont meilleurs et moins chers que ceux du boulanger du coin!°) La semaine prochaine, par exemple, je dois faire les pâtisseries pour une réception de 50 personnes. J'espère que ma mère va me donner un coup de main!°* **》**

Pendant l'année scolaire, Aïcha, 16 ans, n'a pas de job, mais en juillet et août, elle est très occupée. Aïcha explique:

《 *Quand les gens sont en vacances, moi je travaille. Chaque été, je m'occupe, en effet, d'une vingtaine de jardins. Je tonds les pelouses, je taille les arbustes, j'arrose les plantes et les fleurs. Vingt jardins, ça représente beaucoup de travail. Quand j'ai trop à faire, je recrute des assistants. En général, ce sont mes copains de lycée. Ils m'appellent "Aïcha l'arrosoir,"° mais quand ils ont besoin de gagner un peu d'argent, ils sont bien contents de me trouver!* **》**

---

*Une brioche is a light, sweet pastry prepared as a bun or a round bread. **Une crêpe créole is made with coconut milk and is flavored with cinnamon and nutmeg.*

découvrir ✱ *to discover*   **En attendant** *In the meantime*   **amour** *love*   **propriétaires** *owners*   **gros** = *grands*   **les bergers allemands** *shepherd dogs*

plus d'allure *look more impressive*   **les pourboires** *tips*   **pourrais** *could*   **garder** *keep*   **Il veut bien** = il est d'accord pour   **chenil** *kennel*

cuisine = fais la cuisine   **font appel** = appellent   **du coin** = quartier   **un coup de main** = m'aider   **l'arrosoir** *watering can*

Avec le premier argent qu'il a gagné, Fabien, 16 ans, a acheté l'équipement dont il a besoin pour son job: une échelle° en aluminium avec laquelle il lave les vitres. Il explique comment il a commencé:

« *Un jour de printemps, il y a deux ans, ma mère m'a demandé de laver les vitres de l'extérieur. C'était un samedi. Il faisait très beau, et j'avais l'intention de faire un tour à vélo avec mes copains. Évidemment, j'étais furieux, mais je n'avais pas le choix. Je suis allé dans le garage. J'ai pris l'échelle, une vieille échelle en bois° très lourde,° et j'ai commencé mon travail. Une voisine m'a vu et m'a demandé: "Dis, Fabien, est-ce que tu veux laver mes vitres aussi? Pour ta peine,° je te donnerai cent francs." Quand j'ai fini chez moi, je me suis précipité° chez la voisine. Pendant que je lavais ses vitres, j'ai reçu° trois offres d'autres voisins. Depuis ce jour, je suis occupé presque tous les samedis et je vais bientôt avoir assez d'argent pour m'acheter une moto.* **»**

Danièle, 17 ans, et son frère Vincent, 16 ans, ont leur carte professionnelle, leur uniforme et leur compagnie: Ado-Services.*
Danièle explique:

« *Aujourd'hui, les adultes travaillent énormément. Quand ils rentrent chez eux le soir, ils sont trop fatigués pour passer l'aspirateur et faire le ménage. Et le weekend, ils ont des choses plus intéressantes à faire. Mais nous, les ados, nous avons du temps libre et nous avons aussi besoin d'argent. Pourquoi ne pas aider les adultes dans leurs tâches domestiques?*

Un jour, j'ai mis une annonce° dans un supermarché pour offrir mes services. J'ai attendu trois semaines avant de recevoir mon premier coup de téléphone.° Ma première cliente m'a recommandée à une amie qui m'a recommandée à une voisine… Bref,° je me suis vite constitué une petite clientèle.

Bientôt, j'ai eu trop de travail pour moi seule. Alors, j'ai demandé à mon frère Vincent s'il voulait m'aider. D'abord, il a hésité. "Je ne suis pas une femme de chambre"° m'a-t-il dit. Mais, comme il avait besoin d'argent, il a fini par accepter. Maintenant nous travaillons en équipe. Je range le salon, je passe l'aspirateur dans les chambres. Vincent, lui, s'occupe de la cuisine. Il fait la vaisselle, range les assiettes, lave le sol° et sort les poubelles.

Aujourd'hui, notre compagnie Ado-Services marche très bien. Nous refusons même des clients. À un moment, je pensais engager des employés, mais il fallait° assurer leur formation,° prendre des assurances,° acheter du matériel,° etc… J'ai renoncé° à ce projet pour le moment. Mais, si je rate° mon bac l'année prochaine, je sais ce que je vais faire! **»**

et vous?

DÉFINITIONS

N3

Définissez, en français, les mots ou expressions suivantes.

- un(e) vétérinaire
- un pourboire
- un chenil
- un buffet
- un hors-d'œuvre
- une réception
- une échelle
- une femme de chambre
- une équipe
- une pâtisserie
- un boulanger

EXPRESSION ORALE

1. Des jeunes Français décrits dans le texte, qui, selon vous, a le job le plus intéressant? Expliquez pourquoi.
2. Votre partenaire et vous, vous allez choisir d'être l'un des adolescents décrits dans le texte. Chacun va décrire le job qu'il/elle a et expliquer les avantages et les inconvénients de ce job.
3. Préférez-vous avoir un job où vous travaillez à votre compte (comme les adolescents décrits dans le texte) ou un job où vous travaillez pour quelqu'un d'autre (par exemple, pour un fast-food, une boutique, une station-service, etc.)? Expliquez votre choix. Considérez les éléments suivants:
   - l'intérêt du travail
   - le salaire
   - la flexibilité des heures de travail
   - l'indépendance

EXPRESSION ÉCRITE

Vous avez un job (réel ou imaginaire). Écrivez une lettre à votre ami(e) français(e) où vous décrivez:
- comment vous avez trouvé ce job
- ce que vous faites
- les avantages et les inconvénients de ce job

---

*Ado-Services: le terme **ado** est souvent utilisé pour désigner **un adolescent** (comparez **teen** qui désigne un **teenager**).
une échelle *ladder* **en bois** *wood* **lourde** *heavy* **peine** = *travail* **précipité** = *dépêché d'aller* **recevoir** ✻ *to get, receive* **une annonce** *notice, ad*
coup de téléphone *phone call* **Bref** *In brief* **une femme de chambre** = *chamber maid* **le sol** *floor* **il fallait** = *il était nécessaire* **formation** *training* **assurances**
insurance **du matériel** *equipment* **renoncé** *gave up* **rate** *flunk*

PARTIE 2

Pour rendre service

Est-ce que tu peux m'aider?

Oui, bien sûr.

COMMENT DEMANDER DE L'AIDE

Est-ce que tu peux | **m'aider?**
| **m'aider à** nettoyer le salon?
| **me donner un coup de main**
  (give me a hand)?
| **me rendre service**
  (do me a favor)?

COMMENT ACCEPTER

Oui, | **bien sûr.**
| **d'accord.**
| **je veux bien.** *(I'd love to)*
Volontiers! *(With pleasure)*
Avec plaisir!

COMMENT REFUSER . . . ET DONNER UNE EXCUSE   Alternate: **J'ai autre chose à faire.**

Non, vraiment je ne peux pas.
Écoute, | j'aimerais bien, mais . . . | je suis **occupé(e)** *(busy)*.
| je voudrais bien, mais . . . | je ne suis pas **libre** *(free)*.
| je suis **désolé(e)**, mais . . . | je n'ai pas **le temps** *(time)*.
| **je m'excuse**, mais . . . | j'ai **d'autres choses à faire.**
| **je regrette**, mais. . . | je dois sortir/étudier.

COMMENT REMERCIER . . . ET RÉPONDRE À QUELQU'UN QUI VOUS REMERCIE

C'est | **gentil!**
| **sympa!**
Merci | **beaucoup.**   **De rien.** *(You're welcome)*
| **mille fois.**   **Il n'y a pas de quoi.**
Je te remercie.   **Je t'en prie.**

1 Créa-dialogues

C'est samedi aujourd'hui et vous passez l'après-midi chez votre cousin(e) français(e). Il/elle vous demande de l'aider. Avec votre partenaire, composez un dialogue et jouez-le en classe. Votre partenaire va jouer le rôle de votre cousin(e).

— Dis, est-ce que tu peux m'aider?
— Oui, bien sûr. Où es-tu?
— Je suis au salon.
— Qu'est-ce que je peux faire pour toi?
— Est-ce que tu peux nettoyer les vitres?
— Je voudrais bien, mais je n'ai pas de chiffon.

- • *Use another expression.*
- • *Use another expression.*
- • *Name another part of the house or yard.*

- • *Mention a chore that needs to be done there.*
- • *Accept or refuse. If you refuse, give an explanation. If you accept, your partner will thank you.*

Conversations libres

Avec votre partenaire, choisissez l'une des situations suivantes. Composez ensemble un dialogue correspondant à cette situation et jouez ce dialogue en classe.

N1

1 À l'université

Jean-Jacques et Christophe sont camarades de chambre à l'université. Jean-Jacques aime l'ordre. Christophe, au contraire, est un garçon très désordonné. Chacun critique les habitudes de l'autre.

Rôles: Jean-Jacques, Christophe

2 Après la boum

Thomas et Isabelle ont organisé une boum chez eux. La boum est finie et Thomas et Isabelle doivent ranger l'appartement qui est vraiment en désordre. Ils discutent de la répartition *(distribution)* des tâches, mais ils ne sont pas d'accord!

Rôles: Thomas, Isabelle

3 Argent de poche

Jean-Philippe veut gagner de l'argent de poche cet été. Il va voir ses voisins pour leur offrir ses services. Madame Brunet répond et veut savoir ce que Jean-Philippe sait faire.

Rôles: Mme Brunet, Jean-Philippe

4 Le robot

À l'exposition de l'Électro-ménager *(household appliances)*, un vendeur présente la nouvelle invention de sa compagnie: un robot qui fait toutes sortes de travaux domestiques. Il démontre le robot à une cliente qui n'est pas convaincue *(convinced)*.

Rôles: Le vendeur, la cliente

5 La visite des grands-parents

Les grands-parents de Catherine et de Jean-François vont venir passer le weekend à la maison. Madame Thibault demande à ses enfants de l'aider pour préparer la maison et le jardin. Catherine a d'autres projets et Jean-François est un garçon paresseux.

Rôles: Mme Thibault, Catherine, Jean-François

6 «Le bistrot»

Monsieur Labouffe est propriétaire du restaurant «Le bistrot». Chaque été, il recrute des étudiants pour travailler dans la cuisine et la salle du restaurant. Il explique le travail à deux jeunes employés, Mélanie et Philippe. Ceux-ci demandent des précisions.

Rôles: M. Labouffe, Mélanie, Philippe

7 Drôles de vacances

Robert passe ses vacances chez sa tante Amélie qui a une ferme à la campagne. En réalité, ce ne sont pas de véritables vacances parce que Tante Amélie a toujours des projets pour Robert. Aujourd'hui, Tante Amélie a préparé une longue liste de choses à faire. Robert a décidé de refuser de travailler. Pour chaque chose, il a une excuse.

Rôles: Tante Amélie, Robert

A. Le subjonctif: formation irrégulière

The subjunctive forms of **être**, **avoir**, **aller**, and **faire** are irregular. **N1**

	être	avoir	aller	faire
que je (j')	sois	aie	aille	fasse
que tu	sois	aies	ailles	fasses
qu'il/elle/on	soit	ait	aille	fasse
que nous	soyons	ayons	allions	fassions
que vous	soyez	ayez	alliez	fassiez
qu'ils/elles	soient	aient	aillent	fassent

1 Tant pis! *(Too bad!)*

Invitez votre partenaire à faire certaines choses avec vous.
Il/elle va refuser en donnant une excuse. **N2**

Tu veux déjeuner avec moi?

Je m'excuse, mais il faut que je sois chez moi à midi.

Tant pis!

INVITATIONS
- sortir
- jouer au volley
- déjeuner
- aller au ciné
- venir chez moi
- faire une promenade
- ??

EXCUSES
- faire mes devoirs
- faire des achats
- aller au supermarché
- aller chez un copain
- être chez moi à midi
- être à un rendez-vous
- ??

2 Que faire?

Lisez ce que les personnes suivantes vont faire et dites ce qu'elles doivent faire.

▶ Tu vas ranger la cuisine. (faire la vaisselle)
Il faut que tu fasses la vaisselle.

1. Je vais voir un film. (aller au ciné / être à l'heure)
2. Tu vas organiser un pique-nique. (aller au supermarché / faire les courses)
3. Nous sommes invités à dîner. (avoir un cadeau / être polis)
4. Vous allez prendre l'avion. (faire vos valises / aller à l'aéroport)
5. Mélanie va faire du parapente. (faire attention / avoir du courage)
6. Anne et Thomas vont participer à un marathon.
   (être en bonne forme/ faire du jogging régulièrement)

3 Choses à faire

Choisissez une période de temps et nommez deux ou trois choses que vous devez faire en utilisant

il faut que je . . .

- ce soir
- avant le weekend
- ce weekend
- la semaine prochaine
- avant les vacances
- cet été

B. L'usage du subjonctif après certaines expressions impersonnelles

Note the use of the subjunctive in the following sentences.

Il est important **que nous soyons** à l'heure.　　*It is important **that we be** on time.*
Il est bon **que vous fassiez** du sport.　　　　*It is good **that you do** sports.*
Il est dommage **que tu partes**.　　　　　　*It is too bad **that you are leaving.***

In French, the subjunctive is used after certain impersonal expressions of OPINION when they are referring to specific people.

➡ When the expression of opinion is used in a GENERAL sense, it is followed by **de** + INFINITIVE. Compare:

Il est utile **de parler** français.　　　*It is useful (in general) **to speak** French.*
Il est utile **que Marc parle** français.　*It is useful **that Marc speaks** French.*

Vocabulaire: Quelques expressions d'opinion

il est bon que	**il est utile que**	**il est dommage que**
il est important que	**il est naturel que**	**il vaut mieux** (it is better) **que**
il est essentiel que	**il est normal que**	
il est indispensable que	**il est juste** (fair) **que**	**N3**

4　D'accord ou non?

Exprimez votre opinion sur l'un des sujets suivants. Votre partenaire va être d'accord ou pas d'accord avec vous. (Ajoutez d'autres sujets à la liste si vous voulez.)

▶ — **Il est important (utile, indispensable) que j'aille à l'université.**
　— **Je suis d'accord avec toi. Il est important que nous allions à l'université.**
　　　(Je ne suis pas d'accord avec toi. Il n'est pas important que nous allions à l'université.)　　**N4**

- aller à l'université
- être en bonne santé (health)
- aider mes parents
- être ponctuel en classe
- avoir beaucoup d'amis
- être riche
- réussir aux examens
- faire des progrès en français
- aller en France
- trouver un job cet été
- avoir mon diplôme
- ??

5　Pour rester en forme

Votre partenaire veut commencer un programme pour rester en forme. Il/elle hésite entre plusieurs options. Donnez-lui votre opinion en commençant votre suggestion par **il vaut mieux que . . .**

▶ jouer au volley ou au basket?

1. manger des fruits ou de la viande?
2. boire du thé ou de l'eau minérale?
3. faire du jogging ou de la musculation?
4. aller à la piscine ou au gymnase?
5. acheter un vélo ou des haltères (weights)?
6. faire du golf ou du tennis?

C. L'usage du subjonctif après **vouloir que**

Note the use of the subjunctive in the sentences below.

Je **voudrais que tu viennes** chez moi.   *I **would like you to come** to my house.*
Éric **veut que je sorte** avec lui.   *Éric **wants me to go out** with him.*
Mon frère **ne veut pas que je prenne** sa voiture.   *My brother **does not want me to take** his car.*

▌ In French, the SUBJUNCTIVE is used after **vouloir que** to express a WISH.

➡ Note that the wish must concern someone or something OTHER THAN THE SUBJECT.
When the wish concerns the SUBJECT, the INFINITIVE is used.
Contrast:

The wish concerns the subject: INFINITIVE	The wish concerns someone else: SUBJUNCTIVE
Je veux **sortir**. **Mon père** veut **prendre** sa voiture.	**Je** veux que **tu sortes** avec moi. **Mon père** ne veut pas que **je prenne** sa voiture.

➡ The subjunctive is also used after **je veux bien (que)**.

— Est-ce que je peux sortir?   *Can I go out?*
— Oui, **je veux bien que**   *Sure, **it's OK with me***
    tu sortes.   *if you go out.*

However: espérer + INDICATIVE

> QUELQUES EXPRESSIONS DE
> DÉSIR ET DE VOLONTÉ
> *(par ordre d'intensité)*
>
> **je préfère que** . . .
> **je souhaite que** . . .   *(I wish)*
> **je désire que** . . .   *(I wish)*
> **je voudrais que** . . .
> **j'aimerais que** . . .
> **je veux que** . . .
> **j'insiste pour que** . . .
> **j'exige que** . . .   *(I demand)*

6 Chez vous

Votre camarade français(e) (votre partenaire) est chez vous.
Il/elle vous demande la permission de faire certaines choses.
Acceptez ou refusez.

▶ regarder tes photos

1. mettre un disque?
2. faire un sandwich?
3. lire ton journal *(diary)*?
4. téléphoner à un copain en France?
5. emprunter ton vélo?
6. aller dans la chambre de tes parents?
7. aider avec la vaisselle?
8. promener ton chien?
9. donner à manger à ton chat?

(Pas question! Je ne veux pas que
tu regardes mes photos!)

7 Oui ou non?

N2

Décrivez les souhaits *(wishes)* des personnes suivantes. Utilisez **vouloir que** affirmativement ou négativement. Et soyez logique!

▶ le professeur / les élèves (étudier? dormir en classe?)

Le professeur veut que les élèves étudient.
Il ne veut pas qu'ils dorment en classe.

1. nous / le professeur (être très strict? donner de bonnes notes?)
2. le médecin / ses patients (faire du sport? fumer?)
3. Caroline / son copain (être loyal? sortir avec une autre fille?)
4. tu / ton frère (lire ton journal *[diary]*? casser *[to break]* ta chaîne hi-fi?)
5. je / mes amis (dire des mensonges *[lies]*? être patients avec moi?)
6. mes parents / je (avoir de bonnes notes? être impoli?)

N3

8 D'accord, mais . . .

Nathalie demande à son père de faire certaines choses. Il accepte, mais avec certaines conditions. Jouez les deux rôles avec votre partenaire.

1. prendre la voiture
   mettre ta ceinture
   (seatbelt)

2. aller au ciné
   finir tes devoirs

3. inviter des copains
   ranger le salon

4. organiser une boum
   faire la vaisselle

5. faire du parapente
   être très prudente

6. acheter une moto
   porter un casque
   (helmet)

9 C'est vous le patron (la patronne)! *(You're the boss!)*

Choisissez l'une des situations suivantes. Donnez à un(e) jeune employé(e) deux ou trois tâches à faire. Vous pouvez utiliser les expressions du Français pratique à la page 74/75.

Vous êtes . . .
- le chef d'un restaurant
- le directeur (la directrice) d'un zoo
- le chef jardinier du parc municipal
- le directeur (la directrice) d'une campagne de nettoyage *(clean-up campaign)*
- le patron (la patronne) d'une teinturerie *(dry-cleaner's)*

▶ **Je voudrais que tu . . .   J'aimerais aussi que tu . . .**

10 Expression personnelle

Choisissez une personne et exprimez certains souhaits pour cette personne.

je {
souhaite
désire
voudrais
} que
- mes parents . . .
- le professeur. . .
- mon copain . . .
- ma cousine . . .
- les voisins . . .

11 Exigences

Expliquez les exigences *(demands)* d'une des personnes suivantes à votre égard.

mon père
ma mère
mes profs
mon meilleur ami
ma meilleure amie

exiger
insister pour
ne pas vouloir
} que je . . .

Un objet peut être . . . N2

La forme *(shape)*:

carré	rectangulaire	triangulaire	rond/circulaire	ovale
plat	pointu	courbé	droit	ondulé

Les dimensions:

court

long (longue)

grand
haut
élevé

petit
bas (basse)
(low)

mince *(thin)*

épais (épaisse)
(thick)

étroite *(narrow)*

large *(wide)*

grand
gros (grosse)
énorme
massif (massive)
volumineux

petit   minuscule

Le poids *(weight)*:

lourd   léger
          (légère)

La capacité:

vide   plein

La température:

chaud

tiède *(warm)*

froid

La consistance:

dur *(hard)*

mou (molle)
(soft)

flexible

L'état, l'apparence, la condition:

solide	≠	**fragile**
sec (sèche) *(dry)*	≠	**mouillé** *(wet)*, **humide**
lisse *(smooth)*, **poli** *(polished)*	≠	**rugueux (rugueuse)** *(rough, uneven)*
brillant *(shiny)*	≠	**terne** *(dull)*
neuf (neuve) *(new)*	≠	**vieux (vieille), ancien (ancienne)**
		d'occasion *(secondhand, used)*
		usagé *(worn)*

N3

Pratique ▶

La matière:

—En quoi est cet objet?

Il est **en plastique**.

En quoi est cet objet?

Il est en plastique.

le papier	**le bois** (wood)	**le métal (les métaux)**
le carton (cardboard)	**la pierre** (stone)	**l'acier** (steel) le nickel
l'étoffe (fabric)	**la brique** (brick)	**le fer** (iron) le cuir (leather)
le caoutchouc (rubber)	**le verre** (glass)	**le cuivre** (copper)
le plastique caoutchouc /kautʃu/		**le plomb** (lead)
la matière synthétique		**l'aluminium**

1 Qui suis-je?

Faites correspondre chaque monument avec sa description.   Réponses: 1-d, 2-c, 3-b, 4-a

| **1. la Tour Eiffel** | **2. La Statue de la Liberté** | **3. le bâtiment des Nations Unies** | **4. L'Arche de Saint Louis** |

(a) Je suis en métal. Je suis mince, plate et assez étroite. À l'intérieur, je suis vide. Je ne suis ni pointue, ni droite, ni ondulée. Ma caractéristique principale est que je suis courbe.

(b) Je suis élevé et droit. Je suis rectangulaire et plat. Le matin et l'après-midi, je suis plein, mais la nuit, je suis généralement vide. Je ne suis pas entièrement en métal. Je ne suis pas en pierre non plus.

(c) Mon socle *(pedestal)* est en pierre, mais je suis en métal. Je suis verte parce que je suis en cuivre. Je suis grande, mais je ne suis pas très épaisse. Ma figure n'est pas carrée. Ma couronne *(crown)* est circulaire.

(d) Je suis très haute—j'ai 300 mètres de hauteur—mais je ne suis pas grosse. Je suis plutôt mince. Je suis lourde parce que je pèse 7300 tonnes, mais je suis relativement légère. Je ne suis pas en verre. Je suis en fer.

2 Qu'est-ce que c'est?

Choisissez un de ces objets. Puis décrivez cet objet sans mentionner son nom.   **N7**
Votre partenaire va deviner ce que c'est.

| **un clou** | **un fer à repasser** | **une bouteille** | **une scie** | **un ballon** | **un parachute** | **un réfrigérateur** |

LECTURE

La Couverture

fable du Moyen Âge

N1

Le texte que vous allez lire est basé sur une fable très ancienne, puisqu'elle a été écrite au 13ᵉ siècle par un certain Bernier. Au Moyen Âge°, les fables ou **fabliaux** étaient très populaires en France, surtout dans la région du Nord. La fable est une histoire, généralement assez courte, qui a pour objet d'illustrer une vérité morale importante pour les gens de l'époque. Les personnages de fables peuvent être réels ou imaginaires. Dans *La Couverture*, les personnages sont intéressants parce qu'ils sont réels et qu'ils représentent assez bien la vie et la société au Moyen Âge.

le Moyen Âge *Middle Ages*

Anticipons un peu!

Dans la première partie de la fable, un père, qui est commerçant, apprend que son fils veut se marier avec une fille d'une classe sociale plus élevée. Malheureusement, ce fils, qui vient de terminer ses études, n'a ni argent ni maison. Que doit faire le père?

- Conseiller à son fils de trouver une femme qui soit de la même classe sociale que lui.
- Donner sa maison au jeune couple et acheter pour lui une maison plus petite, tout en continuant son commerce.
- Vendre son commerce et en donner les profits ainsi que sa maison au jeune couple.

Maintenant, lisez la première partie de la fable pour voir quelle décision le père a prise.

NOTE CULTURELLE

La noblesse

Avant la Révolution de 1789, la société française était divisée en trois groupes qui n'avaient pas les mêmes droits: **la noblesse** (militaire), **le clergé** (religieux) et **le peuple**. En général, les gens nobles ne se mariaient pas avec les gens du peuple.

Dans ce texte, la différence de classe sociale entre le marchand et le noble est reflétée dans le langage que chacun utilise pour parler à l'autre:

- **Brave homme** (*my good man*) est une expression condescendante.
- **Messire** (dérivé de **monsire** et **monseigneur**) était le terme utilisé au Moyen Âge pour parler à une personne noble. (C'est la forme ancienne de **monsieur**, qui aujourd'hui n'exprime pas la supériorité sociale.)

ABBEVILLE ◦
PICARDIE
PARIS ◦

LA FRANCE

LA COUVERTURE

I

À Abbeville* vivait autrefois° un homme heureux. C'était un marchand qui avait un commerce de tissus.° Il avait peu de biens, mais, grâce à son travail, il gagnait honnêtement sa vie. Cet
5 homme était marié à une femme qu'il adorait. Ils avaient un fils unique. Ce garçon était beau, fort, intelligent et respectueux de ses parents. Chaque jour, le marchand et sa femme rendaient grâce à Dieu° de leur bonheur. Ce bonheur, malheureusement, n'a pas duré éternellement.
10 Un jour, la femme du marchand est tombée malade d'une fièvre subite°. Une semaine plus tard, elle était morte . . . Inconsolable, notre marchand continua° à travailler dur et à s'occuper de l'éducation de son fils. Quand celui-ci eut° dix-huit ans, il l'envoya° à Paris faire des études de droit.

15 Après deux ans d'études, le jeune homme revient à Abbeville pour travailler comme clerc de notaire. Un dimanche, pendant la messe,° il remarque une très belle jeune fille qui est assise au premier rang° de l'église. Il s'enquiert° de l'identité de celle-ci. On lui dit qu'elle est orpheline et qu'elle vient d'une famille très noble mais sans fortune.
20 Les dimanches suivants, le jeune homme revoit la jeune fille qui lui sourit°. Il tombe éperdument amoureux° d'elle. Finalement il se décide à lui parler et il se rend compte que la jeune fille l'aime aussi. Alors, un jour il lui demande: «Voulez-vous m'épouser?» La jeune fille lui répond: «Je voudrais bien vous épouser, mais vous n'êtes pas noble. Il faut donc que votre père
25 aille voir mon frère aîné et obtienne le consentement de celui-ci.»°

Le jeune homme va trouver son père pour lui expliquer la situation. Le marchand, qui veut faire le bonheur de son fils, va chez le frère de la jeune fille. Celui-ci écoute sa requête, hésite et finalement dit:

— Brave homme, je veux bien que ma soeur épouse votre fils, mais
30 à deux conditions.

— Quelles sont ces conditions, messire?

— D'abord, je veux que vous donniez votre maison à votre fils pour que ma soeur soit chez elle et non chez vous.

*__Abbeville__. Abbeville est une petite ville de Picardie, une province située dans le Nord de la France. Au Moyen Âge, cette ville avait une industrie textile très importante.

__autrefois__ = dans le passé   __tissus__ fabrics
__rendaient grâce à Dieu__ gave thanks to God   __subite__ sudden
__continua__ = a continué   __eut__ = a eu   __envoya__ = a envoyé
__la messe__ (Catholic) Mass   __rang__ row
__s'enquiert de__ = pose des questions concernant
__sourit__ smiles   __éperdument amoureux__ hopelessly in love

Mots utiles	
les biens	wealth
le bonheur	happiness
une couverture	blanket
un marchand	merchant
appartenir à	to belong to
avoir lieu	to take place
durer	to last
épouser	to marry
remarquer	to notice
se rendre compte	to realize
celui-ci, celle-ci	the latter
grâce à	thanks to

35 — C'est facile! Tout ce qui m'appartient appartiendra à mon fils. Je lui donnerai ma maison la veille° même de son mariage. Et la seconde condition, messire?

— Je veux que vous me donniez 10.000 écus d'or.**

— Mais, c'est impossible, messire. Je n'ai pas cette somme sous la main.°

— Que faites-vous dans la vie, brave homme?

40 — Je suis marchand de tissu.

— Eh bien, il faut que vous vendiez votre commerce et que vous m'apportiez le produit de cette vente°.

— Je ferai tout ce que vous voulez pour assurer le bonheur de mon fils.

45 Comme convenu°, le marchand vend son commerce et donne sa maison à son fils. Le mariage a lieu. Les jeunes époux viennent habiter chez l'ancien marchand qui leur laisse sa chambre, la plus belle pièce de la maison.

Au début, tout se passe bien. Le jeune couple est heureux. L'ancien marchand, qui n'exerce plus sa profession, aide son fils et sa belle-fille dans tous les petits travaux de la vie domestique. Il bricole, répare les ustensiles de 50 cuisine, coupe du bois pour le chauffage° de la maison, nourrit° les animaux, s'occupe du jardin. Quand le premier enfant du couple naît, il cède° sa chambre au bébé et va habiter dans une chambre plus petite. C'est lui qui s'occupe de son petit-fils. Il joue avec l'enfant, il le promène, il lui apprend à marcher et à parler.

N2

**10 000 écus d'or. L'écu était une pièce de monnaie utilisée en France jusqu'à la Révolution en 1789. Dix mille écus d'or représentaient une somme considérable.

la veille = le jour avant   **sous la main** *at hand, available*   **vente** *sale*   **comme convenu** *as agreed*   **vente** *sale*
chauffage *heating*   **nourrit** = donne à manger à   **cède** = donne

Avez-vous compris?

1. Pourquoi est-ce que le marchand était un homme heureux?
2. Quels sont les sentiments du jeune homme et de la jeune fille? Quel est l'obstacle à leur mariage?
3. Pour le marchand, laquelle des deux conditions émises *(expressed)* par le noble est la plus difficile à réaliser? Pourquoi?
4. Que fait le marchand après le mariage de son fils? Décrivez sa vie.

Anticipons un peu!

Dans la deuxième partie de la fable, le grand-père, qui est maintenant âgé et très infirme, habite encore chez son fils. Malheureusement, la femme trouve de plus en plus difficile de s'occuper du grand-père malade. Que doit faire le fils?

- Engager une infirmière pour s'occuper du vieillard.
- Garder *(keep)* le grand-père à la maison et demander à toute la famille de faire le sacrifice nécessaire pour s'en occuper.
- Envoyer le grand-père dans un hospice pour gens âgés.
- Autre solution?

II

55   *L*es années ont passé et la situation a bien changé à la maison. Il y a maintenant cinq enfants. Le grand-père habite une chambre minuscule au grenier.° Il est vieux et infirme° et il ne peut plus travailler comme avant. Son fils n'a pas réussi dans ses affaires et l'argent

60 manque° à la maison. La femme de celui-ci a perdu sa beauté. Elle est devenue dure et méchante, et elle ne peut plus supporter la présence de son beau-père à la maison. Un jour, elle parle à son mari:

    — Votre* père est devenu une charge inutile. Il faut qu'il quitte la maison.

65   — Mais, mon amie . . .

    —Oubliez-vous qui vous avez épousé? Il faut que vous choisissiez: votre père ou moi!

    Le fils est morfondu.° Il va trouver son père et essaie de trouver une excuse.

70   — Père, il faut que vous* quittiez votre chambre.

    — Mais, mon fils, pourquoi veux-tu que je la quitte?

    — Père, nous avons besoin d'argent. Il faut que nous louions cette chambre.

75   — Écoute, mon fils, je veux bien aller loger dans l'étable avec les chevaux…

    — Père, c'est impossible!

    — Et pourquoi donc me chasses-tu?

    Embarrassé, le fils doit avouer la vérité: «Père, ma femme exige que

80 vous partiez.»

    Le vieillard, consterné, regarde son fils. «Et où veux-tu que je loge?»

    —Vous irez à l'hospice des vieillards.° Ils vous recevront.°

    — Mais, il fait froid là-bas.

85   Le fils appelle son fils aîné, un garçon de quatorze ans, celui-là même que son grand-père avait élevé quand il était petit.

    — Fils, va dans ma chambre. Dans l'armoire, tu trouveras une grande couverture de laine.° Prends-la et donne-la à ton grand-père.

Mots utiles

les affaires	*business*
une charge	*burden*
un couteau	*knife*
la moitié	*half*
dur	*hard-hearted*
méchant	*mean, nasty*
allumer un feu	*to light a fire*
avouer	*to admit, avow*
élever	*to raise (children)*
exiger	*to insist*
expliquer	*to explain*
garder	*to keep*
loger	*to live, lodge*
supporter	*to bear, stand*

***L'usage de *vous*.** Autrefois, l'usage de **vous** (au lieu de **tu**) était beaucoup plus courant que maintenant. C'était une marque de respect utilisée par les enfants pour parler à leurs parents, et par les époux quand ils se parlaient entre eux.

grenier *attic*   **infirme** = *invalide*   **l'argent manque** = il n'y a pas d'argent   **morfondu** *chilled*
vieillards = personnes âgées   **vous recevront** = vont vous prendre   **laine** *wool*

90 Le garçon monte dans la chambre de ses parents, ouvre l'armoire et prend la couverture. Puis, il prend son couteau et coupe la couverture en deux. Il descend dans la cour° et donne la moitié de la couverture à son grand-père.

Son père, surpris, lui demande:

— Fils, pourquoi as-tu coupé la couverture en deux? Et pourquoi 95 n'en donnes-tu que la moitié à ton grand-père?

— Parce qu'un jour, vous aurez besoin de l'autre moitié.

L'homme regarde son fils sans comprendre.

—Il faut que tu t'expliques! Quand donc aurai-je besoin de cette couverture?

100 —Quand vous serez devenu vieux et quand, à mon tour, je vous enverrai à l'hospice des vieillards.

L'homme finalement comprend son ingratitude. Il s'excuse et va embrasser son père qui fond en larmes.° Puis, il va trouver sa femme pour lui dire qu'il a décidé de garder son père à la maison. Celle-ci, qui a vu toute 105 la scène de sa fenêtre, a aussi compris. Elle monte dans la chambre de son beau-père pour allumer un bon feu de cheminée,° puis elle va préparer un grand repas. Une nouvelle vie familiale commence . . .

cour *courtyard* **fond en larmes** *breaks into tears* **cheminée** *fireplace*

Avez-vous compris?

1. Qu'est-ce qui a changé à la maison du marchand? Décrivez un ou deux de ces changements.

2. Quelle excuse est-ce que le fils donne à son père quand il lui demande de quitter sa chambre?

3. Qu'est-ce que le petit-fils doit faire dans la chambre de son père?
   Qu'est-ce qu'il fait en plus?

4. Qu'est-ce que le garçon explique à son père?

5. Comment finit l'histoire?

EXPRESSION ORALE

■ Dramatisation
Avec votre partenaire, choisissez une scène de la fable que vous avez trouvée intéressante et jouez-la en classe.

■ Situations
Avec votre partenaire, choisissez l'une des situations suivantes. Composez le dialogue correspondant et jouez-le en classe.

1 Rencontre
Après sa visite au noble, le marchand rencontre un(e) ami(e) qui est marchand(e) aussi. Il explique sa décision de vendre son commerce. L'autre marchand(e) essaie de le dissuader.

Rôles: le marchand de tissus, un ami(e)

2 Explication
Après la scène de la couverture, le petit-fils explique à un(e) jeune frère (soeur) ce qui s'est passé. Celui-ci (celle-ci) veut des détails.

Rôles: le petit-fils, un frère (une soeur)

■ Discussion: La morale de l'histoire
Comme nous l'avons vu, l'objet d'une fable est généralement d'illustrer un certain principe moral.

A. Voici plusieurs morales possibles pour la fable que vous avez lue.
- Les gens riches ne sont jamais heureux.
- Il ne faut pas se marier avec une personne d'une autre classe sociale.
- Les jeunes sont charitables; les adultes sont égoïstes.
- Tout est bien qui finit bien.
- On ne peut pas compter sur ses enfants. Pour cela, toute personne raisonnable doit garder ses biens jusqu'à sa mort.
- Il ne faut pas faire aux autres personnes ce qu'on ne voudrait pas qu'elles nous fassent à nous.

Choisissez la morale qui, selon vous, correspond le mieux au récit de *La Couverture*. (Ou, si vous voulez, trouvez une autre morale.) Expliquez votre choix à votre partenaire.

B. D'après vous, quelle était la morale de cette histoire au Moyen Âge? (Pour connaître cette réponse, allez au bas de la page.)

EXPRESSION ÉCRITE

■ D'un autre point de vue
Imaginez que vous êtes le petit-fils ou la petite-fille du marchand de tissu. Dans une lettre à un(e) ami(e), vous racontez de votre point de vue la scène de la couverture.

■ En famille
Décrivez la vie de la famille <u>après</u> l'incident. Pour cela, composez un texte où vous décrivez ce que chacun fait à la maison pour aider les autres.

■ Fable moderne
Transformez *La Couverture* en fable moderne. Pour cela, composez une nouvelle fable que vous situerez à l'époque actuelle en gardant la morale générale de l'histoire.

■ D'un oeil critique
Expliquez pourquoi *La Couverture* est une fable très ancienne. Pour cela, faites une liste de tous les détails qui indiquent que l'action de cette fable se passe autrefois plutôt que maintenant.

N2

LA MORALE DE L'HISTOIRE
L'auteur du Moyen Âge qui a écrit cette fable voulait conseiller aux parents de garder leurs biens et leurs ressources pour leurs vieux jours.

INTERLUDE CULTUREL

■ *Les dates*

■ *Les événements*

In 1987, the Académie française announced that word **événement** could also be written **évèneme** (with a grave accent on the second "e"). You may allow your students to use either spelling.

La période romaine (200 av. J.-C. - 450 apr. J.-C.)

GALLIA PROVINCIA

Période gallo-romaine

- 200 av. J.-C.
- 151 *Provincia Romana*
- 52 ***Vercingétorix à Gergovie***
- 0
- 450 apr. J.-C.
- 508 *Clovis, roi des Francs*

Les premières légions romaines arrivent dans le sud de **la Gaule** (l'ancien nom de la France) au deuxième siècle avant Jésus-Christ. En 151 av. J.-C., Rome annexe cette région qui devient «Provincia Romana» ou Provence. En 58 av. J.-C., **Jules César** arrive en Gaule pour conquérir le reste du pays. Ses troupes sont victorieuses, malgré la résistance héroïque du chef gaulois, **Vercingétorix**.

Les Romains construisent de nombreux monuments, visibles encore aujourd'hui: arènes, amphithéâtres, arcs de triomphe, temples . . . Ils apportent aussi leur langue, le latin, qui est la base du français moderne.

À partir de 400, une série d'invasions met fin à la civilisation gallo-romaine. Les Francs, tribu d'origine germanique, conquièrent la Gaule. En 508, **Clovis**, leur roi, choisit Paris comme capitale. La Gaule va devenir la France.

L'Empire de Charlemagne (800-814)

Aix-la-Chapelle
L'empire de Charlemagne

Empire de Charlemagne

- 778 *Roland à Roncevaux*
- 800 ***Sacre de Charlemagne***
- 1066 *Guillaume le Conquérant: Bataille de Hastings*

En 800, **Charlemagne**, ou Charles le Grand, roi des Francs, est sacré empereur de l'Occident. Son empire est immense: il comprend la France, l'Allemagne, la Belgique, la Hollande, l'Italie du Nord et le nord de l'Espagne. Avec Charlemagne, l'unification de l'Europe est pour la première fois réalisée.

La Guerre de Cent Ans (1337-1453)

Guerre de Cent Ans

- 1152 *Aliénor d'Aquitaine épouse Henri Plantagenêt*
- 1337
- 1429 ***Jeanne d'Arc délivre la ville d'Orléans***
- 1453

Cette guerre représente plus de 100 ans de conflits franco-anglais. Elle commence en 1337 quand **Édouard III**, roi d'Angleterre, veut devenir roi de France. Les armées anglaises débarquent en France et remportent de brillantes victoires à **Crécy** (1346), à **Poitiers** (1356) et à **Azincourt** (1415). Les Anglais occupent une grande partie du territoire français et dévastent le pays.

Finalement la chance tourne. En 1429, **Jeanne d'Arc**, une jeune fille de 19 ans, rallie l'armée française, qui va peu à peu libérer la France.

■ *Les personnes*

Vercingétorix: un général de 20 ans

Vercingétorix (72- 46 av. J.-C.) est le premier héros national français. En gaulois, son nom signifie «chef suprême des combattants». En 52 av. J.-C., il a vingt ans. Jeune et courageux, il décide de se révolter contre l'occupant romain. Il rallie les tribus gauloises, devient leur chef et attaque les légions romaines. **César** contre-attaque. Malgré la supériorité des Romains, Vercingétorix est victorieux à **Gergovie**. Mais le combat est inégal et finalement, quelques mois plus tard, Vercingétorix est capturé. Enchaîné, il est emmené à Rome où il figure au triomphe de César, puis il est exécuté.

Pour les Français, Vercingétorix symbolise le courage, le patriotisme, l'esprit d'indépendance et la résistance contre l'ennemi.

Vercingétorix (72 - 46 av. J-C) le premier héros national français

Jeanne d'Arc: héroïne et martyre

On trouve la statue de **Jeanne d'Arc** (1412-1431) dans toutes les églises de France. C'est non seulement une sainte de l'église catholique, mais aussi la grande héroïne française. Jeanne a seulement 17 ans quand le roi de France lui donne le commandement de son armée. Elle rallie les troupes démoralisées par de nombreuses défaites. Puis, elle délivre **Orléans**, assiégée par les Anglais, et va de victoire en victoire. Elle est finalement capturée par des soldats

Charlemagne: Empereur de l'Occident

Charlemagne (747-814) est un grand conquérant et un grand administrateur. Pour gouverner son très vaste empire, il établit sa capitale à **Aix-la-Chapelle** au centre de cet empire et crée une administration centralisée.

Charlemagne (742 - 814), Empereur de l'Occident

Charlemagne fonde aussi un grand nombre d'écoles, les «écoles du palais». C'est un homme cultivé qui parle latin et grec et s'intéresse aux sciences. Il encourage la littérature, la philosophie, les sciences, la médecine, les arts, l'architecture. Dans sa capitale, il fonde une Académie où viennent les plus grands savants° du monde.

Jeanne d'Arc (1412 -1431), grande héroïne française

bourguignons° qui la vendent à leurs alliés anglais. Elle est jugée, accusée de sorcellerie° et condamnée à être brûlée.° La mort héroïque de Jeanne d'Arc, à l'âge de 19 ans, ne profite pas aux Anglais qui sont définitivement chassés de France quelques années plus tard.

---

savants *scientists* **bourguignons** = de Bourgogne *(Burgundy)* **sorcellerie** *witchcraft* **brûlée** *burned at the stake*

▪ *Astérix et sa bande* ▪

Tous les Français connaissent **Astérix le Gaulois**. C'est un petit homme blond avec de grandes moustaches. Il est très petit, mais il est très musclé, très intelligent et très courageux. Il a un copain, **Obélix**, qui est très loyal, très fort, mais pas très intelligent.

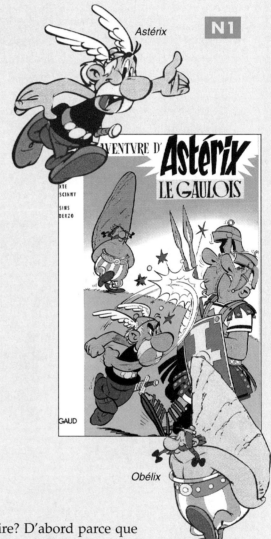

Astérix

N1

Obélix

Astérix est d'une force° exceptionnelle. Son secret est une potion magique préparée par le druide **Panoramix**. Quand Astérix boit un peu de cette potion, ses forces sont multipliées par cent.

Bien sûr, Astérix n'est pas une personne réelle. C'est le héros de la bande dessinée la plus populaire en France.

Les aventures d'Astérix ont lieu vers 50 avant Jésus-Christ. À cette époque, la Gaule entière est occupée par les Romains. Il y a un seul° village qui résiste, le village où habitent Astérix et ses copains. Astérix étant° Gaulois, les Romains sont évidemment ses ennemis mortels . . .

Une légion romaine est signalée près de son village. Notre héros prend un peu de potion magique et avec Obélix il va à l'attaque de l'ennemi. Crac! Boum! Zap! En une minute la légion romaine est décimée. Tous les Romains sont prisonniers.

Astérix connaît d'autres aventures. Toujours avec Obélix, il va à Rome où il rencontre **Jules César**. Il va en Égypte où il rencontre **Cléopâtre**. Il va en Belgique, en Angleterre, en Allemagne, en Suisse . . . Chaque aventure est le sujet d'un nouvel album et chaque album a un succès phénoménal.

Pourquoi Astérix est-il si populaire? D'abord parce que ce petit homme moustachu symbolise l'esprit de la France en lutte° contre ses ennemis. Et aussi parce qu'il représente assez bien le caractère national français. Il est aventureux, brave, astucieux.° Il est aussi irritable, impatient, agressif et vaniteux.° Avant tout, il est indépendant. Astérix correspond à l'image que les Français ont d'eux-mêmes. Il a leurs qualités . . . et leurs défauts!°

---

force *strength*　**un seul** *only one*　**étant** *being*　**en lutte** *struggling*　**astucieux** *smart*　**vaniteux** *boastful*　**défauts** *faults, failings*

Une Aventure d'Astérix le Gaulois, Goscinny / Uderzo, Dargaud, S.A., p.5

▪ *Roland, l'homme et la légende* ▪

Roland sonne son oliphant

Roland est à la fois un personnage historique et le héros d'une des plus grandes légendes françaises.

▪ L'histoire

Nous sommes en l'an 778. **Charlemagne** est en Espagne où il fait la guerre° à des princes arabes. Une insurrection éclate° dans son royaume.° Charlemagne retourne précipitamment en France avec ses meilleures troupes, mais il ne peut pas emmener ses bagages, qui sont trop lourds.° Il confie° leur transport à **Roland**, l'un de ses officiers.

Dans les Pyrénées, le convoi de bagages est attaqué par une bande de pillards° qui capturent le butin° et tuent° Roland.

Les Francs et les Sarrasins en combat.

▪ La légende

La légende embellit les faits historiques et le rôle de Roland. Dans la légende, Roland est le neveu préféré de Charlemagne. C'est aussi le plus noble et le plus brave de ses chevaliers.° Il accompagne l'empereur dans toutes ses expéditions militaires. Il est avec lui en Espagne où les Francs combattent les Sarrasins,* ennemis de la chrétienté.°

Comme dans l'histoire, Charlemagne doit rentrer à la hâte en France. C'est à Roland qu'il confie son arrière-garde°. Roland est trahi° par l'infâme **Ganelon**, son beau-père. À **Roncevaux**, son armée de 20 000 hommes tombe dans une embuscade° tendue par 400 000 Sarrasins. Quand **Olivier**, le loyal compagnon de Roland, voit l'arrivée des ennemis, il demande à Roland de sonner° son oliphant (un cor° en ivoire d'éléphant) pour appeler Charlemagne. Homme d'honneur, Roland refuse: il préfère se battre.°

L'infâme Ganelon

Charlemagne et son neveu préféré, Roland

---

* **Sarrasins**: nom donné aux conquérants arabes venus en Europe au 8e siècle.

---

guerre *war* **éclate** *breaks out* **royaume** *kingdom* **lourds** *heavy* **confie** *entrusts* **pillards** *looters* **butin** *booty* **tuent** *kill*
chevaliers *knights* **chrétienté** *Christendom* **arrière-garde** *rear guard* **trahi** *betrayed* **embuscade** *ambush* **sonner** *to blow*
cor *horn* **se battre** *to fight*

Roland avec son épée Durendal

Charlemagne revint avec ses troupes . . . .

La belle Aude

Toute la journée, les Francs, avec Roland et Olivier à leur tête, repoussent les ennemis. Ils multiplient les actes de courage, mais à un contre vingt le combat est inégal. Peu à peu, tous les compagnons de Roland sont massacrés. Roland voit que la bataille est perdue. Avant de mourir, il sonne son «oliphant» pour que Charlemagne vienne venger° ses compagnons. Roland essaie de briser° son épée° **Durendal** contre un rocher. Il frappe° dix fois, mais l'épée ne se brise pas.

Charlemagne revient sur ses pas.° Il détruit l'armée sarrasine, enterre° ses morts et, rempli° de tristesse, rentre dans sa capitale. Là, il donne l'épée de Roland à la fiancée de celui-ci, la belle **Aude**. La jeune fille meurt en apprenant la disparition de son bien-aimé.°

La Chanson de Roland

Au 12e siècle, c'est-à-dire plus de 300 ans après les faits historiques, un moine° anonyme écrit *La Chanson de Roland*. C'est un long poème épique de 4 000 vers qui relate en détail la légende. *La Chanson de Roland* est la première grande oeuvre littéraire écrite en langue française. Elle a un succès immédiat dans tout le monde occidental.° Pour certains historiens, les raisons de ce succès sont politiques. Au 12e siècle, en effet, les chevaliers chrétiens partent en croisade pour délivrer Jérusalem prise par les Turcs. Ils sont inspirés par *La Chanson de Roland* qui représente un épisode de la guerre sainte des Chrétiens contre les Musulmans.

Un troubadour médiéval

---

venger *to avenge* **briser** *to break* **épée** *sword* **frappe** *strikes* **pas** *steps* **enterre** *buries* **rempli** *filled* **bien-aimé** *beloved* **moine** *monk* **occidental** *western*

■ Quands les rois d'Angleterre étaient français

■ Guillaume le Conquérant et la conquête de l'Angleterre (1066)

Les ancêtres de **Guillaume le Conquérant** (1028-1087) sont scandinaves. Ce sont ces terribles **«Normands»** (homme du Nord) qui, venus de Norvège° et du Danemark sur leurs **drakkars**, ont attaqué et dévasté l'ouest de la France au 9e siècle. Ils ont pris et brûlé° Orléans, Tours et Paris. Pour avoir la paix,° le roi de France a donné à leur chef le duché de Normandie . . . et la main de sa fille. Les Normands sont devenus de bons et loyaux vassaux° du roi de France.

«Drakkar» scandinave

Guillaume est le fils de Robert Ier, duc de Normandie. Il a seulement huit ans quand son père meurt. Il devient alors lui-même duc de Normandie. Jeune homme, il fait un voyage en Angleterre pour rendre visite à son cousin, le roi **Édouard**. Celui-ci lui promet la couronne d'Angleterre à sa mort. Mais il y a un autre prétendant: **Harold le Saxon**. Un jour, Harold vient en Normandie où il est immédiatement fait prisonnier. Guillaume lui propose un échange: la liberté contre la promesse de renoncer à la couronne° d'Angleterre. Harold accepte l'échange, retourne en Angleterre, et là il oublie sa promesse.

Quand Édouard meurt en 1066, Harold se fait nommer° roi. Guillaume apprend cette trahison.° Furieux, il décide de punir Harold et de conquérir l'Angleterre par la force. Pour cela, il organise une formidable expédition. Le 23 septembre, ses bateaux chargés° de soldats arrivent en Angleterre. Le 14 octobre, il défait l'armée d'Harold à **la bataille de Hastings**. Le jour de Noël, il est couronné à Londres roi d'Angleterre sous le nom de **Guillaume Ier**.

Une conséquence de la conquête est que le français va devenir pendant plusieurs siècles la langue de la cour d'Angleterre.

L'histoire de la conquête de l'Angleterre par Guillaume est représentée graphiquement dans une très belle tapisserie° de 70 mètres de long, la tapisserie de Bayeux. C'est, en quelque sorte, la première «bande dessinée» de l'histoire.

*Scène de la tapisserie de Bayeux,
la première «bande dessinée»*

Norvège *Norway* **brûlé** *burned* **paix** *peace* **vassaux** = sujets **couronne** *crown* **se fait nommer** *has himself named*
trahison *betrayal* **chargés** *loaded* **tapisserie** *tapestry*

■ Aliénor d'Aquitaine: Reine de France et Reine d'Angleterre

N2 🌐

Elle a été reine° de France, puis reine d'Angleterre. C'est aussi la mère de deux rois d'Angleterre.

Fille et héritière° du duc d'Aquitaine, **Aliénor** (1122-1204) est une princesse d'une grande beauté. À l'âge de quinze ans, elle épouse° le roi de France, **Louis VII**, avec qui elle part en croisade contre les Turcs. Après leur retour de Terre Sainte,° Aliénor et Louis ont deux filles, mais le roi, qui veut des fils, fait annuler le mariage.

Quelques semaines plus tard, Aliénor se remarie avec **Henri Plantagenêt**, duc de Normandie, qui devient roi d'Angleterre en 1153. À leur tour, leurs fils, **Richard Coeur de Lion** et **Jean sans Terre** vont aussi être rois d'Angleterre. À cette époque, les rois d'Angleterre possèdent de vastes territoires en France: la Normandie, l'Anjou, l'Aquitaine. Cette situation est une des causes principales de la **Guerre de Cent Ans**.

Aliénor d'Aquitaine est très belle, très intelligente et très cultivée. En France et en Angleterre, elle crée une cour brillante où elle protège les poètes et les artistes. Princesse libérale, elle donne beaucoup de libertés aux habitants des villes qu'elle possède. À la fin° de sa vie, elle se retire en France, dans son abbaye de Fontevrault, où sont enterrés° deux rois d'Angleterre, son mari et son fils, Richard.

À la cour d'Aliénor d'Aquitaine   **N3**

---

reine *queen*   **héritière** *heiress*   **épouse** *marries*   **Terre Sainte** *Holy Land*   **à la fin** *towards the end*   **enterrés** *buried*

Jeanne d'Arc à Chinon

Le château de Chinon

Un jour, Jeanne a entendu des voix.

Jeanne d'Arc est née en 1412 à Domrémy, un petit village de Lorraine. À cette époque, la France était occupée par les Anglais. Un jour, Jeanne a entendu des voix. Elle a reconnu Sainte Catherine, Sainte Marguerite et Saint Michel. Ces voix lui ont dit: «Jeanne, c'est toi qui vas délivrer le pays!»

«Moi? Mais je suis une paysanne° qui sait à peine° lire et écrire,» a répondu Jeanne.

Mais les voix ont insisté: «Jeanne, va chez le roi et dis-lui que c'est Dieu° qui t'envoie.»

Jeanne et le sire de Baudricourt.

Jeanne a accepté la mission, mais maintenant elle est inquiète°. «Aller chez le roi? Oui, mais comment? Le roi habite si loin et les routes sont pleines° de brigands.»°

Jeanne va trouver un seigneur° local, le sire de Baudricourt.

— Messire, donnez-moi une escorte. Je veux aller chez le roi de France.

— Et qui t'envoie?

— Le Roi du Ciel.°

Baudricourt se moque de° Jeanne et la renvoie chez elle. Jeanne revient. Elle insiste et finalement elle obtient une escorte. C'est avec cette escorte de six hommes qu'elle arrive devant le château de Chinon où réside Charles, roi de France, avec sa cour. Immédiatement elle demande d'être présentée au roi.

Jeanne et son escorte arrivent au château de Chinon.

paysanne *peasant girl* **à peine** *hardly* **Dieu** *God* **inquiète** *worried* **pleines** *full* **brigands** = *bandits* **seigneur** *lord*
Messire = *Monsieur* **Roi du Ciel** *King of Heaven* **se moque de** *makes fun of*

Jeanne a reconnu le vrai roi malgré ses humbles apparences.

Le roi Charles est un roi sans royaume.° Il a perdu sa capitale. Paris est occupé par les Anglais, qui ont choisi un autre roi de France, un roi anglais, bien sûr. Charles est un jeune homme timide et sans énergie. Il ne croit plus en la victoire et certainement pas aux miracles. «Qui est cette Jeanne et qu'est-ce qu'elle veut de moi?»

Un courtisan, Bernard de Chissay, suggère au roi de jouer un bon tour° à Jeanne. «Déguisons-nous! Je vais mettre vos vêtements et vous, vous allez vous déguiser en simple courtisan. Nous allons voir si cette petite paysanne va reconnaître le vrai roi.» Bernard de Chissay met les vêtements du roi alors que° Charles met un simple vêtement noir. Jeanne entre dans la grande salle° du château. Il y a plusieurs centaines de dames et de chevaliers. Bernard de Chissay, magnifiquement habillé, reçoit les hommages des courtisans. Charles, le vrai roi, est au fond° de la salle, mais c'est vers lui que Jeanne s'avance.

— Gentil roi de France, le Roi du Ciel m'envoie vers vous.

— Mais ce n'est pas moi, le roi. Le roi est là-bas.

— C'est vous le roi, et pas un autre . . .

Oui, Jeanne a reconnu le vrai roi malgré° ses humbles apparences. Charles est très impressionné. Il décide d'écouter Jeanne. Jeanne et Charles ont une longue conversation secrète. Charles est maintenant convaincu.° Jeanne est l'envoyée° de Dieu.

Jeanne devant la ville d'Orléans.

Le roi lui donne une armée. Jeanne d'Arc, qui a seulement 17 ans, prend le commandement des troupes royales. Elle part délivrer Orléans, assiégée par les Anglais. Arrivée devant la ville, elle exhorte ses compagnons d'armes: «Entrez hardiment° parmi° les Anglais!» Surpris par le courage de cette jeune fille, les soldats attaquent. Le lendemain, Orléans est délivrée!

Charles est couronné roi de France.

La libération de la France vient de commencer. Jeanne d'Arc gagne d'autres batailles. Son grand triomphe a lieu quelques mois après l'entrevue de Chinon quand Charles est solennellement couronné roi de France dans la cathédrale de Reims.

N1

sans royaume *without a kingdom* **tour** *trick* **alors que** *whereas* **salle** *hall* **au fond** *in the back* **malgré** *in spite of*
convaincu *convinced* **l'envoyée** = *la messagère* **hardiment** *boldly* **parmi** *among*

UNITÉ 3

Vive la nature!

Thème et Objectifs

Culture

In this unit, you will discover . . .

- why the French people feel close to their roots
- how the French incorporate «tourisme écologique» into their vacation plans
- how the French people feel about their environment
- why Jacques Cousteau is so well known and what important work he is doing
- what the «culte du soleil» represents for French people

Communication

You will learn how . . .

- to talk about vacation activities
- to tell people who are on vacation that they should take certain precautions and avoid dangers
- to describe weather conditions and natural phenomenon

Langue

You will learn how . . .

- to narrate a sequence of past events
- to describe the setting of these past events
- to read literary accounts of past events

OUI à la nature!

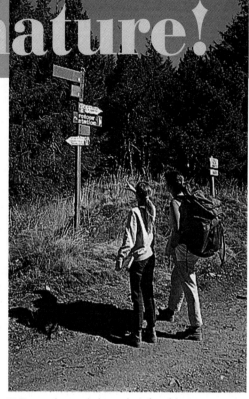

Les racines°

Cécile Pécoul, 25 ans, est infirmière. Elle habite et travaille à Paris, mais c'est à la campagne qu'elle se sent vraiment bien. Elle explique: «J'ai besoin d'air pur.° Alors, le weekend, je pars souvent en Normandie* avec mes copains. Parfois je vais faire de l'escalade° dans la forêt de Fontainebleau.** Et en été, je passe les vacances dans la ferme de mes grands-parents en Auvergne.*** C'est là d'où vient ma famille. C'est donc là où je suis vraiment chez moi, parce que c'est là où sont mes racines.»

Aujourd'hui, la majorité des Français habitent dans des grandes villes mais, comme Cécile, ils restent très attachés à leur province d'origine. Ils y retournent à l'occasion des vacances, pour retrouver leurs racines, mais surtout pour établir un contact avec la nature. Cet amour de la terre° et de la nature explique le succès du tourisme «vert» ou du tourisme «écologique».

Notre planète, ça nous concerne

■ L'escalade en montagne

■ Deux adeptes de la randonnée pédestre

Le tourisme vert

Il y a différentes façons de pratiquer le tourisme écologique. La forme la plus simple est évidemment la marche à pied.° Si on aime celle-ci, on peut faire de la «randonnée pédestre°» le long° des milliers de kilomètres de sentiers° ruraux. On part le matin, sac au dos.° On marche pendant 35 à 40 kilomètres. On s'arrête le soir dans un gîte° rural où on passe la nuit. En dix jours, on peut ainsi visiter toute une région «de l'intérieur», sans rencontrer beaucoup de gens. Un avantage de la randonnée pédestre est qu'on peut la pratiquer à tout âge. C'est une activité très populaire en France. La Fédération Française de Randonnée Pédestre compte plus de 300.000 membres.

Quand on passe les vacances à la montagne, celle-ci offre une grande variété d'activités qui nous mettent en contact direct avec notre milieu naturel. En plus° de la randonnée pédestre, on peut faire du VTT, du ski sur l'herbe,° de l'escalade, de l'alpinisme° et, si on aime les sensations fortes, du delta-plane et du parapente.°

MINISTERE DE L'ENVIRONNEMENT

---

*Normandie une région à l'ouest de Paris ****Fontainebleau** une forêt au sud de Paris où il y a des rochers *****Auvergne** une province au centre de la France
racines *roots* **pur** *fresh* **l'escalade** *rock climbing* **la terre** *land* **la marche à pied** *walking* **la randonnée pédestre** *hiking* **le long** *along*
sentiers *trails* **sac au dos** *with a back pack* **un gîte** *simple lodging* **En plus** *In addition* **l'herbe** *grass* **l'alpinisme** *mountain climbing*
parapente *parasailing*

La protection de la nature

Quand on aime la nature, il faut la protéger. À cet effet, le gouvernement français a créé des réserves naturelles et de grands parcs nationaux. Ces parcs sont situés principalement dans les zones de montagne (Alpes, Pyrénées, Massif Central). Là, tout est fait pour préserver la faune° et la flore° typiques de la région, et en particulier les espèces en danger. Il est interdit de camper, de faire du feu,° de toucher à la végétation et de déranger° les animaux.

Évidemment, la protection de la nature n'est pas seulement l'affaire° du gouvernement. C'est l'affaire de tout le monde. Pour 80% des Français, l'environnement est «un problème immédiat et urgent.» Cette préoccupation explique sans doute le succès des partis° écologiques. Aux élections, les «écolos» ou les «verts» obtiennent généralement 10% ou 12% des voix. Ce n'est pas beaucoup, mais c'est assez pour avoir une action politique efficace. Cette action se porte° sur beaucoup de domaines: protection de l'environnement, lutte° contre la pollution, limitation et contrôle de l'énergie nucléaire, aide et subventions° pour le développement de l'énergie solaire. Si on veut préserver la qualité de la vie de demain, c'est aujourd'hui qu'il faut agir!°

Les éco-musées

Une autre forme de tourisme écologique consiste à visiter les «éco-musées». Le but de ces musées est de préserver la vie rurale d'autrefois quand la majorité des Français habitaient à la campagne. Ces musées sont souvent des reconstructions de fermes et de villages anciens où l'on peut voir les outils,° les instruments, les ustensiles qu'on

et vous?

DÉFINITIONS

Définissez en français les mots et expressions suivantes:

- les racines
- le tourisme écologique
- la randonnée pédestre
- un sentier rural
- un gîte rural
- un parc national
- la faune
- un éco-musée

EXPRESSION ORALE

- À votre avis, est-ce que les Américains ont «l'amour de la terre»? Expliquez.
- Avez-vous jamais fait du camping ou de la randonnée pédestre? Décrivez cette expérience.
- Avec votre partenaire, discutez des différentes façons de protéger l'environnement. Préparez un rapport.

EXPRESSION ÉCRITE

Dans une lettre à un(e) ami(e) français(e), vous expliquez comment on peut faire du «tourisme écologique» dans la région ou l'état où vous habitez.

---

la faune *wildlife* **la flore** *plant life* **feu** *fire* **déranger** *bother* **l'affaire** *business* **des partis** = partis politiques **porte** = concerne
lutte *fight* **subventions** *subsidies* **agir** *to act* **outils** *tools*

Les sept commandements
du campeur

Chaque année, des millions de Français font du camping. Si vous venez un jour en France, vous aurez peut-être l'occasion d'en faire aussi. Voici quelques consignes° à observer.

Pour protéger la terre et l'eau, restons simples...

Des idées pour mieux respirer

1. Respectez les règlements.°

En France le camping est en principe libre° sur le territoire public . . . sauf° là où il est interdit. Le camping est interdit sur les plages de mer, dans les réserves naturelles, près des points d'eau utilisés pour la consommation, près des monuments historiques. Et si vous campez sur un terrain privé, n'oubliez pas de demander l'autorisation au propriétaire.°

2. Faites attention au feu.

L'incendie est la plus grande menace qui existe pour la forêt. Chaque année, des milliers d'hectares de forêts sont détruits° par des incendies° causés par des campeurs imprudents.°

N1

3. Préservez l'environnement.

La nature est fragile et a besoin de notre protection. Alors, préservez la végétation au lieu de° la détruire. Ne cassez° pas les branches des arbres. N'arrachez° pas les plantes. Ne cueillez° pas les fleurs, qui ne sont pas pour vous seulement, mais pour tout le monde.

4. Ne dérangez pas les animaux.

Les animaux sont chez eux et vous, vous êtes sur leur territoire. Ce sont vos hôtes. Agissez° avec eux en invité° respectueux, et non pas en barbare.

5. Ne contaminez pas l'eau.

L'eau est une ressource précieuse non seulement pour les humains, mais aussi pour tous les habitants de la nature. Pensez aux animaux qui viennent boire tous les jours dans les rivières et les lacs.

6. Ne laissez pas de déchets.°

Emportez° vos déchets avec vous. Déposez-les dans les réceptacles spéciaux que vous trouverez sur les routes. Surtout, ne laissez pas d'objets en plastique. Le plastique n'est pas biodégradable et il peut provoquer la mort° des animaux qui le mangent.

7. Ne faites pas de bruit.

Si vous avez décidé de faire du camping, c'est pour profiter du calme de la nature et non pas pour écouter de la musique. Alors, laissez votre radio chez vous et n'oubliez pas que le bruit est une forme de pollution.

et vous?

D'après vous, quels sont les trois commandements les plus importants? Expliquez pourquoi.

---

consignes *rules* **règlements** *rules* **libre** = *autorisé* **sauf** = *excepté* **propriétaire** *owner* **détruire** ✵ *to destroy* **incendies** *fires* **imprudents** = *qui ne font pas attention* **au lieu de** *instead of* **casser** *to break* **arracher** *pull up* **cueillir** *to pick* **agir** *to act* **invité** *guest* **déchets** *trash* **emporter** *to take along* **la mort** *death*

PARTIE 1

LE FRANÇAIS PRATIQUE

Les vacances: Plaisirs et problèmes

N1

Quand on est en vacances, on peut faire beaucoup de choses.
Mais il faut aussi **éviter** certains dangers et faire attention!

éviter *to avoid*

Au bord de la mer, on peut . . .

nager
se baigner

se bronzer
prendre un bain de soleil
  (sunbath)

faire une promenade en bateau *(boat)*

faire de la planche à voile
faire de la plongée sous-marine *(scuba diving)*

Mais attention! Il ne faut pas . . .

se noyer

attraper un coup de soleil *(sunburn)*

avoir le mal de mer
tomber dans l'eau

se baigner *to go swimming*
se noyer *to drown*
se bronzer *to get tan*
attraper *to catch, get*
avoir le mal de mer *to be seasick*

À la campagne, on peut . . .

se promener
faire un tour *(walk)*
  | **dans les champs** *(fields)*
  | **dans la forêt**
  | **dans les bois** *(woods)*
faire un pique-nique sur l'herbe
faire du camping
observer les animaux

Mais attention! Il ne faut pas . . .

se perdre

être piqué par des moustiques *(mosquitos)*

mettre le feu
marcher sur un serpent

se perdre *to get lost*
piquer *to sting*
mettre le feu *to set a fire*
marcher sur *to step on*

À la montagne, on peut . . .

faire de l'escalade *(rock climbing)*

faire de l'alpinisme *(mountain climbing)*

Mais attention! Il ne faut pas . . .

glisser
tomber
se blesser
se casser la jambe

glisser *to slip*
se faire mal *to get hurt*
se blesser *to injure oneself*
se casser *to break (a leg)*

Et dans tous les cas, il faut . . .

respecter | **la nature**
protéger | **l'environnement**

N2

Il ne faut pas . . .

polluer
laisser | **des déchets** *(refuse)*
jeter | **des vieux papiers**
détruire la végétation
casser les branches des arbres
faire peur aux animaux

polluer *to pollute*
protéger *to protect*
laisser *to leave*
jeter *to throw*
détruire* *to destroy*
casser *to break*
faire peur à *to scare*

**Les formes des verbes:
jeter, détruire**

Révision ▶
*et
Expansion* pp. R20-23

① Et vous? ··

Complétez les phrases en exprimant votre opinion personnelle.
Comparez vos réponses avec celles de votre partenaire.

1. Je préfère passer les vacances . . .
    - à la mer
    - à la montagne
    - à la campagne
    - ??

2. Quand je suis à la plage,
   je préfère . . .
    - me baigner
    - prendre des bains de soleil
    - faire de la planche à voile
    - ??

3. Pour me protéger contre les coups de soleil . . .
    - je porte un chapeau
    - je garde *(keep on)* mon tee-shirt
    - je mets de la crème solaire
    - ??

4. Quand je vais à la campagne, je préfère . . .
    - me promener dans les champs
    - faire un tour dans les bois
    - faire de l'escalade
    - ??

5. Quand on se perd à la campagne,
   l'objet le plus utile est . . .
    - une boussole *(compass)*
    - une carte de la région
    - une lampe de poche
    - ??

6. Ce que je déteste le plus est de (d') . . .
    - attraper un coup de soleil
    - être piqué(e) par les moustiques
    - me baigner dans l'eau froide
    - ??

7. Quand on fait un tour dans une forêt, la chose
   la plus stupide est de . . .
    - laisser des vieux papiers
    - casser les branches des arbres
    - faire peur aux animaux
    - ??

8. Quand on fait du camping, la chose la plus
   stupide est de . . .
    - détruire la végétation
    - jeter des déchets
    - mettre le feu à la forêt
    - ??

Conversations libres

Avec votre partenaire, choisissez l'une des situations suivantes.
Composez le dialogue correspondant et jouez-le en classe.

| 1 | Deux weekends différents |

Samedi dernier Catherine est allée à la campagne où elle a passé
une journée très agréable. Son cousin Guillaume est allé à la plage
où il a passé une très mauvaise journée. Catherine et Guillaume
se téléphonent pour décrire leur weekend respectif.

Rôles: Catherine, Guillaume

| 2 | Escalade |

Carole, une jeune fille très sportive, adore faire
de l'escalade. Elle veut enseigner *(to teach)* ce
sport à son copain Bertrand. Bertrand, qui
n'est pas très courageux, refuse absolument,
expliquant les dangers de ce sport.

Rôles: Carole, Bertrand

| 3 | Camping dans la forêt |

Florence est monitrice dans une colonie de vacances. Elle organise
un weekend de camping dans la forêt. Maintenant elle explique
aux jeunes ce qu'ils doivent faire et ce qu'ils ne doivent pas faire.
Ils veulent savoir pourquoi. Florence répond.

Rôles: Florence, une campeuse

LANGUE ET COMMUNICATION

Les participes passés irréguliers; verbes conjugués avec **être**

Révision ▶ 📖 pp. R4-
(participes passés) p. R4
                     pp. R22-31
(verbes / être)   p. R4

A. Révision: Le passé composé

Optional: For reference and quick review

The PASSÉ COMPOSÉ is used to describe what people DID, what HAPPENED.

Je **suis allé** au cinéma.   **J'ai vu** une comédie.   Après, je **me suis promené**.

Review the forms of the passé composé:

voyager	aller	s'amuser
j'**ai voyagé**	je **suis allé(e)**	je me **suis amusé(e)**
tu **as voyagé**	tu **es allé(e)**	tu t'**es amusé(e)**
il/elle/on **a voyagé**	il/elle/on **est allé(e)**	il/elle/on s'**est amusé(e)**
nous **avons voyagé**	nous **sommes allé(e)s**	nous nous **sommes amusé(e)s**
vous **avez voyagé**	vous **êtes allé(e)(s)**	vous vous **êtes amusé(e)(s)**
ils/elles **ont voyagé**	ils/elles **sont allé(e)s**	ils/elles se **sont amusé(e)s**
je n'**ai** pas **voyagé**	je ne **suis** pas allé(e)	je ne me **suis** pas **amusé(e)**
est-ce que tu **as voyagé?** **as**-tu voyagé?	est-ce que tu **es allé(e)?** **es**-tu **allé(e)?**	est-ce que tu t'**es amusé(e)?** t'**es**-tu **amusé(e)?**

➡ Review the following expressions:

déjà	*ever*	Est-ce que tu as **déjà** visité Paris?	**N2**
ne . . . jamais	*never*	Non, je **n'ai jamais** visité Paris.	
déjà	*yet, already*	Est-ce que vous avez **déjà** vu ce film?	
ne . . . pas encore	*not yet*	Non, je **n'ai pas encore** vu ce film.	

➡ Note the position of the following ADVERBS in the passé composé.

AFTER the past participle:	**tôt** *(early)*, **tard** *(late)*	**N3**
Je me suis levé **tôt**.	Éric s'est couché **tard**.	
BEFORE the past participle:	**bien, mal, souvent, beaucoup, trop, assez**	
Sophie a **beaucoup** aimé ce film.	Nous nous sommes **bien** amusés.	

ALLONS PLUS LOIN

N4

Depending on their meaning, the following verbs may be conjugated with **être** or **avoir**:

	(avoir)		(être)
monter	*to take or carry something up*	*or*	*to go up*
descendre	*to take or carry something down*	*or*	*to go down*
sortir	*to take something out*	*or*	*to go out*
passer	*to spend [time]*	*or*	*to pass by*

Pauline **a sorti** la poubelle.   *Pauline **took** the trashcan **out**.*
Après, elle **est sortie**.   *After that she **went out**.*

▶ Est-ce que tu as déjà fait du ski nautique?

Oui, j'ai déjà fait du ski nautique.

(Non, je n'ai jamais fa de ski nautique

Ah bon? Où ça?

Dans le Michigan.

1 Oui ou non?

Il y a beaucoup de choses qu'on peut faire en vacances. Demandez à votre partenaire s'il (si elle) a fait une des choses suivantes. En cas de réponse affirmative, demandez des précisions: où? quand? à quelle occasion? avec qui?

▶ faire du ski nautique?

- visiter la Floride?
- aller en Suisse?
- faire de l'alpinisme?
- voir un ours *(bear)*?
- monter dans un hélicoptère?
- descendre dans un sous-marin *(submarine)*?
- faire une promenade à cheval?
- se promener à dos de chameau *(camel)*?
- faire de la plongée sous-marine?
- avoir le mal de mer?
- attraper un coup de soleil?
- se perdre dans une forêt?
- se casser la jambe?

2 Créa-dialogue: Pas de chance!

Avec votre partenaire, composez un dialogue où vous décrivez un problème.

— Où es-tu allé(e) ce weekend?
— Je suis allé(e) à la montagne avec ma cousine.
— Ah bon? Qu'est-ce que vous avez fait?
— Nous avons fait de l'alpinisme.
— Vous vous êtes amusé(e)s?
— Oui, mais il y a eu un problème.
— Ah bon? Quoi?
— Ma cousine a glissé et elle s'est cassé le bras.
— C'est vraiment pas de chance!

Choose another time.
Choose another place: beach, city . . .   *Choose another person.*
Choose an appropriate activity.
Describe another problem   *corresponding to the situation.*

3 Une lettre de Paris

Amélie, une jeune Canadienne, vient d'arriver à Paris avec son frère Pascal. Elle écrit une lettre à son amie Gabrielle. Complétez la lettre d'Amélie avec le passé composé des verbes entre parenthèses.

> Ma chère Gabrielle,
>
> Eh bien, voilà! Je suis à Paris depuis deux jours avec mon frère Pascal. Nous _____ (arriver) avant-hier mais nous _____ (déjà faire) beaucoup de choses.
>
> Hier matin, nous _____ (se lever tôt) et nous _____ (se promener) dans le quartier Latin. Nous _____ (prendre) le petit déjeuner dans un café où nous _____ (rencontrer) un groupe de jeunes Français. Pascal, qui ne perd pas de temps, _____ (donner) rendez-vous à une jeune fille très sympathique.
>
> Après, nous _____ (s'arrêter) dans une boutique où j' _____ (acheter) des cartes postales. À midi, nous _____ (déjeuner) dans un restaurant algérien. J'_____ (manger) un couscous et j' _____ (boire) du thé à la menthe. C'était délicieux!
>
> L'après-midi, nous_____ (faire) une promenade en bateau sur la Seine et ensuite nous _____ (monter) à la Tour Eiffel. Du sommet on a une vue splendide sur Paris. Évidemment, j'_____ (prendre) beaucoup de photos. Quand nous _____ (descendre), Pascal _____ (vouloir) téléphoner à sa nouvelle amie. Il _____ (chercher) son portefeuille, mais il _____ (ne pas le trouver). Alors, il _____ (remonter) au sommet et heureusement il _____ (trouver) son portefeuille!
>
> Le soir, Pascal _____ (sortir) avec la jeune fille. Moi, je_____ (ne pas sortir) avec eux. Je _____ (rester) à l'hôtel et j'_____ (écrire) des lettres. À onze heures, je _____ (se coucher) et j'_____(dormir). Ce matin, je _____ (se réveiller) à huit heures. Pascal, qui _____(rentrer) très tard hier soir, dort encore!
>
> Je t'embrasse,   *Amélie*

4 Et vous?

Écrivez une lettre où vous décrivez une journée que vous avez passée dans une grande ville au cours *(during)* d'un voyage (réel ou imaginaire).

B. Révision: L'imparfait

The IMPERFECT is used to describe:

- what people USED TO DO, what USED TO BE
  Quand j'**étais** petit,   *When I **was** little,*
      je **jouais** au Monopoly.   *I **used to play** Monopoly.*

- what people WERE DOING, what WAS GOING ON, what WAS HAPPENING
  Hier soir, je **n'étais pas** chez moi.   *Last night I **was not** home.*
  Je **dînais** avec un copain.   *I **was having** dinner with a friend.*

Review the formation of the imperfect.

dîner nous **dînons**	faire nous **faisons**	se promener nous **nous promenons**	ENDINGS
je **dînais**	je **faisais**	je **me promenais**	-ais
tu **dînais**	tu **faisais**	tu **te promenais**	-ais
il/elle/on **dînait**	il/elle/on **faisait**	il/elle/on **se promenait**	-ait
nous **dînions**	nous **faisions**	nous **nous promenions**	-ions
vous **dîniez**	vous **faisiez**	vous **vous promeniez**	-iez
ils/elles **dînaient**	ils/elles **faisaient**	ils/elles **se promenaient**	-aient

IMPERFECT STEMS	
visiter	je **visitais**
finir	je **finissais**
vendre	je **vendais**
avoir	j'**avais**
faire	je **faisais**
aller	j'**allais**
être	j'**étais**
venir	je **venais**
sortir	je **sortais**
mettre	je **mettais**
vivre	je **vivais**
savoir	je **savais**
recevoir	je **recevais**
prendre	je **prenais**
boire	je **buvais**
lire	je **lisais**
dire	je **disais**
écrire	j'**écrivais**
voir	je **voyais**
connaître	je **connaissais**

⇒ The imperfect stem is formed as follows:

> **nous**-form of the present minus **-ons**

⇒ **Être** is the only verb with an irregular imperfect stem: **ét-** → **j'étais**   **nous étions** N2

---

5 En 1900

Imaginez la vie en 1900. Dites ce qu'on faisait et ce qu'on ne faisait pas.

▶ on / utiliser des ordinateurs? **On n'utilisait pas d'ordinateurs.**

1. tout le monde / avoir des voitures?
2. les gens / voyager en train?
3. on / travailler beaucoup?
4. les gens / respecter l'environnement?
5. on / consommer beaucoup d'essence (*gas*)?
6. beaucoup de gens / habiter à la campagne?
7. les jeunes / faire de la planche à voile?
8. on / être plus heureux qu'aujourd'hui?

---

6 En colonie de vacances

Marc est allé en colonie de vacances cet été. Il décrit ce qu'il faisait. N3

▶ En général, nous (se lever à 6 heures et demie) **En général, nous nous levions à 6 heures et demie.**

1. Après, je (me laver et prendre mon petit déjeuner)
2. Le matin, on (aller à la plage et se baigner)
3. De temps en temps, mes copains (faire une promenade en bateau)
4. D'habitude, on (déjeuner à midi et après faire la sieste)
5. Après la sieste, nous (nous promener dans les bois et observer les animaux)
6. Parfois, on (faire une promenade dans la montagne et faire de l'escalade)
7. Le weekend, nous (prendre nos tentes et faire du camping)
8. D'habitude, tout le monde (se coucher à 10 heures et dormir très bien)

Si vous avez été en colonie de vacances, racontez votre propre expérience en décrivant votre routine quotidienne.

7 Souvenirs d'enfance

Posez des questions à votre partenaire sur son enfance.
Il/elle va vous poser les mêmes questions.

▶ où / habiter?

1. à quelle école / aller?
2. comment / aller à l'école?
3. à quelle heure / se lever?
4. à quelle heure / se coucher?
5. à quels jeux (games) / jouer?
6. quels sports / faire?
7. quelles émissions / regarder?
8. qui / être ton acteur favori?
9. qui / être ta chanteuse favorite?
10. quels objets / collectionner?
11. où / passer les vacances?
12. quel animal domestique / avoir?

> Où est-ce que tu habitais?

> J'habitais à Charleston. Et toi?

> Moi, j'habitais à Savannah.

Si vous voulez, écrivez un petit paragraphe où vous décrivez les similarités
et les différences entre votre enfance et celle de votre partenaire.

8 Pourquoi personne n'a répondu . . . ?

Hier après-midi vers deux heures, Pierre a voulu téléphoner à ses copains. Personne n'a
répondu. Expliquez pourquoi en disant où chacun était et ce qu'il faisait. Soyez logique!

Qui?	Où?	Quoi?
moi	à la plage	déjeuner
toi	à la piscine	lire un livre
nous	à la campagne	jouer au basket
vous	au restaurant	tondre la pelouse
Béatrice	dans le jardin	faire des achats
Jean-Paul	en ville	faire un pique-nique
Philippe et Claire	au Club de Sport	faire de la plongée sous-marine
Marc et Alice	à la bibliothèque	prendre un bain de soleil
Jérôme et Stéphanie	dans les bois	se baigner
		se promener

▶ **Moi, j'étais à la plage. Je me baignais.**

9 Tout change!

Tout change avec le temps. Avec votre partenaire comparez les photos et décrivez
les différences entre aujourd'hui et autrefois.

Maintenant...

Maintenant, Monsieur Lescroc est riche. Il est assez gros et . . .

Maintenant, Valérie . . .

Maintenant Madame Leblanc . . .

Autrefois...

Autrefois, il était jeune. Il était grand et mince . . .

Autrefois, elle . . .

Autrefois, . . .

C. L'usage du passé composé et de l'imparfait

In talking about the past, the French use the IMPERFECT and the PASSÉ COMPOSÉ. The choice of tenses reflects the type of action or events that are being described.

N1

IMPERFECT	PASSÉ COMPOSÉ

• HABITUAL OR REPEATED ACTIONS
*(what people **used to do**)*
 	
Le samedi soir nous **allions** au ciné.
 	
D'habitude on **faisait** de la planche
  à voile.
 	
• PROGRESSIVE ACTIONS
*(what **was going on**)*
 	
Je **me promenais** sur la plage.
 	
Nous **faisions** du camping.
	• SPECIFIC ACTIONS
	*(what people **did**)*
	
	Samedi dernier, je **suis allé** à un concert.
	
	Un jour, on **a fait** de la plongée
	  sous-marine.
	
	J'**ai rencontré** un copain.
	
	Nous **avons vu** un ours *(bear)*.

➡ Depending on how the speaker interprets the action, the passé composé or the imperfect may be used.

Hier à 9 heures, nous **dînions**.	*Yesterday at nine we **were eating dinner**.*
Hier nous **avons dîné** à 9 heures.	*Yesterday we **ate dinner** at nine.*
Tous les jours j'**allais** à la plage.	*Every day I **used to go** to the beach.*
Tous les jours je **suis allée** à la plage.	*Every day I **went** to the beach.*

10 Une explosion

Tout le monde parle de l'explosion qui a eu lieu hier soir dans le quartier Saint Victor. Dites ce que chaque personne faisait au moment de l'explosion et ce qu'elle a fait immédiatement après.

▶ Monsieur Duval (travailler dans le jardin / rentrer chez lui)
   Monsieur Duval travaillait dans le jardin. Il est rentré chez lui.

1. nous (dîner / regarder par la fenêtre)
2. vous (faire la vaisselle / téléphoner à la police)
3. moi (me promener / aller sur la scène de l'incident)
4. toi (rentrer chez toi / prendre des photos)
5. mes parents (regarder la télé / sortir sur le balcon)
6. mon grand-père (dormir / se réveiller)

11 Allô!

Téléphonez à votre partenaire pour lui demander ce qu'il/elle faisait à certains moments.
Il/elle va répondre avec les réponses suggérées ou des réponses de son choix.

▶ — **Où étais-tu hier soir?**
— **J'étais chez moi.**
— **Qu'est-ce que tu faisais?**
— **J'étudiais.**
— **Et après, qu'est-ce que tu as fait?**
— **J'ai regardé un film à la télé.**

1. • ce matin
  • dans le jardin
  • tondre la pelouse
  • se promener

2. • cet après-midi
  • à la plage
  • se bronzer
  • se baigner

3. • après le pique-nique
  • dans la forêt
  • observer les animaux
  • prendre des photos

4. • avant le dîner
  • chez un copain
  • regarder ses photos
  • rentrer chez moi

12 L'été dernier

Décrivez ce que les personnes ont fait ou faisaient l'été dernier. Utilisez le passé composé ou l'imparfait.

1. tous les jours / nous / aller à la plage
2. un jour où il faisait très chaud / Julien / attraper un coup de soleil
3. le samedi / mes copains / faire une promenade en bateau
4. pendant la promenade / Pierre / tomber dans l'eau
5. le 14 juillet / Catherine et Pauline / assister aux feux d'artifice (*fireworks*)
6. le weekend / vous / faire du camping
7. pendant la nuit / toi / être piqué par un moustique
8. nous / rentrer chez nous / à la fin de juillet

13 Souvenir de vacances

Monsieur Mercier raconte un souvenir de vacances. Complétez son histoire en mettant les verbes au passé. Utilisez l'imparfait ou le passé composé.

Quand j'_____ (être) étudiant, je _____ (passer) mes vacances à Annecy. En général, je _____ (ne pas me lever) avant dix heures du matin. L'après-midi, je/j' _____ (aller) à la piscine où je _____ (prendre) des bains de soleil. Parfois, je/j' _____ (faire) de la planche à voile sur le lac. Le soir, je _____ (sortir) avec mes copains et je _____ (rentrer) tard chez moi.

Un jour, un copain m' _____ (inviter) à faire de l'escalade avec lui. Le lendemain, je _____ (me lever) tôt et je _____ (partir) avec mon copain. Malheureusement, pendant l'escalade, je/j' _____ (glisser) et je _____ (me casser) la jambe. À l'hôpital où je/j' _____ (aller), je/j' _____ (rencontrer) une jeune infirmière très sympathique. Un jour, je lui _____ (demander) si elle voulait se marier avec moi. Elle _____ (accepter) et aujourd'hui, c'est ma femme!

14 Photos de vacances

Pendant vos vacances en France, vous avez pris des photos de vos amis français.
Pour chaque photo, dites :
- où vous étiez
- ce que chaque personne faisait au moment de l'incident
- ce que ces personnes ont fait après

Utilisez votre imagination.

Pierre et Caroline   **Juliette et Jérôme**   **Christine et Jean-Pierre**

JACQUES-YVES COUSTEAU
champion de l'écologie marine

Jacques-Yves Cousteau est un homme universel. À la fois° scientifique, explorateur, inventeur, écrivain, cinéaste, il a mis ses innombrables talents au service d'une seule° cause: la protection des océans. Champion de l'écologie marine, Jacques-Yves Cousteau est peut-être aujourd'hui le Français le plus connu du monde.

■ Jacques-Yves Cousteau

Cousteau a d'abord été officier dans la Marine française. C'est à cette époque qu'il a inventé le scaphandre autonome (ou SCUBA* en anglais), permettant l'exploration des espaces sous-marins. Au cours de° ses expéditions sur ses fameux bateaux, le Calypso, l'Alcyone, le Calypso II, Cousteau a exploré les fonds° marins un peu partout dans le monde, en France, en Grèce, en Égypte, au Brésil, à Madagascar, dans l'Atlantique, le Pacifique et l'Océan Indien. De ces expéditions, il a rapporté° de nombreux films documentaires. Ces films, comme *Le monde du silence* et *Le monde sans soleil,* et plus tard ses séries télévisées *Découvertes du monde,* ont fait connaître° au grand public l'univers merveilleux de la mer.

> «Il faut sauver les océans! Il faut sauver notre planète, la Terre!»

Mais Cousteau ne s'est pas contenté° d'être l'un des grands explorateurs de ce siècle. Il a aussi entrepris° une croisade mondiale pour la protection de l'environnement. Son message est simple: À long terme,° l'avenir° de l'humanité dépend de la préservation de notre environnement naturel et, en particulier, du monde marin. Aujourd'hui, celui-ci° est menacé non seulement par la pollution, mais aussi par une exploitation économique incontrôlée. Il faut donc le protéger. Il faut sauver les océans! Il faut sauver notre planète, la Terre! Cousteau s'est engagé° totalement dans cette croisade. Pour cela, il a créé une fondation internationale, la Fondation Cousteau, et aussi la «Cousteau Society» qui a 200.000 membres aux États-Unis. Dans son travail, il est secondé par son fils, Jean-Michel Cousteau, qui habite en Californie.

Jacques-Yves Cousteau fait aussi partie° de l'élite littéraire. Pour son oeuvre°, il a été élu° membre de l'Académie française, le plus prestigieux groupe d'écrivains français.

■ Le commandant Cousteau à bord du Calypso.

■ Jacques-Yves Cousteau et son fils, Jean-Michel

à la fois *at the same time* **d'une seule** *only one* **au cours de** = *durant* **les fonds** *depths* **rapporté** *brought back* **faire connaître** *made known*
contenté = *limité* **entreprendre** ✲ *to undertake* **À long terme** *In the long run* **l'avenir** *future* **celui-ci** = *le monde marin*
engagé *committed himself* **partie** = *est membre* **oeuvre** *work* **élire** ✲ *to elect*
*Un acronyme pour Self-Contained Underwater Breathing Apparatus.

L'Écologie à la maison

Préserver l'environnement, ce n'est pas difficile. Il suffit d'y penser.° L'écologie commence à la maison. Des jeunes Français expliquent comment ils pratiquent l'écologie chez eux.

Stéphanie:

≪ Je recycle le verre. Ce n'est pas compliqué! Il suffit de séparer les bouteilles et de les déposer dans les réceptacles spéciaux qu'on trouve partout dans les villes, et même à la campagne. ≫

Danièle:

≪ J'ai demandé à ma mère de n'acheter que° des produits favorables à l'environnement. J'ai un argument convaincant:° Je refuse de faire la vaisselle ou de laver le linge° avec des produits qui contiennent des phosphates, nocifs° à l'environnement. ≫

Xavier:

≪ J'essaie de conserver l'eau au maximum. Par exemple, au lieu de° prendre des bains, je prends des douches qui utilisent moins d'eau. Quand je me lave les mains, je ferme l'évier.° Quand je me brosse les dents, je ferme le robinet.° J'économise un peu d'eau chaque fois et, à la longue,° ça compte! ≫

Vincent:

≪ Quand j'achète quelque chose, je fais attention aux produits qu'il contient.° En général, je donne la préférence aux produits recyclables ou recyclés. Et j'utilise toujours des emballages° en papier, jamais en plastique. ≫

Zoé:

≪ Je n'utilise plus d'aérosols, parce que les CFCC (chlorofluorocarbures) qu'ils contiennent détruisent l'ozone de l'atmosphère. Et les savons, les shampooings, les dentifrices et les produits de beauté que j'utilise sont toujours à base de produits naturels. ≫

et vous?

Faites une liste des choses que vous faites pour pratiquer l'écologie chez vous.

Il suffit d'y penser. *You just have to think about it.*   **contenir** ✳ *to contain*   **emballages** *packaging*   **au lieu de** *instead of*   **l'évier** *sink*   **robinet** *faucet*   **à la longue** *in the long run*   **que** *only*   **convainquant** *convincing*   **linge** *laundry*   **nocifs** *harmful*

Le soleil, notre bonne étoile

Chaque jour, le soleil nous donne sa lumière,° sa chaleur° et son énergie. Il est source de toute vie.° Sans lui, il n'y aurait pas° de plantes, pas de fleurs, pas d'arbres, pas d'animaux et, évidemment, pas de vie humaine. C'est lui qui cause la pluie, le vent, les différences de climat et les changements de saison. Grâce à° lui, les rivières coulent° et les plantes poussent.° Le soleil est vraiment notre bonne étoile!°

À cause de ses innombrables bienfaits,° les civilisations anciennes ont créé un culte du soleil. Pour les Égyptiens, Amon-Râ, le soleil, était le dieu° suprême. En Amérique, les Incas et les Aztèques adoraient aussi le soleil.

Aujourd'hui, le culte du soleil existe toujours, mais il a pris une forme nouvelle. Chaque année, par exemple, des millions de Français vont sur les plages de l'Atlantique et de la Méditerranée pour se baigner, mais surtout et avant tout pour se bronzer au soleil. On peut aussi se bronzer à la piscine, à la montagne, dans son jardin, ou même sur son balcon. En moyenne, les Français se bronzent 2 heures 15 minutes par jour pendant les vacances.

Il y a différentes raisons pour lesquelles° les Français s'exposent au soleil. Selon une enquête,° 50% des personnes interrogées° trouvent que c'est agréable, 22% pensent que c'est bon pour la santé,° 18% déclarent qu'être bronzé, c'est à la mode. Le bronzage fait en effet partie du «look». Aujourd'hui la majorité des femmes déclarent préférer les homme bronzés et, alternativement, la majorité des hommes préfèrent les femmes qui ont un joli bronzage.

Si le soleil est indispensable au succès des vacances, il peut aussi créer des problèmes pour les personnes imprudentes.° La lumière solaire contient, en effet, des rayons ultra-violets (UV). Quand ces rayons sont trop intenses, ils sont dangereux pour la peau° et pour les yeux. Si on ne fait pas attention, on peut attraper un coup de soleil ou, chose plus grave, être victime d'une insolation.° À long terme, le soleil contribue au vieillissement° de la peau. Pour les personnes qui ont une peau délicate, le soleil est aussi un facteur de risque important du cancer cutané.°

---

lumière *light* **chaleur** *heat* **vie** *life* **il n'y aurait pas** *there wouldn't be* **Grâce à** *Thanks to* **coulent** *flow* **poussent** *grow* **étoile** *star* **bienfaits** *benefits, blessings* **le dieu** *god, deity* **lesquelles** *which* **enquête** *survey* **interrogées** *asked* **santé** *health* **imprudentes** *who are not careful* **peau** *skin* **insolation** *sunstroke* **vieillissement** *aging* **cutané** *of the skin*

Avant de s'exposer au soleil, il est donc important de prendre quelques précautions élémentaires. Voici certains conseils:

❋ Bronzez progressivement et modérément. Le premier jour, restez seulement cinq minutes au soleil, puis augmentez° de quelques minutes par jour la durée° de vos bains de soleil. Un bronzage progressif vous donnera une photo-protection naturelle contre les rayons du soleil.

❋ Évitez° de vous mettre au soleil entre 11 heures du matin et 2 heures de l'après-midi. C'est à ce moment que les rayons ultra-violets sont les plus intenses.

❋ Protégez-vous la tête avec un chapeau à large bord° et les yeux avec de bonnes lunettes de soleil qui les recouvrent entièrement.

❋ Utilisez une bonne crème anti-solaire. Les crèmes anti-solaires filtrent les rayons ultra-violets. Choisissez une crème anti-solaire adaptée à votre peau.

❋ N'utilisez pas de produits qui contiennent des substances photo-sensibilisantes, comme l'eau de cologne ou certains parfums. Ces substances sont à l'origine de réactions cutanées anormales.

❋ Soyez vigilants en hiver aussi bien qu'en été. La neige reflète les rayons ultra-violets plus que le sable.° Si la lumière est intense, portez des lunettes de soleil.

N1

DÉBAT: LE SOLEIL: AMI OU ENNEMI?

Prenez une position sur ce sujet et débattez-le avec votre partenaire (qui prendra la position contraire). Présentez vos arguments par ordre d'importance.

EXPRESSION ÉCRITE

Êtes-vous un(e) «adorateur(trice) du soleil»? Composez un paragraphe où vous allez expliquer …
• pourquoi vous aimez le soleil
• où et quand vous vous bronzez
• quelles précautions vous prenez

Jacques Prévert (1900-1977) est un écrivain et aussi l'auteur de chansons populaires et de plusieurs scénarios de films. Dans ses poèmes, il décrit avec humour et fantaisie les thèmes simples de l'existence: la nature, l'amour, l'amitié, l'enfance, la réalité de tous les jours.

Dans cet extrait, Prévert explique:
■ pourquoi il faut être poli avec la terre et le soleil
■ les relations personnelles qui existent entre la terre, le soleil et la lune

SOYEZ POLIS

Le soleil est amoureux de la terre
La terre est amoureuse du soleil
Ça les regarde
C'est leur affaire
Et quand il y a des éclipses
Il n'est pas prudent ni discret de les regarder
Au travers de sales petits morceaux de verre fumé
Ils se disputent
C'est des histoires personnelles
Mieux vaut ne pas s'en mêler
Parce que
Si on s'en mêle on risque d'être changé
En pomme de terre gelée
Ou en fer à friser

Le soleil aime la terre
La terre aime le soleil
C'est comme ça
Le reste ne nous regarde pas
La terre aime le soleil
Et elle tourne
Pour se faire admirer
Et le soleil la trouve belle
Et il brille sur elle
Et quand il est fatigué
Il va se coucher

Et la lune se lève
La lune c'est l'ancienne amoureuse du soleil
Mais elle a été jalouse
Et elle a été punie
Elle est devenue toute froide
Et elle sort seulement la nuit
Il faut aussi être très poli avec la lune
Ou sans ça elle peut vous rendre un peu fou
Et elle peut aussi
Si elle veut

Vous changer en bonhomme de neige
En réverbère
Ou en bougie

Prévert, Histoires (Paris: Gallimard, 1963, pp. 66-69)

---

augmentez increase   **durée** = le temps   **Évitez** Avoid   **bord** brim   **sable** sand

PARTIE 2

LE FRANÇAIS PRATIQUE

Quoi de neuf?

> Devine!

> Quoi de neuf?

N1

COMMENT DÉCRIRE UN ÉVÉNEMENT, COMMENT RACONTER UNE HISTOIRE

— **Quoi de neuf?** *(What's new?)*
Devine!

deviner *to guess*

— Je ne sais pas!
Qu'est-ce qui est arrivé?   **Qu'est-ce qui a eu lieu?**
Qu'est-ce qui s'est passé?   **Qu'est-ce qu'il y a eu?**

arriver *to happen*
se passer *to happen*
avoir lieu *to take place*
qu'est-ce qu'il y a *what's happening*
assister à *to see*
être témoin de *to witness*

J'ai **assisté à**
J'ai **été témoin de** } quelque chose de bizarre.
J'ai vu

— Ah bon? Quand?
C'est arrivé   } hier   lundi dernier   **il y a** deux heures
Ça s'est passé } hier soir   la semaine dernière **il y a** dix jours
Ça a eu lieu   } avant-hier le mois dernier

— Où étais-tu?
J'étais   } **dehors** *(outside)*   dans un magasin
Je me trouvais } en ville   chez un copain

se trouver *to be*

— Alors, raconte! Qu'est-ce que tu as fait?
Eh bien, **d'abord** *(first)*, j'ai téléphoné à . . .
puis *(then)* . . .   **enfin** *(at last)* . . .
ensuite *(next)* . . .   **finalement** *(finally)* . . .
après *(after, afterwards)* . . .

raconter *to tell (what happened)*

Quelques événements	
un accident	**un événement** *(event)*
un incendie *(fire)*	**un fait** *(fact)*
un cambriolage *(burglary)*	**un fait divers** *(minor news item)*

Comment exprimer la surprise

Vraiment?	*Really?*	**C'est incroyable!**	*That's unbelievable!*
Pas possible!	*That's not possible!*	**Ce n'est pas croyable!**	*That's not for real!*
Mon Dieu!	*My goodness!*	**Tu plaisantes!**	*You're kidding!*

1 Journalisme

Vous êtes journaliste pour le magazine RADAR. Dites quand et où les événements
de la colonne A ont eu lieu en choisissant un élément des colonnes B et C. Soyez logique.

A: QUOI?	B: OÙ?	C: QUAND?
un cambriolage	ce matin	à l'église St. Charles
un accident	à deux heures cet après-midi	sur l'autoroute A4
un incendie	hier soir	dans une galerie d'art
un violent orage *(storm)*	vendredi dernier	dans la région de Toulouse
une avalanche	le weekend dernier	dans la forêt d'Amboise
un ouragan *(hurricane)*	la semaine dernière	dans les Alpes
le mariage de l'acteur	l'hiver dernier	à la Martinique
Georges Belhomme	en avril dernier	au zoo de Vincennes

▶ **Un accident a eu lieu ce matin (à deux heures cet après-midi)
sur l'autoroute A4 (dans la forêt d'Amboise).**

2 Créa-dialogue

Avec votre partenaire, choisissez un événement au bas de la page (ou imaginez
un événement original). Composez le dialogue où vous racontez cet événement.

— Quoi de neuf?	
— Devine!	
— Je ne sais pas! Qu'est-ce qui est arrivé?	• *Use another expression.*
— J'ai rencontré le président!	• *Imagine a different event.*
— Tu plaisantes! Quand?	• *Use another expression of surprise.*
— Ce matin.	• *Mention another time.*
— Où étais-tu?	
— Je me trouvais à l'aéroport.	• *Mention another place.*
— Qu'est-ce que tu as fait alors?	
— J'ai pris une photo et j'ai demandé un autographe.	• *Mention two things you did.*
— C'est incroyable!	• *Use another expression of surprise.*

Événements

- J'ai rencontré Oprah Winfrey.
- J'ai vu un OVNI *(UFO)*.
- J'ai été témoin d'un cambriolage.
- J'ai assisté à un accident spectaculaire.
- J'ai assisté au mariage de . . .(?)
- J'ai découvert un trésor.

Comment parler de la pluie et du beau temps

Pour le weekend, **la météo** *(weather forecast)* **a prédit:**

| **prédire** *to predict* |

N2

du beau temps
   du soleil *(sun)*
   un ciel *(sky)* **bleu**

des nuages *(clouds)*
de la brume *(mist)*
du brouillard *(fog)*

du mauvais temps
   de la pluie *(rain)*
   du vent *(wind)*

un orage *(thunderstorm)*
une tempête *(storm)*
un ouragan *(hurricane)*

de la neige *(snow)*
une tempête de neige

du verglas *(sheet ice)*

Also: **une averse** shower

Quand il fait beau . . .

Le soleil **brille.**
Le ciel est bleu.

Quand il fait mauvais . . .

Le ciel est **couvert** *(overcast).*
La pluie tombe.

Quand il y a un orage . . .

Le vent **souffle.**
On voit **des éclairs** *(lightning).*
On entend **le tonnerre** *(thunder).*

Quand il fait nuit . . .

Il fait noir.
On voit **la lune** *(moon).*
  et **les étoiles** *(stars).*

Quand il fait froid . . .

La neige **tombe.**
Il y a **de la glace** *(ice).*
Le lac est **gelé** *(frozen).*

| **briller** *to shine* |
| **souffler** *to blow* |
| **il fait noir** *it is dark* |

AUJOURD'HUI	HIER		DEMAIN
il pleut	**il pleuvait**	**il a plu** le matin	**il va pleuvoir**
il neige	**il neigeait**	**il a neigé** à midi	**il va neiger**
il y a un orage	**il y avait un orage**	**il y a eu un orage** dans la nuit	**il va y avoir un orage**

3 Une question de temps

N3

Complétez les phrases en décrivant le temps (ou le moment de la journée).

1. Je mets mes lunettes de soleil quand . . .
2. Je mets mon imperméable quand . . .
3. On peut faire du ski quand . . .
4. On peut voir des éclairs quand . . .
5. On ne voit pas le soleil quand . . .
6. On voit des étoiles quand . . .
7. La visibilité sur la route est mauvaise quand . . .
8. On peut faire du patinage *(go skating)* sur un lac quand . . .

MÉTÉO FRANCE

AUJOURD'HUI À 14 HEURES

⃝	CIEL CLAIR À PEU NUAGEUX	⦀	PLUIES	⩶	BRUMES
	VARIABLE	⦂⦂	AVERSES	⩳	VERGLAS
	TRÈS NUAGEUX À COUVERT	⚡	ORAGES	⊛	NEIGE

VENTS → FAIBLES ⇒ MODÉRÉS ⇛ FORTS ⟹ TEMPÊTE

Conversations libres

Avec votre partenaire, choisissez l'un des sujets suivants. Composez le dialogue correspondant à la situation et jouez-le en classe.

1 Les vacances de printemps

Béatrice passe les vacances de printemps à la Martinique où il fait très, très beau. Xavier les passe au Québec où il fait très, très froid. Les deux cousins se téléphonent et parlent du temps.

Rôles: Béatrice, Xavier

2 Un ouragan

Nous sommes en septembre. Carole, une étudiante française, visite la Floride. Aujourd'hui, il y a un terrible ouragan. Elle téléphone à son père qui veut avoir des détails.

Rôles: Carole, son père

3 Weekend

Votre partenaire et vous, vous avez décidé de passer la journée de samedi ensemble. La météo a prédit un temps incertain. Discutez de ce que vous allez faire suivant le temps.

Rôles: vous, votre partenaire

A. La description d'un événement: le passé composé et l'imparfait

The following sentences tell about an accident.

The sentences on the left give the <u>main facts</u>.

The sentences on the right describe the <u>scene</u> and the <u>background</u>.

MAIN EVENTS	BACKGROUND AND DESCRIPTION
J'**ai vu** un accident.	C'**était** samedi soir. Il **était** 8 heures. Il **pleuvait**. La visibilité **était** mauvaise. J'**allais** à un rendez-vous. Je **voulais** être à l'heure.
Une voiture **est rentrée** dans un arbre.	C'**était** une voiture de sport. Le conducteur **était** un jeune homme blond.
J'**ai téléphoné** à la police qui **est arrivée** immédiatement.	Le jeune homme ne **portait** pas de ceinture de sécurité. Il **était** légèrement blessé.

The PASSÉ COMPOSÉ tells WHAT HAPPENED and narrates the ACTION	The IMPERFECT sets the SCENE and gives the BACKGROUND

It is used to describe:
• SPECIFIC EVENTS
• the ACTIONS which constitute the STORY LINE
	It is used to describe:
	• EXTERNAL CONDITIONS
	   date weather time scenery
	• DESCRIPTIONS OF THE CHARACTERS
	   age physical traits health attitudes
	   appearance clothing feelings intentions
	• BACKGROUND ACTIVITIES
	   what people were doing
	   what was going on

1 Une question de temps

Expliquez logiquement les actions suivantes en décrivant le temps qu'il faisait.

CE QUI EST ARRIVÉ	QUEL TEMPS?
• J'ai glissé.	Il pleut.
• Stéphanie s'est bien bronzée.	Il fait noir.
• Nous avons fait du ski.	Il est gelé.
• Vous avez pris vos imperméables.	Il y a du verglas.
• Patrick a pris sa lampe de poche (*flashlight*).	Il y a de la neige.
• On n'a pas vu le sommet de la montagne.	Il y a des nuages.
• Nous avons fait du patin à glace sur le lac.	Il y a de la brume.
• J'ai entendu l'avion mais je ne l'ai pas vu.	Il y a beaucoup de soleil.

▶ **J'ai glissé parce qu'il y avait du verglas.**

2 Un mauvais témoin

Monsieur Loiseau a été témoin d'un cambriolage samedi dernier. Malheureusement il n'a pas bonne mémoire. Lisez son témoignage *(account)* et rectifiez-le.

Monsieur Loiseau:

«Il était une heure et demie de l'après-midi. Il faisait beau. Il n'y avait pas de voitures dans la rue. Le bandit est sorti par la porte. C'était un homme petit et assez gros. Il avait une barbe noire. Il portait un masque de ski. Il portait un pull. Sa complice l'attendait derrière la banque. C'était une jeune fille brune. Elle avait les cheveux courts et frisés. Elle portait un collier autour du cou. Elle n'avait pas de lunettes. Le bandit et sa complice sont partis en voiture.»

▶ **Mais non! C'est faux! Il n'était pas une heure et demie. Il était trois heures! . . .**

3 Pourquoi?

Demandez à votre partenaire pourquoi il/elle a fait les choses suivantes. Il/elle va répondre avec l'explication suggérée (ou une autre explication de son choix).

▶ aller au café   **— Pourquoi est-ce que tu es allé(e) au café?**
  (j'ai soif)   **— Parce que j'avais soif.**
                      (Parce que je voulais rencontrer mes copains, . . .)

1. aller au restaurant
   (j'ai faim)
2. aller à la plage
   (il fait beau)
3. mettre de la crème anti-solaire
   (il y a du soleil)

4. aller à la disco
   (j'ai envie de danser)
5. rentrer chez toi
   (il est minuit)
6. se dépêcher
   (je veux être à l'heure)

7. téléphoner à ta cousine
   (c'est son anniversaire)
8. prendre de la dramamine
   (j'ai le mal de mer)

4 Une promenade romantique?

Pierre habite à Annecy. L'été dernier, il s'est acheté un bateau. Voilà ce qui lui est arrivé un jour.

C'est samedi. Il est sept heures du soir. Il fait beau. Pierre est chez lui. Il a envie de sortir. Il téléphone à Armelle, sa nouvelle copine. Il lui propose de faire une promenade en bateau sur le lac d'Annecy. Armelle accepte. Pierre prend sa moto et il va chercher Armelle. Il arrive chez elle. Armelle l'attend. Elle porte une belle robe rouge à fleurs et ses nouveaux souliers.°

Pierre et Armelle arrivent au lac. Ils montent dans le bateau de Pierre. Pierre prend sa guitare. Il chante des chansons romantiques. Le ciel est clair. La lune et les étoiles brillent dans le ciel. Armelle écoute Pierre. Elle est très contente.

Tout d'un coup° Pierre fait un mouvement brusque. Il tombe dans l'eau. Armelle perd l'équilibre et tombe dans l'eau aussi. L'eau est très, très froide. Pierre et Armelle nagent jusqu'à la plage. Armelle est trempée° . . . et furieuse. Sa robe et ses nouveaux souliers sont fichus°. Elle demande à Pierre de la raccompagner chez elle. Pauvre Pierre, il n'a pas de chance!

souliers *(shoes)* **tout d'un coup** *(all of a sudden)* **trempée** *(soaked)* **fichus** *(ruined)*

▶ Maintenant, mettez l'histoire au passé.

C'était un samedi pendant les vacances. . . .

5 Faits divers

Vous avez été témoin des faits divers suivants. Votre partenaire va choisir un de ces faits et vous poser des questions comme:

- C'était quand?
- Qu'est-ce que tu faisais?
- Qu'est-ce que tu as vu?
- Où étais-tu?
- Qu'est-ce qui s'est passé?
- Qu'est-ce que tu as fait?

Répondez à ses questions en utilisant votre imagination.

INCENDIE

Un incendie a eu lieu dans la nuit du 5 février aux établissements Dumoulin. Cet incendie, provoqué,° semble-t-il, par un court-circuit, a détruit l'atelier° de constructions mécaniques et a fait deux millions de francs de dégâts.°

provoqué *caused*
atelier *workshop*
dégâts *damages*

N1

ACCIDENT

Un accident de la circulation a eu lieu hier après-midi vers trois heures à l'intersection de la rue Victor Hugo et l'avenue de la République. Une voiture de tourisme, conduite par Monsieur Picard, professeur au lycée Descartes, est entrée en collision avec un camion de l'armée. L'accident, provoqué par la neige, n'a pas fait de victime.

CAMBRIOLAGE

Un cambriolage a eu lieu le weekend dernier dans un magasin d'antiquités de la rue de la Paix. D'après les déclarations de Madame Durand, la propriétaire, les cambrioleurs ont emporté° quelques statues sans valeur mais ont laissé une collection de monnaies° anciennes estimée à un million de francs.

emporter *to carry off, steal*
monnaies *coins*

MARIAGE PRINCIER

Le mariage de la princesse Sophie a été célébré le 15 juin dans la chapelle du château de Rambucourt. La princesse, vêtue de satin blanc, a été accompagnée à l'autel° par son père, l'archiduc Ferdinand.

autel *altar*

6 À votre tour

Racontez un événement de votre vie. Décrivez la scène et les événements principaux. Vous pouvez décrire, par exemple . . .

- un accident
- un mariage
- un événement sportif auquel vous avez participé
- un anniversaire
- une fête familiale
- un concert ou un spectacle

B. L'imparfait et le passé composé dans la même phrase

In describing a past event, we may use both the PASSÉ COMPOSÉ and the IMPERFECT in the same sentence.

SPECIFIC ACTION *(what people did)*	ON-GOING OR PROGRESSIVE ACTION *(what was happening)*
J'**ai vu** un accident . . .	pendant que j'**attendais** le bus.
Le cambrioleur **est entré** . . .	pendant que les voisins **dormaient**.
Quand tu **as téléphoné**, . . .	je **regardais** la télé.
Quand l'orage **a commencé**, . . .	nous **nous promenions**.
J'**ai observé** un oiseau . . .	qui **chantait** dans un arbre.
Tu **as pris** une photo de ton cousin . . .	qui **faisait** de la planche à voile.

N2

The relationship between events and the corresponding choice of the passé composé or the imperfect can be illustrated as follows:

SPECIFIC ACTION — J'**ai vu** un accident — Quand tu **as téléphoné** — J'**ai observé** un oiseau

PROGRESSIVE ACTION — pendant que j'**attendais** le bus. — je **regardais** la télé. — qui **chantait** dans un arbre.

➡ Depending on what action is being described, either the PASSÉ COMPOSÉ or the IMPERFECT may be used after **quand**.

J'ai téléphoné **quand tu regardais** la télé.   *I called **when you were watching** television.*
Je téléphonais **quand tu es parti**.   *I was talking on the phone **when you left**.*

Les expressions de temps

PREPOSITION (+ noun)		
pendant	*during*	Qu'est-ce que tu as fait **pendant** les vacances?
CONJUNCTION		
pendant que	*while*	Qu'est-ce que tu as fait **pendant que** je jouais au golf?
lorsque	*when*	J'ai rencontré Paul **lorsqu**'il travaillait à Paris.
au moment où	*just as*	Je suis arrivé à la gare **au moment où** le train partait.

---

7 **Où étais-tu?**

l'ours /lurs/

Demandez à votre partenaire où il/elle était quand certaines choses sont arrivées. Il/elle va répondre en utilisant l'expression suggérée ou une expression de son choix.

1. • je suis passé(e)
   • au jardin
   • tondre la pelouse

2. • tu as vu l'incendie
   • dans la rue
   • me promener

3. • tu t'es cassé la jambe
   • à la montagne
   • faire de l'alpinisme

4. • tu as vu l'ours *(bear)*
   • à la campagne
   • faire du camping

5. • le cambrioleur est entré
   • dans la salle de bains
   • se laver les cheveux

6. • l'homme s'est noyé
   • à la plage
   • prendre un bain de soleil

Où étais-tu quand j'ai téléphoné?

J'étais dans ma chambre.

Qu'est-ce que tu faisais?

Je dormais.

8 Rencontres de vacances

Décrivez les rencontres suivantes.

▶ à la plage / Thomas / parler à une fille / prendre un bain de soleil

À la plage, Thomas a parlé à une fille qui prenait un bain de soleil.

1. à la montagne / nous / voir des gens / faire de l'escalade
2. pendant l'excursion / Philippe / rencontrer un camarade / se promener dans les bois
3. à la mer / tu / prendre des photos d'un ami / faire de la planche à voile
4. au café / nous / écouter un étudiant / jouer de la guitare
5. au musée / vous / parler à des touristes / visiter la ville
6. dans la rue / Sophie / rencontrer des copains / aller au cinéma

9 Zut alors!

Certaines choses arrivent toujours au mauvais moment. Décrivez ce que les personnes faisaient quand certaines choses sont arrivées.

▶ Je visite la Guadeloupe / quand / il y a un ouragan

Je visitais la Guadeloupe quand il y a eu un ouragan.

1. Philippe regarde les filles / quand / il tombe dans l'eau
2. Mon cousin va à 120 à l'heure / lorsque / la police l'arrête
3. Nous faisons une promenade à pied / quand / l'orage commence
4. Thomas écrit à sa copine / au moment où / le professeur lui pose une question
5. Marc gagne le match de tennis / lorsque / il glisse et se casse le bras
6. Jérôme embrasse *(kisses)* Alice / au moment où / le père d'Alice entre

10 D'autres mésaventures

Décrivez les mésaventures *(mishaps)* suivantes au passé.

1. Nous montons à la Tour Eiffel. Pendant que nous sommes dans l'ascenseur, il y a une panne d'électricité.
2. Caroline et Sandrine font du camping. Pendant qu'elles dorment, un raton-laveur *(raccoon)* mange leurs provisions.
3. Monsieur Malchance monte sur le toit pour réparer l'antenne de télévision. Pendant qu'il la répare, un vent fort souffle et l'échelle *(ladder)* tombe. Monsieur Malchance reste toute la nuit sur le toit.
4. Roméo va sous le balcon de Juliette et lui chante une chanson d'amour. Pendant qu'il chante, le père de Juliette lui jette un seau *(bucket)* d'eau sur la tête.

C. Le passé simple

Like the PASSÉ COMPOSÉ, the PASSÉ SIMPLE is used to describe what people DID, what HAPPENED.

Although you do not need to learn how to write the passé simple, you should be able to recognize its forms since the tense is often used in written narration and literary texts.

Passé simple

Expansion ▶

pp. R32-33

Note the passé simple of regular verbs:

INFINITIVE		parler	finir	répondre
PASSÉ SIMPLE	je	parl**ai**	fin**is**	répond**is**
	tu	parl**as**	fin**is**	répond**is**
	il/elle/on	parl**a**	fin**it**	répond**it**
	nous	parl**âmes**	fin**îmes**	répond**îmes**
	vous	parl**âtes**	fin**îtes**	répond**îtes**
	ils/elles	parl**èrent**	fin**irent**	répond**irent**

N1

➡ For most irregular verbs, the stem of the passé simple is similar to the past participle:

aller (**allé**) → il **alla**   ils **allèrent**   prendre (**pris**) → il **prit**   ils **prirent**

avoir (**eu**) → il **eut**   ils **eurent**   recevoir (**reçu**) → il **reçut**   ils **reçurent**

Note the following common irregular forms:

être → il **fut**   ils **furent**   venir → il **vint**   ils **vinrent**

faire → il **fit**   ils **firent**   voir → il **vit**   ils **virent**

11 **Un peu d'histoire**

Lisez l'histoire d'une exploration importante. Puis, racontez cette histoire à votre partenaire en remplaçant le passé simple par le passé composé.

Jacques Cartier (1491–1557) est l'un des grands explorateurs français. Il naquit à Saint-Malo en 1491. Dans sa jeunesse, il alla au Portugal, au Brésil et probablement dans la région de Terre-Neuve.° En 1534, le roi de France lui donna la mission d'explorer les côtes° de l'Amérique du Nord. Cartier et ses hommes partirent de Saint-Malo le 20 avril et arrivèrent dans la région de Gaspé au Canada le 25 juillet. Cartier descendit à terre, planta une croix dans le sol et prit possession de la région au nom du roi de France. L'expédition revint en France où elle fut reçue en triomphe. Jacques Cartier fit un second voyage en 1535 avec la mission cette fois de chercher de l'or et des pierres précieuses. Il ne trouva pas d'or mais il découvrit un immense fleuve qu'il nomma Saint-Laurent. Cartier remonta le fleuve jusqu'au site d'un village indien, Hochelaga, aujourd'hui Montréal. Les premiers colons français s'installèrent au Canada 70 ans plus tard. C'est ainsi que le Canada devint un territoire français.

Terre-Neuve *(Newfoundland)*   **les côtes** *(coast)*

  TEST

LECTURE

King
Sempé et Goscinny

AVANT DE LIRE

L'histoire suivante est extraite d'un album humoristique intitulé **Les Récrés du petit Nicolas**. Le petit Nicolas est un peu l'équivalent français de «Denis la Menace». C'est un garçon de 6 ou 7 ans. Il est généreux, affectueux, vif d'esprit,° parfois turbulent, mais sans méchanceté.° Il adore ses parents, aime les animaux, et il a toute une bande de copains. Comme à tous les enfants de son âge, il lui arrive parfois° de «faire des bêtises»,° ou bien, très innocemment, de créer des situations plus ou moins embarrassantes pour ses parents, ses voisins ou ses professeurs.

Notez que dans ce récit, c'est le Petit Nicolas qui parle. Les impressions présentées et le style utilisé sont, par conséquent, ceux d'un jeune enfant français.

Les divers albums relatant **N1** les aventures du *Petit Nicolas* sont le produit de la collaboration d'un illustrateur et d'un écrivain. **Jean-Jacques Sempé** (né en 1932), l'illustrateur, a collaboré à de nombreux magazines. Il est aussi le père d'un fils qui s'appelle ... Nicolas. **René Goscinny** (1926-1977), l'écrivain, a créé d'autres personnages très célèbres en France comme *Astérix* et le cow-boy *Lucky Luke*. **N2**

NOTE CULTURELLE

Le jardin public

Les villes françaises ont généralement un **jardin** ou **parc public** où les petits enfants viennent jouer, les personnes âgées se reposer, et les gens de tout âge se promener. Ces jardins publics sont généralement très bien entretenus° et très bien équipés. On y trouve généralement des massifs de fleurs,° des pelouses de gazon,° une pièce d'eau° avec une fontaine, des jeux pour les petits enfants, et des bancs.° Pour maintenir le bon usage de ces jardins, un grand nombre d'activités sont interdites.° Il est interdit, par exemple, de faire de la bicyclette dans les allées, de marcher sur les pelouses, de jouer au frisbee ou au volley, de faire des pique-niques et d'aller à la pêche dans les pièces d'eau.

Les jardins publics sont généralement placés sous la surveillance d'un gardien. Le gardien est souvent un homme âgé (un ancien militaire, par exemple). Il porte un uniforme et une casquette,° del et, pour maintenir l'ordre, il utilise un sifflet.

Anticipons un peu

Pour mieux comprendre une histoire, il est parfois utile de participer indirectement à cette histoire en prenant la place d'un observateur et en essayant d'anticiper ce qui va arriver. Imaginez, par exemple, que vous êtes le frère aîné ou la soeur aînée du petit Nicolas. Vous avez appris que celui-ci est parti faire une promenade avec ses copains dans un endroit où il y a un étang.° Connaissant bien votre petit frère, vous vous doutez bien° qu'il va rapporter quelque créature vivante de cette promenade. Avant de lire l'histoire, essayez de deviner°...

- quel animal le petit Nicolas va rapporter de l'étang
- qu'est-ce qu'il a l'intention de faire avec cet animal
- comment vos parents vont réagir°

---

vif d'esprit *alert* méchanceté = *malice* il lui arrive parfois de *it sometimes happens that he* bêtises = *choses pas très intelligentes* étang *pond* vous vous doutez bien = *vous êtes assez sûr* deviner *guess* réagir *to react* entretenus *maintained* massifs de fleurs *flower beds* gazon *grass* pièce d'eau *pool* banc *bench* interdites *forbidden* casquette *cap*

King

1.

Mes copains et moi, nous avons décidé d'aller à la pêche!

Il y a un square° où nous allons jouer souvent, et dans le square il y a un chouette étang. Et dans l'étang il y a des têtards, et c'est ça que nous avons décidé de pêcher. Les têtards, ce sont de petites bêtes qui grandissent
5 et qui deviennent des grenouilles.

À la maison, j'ai pris un bocal à confitures° vide et je suis allé dans le square, en faisant bien attention que le gardien ne me voie pas. Le gardien du square a une grosse moustache, une canne, et un sifflet à roulette comme celui du papa de Raoul, qui est agent de police.° Le gardien nous
10 gronde° souvent, parce qu'il y a des tas de choses qui sont défendues dans le square: il ne faut pas marcher sur l'herbe, monter aux arbres, arracher les fleurs, faire du vélo, jouer au football, jeter des papiers par terre, et se battre.° Mais on s'amuse bien quand même!

Édouard, Raoul, et Clotaire étaient déjà au bord de l'étang avec leur
15 bocaux. Alceste est arrivé le dernier—il nous a expliqué qu'il n'avait pas trouvé de bocal vide et qu'il avait dû en vider un. Il avait encore plein de° confiture sur la figure, Alceste.

Comme le gardien n'était pas là, on s'est tout de suite mis à pêcher.

C'est très difficile de pêcher des têtards! Il faut se mettre à plat ventre°
20 sur le bord° de l'étang, plonger le bocal dans l'eau, et essayer d'attraper les têtards qui bougent et qui n'ont pas du tout envie d'entrer dans les bocaux. Le premier qui a eu un têtard, c'était Clotaire, et il était tout fier, parce qu'il n'est pas habitué° à être le premier en quoi que ce soit.°

Et puis, à la fin, nous avons tous eu notre têtard. C'est-à-dire
25 qu'Alceste n'a pas réussi à en pêcher un, mais Raoul, qui est un pêcheur formidable, en avait deux dans son bocal, et il a donné le plus petit à Alceste.

— Et qu'est-ce qu'on va faire avec nos têtards? a demandé Clotaire.

square = jardin public **confitures** *jam* **un agent de police** *policeman* **gronde** *scolds* **se battre** *to fight* **plein de** = beaucoup de
se mettre à plat ventre *lie down on your stomach* **bord** *edge* **habitué à** *accustomed, used to* **quoi que ce soit** *whatever it is*

— Ben, a répondu Raoul, on va les emmener chez nous, on va attendre
30 qu'ils grandissent et qu'ils deviennent des grenouilles, et on va faire des
courses. Ce sera rigolo.

— Et puis, a dit Édouard, les grenouilles, c'est pratique, ça monte sur
une petite échelle et ça vous dit le temps qu'il fera!

— Et puis, a dit Alceste, les cuisses de grenouilles, avec de l'ail, c'est
35 très, très bon!

Et Alceste a regardé son têtard, en se passant la langue° sur les lèvres.

langue *tongue*

NOTE CULTURELLE   N1

Les grenouilles sont des animaux très communs en France.
On les trouve un peu partout: dans les étangs, dans
les lacs, dans les rivières. Les grenouilles font partie
du folklore français.

• Les grenouilles et la météo.

D'après le folklore, on peut
prédire le temps en observant les
grenouilles. Si les grenouilles restent
dans l'eau, il va faire beau. Si les
grenouilles sortent de leur étang
pour chercher un terrain sec,° il
va pleuvoir. Autrefois, on mettait
une grenouille dans un grand
bocal avec de l'eau et une petite
échelle. Si la grenouille montait à
l'échelle, c'était un signe d'orage.

• La course de grenouilles.

Traditionnellement, à la campagne, les enfants
attrapaient des grenouilles et organisaient des courses
pour voir laquelle irait le plus vite.

• Les cuisses de grenouilles.

Contrairement à ce que pensent
beaucoup d'Américains, les cuisses
de grenouilles ne sont pas un plat
typiquement français. En fait,
pratiquement aucun° restaurant français ne sert ce plat.

sec *dry*   **aucun** *no*

Avez-vous compris?

1. Qu'est-ce que c'est qu'un têtard?
2. En quoi consiste le travail du gardien du square?
3. Comment Nicolas et ses copains ont-ils attrapé les têtards?
4. Qu'est-ce qu'Alceste a fait pour obtenir un bocal vide?
5. Comment Alceste a-t-il eu un têtard?
6. Qu'est-ce que les enfants veulent faire avec leurs têtards?

Anticipons un peu

Quelle va être la réaction de la mère du petit Nicolas quand elle va voir le têtard?

• Elle va être heureuse que son fils s'intéresse à la nature.
• Elle va acheter un aquarium pour le têtard.
• Elle va demander à son fils de se débarrasser de *(to get rid of)* cet animal immédiatement.
• Elle va se débarrasser elle-même de l'animal.
• Autre possibilité?

2.

Et puis nous sommes partis en courant parce que nous avons vu le gardien du square qui arrivait. Dans la rue, en marchant, je voyais mon têtard dans le bocal, et il était très chouette. Il bougeait° beaucoup, et j'étais
40 sûr qu'il deviendrait une grenouille formidable, qui allait gagner toutes les courses. J'ai décidé de l'appeler King; c'est le nom d'un cheval blanc que j'ai vu jeudi dernier dans un film de cow-boys. C'était un cheval qui courait très vite et qui venait quand son cow-boy le sifflait. Moi, je lui apprendrai à faire des tours, à mon têtard, et quand il sera grenouille, il viendra quand je
45 le sifflerai.

Quand je suis entré dans la maison. Maman m'a regardé et elle s'est mise à pousser des cris: «Mais regarde-moi dans quel état tu t'es mis! Tu as de la boue° partout, tu es trempé comme une soupe! Qu'est-ce que tu as encore fabriqué?»
50 C'est vrai que je n'étais pas très propre, surtout que j'avais oublié de rouler° les manches° de ma chemise quand j'avais mis mes bras dans l'étang.

— Et ce bocal? a demandé Maman, qu'est-ce qu'il y a dans ce bocal?

— C'est King, j'ai dit à Maman en lui montrant mon têtard. Il va
55 devenir grenouille, il viendra quand je le sifflerai, il nous dira le temps qu'il fait, et il va gagner des courses!

Maman a fait une tête avec le nez tout chiffonné.°

— Quelle horreur! a crié Maman. Combien de fois faut-il que je te dise de ne pas apporter des saletés° dans la maison?
60 — Ce n'est pas des saletés, j'ai dit, c'est propre comme tout, c'est tout le temps° dans l'eau, et je vais lui apprendre à faire des tours!

— Eh bien, voilà ton père, a dit Maman; nous allons voir ce qu'il en dit!

Et quand Papa a vu le bocal, il a dit: «Tiens! C'est un têtard.» Et il est
65 allé s'asseoir dans le fauteuil pour lire son journal. Maman était toute fâchée.

— C'est tout ce que tu trouves à dire? elle a demandé à Papa. Je ne veux pas que cet enfant ramène toutes sortes de sales bêtes à la maison!

— Bah! a dit Papa, un têtard, ce n'est pas bien gênant…

bougeait *was moving around* **boue** *mud* **rouler** *to roll up* **manches** *sleeves* **chiffonné** *wrinkled* **une saleté** *something gross, dirty* **tout le temps** = *toujours*

Mots utiles

faire des tours	to do tricks
pousser des cris	to scream
prévenir *	to warn
ramener	to bring back
siffler	to whistle
fâché	upset
gênant	bothersome
parfait	perfect
propre ≠ sale	clean ≠ dirty, nasty
trempé	soaking wet
partout	everywhere
puisque	since

Langage familier

fabriquer = faire

Avez-vous compris?

1. Pourquoi les enfants ont-ils quitté l'étang en courant?
2. Quel nom le petit Nicolas a-t-il donné à son têtard et pourquoi?
3. Dans quel état le petit Nicolas est-il rentré chez lui?
4. Quelle a été la réaction de sa mère quand elle a vu le bocal?
5. Quelle a été la réaction de son père?

Anticipons un peu

D'après vous, que va faire le père du petit Nicolas pour résoudre le conflit?

3.

70 Eh bien, parfait, a dit Maman, parfait! Puisque je ne compte pas, je ne dis plus rien. Mais je vous préviens, c'est le têtard ou moi!

Et Maman est partie dans la cuisine.

Papa a poussé un gros soupir° et il a plié son journal.

— Je crois que nous n'avons pas le choix, Nicolas, il m'a dit. Il va falloir se débarrasser de cette bestiole.°

Moi, je me suis mis à pleurer. J'ai dit que je ne voulais pas qu'on fasse du mal à King, et que nous étions déjà copains tous les deux. Papa m'a pris dans ses bras.

— Ecoute, mon petit bonhomme,° il m'a dit. Tu sais que ce petit 75 têtard a une maman grenouille. Et la maman grenouille doit avoir beaucoup de peine d'avoir perdu son enfant. Maman ne serait pas contente si on t'emmenait dans un bocal. Pour les grenouilles, c'est la même chose. Alors, tu sais ce qu'on va faire? Nous allons partir tous les deux et nous allons remettre le têtard où tu l'as pris, et puis tous les dimanches tu 80 pourras aller le voir. Et en revenant à la maison, je t'achèterai une tablette° de chocolat.

Moi, j'ai réfléchi un moment, et j'ai dit: «Bon, d'accord.»

Alors, Papa est allé dans la cuisine et il a dit à Maman, en riant, que nous avions décidé de la garder, et de nous débarrasser du têtard.

85 Maman a ri aussi. Elle m'a embrassé et elle a dit que pour ce soir elle ferait un gâteau. J'étais très consolé.

Quand nous sommes arrivés dans le jardin, j'ai conduit Papa, qui tenait le bocal, vers le bord de l'étang. J'ai dit: «C'est là.» Alors, j'ai dit au revoir à King, et Papa a versé dans l'étang tout ce qu'il y avait dans le bocal.

90 Et puis nous nous sommes retournés pour partir et nous avons vu le gardien du square qui sortait de derrière un arbre avec des yeux ronds.

— Je ne sais pas si vous êtes tous fous, ou si c'est moi qui le deviens, a dit le gardien, mais vous êtes le septième bonhomme, y compris° un agent de police, qui vient aujourd'hui jeter le contenu d'un bocal d'eau à cet 95 endroit précis° de l'étang.

a poussé un gros soupir *let out a large sigh* **une bestiole** = une petite bête
bonhomme = homme   **tablette** *bar*   **y compris** *including*   **cet endroit précis** *this very spot*

Mots utiles

avoir de la peine	= être triste
conduire *	to lead
se débarrasser	to get rid of
faire du mal à	to hurt
plier	to fold (up)
réfléchir	to think things over
rire *	to laugh
tenir *	to hold
verser	to pour
fou (folle)	crazy
vers	toward

Avez-vous compris?

1. Qu'est-ce que le père du petit Nicolas explique à son fils?
2. Quelle est la première réaction du petit Nicolas?
3. Quels arguments le père utilise-t-il pour convaincre son fils de remettre le têtard dans l'étang?
4. Que fait la mère lorsqu'elle apprend la bonne nouvelle?
5. Qu'est-ce que le gardien du square a vu? Pourquoi pense-t-il que ces gens sont fous?

EXPRESSION ORALE

■ Expérience personnelle

Quand vous étiez petit(e), avez-vous trouvé un jour un animal que vous avez voulu apporter à la maison? Décrivez ce qui est arrivé. Par exemple . . .

- Quel animal était-ce?
- Où l'avez-vous trouvé?
- Quelle a été la réaction de votre père/mère?
- Qu'est-ce que vous avez fait de l'animal? Est-ce que vous l'avez gardé? Sinon, qu'est-ce que vous avez fait de lui?

■ Situations

N1

Avec votre partenaire, choisissez l'une des situations suivantes. Composez le dialogue correspondant et jouez-le en classe.

---

1 Au marché

Au marché, la mère du petit Nicolas rencontre la mère d'Alceste. Elles parlent de ce que leurs enfants ont fait hier et quelles ont été leurs réactions.

Rôles: la mère de Nicolas, la mère d'Alceste

---

2 Au café

Le père du petit Nicolas et le père de Raoul se rencontrent au café et parlent de ce qui s'est passé. Ils décrivent…
- ce que leurs enfants ont fait
- comment leurs épouses ont réagi *(reacted)*
- comment le problème a été résolu *(solved)*

Rôles: le père de Nicolas, le père de Raoul

EXPRESSION ÉCRITE

■ Le sens de l'humour

Les Récrés du petit Nicolas sont un livre humoristique. Décrivez deux ou trois scènes ou situations qui vous paraissent humoristiques dans le récit que vous avez lu et expliquez pourquoi vous les trouvez drôles.

■ Une lettre

N3

La mère du petit Nicolas écrit une lettre à sa soeur. Elle lui explique ce qui s'est passé hier.

■ Le rapport du gardien

Le gardien écrit un rapport sur ce qu'il a vu hier dans le square. Il décrit . . .
- où il était
- ce qu'il faisait
- ce qu'il a vu
- pourquoi c'était bizarre

—> **Hier, j'ai été témoin de quelque chose de bizarre. . . .**

INTERLUDE CULTUREL

■ *Les dates*   ■ *Les événements*

La Renaissance

- 1453 Fin de la Guerre de Cent Ans

- 1515

Règne de François Ier

- 1547

- 1589

Règne d'Henri IV

- 1610

Règne de Louis XIII

- 1643

Règne de Louis XIV

Le Grand Siècle

- 1715 Mort de Louis XIV

La Renaissance (1500-1570)

La cour de François Ier

Après la Guerre de Cent Ans et la reconquête de son territoire, la France est finalement en paix. La période qui commence s'appelle la «**Renaissance**», c'est-à-dire le renouvellement. C'est une période de grande activité artistique et culturelle. C'est à cette époque que les rois de France ont habité en Touraine où ils ont construit de magnifiques châteaux: **Chenonceaux**, **Amboise**, **Chambord**.

Le château de Chambord est immense, avec plus de 400 pièces et 365 cheminées.

Le Grand Siècle (1643-1715)

Le Grand Siècle, c'est le siècle de **Louis XIV**, ou «**Roi-Soleil**». C'est aussi la période la plus brillante de l'histoire de France. Louis XIV est devenu roi à l'âge de cinq ans et il a régné sur la France pendant 72 ans. Pendant son règne, il a encouragé les arts et les sciences. Il a créé des académies de peinture, de sculpture, de sciences, d'architecture. Avec Louis XIV, le prestige de la culture française s'est répandu° dans toute l'Europe. Mais Louis XIV était aussi un roi autoritaire et ambitieux. De son château de **Versailles** il exerçait un pouvoir absolu sur le reste du pays. C'est lui qui a dit: «L'État, c'est moi!» Louis XIV a engagé la France dans de nombreuses guerres qui ont fini par ruiner le pays.

Louis XIV à la guerre

s'est répandu spread

■ *Les personnes*

Léonard de Vinci *la «Joconde»*

François Ier et Mona Lisa

Jean Clouet *«François Ier*

Le roi **François Ier** (1494-1547) était très grand, très beau et très athlétique. Il aimait tous les sports de son époque, et en particulier le jeu de paume, l'ancêtre du tennis actuel. Sa grande passion était la chasse° qu'il pratiquait dans les forêts de ses châteaux de **Chambord** et **d'Amboise.**

C'était aussi un esprit fin° et cultivé qui aimait la musique, les arts et les lettres. Il a fait venir° dans son château d'Amboise le grand artiste italien **Léonard de Vinci** à qui il a acheté la **«Joconde»** ou «Mona Lisa», aujourd'hui le portrait le plus célèbre du monde.

La vie de cour sous François Ier

Louis XIV et sa cour

La cour de Louis XIV à Versailles

Louis XIV (1638-1715) a longtemps vécu au château de **Versailles**. Il a construit ce château non seulement pour son plaisir, mais pour attirer les nobles du pays. C'était une façon de les contrôler et de les empêcher° de se révolter contre lui. Trois mille personnes vivaient au château de Versailles.

Louis XIV

À la cour de Louis XIV, tout était organisé autour de la personne du roi. Les événements de sa vie quotidienne° étaient des cérémonies officielles, réglées par° une étiquette très stricte. C'était un privilège d'assister au lever, au dîner, au souper, au coucher du roi. Seuls les grands seigneurs° étaient invités.

Patron des arts et des lettres, Louis XIV s'intéressait personnellement à la musique, au théâtre et surtout au ballet. Parfois, il participait lui-même aux représentations. Un jour, il a paru sur scène déguisé en soleil, d'où son nom de **«Roi-Soleil»**. Ce nom est avant tout° symbolique. Louis XIV brillait sur sa cour, sur la France et sur le monde. Il se considérait vraiment comme le centre de l'univers.

la chasse *hunting* **fin** *refined* **fait venir** *brought* **empêcher** *to prevent* **quotidienne** *daily*
réglées par *structured according to* **seigneurs** = *nobles* **avant tout** *above all*

N2

▪ *Cyrano de Bergerac* ▪

☞ In conjunction with this reading, students should b encouraged to see Rappenau's movie version Cyrano de Bergerac which available on videocassette the film is used in class, y will want to focus on those scenes where the dialogu clear and understandable, and view rapidly (or skip) those passages which are well above the students' linguistic level.

Cyrano de Bergerac a vraiment existé. Il a vécu à l'époque de **Louis XIV**. C'était un soldat et un écrivain qui a laissé° un curieux roman de science-fiction où il décrit un voyage dans la lune. Ce personnage historique serait cependant resté dans une tranquille obscurité s'il n'avait pas été transformé en héros de légende et immortalisé dans une comédie célèbre du 19ᵉ siècle.

Cette comédie, intitulée *Cyrano de Bergerac*, écrite il y a cent ans par Edmond Rostand, a connu un très grand succès à son époque. Depuis, elle a été mise en musique, adaptée à l'écran,° et maintes° fois transformée et parodiée.* Le dernier film en date, dans lequel l'acteur Gérard Depardieu joue le rôle principal, est une reproduction assez fidèle° de la pièce originale.

Cyrano de Bergerac est essentiellement une histoire d'amour, basée sur un gigantesque quiproquo° tragico-comique. **Cyrano** aime **Roxane** qui aime un autre homme, **Christian**. Mais si Roxane a d'abord été attirée° par la beauté physique de Christian, c'est pour la beauté de sa poésie qu'elle l'aime vraiment. Or, cette poésie n'est pas celle de Christian, mais celle de l'infortuné Cyrano.

Cyrano, le héros de l'histoire, est un vaillant soldat du régiment des Cadets de Gascogne. Il est brave, courageux, téméraire° à l'extrême. C'est aussi un poète à l'âme tendre.° Il est bon, loyal, généreux, intelligent, spirituel,° sensible et il écrit de magnifiques vers. Il a toutes les qualités possibles sauf une: il n'est pas beau.

Cyrano est en effet affligé d'une infirmité incurable: Il a un nez monstrueusement long. Cette infirmité le rend très susceptible° auprès° des hommes, et très timide auprès des femmes. Personne en sa présence ne peut mentionner le mot «nez». Cyrano est secrètement amoureux de sa cousine Roxane, mais il sait qu'il n'a aucune chance, précisément à cause de cet immense nez qui le défigure. . .

* Une parodie classique est le film américain *Roxanne* où Steve Martin joue le rôle d'un pompier (*fireman*) amoureux.

Documents: «Cyrano de Bergerac»

Le film Cyrano de Bergerac (1990) reproduit fidèlement la pièce de théâtre.

L'action de la pièce se passe dans la France du 17ᵉ siècle. Dans la première scène, une foule° se presse° pour assister à un spectacle de **Montfleury**, comédien en vogue, mais ennemi de Cyrano. Dans cette foule, on reconnaît tous les personnages principaux de l'histoire, et d'abord **Roxane**. Elle est belle, coquette, romanesque et éprise° de poésie. Tous les hommes sont amoureux d'elle. Ce jour-là, elle est accompagnée de **de Guiche**, un seigneur noble et puissant° qui lui fait la cour.°

[1]

---

laissé *left* **écran** *screen* **maintes** = plusieurs **fidèle** *faithful* **quiproquo** *misunderstanding* **attirée** *attracted* **téméraire** *bold*
à l'âme tendre *with a soft heart* **spirituel** *witty* **susceptible** *touchy* **auprès de** = avec **foule** *crowd* **se presse** *hurries* **éprise** *enamoured*
puissant *powerful* **lui fait la cour** *is courting her*

Mais Roxane pense secrètement à un jeune homme qu'elle a aperçu un jour et dont elle est tombée secrètement amoureuse. C'est le beau **Christian**, qui, lui aussi, est dans la foule à la recherche de Roxane. Le public s'impatiente.

On attend Montfleury, mais on attend aussi **Cyrano** qui a promis de lancer un défi° à Montfleury. Montfleury entre en scène. Est-ce que Cyrano viendra? Oui, il arrive! D'une voix éclatante,° il ridiculise Montfleury et le chasse de scène.

Tous les spectateurs ne sont pas contents de l'interruption du spectacle, en particulier de Guiche et son neveu Valvert. Celui-ci va défier Cyrano en lui disant «Monsieur, vous avez un grand nez». Stimulé par cette insulte suprême, Cyrano se lance alors dans la fameuse tirade où il fait l'éloge de son appendice nasal. Puis, il traite Valvert de sot° et engage celui-ci dans un duel, tout en composant des vers. Tout cela se passe sous les yeux de la belle Roxane, très fière de la bravoure et de l'intelligence de son cousin.

Après le duel, Cyrano va accompagner un ami chez lui. Il tombe dans une embuscade° d'où il sort victorieux à un contre cent. L'histoire de cet exploit fait le tour° de la ville et Cyrano devient le héros du jour. Entre-temps°, Roxane lui a envoyé sa dame de compagnie° pour lui demander un rendez-vous.

Intimidé, mais reprenant espoir,° Cyrano va au rendez-vous. Après un long préambule où elle évoque leur enfance passée ensemble et leur longue amitié, Roxane déclare son amour pour . . . Le visage de Cyrano s'illumine.° Pour lui? Hélas, non! Ce n'est pas lui que Roxane aime, mais le beau Christian. Oui, c'est lui qu'elle aime et si elle est venue voir Cyrano, c'est pour lui demander de prendre Christian sous sa protection. Celui-ci va, en effet, entrer au régiment des Cadets de Gascogne, le régiment de Cyrano.

Roxane

1

2   Christian

3   Le spectacle a commencé et Cyrano vient d'arriver. En présence de sa cousine Roxane, Cyrano s'adresse à son ennemi, le comédien Montfleury, et le ridiculise.

4   La querelle oratoire entre Valvert et Cyrano s'est transformée en duel. Pendant le duel, Cyrano se moque de son adversaire, tout en composant des vers.

lancer un défi to challenge   **éclatante** very loud   **sot** = stupide   **embuscade** ambush   **fait le tour** goes around   **entre-temps** = pendant ce temps
dame de compagnie lady-in-waiting   **espoir** hope   **s'illumine** brightens

Cyrano promet de protéger Christian, mais c'est déçu° et triste qu'il va rejoindre ses compagnons d'armes. Tout le monde le salue en héros. Cyrano, trop peiné,° ne fait pas attention. Soudain, Christian, la nouvelle recrue du régiment, entre dans la salle d'armes.° Ne connaissant pas Cyrano, il se moque de lui, répétant sans cesse le mot «nez». L'assistance° est pétrifiée! Que va-t-il se passer? Est-ce que Cyrano va

[5] tuer° Christian? Non! Fidèle° à la promesse faite à Roxane, Cyrano traite son rival en ami et en frère.

[6] Dès lors,° Cyrano va assister Christian dans toutes ses démarches amoureuses° auprès de Roxane. Christian avoue° qu'il est sot, qu'il n'a pas d'éloquence, qu'il ne sait pas parler aux femmes. Que cela ne tienne!° C'est Cyrano qui sera sa voix, son porte-parole.° C'est lui qui écrira à Roxane les lettres d'amour que Christian ne sait pas écrire. L'inspiration lui est facile puisque,° lui aussi, il aime éperdument° Roxane.

Les lettres de Cyrano, signées Christian, enflamment de plus en plus le coeur de Roxane qui consent à accorder° un rendez-vous au beau Christian. Celui-ci va seul au rendez-vous, mais sans l'éloquence de Cyrano, il ne dit que des banalités. Roxane, qui s'attendait° à des torrents de déclamations lyriques, est déçue et renvoie° le jeune homme.

[7] Christian obtient un nouveau rendez-vous, mais cette fois, avec l'assistance de Cyrano, qui lui souffle° chaque mot de sa déclaration d'amour, il réussit à conquérir Roxane dans la célèbre scène du balcon. Au cours de° cette scène, Christian monte au balcon de Roxane, entre chez elle où les deux amants sont mariés par un prêtre envoyé par de Guiche, toujours° amoureux de Roxane.

De Guiche arrive lui-même chez Roxane où il apprend le mariage. Furieux et jaloux, il annonce qu'il vient d'être nommé commandant de l'armée française chargée de déloger les Espagnols de la ville d'Arras. Il décide d'y envoyer sur le champ° le régiment des Cadets de Gascogne, séparant ainsi Christian de sa nouvelle femme.

L'action change de lieu.° Nous sommes maintenant à Arras où le régiment de Christian et de Cyrano est cantonné.° La guerre a mal tourné pour les Français. Assiégés par les Espagnols, les fougueux° soldats de Gascogne meurent de faim.° Cyrano veut tenir la promesse qu'il a faite à Roxane. Chaque jour, elle reçoit une lettre de Christian. En réalité, c'est toujours Cyrano qui lui écrit, évidemment à l'insu de° son ami, des billets° d'un lyrisme magnifique.

Dans le camp français, la situation est maintenant désespérée. Sur les ordres de de Guiche, le régiment de Gascogne doit être sacrifié. Cyrano écrit à Roxane une dernière lettre d'adieu, toujours signée du nom de Christian. Entre-temps, émue° par l'intensité des

[8] lettres poétiques de son mari, Roxane décide de tout risquer pour le rejoindre à Arras. Elle traverse° les lignes espagnoles et arrive dans le camp quelques heures avant la bataille finale. En présence de Cyrano, elle avoue à Christian que ce n'est plus pour sa beauté qu'elle l'aime, mais pour sa poésie, et qu'elle l'aimerait même s'il était laid.° Déconcerté par cet aveu,° Christian part à l'assaut. Au cours de l'engagement,° il est blessé. Il meurt, réconforté par l'amour de Roxane et l'amitié de Cyrano. La bataille finale a lieu. Pendant cette bataille, Cyrano et de Guiche combattent

[9] héroïquement. Christian est mort, mais sa femme et ses amis sont sauvés.

Quinze ans ont passé. Roxane a pris le deuil° de Christian et s'est retirée dans un couvent. Là, elle reçoit régulièrement la visite de ses deux amis, de Guiche, devenu duc et maréchal de France, et Cyrano, pauvre, mais toujours aussi fier.° Un jour, celui-ci arrive

[10] en retard au rendez-vous. Il a été blessé dans une embuscade tendue par ses ennemis et il va mourir.

Ce jour-là, Roxane comprend enfin que c'est bien lui l'auteur des merveilleuses lettres d'amour qu'elle recevait de Christian. Cyrano meurt dans ses bras, finalement aimé par celle qu'il avait aimée toute sa vie.

---

déçu *disappointed*   **peiné** *in pain*   **salle d'armes** *fencing hall*   **l'assistance** = *les personnes dans la salle*   **tuer** *to kill*   **fidèle** *faithful*
dès lors *from then on*   **démarches amoureuses** *steps in his courtship*   **avoue** = *admet*   **que cela ne tienne** *that won't matter*
porte-parole *spokesperson*   **puisque** *since*   **éperdument** *madly*   **accorder** *to grant*   **s'attendait à** *was expecting*   **renvoie** *sends away*
souffle *prompts*   **au cour de** = *pendant*   **toujours** *still*   **sur le champ** = *immédiatement*   **lieu** *location*   **cantonné** *quartered*   **fougueux** = *braves*
meurent de faim *dying of starvation*   **à l'insu de** *without the knowledge of*   **billets** = *lettres*   **émue** *moved*   **traverse** *crosses*   **laid** *ugly*   **aveu** *admission*
au cours de l'engagement = *pendant la bataille*   **blessé** *wounded*   **a pris le deuil de** *is in mourning for*   **fier** *proud*

5 Dans la salle d'armes du régiment, Cyrano fait connaissance de son rival Christian qu'il a promis de protéger.

6 Cyrano et Christian deviennent amis. Malgré lui, Cyrano va aider Christian à gagner le coeur de Roxane.

7 Émue par la poésie des lettres signées Christian, mais écrites en réalité par Cyrano, Roxane a donné rendez-vous à Christian sous son balcon. C'est Christian qui parle, mais c'est Cyrano qui exprime son amour pour elle.

8 Roxane arrive devant Arras avec un chariot de vivres (food) pour les Français assiégés. Elle traverse les lignes espagnoles avec Christian et Cyrano.

9 Christian est mort héroïquement. Ses amis Cyrano et Ragueneau emmènent sa femme loin du champ de bataille.

10 Bien des années ont passé. Un jour, Cyrano arrive en retard à son rendez-vous habituel avec Roxane. Blessé, il va mourir, mais avant, Roxane apprendra enfin son secret.

Le corbeau et le renard

À l'école, tous les jeunes Français apprennent par coeur les fables de La Fontaine. Leur auteur est l'un des écrivains les plus célèbres du siècle de Louis XIV. À travers° ses portraits d'animaux, **Jean de La Fontaine** (1621-1695) voulait critiquer les défauts de ses contemporains. La morale de ses fables est en réalité éternelle.

La fameuse fable *Le corbeau et le renard*° s'adresse aux gens qui ont besoin d'être admirés.

Le corbeau et le renard N1

Maître Corbeau, sur un arbre perché,
   Tenait° en son bec un fromage.
Maître Renard, par l'odeur alléché,°
   Lui tint à peu près ce langage:°
    «Hé! bonjour, Monsieur du Corbeau,
Que vous êtes joli! que vous me semblez beau!
    Sans mentir,° si votre ramage°
    Se rapporte° à votre plumage
Vous êtes le phénix° des hôtes de ces bois.
À ces mots, le Corbeau ne se sent pas de joie;°
    Et pour montrer sa belle voix,
Il ouvre un large bec, laisse tomber° sa proie.°
Le Renard s'en saisit,° et dit: «Mon bon Monsieur,
    Apprenez que tout flatteur
   Vit° aux dépens° de celui qui l'écoute:
Cette leçon vaut° bien un fromage, sans doute.»
    Le Corbeau, honteux° et confus,°
Jura,° mais un peu tard, qu'on ne l'y prendrait plus.°

(Fables choisies, Livre I, 1688)

à travers = avec **le corbeau et le renard** *the crow and the fox* **tenait** = avait **alléché** = attiré **lui tint à peu près ce langage** = lui parla ainsi
sans mentir = en vérité **ramage** = chant **se rapporte** = est égal **le phénix** = l'oiseau le plus fabuleux **ne se sent pas de joie** = est transporté de joie
laisse tomber *drops* **proie** = le fromage qu'il a trouvé **s'en saisit** = la prend **vit** *lives* **aux dépens** *at the expense* **vaut** *is worth*
honteux *ashamed* **confus** *upset* **jura** *swore* **on ne l'y prendrait plus** *he wouldn't be taken in again*

■ *L'histoire de France à travers ses châteaux*

Carcassonne

Comme beaucoup de villes médiévales, Carcassonne était entourée de hauts ramparts qui la protégeaient contre d'éventuels envahisseurs.° Elle résista aux Anglais pendant la Guerre de Cent Ans.

Chenonceaux

Le château de Chenonceaux est de pur style Renaissance. Sur ses murs on peut y lire encore des graffiti (en anglais) laissés par les gardes écossais° du roi Henri II.

Angers

Angers était la capitale des Plantagenêts, ducs d'Anjou et futurs rois d'Angleterre. Avec ses grosses tours rondes, le château est un bel exemple d'architecture féodale.

Fontainebleau

Maintes fois transformé, Fontainebleau a servi de résidence à plus de 20 rois de France, parmi lesquels François Ier et Louis XIII, père de Louis XIV. C'est ici que Napoléon a fait ses adieux avant de partir en exil.

Château-Gaillard

Construit en 1196 par Richard Coeur de Lion, Château-Gaillard dominait la Seine et barrait la route entre Paris et Rouen. Dix ans plus tard, le château tomba dans les mains des Français et il n'en reste aujourd'hui que d'imposantes ruines.

Vaux-le-Vicomte

Le château de Vaux-le-Vicomte a été construit par Nicolas Fouquet, surintendant des finances du royaume de France. Un jour, Fouquet eut la mauvaise idée d'y inviter le jeune roi Louis XIV. Celui-ci, jaloux de la richesse de son ministre, le fit emprisonner.

Amboise

Le château d'Amboise est situé sur un rocher qui domine la Loire. Sa grosse tour ronde permettait aux cavaliers° et aux carrosses° d'accéder directement au château. C'est au château d'Amboise que le roi François Ier recevait Léonard de Vinci.

Versailles

Toute la majesté de Louis XIV et la puissance de la France sont exprimées dans la splendeur du château de Versailles et de ses magnifiques jardins. C'est ici que vivait le roi, entouré de milliers de courtisans.

---

envahisseurs *invaders*   **cavaliers** *horsemen*   **carrosses** *horse-drawn carriages*   **écossais** *Scottish*

UNITÉ 4

Aspects de la vie quotidienne

Thème et Objectifs

Culture

In this unit, you will discover . . .

- where to buy various items and obtain various services
- how shopping habits differ in France and the United States

Communication

You will learn how . . .

- to buy stamps and mail letters
- to purchase small items you might need
- to have items fixed or cleaned
- to get a haircut
- to ask for various services

Langue

You will learn how . . .

- to answer questions using one or more pronouns
- to talk about numbers of people and things without specifying exact quantities
- to describe actions that people have others do for them

EN FRANCE, FAITES COMME
les Français!

Il y a beaucoup d'endroits où nous devons aller régulièrement pour répondre aux besoins de la vie quotidienne.° Nous allons au centre commercial pour faire nos achats, au supermarché pour faire les courses, à la poste pour acheter des timbres,° à la banque pour déposer ou retirer° de l'argent. Et de temps en temps, nous allons chez le coiffeur pour nous faire couper les cheveux.° Si les Français font les mêmes choses que les Américains, ils les font parfois un peu différemment.

Un jour vous irez peut-être en France. Voilà quelques conseils pour vivre° «à la française».°

■ Avant de faire votre shopping, consultez le Minitel. Avec le Minitel, vous trouverez les magasins qui vendent ce que vous cherchez. Vous pourrez étudier les catalogues, comparer les prix, et vous découvrirez peut-être des soldes° extraordinaires. Si vous ne voulez pas vous déplacer,° vous pourrez passer° votre commande° directement sur Minitel.

■ Si vous allez au supermarché, n'oubliez pas de prendre de la monnaie.° Pour obtenir° un chariot,° vous devrez, en effet, déposer une pièce de dix francs. Quand vous passerez à la caisse,° n'attendez pas° à ce que la caissière empaquette° vos achats. Vous devrez faire cela vous même. Et si vous voulez récupérer les dix francs que vous avez déposés pour votre chariot, n'oubliez pas de rapporter votre chariot à l'endroit où vous l'avez pris.

■ Si vous préférez un service plus personnalisé, allez chez les petits commerçants du quartier où vous habitez. Là, les prix sont plus élevés°, mais la qualité est souvent meilleure. Et vous pouvez faire la connaissance des gens de votre quartier. Évidemment n'oubliez pas de dire bonjour et au revoir à la marchande et aux clients qui se trouvent dans la boutique. Sinon, vous serez considéré comme une personne mal élevée.

---

quotidienne *daily* **timbres** *stamps* **retirer** *to withdraw* **faire couper les cheveux** *to get a haircut* **vivre** *to live* **«à la française»** = *comme les Français*
soldes *sales* **ne voulez pas vous déplacer** = *quitter votre maison* **passer** = *donner* **commande** *order* **monnaie** *change* **obtenir** *to get*
chariot *cart* **caisse** *check-out* **n'attendez pas** *don't expect* **empaquette** *bag* **élevés** *high* **mal élevée** = *impolie*

■ Si vous allez chez le coiffeur, n'oubliez pas de donner un pourboire° à la personne qui vous a coupé les cheveux, même si vous n'êtes pas très satisfait du résultat. Au cinéma, donnez aussi un pourboire à la personne qui vous accompagne à votre siège.° Mais au café et au restaurant, vous n'êtes pas obligé de laisser de pourboire. Il est compris° dans l'addition.

■ Si vous avez besoin d'une photo d'identité, ne perdez pas votre temps à chercher un photographe. Allez dans un grand magasin. Là vous trouverez un «Photomaton» où vous aurez votre photo en cinq minutes. Dans ce même magasin, vous trouverez aussi d'autres services très pratiques: une photocopieuse, un service de réparation de chaussures, un service de reproduction de clés.°

■ Si vous avez besoin de timbres un jour où la poste est fermée, allez alors dans un bureau de tabac.° Là, vous pourrez acheter des timbres ordinaires, et aussi des télécartes, indispensables si vous voulez téléphoner d'une cabine° publique.

Maintenant vous savez comment vivre en France. C'est simple. Faites comme les Français!

et vous?

DÉFINITIONS

Donnez une définition des mots et expressions suivantes.

- un centre commercial
- une poste
- une banque
- des soldes
- un supermarché
- un chariot
- la caisse
- une télécarte
- un coiffeur
- un pourboire
- l'addition

SITUATIONS

1. Vous habitez en France. Vous faites les courses avec un(e) ami(e) américain(e) qui vous rend visite. Expliquez à votre ami(e) — votre partenaire — les différences entre un supermarché en France et aux États-Unis.

2. Un(e) ami(e) français(e) vous rend visite. Expliquez à votre ami(e) — votre partenaire — dans quelles circonstances on donne un pourboire aux États-Unis.

3. Imaginez que vous allez passer deux ou trois mois en France. Est-ce que vous pourrez vous adapter facilement à la vie quotidienne décrite dans le texte?
- Quels aspects vous semblent pratiques et intéressants?
- Avec quels aspects auriez-vous des difficultés?

pourboire tip **siège** seat **compris** = inclus
bureau de tabac tobacco shop **cabine** booth **clés** keys

AZINE **INFO** MAGAZINE **INFO** MAGAZINE **INFO** MAGAZINE **INFO** MAGAZINE

INFO MAGAZINE INFO MAGAZINE INFO MAGAZINE INFO MAGAZINE INFO MAGAZINE INFO MAGAZINE INFO MAGAZINE INFO MAGAZINE INFO MAGAZI

Scènes de la vie courante

Au supermarché

une touche

la bascule

le ticket

Si on veut utiliser un chariot, il faut payer une caution.° Pour cela, on introduit une pièce dans un petit réceptacle qui se trouve sur le chariot. Celui-ci se débloque° automatiquement. Quand on a fini ses courses, on rapporte le chariot à l'endroit où on l'a trouvé et on récupère ses 10 francs.

Au rayon des fruits et légumes, tout est «self-service». Le client doit peser° les différentes choses qu'il achète. Pour cela, on met chaque produit sur une bascule° automatique et on appuie° sur une touche correspondant à ce produit. La bascule imprime° un ticket qu'on colle° sur le produit.

Chez les petits commerçants

Chez les petits commerçants, le service est plus personnel. En parlant avec les gens, on y apprend les nouvelles du quartier où on habite.

Au café

Partout° en France, il y a des cafés. On va au café non seulement pour prendre une boisson ou un sandwich, mais aussi pour bavarder.°

Pour téléphoner

Signal d'Appel 10 F par mois.

puce

TÉLÉCARTE 50

télécarte, (carte à puce)

Si on veut téléphoner d'une cabine téléphonique, on doit avoir une télécarte. Les télécartes sont des «cartes à puce»° qui permettent de téléphoner pendant un certain nombre de minutes. Créées il y a dix ans seulement, les télécartes sont devenues des objets de collection, comme les timbres.

L'usage des télécartes est très simple! On décroche° le récepteur,° on introduit la télécarte dans l'appareil, et on compose° le numéro. Quand on a terminé son appel, on reprend la carte. Les télécartes s'achètent dans les postes ou dans les bureaux de tabac.

---

caution *deposit* **se débloque** *unlocks* **peser** *to weigh* **bascule** *scale* **appuie** *pushes* **imprime** *prints* **colle** *sticks* **partout** *everywhere*
bavarder *to chat* **puce** *microchip* **décroche** *picks up* **récepteur** *receiver* **compose** *dials*

PARTIE 1

LE FRANÇAIS PRATIQUE

Comment faire des achats

PAPETERIE

À la papeterie

— Vous désirez?

Je voudrais
Pouvez-vous me donner **N1** du papier à lettres.
S'il vous plaît, donnez-moi

— Vous désirez | **quelque chose d'autre** *(something else)*?
              | **autre chose?**

Oui, | **donnez-moi aussi** | un stylo à bille.
     | **j'ai besoin d'**
     | **il me faut** *(I need)*

— **Et avec ça?**
    C'est tout, merci!
    Ça fait combien?
    Combien est-ce que je vous dois?
— **Ça fait 30 francs.**
    Voici 50 francs.
— Et voici **votre monnaie** *(change)*.
    Merci.

Vous désirez?

Pouvez-vous me donner du papier à lettres?

C'est tout?

Oui, c'est tout, merci!

devoir *to owe*

LA POSTE
Boîtes aux lettres

À la poste

— **C'est votre tour** *(it's your turn)*, Mademoiselle.
    Je voudrais **des timbres** *(stamps)* à 3 francs 50.
— **Combien en voulez-vous?**
    Donnez-m'en dix, s'il vous plaît.
— **Voilà. C'est tout?**
    Non, je voudrais aussi . . .

         envoyer | **cette lettre**.
                 | **cette carte postale**.
    N2 | **ce colis** *(package)*.
                 | **ce paquet** *(package)*.
         acheter **des aérogrammes**.
    N3 prendre **mon courrier** *(mail)* **à la poste restante** *(general delivery)*.

C'est votre tour, Mademoiselle.

Je voudrais des timbres à 3 francs 50.

Combien en voulez-vous?

Donnez-m'en dix, s'il vous plaît.

Quelle boutique? Quel rayon (department)?	Quels articles (items)?	Quelles quantités? N4
À la papeterie Au rayon «Papeterie»	**un carnet** (notebook) **un crayon** **un stylo à bille** (ballpoint pen) **du papier, du papier à lettres** **des enveloppes** **de la colle** (glue) **du scotch** (scotch tape) **un trombone** (paper clip) **un élastique** (rubber band)	**un bloc** de papier **un paquet** d'enveloppes **un tube** de colle **un rouleau** de scotch **une boîte** | de trombones d'élastiques
Chez le photographe Au rayon «Photo»	**une pellicule** (film) **en noir et blanc** **une pellicule-couleurs** **des diapos** (slides) **une pile** (battery) N5	**un rouleau** de diapos
À la pharmacie Chez le pharmacien Chez la pharmacienne Au rayon «Produits d'Hygiène»	**du dentifrice** **de l'aspirine, des vitamines** **du shampooing** **de l'eau de toilette** **un coton-tige** (cotton swab) **un mouchoir en papier** (tissue) **de l'ouate** (cotton) **un pansement adhésif** (Band-aid)	**un tube** | de dentifrice d'aspirine **une bouteille** | de shampooing d'eau de toilette **une boîte** | de coton-tiges de mouchoirs **un paquet** | d'ouate de pansements
À la supérette Au rayon «Produits d'entretien» «Produits de maison»	**du savon** **du détergent** **du papier hygiénique** (toilet paper) **du Sopalin** (paper towels) **de la ficelle** (string) N6 **une allumette** (match) **une épingle** (pin) **une épingle de sûreté** (safety pin)	**un paquet** de détergent **un rouleau** | de papier hygiénique de Sopalin **une pelote** (ball) de ficelle **une boîte** | d'allumettes d'épingles N7

1 Votre liste

Vous allez passer les vacances de printemps à la Martinique avec votre partenaire. Chacun va faire une liste de dix articles qu'il va emporter *(take along)* avec lui. Utilisez le tableau qui figure à la page 153.

Puis comparez vos listes:

- Qu'est-ce que vous avez pris de semblable *(similar)*?
- Qu'est-ce que vous avez pris de différent?

2 À la Samaritaine

Vous êtes allé(e) à la Samaritaine, un grand magasin à Paris. Là, vous avez acheté l'un des articles suivants. Dites . . .

- à quel rayon vous êtes passé(e)
- ce que vous avez acheté (nommez l'article)
- deux autres choses que vous avez achetées à ce rayon.

▶ **Je suis passé(e) au rayon «Papeterie». J'ai acheté une boîte de trombones. J'ai aussi acheté . . .**

3 Achats

Un groupe d'étudiants américains visite la France. Ces étudiants passent dans un grand magasin. Déterminez les besoins de chacun. Dites à quel rayon il passe et ce qu'il achète.

▶ Betty veut prendre des photos du groupe.
   Elle passe au rayon «Photo» où elle achète une pellicule-couleurs (un rouleau de diapos).

1. John veut écrire à ses parents.
2. Jim veut laver ses chemises.
3. Elizabeth a perdu sa trousse de toilette *(toilery kit)*.
4. Anne a mal à la tête.
5. Jacqueline a des ampoules *(blisters)* aux pieds.
6. Cindy éternue *(sneezes)* constamment.
7. Alice veut se laver les cheveux.
8. Robert veut faire un paquet qu'il va envoyer à ses parents.

4 À la poste

C'est votre première semaine à Paris. Vous allez à la poste pour certaines choses. Composez le dialogue suivant avec votre partenaire qui va jouer le rôle de l'employé(e) de poste.

Employé(e):	*Say hello.*
Client(e):	Say hello and ask for stamps at 3 francs 50.
Employé(e):	*Ask how many stamps the client wants.*
Client(e):	Mention a number.
Employé(e):	*Ask if that is all.*
Client(e):	Say you need aerograms (give a number) and say that you have something to mail (mention the item: a letter? a postcard? a package?).
Employé(e):	*Determine the price of the items requested and ask the client for the money.*
Client(e):	Pay the postal clerk the sum requested.

5 Créa-dialogue

C'est samedi aujourd'hui et vous avez beaucoup d'achats à faire. Choisissez une boutique où vous allez faire quelques achats. Avec votre partenaire, composez un dialogue pour cette boutique et jouez-le en classe. Votre partenaire va jouer le rôle du vendeur (de la vendeuse).

▶ — Vous désirez, <u>mademoiselle</u>?
— Je voudrais <u>un tube de dentifrice</u>.
— <u>Et avec ça</u>?
— <u>J'ai besoin</u> aussi <u>d'une bouteille de shampooing</u>.
— Voici <u>le dentifrice et le shampooing</u>.
— Merci. <u>C'est combien</u>, s'il vous plaît?
— <u>56 francs</u>.
— Voici <u>cent francs</u>.
— Et voici votre monnaie: <u>44 francs</u>.

- *Use appropriate greeting.*
- *Mention another product.*
- *Use another expression.*
- *Use another expression and name another product.*
- *Give client the items requested.*
- *Use another expression.*
- *Give a price under 100 francs.*
- *Give a bill to cover the amount.*
- *Return the correct change.*

Conversations libres

Avec votre partenaire, choisissez l'une des situations suivantes. Composez le dialogue correspondant et jouez-le en classe.

1 Shopping

Vous êtes un(e) étudiant(e) français(e). Vous venez d'arriver à cette école avec un programme d'échange. Faites une liste de trois ou quatre choses dont vous avez besoin et demandez à votre partenaire où vous pouvez les acheter.

2 Une erreur

Vous êtes allé(e) dans un grand magasin où vous avez acheté plusieurs articles. Quand vous rentrez chez vous, vous vous rendez compte *(realize)* que vous avez pris le sac d'une autre personne. Téléphonez au magasin pour expliquer la situation. L'employé(e) va vous demander ce que vous avez acheté et ce qu'il y a dans le sac que vous avez ramené chez vous.

3 Camping

Ce weekend vous allez faire du camping avec votre partenaire. Pour la préparation de cette expédition, votre partenaire veut acheter toutes sortes d'articles. Vous dites que ce n'est pas nécessaire et vous donnez des raisons *(reasons)*.

N1

A. Révision: Le pronom y

The object pronoun **y** replaces a noun or noun phrases introduced by a preposition of place **(à, en, dans, chez, sur, sous,** etc.)**. It is the equivalent of *there*.

Tu vas **au supermarché?**	Oui, j'y vais.
Tu es passé **chez le pharmacien?**	Non, je n'y suis pas passé.

➡ **Y** is also used to replace **à** + NOUN referring to a THING.

Tu vas participer **au championnat?**   Oui, je vais **y** participer.

> **Verbs used with à**
>
> **jouer à**
> **participer à**
> **croire à**
> **penser à**
> **assister à**
> **faire attention à**

N2

B. Révision: Le pronom en

The object pronoun **en** replaces **du, de la, de l', des, de** + NOUN.
It is the equivalent of *some, any*.

Tu prends **des vitamines?**	Non, je n'**en** prends pas.
Tu as acheté **du dentifrice?**	Oui, j'**en** ai acheté.

➡ **En** is also used to replace:

- the preposition **de** + NOUN
  - Tu viens **de la pharmacie?**   Oui, j'**en** viens.
  - Tu as besoin **de ton stylo à bille?**   Non, je n'**en** ai pas besoin.

- a noun introduced by **un** or **une**
  - Tu as **une guitare?**   Oui, j'**en** ai **une**.

- a noun introduced by a NUMBER
  - Marc a acheté **deux cartes postales**.   Moi, j'**en** ai acheté **trois**.

> **Verbs used with de**
>
> **venir de**
> **parler de**
> **avoir besoin de**
> **avoir envie de**
> **avoir peur de**

N2   **N3**

- **de** + NOUN after an expression of quantity
  - Tu as **beaucoup d'argent?**   Non, je n'**en** ai pas **beaucoup**.
  - Vous voulez **deux kilos d'oranges?**   Oui, j'**en** veux **deux kilos**.
  - **Combien de rouleaux de diapos** as-tu pris?   J'**en** ai pris **un rouleau**.

➡ Note the use of **en** with **il y a** and **donnez-moi**.

Il y a une papeterie dans mon quartier.	Il y **en** a une.
Donnez-moi deux blocs de papier.	Donnez-m'**en** deux.

N4

RAPPEL!

> The pronouns **y** and **en** come BEFORE the verb, except in affirmative commands.
> Compare:
>
> | | | |
> |---|---|---|
> | Tu vas à la papeterie? | Tu **y** vas? | Vas-**y**. |
> | Tu achètes des enveloppes? | Tu **en** achètes? | Achètes-**en**. |

1 La vie de star

Vous interviewez un(e) star de cinéma français(e) sur sa vie. Votre partenaire va vous répondre affirmativement en donnant des précisions et en utilisant **y** ou **en**.

Vous allez souvent au concert?

Oui, j'y vais souvent avec mes amis.

▶ aller souvent au concert? (avec mes amis)

1. aller au cinéma? (de temps en temps)
2. jouer au tennis? (pendant les vacances)
3. faire du jogging? (tous les matins)
4. faire attention à votre santé? (tout le temps)
5. boire de l'eau minérale? (à tous les repas)
6. manger des fruits? (beaucoup)
7. donner des interviews? (de temps en temps)
8. participer au festival de Cannes? (tous les ans)
9. avoir une voiture de sport? (une)
10. avoir des admirateurs? (beaucoup)
11. avoir besoin d'encouragement? (souvent)

2 Les courses

Vous passez les vacances dans un petit village de Normandie. Votre partenaire a fait les courses ce matin. Demandez-lui ce qu'il/elle a acheté.

▶ — **Tu es allé(e) à la papeterie?**
— **Oui, j'y suis allé(e).**
— **Tu as acheté des enveloppes?**
— **Oui, j'en ai acheté un paquet.**

1. • à la poste
   • des timbres
   • vingt

2. • chez le photographe
   • des diapos
   • deux rouleaux

3. • à la pharmacie
   • du shampooing
   • une bouteille

4. • au marché
   • des tomates
   • deux kilos

5. • chez le crémier
   • des oeufs
   • une douzaine

6. • à la boulangerie
   • des croissants
   • six

3 Camping

Maintenant vous allez faire du camping. Votre partenaire vous demande ce qu'il/elle doit prendre. Répondez-lui en lui donnant des quantités. Soyez logique!

Je prends des allumettes?

Oui, prends-en une boîte.

(deux boîtes)

QUOI?
du dentifrice
du détergent
du shampooing
des coton-tiges
de la ficelle
de l'ouate
des pansements
du Sopalin
des allumettes
du papier hygiénique

QUELLE QUANTITÉ?
un paquet
un tube
une boîte
une bouteille
une pelote
un rouleau

C. Expressions indéfinies de quantité

Indefinite expressions of quantity refer to an undetermined number of people or things.

ADJECTIVE (+ NOUN)		PRONOUN	
quelques . . .	some, a few	**quelques-uns** **quelques-unes**	some, a few
une(e) autre . . . **d'autres . . .**	another other, some other	**un(e) autre** **d'autres**	another one others, some others, other ones
plusieurs . . .	several	**plusieurs**	several
certain(e)s . . .	some, several	**certain(e)s**	some, certain ones
la plupart de . . .	most of	**la plupart**	most (of them)

The above expressions of quantity can be used either as subjects or as objects.

ADJECTIVE	PRONOUN
SUBJECT	
Quelques amies sont venues.	**Quelques-unes** sont venues.
Plusieurs lettres sont arrivées ce matin.	**Plusieurs** sont arrivées ce matin.
OBJECT	
J'ai invité **quelques** amis.	J'en ai invité **quelques-uns**.
Nous avons visité **plusieurs** monuments.	Nous en avons visité **plusieurs**.

➡ Note that **en** is used with the indefinite <u>pronouns</u> of quantity when these expressions
are the direct object of the verb.

4 S'il te plaît!

Vous êtes chez votre partenaire. Il/elle vous offre à nouveau certaines choses.
Acceptez-les (ou refusez, en expliquant pourquoi).

▶ une limonade
 — **Tu veux une limonade?**
 — **Oui, donne-m'en une autre,**
  s'il te plaît.
  (Non, merci, je n'ai pas soif.)

1. un hamburger
2. un jus d'orange
3. une part de pizza
4. un sandwich
5. une tasse de café
6. un thé glacé

5 Un après-midi à Montréal

Vous êtes à Montréal avec votre partenaire. Cet après-midi, vous êtes resté(e) à votre hôtel, mais votre partenaire est sorti(e). Demandez-lui ce qu'il/elle a fait.

▶ acheter des souvenirs (quelques-uns)

1. prendre des photos (quelques-unes)
2. écrire des lettres (quelques-unes)
3. envoyer des cartes postales (plusieurs)
4. acheter un guide de la ville (un autre)
5. acheter des CD (plusieurs)
6. rencontrer des jeunes Canadiens (quelques-uns)

Tu as acheté des souvenirs?

Oui, j'en ai acheté quelques-uns.

À chacun son style

Dans notre apparence personnelle, nous sommes tous un peu différents. Chacun peut choisir son style de vêtements, son style de chaussures et son style de coiffure.

Quel style de coiffure demanderiez-vous à votre coiffeur si vous étiez en France? Aimeriez-vous avoir . . .

les cheveux en brosse

les cheveux au carré

une raie sur le côté

un style punk

une frange sur le devant

des tresses très serrées

des mèches

une permanente

PARTIE 2

LE FRANÇAIS PRATIQUE

Au salon de coiffure

Pouvez-vous me couper les cheveux?

Oui, bien sûr.

JORDI COIFFURE

Coiffure Hommes et Dames
Spécialiste des Enfants
Garçons et Filles

20 av de Breteuil
75007 Paris _ _ _ _ _ (1) 45 51 47 05

ZINZIUS ALAIN

Haute Coiffure Création
Visagiste Ouvrier de France 1982

108 av Gambetta
75020 Paris_ _ _ _ _ _ _ _ (1) 40 30 55 57
1 r Paris (face au RER)
94340 Joinville le Pont_ _ _ _ (1) 42 83 86 15

— **C'est votre tour**, monsieur (mademoiselle).

Pouvez-vous **me couper les cheveux**?

Est-ce que vous pouvez me faire | **une coupe de cheveux** (haircut)?
une coupe-brushing (haircut and blow-dry)?
un shampooing?
une permanente?
une mise en pli (set)?   N1

— Comment est-ce que je vous coupe les cheveux?

Dégagez-les	**sur les côtés** (on the sides).
Coupez-les-moi courts	**sur le devant** (in front).
Laissez-les-moi longs	**sur le dessus** (on top).
Ne me les coupez pas trop courts	**derrière** (in back).

dégager to cut back, shorten (hair)

laisser to leave

---

1 **Chez le coiffeur** *(At the hairdresser)* —————————————

Vous êtes dans un salon de coiffure. Votre partenaire va jouer le rôle du coiffeur (de la coiffeuse). Inventez votre dialogue.

Coiffeur(se): *Tell the client that it is his/her turn.*
 Client(e): Ask for a haircut.
Coiffeur(se): *Ask if the client wants something else (for example, a shampoo).*
 Client(e): Accept or refuse politely.
Coiffeur(se): *Ask how the client wants his/her hair cut.*
 Client(e): Tell the hairdresser how to cut your hair.

A. Révision: les pronoms **le**, **la**, **les** and **lui**, **leur**

LE, LA, LES

Le, la, les are direct-object pronouns.
They replace PEOPLE or THINGS.

Tu vois **cette fille** là-bas?	Oui, je **la** vois.
Tu vois **ces maisons**?	Oui, je **les** vois.

➡ Compare the use of **en** and **le, la, les**.

Tu achètes **le journal**?	Oui, je **l'**achète.
Tu achètes **du pain**?	Oui, j'**en** achète.

> **L'accord du participe passé**
> ——————————
> *Pratique* ▶

➡ In the passé composé, the past participle agrees with **le, la, les,** but not with **en**.

Tu as pris **la carte postale**?	Oui, je **l'**ai pri**se**.
Tu as pris **mes photos**?	Oui, je **les** ai pri**ses**.
BUT: Tu as pris **des photos**?	Non, je n'**en** ai pas **pris**.

LUI, LEUR

Lui and **leur** are indirect-object pronouns.
They replace **à** + NOUN designating PEOPLE.

Tu as écrit **à tes cousins**?	Non, je ne **leur** ai pas écrit.

➡ Compare the use of **y** and **lui, leur**.

Tu as répondu **à Pauline**?	Oui, je **lui** ai répondu.
Tu as répondu **à cette lettre**?	Oui, j'**y** ai répondu.

➡ Note that **lui, leur** are not used with **penser**.

Tu penses **à tes amis**?	Oui, je pense **à eux**.

RAPPEL!

Object pronouns always come BEFORE the verb, <u>except</u> in affirmative commands.
Compare:

Je prends ces magazines?	Ne **les** prends pas.	Oui, prends-**les**.
Je téléphone à Christine?	Ne **lui** téléphone pas.	Oui, téléphone-**lui**.

1 Au revoir!

Vous avez visité Genève avec vos amis. C'est bientôt *(soon)* le départ. Dites que vos amis ont fait les choses suivantes en répondant affirmativement aux questions. Utilisez le pronom qui convient (**l', les, lui, leur, en, y**).

▶ Catherine a acheté du parfum?   **Oui, elle en a acheté.**

1. Julien a fait ses valises?
2. Pauline a téléphoné à sa mère?
3. Pierre est allé à l'agence de voyage?
4. Marc et Éric ont acheté leurs billets?
5. Claire a trouvé son passeport?
6. Thomas a pris des photos?
7. Isabelle a acheté des souvenirs?
8. Antoine a dit au revoir à ses amis?
9. Alice a acheté un foulard?
10. Véronique a écrit plusieurs cartes postales?

N3

2 Le weekend dernier

Demandez à votre partenaire s'il/si elle a fait l'une des choses suivantes le weekend dernier. Il/elle va répondre affirmativement ou négativement en utilisant le pronom qui convient (**l', les, lui, leur, en**).

▶ — **Est-ce que tu as écouté de la musique classique le weekend dernier?**
— **Oui, j'en ai écouté. (Non, je n'en ai pas écouté.)**

N4

- lire le journal du dimanche?
- regarder les bandes dessinées?
- acheter des vêtements?
- voir un film?
- voir tes voisins?

- téléphoner à ton copain/ta copine?
- ranger ta chambre?
- écouter de la musique classique?
- écouter du rap?
- faire du jogging?

- écrire à ta cousine?
- rendre visite à tes grands-parents?
- aider tes parents?
- ??

3 Pourquoi pas?

Demandez à votre partenaire s'il/si elle a fait les choses suivantes, et ensuite pourquoi pas. Il/elle va vous répondre avec l'excuse suggérée ou une autre excuse.

N5

▶ inviter Pauline
(elle est trop snob)

— **Tu as invité Pauline?**
— **Non, je ne l'ai pas invitée.**
— **Mais pourquoi est-ce que tu ne l'as pas invitée?**
— **Elle est trop snob.**

1. téléphoner à tes copains
(ils ne sont pas chez eux)
2. laver ta voiture
(elle n'était pas sale)
3. acheter de la limonade
(je n'avais pas soif)
4. faire les courses
(j'ai dîné au restaurant)
5. aller chez le coiffeur
(je n'ai pas les cheveux longs)

6. écrire à Catherine
(j'ai perdu son adresse)
7. prendre des photos
(je n'avais pas mon appareil)
8. finir tes devoirs
(j'avais mal à la tête)
9. tondre la pelouse
(la tondeuse est cassée)
10. aller à la pharmacie
(elle est fermée aujourd'hui)

4 L'assistant(e)

Vous êtes l'assistant(e) du président (de la présidente) d'une compagnie française. Demandez-lui si vous devez faire les choses suivantes. Votre partenaire va répondre affirmativement ou négativement.

▶ téléphoner à Madame Simon (oui)

1. téléphoner à Monsieur Lamy (non)
2. répondre à ces clients (oui)
3. copier ces documents (oui)
4. répondre à cette lettre (non)
5. écrire à Madame Susuki (oui)
6. inviter Monsieur Schmidt (non)
7. passer à la poste (oui)
8. acheter des timbres (oui)

9. envoyer ce chèque (non)
10. aller à la papeterie (oui)
11. commander du papier à lettres (oui)
12. acheter des enveloppes (non)
13. acheter votre billet d'avion (oui)
14. réserver une chambre d'hôtel (oui)
15. confirmer la réservation (non)

Je téléphone à Madame Simon?

Oui, téléphonez-lui!

B. L'ordre des pronoms

Sometimes a sentence may contain <u>two</u> object pronouns. Note the sequence of these pronouns in the following sentences:

DIRECT- AND INDIRECT-OBJECT PRONOUNS

le la les	before	lui leur	Je prête **mon vélo à Alice.**	Je **le lui** prête.	N1
			Tu envoies **cette carte à tes cousins.**	Tu **la leur** envoies.	
			Nous montrons **nos diapos à Éric.**	Nous **les lui** montrons.	

➡ This order is also used in affirmative commands.

Montre **la photo à Catherine.**   Montre-**la-lui.**

me te nous vous	before	le la les	Vous **me** donnez **le journal.**	Vous **me le** donnez.
			Le coiffeur **te** coupe **les cheveux.**	Il **te les** coupe.
			Paul **nous** vend **sa chaîne-stéréo.**	Paul **nous la** vend.
			Sylvie **vous** prête **ses CD.**	Elle **vous les** prête.

➡ Note the order in affirmative commands:

| le la les | before | moi nous | Donne-**moi ton adresse.** | Donne-**la-moi.** |
| | | | Montre-**nous ces photos.** | Montre-**les-nous.** |

OBJECT PRONOUNS AND **Y, EN**

le/la/les lui/leur me/te/nous/vous	before	y en	J'amène **mes amis au concert.**	Je **les y** amène.
			Je donne **des conseils à Marc.**	Je **lui en** donne.
			Alice **me** prête **de l'argent.**	Elle **m'en** prête.
			L'employé **nous** vend **des timbres.**	Il **nous en** vend.

➡ This order is also used in affirmative commands.

Donne **des timbres à Catherine.**   Donne-**lui-en.**
Donne-**moi du papier à lettres.**   Donne-**m'en.**

ALLONS PLUS LOIN

When two pronouns are used with a reflexive verb, the reflexive pronoun always comes first.

Je m'achète des vêtements.   Je **m'en** achète.
Alice s'est coupé les cheveux.   Elle **se les** est coupés.

Comment est ce que je vous les coupe?

5 Conversation

Demandez à votre partenaire s'il/si elle fait les choses suivantes. Il/elle va répondre affirmativement ou négativement.

▶ prêter tes disques à ton copain?

— **Est-ce que tu prêtes tes disques à ton copain?**
— **Oui, je les lui prête. (Non, je ne les lui prête pas.)**

1. prêter de l'argent à tes copains?
2. montrer ton journal *(diary)* à ta copine?
3. montrer tes notes *(grades)* à tes parents?
4. emprunter la tondeuse à tes voisins?
5. demander des conseils à ton prof?
6. donner de l'argent aux pauvres?
7. dire la vérité à tes amis?
8. couper les cheveux à ton petit frère?

6 Échanges

Votre partenaire va vous demander de lui prêter une des choses suivantes. Négociez un échange avec lui/elle. Votre partenaire va accepter ou refuser.

▶ — **Dis, prête-moi <u>ton walkman</u>.**
— **D'accord, je vais te le prêter si tu me prêtes ta bicyclette.**
— **Bon, je vais te la prêter.**
   (Non, je ne veux pas te la prêter.)

7 Oui ou non?

Répondez aux questions suivantes, affirmativement ou négativement. Utilisez les pronoms **lui/leur** et **en**. Soyez logique!

▶ Est-ce qu'on donne de l'aspirine à un malade?
   Oui, on lui en donne.

1. Est-ce qu'on donne des allumettes aux enfants?
2. Est-ce qu'on parle de ses problèmes à ses amis?
3. Est-ce qu'on offre du chocolat à une personne qui est au régime *(on a diet)*?
4. Est-ce qu'on demande des conseils à ses parents?
5. Est-ce qu'on raconte des histoires de fantômes à une personne impressionnable?
6. Est-ce qu'on envoie des cartes de voeux *(season's greetings)* à ses amis?
7. Est-ce qu'on donne un bon pourboire à un serveur désagréable?
8. Est-ce qu'on sert de la viande à un végétarien?
9. Est-ce qu'on écrit des poèmes à une personne qu'on aime?

8 À Paris

Vous travaillez à Paris dans l'un des endroits suivants. Offrez certains services à votre partenaire, qui va accepter. (S'il/si elle refuse, votre partenaire va vous donner une explication.)

▶ — **Je vous apporte le menu?**
— **Oui, apportez-le-moi, s'il vous plaît.**
   (Non, pas maintenant! Je vais attendre un peu.)

AU RESTAURANT
▶ • apporter le menu
• décrire le plat du jour
• donner du pain
• servir du café

CHEZ LE COIFFEUR
• faire un shampooing
• couper les cheveux très courts
• mettre du gel

DANS UN MAGASIN DE DISQUES
• montrer nos nouveaux CD
• faire un paquet
• donner un sac en plastique

À L'HÔTEL
• montrer votre chambre
• monter vos bagages
• préparer votre note *(bill)*
• commander un taxi

Services

Est-ce que vous pouvez réparer ces chaussures?

Oui, bien sûr.

D'ici une semaine.

Quand est-ce que ce sera prêt?

Chez le cordonnier
(At the shoe repair shop)

— Est-ce que vous pouvez | **réparer** ces chaussures?
| **changer les talons** *(heels)*?

| **réparer** *to fix* |

— Quand est-ce que **ce sera prêt** *(when will it be ready)*?

Tout à l'heure! *(In a little while!)*
Dans deux jours.
D'ici une semaine. *(A week from now.)*

Est-ce que vous pouvez enlever cette tache?

Chez le teinturier *(At the cleaners)* **N1**

— Est-ce que vous pouvez | **nettoyer** cette veste?
| **laver** ces chemises?
| **repasser** ce pantalon?
| **enlever cette tache**
| *(spot, stain)*?

| **repasser** *to iron* |
| **enlever** *to remove* |

Oui, mademoiselle.

Chez le photographe

Est-ce que vous pouvez développer ces photos?

— Est-ce que vous pouvez **développer ces photos?**
Est-ce que vous pouvez aussi **réparer mon appareil-photo?**

Oui, quel est le problème?
Qu'est-ce qu'il y a?
Qu'est-ce qui ne marche pas?

Oui, monsieur.

| **marcher** *to work, to function* |

| **est cassé.**
Le flash | **ne fonctionne pas.**
| **ne marche pas.**

La pile est **usée** *(worn out)*.

le flash
le téléobjectif
le bouton
la lentille
l'objectif
le filtre

1 Réparations

Vous avez un objet à réparer et vous allez chez un spécialiste. Avec votre partenaire, choisissez un des objets suivants et composez le dialogue correspondant.

▶ — **S'il vous plaît, est-ce que vous pouvez réparer <u>ma montre?</u>**
— **Oui, bien sûr. Quel est le problème?**
— <u>**Le ressort**</u> *(spring)* **est cassé.**
— **Bon, je vais voir ça.**

- **mon appareil-photo**
  le flash? la pile? le téléobjectif?
- **ma chaîne stéréo**
  le micro? l'ampli?
  le haut-parleur?
- **ma télé**
  l'antenne? l'écran?
  la prise?
- **mon vélo**
  les freins? la roue?

2 Créa-dialogue

Lisez le dialogue «Chez l'électricien». Puis, avec votre partenaire, choisissez une autre boutique et préparez un nouveau dialogue. Par exemple, vous allez chez le teinturier, chez le photographe, ou chez le cordonnier.

«CHEZ L'ÉLECTRICIEN»

— Bonjour, <u>madame</u>. Est-ce que vous pouvez <u>changer cette prise</u> *(plug)*?

— Bien sûr, <u>monsieur</u>. Ce sera tout?

— Non, est-ce que vous pouvez aussi <u>réparer cette lampe</u>?

— D'accord, je vais faire ça.

— Quand est-ce que ce sera prêt?

— <u>D'ici dix jours</u>.

— Ce n'est pas possible avant?

— Si, peut-être. Revenez <u>lundi prochain</u>.

- *Use the appropriate form of address.*
- *Ask for a service available at the shop.*
- *Use the appropriate form of address.*
- *Ask for another service.*
- *Give the number of days from now.*
- *Give another day closer in time.*

A. La construction **faire** + infinitif

Note the use of the construction **faire** + INFINITIVE.

N1

Je **fais développer** les photos.	*I **am having** the pictures **developed**.*
Tu **as fait réparer** ton vélo.	*You **had** your bicycle **fixed**.*
Nous allons **faire laver** notre auto.	*We are going **to have** our car **washed**.*

The construction **faire** + INFINITIVE is used to describe actions that people have done by someone else.

➡ In this construction, it is the verb **faire** that is used:
  - in the negative

    Je fais réparer ma télé.   Je **ne fais pas** réparer ma caméra.
  - with pronouns

    Ma montre était cassée.   Je **l'**ai fait réparer.

    Ta voiture est sale.   Fais-**la** laver.

Faire + infinitif
_____

Pratique ▶

The construction **faire** + INFINITIVE is also used to describe actions that we make or have other people do.

Le professeur **fait étudier** les élèves.   *The teacher **makes** the students **study**.*

ALLONS PLUS LOIN

- The construction **faire** + INFINITIVE is used in certain expressions:

  faire cuire *to cook*   **faire frire** *to fry*   **faire bouillir** *to boil*

  Also: **faire marcher** *to operate (equipment)*   **faire voir** *to show*

- Note the use of **se faire** + INFINITIVE to describe actions that people are having done for themselves.

  Je vais **me faire couper les cheveux.**   *I am going **to have my hair cut.***

---

1 Services

Demandez à votre partenaire pourquoi il va à certains endroits. Il/elle va répondre logiquement.

▶ — **Tu vas à la teinturerie?**
— **Oui, je vais faire nettoyer mon blazer.**

OÙ?	POURQUOI?
• à la station-service	• réparer mon vélo
• chez le mécanicien	• réparer mon séchoir
• à la teinturerie	• changer cette serrure *(lock)*
• chez le photographe	• nettoyer mon blazer
• à la laverie *(laundry)*	• laver mon linge
• à la boutique d'appareils électriques	• laver ma voiture
• à la serrurerie *(locksmith)*	• vacciner mon chien
• chez le vétérinaire	• développer mes diapos

2 Que faire?

Votre partenaire vous explique certains problèmes. Dites-lui ce qu'il/elle doit faire.

▶ — **Ma montre est cassée.**
— **Fais-la réparer.**

PROBLÈMES	QUE FAIRE?
• Ma montre est cassée.	changer . . .
• Ma veste a une tache *(spot)*.	couper . . .
• Mes cheveux sont trop longs.	nettoyer . . .
• Mon walkman ne marche pas.	réparer . . .
• Les piles de ma radio-cassette sont usées *(worn out)*.	vacciner . . .
• Mon chien n'a pas eu ses piqûres *(shots)*.	

«Ma montre est cassée.»

«Mes cheveux sont trop longs.»

«Mon walkman ne marche pas.»

«Les piles de ma radio-cassette sont usées.»

«Ma veste a une tache.»

«Mon chien n'a pas eu ses piqûres.»

TEST

LECTURE

Une histoire de cheveux
Comédie en 4 scènes

AVANT DE LIRE

Le titre et le sous-titre de ce texte indiquent qu'il s'agit° d'une histoire plutôt humoristique avec pour sujet un événement assez ordinaire de la vie quotidienne: une coupe de cheveux.

Pour vous mettre dans l'esprit de cette histoire, répondez aux questions suivantes.
- Est-ce que vous attachez beaucoup d'importance à votre coiffure? Pourquoi ou pourquoi pas?
- Quel style de coiffure préférez-vous?
- Est-ce que vos parents sont toujours d'accord avec ce style? (Si non, pourquoi pas?)
- Quel coiffeur vous coupe les cheveux habituellement? Combien de fois par an (ou par mois) y allez-vous?
- Si votre coiffeur était indisponible° un jour, est-ce que vous permettriez à quelqu'un d'autre (un copain ou une copine, votre soeur ou votre frère, votre mère ou votre père…) de vous couper les cheveux? Pourquoi ou pourquoi pas?

il s'agit de *it is about*   **indisponible** *unavailable*

Une histoire de cheveux
Comédie en 4 scènes

Scène 1

Patrick, 15 ans, a un problème commun à tous les jeunes de son âge.
Il n'a jamais assez d'argent. Alors, de temps en temps, il en demande à son père.
Malheureusement, aujourd'hui, celui-ci n'est pas d'humeur généreuse.

   —Dis, Papa, tu peux me donner un peu d'argent?

5   —Mais, je t'ai donné cent francs la semaine dernière.

   —S'il te plaît, papa, c'est la dernière fois que je t'en demande.

   —N'insiste pas, Patrick, la dernière fois, c'était la dernière
      fois…

Le père de Patrick examine son fils de plus près.

10   —Dis donc, Patrick, tourne-toi un peu.

Patrick se retourne.

   — Tu as les cheveux drôlement longs.

   — Mais Papa, c'est la mode.

   — Eh bien, moi, je n'aime pas tellement la mode des cheveux longs…

15   Il faut absolument que tu ailles chez le coiffeur.

   — Tu oublies que je n'ai pas d'argent.

   — Ah oui, c'est vrai. Combien est-ce que ça coûte, une coupe de cheveux?

   — Dans les° quatre-vingt francs.

   — Bon. Eh bien, voilà. Je te donne cent francs, mais je ne veux plus voir

20   cette horrible tignasse!

   — Merci, papa, à ce soir!

dans les = approximativement

Mots utiles	
l'humeur	*mood*
se tourner	*to turn around*
de près	*closely, from close up*
de temps en temps	*from time to time*

Langage familier
drôlement = vraiment
tellement = beaucoup

une tignasse

Avez-vous compris?

1. Qu'est-ce que Patrick demande à son père?
2. Pourquoi est-ce que le père refuse?
3. Qu'est-ce qu'il remarque quand il examine Patrick de près?
4. Qu'est-ce qu'il demande à son fils de faire?
5. Combien d'argent lui donne-t-il?

Anticipons un peu!

Selon vous, est-ce que Patrick va aller chez le coiffeur ou non? Expliquez pourquoi.

Scène 2

25   Patrick prend le billet de cent francs que son
père a sorti de son portefeuille, puis il met son
blouson et quitte la maison. En route, il
rencontre Béatrice, une nouvelle élève du lycée
où il va. C'est une grande fille brune avec de
30   merveilleux yeux bleus. Patrick la trouve très
sympa et très mignonne, mais jusqu'ici, il n'a pas
eu vraiment l'occasion de lui parler.

        — Salut, Béatrice! Ça va?

        — Oui, ça va.

35   — Dis donc, où est-ce que tu vas comme ça?

        — Je vais au ciné.

        — Qu'est-ce que tu vas voir?

        — Le dernier film de Depardieu. Il paraît° que c'est très bon… Si tu
          veux, on peut y aller ensemble.

40   Patrick voudrait bien accepter la proposition de Béatrice.
Malheureusement, il y a cette maudite° coupe de cheveux.

        — Euh, c'est que je dois aller chez le coiffeur.

        — Mais, pourquoi? Je t'aime bien comme ça avec tes cheveux longs…

Patrick rougit.

45   — Malheureusement, j'ai un père qui préférerait me voir avec les
          cheveux courts.

        — Ah bon, je comprends… Écoute, j'ai une idée!

        — Quoi donc?

        — On peut aller au ciné, et puis après, on peut aller chez moi. Mon
50   père est coiffeur. Il va te faire une coupe super… Et, en plus, tu
          économiseras ton argent.

        — Ben, oui, c'est une idée! Tu es bien sûre que ton père sera chez
          toi tout à l'heure?

        — Absolument! C'est son jour de congé aujourd'hui.

55   — Alors, dans ce cas, j'accepte!

il paraît que = on dit que   maudite *damned*

Mots utiles	
un jour de congé	*day off*
rougir	*to blush*
jusqu'ici	*until now*
tout à l'heure	*in a while*

Avez-vous compris?

1. Qui est Béatrice et qu'est-ce que Patrick pense d'elle?
2. Pourquoi Patrick n'accepte-t-il pas immédiatement la
   proposition de Béatrice?
3. Selon vous, pourquoi Patrick rougit-il?
4. Quelle solution Béatrice propose-t-elle
   à Patrick?

Anticipons un peu!

Selon vous, qu'est-ce qui
va se passer après le film?

Scène 3

60 Patrick et Béatrice sont allés au cinéma. Après le
film, Patrick a invité Béatrice dans un petit restaurant
italien où ils ont mangé une pizza. Ensuite, ils sont
allés chez Béatrice. Là, ils ont une mauvaise surprise:
il n'y a personne à la maison. Patrick s'inquiète.

65   — Où est ton père?

      — Je ne sais pas! Il a dû faire un tour en ville avec ma mère.
      Ne t'inquiète pas. Je suis sûre qu'ils rentreront bientôt.

Une heure passe, et toujours personne. Finalement, le téléphone
sonne. C'est la mère de Béatrice qui lui dit de ne pas l'attendre. Elle
70 et son mari sont invités à dîner chez des amis. Ils ne vont pas rentrer avant
onze heures. Béatrice se rend compte du problème.

      — Dis, Patrick, mes parents ne vont pas rentrer ce soir.

      — Et ma coupe de cheveux?

      — T'en fais pas! C'est moi qui vais te les couper.

75   — Comment? Tu sais couper les cheveux, toi?

      — Ben oui, tu sais, j'ai souvent regardé mon père.

Patrick n'est pas très rassuré, mais il n'a pas le choix.
Il est bien obligé d'accepter l'offre de Béatrice.

Béatrice va chercher les ciseaux de son père. Elle demande à Patrick
80 de s'asseoir sur un tabouret. Puis, elle commence à lui couper les cheveux.
Clic, une mèche par ci! Clac, une mèche par là. Clic! Clac! Clic! Clic!
Il est bien évident que Béatrice n'a jamais coupé de cheveux de sa vie et
le résultat est un véritable désastre. Elle a beau° passer° de l'eau et du
gel fixatif sur les cheveux de Patrick, elle n'arrive pas à masquer
85 les échelles qu'elle a faites de tous les côtés.

Patrick se regarde dans la glace. Il comprend alors l'ampleur° de
la catastrophe.

      — Mon Dieu, qu'est-ce que je vais faire?

Béatrice essaie de le rassurer.

90   — Écoute, c'est pas si mal que ça! Mets-toi un peu dans
      l'obscurité°... Non, ce n'est pas trop mal. Un conseil: quand
      tu seras chez toi, ne te mets pas trop près de la lumière, et
      personne ne verra rien.

Mais Patrick n'écoute pas. Il prend son blouson et sort de chez
95 Béatrice, très inquiet...

Mots utiles	
un côté	side
un désastre	= une catastrophe
la lumière	light
arriver à	to manage to
sonner	to ring

Langage familier

t'en fais pas = ne t'inquiète pas

un tabouret

une mèche

des échelles

elle a beau = c'est en vain qu'elle essaie de
passer = mettre
ampleur extent
l'obscurité = un endroit où il fait noir

Avez-vous compris?

1. Pourquoi est-ce que Patrick s'inquiète?
2. Qu'est-ce que la mère de Béatrice annonce à sa fille quand elle lui téléphone?
3. Qu'est-ce que Béatrice fait pour résoudre le problème de Patrick?
4. Comment réussit-elle dans ce projet? Expliquez.
5. Qu'est-ce qu'elle conseille à Patrick de faire pour ne pas être trop visible?

Anticipons un peu!

Selon vous, quelle va être la réaction du père de Patrick quand il va voir son fils? Est-ce qu'il va être heureux? furieux? perplexe? Expliquez pourquoi.

Scène 4

Vingt minutes après, Patrick arrive chez lui. 100
Il a l'air vraiment pitoyable. Sa mère ne peut
pas s'empêcher de rire.

— Mon pauvre Patrick! Tu as l'air d'un
chat qui est tombé dans l'eau…
Qui est-ce qui t'a coupé les cheveux? 105
Allez, dis-moi la vérité.

Patrick hésite un peu. Puis, il raconte à sa
mère ce qui s'est passé.
Celle-ci essaie de le consoler.

—Tu as de la chance! Ton père n'est pas encore rentré! En 110
attendant qu'il rentre, je vais essayer d'arranger cela!

Elle va dans la salle de bains chercher la tondeuse qu'elle utilisait
quand Patrick était petit. Puis elle commence l'opération… En cinq
minutes, elle a complètement tondu le crâne de Patrick.

— C'est un peu court, mais au moins ça peut passer… 115

Puis elle va ranger la tondeuse pendant que Patrick va se regarder
dans la glace.

— J'ai la boule à zéro! Qu'est-ce que mes copains vont penser
de moi?

— Ils vont trouver ça très bien. Je suis sûre que tu vas lancer 120
une nouvelle mode… Tiens, voilà ton père.

Le père de Patrick vient en effet de rentrer. Il regarde Patrick avec
surprise.

— Bravo, mon garçon! Tu as beaucoup de courage… Je te
félicite! Tiens, pour te récompenser, je vais t'emmener au 125
cinéma ce soir. Est-ce que tu veux aller voir le dernier film de
Depardieu? Il paraît que c'est très bon!

— Merci, Papa, …mais j'ai des devoirs à faire!

— Comme tu veux! Et excuse-moi d'avoir été un peu brusque
avec toi cet après-midi. 130

la tondeuse

le crâne

avoir la boule à
zéro

Mots utiles

arranger	*to fix*
s'empêcher de	*to stop, prevent oneself from*
lancer	*to launch*
récompenser	*to reward*
rire *	*to laugh*
tondre	*to clip very short*
pitoyable	*pitiful*

Avez-vous compris?

1. Quelle est la réaction de la mère de Patrick quand elle voit
   son fils?
2. Qu'est-ce qu'elle fait pour aider Patrick?
3. Quel est le résultat de cette action?
4. Quelle est la réaction du père de Patrick?
5. Qu'est-ce qu'il propose à son fils?
6. Qu'est-ce que Patrick répond à l'invitation de son père?
   Quelle est la véritable raison de son refus?

EXPRESSION ORALE

■ Dramatisation

En petits groupes, préparez une lecture dramatique de cette histoire. Chaque groupe présentera une scène.

- D'abord, choisissez un narrateur et distribuez les autres rôles.
- Pendant les parties «narratives», les acteurs feront les gestes et montreront les émotions indiquées.
- Pendant les dialogues, chaque acteur lira son texte avec beaucoup d'expression.

■ Situations

Avec votre partenaire, choisissez l'une des situations suivantes. Composez le dialogue correspondant et jouez-le en classe.

1. Au téléphone

Le soir, après le dîner, Béatrice téléphone à Patrick pour lui demander ce qui est arrivé quand il est rentré chez lui. Patrick le lui explique.

Les rôles: Béatrice, Patrick

2. En classe

Le lendemain, un(e) camarade de classe de Patrick est très étonné(e) de voir son ami avec «la boule à zéro». Il/Elle lui demande ce qui s'est passé. Patrick lui répond. (Patrick peut lui dire la vérité ou bien il peut inventer une histoire complètement différente.)

Les rôles: le/la camarade de classe, Patrick

3. La nouvelle mode

Maintenant, Patrick est très fier de sa nouvelle coiffure. Il explique à un autre copain les avantages d'avoir «la boule à zéro» et il essaie de le convaincre de faire la même chose. Le copain n'est pas tellement convaincu.

Les rôles: Patrick, le copain

EXPRESSION ÉCRITE

■ Imaginons un peu

Quelle va être la réaction des copains de Patrick quand celui-ci ira au lycée demain matin? Qu'est-ce que Patrick va leur dire? À vous d'écrire la Scène 5.

■ Page de journal

Imaginez que vous êtes Patrick ou Béatrice. Écrivez une page ou deux dans votre journal intime (diary) où vous ferez un résumé des événements de la journée.

INTERLUDE CULTUREL

■ *Histoire de la chanson française* ■

Un proverbe français dit que «tout finit par une chanson». On pourrait° dire aussi que tout a commencé par une chanson. L'histoire de la chanson française est en effet un peu l'histoire de France. La première grande oeuvre° littéraire française date du douzième siècle.° C'était une chanson: *La Chanson de Roland*.

Au Moyen Âge,° les «**troubadours**» allaient de cour° en cour en chantant des poèmes qu'ils composaient. Sous **Louis XIV**, les soldats allaient à la guerre en chantant des chansons comme «Malbrough s'en va-t-en guerre»° ou «Auprès° de ma blonde». En 1789, les Français ont fait la Révolution en chantant «Ça ira!»° Pendant la guerre de 1940, le «Chant des partisans» était le cri de ralliement° de la Résistance contre les troupes allemandes.

Mais la chanson n'est pas seulement un phénomène historique. C'est aussi un art populaire et un spectacle. Les premiers chanteurs populaires chantaient dans la rue. Ils recevaient un peu d'argent si leurs chansons étaient bonnes . . . et parfois un seau° d'eau sur la tête si leurs chansons étaient mauvaises.

Plus tard, la chanson a fait son entrée dans les «**cabarets**». Le cabaret le plus célèbre était un cabaret de Montmartre qui s'appelait le «Chat noir». C'était un cabaret artistique où se réunissaient° les peintres, les musiciens, les poètes, les étudiants pour écouter les «**chansonniers**» de l'époque. Ces chansonniers chantaient surtout des chansons politiques, des chansons satiriques et parfois des chansons comiques.

Troubadour du Moyen Âge

Picasso *«Femme à la Mandoline»*

Le «Chat Noir», cabaret artistique à Montmartre.

pourrait *could* **oeuvre** *work* **siècle** *century* **au Moyen Âge** *in the Middle Ages* **cour** *court* **s'en va-t-en guerre** *goes off to war* **auprès de** *next to* **ça ira** *things will go well* **cri de ralliement** *rallying cry* **seau** *bucket* **se réunissaient** *used to get together*

Le grand public, lui, allait au «café-concert» ou au «music-hall». Dans les années 1930, la grande vedette° était **Joséphine Baker**, une danseuse noire américaine que tout le monde applaudissait quand elle chantait «J'ai deux amours: mon pays et Paris». Peu après, les Français ont découvert **Édith Piaf**, célèbre pour ses robes noires et sa voix terriblement poignante. Dans les années 1960, avec le développement de l'amplificateur et le succès de la guitare électrique, une nouvelle forme de chanson est apparue en France. C'était la chanson «yé-yé». Ce qui comptait,° ce n'était plus° le texte de la chanson, mais son rythme et surtout les contorsions du chanteur ou de la chanteuse sur scène . . . La vedette de l'époque était **Johnny Hallyday** qui en quelques mois est devenue l'idole des jeunes Français. La chanson personnelle n'a cependant pas disparu. Elle est restée vivante° et variée avec **Georges Brassens**, l'anarchiste sympa, **Yves Montand**, le gentleman romantique, **Jacques Brel**, le poète venu du pays des brumes,° et **Charles Aznavour**, le petit bonhomme° à la voix grêle.°

| Yves Montand | Georges Brassens | Jacques Brel | Charles Aznavour |

■ *Les vedettes d'hier . . .*

Édith Piaf (1915-1963)

Édith Piaf a disparu il y a plus de trente ans, mais sa voix est restée immortelle. Pour les millions de gens qui ont écouté cette voix vibrante d'émotion, elle est toujours la plus grande des chanteuses françaises. Édith Piaf a eu une enfance° misérable. Elle est née dans la rue et c'est dans la rue qu'elle a commencé à chanter pour gagner quelques pièces d'argent.° Un jour, alors° qu'elle chantait au coin° du boulevard MacMahon à Paris, le directeur d'un cabaret célèbre l'a entendue. Ému° par sa voix poignante,

il l'a immédiatement engagée.° La phénoménale carrière de Piaf venait de commencer.

Le succès de ses chansons est facile à expliquer. Édith Piaf a chanté passionnément sa vie passionnée. Cette vie a été faite de moments heureux et surtout de moments tragiques. C'est donc avec une extraordinaire sincérité qu'Édith Piaf pouvait chanter le bonheur et le malheur, la fatalité et l'espoir,° l'amour merveilleux et l'amour désespéré. Quand Édith Piaf était sur scène, le public ne pouvait pas faire la différence entre sa vie et ses chansons.

---

vedette *star* **ce qui comptait** *what counted* **plus** *no longer* **sur scène** *on the stage* **vivante** *alive* **brumes** *fog, mist*
bonhomme = homme **grêle** *frail* **enfance** *childhood* **pièces d'argent** *coins* **alors que** *while* **au coin** *on the corner*
ému *moved* **engagée** *hired* **espoir** *hope*

Joséphine Baker (1906-1975)

Joséphine Baker sur scène

Joséphine Baker était une artiste de music-hall. Pour des millions de Français, elle a aussi été une grande héroïne nationale. Pourtant Joséphine Baker n'était pas d'origine française, mais américaine. Elle est née dans une famille pauvre de la ville de Saint Louis dans le Missouri. À seize ans, elle est partie à New York pour faire une carrière dans le théâtre. Mais là, victime de la discrimination et du chômage,° elle n'a pas trouvé de travail.

Heureusement, un jour, la chance° lui a souri.° Un imprésario français l'a engagée° pour faire une tournée° en France avec un groupe d'artistes noirs américains. Joséphine a fait ses débuts au Théâtre des Champs-Élysées en octobre 1925. Chacune° de ses entrées en scène était un triomphe. Pendant cette tournée, Joséphine Baker est tombée amoureuse° de Paris et Paris est tombé amoureux de «l'oiseau des îles». Joséphine Baker était la grande star du spectacle. Tous les soirs, elle donnait aux Français des leçons de danse. Bientôt, toute la France s'est mise° à danser le charleston. En quelques semaines, Joséphine Baker est devenue la reine° de Paris. Elle avait tout juste vingt ans.

Joséphine Baker a fait de nombreuses tournées à travers° l'Europe, mais c'est en France qu'elle se sentait chez elle.° En 1937, elle a décidé d'adopter la nationalité française. Pendant la guerre, fidèle° à son nouveau pays, elle a travaillé dans la Résistance. Pour ses services, elle a reçu les deux plus hautes décorations françaises: la Légion d'honneur et la Médaille de la Résistance. Pour la cérémonie, Joséphine Baker portait son uniforme de lieutenant de l'Armée de l'Air Française.

Après la guerre, Joséphine Baker a voyagé aux États-Unis. En butte° à nouveau à la discrimination, elle a décidé de se fixer° définitivement en France et de consacrer sa vie et sa fortune aux oeuvres° de charité. Elle a acheté un château pour accueillir° une douzaine d'orphelins de différentes races qu'elle avait adoptés et sauvés de la faim° et de la misère. C'était sa «tribu arc-en-ciel».° Ses ressources financières n'étant plus° suffisantes, elle est remontée sur scène à l'âge de 69 ans pour subvenir aux besoins° de sa famille d'adoption. À nouveau elle a connu le succès et c'est en plein triomphe qu'elle est morte en 1975.

Le jour de son enterrement,° la France entière a pris le deuil.° À Paris, une foule° immense a suivi le cortège funèbre.° Vingt et un coups de canon° ont été tirés° en son honneur: le plus grand adieu° français réservé à une femme américaine!

Joséphine Baker et sa «tribu arc-en-ciel»

---

chômage *unemployment* **chance** *luck* **souri** *smiled* **engagée** *hired* **tournée** *tour* **chacune** *each one* **tombée amoureuse de** *fell in love with* **s'est mise à** *began to* **reine** *queen* **à travers** *across* **se sentait chez elle** *felt at home* **fidèle** = *loyale* **en butte à** *faced with* **se fixer** *to settle* **oeuvres** *works* **accueillir** *to provide shelter* **faim** *hunger* **arc-en-ciel** *rainbow* **n'étant plus** *no longer being* **subvenir aux besoins** *meet the needs* **enterrement** *funeral* **pris le deuil** *went into mourning* **foule** *crowd* **cortège funèbre** *funeral procession* **vingt et un coups de canon** *21-gun salute* **tirés** *fired* **adieu** *farewell*

■ . . . et vedettes d'aujourd'hui

Johnny Hallyday

Johnny Hallyday, le roi° du rock'n roll français, est entré en scène dans les années 1960. Comme° il avait un nom anglais, on pensait qu'il était américain. En réalité, il s'appelait Jean-Philippe Smet, était belge et ne parlait pas un mot d'anglais. Il portait un blouson de cuir, roulait° en grosse moto, jouait de la guitare et chantait «Je suis l'idole des jeunes».

Trente ans plus tard, Johnny Hallyday n'a pas quitté la scène. Il est toujours° l'idole des jeunes . . . et des moins jeunes. Et quand il donne un grand concert public, 200 000 spectateurs viennent l'applaudir. Un record pour un chanteur français!

Jean-Jacques Goldman

Jean-Jacques Goldman est l'un des représentants du rock français moderne. Il compose lui-même ses chansons et les interprète à la guitare électrique. Il a commencé sa carrière avec un grand succès, «Quand la musique est bonne», et depuis quinze ans ses chansons sont généralement en tête du hit-parade français.

Simple et généreux, Jean-Jacques Goldman participe souvent aux concerts organisés pour soutenir° les grandes causes humanitaires: lutte° contre la misère, la faim et l'injustice.

Vanessa Paradis

Vanessa Paradis, la chanteuse à la voix d'enfant, a commencé sa carrière à l'âge de quatorze ans. Elle a été mannequin,° actrice, danseuse et elle a fait de la publicité à la télé, mais sa véritable vocation reste la chanson. Après plusieurs séjours° aux États-Unis, Vanessa Paradis chante maintenant en anglais aussi bien qu'en français.

Patricia Kaas

D'origine alsacienne, **Patricia Kaas** est la plus internationale des vedettes françaises. Ses chansons ont, en effet, presque autant de° succès au Canada, en Allemagne, en Angleterre qu'en France. Comme pour Vanessa Paradis, sa carrière a commencé très tôt. À treize ans, Patricia Kaas chantait dans les bals du samedi soir. Un jour, elle a été découverte par l'acteur Gérard Depardieu qui a produit son premier album. Depuis, ses chansons ont fait le tour du monde.°

Patrick Bruel

Très romantique, **Patrick Bruel** est la nouvelle idole des jeunes Français . . . et surtout des jeunes Françaises. Ses chansons sentimentales l'ont placé en tête du hit-parade des années '90. Chacun° de ses albums est un succès et se vend à des millions d'exemplaires.

---

roi *king* **comme** *since* **roulait** *drove* **toujours** *still* **soutenir** *to support* **lutte** *fight* **mannequin** *model* **séjours** *stays*
autant de *as much* **ont fait le tour du monde** *have gone around the world* **chacun** *each one*

■ *La musique des jeunes* ■

«De la musique avant toute chose» a dit un poète français.* Aujourd'hui, la musique fait partie de la vie de tout le monde, et en particulier des jeunes. À la maison, on peut écouter des CDs sur sa chaîne hi-fi. En voiture, on peut écouter la radio ou des cassettes. Quand on se promène dans la rue ou quand on fait du jogging, on peut écouter son walkman.

Pour exprimer leur amour de la musique, les Français organisent chaque année une grande fête nationale appelée «la Fête de la Musique». Cette fête a lieu le dernier weekend de juin. Dans toutes les villes de France, il y a des concerts publics gratuits.° Ce jour-là, tous les Français sont dans la rue. Ils dansent, chantent, ou bien, ils écoutent la musique des orchestres° qui jouent un peu partout° dans les villes. Le slogan du jour est: «Pour la Fête de la Musique, faites de la musique.»

Quelle musique écoute-t-on en France quand on est jeune? En tête° du hit-parade, viennent les grandes vedettes de la chanson française: Jean-Jacques Goldman, Patrick Bruel, Patricia Kaas, Vanessa Paradis.... Mais à côté° de cette musique relativement traditionnelle existe une autre musique très populaire chez les jeunes. Cette musique reflète la réalité multiculturelle de la France d'aujourd'hui. La France est, en effet, une mosaïque de gens d'origines très différentes. À côté des Français de souche,° il y a aussi les immigrés venus d'autres pays européens, du Maghreb,** d'Afrique Noire, d'Asie. . ..Chaque groupe a apporté sa culture et, en particulier, sa musique.

La musique française s'est enrichie de ces apports° et aussi des influences d'autres musiques populaires dans le monde: musiques américaine, anglaise, espagnole. . . . Elle est ainsi devenue une musique originale et variée.

■ L'influence américaine: le rap

Le rap est né aux États-Unis dans les années 1980 et depuis il a fait le tour du monde. En France, il est représenté par **MC Solaar**. Ce «Monsieur Rap» est un Français d'origine tchadienne.*** Dans ses chansons, il exprime des messages sociaux positifs où il met en garde° les jeunes contre la violence et la délinquance.

MC Solaar, «Monsieur Rap»

■ L'influence antillaise: le zouk

Le groupe Malavoi

Le zouk vient des **Antilles françaises** (**Martinique** et **Guadeloupe**). Pour les Antillais, «zouk» signifie «fête». Le zouk est donc une musique de fête où s'expriment la joie, l'humour et la fierté° d'être ce qu'on est.

La musique de zouk est typiquement antillaise. Expression de la culture martiniquaise et guadeloupéenne, elle représente la fusion d'éléments caraïbes, africains, français et espagnols. Dans un orchestre de zouk, le chanteur chante en créole. L'instrument principal est le tambour° ou la batterie° qui donne un rythme fort. Les autres instruments sont le synthétiseur, la basse, la guitare et parfois le piano.

Né il y a dix ans, le zouk est très populaire chez les jeunes Français. Il est représenté par des groupes comme *Kassav* (Martinique et Guadeloupe) et *Malavoi* (Martinique). Ces groupes ont fait connaître° le zouk en dehors° de la France et, en particulier, sur la côte est des États-Unis. Aujourd'hui, le zouk a un succès international.

---

* Paul Verlaine (1844-1896)

** Le Maghreb: l'Algérie, le Maroc, la Tunisie.
Ces pays, en majorité arabes et musulmans, sont d'anciennes colonies ou protectorats français.

*** le Tchad: un pays d'Afrique

gratuits *free* **orchestres** *bands* **partout** *everywhere* **en tête** *on top* **à côté** *besides*
de souche *native born* **les apports** *contributions* **met en garde** *warns* **la fierté** *pride*
le tambour *drum* **la batterie** *drums* **fait connaître** *made known* **en dehors** *outside*

■ L'influence arabe: le raï

Le raï vient d'**Afrique du Nord** et plus particulièrement d'**Algérie**. Il exprime la mélancolie mais aussi la joie et l'espoir° des jeunes **Maghrébins**. C'est un peu leur «soul music». Le chanteur de raï chante en arabe et parfois en français ou même en anglais. Il est accompagné d'instruments traditionnels et aussi de guitare et de synthétiseur. Le grand représentant du raï est algérien et s'appelle **Cheb Khaled**.

Cheb Khaled

■ L'influence africaine: le rythme

Depuis une vingtaine d'années, **la musique africaine** a beaucoup de succès en France. Très variée, elle est représentée par un grand nombre de musiciens et de groupes qui viennent des différents pays de l'Afrique francophone.

1. **Touré Kunda** vient du **Sénégal** et chante en wolof,* sa langue maternelle,° et en français. Sa musique est traditionnelle et raffinée.

2. **Youssou N'Dour** vient aussi du **Sénégal**. Ses disques ont été produits aux États-Unis par le cinéaste américain, Spike Lee.

3. Le group **Souskous Stars** vient du **Zaïre** et joue de la musique africaine très rythmée avec beaucoup de tambour.

4. Les chanteuses du groupe **Zap Mama** sont d'origine européenne (belge) et africaine (zaïroise). Elles reprennent les chants traditionnels des peuples d'Afrique centrale. Dans d'autres chansons, elles mélangent° le français, l'espagnol, l'arabe et les langues africaines.

■ Le groupe MANO NEGRA

Ce groupe très populaire représente l'avant-garde de la musique française contemporaine. Son nom, qui signifie° «main noire» en espagnol, indique son caractère international et son origine multi-ethnique. Ses membres sont, en effet, d'origine française, arabe et espagnole et chantent dans toutes ces langues (et aussi en anglais!).

Mano Negra est essentiellement un groupe de rock alternatif qui joue une musique très éclectique. Dans leurs nombreux concerts en France et à l'étranger,° les musiciens de Mano Negra lancent° au monde un message de paix,° de solidarité entre les peuples, et aussi de révolte contre la faim,° l'injustice et la répression. Quelle que soit° la langue dans laquelle° il est exprimé, ce message est universellement compris.

---

* la principale langue du Sénégal

espoir *hope*   **la langue maternelle** *native language*   **mélangent** *mix*   **signifie** *means*   **à l'étranger** *abroad*
lancent = donnent   **la paix** *peace*   **la faim** *hunger*   **quelle que soit** *whatever*   **laquelle** *which*

■ *La musique francophone en Amérique* ■

■ La chanson québécoise

Au Québec, chanter c'est affirmer son identité et sa culture, c'est exprimer sa fierté° d'être différent, c'est manifester° sa joie de vivre. Les interprètes de la chanson québécoise sont nombreux: **Gilles Vigneault**, le «poète de la chanson» qui chante son pays, **Félix Leclerc**, **Charlebois**, **Carole Laure** et la nouvelle, **Céline Dion**, qui a donné un grand coup de neuf° à la chanson traditionnelle.

Il faut également° mentionner les chanteurs acadiens du Nouveau Brunswick comme **Roch Voisine**, devenu une «idole» en France.

Céline Dion

■ La musique cajun

En pays cajun, on travaille dur,° mais on aime aussi la nourriture, la fête, la musique et la danse. Il n'est donc pas surprenant° que le grand événement de l'année soit le festival de musique cajun qui a lieu au mois de septembre à Lafayette.

Un orchestre joue de zydéco au festival

On vient de toute la région pour écouter la musique et danser aux sons° des orchestres de musique cajun et de zydéco.

La musique cajun est une musique de fête, très rythmée, où les musiciens utilisent des instruments traditionnels comme le violon, l'accordéon et la guitare, et où le chanteur mélange° l'anglais, le vieux français et le français moderne. Cette musique descend directement de la musique acadienne d'autrefois, mais au cours° des siècles et au contact de groupes ethniques différents, elle s'est enrichie d'éléments anglais, espagnols, indiens et africains. Aujourd'hui, grâce° à ses interprètes comme **Zachary Richard** et le groupe **Beausoleil,** la musique cajun connaît un regain° de popularité non seulement en Louisiane, mais dans tout le monde francophone.

Le zydéco ────────

N1

Le **zydéco** tire son nom du mot français «les haricots» et plus précisément du titre d'une chanson célèbre «Les haricots sont pas salés» composée par le légendaire **Clifton Chénier** (1925-1987). Le zydéco est né en Louisiane dans la région de Lafayette. C'est la forme moderne du **la-la**, musique de danse traditionnelle des Louisianais francophones d'origine africaine.

Clifton Chénier

Le zydéco est une variété de musique cajun, encore plus rythmée avec des accents de rock et de blues. Le chanteur chante en français ou en anglais et s'accompagne toujours d'un accordéon qui est l'instrument caractéristique du zydéco.

---

la fierté *pride* **manifester** = montrer **a donné un grand coup de neuf** = rénové **également** = aussi **dur** *hard* **surprenant** *surprising* **les sons** *beat*
mélange *mixes* **au cours** *across* **grâce à** *thanks to* **regain** *renewal*

Une chanson: Mon pays

Mon pays ce n'est pas un pays c'est l'hiver
Mon jardin ce n'est pas un jardin c'est la plaine
Mon chemin ce n'est pas un chemin c'est la neige°
Mon pays ce n'est pas un pays c'est l'hiver

Dans la blanche cérémonie
Où la neige au vent° se marie
Dans ce pays de poudrerie°
Mon père a fait bâtir° maison
Et je m'en vais être fidèle°
À sa manière à son modèle
La chambre d'amis sera telle°
Qu'on viendra des autres saisons
Pour se bâtir à côté° d'elle

Mon pays ce n'est pas un pays c'est l'hiver
Mon refrain ce n'est pas un refrain c'est rafale°
Ma maison ce n'est pas une maison c'est froidure°
Mon pays ce n'est pas un pays c'est l'hiver

De mon grand pays solitaire
Je crie° avant que de me taire
À tous les hommes de la terre
Ma maison c'est votre maison
Entre mes quatre murs de glace°
Je mets mon temps et mon espace
À préparer le feu° la place
Pour les humains de l'horizon
Et les humains sont de ma race

Mon pays ce n'est pas un pays c'est l'envers°
D'un pays qui n'était ni pays ni patrie°
Ma chanson ce n'est pas ma chanson c'est ma vie
C'est pour toi que je veux posséder mes hivers

Gilles Vigneault

Dans les chansons qu'il compose, Gilles Vigneault exprime l'amour, l'amitié, la joie, l'attachement à son pays. Voici l'une des ses chansons les plus connues: *Mon pays.*

la neige *snow*   **le vent** *wind*   **la poudrerie** *powdery snow*   **bâtir** = construire   **fidèle** *faithful*   **telle** *such*   **à côté de** *next to*   **rafale** *gust of wind*
la froidure *cold weather*   **crie** *scream*   **la glace** *ice*   **le feu** *fire*   **l'envers** *reverse*   **la patrie** *motherland*

▪ *Et la musique classique?* ▪

Q uand on pense à la musique classique, on pense généralement aux grands compositeurs allemands (Mozart, Beethoven . . .) ou italiens (Vivaldi, Verdi . . .). À tort,° on a tendance à oublier la musique classique française. Pourtant, au cours° des siècles, la France a produit de grands musiciens dont° les oeuvres° sont toujours au répertoire des plus grands orchestres du monde.

Aujourd'hui, la musique classique connaît un regain° de popularité chez les Français de tout âge et de toute condition sociale. Pour un quart d'entre° eux, c'est la musique qu'ils écoutent le plus souvent. Et, contrairement à ce qu'on peut penser, les jeunes ne lui sont pas hostiles. En fait, la musique classique vient au cinquième rang de leurs préférences musicales, après le rock et les chansons bien sûr, mais avant le jazz et la musique populaire.

Lully et le ballet

Le ballet est né en Italie, mais c'est en France qu'il s'est développé à l'époque de **Louis XIV** (1638-1715). Ce roi était un grand patron des arts et il aimait particulièrement la musique et la danse. Pour mettre en musique les comédies-ballets dans lesquelles° il jouait parfois lui-même, il a fait appel° à **Jean-Baptiste Lully** (1632-1687), un musicien d'origine italienne. Celui-ci a composé un grand nombre de ballets et d'opéras. C'est sous son influence que le ballet s'est codifié et a acquis sa technique classique. Le ballet était alors un spectacle à la fois grandiose et formel où les danseurs entraient en scène masqués et habillés des magnifiques costumes de l'époque.

Un ballet de Lully présenté à la cour de Louis XIV

Chopin: le poète du piano

T. Kwiatkouski «*La polonaise de Chopin*»

Frédéric Chopin (1810-1849) est né en Pologne° d'un père français et d'une mère polonaise. Enfant prodige, il compose et donne son premier concert à l'âge de neuf ans. À vingt ans, il quitte son pays, emportant dans une urne un peu de la terre° natale qu'il ne reverra° jamais.

Chopin s'établit° à Paris où il rencontre les artistes et les écrivains les plus célèbres de son époque. Parmi ceux-ci, il y a une jeune femme, **George Sand**, pour qui il va éprouver° une grande passion. Inspiré par l'amour et plus tard par la tristesse de la séparation, il compose pour le piano des oeuvres d'une grande intensité émotionnelle: études, ballades, nocturnes, fantaisies, préludes, impromptus, sonates et aussi polonaises et mazurkas en l'honneur de son pays natal. De santé° délicate et miné° par la tuberculose, il meurt à Paris à l'âge de 39 ans.

À tort *wrongly* **au cours** *across* **dont** *whose* **les oeuvres** *works* **un regain** *renewal* **d'entre** *of* **lesquelles** *which* **a fait appel** *asked*
Pologne *Poland* **la terre** *soil* **ne reverra jamais** *will never see* **s'établit** *settles* **éprouver** *feel* **la santé** *health* **miné** *weakened*

«Carmen» présenté à New York
(Metropolitan Opera)

Bizet et l'opéra romantique

Tous les amateurs d'opéra connaissent l'air° célèbre «Toréador, en garde, Toréador! Toréador!» Cet air est tiré° de l'opéra *Carmen*, oeuvre du compositeur **Georges Bizet**.

Bizet (1838-1875) était un prodige musical. Il est entré au Conservatoire de Paris à l'âge de neuf ans et il en est sorti à dix-huit ans avec le premier Grand Prix de Rome, distinction réservée aux meilleurs jeunes musiciens de l'époque. De ses nombreuses compositions, la plus connue reste *Carmen*, opéra romantique plein° de passion, d'émotions intenses et d'action dramatique. Jugé immoral, cet opéra n'a pas eu de succès à l'époque de sa création. Très affecté par cet échec,° Bizet est mort trois mois après la première représentation° de son chef-d'oeuvre.°

Aujourd'hui, *Carmen* est le plus populaire des opéras français. Modernisé, il a été adapté pour le cinéma dans plusieurs versions.

Une affiche: «Carmen» vers 1900

L'action se passe à Séville dans l'Espagne romantique du dix-neuvième siècle. L'héroïne est Carmen, une gitane° belle, fière, passionnée, mais d'humeur changeante . . . Carmen travaille dans une manufacture de tabac. Un jour, elle blesse° une de ses collègues d'un coup de couteau à la joue. Le brigadier Don José vient l'arrêter. Pendant qu'elle est sous sa garde, Don José tombe éperdument amoureux de la belle gitane et il la laisse s'échapper. Il déserte lui-même et s'enfuit avec Carmen dans les montagnes où ils rejoignent une bande de contrebandiers. Don José devient alors contrebandier.

Un jour, Micaela, une jeune fille du village où il habitait vient annoncer à Don José que sa mère est sur le point° de mourir. Celui-ci retourne dans son village pour voir sa mère. Pendant ce temps, Carmen va à Séville avec ses amies pour assister à une corrida. Là, elle n'a d'yeux que pour le héros de la corrida, le toréador Escamillo, qui est son nouvel amour. Don José revient pour chercher Carmen. Il la trouve à la corrida et il la tue° dans une crise° de jalousie. Puis, il se livre° à la police.

Debussy et la musique impressionniste

On considère **Claude Debussy** (1862-1918) comme l'un des fondateurs de la musique moderne. Élève au Conservatoire de Paris, il étudie les oeuvres des grands compositeurs, mais il refuse absolument d'imiter leur style ou leur technique. Il se révolte en particulier contre la musique romantique dominée par l'intensité dramatique et l'émotion.

Claude Debussy (1862-1918)

Comme l'ont fait les peintres impressionnistes pour la peinture, Debussy veut libérer la musique de tout principe, de toute convention, de toute tradition. En rejetant, par exemple, la règle des accords° progressifs et en utilisant les dissonances et les silences, il donne à la musique des sonorités nouvelles qui ont pu sembler étranges aux gens de son époque. La musique de Debussy, exemplifiée par son célèbre poème symphonique «La Mer», est une musique fluide, délicate, toute en nuances, où l'impression produite remplace l'émotion.

---

l'air *aria* **tiré de** = vient **plein** *full* **un échec** *failure* **la représentation** *performance* **le chef-d'oeuvre** *masterpiece* **gitane** *gypsy* **blesse** *wounds* **contrebandiers** *smugglers* **sur le point** *is going* **tue** *kills* **une crise** *fit* **il se livre** *gives himself up* **accords** *chords*

Bon voyage!

Thème et Objectifs

Culture

In this unit, you will discover . . .

- what French young people do when they travel abroad and where they go
- why the train is the most popular means of transportation in France
- how the Eurotunnel has linked Great Britain to France and the rest of Europe

Communication

You will learn how . . .

- to make travel plans and purchase tickets
- to go through passport control and customs
- to travel by plane and by train

Langue

You will learn how . . .

- to discuss future plans
- to talk about future events
- to describe what you would do under certain conditions

La Passion des Voyages

Pour les jeunes Français, le terme «vacances» est synonyme de «voyage.» Ceux qui restent en France vont se bronzer sur les plages de l'Atlantique et de la Méditerranée ou faire de la marche à pied dans les Alpes et les Pyrénées. Mais aujourd'hui, ceux qui vont à l'étranger sont de plus en plus nombreux. Aller dans un pays où la langue, les gens, et les coutumes sont différents, ça, c'est l'aventure!

Suivant° leurs objectifs, on peut classer ces jeunes voyageurs en différentes catégories.

■ Pour ces jeunes voyageurs, «vacances» est synonyme de «voyage»!

Les «linguistes»

Les «séjours linguistiques» représentent la majorité des voyages à l'étranger. La formule classique consiste à passer deux ou trois semaines dans une famille en Angleterre (l'anglais étant° la langue la plus étudiée dans les lycées français).

Aujourd'hui, avec le développement des transports aériens et la diminution° du prix des voyages, les jeunes Français vont de plus en plus loin pour perfectionner° leur anglais. Patrick, par exemple, a passé le mois d'août dans une famille de Denver. Le haut point de son voyage a été la dernière semaine où la famille est allée faire du rafting dans le Colorado. Charlotte, elle, est allée en Australie dans une famille de ranchers. Là, elle a participé à toutes les activités, y compris la tonte des moutons.°

Les «actifs»

Ce sont ceux qui ont un projet particulier. Certains font un «stage» payé ou non payé dans une entreprise. Catherine a ainsi passé un mois en Allemagne à mélanger des colorants° dans une compagnie de produits chimiques. Là, elle a appris les dangers de la pollution et les moyens° de contrôler celle-ci.

Pour d'autres, leur projet a un objectif humanitaire. Jean-Baptiste, un lycéen de 17 ans, est allé au Sénégal avec une bande de copains de son lycée. Il explique: «Notre but° n'était pas de faire du tourisme, mais d'accomplir quelque chose d'utile. Nous avons participé à la construction d'un système d'irrigation dans un petit village. Pendant notre séjour, nous avons travaillé très dur, mais aussi nous avons découvert un mode° de vie tout à fait° différent et nous avons fait connaissance de gens absolument extraordinaires. Pendant ces trois semaines, nous avons appris plus que pendant un an au lycée!»

---

suivant *according to* **étant** *being* **diminution** *decrease* **perfectionner** *improve* **tonte des moutons** *sheep shearing*
mélanger des colorants *to mix dyes* **moyens** *means* **but** = *objectif* **mode** *way* **tout à fait** *quite*

Leurs destinations préférées N1

Dans quel pays ou région du monde aimeriez-vous passer vos vacances? Évidemment votre choix dépendra du temps que vous aurez à votre disposition. Voici, dans l'ordre, les destinations préférées des Français.

VACANCES D'UNE SEMAINE

1. l'Espagne, le Portugal
2. l'Angleterre
3. l'Italie
4. la Grèce
5. la Martinique, la Guadeloupe
6. les pays scandinaves*
7. l'Allemagne
8. les États-Unis
9. la France
10. l'Algérie, le Maroc, la Tunisie

VACANCES D'UN OU DEUX MOIS

1. la Martinique, la Guadeloupe
2. les États-Unis
3. le Canada
4. les pays d'Amérique latine**
5. la Grèce
6. le Mexique
7. l'Espagne, le Portugal
8. les pays scandinaves*
9. les pays d'Afrique noire***
10. l'Italie

* le Danemark, la Suède, la Norvège
** le Pérou, l'Argentine, le Brésil, l'Equateur, le Costa Rica, etc.
*** le Sénégal, la Côte d'Ivoire, le Cameroun, etc.

Les «explorateurs»

Ceux-là renouvellent la tradition des explorateurs français d'autrefois. Ils partent à l'aventure, sac au dos,° sans but précis pour des destinations mystérieuses. Julien, un étudiant en médecine, a parcouru° les hauts plateaux du Pérou en bus et en autostop. Marthe et Véronique, deux étudiantes d'une école de commerce, ont fait du trekking dans l'Himalaya. Elles sont parties du Népal et sont allées à pied par des sentiers° de haute montagne jusqu'au Tibet.

Pendant des semaines, les parents de ces voyageurs intrépides n'entendent pas parler° d'eux et s'inquiètent.° Mais finalement, ils reviennent, bronzés, heureux et avec plein° d'anecdotes sur les dangers qu'ils ont évités° et les rencontres qu'ils ont faites pendant leur fabuleux voyage. ■

et vous?

DISCUSSION
Avec votre partenaire, imaginez que vous allez visiter la France (ou un autre pays francophone) cet été. Est-ce que vous voyagerez plutôt comme «linguiste,» comme «actif,» ou comme «explorateur»? Expliquez vos projets.

COMPOSITION
Décrivez des vacances «actives» que vous avez passées.

sac au dos *with a backpack*   **parcourir** * *to travel through*   **sentiers** *trails*   **n'entendent pas parler** *do not hear*   **s'inquiètent** *worry*
plein = *beaucoup*   **évités** *avoided*

N2

Impressions d'Amérique

Les États-Unis ont toujours fasciné les jeunes Français. Chaque été, ils sont toujours plus nombreux à réaliser leur rêve:° faire un voyage aux «States.»

Nous sommes à Roissy, l'aéroport international de Paris. Un groupe de jeunes Français de 15 à 18 ans vient de débarquer° d'un vol° Air France qui arrive de New York. Ils ont passé six semaines dans des familles américaines avec un programme d'échange. Voici quelques-unes de leurs impressions.

■ Émilie, Jean-Pascal, Sibylle, Christophe, Sonia et Arnaud à Roissy

Jean-Pascal «Les États-Unis sont un pays vraiment gigantesque. Là-bas, tout est grand: les gens, les maisons, les voitures, les distances. C'est aussi un pays magnifique. J'ai eu la chance d'aller dans une famille qui habite au Nouveau Mexique. Les villages indiens, les canyons, le désert, c'est fabuleusement beau!»

Émilie «Moi, ce qui m'a frappée,° c'est la variété ethnique des Américains. Ce qui est formidable,° c'est que toutes les races de la terre° y sont représentées. À Boston, par exemple, la ville où je suis restée, j'ai pu parler français avec des Haïtiens, et espagnol avec des Porto-Ricains. Ça, c'est super.»

Christophe «Les Américains sont des gens vraiment sympas et hospitaliers. Ils sont beaucoup plus ouverts et plus décontractés° que nous. Aux États-Unis, par exemple, il est tout à fait facile de lier conversation° avec des gens qu'on ne connaît pas. En France, c'est quasi-impossible. Les Américains sont honnêtes. Ils disent toujours ce qu'ils pensent... Pendant mon séjour, il y a une seule chose que je n'ai pas aimée: la bouffe.»°

Sibylle «Je ne suis pas d'accord avec Christophe. La bouffe américaine n'est pas si mauvaise que ça, et puis, elle est très bon marché. Et on n'est pas obligé de manger tout le temps des hamburgers ou des hot-dogs. Il y a des tas° de restaurants italiens, chinois, mexicains, thaïlandais, où on peut manger des choses absolument délicieuses. On n'a pas ce choix en France!»

Arnaud «Les Américains sont des gens dynamiques et superactifs. Malheureusement, ils sont obsédés° par l'argent. Et ils sont stressés parce qu'ils travaillent trop. Dans la famille où j'étais, la mère retournait à son bureau le samedi pour finir ce qu'elle n'avait pas terminé pendant la semaine. Et le fils travaillait dans un supermarché. La détente,° ça n'existe pas. Et puis, la vie de famille est limitée. Le soir, par exemple, les parents et les enfants faisaient réchauffer° des portions de pizza qu'ils mangeaient séparément. Il n'y avait jamais de repas commun.»

Sonia «Les États-Unis sont un pays très intéressant. Ce serait° un pays presque° parfait s'il n'y avait pas

autant° de violence. Dans les journaux et à la télévision, on ne parle que° de crime. Et le soir, dans la ville où j'étais, il n'est pas recommandé de sortir seule. J'ai aimé mon voyage, mais je suis bien contente de rentrer en France.» ■

et vous?

SUJET DE DISCUSSION
Avec votre partenaire, choisissez deux des jeunes Français qui ont visité les États-Unis et analysez leurs impressions. Dites si vous êtes entièrement, partiellement ou pas du tout d'acccord avec eux. Expliquez.

COMPOSITION: UNE LETTRE
Un copain français va venir passer un mois dans votre région. Vous voulez lui donner une bonne impression de cette région. Écrivez-lui une lettre où vous allez parler des sujets suivants:

- le pays,
- la nourriture
- les gens
- les activités

`N3`

---

rêve dream **débarquer d'un vol** to land / flight **frappée** struck **formidable** = super **terre** earth **décontractés** relaxed **lier conversation** = parler **bouffe** food (slang) **des tas** = beaucoup **obsédés:** obsessed **détente** relaxation **faisaient réchauffer** would reheat **serait** would be **presque** almost **(s'il n'y avait pas) autant** not that much **ne...que** only

PARTIE 1

LE FRANÇAIS PRATIQUE

Les voyages

Où vas-tu aller cet été?

Je vais voyager à l'étranger.

Ah bon? Dans quel pays?

Je vais visiter le Portugal.

Les voyages

— Où vas-tu aller cet été?

Je vais | **voyager**
| **faire un voyage**
| **faire un séjour** | **à l'étranger** *(abroad)*.

| **faire un séjour** | *to spend some time* |

— Ah bon? Dans quels **pays** *(countries)*?   un pays /pei/

Je vais visiter . . .   Je vais aller . . .

    le Portugal.   **au Mexique.**
    la Grèce.   **en Russie.**
    les Canaries.   **aux États-Unis.**

Les pays

Révision ▶ pp. 14-15

---

1 Voyages à l'étranger

Faites une liste de dix (10) pays que vous aimeriez visiter. Classez les pays par ordre de préférence. Comparez votre liste avec celle de votre partenaire.

Ma Liste

1.
2.
3.

- Quels sont les pays qui sont sur les deux listes?
- Quels sont les pays qui sont seulement *(only)* sur votre liste?

Maintenant expliquez pourquoi vous aimeriez aller dans les trois premiers pays de votre liste.

▶ **J'aimerais visiter le Sénégal parce que je voudrais mieux connaître l'Afrique . . .**

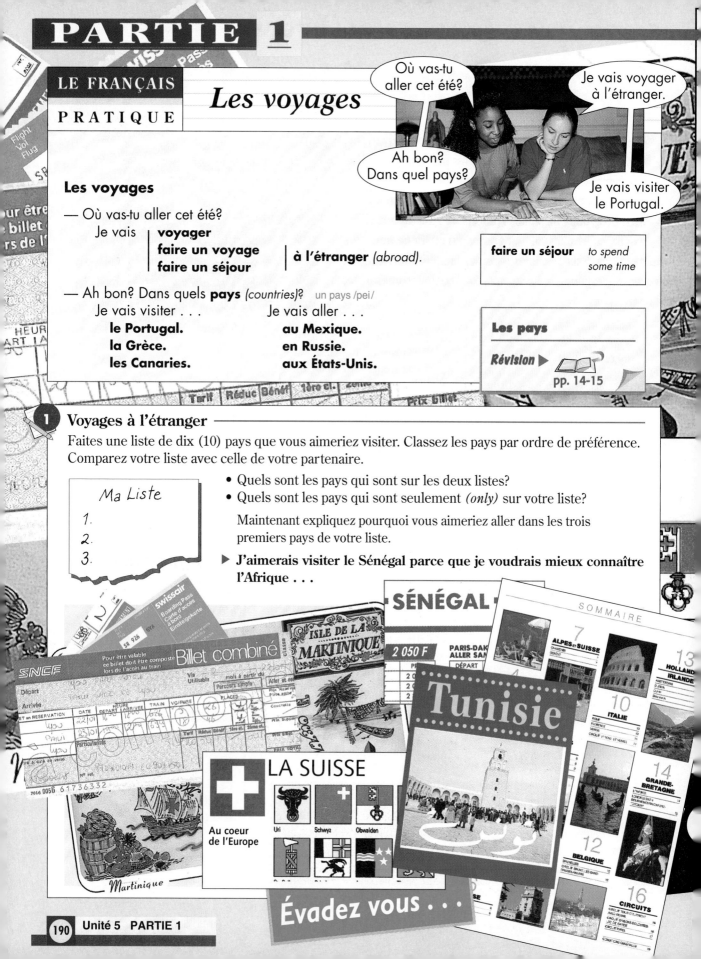

Vous avez une pièce d'identité?

Oui, j'ai un passeport.

Police de l'air et des frontières.
Contrôle des passeports

Au contrôle des passeports

— Vous avez **une pièce d'identité** (ID document)?

Oui, j'ai | **un passeport.**
une carte d'identité.
un permis de conduire (driver's license).

À la douane (customs)

— Vous avez des **bagages** (luggage)?

Oui, j'ai | **une valise** (suitcase).   **un bagage à main** (carry-on bag).
un sac.   **un sac à dos** (backpack).

— Est-ce que vous avez **quelque chose à déclarer**?
Non, je n'ai **rien à déclarer.**

NOTE CULTURELLE

Les Américains qui vont en France ont besoin d'un passeport
(et aussi d'un visa, s'ils veulent faire un long séjour).
   Les citoyens (citizens) des pays de la Communauté Européenne
ont besoin seulement d'une pièce d'identité.

LONDRES BAT+
BOURNEMOUTH

2 Arrivée en France

Cet été, vous faites un grand voyage autour du monde (around the world). Vous arrivez en France,
après avoir visité plusieurs pays. Vous passez au contrôle des passeports et à la douane.
Composez et jouez le dialogue avec votre partenaire.

— Bonjour, monsieur/mademoiselle. Avez-vous une pièce d'identité?
— *(Present an ID document.)*
— Quels pays avez-vous visités avant de venir en France?
— *(Name a few countries.)*
— Avez-vous des bagages?
— *(Indicate the luggage that you are carrying.)*
— Avez-vous quelque chose à déclarer?
— *(Answer negatively.)*
— Où avez-vous acheté . . . ? *(customs officer names two or three things in your luggage,
    such as items of clothing, perfume, souvenirs)*
— *(For each item, mention a different country where you purchased it.)*
— Merci, monsieur/mademoiselle, et bon séjour en France.

A. Les expressions négatives

Note the following negative expressions and their use in the present and the passé composé.

AFFIRMATIVE	NEGATIVE	
quelqu'un *(someone, somebody)*	**ne . . . personne** *(no one, nobody)*	Je **ne** connais **personne** ici. Je **n'**ai rencontré **personne**.
quelque chose *(something)*	**ne . . . rien** *(nothing)*	Je **n'**ai **rien** à déclarer. Je **n'**ai **rien** acheté.
quelque part *(somewhere)*	**ne . . . nulle part** *(nowhere)*	Je **ne** me promène **nulle part**. Je **ne** suis allé **nulle part.**
quelque(s) *(some)*	**ne . . . aucun(e)** *(no, not any)*	Je **n'**ai **aucune** idée. Je **n'**ai acheté **aucun** cadeau.
et / ou *(and/or)*	**ne . . . ni . . . ni** *(neither . . . nor)*	Je **ne** vais **ni** au ciné **ni** au théâtre. Je **n'**ai visité **ni** Paris **ni** Québec.

➡ In the passé composé, negative expressions come AFTER the past participle, except **rien** which comes before.

   Nous **n'**avons vu **personne**.   BUT: Nous **n'**avons **rien** vu.

➡ **Personne** and **rien** can be used as subjects.

   Personne n'a téléphoné.   **Rien n'**est impossible.

> **ALLONS PLUS LOIN**
>
> Note the following constructions:
>
> **quelqu'un, quelque chose**
personne, rien } + **de** + masculine adjective   J'ai rencontré **quelqu'un**
> **d'intéressant.**
>
> **quelqu'un, quelque chose**
personne, rien } + **à** + infinitive   Nous **n'**avons **rien à déclarer.**

B. L'expression ne . . . que

The expression **ne . . . que** is not a negative expression. It is a limiting expression that means *only.* Its equivalent is **seulement**. Note its use in the following sentences.

   Je parle français.
   Je **ne** parle **que** français.   *I speak **only** French.*
   Je **ne** parle français **qu'**en France.   *I speak French **only** in France.*
   Je **ne** parle français en France   *I speak French in France*
   qu'avec mes amis.   ***only** with my friends.*

➡ Note the word order with **ne . . . que:**
   • **ne** comes before the verb
   • **que** comes before the word or phrase to which the restriction applies.

➡ Since **ne . . . que** is not a negative expression, the indefinite and partitive articles do not change after the verb.
   Je mange **des légumes**.   Je **ne** mange **que des légumes**.

1 C'est évident!

Informez-vous sur les personnes suivantes et dites ce qu'elles ne font pas. Utilisez les verbes entre parenthèses et une expression négative: **ne . . . personne, ne . . . rien, ne . . . nulle part**.

▶ Jean-Pierre est timide. (parler à)
  Il ne parle à personne.

1. Carole se repose. (faire)
2. Pauline est très malade. (manger)
3. Marc n'est pas sociable. (inviter)
4. Thomas reste chez lui. (aller)
5. Antoine n'a pas soif. (boire)
6. Philippe ne voyage pas cet été. (partir)
7. Bernard est un nouvel élève. (connaître)
8. Catherine n'a pas d'argent. (acheter)

2 Une mauvaise surprise

Quand Brigitte est rentrée du concert, elle a trouvé la porte et les fenêtres de son appartement grandes ouvertes *(wide open)* et les lumières allumées *(turned on)*. Elle appelle un inspecteur de police qui lui pose les questions suivantes. Brigitte répond négativement. Jouez le rôle de Brigitte.

▶ L'inspecteur: Avez-vous entendu quelque chose?
  Brigitte: **Non, je n'ai rien entendu.**

1. Avez-vous vu quelqu'un quand vous êtes rentrée?
2. Avez-vous observé quelque chose d'anormal?
3. Avez-vous remarqué quelqu'un de suspect?
4. Est-ce que vous avez donné votre adresse à quelqu'un récemment?
5. Est-ce que vous avez fait quelque chose de spécial hier soir?
6. Est-ce que vous avez invité quelqu'un chez vous la semaine dernière?
7. Est-ce que quelqu'un vous a téléphoné dans l'après-midi?
8. Est-ce que quelque chose d'important a disparu *(disappeared)*?
9. Est-ce que quelqu'un est venu réparer l'électricité récemment?
10. Est-ce qu'il y avait quelque chose de grande valeur *(value)* dans votre appartement?

3 À la douane

Vous arrivez à l'aéroport de Dorval à Montréal. Le douanier (joué par votre partenaire) vous pose certaines questions. Répondez-lui en choisissant une expression entre parenthèses.

Vous avez des bagages?

Je n'ai qu'un bagage à main.

(Je n'ai que deux valises.)

QUESTIONS	RÉPONSES
Vous avez des bagages?	(deux valises / un sac à dos / un bagage à main)
Vous avez une pièce d'identité?	(mon passeport / mon permis de conduire / une carte d'étudiant)
Vous avez des cadeaux?	(du parfum / des chocolats / des t-shirts)
Vous avez de l'argent?	(des dollars / des travellers chèques / une carte de crédit)
À part l'anglais, vous parlez d'autres langues?	(espagnol / allemand / français)
Vous allez rester longtemps?	(3 jours / 2 semaines / un mois)
Vous allez visiter plusieurs villes?	(Québec / Montréal / Toronto)

La France en train

■ Le train: c'est plus rapide, plus pratique, et plus sûr!

Pour les vacances de Mardi Gras, Marie-Hélène, une étudiante parisienne, est allée chez sa grand-mère qui habite à Marseille. Elle aurait pu° prendre l'avion ou conduire° sa voiture, mais elle a choisi d'y aller en train. Pourquoi? Parce que c'est plus rapide, plus pratique, et plus sûr. Avec le TGV (Train à Grande Vitesse), on peut aller de Paris à Marseille (650 kilomètres) en 3 heures. Il n'y a pas d'embouteillage,° pas de péage° à payer, et on arrive à sa destination frais et dispos.°

Le TGV, produit de la technologie française, est ce train super rapide qui circule sur un système spécial de rails et peut rouler° à une vitesse de 300 kilomètres à l'heure. La première ligne (Paris-Lyon) a été inaugurée en 1981, mais aujourd'hui le TGV dessert° presque° toutes les grandes villes françaises. Il y a un TGV Sud-est (orange), un TGV Atlantique (bleu) et un TGV Nord... En fait, 50% du service voyageurs est assuré par le TGV. Les autres trains sont peut-être un peu moins rapides, mais ils sont aussi confortables et aussi pratiques.

Les Français sont très fiers° de leurs trains et ceci pour de bonnes raisons:

■ Les trains français sont toujours à l'heure. Ils partent à l'heure indiquée et arrivent à l'heure indiquée. Avec le train, on n'est jamais en retard.

■ Les trains sont propres et confortables. Si on a faim, on peut prendre un repas au wagon-restaurant.° Sur les grandes distances, on peut voyager en wagon-lit.°

■ Le train est bon marché et très flexible. Il y a des réductions de prix pour les jeunes, pour les familles, pour les personnes âgées, pour les personnes qui voyagent souvent. Pour toutes ces personnes, les prix des billets varient selon l'époque où on voyage. Ils sont plus élevés° en période rouge (vacances) ou blanche (week-ends), et moins élevés en période bleue (le reste du temps).

Pour les touristes, il y a d'autres services intéressants. Avec «train + vélo» et «train + auto,» on peut voyager en train et louer un vélo ou une voiture quand on arrive à sa destination. Avec «train + hôtel,» on trouve toujours une chambre d'hôtel.

Les jeunes Américains peuvent acheter un Eurailpass. Cette carte leur permet de sillonner° l'Europe pendant plusieurs semaines pour un prix relativement modique°. Pour beaucoup de jeunes qui utilisent ce système, le train est non seulement un moyen° de transport mais c'est aussi un hôtel, un restaurant, une cafétéria et un lieu où ils peuvent rencontrer d'autres jeunes qui, comme eux, viennent découvrir le vieux continent. ■

Paris à Marseille

✈	(480 km l'heure)	640 km aériens	1h20
SNCF	(≈200 km l'heure)	600 km	3h30
🚗	(100 km l'heure)	773 km	7h35

et vous?

DISCUSSION
Vous allez visiter la France avec votre partenaire. Il/Elle voudrait voyager en avion, mais vous préférez voyager en train. Expliquez-lui les avantages du train. Votre partenaire va poser des questions.

COMPOSITION: UNE LETTRE
Alice, une copine française, va visiter les États-Unis cet été. Elle ne sait pas si elle va voyager en train ou en bus, et elle vous demande votre avis (opinion). Dites-lui quel système vous préférez et expliquez-lui les avantages et les inconvénients de ce système.

---

aurait pu *could have* **conduire** ✽ *to drive* **embouteillage** *traffic jam* **péage** *toll* **frais et dispos** *fresh and rested* **rouler** = *aller* **dessert** *services*
presque *almost* **fiers** *proud* **wagon-restaurant** *dining car* **wagon-lit** *sleeping car* **élevés** *higher* **sillonner** = *voyager à travers* **modique** *low*
moyen *means*

L'EUROTUNNEL

EURO TUNNEL

Aujourd'hui, l'Angleterre n'est plus une île. Avec l'Eurotunnel, on peut maintenant franchir° les 50 kilomètres qui séparent Coquelles (France) et Cheriton (Angleterre) sans quitter la terre ferme.° L'idée d'un tunnel sous la Manche est très ancienne. Le premier projet remonte° à Napoléon et date de 1802. Malheureusement, la rivalité franco-britannique, les guerres européennes, les difficultés techniques, et l'énorme coût financier ont pendant longtemps empêché° la réalisation de ce projet. Finalement, les travaux ont commencé en 1988 et depuis 1994, l'Eurotunnel est une réalité.

L'ANGLETERRE

Londres ☆
Douvres
Cheriton ● ● Calais
Coquelles

LA MANCHE

LA FRANCE

Paris ☆

■ Chaque année, trente millions de voyageurs passent sous la mer pour aller de France en Angleterre, ou vice versa, en moins de 20 minutes.

Chaque année, trente millions de voyageurs passent sous la mer pour aller de France en Angleterre, ou vice versa, en moins de 20 minutes. Il y a en réalité deux tunnels, un tunnel nord et un tunnel sud, permettant le trafic dans les deux sens.° Ces deux tunnels sont exclusivement réservés au trafic ferroviaire,° mais les automobilistes peuvent tout de même° utiliser l'Eurotunnel en chargeant° leurs voitures sur des trains spéciaux.

Imaginez, par exemple, que vous habitez à Paris et que vous voulez déjeuner avec votre copain qui habite à Londres. C'est simple. Si vous préférez le train, vous prendrez le TGV à 9 heures et vous arriverez à Londres à midi et quart. Si, au contraire, vous préférez conduire, vous devez partir plus tôt. Vous prendrez l'autoroute° qui va de Paris jusqu'à l'accès de l'Eurotunnel. Là, vous monterez avec votre voiture sur une navette° spéciale qui vous amènera jusqu'au° terminal britannique. De là vous continuerez votre route. S'il n'y a pas trop d'embouteillages° dans Londres, vous serez à votre rendez-vous pour le déjeuner.

L'Eurotunnel est beaucoup plus qu'un grand exploit technique. Autrefois, la Manche représentait une formidable barrière qui protégeait l'Angleterre contre les invasions, mais qui la maintenait aussi dans son «splendide isolement». Aujourd'hui l'Eurotunnel joint l'Angleterre à la France et, par la France, à l'Allemagne, à la Belgique, à la Hollande et à tout le continent européen. C'est le symbole de la Nouvelle Europe, unie et en paix° avec elle-même. ■

QUESTIONS

1. Comment peut-on aller de Paris à Londres par la terre ferme?
2. Quels ont été les obstacles à la construction de l'Eurotunnel?
3. Pourquoi l'Eurotunnel est-il un grand exploit technique?
4. Quel est le symbole politique de l'Eurotunnel?

---

franchir = traverser   **terre ferme** ground   **remonte** goes back   **empêché** prevented   **sens** = directions   **ferroviaire** railroad   **tout de même** nevertheless
chargeant loading   **l'autoroute** turnpike   **navette** shuttle train   **jusqu'au** up to   **embouteillages** traffic jams   **paix** peace

PARTIE 2

LE FRANÇAIS

PRATIQUE

Partons en voyage

Je voudrais acheter un billet.

Quelle sorte de billet désirez-vous?

En quelle classe?

Un aller et retour.

En classe touriste.

À l'agence de voyage

—Je voudrais | **acheter un billet** (ticket).
réserver une place (seat).
confirmer ma réservation.
annuler ma réservation.
louer une voiture.

> **annuler** to cancel
> **louer** to rent

POUR ACHETER UN BILLET DE TRAIN OU D'AVION

— **Quelle sorte de** billet désirez-vous?
   Un aller simple (one way).   **Un aller et retour** (round trip).

—En quelle classe?
   En **première classe.** | En **deuxième classe** [en train].
   | En **classe touriste** [en avion].

—En quelle section?
   En section **fumeur.**   En section **non-fumeur.**

— **Quel siège** (seat) |
— **Quelle place** | préférez-vous?
   Un siège | près de la fenêtre.
   Une place | près du **couloir** (aisle).

—Voici | votre billet.
   | votre **carte d'embarquement** (boarding pass).

POUR OBTENIR DES RENSEIGNEMENTS (information)

—Est-ce que | **le vol** (flight) pour Nice | est **direct?**
   | le train pour Marseille |

   Non, il y a | **une escale** (stop, stopover [of the plane]) | à Lyon.
   | **une correspondance** (change of plane, train) |

—Est-ce que le vol/le train est **à l'heure** (on time)?
   Non, il est | **en avance** (early).   Il a **dix minutes d'avance.**
   | **en retard** (late).   Il a **une heure de retard.**

   Le vol numéro 23 à destination de Londres est **annulé.**

—Est-ce que le vol/le train est **complet** (full)?
   Non, il y a **de la place** (room).

—Est-ce que ce siège/cette place est **libre** (free)?
   Non, il/elle est **occupé(e).**

À l'aéroport

les horaires · le comptoir · la salle d'attente · le contrôle de sécurité · l'hôtesse de l'air · le pilote · la porte · le steward · un douanier · la livraison des bagages

Les passagers doivent . . .

AU DÉPART	**présenter** leur billet.	
	obtenir leur carte d'embarquement.	**obtenir** to get
	enregistrer leurs bagages.	**enregistrer** to check [luggage]
	se présenter à la porte de départ.	**embarquer** to board [a plane]
	embarquer.	
PENDANT LE VOL	mettre leur bagage à main sous le siège.	**attacher** to fasten
	attacher leur **ceinture de sécurité** (seat belt).	
À L'ARRIVÉE	**débarquer.**	**débarquer** to deplane
	chercher leurs bagages.	**passer par** to go through
	passer par la douane.	

L'avion va **décoller** / **atterrir** dans 10 minutes.

décoller to take off
atterrir to land

> *Mesdames et messieurs, bonjour.*
> *Le capitaine Pasquier et son équipage vous souhaitent*
> *la bienvenue à bord du vol Air France numéro 108*
> *à destination de Montréal.*
> *La durée du vol sera approximativement de 7 heures et*
> *25 minutes et notre arrivée à Montréal est prévue pour*
> *15h38 heure locale.*
> *En prévision du départ, veuillez attacher votre ceinture*
> *de sécurité et vous abstenir de fumer.*

Livraison des bagages
Métro Orlyval porte E - F
et autres moyens de transport

À la gare

la sortie — le guichet — la consigne — le tableau d'affichage — un wagon — un train — le composteur — le quai — QUAI 12

Les passagers doivent . . .

> acheter un billet.
> **composter** le billet.
> **monter dans** leur train.
> **descendre de** leur train à l'arrivée.

composter *to punch [a ticket]*
monter (dans) *to get on [a train]*
descendre (de) *to get off [a train]*

Mais attention, il ne faut pas **rater** le train.

rater *to miss*

Si on rate le train, il faut | prendre | le prochain train.
| attendre | le train suivant.

NOTE CULTURELLE

Avant de monter dans le train, les voyageurs doivent <u>composter</u>
leurs billets. Le <u>composteur</u> indique l'heure et la date à laquelle
le billet a été composté. Pendant le voyage, le <u>contrôleur</u>
(conductor) passe dans les <u>wagons</u> pour contrôler les billets.
Si on n'a pas composté son billet, on reçoit une <u>amende</u> *(fine)*.

SORTIE

Consigne

Toilettes

Attention, attention!
Quai numéro 12.
Le train à destination
de Lille va partir.
Attention au départ.

1 Un voyage en avion

Vous êtes à Genève avec votre partenaire. Demain, vous avez l'intention d'aller à Nice en avion. Décrivez toutes les étapes *(steps, stages)* de ce voyage en avion en mettant les activités suivantes dans l'ordre chronologique.

- attacher nos ceintures de sécurité
- aller à l'aéroport
- débarquer
- embarquer
- dormir un peu
- passer à la douane
- aller à la porte 18
- chercher nos places dans l'avion
- passer au contrôle de sécurité

- aller au comptoir d'Air France
- montrer notre carte d'embarquement à l'hôtesse
- enregistrer nos bagages
- réserver deux places pour Nice
- sortir de l'aéroport
- téléphoner à l'agence de voyage
- chercher nos valises à la livraison des bagages

▶ **D'abord, nous allons téléphoner à l'agence de voyages. Nous allons . . .**

2 Un voyage en train

Maintenant vous allez de Nice à Cannes en train. Avec votre partenaire, décrivez ce que vous allez faire pendant ce voyage, dans l'ordre chronologique.

3 À l'Agence Tours-Soleil

L'Agence Tours-Soleil organise des voyages très bon marché. Choisissez un voyage et une date de départ. Avec votre partenaire, complétez le dialogue correspondant et jouez-le en classe. (Votre partenaire va jouer le rôle de l'agent de voyage.)

L'AGENT: Où désirez-vous aller, monsieur/ mademoiselle?
VOUS: – – –
L'AGENT: Quel jour désirez-vous partir?
VOUS: – – –
L'AGENT: Désirez-vous un aller simple?
VOUS: – – –
L'AGENT: En quelle classe?
VOUS: – – –
L'AGENT: Quelle section préférez-vous?
VOUS: – – –
L'AGENT: Quelle place préférez-vous?
VOUS: – – –
L'AGENT: Désirez-vous louer une voiture? (Quelle voiture?)
VOUS: – – –

VOYAGES TOURS-SOLEIL

DESTINATIONS	DÉPARTS	
Dakar	3 juin	4 juillet
Casablanca	10 avril	5 septembre
Tahiti	8 juillet	2 août
Hong Kong	1er août	3 septembre
Moscou	6 mai	4 juin
Tel Aviv	12 juin	10 août
Fort-de-France	1er juillet	10 septembre

HONG KONG

MOSCOU

HONG KONG
Prenez le temps . . .

MARTINIQUE
LE NORD : SAINT-PIERRE · MORNE-ROUGE · GRAND-RIVIÈRE

4 Pas de chance

Il y a des voyageurs qui n'ont pas de chance. Avec votre partenaire, complétez les échanges suivants.

1. «Est-ce que cette place est libre?»
   «Non, – – – .»

2. «Est-ce que le train est à l'heure?»
   «Non, – – – .»

3. «Est-ce que le vol à destination de Toronto a été confirmé?»
   «Non, – – – .»

4. «Est-ce que le vol est direct?»
   «Non, – – – à Genève.»

5. «Est-ce que le train pour Tours est direct?»
   «Non, – – – à Saint-Pierre.»

6. «Est-ce qu'il y a de la place sur le prochain vol?»
   «Non, – – – .»

5 Train ou avion?

Vous voulez visiter l'Europe avec votre partenaire. Vous n'êtes pas d'accord sur le mode de transport que vous allez utiliser pendant le voyage: train ou avion?

Chacun va choisir un mode de transport (train ou avion) et essayer de convaincre *(to convince)* son partenaire. Présentez vos arguments par ordre de préférence. Qui va gagner le débat? Voici quelques idées:

TRAIN

- C'est moins cher.
- On peut mieux voir le paysage.
- On peut faire connaissance de plus de personnes.
- On peut se déplacer *(to get around)* plus facilement.
- ??

AVION

- C'est plus rapide.
- C'est plus confortable.
- On est moins fatigué.
- On a plus de temps pour visiter le pays.
- ??

6 *Conversations libres*

Avec votre partenaire, choisissez l'une des situations suivantes. Composez le dialogue correspondant et jouez-le en classe.

1 Un voyage à Genève

Madame D'Argent est une femme d'affaires très occupée. Demain matin, elle a un rendez-vous à Genève. Elle téléphone à son agence de voyage qui lui annonce que malheureusement il n'y a plus de place sur l'avion Paris-Genève. L'employé(e) propose d'autres solutions, par exemple, le train, le vol Paris-Londres/Londres-Genève, etc.

Rôles: Madame D'Argent / l'employé(e)

2 Un voyage en avion

Caroline va aller à la Martinique avec son petit frère Julien, 8 ans. C'est la première fois que Julien prend l'avion. Il pose beaucoup de questions à sa soeur qui lui explique comment va se passer le voyage.

Rôles: Caroline / Julien

3 Trop tard!

Aujourd'hui vous partez en France. Malheureusement vous arrivez à l'aéroport avec cinq minutes de retard. Votre avion vient juste de partir. Allez au comptoir d'Air France et expliquez la situation à l'employé(e). (Donnez des précisions sur le vol que vous avez raté.) Demandez-lui de vous trouver une place sur le vol suivant.

Rôles: vous / l'employé(e) d'Air France

4 Contrôle de billets

Vous êtes dans le train Paris-Strasbourg. Vous avez acheté un billet de 2e classe. Vous n'avez pas fait attention et vous êtes allé(e) dans un wagon de 1re classe. Le contrôleur *(conductor)* arrive. Il vous demande de payer un supplément. Vous n'avez pas assez d'argent. Expliquez-lui la situation.

Rôles: vous / le contrôleur

A. Le futur

The FUTURE tense is used to describe what people WILL DO, what WILL HAPPEN.
The verbs in the following sentences are in the future tense.

L'avion **partira** dans dix minutes.	*The plane **will leave** in ten minutes.*
Nous **irons** en France cet été.	*We **will go** to France this summer.*

The future tense is a SIMPLE tense. It is formed as follows:

> FUTURE STEM + FUTURE ENDINGS

INFINITIVE	parler	finir	vendre	FUTURE ENDINGS
FUTURE STEM	parler-	finir-	vendr-	
FUTURE	je **parlerai**	**finirai**	**vendrai**	-ai
	tu **parleras**	**finiras**	**vendras**	-as
	il/elle/on **parlera**	**finira**	**vendra**	-a
	nous **parlerons**	**finirons**	**vendrons**	-ons
	vous **parlerez**	**finirez**	**vendrez**	-ez
	ils/elles **parleront**	**finiront**	**vendront**	-ont
NEGATIVE	je **ne parlerai pas**			
INTERROGATIVE	est-ce que tu **parleras?** **parleras-tu?**			

The stem of the future always ends in **-r.**

➡ For most verbs,

> FUTURE STEM = INFINITIVE *(minus **-e**, if any)*

partir → je **partir**ai   **écrire** → j'**écrir**ai

La prochaine fois, je partirai à temps, je ne m'arrêterai pas en route, et j'arriverai le premier.

ARRIVÉE

➡ Some verbs have irregular future stems.

INFINITIVE	FUTURE STEM	
acheter	**achèter-**	**j'achèterai**
appeler	**appeller-**	**j'appellerai**
payer	**paier-**	**je paierai**
avoir	**aur-**	**j'aurai**
être	**ser-**	**je serai**
aller	**ir-**	**j'irai**
faire	**fer-**	**je ferai**
venir	**viendr-**	**je viendrai**

INFINITIVE	FUTURE STEM	
devoir	**devr-**	**je devrai**
pouvoir	**pourr-**	**je pourrai**
vouloir	**voudr-**	**je voudrai**
envoyer	**enverr-**	**j'enverrai**
recevoir	**recevr-**	**je recevrai**
savoir	**saur-**	**je saurai**
voir	**verr-**	**je verrai**

Also: il y a → **il y aura**   il pleut → **il pleuvra**

Le futur

Pratique ▶

1 Cet été

Demandez à votre partenaire s'il/si elle fera les choses suivantes cet été.
Si votre partenaire répond affirmativement, essayez de continuer la conversation.

▶ travailler?

Tu travailleras cet été?

Oui, je travaillerai.

Ah bon, qu'est-ce que tu feras?

Je serai serveur/serveuse dans un restaurant.

(Non, je ne travaillerai pas.)

- gagner de l'argent?
- rester chez toi?
- écrire à tes copains?
- être chez toi en août?
- avoir un job?
- faire du sport?

- faire du camping?
- aller à la mer?
- avoir l'occasion de voyager?
- aller à l'étranger?
- voir tes grands-parents?
- rendre visite à tes cousins?

2 Des vacances différentes

Cet été vous allez faire les choses de la colonne A. Votre partenaire a des projets différents
(des projets de la colonne B ou d'autres projets). Chacun expliquera ses projets à l'autre.

A	B
aller à la Martinique	aller au Canada
prendre l'avion	prendre le train
louer une voiture	louer un vélo
aller à l'hôtel	faire du camping
manger des plats épicés	manger du homard *(lobster)*
faire de la planche à voile	visiter les Parcs Nationaux
assister aux spectacles folkloriques	voir les matchs de baseball
voir mes copains	rendre visite à mon oncle
se reposer	être très actif/active
??	??

— **Moi, j'irai à la Martinique. Je prendrai l'avion.**
— **Eh bien, moi, je n'irai pas à la Martinique. J'irai au Canada. Je . . .**

3 Procrastination

Vous faites un voyage avec un(e) camarade qui ne fait jamais immédiatement ce qu'il/elle doit faire.
Votre partenaire va répondre à vos questions en utilisant un pronom complément.

▶ visiter le musée (samedi)
   — **Quand est-ce que tu visiteras le musée?**
   — **Je le visiterai samedi.**

1. écrire à tes parents (demain)
2. téléphoner à ta copine (samedi)
3. envoyer ces lettres (ce soir)
4. acheter ton billet (la semaine prochaine)
5. confirmer ta réservation (dans une semaine)
6. acheter des cadeaux (le jour du départ)
7. prendre des photos (pendant le weekend)
8. voir ce monument (dimanche)

Note the different uses of **quitter** and **partir**:

quitter + NOUN	to leave (a place)	Nous **quitterons** l'hôtel à 6 heures.
	to take leave of, to leave (a person)	J'**ai quitté** mon cousin à la gare.
partir	to leave	Je **partirai** demain matin.
partir de	to leave from (a place)	Nous **partirons de** New York.
partir à (en, pour)	to leave for (a destination)	Nous **partons en** France.

4 Un voyage à Québec

Vous allez visiter Québec avec un voyage organisé. Demandez à votre guide (votre partenaire) des détails sur ce voyage. Il/elle va vous répondre sur la base du programme.

N2

Voyage À Québec . . .

vendredi 4 mai

10h25 arrivée à Québec
Air Canada, vol 208

14h00 tour de la ville en calèche

15h30 visite de la Citadelle et des plaines d'Abraham

19h30 dîner dans un restaurant québécois typique

samedi 5 mai

9h30 promenade en bateau sur le Saint-Laurent
après-midi libre

20h30 concert de chansons québécoises

dimanche 6 mai

8h45 excursion à Sainte Anne de Beaupré en autocar

16h38 départ de Québec
Air Canada, vol 209

20

▶ comment / aller à Québec?

— **Comment est-ce qu'on ira à Québec?**
— **On ira en avion.**

- quel jour / arriver à Québec?
- combien de jours / rester?
- comment / faire un tour de la ville?
- quel monument / voir vendredi après-midi?
- où / dîner vendredi soir?
- quand / faire une promenade en bateau?
- quoi / faire dimanche matin?
- comment / aller là-bas?
- quel jour / pouvoir faire du shopping?
- quel jour / revenir aux États-Unis?
- à quelle heure / partir?

SITE HISTORIQUE
MAISON ST-HUBERT
1 km

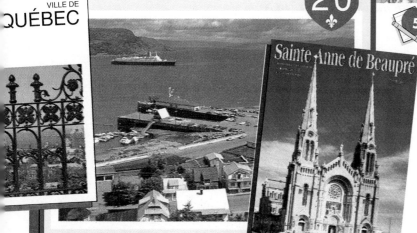

VILLE DE QUÉBEC

Sainte Anne de Beaupré

5 Une lettre

Maintenant écrivez une lettre à votre cousin Patrick. Dans cette lettre, décrivez le voyage que vous allez faire.

Mon Cher Patrick,
    Voici le programme de notre voyage organisé à Québec. Nous partirons le 4 mai. Nous voyagerons en avion...

B. L'usage du futur dans les phrases avec si

Note the use of the future in the following sentences.

Si le bus **n'arrive pas,** nous **prendrons** le train.	**If** the bus **does not come,** we **will take** the train.
Si je **passe** par l'agence de voyage, j'**achèterai** les billets.	**If** I **go** by the travel agency, I **will** buy the tickets.

The above sentences express what WILL HAPPEN *if* a certain condition is met.
They consist of two parts:
- the **si** *(if)* clause, which expresses the condition
- the result clause, which tells what WILL HAPPEN

In French, as in English, the pattern of tenses is:

si-clause: PRESENT	result clause: FUTURE
Si j'**ai** de l'argent,	je **voyagerai**.

N1

C. L'usage du futur après quand

Compare the use of tenses in French and English in the following sentences.

J'**attacherai** ma ceinture **quand** l'avion **partira.**	I **will fasten** my seat belt **when** the plane **leaves.**
Quand nous **arriverons** à Paris, nous **passerons** par la douane.	**When** we **arrive** in Paris, we **will go** through customs.

When referring to future events, the French use the future tense in <u>both</u> the **quand** *(when)* clause and the main clause. The pattern is:

N2

quand-clause: FUTURE	result clause: FUTURE
Quand j'**aurai** de l'argent,	je **voyagerai**.

➡ The future is also used after **quand** when the main clause is in the IMPERATIVE and a future event is implied.

Écris-moi quand tu **seras** à Nice.	*Write me when you **are** in Nice.*

Vocabulaire: Quelques conjonctions de temps

lorsque	*when*	**Lorsque** j'aurai mon passeport, je partirai.
dès que	*as soon as*	J'écrirai à Sylvie **dès que** j'aurai son adresse.
aussitôt que	*as soon as*	Nous vous téléphonerons **aussitôt que** nous serons à Nice.

➡ The future is used after these conjunctions, as it is after **quand.**

6 Attention! ─────────────────────────

Quand on voyage, il faut faire certaines choses sinon on aura un problème.
Exprimez cela pour les personnes suivantes.

PERSONNES	CHOSES À FAIRE	PROBLÈMES
vous	arriver à l'heure	rater la correspondance
nous	se dépêcher	rater le train
Béatrice	réserver à l'avance	ne pas trouver de place
les touristes	confirmer la réservation	payer un supplément
M. Duval	composter le billet	avoir une amende *(fine)*
	avoir un passeport	ne pas pouvoir voyager
	présenter la carte	monter dans l'avion
	d'embarquement	devoir les mettre sous le siège
	enregistrer les bagages	

▶ **Si M. Duval ne se dépêche pas, il ratera la correspondance.**

7 Une question de circonstances ─────────────────────────

Ce que nous faisons dépend des circonstances. Choisissez une question et dites ce que
vous ferez suivant les circonstances. Comparez vos réponses avec celles de votre partenaire.

1. Qu'est-ce que tu feras ce weekend . . .
   - s'il pleut?
   - s'il fait beau?
   - si tu restes chez toi?

3. Qu'est-ce que tu feras après l'école secondaire . . .
   - si tu vas à l'université?
   - si tu veux gagner ta vie?
   - si tu ne trouves pas de travail?

2. Qu'est-ce que tu feras cet été . . .
   - si tu travailles?
   - si tu as assez d'argent?
   - si tu vas à la mer?

4. Qu'est-ce que tu feras plus tard . . .
   - si tu es marié(e)?
   - si tu gagnes beaucoup d'argent?
   - si tu n'aimes pas ton travail?

8 Projets de voyage ─────────────────────────

Choisissez une personne et dites ce qu'elle fera quand elle sera dans un certain endroit.

nous	aller	(l') Égypte	assister à (une corrida, ??)
vous	être	(la) France	voir (les pyramides, ??)
Pauline	visiter	(le) Canada	aller à (un match de hockey, ??)
mes cousins		(les) États-Unis	visiter (le Grand Canyon, ??)
		(l') Espagne	parler (français, ??)
		(le) Mexique	acheter (du parfum, ??)
		(la) Chine	manger (du poulet frit, ??)

▶ **Quand Pauline sera en Espagne, elle parlera espagnol. Elle mangera . . .**

9 S'il te plaît!

Votre partenaire vous dit ce qu'il/elle va faire. Demandez-lui de faire les choses suggérées (ou d'autres choses de votre choix).

> **Je vais aller à la poste.**

> **Eh bien, quand tu iras à la poste, envoie cette lettre, s'il te plaît.**

> **D'accord, j'enverrai cette lettre.**

1. partir
   (fermer la porte)
2. faire les courses
   (acheter du fromage)
3. passer à la bibliothèque
   (rendre ce livre)
4. aller à la gare
   (prendre les billets)
5. aller à l'agence de voyages
   (réserver les places)
6. voir Patrick
   (l'inviter à la boum)

10 Une visite à Genève

Jean-Philippe, un étudiant belge, va aller à Genève. Il écrit à sa copine Nathalie qui habite dans cette ville. Complétez sa lettre avec le présent ou le futur des verbes indiqués.

> Ma chère Nathalie,
>
> Je _____ le vol Swissair 804 qui _____ à Genève le 2 juin à 10h35. Je te _____ dès que je _____ à mon hôtel. Si tu _____ libre, on _____ déjeuner ensemble. Sinon, je _____ un peu, et s'il _____ beau, je _____ un tour en ville.
>
> De toute façon (anyway), on _____ ensemble le soir. Si tu _____, on _____ dans un restaurant qu'un copain m'a recommandé. Quand je te _____, je te _____ les photos que j'ai prises l'année dernière.
>
> Écris-moi lorsque tu _____ cette lettre.
>
> À bientôt,
> Jean-Philippe

(prendre / arriver)

(téléphoner / être)

(être / pouvoir / se reposer)

(faire / faire)

(sortir)

(vouloir / aller)

(voir / montrer)

(recevoir)

N1

11 Bienvenue chez nous!

Votre amie française Frédérique va passer le weekend dans votre ville. Préparez un programme d'activités que vous ferez ensemble et écrivez une lettre à Frédérique où vous expliquez ce programme. Utilisez des verbes comme **aller, voir, visiter, faire, dîner, déjeuner, prendre, se promener, s'arrêter.**

> Ma chère Frédérique,
> Je suis très content(e) que tu passes le weekend dans ma ville. J'irai te chercher à l'aéroport [à la gare / à la station de bus] vendredi soir. Voici ce que nous ferons lorsque tu seras ici. Le samedi matin, nous…

D. Le conditionnel

In the sentences below, the verbs in heavy print are in the CONDITIONAL.

Si c'était les vacances, . . .   *If it were summer vacation, . . .*
- je **voyagerais**   - *I **would travel***
- nous **irions** au Sénégal   - *we **would go** to Senegal*
- vous **n'étudierez pas**   - *you **would not study***

The CONDITIONAL is used to describe what people WOULD DO, what WOULD HAPPEN if a certain condition were to be met.

The CONDITIONAL is a simple tense which is formed as follows:

FUTURE STEM   +   IMPERFECT ENDINGS

INFINITIVE	parler	finir	vendre	aller	IMPERFECT ENDINGS
FUTURE	je **parler**ai	**finir**ai	**vendr**ai	**ir**ai	
CONDITIONAL	je **parlerais**	**finirais**	**vendrais**	**irais**	-ais
	tu **parlerais**	**finirais**	**vendrais**	**irais**	-ais
	il/elle/on **parlerait**	**finirait**	**vendrait**	**irait**	-ait
	nous **parlerions**	**finirions**	**vendrions**	**irions**	-ions
	vous **parleriez**	**finiriez**	**vendriez**	**iriez**	-iez
	ils/elles **parleraient**	**finiraient**	**vendraient**	**iraient**	-aient
NEGATIVE	**je ne parlerais pas**				
INTERROGATIVE	**est-ce que tu parlerais?** **parlerais-tu?**				

➡ Verbs that have an irregular future stem keep the same stem in the conditional.
    avoir **aur**- j'**aur**ais   être **ser**- je **ser**ais

---

12 **Vivement les vacances!** *(Waiting for summer vacation)* ──────────

Les personnes suivantes rêvent des vacances. Dites ce qu'elles feraient et ce qu'elles ne feraient pas. Soyez logique!

▶ Mme Leduc (travailler? se reposer?)
  Mme Leduc ne travaillerait pas. Elle se reposerait.

1. nous (préparer l'examen? voyager?)
2. les élèves (aller à la plage? étudier?)
3. vous (rester chez vous? faire du camping?)
4. Marc (être tout le temps à la plage? regarder la télé?)
5. toi (te lever tôt? dormir jusqu'à dix heures?)
6. moi (faire mes devoirs? sortir avec mes copains?)

Le conditionnel

Pratique ▶

LECTURE

Le mystérieux homme en bleu

AVANT DE LIRE

Quand on lit une histoire illustrée, il est important de regarder les illustrations pour comprendre le sens général. Si on peut deviner° plus ou moins ce qui va arriver, il est beaucoup plus facile de comprendre les détails.

Le mystérieux homme en bleu est une histoire policière illustrée. Avec votre partenaire, regardez bien les illustrations pour avoir une idée générale de ce qui se passe. Avant de commencer la lecture de l'histoire à la page suivante, essayez de répondre aux questions suivantes.

1. Qui est le mystérieux homme en bleu?
   - un détective privé
   - un inspecteur de police
   - un espion international

2. Qui est Caroline?
   - une jeune touriste
   - la complice de l'homme en bleu
   - la cousine de l'homme à la mallette jaune

3. Pourquoi est-ce que la chambre de Caroline est en désordre?
   - Des voleurs sont entrés pour voler ses chèques de voyage.
   - La police est venue chercher des documents volés.
   - L'homme à la mallette est venu chercher son passeport.

Maintenant lisez l'histoire et voyez si vous aviez raison.

deviner *to guess*

Mots utiles

LES PERSONNAGES

un détective privé	*private eye*
un inspecteur de police	*police detective*
un(e) espion(ne)	*spy*
un voleur (une voleuse)	*thief*
un(e) complice	*accomplice*
une bande	*gang*

QUELQUES OBJETS

une loupe	*magnifying glass*
une mallette	*briefcase*
une plaque d'immatriculation	*license plate*

LES ACTIONS

récupérer	*to get back, recuperate*
arrêter	*to arrest*
cacher	*to hide*
voler	*to steal*
sauver	*to save*
disparaître *	*to disappear, to go away*

Le mystérieux homme en bleu

Première partie

Caroline a fait ses valises. Puis elle a pris son passeport et son billet d'avion et elle a appelé un taxi pour aller à Mirabel, l'aéroport international de Montréal. Dans le taxi, Caroline pense au voyage qu'elle va faire. 5
C'est la première fois qu'elle va en France. Elle passera trois semaines là-bas, avec l'argent qu'elle a économisé pendant l'année. Elle espère faire un excellent voyage. Ce sera peut-être un voyage plein d'aventures 10
extraordinaires. Qui sait?

Caroline est arrivée à l'aéroport une heure avant le départ de l'avion Montréal-Paris. Elle est allée au comptoir d'Air Canada où elle a présenté son billet 15
et son passeport et elle a enregistré ses bagages.
Puis, elle est allée dans la salle d'embarquement. Là, elle a immédiatement remarqué un mystérieux homme vêtu de 20
bleu:° pantalon bleu, pull bleu, blouson bleu, casquette bleue et lunettes de soleil. «Quel homme étrange!» a pensé Caroline.

Bientôt° on a annoncé le départ pour Paris. Caroline et les autres passagers sont montés dans l'avion. L'homme en bleu aussi. 25

Caroline est allée à sa place. Le mystérieux homme en bleu est venu s'asseoir derrière elle. Pendant le voyage, Caroline a regardé quelques magazines, puis elle a dîné et elle a vu le film. Après le film, elle a dormi un peu. 30
Quand elle s'est réveillée, Caroline a regardé derrière elle. L'homme en bleu n'était plus là… il avait changé de place.
Finalement, après six heures de vol, l'avion est arrivé à Roissy, l'aéroport de Paris. 35

vêtu de bleu = qui portait des vêtements bleus   **bientôt** = dans peu de temps

Caroline a pris son sac à main et elle est sortie de l'avion. Puis elle est allée chercher ses deux valises. Malheureusement, celles-ci sont très lourdes et Caroline n'est pas très forte. Voyant° l'embarras° de Caroline, un grand jeune homme blond avec une mallette de cuir jaune s'est approché d'elle.

40

– Est-ce que je peux vous aider avec vos valises?

– Ah oui, s'il vous plaît.

– Tenez, prenez ma mallette et moi, je vais porter vos valises.

45

Caroline a pris la mallette du jeune homme et le jeune homme a pris les valises de Caroline. Ils sont passés ensemble à la douane, sans problème.

De l'autre côté de° la douane, il y avait l'homme en bleu. Il a regardé longuement Caroline, puis il a disparu. «Ce type° est vraiment bizarre,» a pensé Caroline.

50

Caroline et son compagnon sont sortis de l'aéroport. Une femme très élégante, dans une petite voiture de sport rouge, attendait le jeune homme. Elle avait l'air un peu irritée de voir Caroline. Le jeune homme a posé les valises de Caroline par terre° et il a appelé un taxi pour elle. Caroline a remercié le jeune homme et elle lui a demandé un petit service.

55

– J'ai promis à mes amies de leur envoyer des photos de moi à Paris. Voici mon appareil. Est-ce que vous pouvez prendre une ou deux photos?

60

– Mais, bien sûr! Avec plaisir!

Caroline s'est mise° à côté de la voiture de sport et le jeune homme a pris plusieurs photos.

– Merci beaucoup.

– Bon séjour en France!

65

Le jeune homme est monté dans la voiture de sport qui est partie très vite. Caroline est montée dans le taxi et elle est allée directement à son hôtel.

voyant = quand il a vu **l'embarras** = la difficulté **de l'autre côte de** = après **ce type** = cette personne
a posé = a mis **par terre** = sur le trottoir (sidewalk) **s'est mise** = est allé se placer

Avez-vous compris?

1. À quelle occasion est-ce que Caroline a rencontré l'homme en bleu pour la première fois? Décrivez-le.
2. Qu'est-ce que Caroline a fait dans l'avion Montréal-Paris?
3. À l'arrivée à l'aéroport, que fait le jeune homme blond pour aider Caroline? Qu'est-ce qu'elle fait en échange?
4. Quel service est-ce que Caroline demande au jeune homme à la sortie de l'aéroport?

À votre avis

Pourquoi la femme élégante était-elle irritée de voir Caroline?
• Elle était jalouse de Caroline.
• Elle était très pressée *(in a hurry)* de partir.
• Elle avait une autre raison. Laquelle?

Deuxième Partie

À l'hôtel, Caroline a défait ses valises. Elle a changé de vêtements et elle est sortie. Elle est allée 70 d'abord dans un café où elle a commandé un café et des croissants. Quelques minutes après, l'homme en bleu est, lui aussi, entré dans le café. 75

«Encore lui!° Mais qu'est-ce qu'il fait ici?» a pensé Caroline.

Elle a fini son café et ses croissants, et elle est sortie du café en vitesse.°

Caroline est allée au jardin du Luxembourg où elle a fait une promenade. Derrière, il y avait l'homme en bleu. Elle a pris un taxi et elle est allée au musée 80 du Louvre. L'homme en bleu est sorti d'un autre taxi et il est entré au Louvre.

«Zut, zut et zut! Pourquoi est-ce que ce type me suit partout?» Caroline est sortie

du musée et elle a pris un bus pour aller aux Champs-Elysées. Elle a regardé derrière elle. Cette fois-ci, l'homme en bleu ne la suivait pas. «Je l'ai finalement 85 perdu… Je suis sauvée!» a-t-elle pensé.

À sept heures, Caroline a décidé de dîner sur un bateau-mouche.* Quelle façon magnifique de passer une première soirée à Paris! Finalement, à onze heures, elle est rentrée à son hôtel. Pas de trace de l'homme en bleu! 90

Quand Caroline a ouvert la porte de sa chambre, elle a tout de suite° vu que celle-ci° était dans le désordre le plus complet. Et debout,° au milieu de la chambre, était l'homme en bleu accompagné de deux hommes en imperméable beige.

«Qu'est-ce que vous faites dans ma chambre? 95 a crié Caroline. Si vous ne sortez pas immédiatement, j'appellerai la police.»

«Mais, mademoiselle, a répondu l'homme en bleu, nous sommes de la police.» Et il a montré sa carte de police à Caroline.

– Qu'est-ce que vous voulez?

– Nous voulons savoir où est la mallette. 100

– Quelle mallette?

– La mallette de cuir jaune que votre complice vous a donnée.

– Je ne comprends pas. De quel complice parlez-vous?

– Allons, mademoiselle, ne faites pas l'innocente.°

– Mais je suis innocente! 105

– Alors, qui est ce jeune homme blond qui est sorti de l'aéroport avec vous ce matin?

– Mais, je ne sais pas! Je ne le connais pas!

---

* Les bateaux-mouches sont des bateaux touristiques qui traversent Paris. Le soir, on peut y dîner.

encore lui = toujours la même personne   **en vitesse** = rapidement
tout de suite = immédiatement   **celle-ci** *the latter* [= sa chambre]   **debout** *standing*   **ne faites pas l'innocente** *don't act innocent*

L'homme en bleu a compris que Caroline disait la vérité. Alors, il a expliqué: 110

«Je suis l'inspecteur de police Louis Legrand. Il y a un mois, des documents secrets très importants ont été volés au Ministère des Transports. Ces documents concernent la construction de la station 115 spatiale franco-canadienne. La semaine dernière, un de nos agents a signalé la présence à Montréal du chef de la bande responsable de ce vol. Cette personne, c'est le jeune homme blond avec qui vous étiez ce 120 matin. Samedi dernier, je suis allé à Montréal pour prendre contact avec notre agent. Grâce aux renseignements,° j'ai pu retrouver la trace du jeune homme en question. Je l'ai suivi quand il a pris l'avion Montréal-Paris.

«À Roissy, il vous a donné la mallette dans laquelle sont les documents. J'ai pensé 125 que vous étiez sa complice. En réalité, il a profité de vous pour passer la mallette à la douane sans problème. Je vous ai suivie parce que je pensais que vous aviez toujours° la mallette. J'ai fait erreur et je m'excuse. Évidemment, le problème pour nous, c'est que nous avons perdu la trace de ce dangereux bandit et de la mallette.»

«Je crois que je peux vous aider,» a répondu Caroline. 130

– Mais comment?

– Attendez demain, et donnez-moi votre adresse.

L'inspecteur Legrand a donné sa carte à Caroline et il a quitté l'hôtel, accompagné de ses deux assistants.

grâce aux renseignements = avec l'information qu'il m'a donnée   **toujours** *still*

Avez-vous compris?

1. Où est-ce que Caroline a revu l'homme après être sortie de l'hôtel? Où est-ce qu'elle l'a perdu?
2. Quelle surprise Caroline a-t-elle eue quand elle est rentrée chez elle?
3. Comment est-ce que l'homme en bleu et ses assistants ont justifié leur présence dans la chambre de Caroline?
4. D'après l'homme en bleu, qui est le jeune homme blond? Pourquoi a-t-il pensé que Caroline était sa complice?

Anticipons un peu!

Comment est-ce que Caroline va aider les policiers à retrouver le jeune homme blond?
- Elle a sa photo.
- Elle a son adresse.
- Elle a un autre renseignement. Lequel?

Troisième Partie

Le lendemain à deux heures 135
de l'après-midi, Caroline est allée voir
l'inspecteur Legrand au quartier général
de la police.

— Bonjour, Inspecteur, j'ai une très
bonne nouvelle pour vous. 140

— Ah bon? Quoi?

— Vous allez pouvoir retrouver
la trace de vos voleurs de documents.

— Vraiment? Comment?

Caroline a ouvert son sac d'où 145
elle a tiré° les photos prises hier à l'aéroport.

— Regardez bien ces deux photos. Je les ai fait développer ce matin.

— Mais ce sont des photos de vous!

— Oui, bien sûr, mais regardez de plus près la voiture de sport rouge.

— Je vois bien. C'est une Alfa-Roméo. 150

— C'est aussi la voiture qu'ont prise le jeune homme et sa véritable° complice
à l'aéroport. Prenez votre loupe. Vous pourrez lire très nettement son numéro
d'immatriculation.

L'inspecteur Legrand a pris sa loupe.

— Vous avez raison, mademoiselle. Je vais alerter immédiatement tous les postes 155
de gendarmerie pour qu'on retrouve cette voiture et ses occupants.

Une semaine après, la police a arrêté
le chef de bande et sa complice et les
documents secrets ont été récupérés.

L'histoire de Caroline a été 160
publiée en première page de tous
les journaux. Caroline a donné
plusieurs interviews à la radio et à
la télévision. Un studio de cinéma lui
a proposé un rôle dans un prochain 165
film et une maison d'édition a pris
contact avec elle pour publier le
récit° de ses aventures.

a tiré = a sorti   **véritable** = réelle   **le récit** = l'histoire

---

Avez-vous compris?	*Et vous?*
1. Qu'est-ce que Caroline a apporté le lendemain?	Imaginez que vous êtes Caroline. Qu'est-ce que vous allez faire?
2. En quoi est-ce que cela a aidé l'inspecteur?	• Accepter l'offre du studio de cinéma?
3. Comment s'est terminée l'histoire pour le jeune homme blond? pour Caroline?	• Écrire le récit de vos aventures?
	Pourquoi avez-vous choisi cette option?

EXPRESSION ORALE **N1** 📄

■ Dramatisation
Avec un groupe de camarades, transformez cette histoire en petite pièce de théâtre et jouez-la.

■ Situations **N2**
Avec votre partenaire, choisissez l'une des situations suivantes. Composez le dialogue correspondant et jouez-le en classe.

---

1 Un coup de téléphone

Caroline téléphone à un(e) ami(e) québécois(e) pour lui raconter ses aventures. L'ami(e) interrompt souvent et lui pose beaucoup de questions sur ce qui est arrivé.
(Utilisez la forme **tu**.)

Rôles: Caroline, son ami(e)

---

2 Une interview

Un(e) journaliste pour Radio-Québec a obtenu une interview avec Caroline et lui pose beaucoup de questions. Il/Elle voudrait savoir ce que Caroline fera si elle accepte la proposition du studio de cinéma ou de la maison d'édition. Caroline est très contente de répondre. (Utilisez la forme vous.)

Rôles: le/la journaliste, Caroline

EXPRESSION ÉCRITE 📄

L'histoire de «l'homme en bleu» est écrite objectivement, et cependant vous avez pu remarquer que l'auteur décrit les événements du point de vue de Caroline. Utilisez votre imagination pour raconter la même histoire d'un autre point de vue. Voici trois options:

■ Le rapport de l'inspecteur de police
L'inspecteur Louis Legrand, qui vient de recevoir les photos de Caroline, écrit un rapport à son chef. Dans ce rapport, il décrit ce qui est arrivé et aussi comment il arrêtera les voleurs.

■ Journal d'un prisonnier
L'homme à la mallette jaune (vous pouvez lui donner un nom) est maintenant en prison. Dans son journal intime, il décrit les événements qui ont mené à son arrestation.

■ Article de journal
Un(e) journaliste écrit un article où il décrit comment la police a récupéré les documents volés. Il utilise un style très direct.

INTERLUDE CULTUREL

■ *Les dates*

■ *Les événements*

- 1715

  *Règne de
  Louis XV*

- 1774

  *Règne de
  Louis XVI*

- 1789: *Prise
  de la Bastille*

  **Révolution
  française**

- 1804

  **Premier Empire:
  Napoléon Ier**

- 1814

- 1830 *Révolution*

- 1852

  *Second Empire:
  Napoléon III*

- 1870

La Révolution française (1789-1799)

La Révolution française est peut-être la période la plus importante de l'histoire de France. Cette révolution a été inspirée par la Révolution américaine. Le 14 juillet 1789, les Français ont pris **la Bastille**, une prison qui était le symbole de l'autorité royale. Le 26 août de la même année, ils ont voté la **Déclaration des Droits de l'Homme et du Citoyen** qui proclamait un principe nouveau: l'égalité et la liberté pour tous les hommes.

Trois ans plus tard, les Français ont aboli la monarchie et ont institué la République. C'est la Révolution qui a donné à la France sa devise:° **«Liberté, Égalité, Fraternité»**.

La Révolution a aussi divisé la France en «départements» et a institué le système métrique.

L'épopée napoléonienne (1799-1815)

Napoléon Bonaparte (1769-1821) était le plus brillant général de la Révolution française. En 1799, à l'âge de 30 ans, il a pris le pouvoir° absolu. Cinq ans plus tard, en 1804, il s'est proclamé empereur des Français sous le nom de **Napoléon Ier**.

À cette époque, la France avait beaucoup d'ennemis: tous les pays d'Europe étaient coalisés° contre elle. Allant de victoire en victoire, «l'Aigle» (c'était le nom que les soldats avaient donné à Napoléon) a battu ses adversaires les uns après les autres. Au passage, Napoléon annexait les pays qu'il venait de conquérir. En dix ans, il a conquis presque toute l'Europe. Mais finalement la chance a tourné et l'armée de Napoléon a été défaite en Russie. Prisonnier des Anglais, Napoléon est mort en exil sur une petite île loin de la France.

Génie militaire, Napoléon a été aussi un grand administrateur. Il a développé l'industrie. Il a encouragé les sciences. Il a ouvert de nombreuses écoles d'ingénieurs. Il a établi une solide administration. Il a institué le **Code Napoléon** qui reste la base du système de justice en France.

N1

---

devise *motto*   **coalisés** = alliés   **chance** *luck*

■ *Les personnes*

Marie-Antoinette, Reine de France

Marie-Antoinette (1755-1793) est peut-être la figure la plus tragique de l'histoire de France. C'était une princesse autrichienne,° mais elle avait autant de sang° français que son mari, **Louis XVI**. Elle a épousé° celui-ci à l'âge de 15 ans et est devenue reine° à 19 ans.

Idéaliste et généreuse, elle a pris parti pour la cause des insurgés américains. C'est en partie grâce à° son influence que Louis XVI a envoyé sa marine et ses meilleures troupes aider les Américains pendant la Guerre d'Indépendance.

Romantique, très belle et pleine° de vie, elle aimait les fêtes. Pendant la Révolution, la famille royale a tenté, sans succès, de s'échapper de France. Arrêtée, Marie-Antoinette a été accusée d'avoir aidé les ennemis de la patrie. Elle a été emprisonnée, jugée, condamnée à mort et guillotinée.

Marie-Antoinette (1755-1793)

Napoléon couronné empereur

L'Empereur Napoléon et sa famille

Napoléon (1769-1821) est né en Corse,° une petite île au sud de la France. À l'âge de dix ans, il est allé en France faire ses études dans une école militaire. Ses camarades se moquaient° de lui parce qu'il parlait français avec l'accent corse. Napoléon, lui, pensait à sa famille à laquelle il était très attaché.

Vingt-cinq ans plus tard, quand il a été couronné empereur, toute sa famille était présente. Napoléon avait trois frères: **Joseph**, **Louis**, **Jérôme**. Quand il a conquis l'Europe, il a donné à chacun un royaume.° C'est ainsi que Joseph est devenu roi d'Espagne, Louis, roi de Hollande, et Jérôme, roi de Westphalie.

Napoléon avait une famille encore plus grande qui était son armée, la «**Grande Armée**». Il a couvert d'honneurs ses généraux victorieux, et il leur a donné des titres rappelant° leurs victoires ou leurs campagnes. Son meilleur général, **Murat**, était aussi son meilleur ami et le mari de sa soeur, Caroline. Napoléon l'a nommé maréchal, grand amiral, prince d'Empire, grand duc de Berg et finalement roi de Naples.

Napoléon avait un fils, qu'il a nommé Roi de Rome à sa naissance, mais qui n'a pas régné. Son neveu, **Charles Louis Napoléon**, est devenu empereur des Français en 1852, sous le nom de **Napoléon III**.

---

autrichienne *Austrian* **sang** *blood* **a épousé** *married* **reine** *queen* **grâce à** *thanks to* **pleine** *full*
Corse *Corsica* **se moquaient de** *were laughing at* **royaume** *kingdom* **rappelant** *recalling*

L'héritage ■
de la Révolution

La **Révolution** est probablement la période la plus importante de l'histoire de France. Elle met fin° à l'**Ancien Régime*** et à ses abus. Elle établit les bases d'un gouvernement démocratique en affirmant l'égalité de tous les citoyens.° Ce fut pendant la Révolution que furent proclamés la République, l'abolition de l'esclavage° et les droits° de l'homme et du citoyen. La Révolution française fut aussi marquée par un énorme effort de centralisation qui unifia la France en donnant un certain nombre d'institutions communes au pays. La plupart de ces institutions subsistent aujourd'hui. Voici quelques institutions françaises qui remontent° à la Révolution.

La prise de la Bastille

Documents: Déclaration des Droits de l'Homme

Déclaration des Droits de l'Homme

Article I

«Les hommes naissent et demeurent libres et égaux en droits.»

Article IV

«La liberté consiste à pouvoir faire tout ce qui ne nuit pas à autrui.»

Article IX

«La libre communication des pensées et des opinions est un des droits les plus précieux de l'homme.»

■ La devise de la France: Liberté, égalité, fraternité

Cette devise° rappelle les objectifs politiques et sociaux de la Révolution. Elle fut adoptée en juin 1793. Malgré plusieurs interruptions, la fameuse trilogie est restée la devise officielle de la France. Aujourd'hui elle figure° sur les documents officiels et sur les pièces de monnaie.

* L'Ancien Régime: entre le 15e siècle et 1789, la France était une monarchie et la société française était divisée en trois ordres: le clergé, la noblesse *(nobility)* et le Tiers État *(third estate).*

met fin à *puts an end to*   **citoyen** *citizen*   **droits** *rights*   **esclavage** *slavery*
remontent *go back*   **devise** *motto*   **figure** *is on*

■ La fête nationale du 14 juillet

La **fête nationale** commémore la prise° de la Bastille par les Parisiens le 14 juillet 1789. Par ce geste symbolique, la population mettait en question° le pouvoir° royal. La Bastille fut démolie et ses pierres servirent à la construction de nombreuses maisons parisiennes. Ce n'est qu'en 1880 que la date du 14 juillet a été adoptée comme fête nationale.

La première fête du 14 juillet en 1790

La «Fête nationale» aujourd'hui

■ Le drapeau bleu, blanc, rouge

Avant la Révolution, il n'existait pas de drapeau national mais uniquement des drapeaux militaires dont les couleurs et les motifs variaient de régiment à régiment. (Le seul symbole national était alors la personne du roi.) L'origine du drapeau français remonte à la prise de la Bastille le 14 juillet 1789. Les révolutionnaires qui participèrent à cet événement portaient au chapeau une cocarde bleue et rouge, aux couleurs de la ville de Paris. Quelques jours plus tard, le roi Louis XVI ajouta° cette cocarde° bleue et rouge à la cocarde blanche royale (le blanc était alors le symbole de la monarchie française), créant ainsi la cocarde tricolore.

Ces trois couleurs — bleu, blanc, rouge — firent leur apparition sur les drapeaux et les étendards° des armées révolutionnaires. En 1830, le drapeau tricolore à bandes verticales égales devint de façon définitive l'emblème national.

■ Marianne: symbole de la République

Marianne

Cette femme coiffée du bonnet révolutionnaire est le symbole de la République française. (On attribue le nom «Marianne» à une citoyenne de Colmar, Marie-Anne Reubell.) Cette figure allégorique apparut d'abord sur les pièces de monnaie de la Révolution. Elle réapparut brandissant un drapeau dans le fameux tableau de Delacroix, *La Liberté guidant le peuple*. Depuis 1880, les bustes de Marianne ornent° toutes les mairies de France et son portrait est représenté sur les timbres et les pièces de monnaie.

Delacroix «La Liberté guidant le peuple»

prise *taking* **mettait en question** *was questioning* **pouvoir** *power* **ajouta** *added* **cocarde** *cockade* **étendards** *military banners* **ornent** = décorent

■ Le musée du Louvre

Situé dans l'ancien palais royal du **Louvre**, le musée du Louvre est une création de la Révolution. Construit au 12e siècle, le Louvre était à l'origine une forteresse. Embelli et maintes° fois transformé, il a été pendant longtemps la résidence des rois de France. Quand Louis XIV a installé sa cour à Versailles, le Louvre est laissé plus ou moins à l'abandon. En 1793, le gouvernement de la Révolution a décidé d'en faire un grand musée national où le peuple pouvait admirer les collections confisquées aux rois de France.

   Sous l'Empire, le Louvre est devenu le Musée Napoléon. Napoléon y apportait les trésors d'art qu'il avait saisis° au cours de ses campagnes à travers° l'Europe. Plus tard, le Louvre s'est enrichi

Le Louvre et la pyramide du Louvre

d'antiquités romaines, grecques, égyptiennes et orientales. Aujourd'hui, c'est l'un des plus grands musées du monde.

■ Les départements français

Les **départements** ont remplacé les «généralités» de l'Ancien Régime. Leur création est le résultat d'une réforme proposée peu avant la Révolution et mise en place en 1790. Le découpage° de la France en départements permettait une administration plus facile du pays. (Il était possible à un homme à cheval de parcourir° un département en une journée.) À l'origine, il y avait 83 départements. Aujourd'hui, il y a 96 départements métropolitains.

maintes = beaucoup de   saisis = pris par force   à travers *across*
le découpage = la division   parcourir *to travel across*

Le franc et la monnaie française

Avant la Révolution, la monnaie consistait en une multitude de pièces d'or, d'argent et de bronze (écus, louis, sous, deniers, liards**) dont la valeur et le poids° pouvaient varier. La Révolution française uniformisa le système monétaire en adoptant une unité décimale, le **franc**, divisible en décimes et centimes.

* **Écus, louis, sous, derniers, liards**: ce sont les noms de ces diverses pièces de monnaie.

Le système métrique

Avant la Révolution, on utilisait des unités de distance, de poids et de volume qui variaient de région en région. Ainsi, suivant les provinces, le pied pouvait représenter 10 ou 12 pouces°. Suivant les villes, la livre° pouvait représenter 12, 14 ou 15 onces. . . Le gouvernement révolutionnaire décida de créer un système simple et uniforme. C'est ainsi que fut créé en 1793 le système métrique décimal.

L'armée nationale

Avant la Révolution, l'armée était un privilège de la noblesse. Pour être officier, il fallait être noble ou acheter sa charge.° Les soldats étaient des engagés° et des mercenaires étrangers. Les armées de la Révolution incorporèrent les Français de toute condition sociale. À la bataille de Valmy (20 septembre 1792), l'armée française crie pour la première fois: «Vive la Nation!»

La bataille de Valmy, 1792

pouces *inches* **poids** *weight* **la livre** *pound* **charge** = **rank** **engagés** = volontaires

■ L'histoire de la «Marseillaise»

LA FRANCE

La «**Marseillaise**» est l'hymne national de la France. Elle a été composée pendant la Révolution, mais, malgré° son nom, elle n'est pas d'origine marseillaise. Où donc est née cette célèbre chanson et dans quelles circonstances? Voici son histoire.

Avril 1792. Nous sommes en pleine effervescence révolutionnaire. La France vient de déclarer la guerre à l'Autriche.° Pour protéger la frontière,° une armée, l'armée du Rhin, a été cantonnée° à Strasbourg. Il y a des soldats partout° dans les rues. Le 24 avril, le maire° de Strasbourg offre un grand banquet aux officiers de la garnison. On mange, on boit, on chante, et on crie des slogans: «Vive la patrie!», «À bas° la tyrannie!», «À bas les ennemis de la France!» La ferveur patriotique et révolutionnaire est à son comble.°

Parmi° les officiers, il y a un jeune capitaine. Il s'appelle **Rouget de Lisle**. Militaire, il aime aussi la poésie et il joue du violon. Le maire de Strasbourg s'adresse à lui: «Dites donc, Rouget, vous êtes bien poète et musicien. Alors, pourquoi est-ce que vous ne composez pas quelque chose pour ces braves soldats qui vont défendre la patrie?»°

Rouget de Lisle ne dit rien, mais, rentré chez lui, il prend son violon et joue quelques notes. Puis il prend une plume° et écrit ces mots sur une feuille de papier: «**Allons, enfants de la patrie. . . Le jour de gloire est arrivé**. . . » Toute la nuit, il travaille et retravaille les paroles et la musique d'un puissant° chant de guerre. Au petit matin, il a fini.

À dix heures, il se présente chez le maire. «Monsieur le maire, j'ai votre chanson.» Il se met° au piano et commence: «Allons, enfants de la patrie. . .» Chez le maire, c'est l'enthousiasme général. Rouget joue et rejoue l'air qu'il a intitulé «Chant de guerre pour l'armée du Rhin».

Le lendemain, le texte de cette chanson est imprimé° et distribué. Quelques jours plus tard, la musique de la Garde Nationale joue cet hymne révolutionnaire sur la place d'Armes° de Strasbourg. Dans la foule,° c'est le délire. Tout le monde reprend en chœur «Marchons, marchons. . .»

Bientôt° le «Chant de guerre pour l'armée du Rhin» est dans la bouche de tous les soldats. Il passe de garnison en garnison. Partout il enflamme les esprits. En juin 1792, la chanson arrive à Marseille. Là, un régiment de volontaires l'adopte comme son chant de marche. Ces soldats marseillais montent à Paris en chantant la redoutable chanson. Le chant de l'armée du Rhin devient le «Chant des Marseillais», puis, plus simplement, la «Marseillaise».

Le 14 juillet 1795, jour anniversaire de la Prise de la Bastille, la Marseillaise devient officiellement l'hymne national, mais pour quelques années seulement. En 1799, la Révolution est terminée. Un peu plus tard, Napoléon devient empereur. Général issu de la Révolution, il se méfie° maintenant de la révolution en général et des chants révolutionnaires en particulier. Il interdit° de jouer la Marseillaise.

La Marseillaise n'est plus l'hymne national français, mais elle devient un hymne révolutionnaire universel. C'est aux accents° de la Marseillaise que se font les révolutions du 19e siècle, en Allemagne, en Italie, dans le monde entier. . . Finalement, la République est rétablie en France et la Marseillaise redevient l'hymne national, mais seulement en 1879.

Depuis 1792, de nouvelles strophes° ont été ajoutées° au texte de la Marseillaise. Aujourd'hui, ce texte est l'objet de controverse. La Marseillaise est, en effet, un hymne terriblement guerrier° qui incite à la lutte° sans merci contre les ennemis de la patrie. À l'heure actuelle, la France n'a plus d'ennemis et elle veut la paix dans le monde. Pourquoi ne pas transformer la Marseillaise en un hymne pour la paix en changeant le texte? Beaucoup de Français seraient d'accord, mais beaucoup d'autres préfèrent garder ce texte traditionnel.

---

malgré in spite of **Autriche** Austria **frontière** border **cantonnée** stationed **partout** everywhere **maire** mayor **à bas** down with
à son comble at its height **parmi** among **patrie** homeland **plume** (quill) pen **puissant** powerful **se met** = s'assied **imprimé** printed
place d'Armes parade ground **foule** crowd **bientôt** soon thereafter **se méfie** is distrustful **interdit** prohibits **accents** tune **strophes** verses
ajoutées added **guerrier** warlike **lutte** fight

MARCHE DES MARSEILLOIS
CHANTÉE SUR DIFERANS THEATRES
Chez Frere Passage du Saumon

La Marseillaise

Allons, Enfants de la Patrie,
Le jour de gloire est arrivé!
Contre nous de la tyrannie,
L'étendard sanglant° est levé,
L'étendard sanglant est levé.
Entendez-vous dans les campagnes
Mugir° ces féroces soldats?
Ils viennent jusque dans nos bras
Égorger° nos fils, nos compagnes.
refrain:
Aux armes, Citoyens!
Formez vos bataillons!
Marchons, marchons!
Qu'un sang impur abreuve nos sillons°!

Claude Joseph Rouget de Lisle (1760-1836)

Dans sa vie, le compositeur de la Marseillaise n'a pas eu de chance. Rouget de Lisle était d'origine noble. Quelque temps après avoir composé le célèbre hymne révolutionnaire, il est accusé d'être royaliste et, paradoxalement, d'être un ennemi de la Révolution. Condamné à mort, il échappe in extremis à la guillotine. (C'est la mort du dictateur Robespierre qui le sauve!)

Rouget de Lisle reprend l'uniforme et il est blessé° au combat. Il quitte l'armée et retourne à sa véritable vocation: la poésie et la musique. Il compose des chansons et écrit des pièces de théâtre, mais celles-ci n'ont pas beaucoup de succès. Vers° la fin de la vie, il n'a plus d'argent, mais beaucoup de dettes. Il meurt dans la misère.

blessé *wounded* **vers** *towards* **étendard sanglant** *blood-stained battle flag* **mugir** *roar* **égorger** *to slit the throats of*
qu'un sang impur abreuve nos sillons *may the impure blood [of our enemies] soak the furrows [of our fields].*

Chef-d'oeuvre° de la littérature française, *Les Misérables* a été adapté plus de 30 fois au cinéma. Plus récemment, une comédie musicale, tirée° du roman, a connu un succès retentissant° en France, en Angleterre et aux États-Unis.

L'action des *Misérables* se passe en France et se déroule° sur une période d'une vingtaine d'années au début du 19e siècle. Le personnage principal s'appelle **Jean Valjean**. Dans sa jeunesse, il a été arrêté pour avoir volé° un pain, un jour d'hiver. Arrêté pour ce menu° larcin,° il a été condamné au bagne* où il passe dix-neuf ans. Après plusieurs tentatives d'évasion,° il est finalement relâché,° mais il sera poursuivi toute sa vie par un policier implacable nommé **Javert**.

Sans argent, Jean Valjean va demander l'aumône° à la porte d'un évêque.° Celui-ci est un homme bon qui non seulement reçoit Jean Valjean, mais le traite comme un égal, l'invite à sa table et lui offre l'hospitalité. La nuit, Jean Valjean quitte la maison de l'évêque en emportant° des plats d'argent. Il est arrêté par la police et reconduit chez l'évêque. Au lieu de l'accuser, ce personnage charitable explique aux policiers qu'il a donné les plats d'argent à Jean Valjean et qu'il n'y a par conséquent aucune raison de l'arrêter.

---

* **Le bagne:** Lieu où on envoyait les hommes condamnés à des travaux forcés. On appelait ces prisonniers des «bagnards» ou des «forçats».

Victor Hugo, écrivain et homme politique

 N1

Victor Hugo (1802-1885), l'auteur des *Misérables*, est l'un des géants de la littérature française. C'est peut-être le plus grand écrivain du 19e siècle. Chef de l'école romantique, il a écrit un grand nombre de poésies, de romans et de pièces de théâtre qui ont fait scandale à l'époque pour leur audacité et leur caractère révolutionnaire.

Victor Hugo a aussi joué un rôle politique important. C'était le fils d'un général de Napoléon. S'il admirait beaucoup cet empereur, il détestait profondément son neveu, Louis-Napoléon, qui avait lui-même pris le pouvoir° par un coup d'état et était devenu empereur sous le nom de Napoléon III. Condamné pour ses idées républicaines, Victor Hugo a été obligé de s'enfuir° en Angleterre où il a passé plusieurs années d'exil.

Victor Hugo est rentré en France après l'abdication de Napoléon, acclamé comme un héros. Devenu sénateur, il a pris le parti des opprimés°, des déshérités, des gens sans protection et sans ressources et il s'est battu° pour la liberté, l'égalité et la justice. C'est cet esprit de compassion pour les petites gens qu'il manifeste dans sa grande oeuvre° *Les Misérables*.

Victor Hugo (1802-1885)

---

chef-d'oeuvre *masterpiece* **tirée de** = basée sur **retentissant** = très grand **se déroule** *takes place* **volé** *stolen* **menu** = petit **larcin** *theft* **tentatives d'évasion** *escape attempts* **relâché** *released* **l'aumône** = la charité **évêque** *bishop* **emportant** = prenant avec lui **pouvoir** *power* **s'enfuir** *to flee* **opprimés** *oppressed* **s'est battu** *fought* **oeuvre** *work*

Cet acte généreux va transformer Jean Valjean. Il prend le nom de **Monsieur Madeleine** et sous ce nom devient un personnage riche et respecté de tous. Élu° maire° de sa ville, il mène° une vie simple et exemplaire. À son tour, il est charitable et généreux avec tout le monde.

Un jour, il apprend qu'un homme vient d'être arrêté pour un vol° que lui, Jean Valjean, a commis autrefois. Pris° de remords, il va se dénoncer à la police. Condamné cette fois à la prison à vie, il arrive° à s'évader,° toujours poursuivi par Javert.

Les années ont passé. Jean Valjean habite maintenant à Paris. Il a recueilli° **Cosette**, une petite orpheline dont il a connu la mère autrefois. Cosette est fiancée à **Marius**, un étudiant aux idées révolutionnaires. Un jour la révolution éclate.° Marius prend la tête d'une barricade. Javert est fait prisonnier par les insurgés, mais Jean Valjean intervient en sa faveur et lui sauve la vie.

Marius est blessé lors d'une contre-attaque des forces gouvernementales. Averti° par **Gavroche**, un gamin° de Paris, Jean Valjean arrive. Il prend Marius dans ses bras et le transporte pendant des kilomètres à travers les égouts° de Paris. Javert l'attend. Il reconnaît l'ancien bagnard évadé. Les deux hommes se font face. Javert n'ose° pas arrêter l'homme qui lui a sauvé la vie. Il se suicide. . . Peu après, Marius et Cosette se marient, et Jean Valjean meurt, heureux d'avoir contribué à leur bonheur.

Gavroche, gamin de Paris

Immortalisé par Victor Hugo dans *Les Misérables*, Gavroche est l'éternel «gamin° de Paris». Il a une douzaine d'années. On ne sait où il vit, ni de quoi il vit. Sa vraie famille, c'est le petit peuple du quartier où il passe ses jours et ses nuits. C'est un rebelle, mais il n'est pas révolté. Il siffle,° il chante. . . Il est libre, insouciant,° joyeux. . . Il n'a peur de rien. Quand la révolution éclate, il monte sur les barricades. Frappé° par une balle,° il meurt héroïquement, en chantant une chanson. **N3**

élu *elected* **maire** *mayor* **mène** *leads* **vol** *theft* **pris par** *seized by* **arrive à** *manages to* **s'évader** *to escape* **recueilli** = *adopté*
éclate *breaks out* **averti** *notified* **gamin** *kid* **égouts** *sewers* **ose** *dares* **siffle** *whistles* **insouciant** *carefree*
frappé *hit* **balle** *bullet*

UNITÉ 6

Séjour en France

Thème et Objectifs

Culture
In this unit, you will discover . . .
- the different places where you can stay while visiting France
- how to use a French guidebook to find a hotel

Communication
You will learn how . . .
- to reserve a hotel room
- to ask for services in a hotel

Langue
You will learn how . . .
- to compare people or things
- to express who or what is the best
- to indicate what belongs to you and what belongs to other people
- to point out specific people or things and ask questions about them

Les jeunes touristes en France

Chaque année, trente-cinq millions de touristes étrangers visitent la France. Ces touristes viennent principalement d'Allemagne, d'Angleterre, de Belgique, de Hollande et d'Italie, mais il y a aussi beaucoup de touristes américains, canadiens, japonais …. Pour accueillir° ces millions de touristes, la France dispose° d'un grand nombre d'hôtels de toutes catégories. Il y a des hôtels très simples et des hôtels très luxueux. Le sommet du luxe consiste à passer quelques jours dans un château historique datant du seizième ou du dix-septième siècle. Là, vous serez vraiment traité comme un prince — ou une princesse! Évidemment, tout le monde n'a pas les moyens° financiers de se payer «la vie de château.» Heureusement, pour les jeunes qui préfèrent l'aventure au confort et au luxe, il y a d'autres solutions moins chères et aussi intéressantes. En voici quelques-unes.

Les auberges de jeunesse

Ce sont des hôtels très bon marché réservés aux jeunes touristes qui sont de passage dans une ville. Certaines auberges ont des chambres individuelles, mais généralement on dort dans un dortoir pour 6 à 10 personnes. L'atmosphère des auberges est sympathique et communale: on rencontre d'autres jeunes venus de tous les pays du monde, on fait la cuisine et on mange ensemble. On parle de ses voyages, on raconte des histoires et on rit° beaucoup. Si le confort est élémentaire,° la bonne humeur est toujours présente.

Pour aller dans les auberges de jeunesse, il faut être âgé de 18 ans et posséder une carte de la FUAJ (Fédération Unie des Auberges de Jeunesse) qu'on peut acheter pour 100 francs. **N3**

Le camping

Il y a différentes façons de faire du camping. On peut aller dans un terrain de camping aménagé.° En France il existe des milliers° de terrains de camping équipés d'eau courante, de WC et de douches. Si on préfère la nature ou la solitude, on peut aussi faire du «camping sauvage.» Dans ce cas, on plante sa tente là où on veut: dans une prairie, dans une forêt, près d'une rivière…. Mais attention! Si on est sur une propriété privée, il faut demander et obtenir° l'autorisation du propriétaire.°

Le séjour à la ferme

Si on aime le grand air et si on n'a pas besoin de grand confort, on peut faire un séjour dans une ferme. Pendant les vacances, beaucoup de fermiers louent des «chambres d'hôte»° pour des prix très raisonnables. Le petit déjeuner est généralement compris° dans le prix de la chambre. Si on veut, on peut prendre les autres repas à la ferme aussi. L'ambiance est familiale et les produits de la ferme (souvent des spécialités régionales) sont absolument délicieux!

En été, il y a beaucoup de travail à faire dans les champs. Les fermiers ont souvent besoin de main d'oeuvre.° Ils recrutent parfois des étudiants pour participer à ces travaux. Dans ce cas le logement et la nourriture sont gratuits° et, en plus,° on reçoit° un peu d'argent.

DISCUSSION

Avec votre partenaire, discutez le sujet suivant:
- Vous allez faire un voyage en France cet été, mais vous n'avez pas beaucoup d'argent. Quelle solution allez-vous choisir pour votre logement? (faire du camping? aller dans les auberges de jeunesse? prendre une chambre dans une ferme? trouver une autre solution?) Expliquez les avantages et les inconvénients de la solution que vous avez choisie.

---

accueillir ✿ to welcome   **dispose** = a   **moyens** = les ressources   **rire** ✿ to laugh   **élémentaire** = rudimentaire   **aménagé** = équipé
milliers thousands   **obtenir** ✿ to get, obtain   **propriétaire** owner   **chambres d'hôte** guest rooms   **compris** = inclus   **main d'oeuvre** = travailleurs
gratuits free   **en plus** in addition   **recevoir** ✿ to get, receive   **reçoit** = gagner

Le Guide MICHELIN

N1

Quand on voyage, il est utile d'avoir des renseignements° pratiques sur les villes qu'on va visiter. Par exemple: Quelles sont les choses les plus intéressantes à voir? Quel est l'hôtel le plus confortable, ou le moins cher? Où sont les meilleurs restaurants? Pour obtenir ces renseignements, on peut téléphoner au bureau de Tourisme de la ville ou on peut suivre° les recommandations d'un ami, mais le plus simple est d'acheter un guide. Le plus célèbre guide français est le Guide Michelin.

Pour chaque ville, le Guide Michelin Rouge présente une sélection d'hôtels et de restaurants (et, si la ville est assez grande, un plan de la ville). Pour chaque hôtel et chaque restaurant de cette liste, tous les renseignements nécessaires sont donnés: adresse, qualité, prix, etc.... Les touristes peuvent facilement choisir les hôtels et les restaurants qui correspondent à leurs goûts . . . et à leurs ressources financières.

Le Guide Michelin est publié chaque année. Pour s'assurer de la qualité d'un restaurant ou du confort d'un hôtel, les inspecteurs Michelin visitent régulièrement, mais à l'improviste,° ces établissements. Suivant° les résultats de l'enquête, un restaurant ou un hôtel peut monter ou descendre de catégorie. Pour les grands restaurants, la classification dans le Guide Michelin est extrêmement importante. Une étoile signifie le succès, deux étoiles l'honneur, trois étoiles la gloire. Dans toute la France, il y a seulement 19 restaurants «trois étoiles.»

une étoile   **deux étoiles**   **trois étoiles**

La société Michelin

Michelin est l'une des plus grandes entreprises françaises. Son activité principale n'est pas la publication de guides touristiques, mais la fabrication des pneus.° Aujourd'hui Michelin est le deuxième producteur de pneus du monde avec 18% de la production mondiale.

Le succès de cette firme remonte° à l'invention en 1891 du pneumatique démontable° avec chambre à air° par deux frères, André et Édouard Michelin. Cette invention a d'abord été appliquée à la bicyclette, puis à la voiture à cheval et finalement à l'automobile. Premier succès: en 1895, une voiture équipée de pneus Michelin a terminé la course Paris-Bordeaux-Paris, faisant ainsi la preuve° qu'on pouvait rouler° sur de l'air. En 1899, grâce° au pneu, une autre automobile, la «Jamais Contente» a atteint° pour la première fois la vitesse° alors inimaginable de 100 kilomètres à l'heure.

Pour encourager la vente des pneus, il fallait encourager le tourisme. Pour cela, les frères Michelin ont eu l'idée géniale de publier des cartes et des guides touristiques (les Cartes et les Guides Michelin). Le Guide Michelin a été créé en 1900. Jusqu'en 1920, il était distribué gratuitement° à tous les automobilistes. Aujourd'hui, c'est le «best seller» français: 1.500.000 exemplaires° du fameux guide rouge sont vendus chaque année dans le monde!

---

renseignements = informations   **suivre** ✳ to follow   **l'improviste** unannounced   **suivant** according to   **pneus** tires   **remonte** goes back
démontable which can be removed   **chambre à air** innertube   **preuve** = prouvant   **rouler** drive   **grâce à** thanks to   **atteindre** ✳ to reach
vitesse speed   **gratuitement** free of charge   **exemplaires** copies

N2

Comment lire le Guide Michelin

Imaginez que vous allez visiter le château d'Amboise, près de Tours. Vous avez réservé une chambre à l'hôtel Belle Vue. Voici la description de cet hôtel:

	1	2	3	4	5

🏨 **Belle Vue** sans rest, 12 quai Ch. Guinot, 📞 47 57 02 26 – 🛗 📺 ☎. ▣
20 mars-15 nov. – ☕ 32 – **33 ch** 250/300.

	6	7	8

1 la catégorie
L'hôtel Belle Vue est un hôtel confortable. (C'est un hôtel de bon confort.)

2 le restaurant
Cet hôtel n'a pas de restaurant. (Il est sans restaurant.)

3 l'adresse et le numéro de téléphone
Cet hôtel est situé 12, quai Charles Guinot. Le numéro de téléphone est le 47 57 02 26.

4 les éléments de confort
Il y a un ascenseur. Les chambres ont la télévision et le téléphone.

5 mode de paiement
On accepte les cartes bancaires: Visa et Mastercard.

6 période d'ouverture
L'hôtel est ouvert du 20 mars au 15 novembre.

7 le petit déjeuner
Le petit déjeuner coûte 32 francs.

8 le nombre et le prix des chambres
Il y a 33 chambres. Le prix des chambres est de 250 à 300 francs par jour.

MICHELIN

	Catégories	
🏰	Grand luxe	XXXXX
🏨	Grand confort	XXXX
🏨	Très confortable	XXX
🏨	De bon confort	XX
🏛	Assez confortable	X
🏠	Simple mais convenable	

❀❀❀	La table vaut le voyage	
❀❀	La table mérite un détour	
❀	Une très bonne table	
Repas	Repas soigné à prix modérés	100/130
☕	Petit déjeuner	
enf. 55	Menu enfant	

🏨 ✕	Menu à moins de 75 F

🏨 ... 🏠	Hôtels agréables
XXX ... X	Restaurants agréables
⪡	Vue exceptionnelle
⪡	Vue intéressante ou étendue
🦢	Situation très tranquille, isolée
🦢	Situation tranquille

🌳	Repas au jardin ou en terrasse
👟	Salle de remise en forme
⌇ ⌇	Piscine en plein air ou couverte
🎾	Jardin de repos – Tennis à l'hôtel

🛗	Ascenseur
🚭	Non-fumeurs
▣	Air conditionné
☎	Téléphone dans la chambre
☎	Téléphone direct
♿	Accessible aux handicapés physiques
🅿 🚗	Parking – Garage
🏛	Salles de conférence, séminaire
🐕	Accès interdit aux chiens
▣▣	American Express – Diners Club
▣	Carte Bancaire
▣	Japan Card Bank

AMBOISE

🏨 ❀ **Le Choiseul**, 36 quai Ch. Guinot 📞 47 30 45 45, Télex 752068, Fax 47 30 46 10, ⪡, 🌳,
« Élégante installation, piscine et jardin fleuri » – ▣ rest 📺 ☎ 🚗 🅿 – 🏛 80. ▣
fermé 29 nov. au 16 janv. – **R** 200/380 et carte 230 à 370 – ☕ 75 – **28 ch** 520/900, 4 appart.
– ½ P 635/825.   B **v**
Spéc. Marbré de foie gras et ris de veau Sandre poché au beurre blanc. Croquant aux griottines.

🏨 **Novotel** Ⓜ, S : 2 km par ③ rte de Chenonceaux 📞 47 57 42 07, Télex 751203,
Fax 47 30 40 76, ⪡, 🌳, ⌇, ✕ – ▣ 🚭 ch 📺 ☎ ♿ 🅿 – 🏛 300. ▣ ① ▣
R carte environ 150, enf. 50 – ☕ 50 – **121 ch** 400/560.

🏨 **Belle Vue** sans rest, 12 quai Ch. Guinot 📞 47 57 02 26 – 🛗 📺 ☎. ▣ 🐕   B **s**
20 mars-15 nov. – ☕ 32 – **33 ch** 250/300.

🏨 **Parc**, 8 av. L. de Vinci 📞 47 57 06 93, Fax 47 30 52 06, 🌳, parc – ☎ 🅿 ▣ ▣ 🐕 rest
hôtel : fermé 15/12 au 15/1 et hors sais. ; rest. : fermé nov. à fév., dim. hors sais. et
lundi midi – **R** 95/210, enf. 65 – ☕ 40 – **17 ch** 230/425 – ½ P 260/350.   B **y**

🏨 **Ibis**, E : La Boitardière par ③ et D 31 : 3 km 📞 47 23 10 23, Télex 752414, Fax 47 57 31 41,
🌳, 🚭 ☎ ♿ 🅿 – 🏛 30 à 120. ▣ ▣
R 98 🍷, enf. 39 – ☕ 33 – **70 ch** 270/330.

🏨 **La Brèche**, 26 r. J. Ferry par ① 📞 47 57 00 79, 🌳, 🚭 – ☎ 🚗. ▣ 🐕 ch
fermé 24 déc. au 15 janv. et dim. soir hors sais. – **R** 75/165 🍷, enf. 49 – ☕ 29 – **12 ch**
180/280 – ½ P 165/230.

🏨 **Blason**, 11 pl. Richelieu 📞 47 23 22 41, Fax 47 57 56 18, 🌳 – ▣ rest 📺 ☎ ♿ ▣ ① ▣
fermé fév. (sauf hôtel) et mars – **R** (fermé sam. midi et jeudi hors sais.) 75/215 – ☕ 32 –
29 ch 290/320 – ½ P 255.   B **a**

74

REPAS

enf. 55	Prix du menu pour enfants
⬥	Établissement proposant un menu simple à moins de 75 F
R70/120	Menu à prix fixe minimum 70 maximum 120
70/120	Menu à prix fixe minimum 70 non servi les fins de semaine et jours fériés
bc	Boisson comprise
🍷	Vin de table en carafe
R carte 130 à 285	**Repas à la carte** - Le premier prix correspond à un repas normal comprenant: hors-d'oeuvre, plat garni et dessert. Le 2ᵉ prix concerne un repas plus complet (avec spécialité) comprenant: deux plats, fromage et dessert.
☕ 30	Prix du petit déjeuner (généralement servi dans la chambre)

À VOTRE TOUR
Choisissez un autre hôtel à Amboise et décrivez-le à votre partenaire.

LE FRANÇAIS PRATIQUE

À l'hôtel

Je voudrais une chambre.

J'aimerais une chambre pour une personne.

Bonjour, monsieur. Vous désirez?

Quel genre de chambre désirez-vous?

Où loger?

On peut	aller loger séjourner passer la nuit	dans	un hôtel de luxe. un hôtel **bon marché** mais confortable. une **auberge** (inn) à la campagne. une **auberge de jeunesse** (youth hostel).

loger *to stay*
séjourner *to stay*

À la réception (reception desk)

— Bonjour, mademoiselle/monsieur. Vous désirez?

Je voudrais Je voudrais **réserver**	une chambre.

— **Quel genre** (type) de chambre désirez-vous?
   J'aimerais une chambre . . .

N1

pour une personne à un lit	pour deux personnes à deux lits

avec	**douche** **salle de bains privée** **téléphone** **télévision**	**la climatisation** (air conditioning) **l'air conditionné** **un balcon** **une belle vue** (view)

CHAMBRES AVEC   TÉLÉPHONE   BAIGNOIRE OU DOUCHE et WC   CABINET DE TOILETTE

— **Combien de temps** | **comptez**-vous rester?
  Jusqu'à (until) **quand**
      Je compte rester . . .
          | deux nuits   jusqu'à mardi
          | une semaine   jusqu'au 12 juillet
                             du 2 au 15 juin

— Comment allez-vous payer?
      Je vais payer . . .
          | **en espèces** (cash)   **avec des chèques de voyage**
          | **par chèque**   **avec une carte de crédit**

— Vous avez la chambre 315.
  Voici votre **clé** (key).

RENSEIGNEMENTS SUPPLÉMENTAIRES

— Est-ce que l'hôtel a . . .
      une piscine
      une salle d'exercices
      le service dans les chambres (room service)
      un ascenseur
      un accès pour personnes handicapées

— Est-ce que je pourrais avoir une chambre . . .
      plus grande   **plus claire**
      plus spacieuse   **mieux située**
      plus confortable   **moins chère**
      plus calme   **moins bruyante**

— Combien coûte . . .
      | la chambre   **la pension complète** (full room and board)
      | le petit déjeuner   **la demi-pension** (room, breakfast and dinner)

| compter | to plan, to count on |

N2

EUROCARD
LA CARTE MAITRESSE

spacieux	roomy
clair	sunny
bien situé	well located
bruyant	noisy

ASCENSEUR

Étages	Restaurant *le Panoramique*		16
			15
	13	14	12
	10	11	9
	7	8	6
	4	5	3
	1	2	
Rez-de-chaussée	R	Réception Coiffeur	
		Boutiques Restaurant	
Sous-sol	SS	Piscine Garage	
		Salle d'exercices	

PETIT DÉJEUNER

1 La chose la plus importante

Quand on voyage, il est toujours agréable de séjourner dans des hôtels confortables. Voici certains éléments de confort symbolisés par des illustrations.

Liste

1.
2.
3.
4.
5.
6.

Quels sont les six éléments que vous considérez être les plus importants pour vous?

- Établissez votre liste en écrivant le nom de ces éléments par ordre d'importance.
- Comparez votre liste avec celle de votre partenaire.
- Quels sont les éléments que vous avez en commun avec votre partenaire?

2 Créa-dialogue: À l'hôtel Saint-François

Les touristes suivants veulent réserver une chambre à l'hôtel Saint-François. Choisissez l'un(e) de ces touristes. Avec votre partenaire, composez et jouez le dialogue entre ce/cette touriste (T) et le/la réceptionniste (R) de l'hôtel.

R: Allô, ici Hôtel Saint-François, bonjour!
T: *Say hello and say that you would like to reserve a room.*
R: *Ask what type of room the client would like.*
T: *Describe the room you would like to have, giving as many details as you wish.*
R: *Ask how long the client wants to stay.*
T: *Answer by giving the length of your stay.*
R: Je peux vous réserver une chambre *(give a price between 50 and 200 dollars).*
T: *Say whether you are going to take the room or not. If not, say thank you and goodbye.*
R: *If the client accepts, ask how he/she is going to pay.*
T: *Indicate your mode of payment.*
R: Parfait! Je vous réserve votre chambre.

TOURISTES

- un(e) étudiant(e) qui n'a pas beaucoup d'argent
- un professeur de français en vacances
- un(e) représentant(e) de commerce *(travelling salesperson)* en voyage d'affaires *(business trip)*
- un(e) journaliste
- un(e) millionnaire avec sa femme/son mari
- un couple de jeunes mariés *(newlyweds)*
- un couple de retraités *(retired couple)*

Conversations libres

Avec votre partenaire, choisissez l'une des situations suivantes. Composez le dialogue correspondant et jouez-le en classe.

1 Un touriste difficile

Vous êtes réceptionniste dans un hôtel à Québec. Un(e) touriste très difficile veut une chambre. Vous lui montrez plusieurs chambres, mais le/la touriste difficile veut toujours quelque chose de différent. Il/elle n'est jamais satisfait(e).

Rôles: le/la réceptionniste, le/la touriste

2 Une auberge de campagne

Vous voyagez en France avec toute votre famille — 5 personnes au total. Un soir vous arrivez dans une petite auberge de campagne. Vous n'avez pas réservé. L'hôtelier *(innkeeper)* vous informe qu'il y a seulement deux possibilités: une très petite chambre sans confort et un grand appartement très confortable mais très cher. Négociez avec lui.

Rôles: le/la touriste, l'hôtelier

3 Une erreur

Vous avez réservé une chambre bon marché dans un grand hôtel à la Martinique. Quand vous arrivez, on vous donne un magnifique appartement avec plage privée. Vous vous installez. Dix minutes après, la réceptionniste vous téléphone pour vous dire qu'il y a erreur et que vous devez changer de chambre. Négociez avec la réceptionniste pour garder votre appartement.

Rôles: la réceptionniste, le/la touriste

4 Déception

Vous allez passer deux semaines en Normandie avec votre famille. Avant votre départ, votre agence de voyages vous a réservé des chambres dans «une auberge de campagne très pittoresque». En réalité, c'est un vieil hôtel sans confort situé près d'une gare où passent des trains toute la nuit. À votre retour, vous passez chez votre agent de voyages pour vous plaindre *(to complain)*.

Rôles: le/la touriste, l'agent de voyages

5 La note

Vous venez de passer une semaine dans une petite auberge en Touraine. Au moment de payer, vous présentez votre carte de crédit américaine. La propriétaire vous dit que l'hôtel accepte seulement l'argent français. Expliquez la situation et négociez une solution.

Rôles: le/la touriste, la propriétaire

AMBOI
...berge de la ramberge

4 Une lettre de réservation

Vous voulez passer plusieurs jours cet été dans la ville d'Amboise avec votre cousin(e). Consultez le Guide Michelin (à la page 229) et choisissez un hôtel. Écrivez une lettre de réservation, en suivant le modèle proposé.

Annuelle 30/10-31/3 - Heb. rest. lundi sa

Auberge Saint~Christophe
Caves Médiévales~Diners aux Chandelles
2, rue de l'Église
95 510 ~ Vétheuil
téléphone 34 78 11 50   fermé le mercredi

938 Grant Place
Boulder, CO 80302 USA
le 10 avril 199__

Novotel
Route de Chenonceaux
37400 Amboise, France

N2

Monsieur, Madame,

Je voudrais réserver une chambre non-fumeur pour une personne. Je préférerais une chambre avec une vue sur le château. J'arriverai à Amboise le 21 juillet et je partirai le 23.

Dans l'attente de votre confirmation, je vous prie d'agréer, Monsieur, Madame, l'expression de mes sentiments distingués.

Patricia McDougall

Patricia McDougall

A. Le comparatif

Comparative constructions are used to compare people or things.

Cet hôtel est **aussi moderne que** l'autre.   *This hotel is **as modern as** the other one.*
J'ai **moins d'argent que** vous.   *I have **less money than** you.*

ADJECTIVES AND ADVERBS

+	**plus**			**plus** moderne **(que)**	**more** modern **(than)**	REVIEW MATERIAL
–	**moins**	ADJECTIVE (or ADVERB)	**(+ que)**	**moins** moderne **(que)**	**less** modern **(than)**	
=	**aussi**			**aussi** moderne **(que)**	**as** modern **(as)**	

➡ STRESS PRONOUNS are used after **que**.

Je suis aussi intelligent **que toi**.

➡ The comparative of the ADJECTIVE **bon/bonne** is **meilleur/meilleure**.
The comparative of the ADVERB **bien** is **mieux**.
Compare:

Je suis **meilleur** en tennis **que** toi.   *I am **better** at tennis **than** you.*
Je joue **mieux**.   *I play **better**.*

N1

NOUNS

+	**plus de**			**plus d'**argent **(que)**	**more** money **(than)**	EXPANSION MATERIAL
–	**moins de**	NOUN	**(+ que)**	**moins d'**argent **(que)**	**less** money **(than)**	
=	**autant de**			**autant d'**argent **(que)**	**as much** money **(as)**	

1 Ah, le bon vieux temps!

Monsieur Ladoux a passé toute sa vie dans le même village. Il se souvient du bon temps de sa jeunesse où tout était meilleur qu'aujourd'hui. Jouez le rôle de Monsieur Ladoux. Soyez logique!

▶ air / pur?

Autrefois, l'air était plus pur.

1. les rivières / polluées?
2. les produits / artificiels?
3. la nourriture / bonne?
4. les jeunes / sérieux?
5. les gens / préoccupés par l'argent?
6. les relations entre les gens / bonnes?
7. la société / matérialiste?
8. les problèmes de l'existence / compliqués?
9. la vie / simple?

2 Où loger?

Vos amis et vous, vous voyagez en Touraine. Où allez-vous loger? Dans une auberge de campagne *(country inn)* ou dans un grand hôtel à Tours? Avec votre partenaire (ou votre groupe), faites une liste des avantages que vous désirez et classez-les par ordre d'importance. Faites votre choix sur la base de cette liste.

Auberge de campagne	**Grand hôtel en ville**
• C'est moins cher.	• C'est plus luxueux.
• C'est plus calme.	• C'est plus confortable.
• On s'y repose mieux.	• Les chambres sont mieux équipées.
• La nourriture est meilleure.	• La piscine est plus grande.
• On mange plus de produits naturels.	• Le service est mieux organisé.
• L'air est plus pur.	• On est servi plus rapidement.
• Les chambres sont moins bruyantes.	• On visite plus facilement la ville.
• Le service est plus personnel.	• Il y a plus de choses à faire.
• On dort mieux.	• Il y a plus de choses intéressantes à faire.
• ??	• ??

3 Décisions, décisions

Avec votre partenaire, discutez les choix suivants. Chacun va expliquer son choix et essayer de convaincre l'autre personne. Utilisez les suggestions suivantes ou votre imagination.

Tu vas visiter le Canada ou le Mexique?

Je vais visiter le Mexique.

Ah bon? Pourquoi?

C'est un pays plus accueillant!

D'accord, mais le Canada est un pays aussi accueillant et plus pittoresque. . . .

▶ Visiter le Canada ou le Mexique?
   C'est un pays (intéressant? pittoresque? accueillant [welcoming]?. . .)

1. Visiter San Francisco ou New York? C'est une ville (jolie? grande? intéressante? polluée? . . .)
2. Prendre l'avion ou le train? C'est un transport (cher? rapide? dangereux? polluant? . . .)
3. Étudier le japonais ou l'espagnol? C'est une langue (facile? difficile? utile? . . .)
4. Dîner dans un restaurant italien ou chinois? La nourriture est (bonne? légère? riche en calories? chère? naturelle? . . .)
5. Manger du poulet frit ou de la sole? C'est un plat (bon? naturel? léger? riche en calories? . . .)
6. Apprendre à faire du parapente ou de la voile? C'est un sport (facile? dangereux? spectaculaire? excitant?. . .)

4 C'est évident!

Comparez les choses ou les personnes suivantes en utilisant l'adjectif entre parenthèses. Faites une autre comparaison en utilisant la phrase qui suit. Soyez logique!

N2

▶ Jacques (**+ pauvre**) Annie / Il a de l'argent.
   Jacques est plus pauvre qu'Annie. Il a moins d'argent.

1. Nathalie (**+ sportive**) Philippe / Elle fait du sport.
2. Roger (**+ économe**) Antoine / Il dépense de l'argent.
3. Albert (**= brillant**) Thérèse / Il a des idées originales.
4. Sandrine (**– heureuse**) Sophie / Elle a des problèmes.
5. les voitures américaines (**= économiques**) les voitures japonaises / Elles consomment de l'essence *(gas)*.
6. l'hôtel Méridien (**+ grand**) l'hôtel Ibis / Il a des chambres.

B. Le superlatif

Superlative constructions are used to compare people or things with the rest of a group.

Voici l'hôtel **le plus moderne de** la ville.	*Here is **the most modern** hotel **in** the city.*	
Et voilà **le plus petit** hôtel.	*And here is **the smallest** hotel.*	**N1**

REVIEW MATERIAL ↗

ADJECTIVES		
le/la/les $\left\{ \begin{array}{c} \textbf{plus} \\ \textbf{moins} \end{array} \right\}$ + ADJECTIVE (+ **de**)	**le/la/les plus** moderne(s) **(de)** **le/la/les moins** moderne(s) **(de)**	*the most modern (in)* *the least modern (in)*

➡ After a superlative construction, **de** is used to introduce the reference group.

➡ The superlative of **bon / bonne** is **le meilleur / la meilleure** *(the best)*.

   Voici **le meilleur** restaurant du quartier.

➡ In a superlative construction, the position of the adjective (<u>before</u> or <u>after</u> the noun) is usually the same as in the regular construction. Note that when the adjective comes AFTER the noun, the article (**le, la, les**) is used twice.

   le plus grand musée   **le** musée **le plus** intéressant   **N2**

➡ A superlative construction may be introduced by a possessive adjective.   **N3**

   Compare: **ma plus belle** veste   **mon** livre **le plus intéressant**

ADVERBS	
le plus **le moins** $\Big\}$ + ADVERB	Qui voyage **le plus souvent?** Qui voyage **le moins vite?**

EXPANSION MATERIAL

➡ The superlative of **bien** is **le mieux.**

   C'est moi qui joue **le mieux** au volley.

NOUNS	
le plus de **le moins de** $\Big\}$ + NOUN	C'est moi qui ai **le plus d'idées** mais **le moins d'argent.**

EXPANSION MATERIAL

VOICI LA CHAMBRE LA MOINS CHÈRE DE L'HÔTEL.

C'EST AUSSI LA PLUS BRUYANTE!

5 Compliments

Faites un compliment à votre partenaire.
Il/elle va vous faire un compliment aussi.

• amusant	• intelligent
• sympa	• patient
• gentil	• étonnant *(amazing)*
• drôle	• mignon
• intéressant	• dynamique
• sportif	• ??

Alice, tu es la fille la plus intelligente de mes amies.

Et toi, David, tu es le garçon le plus drôle de mes amis.

6 Au Bureau de Tourisme

Vous travaillez au Bureau de Tourisme. Des touristes (vos partenaires) cherchent
des hôtels avec l'une des caractéristiques suivantes. Renseignez-les.

▶ — Je cherche un hôtel.
— Quelle sorte d'hôtel cherchez-vous?
— Un hôtel <u>calme.</u>
— L'hôtel le plus calme de la ville est l'hôtel Bellevue.

- calme
- grand
- cher
- confortable
- bon marché
- petit

Bureau de Tourisme				
HÔTEL	NOMBRE DE CHAMBRES	CONFORT	CALME	PRIX DES CHAMBRES
Hôtel Ibis	45	✶ ✶	🐭	300 F
Hôtel Napoléon	150	✶ ✶ ✶	🐭 🐭	600 F
Hôtel d'Isly	18	✶	🐭	250 F
Hotel Bellevue	30	✶ ✶ ✶ ✶	🐭 🐭 🐭	800 F

7 Le meilleur choix

Vous voyagez avec votre partenaire.
Expliquez-lui pourquoi vous faites certains choix.

▶ aller dans cet hôtel   (moderne / la ville)

— Allons dans cet hôtel!
— Pourquoi cet hôtel?
— C'est l'hôtel le plus moderne de la ville.
— Alors, d'accord!

1. visiter ce musée (intéressant / la région)
2. prendre ce train (rapide / la journée)
3. acheter ces souvenirs
   (bon marché / le magasin)
4. dîner dans ce restaurant (bon / le quartier)
5. choisir ce plat (typique / le menu) `N4`

8 Les Oscars `N5`

Dites qui à votre avis est le/la meilleur(e)
dans les catégories suivantes.

- un bon acteur
- une bonne actrice
- un athlète sympathique
- une comédienne amusante
- un bon film de l'année
- une comédie drôle
- une émission *(TV program)* intéressante
- un sport intéressant
- une classe facile
- une bonne équipe de basket

▶ **Quel est le sport le plus intéressant?
À mon avis, c'est le football.
(C'est le sport le plus spectaculaire.)**

9 Au Syndicat d'Initiative

(At the Chamber of Commerce)

Vous travaillez pour
le Syndicat d'Initiative de
votre ville. Votre bureau
vient de recevoir la lettre
suivante d'un(e) touriste
français(e). Répondez à
sa lettre.

Monsieur, Madame,

Nous pensons visiter votre ville
le mois prochain. Pourriez-vous
nous indiquer:

un hôtel moderne
un bon restaurant
des boutiques intéressantes
des endroits pittoresques.

En vous remerciant de votre
attention, je vous prie de croire,
Monsieur, Madame, à l'expression
de mes sentiments distingués.

Jacques Delavigne

Jacques Delavigne

**OFFICE DE TOURISME
SYNDICAT D'INITIATIVE**

Monsieur,

Nous vous remercions de
l'intérêt que vous portez à
notre ville. Permettez-moi de
répondre à vos questions.
L'hôtel le plus moderne
est . . .

En espérant que les
renseignements vous seront
utiles, nous vous prions
de croire, Monsieur, à
l'expression de nos
sentiments distingués.

Bend(evillé

À l'Hôtel de la Plage

Hôtel de la Plage

Après une année de dur° travail, finalement arrive l'époque heureuse des vacances. Quand on décide de partir, on peut faire du camping ou louer une villa, mais l'idéal est d'aller à l'hôtel. Là, il n'y a pas de travaux domestiques à faire, pas de repas à préparer, pas de problèmes à résoudre.° Comme tout est fait pour vous, vous pouvez jouir° complètement et totalement d'un repos bien mérité.

Parfois, l'hôtel réserve quelques surprises aux touristes inexpérimentés.° Prenons, par exemple, le cas de Monsieur et Madame Lagarde. Les Lagarde ont réservé une chambre pour deux semaines à l'Hôtel de la Plage, réputé, d'après la brochure, pour le bon air marin qu'on y respire.° Mais quand ils arrivent à leur destination, ils ont la mauvaise surprise de découvrir que l'Hôtel de la Plage est situé près d'une voie de chemin de fer.° Quant à° la plage …

Florida et ga[...]
10 Rue Joliot[...]
29138 Lesco[...]
(Finistére)
Tél. 98.87.80[...]
Télex 941 20[...]

* À l'hôtel, le meilleur accueil est réservé aux heureux voyageurs.

* À l'hôtel, vous profiterez du calme et de la tranquillité absolue.

* Les hôtels de qualité offrent à leurs clients tout le confort de la vie moderne.

* Le grand air de la c[...] vous permettra de [...] comme si vo[...] enfant.

* La nuit person[...] troubler votr[...]

* Les hôtels [...] complet à [...] raisonnables[...]

* À l'hôtel, le meilleur accueil est réservé aux heureux voyageurs.

—Où est la plage?
—La plage, la plage … eh bien, elle est à trois kilomètres d'ici. Quand il fait beau, on la voit très bien du sixième étage. … Ah, je vois que votre chambre est au deuxième… Si vous vouliez voir la mer, il fallait réserver plus tôt.

* À l'hôtel, vous profiterez du calme et de la tranquillité absolue.

—Oh, excusez-moi! Je reviendrai faire la chambre plus tard.

N1

✳ **Les hôtels de qualité offrent à leurs clients tout le confort de la vie moderne.**

—Oh là là, chéri!° Quelle chaleur!° Peux-tu vérifier si le climatiseur° fonctionne?
—Oui, il fonctionne, mais c'est de l'air chaud qui sort!

✳ **Le grand air de la campagne vous permettra de dormir comme si vous étiez un enfant.**

—Je n'arrive pas° à dormir. Qu'est-ce que c'est que ce bruit? Est-ce qu'il y a des souris° ici?
—Mais non, ce sont les voisins d'à côté° qui mangent des chips.

✳ **La nuit personne ne viendra troubler votre sommeil.°**

—Bonjour, Monsieur Martin. Vous m'avez demandé de vous réveiller à cinq heures et demie. Bonne journée!
—Alllô! Quoi! Qu'est-ce que vous di.es? Martin? Vous faites erreur! Je suis Monsieur Lagarde!

✳ **Les hôtels offrent un service complet à des prix très raisonnables.**

—Comment? mille francs pour le petit déjeuner? Je croyais que tout était compris dans le prix! Et cette taxe locale de 5%! Qu'est-ce que c'est?

et vous?

EXPRESSION ORALE

Vous êtes Monsieur ou Madame Lagarde. Pour chaque épisode, vous téléphonez au directeur de l'hôtel (joué par votre partenaire) pour expliquer le problème. Le directeur essaie de trouver une solution.

EXPRESSION ÉCRITE

• Vous êtes Monsieur ou Madame Lagarde et vous écrivez à un(e) ami(e). Dans votre lettre, vous parlez des problèmes que vous avez eus pendant votre séjour.
• Décrivez un problème (réel ou imaginaire) que vous avez eu pendant un voyage et comment vous avez résolu ce problème.

---

dur *hard*   **résoudre** ✳ *to solve*   **inexperimentés** = *sans expérience*   **jouir** *to enjoy*   **respire** *breathes*   **chemin de fer** *railroad track*   **Quant à** *As for*
accueil *welcome*   **chéri** *darling*   **chaleur** *heat*   **climatiseur** *air conditioner*   **Je n'arrive pas** = *je ne peux pas*   **souris** *mice*   **d'à côté** *next door*
sommeil *sleep*

N2

PARTIE 2

Services à l'hôtel

> Bien sûr, monsieur, tout de suite.

> Pouvez-vous m'apporter une couverture?

COMMENT DEMANDER UN SERVICE

Au garçon (bellboy)

| Pouvez-vous | **monter** **descendre** | mes bagages? |

N1

| **monter** to bring up, carry up |
| **descendre** to bring down, carry down |

À la femme de chambre (chambermaid)

Pouvez-vous m'apporter
- **une couverture** (blanket)?
- **un drap** (sheet)?
- **un oreiller** (pillow?)
- **une serviette** (towel)?
- **un portemanteau** (coat rack)?
- **un cintre** (hanger)?

| Pouvez-vous | **mettre** **augmenter** **baisser** | **le chauffage** (heat)? **la climatisation**? **l'air conditionné**? |

| **mettre** to turn on |
| **augmenter** to turn up, raise |
| **baisser** to turn down, lower |

Au (à la) réceptionniste

| Pouvez-vous | me **servir** le petit déjeuner dans la chambre? m'**appeler** un taxi? |

N2

| **servir** to serve |
| **appeler** to call |

Au standard (operator)

Pouvez-vous me **réveiller** à six heures et demie?

| **réveiller** to wake |

Au (à la) gérant(e) (manager)

Pouvez-vous préparer ma **note** (bill)?

1 Que dire?

Vous voyagez en France et vous êtes à l'hôtel. Qu'est-ce que vous allez demander dans les circonstances suivantes? (Votre partenaire va jouer le rôle du personnel de l'hôtel.)

▶ Vous arrivez à l'hôtel avec deux grosses valises.
  — **Est-ce que vous pouvez monter mes bagages, s'il vous plaît?**
  — **Oui, mademoiselle (monsieur). Tout de suite.**
  — **Merci bien.**

- Vous voulez payer.
- Vous avez un train à 6h30 demain matin.
- Il fait très, très chaud dans votre chambre.
- Vous avez froid.
- Vous voulez rester au lit tard, mais vous voulez prendre votre petit déjeuner.
- Vous avez payé votre note et vous voulez aller à l'aéroport.
- Il va faire froid cette nuit.
- Vous devez quitter l'hôtel mais les bagages dans votre chambre sont très lourds.
- Vous avez beaucoup de vêtements que vous voulez pendre *(to hang up)*.

A. Le pronom interrogatif **lequel?**

The interrogative pronoun **lequel?** *(which one?)* replaces **quel?** + NOUN.

> **Quel hôtel** préfères-tu?   **Lequel** préfères-tu?

Lequel? has the following forms:

	MASCULINE	FEMININE
SINGULAR	lequel?	laquelle?
PLURAL	lesquels?	lesquelles?

➡ The pronoun **lequel** consists of two parts, both of which agree with the noun it replaces:

> **lequel = le + quel**

N1

➡ Note how **à** and **de** contract with **lequel** to give the following forms:

à + lequel	→	**auquel**	de + lequel	→	**duquel**
à + lesquels	→	**auxquels**	de + lesquels	→	**desquels**
à + lesquelles	→	**auxquelles**	de + lesquelles	→	**desquelles**

Il y a deux concerts.   **Auquel** veux-tu aller?   (= **à quel concert**?)

J'ai plusieurs cartes de la région.   **Desquelles** as-tu besoin?   (= **de quelles cartes**?)

B. Le pronom démonstratif **celui**

The demonstrative pronoun **celui** *(this one, the one)* replaces **ce** or **le** + NOUN.

Celui has the following forms:

N2

	MASCULINE	FEMININE
SINGULAR	celui	celle
PLURAL	ceux	celles

Celui is never used alone. It occurs in the following combinations:

- **celui-ci, celui-là** *(this one, that one)*
  - — Ta valise, c'est **celle-ci**?   *Your suitcase, is it **this one**?*
  - — Non, c'est **celle-là**.   *No, it's **that one**.*

- **celui de** *(that of, the one belonging to)*
  - Ce n'est pas mon passeport.
  - C'est **celui de Valérie**.   *It's **Valérie's**. (= that of Valérie)*

  - J'ai raté le train de 10 heures.
  - Je prendrai **celui de 11 heures**.   *I will the take **the 11 o'clock**.*
  (= the one of 11 o'clock)

- **celui qui, celui que** *(the one who(m), the one that)*

  J'aime les hôtels confortables,
  mais je préfère **ceux qui** ont
  une belle vue.

  *I prefer **those (the ones) that**
  have a nice view.*

1 Préférences

Vous faites du shopping avec votre partenaire.
Vous discutez des choses que vous voyez.

1. ces chaussures / plus élégantes
2. ce vélo / plus solide
3. ces livres / plus intéressants
4. cette voiture / plus rapide
5. cet ordinateur / plus moderne
6. ces tee-shirts / plus à la mode

2 Comparaisons

Lisez les descriptions suivantes et comparez
ces choses à celles qui sont indiquées entre
parenthèses.

▶ Ma maison est grande.
  (mon meilleur ami?)

  **Ma maison est plus (moins / aussi)
  grande que celle de mon meilleur
  ami.**

1. Notre voiture est grande.
   (les voisins?)
2. Ma chambre est spacieuse.
   (mes parents?)
3. Mes progrès en français sont rapides.
   (les autres étudiants?)
4. La cuisine de ma mère est bonne.
   (la cafétéria?)
5. L'air de la campagne est pollué.
   (la ville?)
6. Le climat de la Nouvelle-Angleterre
   est agréable.
   (la Floride?)
7. Les monuments de Paris sont beaux.
   (New York?)

3 Au choix

Vous voyagez à Paris avec votre partenaire. Vous
avez le choix entre deux possibilités. Demandez
à votre partenaire de choisir.

▶ deux hôtels (l'un a une grande piscine /
  l'autre, des chambres confortables)
    — **Il y a deux hôtels. Auquel veux-tu aller?**
    — **Je préfère aller à celui qui a
      des chambres confortables.
      (Je préfère aller à celui qui a
      une grande piscine.)**

1. deux restaurants
   (l'un sert des spécialités françaises /
   l'autre, des spécialités vietnamiennes)
2. deux musées
   (l'un a une exposition de photos /
   l'autre, une exposition d'art moderne)
3. deux piscines
   (l'une est au centre-ville /
   l'autre, dans la banlieue)
4. deux cinémas
   (l'un joue une comédie /
   l'autre, un western)
5. deux boutiques
   (l'une vend des jeans /
   l'autre, des chaussures)

C. Le pronom possessif le mien

POSSESSIVE PRONOUNS replace nouns introduced by a possessive adjective. Note the forms of the French possessive adjectives in the following sentences.

Ce n'est pas ta guitare.	C'est **la mienne**.	*It's **mine**.*
Marc écoute ses disques.	Anne écoute **les siens**.	*Anne is listening to **hers**.*
Votre chambre est grande.	**La nôtre** est confortable.	***Ours** is comfortable.*

N1

	SINGULAR		PLURAL	
	MASCULINE	FEMININE	MASCULINE	FEMININE
mine	**le mien**	**la mienne**	**les miens**	**les miennes**
yours	**le tien**	**la tienne**	**les tiens**	**les tiennes**
his, hers, its	**le sien**	**la sienne**	**les siens**	**les siennes**
ours	**le nôtre**	**la nôtre**	**les nôtres**	
yours	**le vôtre**	**la vôtre**	**les vôtres**	
theirs	**le leur**	**la leur**	**les leurs**	

N2

N3

⟹ Possessive pronouns consist of two parts, both of which agree with the noun they replace:

le + POSSESSIVE WORD

⟹ Note how **à** and **de** contract with the possessive pronoun:

à + le mien	→	**au mien**	de + le mien	→	**du mien**
à + les miens	→	**aux miens**	de + les miens	→	**des miens**
à + les miennes	→	**aux miennes**	de + les miennes	→	**des miennes**

Pronoms possessifs

Pratique ▶

---

4 Possessions

Insistez sur la propriété des choses suivantes.

▶ Ce sont mes cassettes.
   Ce sont les miennes!

▶ C'est la voiture de mes parents.
   C'est la leur!

1. C'est ma serviette.
2. Ce sont tes lunettes de soleil.
3. C'est sa valise.
4. Ce sont ses cassettes.

5. Ce sont vos bagages.
6. C'est notre sac.
7. C'est la guitare de Paul.
8. C'est le vélo d'Alice.

9. Ce sont les disques de Jérôme.
10. C'est la maison de tes cousins.
11. Ce sont les valises de Pierre et d'Isabelle.
12. C'est la tondeuse de nos voisins.

5 Camping

Vous faites du camping avec votre partenaire.
Vous avez oublié certaines choses. Demandez
à votre partenaire si vous pouvez prendre
les siennes.

▶ mon couteau
  — **Dis, Daniel, j'ai oublié mon couteau.**
     Est-ce que je peux prendre le tien?
  — **Le mien? Oui, d'accord!**
     (Le mien? Ça non, pas question!)

1. ma lampe de poche
2. mon sac de couchage
3. mes jumelles *(f. binoculars)*
4. ma serviette
5. mon savon
6. mon dentifrice
7. ma guitare
8. mes vitamines *(f)*

N4

6 À qui est-ce?

Vous faites un voyage au Canada avec votre école. Vous avez trouvé certains objets mais
vous ne savez pas à qui ils sont. Votre partenaire va vous aider à identifier le propriétaire.

▶ — **C'est ta serviette?**
  — **Non!**
  — **Tu es sûr(e)?**
  — **Absolument! La mienne est**
     plus grande.
  — **Alors, c'est celle de François.**
  — **Oui, c'est probablement la sienne.**

1. • ton sac
   • moins grand
   • Philippe

2. • ton appareil-photo
   • plus petit
   • Isabelle

3. • tes lunettes de soleil
   • noires
   • Claire

4. • ta veste
   • verte
   • David

5. • ta caméra
   • moins chère
   • Éric et Thomas

6. • tes valises
   • jaunes
   • Alice et Pauline

7 À l'aéroport

Vous êtes à l'aéroport avec votre partenaire.
Il/elle vous dit ce qu'il/elle va faire. Dites-lui
que vous allez faire les mêmes choses.

1. Je vais téléphoner à mes cousins.
2. Je vais dire au revoir à ma mère.
3. Je vais prendre une photo de ma soeur.
4. Je vais m'occuper de mon billet.
5. Je vais m'occuper de mes valises.
6. Je vais écrire une carte postale à mon professeur.

N5

▶ **Je vais téléphoner**
  à mon copain.

Eh bien, moi, je vais
aussi téléphoner
au mien.

LECTURE

Une étrange aventure

AVANT DE LIRE

Le titre d'une histoire donne parfois aux lecteurs une idée générale du contenu et du ton de l'histoire. Elle leur permet ainsi d'anticiper ce qui va arriver. C'est le cas, par exemple, du titre «Une étrange aventure».
- Vous savez que vous allez lire une **aventure**, c'est-à-dire un récit où l'<u>action</u> joue un rôle important.
- Vous savez aussi qu'au cours du récit quelque chose d'**étrange** va arriver.

En général, les histoires de ce genre commencent de façon très normale, très ordinaire. Puis, un petit problème survient et le mystère commence.

Au début (Partie I)
Déterminez le cadre général de l'histoire.
- Qui sont les protagonistes?
- Qu'est-ce qu'ils vont faire? Où vont-ils?
- Quel problème rencontrent-ils?

Au milieu (Partie II)
À mesure que l'histoire se développe, essayez de déterminer . . .
- les éléments qui vous semblent réels, vrais, ordinaires
- les éléments qui vous semblent étranges, mystérieux, irréels, bizarres

À la fin (Partie III)
Essayez . . .
- d'anticiper ce qui va se passer ensuite
- de trouver une solution au mystère de l'histoire

☞ IMPORTANT NOTE: The students will better appreciate the strange ending of this story if they are somewhat familiar with the Nazi occupation of France and the French Resistance in World War II. You may want to read Interlude 6, especially the texts *Les Deux Guerres Mondiales* and *Jean Moulin* (pp. 252-253).

NOTE CULTURELLE

Les villages en France

Autrefois, la France était un pays rural. La majorité des Français habitaient dans des petits villages de moins de 2 000 habitants. Construits généralement autour d'une église, ces villages étaient reliés° entre eux par des petites routes le long desquelles° se trouvaient des fermes isolées. Les cafés, les boutiques, les petits commerces de toutes sortes, les nombreux ateliers d'artisan° donnaient beaucoup de vie et d'animation aux villages d'autrefois.

Avec l'exode rural et le développement des grandes villes, ces villages ont perdu de leur importance et surtout de leur animation. Aujourd'hui, la vie y est calme et monotone. La nuit, leurs rues sont complètement désertes.

reliés *linked* **le long desquelles** *along which* **ateliers d'artisan** *workshops*

UNE ÉTRANGE AVENTURE

I

John et Bob, deux étudiants américains, sont arrivés à Paris à la fin de juin. Là, ils ont acheté un scooter d'occasion avec l'intention de visiter la France pendant l'été. Ils sont partis de Paris le premier juillet dans la matinée°. Ils espèrent être à Clermont-Ferrand dans la soirée. Ils ont un copain là-bas qui les a invités.

Hélas, John et Bob ne savent pas que le premier juillet, c'est le jour des grands départs.* Il y a beaucoup de circulation sur les autoroutes et même sur les routes nationales. Alors, John et Bob décident de prendre des petites routes. Là, il y a moins de circulation, mais le scooter n'avance pas vite.

Il est neuf heures du soir maintenant. La nuit commence à tomber et les deux garçons sont encore loin de leur destination. C'est John qui conduit le scooter. Il demande à Bob: « Tu sais où nous sommes?»

Bob regarde la carte.

— Non, pas exactement. Dis, est-ce que tu as encore de l'essence?

— Euh non! Pas beaucoup.

— Alors, il faut s'arrêter au prochain village. J'espère qu'il y a une station-service.

— . . . Ou un hôtel!

Au prochain village, il y a bien une station-service, mais elle est fermée . . . et il n'y a pas d'hôtel. John demande:

— On continue?

— Oui, on continue . . . on n'a pas le choix.

Il fait maintenant nuit noire.° Pas une voiture sur la route. John aperçoit une toute petite lumière au loin.

— Regarde la lumière là-bas!

— C'est probablement une ferme. Nous avons de la chance!

Les deux garçons arrivent à la ferme. Ils frappent à la porte. Toc, toc, toc . . . Une voix d'homme répond:

— Qui êtes-vous? Et qu'est-ce que vous voulez?

— Nous sommes Américains. Nous sommes perdus.

— Américains? Attendez! Je vous ouvre.

---

* **Le jour des grands départs:** Le jour où des millions de Français partent en vacances.

la matinée = le matin   **il fait . . . nuit noire** *it is pitch black*

Avez-vous compris?

1. Qui sont John et Bob?
2. Comment vont-ils voyager en France?
3. Pourquoi est-ce qu'ils décident de prendre des petites routes?
4. Qu'est-ce qu'ils doivent trouver avant la nuit?
5. Qu'est-ce qu'ils font quand ils ne trouvent pas d'hôtel?

Mots utiles

une autoroute	*superhighway*
la circulation	*traffic*
l'essence	*gas*
une ferme	*farm*
une lumière	*light*
apercevoir *	*to notice*
conduire *	*to drive*
au loin	*in the distance*
d'occasion	*second-hand, used*

II

la cheminée

un feu

une chandelle

des meubles rustiques

La porte de la ferme s'ouvre.

— Entrez vite . . . La nuit, cette route est très dangereuse, surtout pour vous!

50 John et Bob entrent dans la ferme. À l'intérieur, il y a un homme et une femme, le fermier et la fermière. Ils sont habillés en noir, comme les paysans d'autrefois. C'est la femme qui parle:

— Vous avez certainement faim. Hélas, nous 55 n'avons pas grand-chose.° Je vais vous préparer des pommes de terre avec du lard.° Mon mari va vous chercher une bouteille de cidre à la cave.

John et Bob examinent la salle où ils sont. Les meubles sont rustiques et très anciens. Dans la 60 cheminée, il y a un feu et sur la table il y a des chandelles.

L'homme revient avec la bouteille de cidre. La femme apporte le plat de pommes de terre. John et Bob mangent avec grand appétit.

65 — Merci, c'est délicieux!

L'homme parle: «Pourquoi merci? Nous sommes tellement heureux de vous recevoir! Mais vous êtes probablement très fatigués . . . Je vais vous montrer votre chambre.»

70 L'homme prend une chandelle et accompagne les deux garçons jusqu'à leur chambre.

— Excusez-nous, mais nous n'avons plus d'électricité. Je vous laisse la chandelle . . . 75 Bonne nuit!

Puis l'homme descend les escaliers.

Bob dit à John:

— C'est rustique ici!

— Oui, c'est vraiment la campagne. Nous avons de la chance d'avoir trouvé cette ferme.

80 — Ces gens sont pauvres, mais ils sont vraiment généreux!

Quand Bob et John se réveillent le lendemain, il fait grand jour.°

85 — Quel jour sommes-nous?

— Nous sommes le deux juillet!

— Au fait, tu as entendu les voitures qui se sont arrêtées devant la ferme pendant la nuit?

— Oh là là, oui! Quel bruit!

— Qu'est-ce que disaient les passagers? 90

— Je ne sais pas. Ils ne parlaient pas français. Je n'ai pas compris. Mais vraiment ils avaient l'air furieux!

— Je me demande bien qui c'était.

— Dis, il faut partir maintenant. 95

— C'est vrai! Il est dix heures déjà!

Bob et John descendent dans la salle où ils étaient hier. Mais il n'y a personne.

— Où sont nos hôtes? 100

— Je ne sais pas. Appelons-les.

— Monsieur? Madame?

Silence. Ils crient plus fort: «Monsieur! Madame!» Personne ne répond.

— Ils sont peut-être partis travailler dans les 105 champs.

Bob et John sortent de la ferme, mais il n'y a personne dans les champs.

— Qu'est-ce qu'on fait? 110

— Il faut partir. On va laisser un mot sur la table et quand on reviendra à la fin de juillet, on s'arrêtera pour remercier ces gens de leur hospitalité.

— Bonne idée!

grand-chose = beaucoup
du lard salt pork
il fait grand jour the sun
  is up and shining

Mots utiles	
un bruit	noise
les champs	fields
un paysan	peasant, farmer
apporter	to bring
remercier	= dire merci
le lendemain	= le jour suivant
fort	loudly

Avez-vous compris?

1. Qui sont les habitants de la ferme? Décrivez-les.
2. Quelle est l'atmosphère générale de la ferme? Décrivez-la.
3. Quelle est l'attitude du fermier et de la fermière envers (toward) les jeunes Américains?
4. En quoi consiste le repas?
5. Que font John et Bob après le dîner?
6. Qu'est-ce qu'ils entendent pendant la nuit?
7. Quelle surprise les attend le lendemain?

III

Bob et John sont partis vers onze heures. Ils ont trouvé une station d'essence au prochain village et ils ont continué leur route . . .

120 Pendant quatre semaines ils ont parcouru la France en scooter. C'est maintenant la fin des vacances et le retour vers Paris. Bob et John pensent à leur aventure du premier juillet . . . Ils ont acheté des cadeaux pour leurs hôtes: une
125 bouteille de cognac pour le fermier et un joli vase de cristal pour sa femme.

John regarde la carte. Dans dix minutes, ils seront à la ferme. Ils pourront finalement remercier leurs hôtes de leur hospitalité . . .
130 — Je reconnais bien la route maintenant.

— Moi, aussi.

— Regarde les grands arbres là-bas. La ferme est juste en face.

Le scooter s'est arrêté devant les grands arbres, mais il n'y a pas de ferme. 135

— Tu es sûr que c'est ici?

— Absolument certain!

À la place de la ferme, il y a une haie d'arbustes et devant cette haie, une stèle avec une inscription. 140

— Dis, Bob, va voir ce qui est écrit.

Bob descend du scooter et va regarder l'inscription. Il revient vite, très, très pâle.

— Mon Dieu, c'est impossible!

— Qu'est-ce qu'il y a? 145

— Va voir toi-même!

une haie d'arbustes

une stèle

Mots utiles

un mot	= une note
un cadeau	gift, present
parcourir *	to travel across
en face	opposite

Anticipons un peu!

Avant de tourner la page, essayez de deviner ce que Bob a vu sur la stèle.

John descend à son tour du scooter. Il lit l'inscription suivante:

ICI REPOSENT
EUGÉNIE ET MARCEL DUVILLARD
HÉROS DE LA RÉSISTANCE
FUSILLÉS° PAR LES NAZIS
LE DEUX JUILLET 1944
POUR AVOIR HÉBERGÉ°
DES PARACHUTISTES
AMÉRICAINS

À L'EMPLACEMENT°
DE CETTE STÈLE
S'ÉLEVAIT° LEUR FERME
QUI FUT INCENDIÉE°
LE LENDEMAIN.
PASSANTS,° PRIEZ° POUR EUX!

Avez-vous compris?

1. Que font Bob et John avant de quitter la ferme?
2. À la fin des vacances, pourquoi est-ce qu'ils veulent retourner à la ferme?
3. Quelle surprise les attend?
4. Qu'est-ce qui s'est passé à la ferme au début de juillet 1944?

fusillés shot and killed   **pour avoir hébergé** for having sheltered
emplacement = endroit   **s'élevait** stood   **incendiée** burned to the
ground   **passants** = vous qui passez par ici   **priez** to pray

LECTURE SUPPLÉMENTAIRE

L'histoire que vous avez lue évoque une époque très tourmentée de l'histoire de France: **l'Occupation** par les Allemands (1940-1944), puis la **Libération** par les Alliés (principalement des soldats américains et anglais), et par la **Résistance française.** Voir Interlude 6, pp. 252-255.

Pour découvrir un autre récit concernant cette période, lisez le texte *Au Revoir, les Enfants* (pp.256-259).

EXPRESSION ORALE

■ Discussion

Selon vous, est-ce que l'histoire que vous avez lue est possible ou impossible? Discutez votre opinion avec un(e) partenaire qui n'a pas la même opinion que vous. **N1**

■ Débat

Dans beaucoup de cultures, on peut trouver des «histoires de fantômes» *(ghost stories)* semblables à l'histoire racontée dans **Une étrange aventure**. Vous-même, croyez-vous aux fantômes ou non? Exprimez votre opinion sur ce sujet et débattez la question avec un(e) partenaire qui n'a pas la même opinion que vous. Si possible, donnez des exemples en support de votre opinion.

■ Situations

Avec votre partenaire, choisissez l'une des situations suivantes. Composez le dialogue correspondant et jouez-le en classe.

---

1 Devant la stèle.

Bob et John sont devant le stèle. Ils viennent de lire l'inscription et maintenant ils essaient d'interpréter ce qui est arrivé lors de leur passage la nuit du premier juillet, en fonction des événements qui ont eu lieu les 1er et 2 juillet 1944. Par exemple:

• pourquoi le fermier a dit que la route était dangereuse
• selon les fermiers, qui étaient Bob et John et pourquoi ils étaient heureux de les recevoir
• qui étaient les gens qui étaient venus dans la nuit et qu'est-ce qu'ils cherchaient
• pourquoi le fermier et sa femme n'étaient pas là le lendemain matin

Rôles: Bob, John

---

2 Aux États-Unis.

En rentrant aux États-Unis, John a une conversation avec son grand-père qui lui aussi a été parachuté en France lors de l'invasion en 1944. Au cours de cette conversation, l'ancien soldat raconte ses aventures de guerre, par exemple, comment il a été recueilli *(picked up)* par les Résistants français.

Rôles: John, son grand-père

EXPRESSION ÉCRITE

■ Un peu d'histoire

Écrivez un petit rapport sur l'histoire de France entre 1940 et 1944. Dans ce rapport, expliquez en particulier le rôle . . .

• des Allemands
• des Américains
• de la Résistance française

(Source: Encyclopédies, Manuels d'histoire)

■ Une étrange aventure

Écrivez votre propre «étrange aventure». Commencez par une situation très réaliste. Ensuite, ajoutez un élément mystérieux ou bizarre. Utilisez votre imagination.

INTERLUDE CULTUREL

La Belle Époque

■ *Les dates*   ■ *Les événements*   N2

- **1870** *La France devient une république*

La Belle Époque (1870-1914)

Paris à la Belle Époque, représenté par le peintre Jean Béraud

C'est une époque de prospérité économique et d'intense création artistique, littéraire et scientifique. D'importants mouvements artistiques (**impressionnisme, fauvisme, cubisme, surréalisme**) naissent en France. Paris devient la capitale mondiale des lettres et des arts.

À l'extérieur, la France s'engage dans des expéditions coloniales et se construit un empire en Afrique occidentale et en Asie (Indochine).

- **1914 Première Guerre Mondiale**
- **1918**
- **1939 Deuxième Guerre Mondiale**

Les guerres mondiales (1914-1918 et 1939-1945)

Soldats américains défilant sur les Champs-Élysées

Ces deux terribles guerres opposent la France et l'Allemagne impériale (Première Guerre Mondiale) puis l'Allemagne nazie (Deuxième Guerre Mondiale). Dans ces deux guerres, l'intervention américaine est décisive.

En 1940, la France est occupée par les Allemands. Le 6 juin 1944, les troupes alliées commandées par le Général Eisenhower, débarquent sur les plages de Normandie: Utah Beach, Omaha Beach . . . La Libération de la France commence.

N3

- **1945**

La France moderne (1945 - présent)

Ruinée par la guerre, la France reconstruit son économie. La construction de la France moderne passe par deux étapes° importantes.

N4

- **1957** *Marché Commun*
- **1960** *Fin de l'ère coloniale*

- La décolonisation (1945-1962). Les anciennes colonies françaises d'Afrique du Nord, d'Afrique occidentale, et d'Asie deviennent des républiques indépendantes.

- **1979** *Premier Parlement Européen*

- L'intégration à l'Europe (1957 - présent). En 1957, la France devient membre de la **Communauté Économique Européenne** ou «**Marché Commun**». La création de cette grande zone de libre-échange permet l'expansion commerciale et industrielle de la France. Intégrée à l'Europe, la France est aujourd'hui un pays moderne avec l'un des niveaux de vie° les plus élevés du monde.

- **1992** *Traité de Maastricht*

Le Louvre et sa pyramide, symboles du passé et de l'avenir.

N5

étapes *steps, stages*   **niveau de vie** *standard of living*

■ *Les personnes*

Marie Curie (1867-1934)

Marie Curie, née Sklodowska, est l'un des grands génies scientifiques des temps modernes. D'origine polonaise, elle vient à Paris en 1891 pour continuer ses études scientifiques. En 1895, elle épouse son professeur, **Pierre Curie**. Ensemble, ils découvrent le radium et le polonium, auquel elle donne le nom de son pays d'origine. En accord avec l'esprit scientifique, les Curie refusent de prendre une patente sur leur découverte et d'en tirer° tout° bénéfice commercial.

En 1898, Pierre et Marie Curie reçoivent le Prix Nobel de Physique pour leurs travaux sur la radioactivité. Après la mort accidentelle de son mari en 1905, Marie Curie continue ses travaux, isole le radium et reçoit le Prix Nobel de Chimie en 1911.

Marie Curie dans son laboratoire.

Jean Moulin, héros de la Résistance

Jean Moulin (1899-1943)

Jean Moulin est le héros de **la Résistance** française pendant la Deuxième Guerre Mondiale. En 1940, il se rallie au gouvernement de la France Libre, dirigé à Londres par le **Général de Gaulle**. Parachuté en France, il organise la Résistance contre les Allemands. Il est arrêté et torturé par la Gestapo.* Après sa mort, la Résistance continue. Les résistants, organisés en «maquis»° harcèlent les troupes d'occupation et préparent la **Libération**.

Simone Veil (1927-   )

Simone Veil est une championne de l'Europe unie et des droits de la femme. Pendant la Deuxième Guerre Mondiale, elle est déportée dans un camp de concentration nazi. Après la guerre, elle fait de brillantes études de droit et de sciences politiques. À l'âge de 20 ans, elle devient attachée auprès du Ministre de la Justice. De 1974 à 1979, elle est nommée Ministre de la Santé. En 1979, elle est élue Député au Parlement européen et elle en est la première présidente.

Simone Veil et le drapeau européen

---

* La Gestapo (Geheime Staats Polizei = police secrète d'état) était l'instrument le plus dangereux du régime policier nazi.

tirer *to derive*   **tout** *any*   **maquis** *guerrilla groups*

■ *Charles de Gaulle, homme d'action*

Charles de Gaulle est peut-être l'homme qui a eu la plus grande influence sur l'histoire de la France du vingtième siècle. Jeune officier, il est fait prisonnier par les Allemands pendant la première guerre mondiale. Plus tard, il préconise°

Charles de Gaulle, Président de la République

une stratégie militaire basée sur l'utilisation massive des tanks, mais on ne l'écoute pas.

En 1940, la France capitule et est occupée par l'armée allemande. De Gaulle refuse d'accepter la défaite et part pour l'Angleterre. Le 18 juin 1940, il lance° à la radio de Londres son célèbre appel où il demande à tous les Français de continuer le combat contre l'Allemagne nazie. Pour cet acte de rébellion contre l'autorité officielle, il est condamné à mort par le gouvernement français d'alors. Il organise la Résistance et crée un gouvernement de la «**France Libre**».

Le Général de Gaulle passe en revue les volontaires féminines de la France Libre.

Documents: Appel du 18 juin 1940

Appel du 18 juin 1940

Moi, Général de Gaulle, actuellement à Londres, j'invite les officiers et les soldats français qui se trouvent en territoire britannique ou qui viendraient à s'y trouver, avec leurs armes ou sans leurs armes, j'invite les ingénieurs et les ouvriers spécialistes des industries d'armement qui se trouvent en territoire britannique ou qui viendraient à s'y trouver, à se mettre en rapport avec moi. Quoi qu'il arrive,° la flamme de la résistance française ne doit pas s'éteindre° et ne s'éteindra pas.

Général de Gaulle

---

préconise *advocates*   **lance** *sends out*   **quoi qu'il arrive** *whatever happens*   **s'éteindre** *to go out, to be extinguished*

En août 1944, le Général de Gaulle rentre dans Paris libéré par les troupes alliées. En 1945, il est élu président provisoire de la République française, mais il démissionne° parce qu'il n'a pas les pouvoirs° de gouverner.

Peu après, la France connaît deux longues et tragiques guerres coloniales, d'abord la guerre d'Indochine, puis la guerre d'Algérie. L'Algérie est alors un territoire français avec une population en majorité musulmane.° Les Algériens musulmans veulent leur indépendance et décident de prendre les armes contre la France. Le gouvernement français ne sait pas comment arrêter cette guerre impopulaire. La France est au bord° de la guerre civile.

Les Français font appel à de Gaulle qui devient Président de la République en 1959. De Gaulle comprend que l'ère coloniale est finie. Il négocie l'indépendance avec l'Algérie, puis avec les colonies françaises d'Afrique Noire qui deviennent des républiques amies de la France.

De Gaulle veut restaurer la grandeur de la France. Il comprend que l'avenir° de la France dépend de son intégration dans une Europe forte et indépendante. Il mène° alors une politique marquée par la réconciliation avec l'Allemagne et une certaine distance vis-à-vis des États-Unis. De Gaulle veut aussi réformer les institutions françaises. Beaucoup de Français n'acceptent pas ses réformes et protestent en organisant de violentes manifestations en mai 1968. Peu après, de Gaulle se retire de la vie publique.

Le Général de Gaulle sur les Champs-Élysées à la Libération de Paris en 1944

Le Général de Gaulle avec un chef d'état africain

Les manifestations à Paris, mai 1968

démissionne *resigns* **pouvoirs** *powers* **musulmane** *Moslem* **au bord de** *on the edge of* **l'avenir** = *le futur* **il mène** = *il fait*

■ *Liberté, liberté* N1

Pour l'humanité, la liberté est le bien° le plus précieux. C'est le principe fondamental de la démocratie. Dans la *Déclaration d'indépendance* américaine et dans la *Déclaration des droits de l'homme* de la Révolution française, la liberté est un droit inaliénable et imprescriptible.°

Pourtant,° tous les êtres humains ne sont pas libres. Les Français, par exemple, ont perdu leur liberté quand leur pays a été occupé par les troupes allemandes entre 1940 et 1944. Ils rêvaient° alors de cette liberté qu'il fallait reconquérir et beaucoup sont morts pour elle en combattant dans la Résistance.

Paul Éluard

Paul Éluard, auteur du poème *Liberté*, était un poète surréaliste et un membre très actif de la Résistance. Il a publié ce poème pendant l'occupation dans un livre intitulé *Poésie et vérité* 1942. Interdit° par la censure allemande, ce livre était distribué clandestinement et parachuté en milliers d'exemplaires° par l'aviation alliée.

un bien = une possession **imprescriptible** *which cannot be legally taken away*
pourtant *however* **rêvaient** *dreamed* **interdit** *forbidden* **exemplaires** *copies*

Illustrations du poème par l'artiste Fernand Léger

■ *Au Revoir, les Enfants*

Au Revoir, les Enfants est un film réalisé par le cinéaste français contemporain **Louis Malle**. C'est un film autobiographique dans lequel Louis Malle évoque un épisode dramatique de sa jeunesse.

Louis Malle, réalisateur du film, avec deux des acteurs principaux

Liberté N2 N3

Paul Éluard

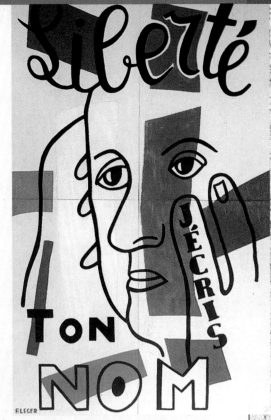

FLEGER

Sur mes cahiers d'écolier
Sur mon pupitre° et les arbres
Sur le sable° sur la neige
J'écris ton nom

Sur toutes les pages lues
Sur toutes les pages blanches
Pierre sang° papier ou cendre°
J'écris ton nom

Sur les images dorées°
Sur les armes des guerriers°
Sur la couronne° des rois
J'écris ton nom

Sur la jungle et le désert
Sur les nids° sur les genêts*
Sur l'écho de mon enfance
J'écris ton nom

Sur mes refuges détruits
Sur mes phares écroulés°
Sur les murs de mon ennui
J'écris ton nom

Sur l'absence sans désirs
Sur la solitude nue°
Sur les marches° de la mort
J'écris ton nom

Sur la santé revenue
Sur le risque disparu
Sur l'espoir° sans souvenirs
J'écris ton nom

Et par le pouvoir° d'un mot°
Je recommence ma vie
Je suis né pour te connaître
Pour te nommer *Liberté.*

*Genêt or *broom* is a European shrub with bright yellow flowers that grows wild in the woods and uncultivated fields

pupitre *school desk* **sable** *sand* **sang** *blood* **cendre** *ashes* **dorées** *gilded* **guerriers** *warriors* **couronne** *crown* **nids** *nests*
phares écroulés *lighthouses that have collapsed* **nue** *naked* **marches** *steps, stairs* **espoir** *hope* **pouvoir** *power* **mot** *word*

Le film se passe au cours de° l'hiver 1944. À cette époque la France est occupée par les Allemands qui ont imposé la loi° hitlérienne partout. Les Juifs,° en particulier, sont traqués,° et quand ils sont pris, ils sont envoyés dans les camps d'extermination. Les Français qui les aident ou les abritent° sont, eux aussi, passibles de mort.

Parmi les Français, il y a ceux qui résistent aux Allemands, et ceux qui collaborent avec eux, mais la majorité attend passivement l'arrivée des Alliés et la fin de la guerre.

La vie est difficile. Comme la nourriture manque,° le marché noir s'installe partout. De plus en plus fréquemment, la population civile est soumise aux bombardements de l'aviation alliée . . .

au cours de = *pendant* **loi** *law* **Juifs** *Jews* **traqués** *hunted down* **abritent** *shelter* **manque** *is lacking*

L'action du film a lieu dans une école catholique de garçons dont le directeur, **le père Jean**, est un prêtre° d'une grande intégrité morale. Le héros du film est un jeune garçon d'une douzaines d'années, **Julien Quentin** (c'est, bien sûr, Louis Malle lui-même), qui est pensionnaire° avec son frère aîné François dans cette école.

1   Le film commence à la rentrée des classes après les vacances de Noël. Dans la première scène, Julien est à la gare. Il dit au revoir à sa mère, puis il prend son train. Quand il arrive au collège, il retrouve tous ses copains. Dans la classe, il y a un nouvel élève qui s'appelle 2 **Jean Bonnet**. C'est un garçon timide et réservé qui ne parle jamais de sa famille. C'est aussi un brillant élève, en maths, en français, en musique. Julien, qui était jusqu'alors° le meilleur élève de la classe, sent en lui un rival. Il questionne Jean sur son passé, mais celui-ci lui répond d'une façon évasive.

Louis Malle

Louis Malle est l'un des grands réalisateurs° du cinéma français moderne. Il a d'abord fait des films documentaires, comme son premier film *Le monde du silence*, réalisé en coopération avec Jacques-Yves Cousteau, l'explorateur du monde marin.°

Dans ses films plus récents, Louis Malle traite de thèmes personnels comme celui évoqué dans *Au revoir, les Enfants*.

Louis Malle est marié avec l'actrice américaine Candice Bergen et habite à New York.

Warning
Although the film *Au Revoir, les Enfants* is rated PG, it contains some language which may be INAPPROPRIATE and OBJECTIONABLE for a class viewing. Before deciding to show the film in class, you should definitely preview it carefully, paying attention to the dialogs between the boys at the school. If you decide to show the movie, you should be prepared to deal with the objectionable passages.

1   *Julien dit au revoir à sa mère avant de prendre son train pour rentrer au collège.*

2   *Au collège, il y a un nouvel élève. Il s'appelle Jean Bonnet.*

3   *Les deux garçons deviennent amis.*

réalisateur *director*   **marin** = *de la mer*   **prêtre** *priest*   **pensionnaire** *boarding student*   **jusqu'alors** *until then*

4 Le jeune employé est renvoyé pour avoir fait du marché noir.

5 Un soldat allemand entre dans la salle de classe pour arrêter Jean.

Un jour, Julien découvre la vérité: Jean Bonnet s'appelle en réalité Jean Keppelstein et il est juif. Les prêtres l'ont recueilli° avec deux autres enfants juifs pour le soustraire° à la police allemande. Au collège, il est en sécurité tant que° sa véritable identité reste cachée.° Depuis **3** cette découverte, les relations entre les deux garçons changent et ils deviennent amis.

Un samedi, au cours d'une sortie, ils se perdent dans la forêt. Julien arrête une voiture de patrouille allemande. Jean veut s'échapper, mais il est rattrapé.° Les soldats allemands ramènent les deux garçons à l'école. Cette fois-ci, il y a plus de peur° que de mal!° Un autre jour, la famille de Julien invite Jean à déjeuner dans un grand restaurant. Jean assiste à une scène pénible° où un client juif, décoré de la Légion d'Honneur,* est insulté par un Milicien, auxiliaire français de la police allemande.

Les jours passent . . . Un employé de l'école est **4** renvoyé° pour avoir fait du marché noir avec les élèves. Pour se venger, il dénonce la présence d'enfants juifs à l'école. La police allemande arrive et encercle l'école. Un soldat entre dans la salle de classe pour arrêter Jean. **5** D'autres soldats fouillent° l'école. Les deux autres élèves juifs sont découverts et arrêtés ainsi que° le père Jean qui était membre de la Résistance. Au moment de quitter l'école, escorté par des soldats allemands, le **6** père Jean dit un dernier au revoir à ses élèves: «Au revoir, les enfants! À bientôt!»

> *Personne ne reviendra. Jean et ses deux camarades juifs mourront à Auschwitz. Le père Jean mourra au camp de Mauthausen.*

6 Le père Jean dit un dernier au revoir aux élèves de l'école.

* La Légion d'Honneur: haute distinction donnée aux gens qui ont servi la France.

---

recueilli *taken in* **soustraire à** *to protect from* **tant que** *as long as* **cachée** *hidden* **rattrapé** *caught*
peur *fright* **mal** *harm* **pénible** *painful* **renvoyé** *fired* **fouillent** *to search* **ainsi que** *as well as*

La forme et la santé

Thème et Objectifs

Culture
In this unit, you will discover . . .
- how the French take care of their health
- why the French drink mineral water
- how the French help provide health care to less fortunate people around the world

Communication
You will learn how . . .
- to see a doctor or dentist and explain what is wrong
- to follow the doctor's instructions

Langue
You will learn how . . .
- to express your doubts and fears
- to affirm your beliefs
- to let people know how you feel about both present and past events

Les Français et leur santé

En France comme ailleurs,° la santé et la forme sont la préoccupation de tout le monde. Pour rester en forme, les jeunes Français participent à toutes sortes de sports: la natation en été, le ski en hiver, le foot, le basket, le vélo, le jogging, la marche à pied en toute saison. Il arrive° cependant que les personnes en excellente santé tombent malades. Il faut alors aller voir un médecin.

Pour les maladies ordinaires, on va voir un médecin généraliste. Pour les maladies spécifiques, on doit consulter un spécialiste: oculiste pour les yeux, cardiologue pour le coeur, dermatologue pour les maladies de peau,° stomatologue pour la bouche, gastro-entérologue pour l'estomac ... Si on a besoin d'une radio,° on va chez un radiologue.

En cas d'urgence° ou d'accident sérieux, on peut téléphoner au SAMU (Service d'Aide Médicale Urgente). Il suffit de composer le numéro 15 sur le cadran.° Le SAMU est un service public rattaché à un hôpital. Suivant la gravité du problème, le SAMU envoie un médecin d'urgence, une ambulance de réanimation ou une ambulance ordinaire.

Les femmes-médecins

Aujourd'hui, il y a beaucoup de femmes-médecins en France. Elles représentent 35% du corps médical. C'est seulement en 1870 que la première femme a reçu son diplôme de médecin de la Faculté de Médecine de Paris. Cette jeune femme n'était d'ailleurs pas française, mais anglaise!

Le système médical français a le grand avantage d'être presque gratuit.° La majorité des Français sont inscrits° à la Sécurité Sociale. Avec la Sécurité Sociale, le gouvernement français prend en charge les dépenses médicales et la santé de ses citoyens.° Les gens qui vont chez le médecin ou chez le dentiste remplissent° une feuille° de Sécurité Sociale qui leur permet° d'être remboursés à 75%. Et quand ils vont chez le pharmacien, les médicaments° sont aussi remboursés. 🌐 **N2**

Les Français aiment se soigner.° Ce sont les plus grands consommateurs de médicaments du monde. En général, les médicaments qu'ils prennent, comme l'aspirine ou les vitamines, sont fabriqués par les grandes compagnies pharmaceutiques. Ils prennent aussi toute une variété de médicaments à base de produits naturels (fruits, fleurs, plantes, herbes sauvages,° feuilles° ou écorce° d'arbre, etc.). Ce sont des infusions pour la digestion, l'insomnie ou la migraine, des pilules° pour le foie,° des pastilles° et des sirops pour la toux,° des crèmes et des pommades° pour la peau, etc.... En pratiquant cette médecine «écologique,» ils redécouvrent° les secrets des remèdes traditionnels.

et vous?

DÉBATS

Choisissez un des sujets de débat et prenez une position pour ou contre. Débattez votre position avec votre partenaire. Si possible, utilisez des exemples pour établir votre position.

1. Les Américains consomment trop de médicaments.
2. Le sport est la meilleure prévention contre la maladie.
3. Quand on est malade, il est préférable d'utiliser des médicaments naturels.

---

ailleurs *elsewhere* **il arrive** *it happens* **peau** *skin* **radio** *x-ray* **cas d'urgence** *emergency* **cadran** *dial* **gratuit** *free of charge* **inscrire** ✳ *to register* **citoyens** *citizens* **remplissent** *fill out* **feuille** *form* **permettre** ✳ *to allow* **médicaments** *medicine, drugs* **se soigner** *to take care of one's health* **sauvages** *wild* **feuilles** *leaves* **écorce** *bark* **pilules** *pills* **le foie** *liver* **des pastilles** *tablets* **la toux** *cough* **des pommades** *ointments* **redécouvrir** ✳ *to rediscover*

N3 **N4**

N1

N5

L'eau, c'est la santé

Au café ou au restaurant, Stéphanie commande généralement de l'eau minérale. Sandrine en boit un grand verre le matin quand elle se lève, et le soir quand elle se couche. Quant à° Christophe, il ne va jamais au lycée sans emporter° une bouteille d'eau minérale dans son sac. L'eau minérale est la boisson favorite des Français. Ils en boivent en moyenne° 85 litres par personne (hommes, femmes, et enfants) et par an. Ce sont les champions du monde de la consommation d'eau minérale.

■ Au café, les jeunes commandent de l'eau minérale.

L'eau a de nombreux avantages. C'est le plus naturel des produits. Elle contient° zéro calorie. Elle facilite l'élimination des toxines et la régénération des cellules de notre corps. (N'oublions pas que le corps° humain est composé de deux tiers° d'eau!)

En outre,° les eaux minérales ont certaines propriétés thérapeutiques qui dépendent des minéraux qu'elles contiennent (magnésium, calcium, potassium, sodium, etc.) Certaines eaux sont bonnes pour la digestion, d'autres pour le foie° ou les reins.° Certaines sont recommandées pour les rhumatismes, d'autres pour les maladies de peau.° En France, il existe des centaines d'eaux minérales différentes. Ces eaux viennent de sources° thermales situées principalement dans les zones montagneuses: Massif Central (Vichy), Alpes (Évian), Vosges (Vittel, Contrexéville), Pyrénées (Amélie-les-Bains). **N1** 🌐

La façon la plus normale d'utiliser une eau minérale est d'en boire tous les jours. Une autre façon consiste à faire une «cure» dans la région qui produit° une eau particulière. Là, non seulement on boit de grandes quantités d'eau minérale, mais on utilise celle-ci pour prendre des bains et pour se faire faire des massages. Cette tradition remonte° aux Romains qui connaissaient bien les vertus de l'eau et qui ont découvert° un grand nombre de sources thermales en Gaule il y a 2000 ans. Aujourd'hui des centaines de milliers de Français vont chaque été faire une cure dans les stations thermales spécialisées.

D'autres personnes préfèrent aller à la mer et pratiquer la «thalassothérapie.» Cette méthode consiste à profiter des avantages combinés de l'eau de mer, de l'air et du climat marins. On peut prendre des bains de mer très chauds, des saunas ou des bains de boue.° La thalassothérapie est recommandée pour les personnes qui souffrent° de fatigue ou de stress, pour celles qui veulent se remettre° en forme, et aussi pour les athlètes professionnels.

N2

La France des eaux

Il existe plus de 100 stations thermales en France. Chacune a sa spécialité.

- Si vous avez des problèmes de digestion, allez à Vichy, Vittel, Évian ou Contrexéville.
- Si vous avez de l'asthme, allez à Amélie-les-Bains.
- Si vous avez une peau délicate, allez à la Bourboule.
- Si vous avez des rhumatismes, allez à Aix-les-Bains, comme autrefois la reine Victoria, ou à Plombières, comme l'empereur Napoléon III.

Carte: Paris, Vittel, VOSGES, Plombières, Contrexéville, Vichy, la Bourboule, MASSIF CENTRAL, Aix-les-Bains, Évian, ALPES, PYRÉNÉES, Amélie-les-Bains, Luchon

PROJET
Allez dans un supermarché et faites une liste des eaux minérales qu'on y vend. Indiquez l'origine géographique de ces eaux minérales. **N4**

---

quant à *as for* **emporter** *to take along* **en moyenne** *on the average* **contenir** ✻ *to contain* **le corps** *body* **deux tiers** *two-thirds*
en outre = *en plus* **le foie** *liver* **les reins** *kidneys* **la peau** *skin* **les sources** *springs* **produire** ✻ *to produce* **remonte** *dates back*
découvrir ✻ *to discover* **boue** *mud* **souffrir** ✻ *to suffer* **se remettre** ✻ *to get back (into shape)*

N3

Le savez-vous?

Que savez-vous de votre santé et de la santé en général? Faites le test suivant. Combien de phrases pouvez-vous compléter? [Pour connaître les réponses, allez au bas de la page.]

1. **Le matin, notre température normale est de …**
   a. 35 degrés
   b. 37 degrés
   c. 40,2 degrés

2. **En moyenne, un adolescent de 16 ans a besoin de … par jour.**
   a. 1.500 calories
   b. 2.800 calories
   c. 3.400 calories

3. **Notre niveau d'adrénaline augmente quand …**
   a. on a faim
   b. on a la grippe
   c. on se met en colère

4. **La grippe est une maladie causée par …**
   a. un virus
   b. le froid
   c. la mauvaise hygiène

5. **Un dermatologue est un médecin qu'on peut consulter quand on a …**
   a. de l'acné
   b. des rhumatismes
   c. mal à la tête

6. **Le calcium est l'élément principal du squelette et des dents. Une excellente source de calcium est …**
   a. le lait
   b. la viande
   c. le poisson

7. **Il ne faut pas fumer parce que le tabac est un poison qui peut provoquer beaucoup de maladies sérieuses, en particulier …**
   a. l'anémie
   b. la tuberculose
   c. le cancer du poumon

8. **La pénicilline est un antibiotique. Son rôle est de …**
   a. faciliter la digestion
   b. éliminer les produits toxiques
   c. détruire les bactéries qui provoquent les infections

9. **Quand on est à la plage, il est prudent de se protéger contre le soleil. À long terme, l'exposition trop longue au soleil peut provoquer …**
   a. l'insomnie
   b. la polio
   c. le cancer de la peau

10. **Les personnes qui ont un problème avec leur cholestérol doivent éviter** *(avoid)* **de manger …**
    a. des fruits
    b. des légumes
    c. des oeufs

11. **La mononucléose est une maladie qui affecte …**
    a. le sang
    b. les muscles
    c. l'estomac

12. **Le jogging, le cyclisme, et la gymnastique sont des activités aérobiques. Le résultat principal d'une activité aérobique est …**
    a. de développer nos muscles
    b. d'augmenter notre rythme cardiaque
    c. d'éliminer les toxines

13. **En cas de transfusion sanguine, il est important de connaître son groupe sanguin. Le groupe sanguin le plus rare est …**
    a. le groupe A
    b. le groupe B
    c. le groupe O

14. **Quand on est diabétique, il est déconseillé de manger …**
    a. du pain
    b. du sucre
    c. du fromage

RÉPONSES 1b, 2b, 3c, 4a, 5a, 6a, 7c, 8c, 9c, 10c, 11a, 12b, 13b, 14b

LE FRANÇAIS PRATIQUE

Une visite médicale

> Avez-vous un rendez-vous ?

> Oui, j'ai un rendez-vous avec le docteur Lavie à deux heures.

Dans la salle d'attente *(waiting room)*

— Avez-vous **un rendez-vous** *(appointment)*?
  Oui, j'ai un rendez-vous avec
    le docteur Lavie à deux heures.

le médecin	le/la chirurgien(ne) *surgeon*
le/la dentiste	l'infirmier(ère) *nurse*
le spécialiste	l'oculiste

N1

FMP (FÉDÉRATION
MUTUALISTE PARISIENNE

CENTRES OPTIQUE MÉDICALE

24 r St Victor 75005 P_____(1) 40 46 11 37
10-12 av Georges Clémenceau
93139 Noisy le Sec_____(1) 48 44 00 32

Dans le cabinet *(office)* **du médecin**

— Comment allez-vous?
  Comment vous sentez-vous?

  Ça va, | **je me sens bien.**
  | je me **porte** bien.
  | je suis **en bonne santé** *(health)*.
  | je suis **bien portant(e)** *(in good health)*.

se sentir *to feel*
se porter bien *to be in good health*

  Ça ne va pas. | **Je ne me sens pas bien.**
  Je suis | **malade** *(sick)*.
  Je me sens |

fatigué	**faible** *weak*
nerveux	**déprimé** *depressed*

— Avez-vous **de la fièvre?**
  Oui, j'ai de la fièvre.
  J'ai **39 degrés de température.**

Comment vous SANTÉ vous ?

Médecins qualifiés:
chirurgie générale

• Bougival
NATHAN Georges
  2 rte Celle St Cloud_____(1)39 12 28 84

• Celle Saint Cloud(La)
ROMANO Mauro
  22 av Jonchère_____(1)30 82 23 48

• Chambourcy
MIRABEL André
  1 all résidence_____(1)39 65 32 32 48

F°   °C
106   41
104   40
102   39
100   38
98.6
98   37
96   36
94   34

Qu'est-ce qui ne va pas?

Je tousse.

— Est-ce que **ça vous fait mal**?
Aïe *(Ouch)*! Oui, ça fait mal.
Non, ça ne fait pas mal.

faire mal *to hurt*

N2

—Où **avez-vous mal?**
J'ai mal | **à la tête.**
| **à la gorge** *(throat).*
| **au ventre** *(stomach).*
J'ai mal au coeur *(I feel nauseous).*

Les parties du corps

Révision ▶ p. R12

— **Qu'est-ce qui ne va pas?** *(What's wrong?)*

Je tousse.

tousser *to cough*	**éternuer** *to sneeze*
vomir *to throw up*	**saigner** *(to bleed)* **du nez**

J'ai **un rhume** *(a cold).* Je suis **enrhumé(e).**
J'ai **une douleur** *(pain)* dans le dos.

des nausées
de l'eczéma
des vertiges *dizzy spells*
des boutons *a rash*

— Quelles **maladies** *(diseases)* **d'enfance** avez-vous eues?
J'ai eu **la rougeole** *(measles).*

les oreillons *mumps*
la varicelle *chicken pox*
la rubéole *German measles*
la coqueluche *whooping cough*

Maux de tête

Le soulagement est possible.

VOTRE DOS VOUS FAIT MAL?

Association d'orthopédie du Québec

République Rwandaise Ministère de la santé Publique et des Affaires Sociales		
Programme de Vaccination		
Vaccination	**Dose**	**Date**
le tétanos		
latuberculose		
la poliomyélite		
la diphtérie		
la coqueluche		
la rougeole		

—Est-ce que vous pouvez **ouvrir la bouche?**

`N1`

avaler	*to swallow*
respirer	*to breathe, breathe in*
tousser	

—Je vais vous
- **examiner.**
- **prendre la température.**
- **prendre la tension** (*blood pressure*).
- **faire une analyse de sang** (*blood test*).
- **faire une piqûre** (*shot, injection*).
- **faire une radio** (*x-ray*).

—Vous avez **une pneumonie.**

un rhume	**une angine** *strep throat*
de l'asthme	**une bronchite**
	la mononucléose

—Je vais vous **soigner** (*to treat*).
Voici **une ordonnance** (*prescription*).
Prenez **ce médicament** (*medicine*) . . .
- **le matin et le soir.**
- **deux fois** (*times*) **par jour.**
- **toutes les 4 heures.**

de l'aspirine	**ces comprimés** *pills*
cet antibiotique	**ces cachets** *tablets*
ces vitamines	**ces gouttes** *drops*

—Vous devez
- **vous reposer.**
- **vous soigner.**
- **rester au lit.**
- **prendre rendez-vous**
- **revenir**

dans une semaine.

se reposer	*to rest*
se soigner	*to take care of oneself*

Voici une ordonnance.
Vous devez prendre
rendez-vous dans
une semaine.

Merci, docteur.

Clinique de traitement de l'asthme
555, avenue University
Toronto (Ontario) M5G 1X8

HSC

1 Qu'est-ce qu'ils ont?

Choisissez l'option **a**, **b** ou **c** qui correspond logiquement à chaque situation.

1. Thomas va chez l'oculiste.
   a. Il va bien.
   b. Il a les oreillons.
   c. Il a mal aux yeux.

2. Roger a 39 degrés de température.
   a. Il est bien portant.
   b. Il a de la fièvre.
   c. Il a froid.

3. J'ai des difficultés à avaler.
   a. J'ai une angine.
   b. J'ai la rubéole.
   c. J'ai une crampe d'estomac.

4. Ma petite soeur tousse tout le temps.
   a. Elle a la varicelle.
   b. Elle a une bronchite.
   c. Elle est déprimée.

5. Thierry a envie de vomir.
   a. Il éternue.
   b. Il a de la tension.
   c. Il a mal au coeur.

6. Vous avez des boutons.
   a. Vous avez la grippe.
   b. Vous avez la rougeole.
   c. Vous ne respirez pas bien.

7. Je me mets des gouttes dans le nez.
   a. J'ai un rhume.
   b. Je prends des cachets.
   c. J'ai besoin de vitamines.

8. L'infirmière m'a fait une radio.
   a. Je prends des comprimés.
   b. J'ai beaucoup de tension.
   c. Je me suis cassé le bras.

9. J'ai besoin de médicaments.
   a. Je vais à la pharmacie.
   b. Je vois le chirurgien.
   c. Je suis en bonne santé.

10. Je voudrais voir le médecin.
    a. Je me soigne.
    b. Je me sens bien.
    c. Je dois prendre rendez-vous.

2 Créa-dialogue

Aujourd'hui vous ne vous sentez pas bien du tout. Regardez la liste et choisissez une maladie ou un malaise. Décrivez vos symptômes à votre partenaire.

la grippe	**la mononucléose**	**un rhume**	**une bronchite**
une angine	**une indigestion**	**de l'asthme**	**une pneumonie**
le rhume des foins (hay fever)		**une allergie**	**??**

3 À la clinique

Un(e) malade va dans une clinique où il/elle a rendez-vous.
Avant de voir le médecin, l'infirmier(ère) lui pose des questions.
Complétez le dialogue et jouez-le en classe avec votre partenaire.

Infirmier(ère): Vous avez un rendez-vous?
    Malade: *Answer affirmatively and give the time.*
Infirmier(ère): Comment vous sentez-vous?
    Malade: *Say how you feel.*
Infirmier(ère): Avez-vous de la fièvre?
    Malade: *Give your temperature.*
Infirmier(ère): Où avez-vous mal?
    Malade: *Explain.*
Infirmier(ère): Avez-vous d'autres symptômes?
    Malade: *Give at least two symptoms.*
Infirmier(ère): Quelles maladies d'enfance avez-vous eues?
    Malade: *Mention two.*
Infirmier(ère): Est-ce que vous avez été malade cet hiver?
    Malade: *Answer affirmatively and explain.*
Infirmier(ère): Est-ce que vous prenez des médicaments?
    Malade: *Answer affirmatively and explain.*
Infirmier(ère): Merci. Le médecin va vous examiner.

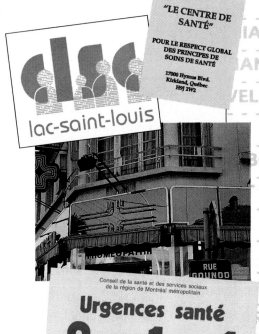

4 C'est vous le médecin!

Vous êtes médecin. Vos malades vous parlent de leurs problèmes. Dites-leur de ne pas
s'inquiéter et expliquez-leur ce que vous allez faire. Puis, donnez-leur une ordonnance.

- Je tousse tout le temps.
- J'ai de la fièvre.
- J'ai des boutons.
- J'ai des vertiges.
- J'ai des difficultés à respirer.
- J'ai des douleurs dans le dos.
- J'ai été mordu *(bitten)* par
  un chien.
- J'ai des palpitations
  (rapid pulse).

▶ **Je me sens très faible.**

**Ne vous inquiétez pas.
Je vais vous prendre la tension.
Si c'est nécessaire, je vais vous faire
une analyse de sang. Voici une ordonnance.
Prenez ces cachets deux fois par jour.**

Conversations libres

Avec votre partenaire, choisissez l'une des situations suivantes. Composez le dialogue correspondant et jouez-le en classe.

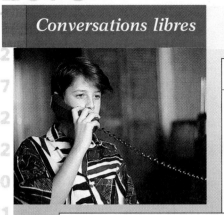

N1

1   Zut alors!

Vous voyagez en France. Un jour vous vous réveillez avec un malaise généralisé et des boutons sur la figure. Vous téléphonez au médecin qui vous demande des détails.

Rôles: le/la touriste, le médecin

2   Un(e) malade imaginaire

Ce matin, il y a un examen de maths très important que vous n'avez pas préparé. Vous allez voir l'infirmier(ère) de l'école. Vous lui expliquez que vous êtes très malade. (Inventez des symptômes pour cette maladie imaginaire.) L'infirmier(ère) a des doutes sur votre maladie.

Rôles: l'élève, l'infirmier(ère)

3   Histoire médicale

Vous êtes infirmier(ère) dans une école française. Vous interviewez un(e) candidat(e) pour l'équipe de foot. Posez-lui des questions sur son état général, par exemple . . .

- s'il (si elle) a des problèmes de santé
- s'il (si elle) a mal quelque part
- quelles maladies d'enfance il(elle) a eues
- s'il (si elle) a été malade cet hiver
- s'il (si elle) prend des médicaments, etc.

Rôles: l'infirmier(ère), l'athlète

4   Une cure miracle

Un charlatan prétend avoir inventé une cure miracle pour toutes sortes de maladies. Un journaliste très incrédule lui pose des questions.

Rôles: le charlatan, le journaliste

Si vous souffrez d'allergies saisonnières, voici ce que vous devriez savoir...

Animaux

Poussière de maison

Moisissures

A. Le concept du subjonctif: temps et modes

When we use verbs, we use them in a certain TENSE and a certain MOOD.

- The TENSE of a verb indicates when the action takes place.
  The PRESENT, the PASSÉ COMPOSÉ, the IMPERFECT and the FUTURE are tenses.

- The MOOD reflects the attitude of the speaker or the subject toward the action.
  The INDICATIVE and the SUBJUNCTIVE are moods.

> The INDICATIVE MOOD is *objective.*
> It is used to describe *facts.* It states what is considered to be *certain.*
> It is the mood of *what is.*

> The SUBJUNCTIVE MOOD is *subjective.*
> It is used to express *feelings, judgments,* and *emotions* relating to an action.
> It states what is considered to be *desirable, possible, doubtful,* or *uncertain.*
> It is the mood of *what may or might be.*

⟹ Although the subjunctive is rarely used in English, it is a mood frequently used in French.
Compare the moods in the following sentences:

(fact)	Je sais que tu **es** généreux.	*I know that you **are** generous.*
(wish)	Je souhaite que tu **sois** plus patient avec moi.	*I wish that you **were** more patient with me.*

Both the indicative and the subjunctive may occur in a dependent clause introduced by **que**.
The choice between the indicative and the subjunctive depends on what the subject or speaker expresses in the main clause.

MAIN CLAUSE (the subject expresses . . .)	DEPENDENT CLAUSE
• a **fact**, a **belief**	→ INDICATIVE
• a **wish**, a **necessity**, an **obligation**	→ SUBJUNCTIVE
• an **emotion** or **feeling**	
• a **doubt** or **possibility**	

Le subjonctif:
formation régulière
formation irrégulière

Révision ▶ 📖 pp. R19,
R21; R23-31

Vous êtes médecin. Choisissez un patient et dites ce qu'il doit faire et ne pas faire.

	PATIENTS	ACTIVITÉS	
il faut que	tu	faire du sport	manger trop
il ne faut pas que	vous	aller à la piscine	manger des produits
	M. Marcoux	être déprimé(e)	naturels
	Mme Lenoir	être nerveux(se)	boire de l'eau minérale
	ces enfants	être optimiste	prendre ces médicaments
	ces malades	avoir trop de	se coucher tard
		tension	se reposer
		avoir peur de la	se soigner
		piqûre	

B. Les verbes **croire** et **craindre**

N1 **N2**

	croire (to believe)		craindre (to fear, to be afraid of)	
PRÉSENT	je **crois** nous **croyons** tu **crois** vous **croyez** il/elle/on **croit** ils/elles **croient**		je **crains** nous **craignons** tu **crains** vous **craignez** il/elle/on **craint** ils/elles **craignent**	
PASSÉ COMPOSÉ	j'**ai cru**		j'**ai craint**	

Verbes conjugués comme **craindre:**

    plaindre *(to be sorry for)*   **peindre** *(to paint)*

    se plaindre de *(to complain about)*   **éteindre** *(to turn off, to extinguish)*

2 Vive la différence!

Chacun fait des choses différentes. Exprimez cela en faisant les substitutions suggérées.

1. Jérôme se plaint de sa copine.
   (les élèves - le professeur / le professeur - l'administration / toi - tout)

2. Isabelle croit à son horoscope.
   (moi - l'avenir [*future*] / vous - l'amitié / Roméo et Juliette - l'amour éternel)

3. Marc peint un tableau *(picture)*.
   (vous - la cuisine / moi - mon bureau / ces artistes - des portraits)

4. J'ai peint ma chambre en bleu.
   (mes cousins - en jaune / vous - en gris / nous - en rouge)

C. L'usage du subjonctif: émotions et sentiments

Note the use of the subjunctive in the following sentences.

Je suis content **que tu sois** en bonne santé.	*I am happy **that you are** in good health.*
Nous sommes tristes **que vous partiez.**	*We are sad **that you are** leaving.*
Le médecin craint **que j'aie** les oreillons.	*The doctor fears **that I have** mumps.*

The SUBJUNCTIVE is used after a verb or expression of EMOTION (happiness, sadness, fear, surprise, anger, regret, . . .), when the emotion concerns someone or something *other than the subject.*

➡ When the emotion concerns the subject itself, an infinitive construction is used. Compare:

INFINITIVE	SUBJUNCTIVE
Je suis content d'**aller** en France.	Je suis content **que tu ailles** en France.
Alice a peur d'**être** malade.	Le médecin a peur **qu'Alice soit** malade.

N1

Vocabulaire: Verbes et expressions d'émotion

la joie
- **être content**
- **être heureux(se)**
- **être ravi** *(delighted)*

la tristesse et le regret
- **être triste**
- **être malheureux(se)**
- **être désolé** *(very sad)*
- **regretter**
- **déplorer**

l'étonnement *(amazement)*
- **être surpris**
- **être étonné** *(astonished)*

la crainte *(fear)*
- **avoir peur**
- **craindre**

l'orgueil *(pride)*
- **être fier (fière)**

la colère *(anger)*
- **être furieux(se)**

JE SUIS TRISTE DE PARTIR.

JE SUIS SI TRISTE QUE TU PARTES !

EH BIEN, MOI, JE SUIS CONTENT QU'IL PARTE !

3 Consultations

Vous êtes médecin. Votre partenaire
va décrire un symptôme.
Vous allez exprimer votre diagnostic.

▶ — **Je tousse tout le temps.**
— **J'ai peur que vous ayez une bronchite.**

SYMPTÔMES	DIAGNOSTIC
• éternuer	• une allergie
• avoir mal au ventre	• une indigestion
• avoir très mal à la gorge	• une angine
• tousser tout le temps	• une bronchite
• avoir des boutons	• la grippe
• se sentir très faible	• la mononucléose
• avoir de la fièvre	• le rhume des foins *(hay fever)*
	• ??

4 Mes sentiments

Décrivez vos sentiments dans les circonstances suivantes.
Choisissez une des options entre parenthèses ou une option de votre choix.

▶ (heureux ou triste?) Mes copains vont en France cet été.
Je suis heureux/heureuse que mes copains aillent en France cet été.

1. content ou jaloux? (Mes cousins ont une voiture de sport.)
2. désolé ou surpris? (Mon frère ne dit pas la vérité.)
3. triste ou content? (Le professeur est malade aujourd'hui.)
4. furieux ou étonné? (Ma copine/mon copain ne vient pas au rendez-vous.)
5. content ou désolé? (L'examen de français est annulé.)
6. surpris ou fier? (L'équipe de baseball de l'école gagne le championnat.)

5 Leurs réactions

Décrivez les réactions des personnes suivantes aux situations entre parenthèses.
Utilisez une expression d'émotion du Vocabulaire.

▶ Alice (Son copain sort avec une autre fille.)
Alice est triste (furieuse) que son copain sorte avec une autre fille.

1. Thomas (Sa copine française écrit toutes les semaines.)
2. Le médecin (Monsieur Larose fait des exercices.)
3. Stéphanie (Marc vient à sa boum.)
4. Monsieur Dupont (Sa fille a le premier prix du conservatoire.)
5. Le professeur (Le mauvais élève réussit à l'examen.)
6. Nathalie (Jean-Pierre est en retard au rendez-vous.)
7. Catherine (Sa cousine oublie la date de son anniversaire.)
8. Les supporteurs *(fans)* (Leur équipe perd le match.)
9. Les écologistes (On fait des économies d'énergie.)

D. Le subjonctif après les expressions de doute

Compare the use of the INDICATIVE and the SUBJUNCTIVE in the sentences below.

CERTAINTY OR BELIEF (INDICATIVE)	DOUBT, DISBELIEF OR UNCERTAINTY (SUBJUNCTIVE)
Je crois que tu **es** fatigué.	Je doute que tu **sois** malade.
Le médecin pense que j'**ai** la grippe.	Il ne pense pas que j'**aie** la mononucléose.
Il est sûr qu'Alice **est** trop pâle.	Il n'est pas sûr qu'elle **soit** déprimée.
Tu crois que tu **es** très intelligent!	Crois-tu que tu **sois** sympathique?

The INDICATIVE is used after verbs and expressions of CERTAINTY or BELIEF.
The SUBJUNCTIVE is used after verbs and expressions of DOUBT and UNCERTAINTY.

➡ Verbs like c**roire, penser, être sûr, être certain,**
and expressions like **il est sûr, il est certain,**
are used to convey belief, knowledge, or conviction of certain facts.

- When used in the AFFIRMATIVE, they are followed by the INDICATIVE.
- When used in the INTERROGATIVE or the NEGATIVE, however, these verbs
  and expressions may convey an element of doubt or uncertainty.
  In this case they are followed by the SUBJUNCTIVE.

ALLONS PLUS LOIN

Depending on the level of certainty or doubt that the speaker wants to convey,
certain expressions may be followed by the indicative OR the subjunctive.
Compare:

Il semble que tu **as** raison.	*It seems that you are right.* (This is pretty sure.)
Il semble que tu **aies** raison.	*It would seem that you are right.* (It is much less sure.)

Vocabulaire: Verbes et expressions de certitude et de doute

EXPRESSIONS DE CERTITUDE (+ INDICATIF)	EXPRESSIONS DE DOUTE (+ SUBJONCTIF)
je sais que . . . **je dis que . . .**	**je doute que . . .**
je crois que . . .	**je ne crois pas que . . .** **crois-tu que . . . ?**
je pense que . . .	**je ne pense pas que . . .** **penses-tu que . . . ?**
je suis sûr(e) que . . .	**je ne suis pas sûr(e) que . . .** **es-tu sûr(e) que . . . ?**
il est sûr / vrai / certain que . . .	**il n'est pas sûr / vrai / certain que . . .** **est-il sûr / vrai / certain que . . . ?**
il est clair que . . . **il est probable que . . .** **il est évident que . . .**	**il est douteux que . . .** **il est possible que . . .** **il est impossible que . . .**

6 L'optimiste et le pessimiste

L'optimiste voit l'existence sous un aspect
positif. Le pessimiste voit l'existence sous
un aspect négatif. Avec votre partenaire,
jouez le rôle de l'optimiste et du pessimiste.

> Je crois que la vie est belle.

> Je doute que la vie soit belle.

▶ la vie / être belle

1. les gens / être généreux
2. les jeunes / avoir un idéal
3. les parents / faire le maximum pour
   aider leurs enfants
4. la situation économique / être excellente
5. on / faire des progrès dans tous les domaines

6. les journalistes / dire la vérité
7. le président / être honnête avec le public
8. le monde / être moins dangereux qu'avant
9. on / découvrir prochainement *(soon)*
   une cure contre le SIDA *(AIDS)*

7 Êtes-vous d'accord?

Voici quelques propositions. Choisissez une proposition et exprimez votre opinion sur ce sujet.
Pour cela, utilisez l'une des expressions du vocabulaire. Si possible, illustrez votre opinion
en formulant une réflexion personnelle.

▶ la majorité des gens / être superstitieux?
   Je ne pense pas que la majorité des gens soient superstitieux.
   Moi, par exemple, je n'hésite pas à voyager le vendredi 13.

1. l'argent / faire le bonheur?
2. les gens / être fondamentalement honnêtes?
3. les gens idéalistes / être naïfs?
4. la liberté / être un mythe?
5. les femmes / avoir les mêmes responsabilités
   que les hommes?

6. les extra-terrestres / exister?
7. il / être facile de changer son destin?
8. il / être possible d'éliminer la violence dans
   la société?
9. tout le monde / avoir les mêmes choses?

Les médecins et l'action humanitaire

Nathalie, 27 ans, vient d'obtenir° son diplôme de médecin. Dans quelques semaines elle va partir pour l'Afghanistan. Hélène, une infirmière de 35 ans, rentre de Thaïlande où elle a passé dix mois dans les camps de réfugiés. Emmanuel, 25 ans, n'a pas de spécialité médicale, mais il a passé deux ans au Bangladesh avec «Médecins sans frontières.»° Nathalie, Hélène, Emmanuel: trois exemples parmi° des milliers de Français qui ont décidé de faire quelque chose pour les oubliés° de la terre.°

■ «Médecins sans frontières,» Rwanda

Nathalie explique: «Comme médecins, notre premier rôle est d'aider les gens qui sont dans la détresse. Aujourd'hui, la détresse humaine existe

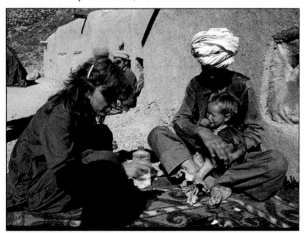

■ Les organisations comme «Médecins du monde,» «Les Médecins aux pieds nus,» et «Médecins sans frontières» envoient des volontaires dans les régions où il y a une urgence médicale.

partout° dans le monde, et spécialement dans les pays du tiers-monde° où des centaines de milliers de gens souffrent° de la misère, de la faim et de la maladie. Dans ces pays, les catastrophes naturelles, les épidémies, la guerre° civile font des millions de victimes chaque année. Nous autres° citoyens° des pays dits *civilisés*, nous ne pouvons pas rester insensibles° au sort° de ces êtres° humains qui sont nos frères et nos soeurs. Nous devons agir°. Malheureusement, les besoins sont immenses et nos ressources très limitées. Nous sommes là non seulement pour soigner les gens, mais pour leur redonner° l'envie° de vivre.»°

Plusieurs organisations ont été créées en France pour répondre aux besoins de santé des pays du tiers-monde. Ces organisations envoient des volontaires dans des régions où il y a une urgence médicale, et plus spécialement dans des pays d'Afrique et d'Asie: en Éthiopie, en Somalie et au Libéria, au Pakistan, au Cambodge, par exemple.

N2

---

obtenir ❋ *to get, obtain* **frontières** *borders* **parmi** *among* **les oubliés** *forgotten people* **la terre** *earth* **partout** *everywhere* **tiers-monde** *third world* **souffrir** ❋ *to suffer* **la guerre** *war* **autres** *others* **citoyens** *citizens* **insensibles** *insensitive* **au sort** *fate* **êtres** *beings* **agir** *to act* **pour leur redonner** *to give back* **l'envie** *desire* **vivre** ❋ *to live*

N1

N3

N4

Pour être volontaire, il n'est pas nécessaire d'être médecin ou infirmier. Il suffit° d'être une personne de bonne volonté° et de croire à la solidarité des peuples de la terre. Les organisations les plus connues sont «Médecins sans frontières» qui intervient° dans 60 pays différents, «Médecins du monde» qui a 6000 volontaires dans 40 pays, et «Les Médecins aux pieds nus.»° L'originalité de cette dernière organisation est d'utiliser des médicaments d'origine végétale ou animale et les techniques traditionnelles des pays d'intervention, comme par exemple, l'acupuncture dans les pays d'Asie.

et vous?

DÉFINITIONS

Définissez les mots ou expressions suivantes. (Quand c'est possible, donnez des exemples.)

- un(e) volontaire
- la bonne volonté
- une épidémie
- la solidarité
- un réfugié
- l'action humanitaire
- les pays du tiers-monde
- un catastrophe naturelle
- la guerre civile

EXPRESSION ÉCRITE

1. Imaginez que vous voulez être volontaire pour l'une des organisations mentionnées dans le texte. Écrivez une courte lettre où vous expliquez ...
   - pourquoi l'action humanitaire vous intéresse
   - dans quel pays vous voudriez aller et pourquoi
   - ce que vous voulez faire pour aider les gens de ce pays
2. Imaginez que le docteur Kouchner va visiter votre ville. Écrivez une lettre (en français!) au journal local. Dans cette lettre, expliquez qui est le docteur Kouchner et décrivez les choses importantes qu'il a faites.

Un champion de l'action humanitaire

■ Le docteur Bernard Kouchner, fondateur de "Médecins du monde," en Afghanistan

N5

Le docteur Bernard Kouchner, fondateur° de *Médecins du monde,* est un homme d'action. Jeune médecin, il s'engage° dans une équipe de la Croix° Rouge pour aider les victimes de la guerre° du Biafra en Afrique. Là, il découvre les ravages provoqués par la guerre civile: pillages de village, tortures, exécutions sommaires. De retour° en France, il dénonce le silence et l'inaction des pays occidentaux.°

En 1980, il fonde les *Médecins du monde.* Ses missions le mènent° un peu partout° dans le monde, au Tchad, au Salvador, en Afghanistan. Pour le docteur Kouchner, l'action médicale est importante, mais elle n'est pas suffisante. Son message est simple: Il n'y a pas de solution permanente possible aux problèmes de santé là où les droits° humains ne sont pas respectés.

De l'action médicale, le docteur Kouchner passe à l'action politique. Au début° des années 1990, il est nommé Ministre de la Santé et de l'Action Humanitaire dans le gouvernement français. Il représente la France partout où les droits humains sont menacés. Il atterrit à Sarajevo sous les bombardements. Il va au Kurdistan où il échappe de peu° à un attentat° qui fait cinq morts. Le docteur Kouchner n'a pas peur du danger. Pour les Français, c'est un héros national.

---

il suffit = il est suffisant   **volonté** *will*   **intervenir** ✱ *to intervene*   **pieds nus** *bare feet*   **fondateur** *founder*   **il s'engage** *joins*   **la Croix** *cross*
la guerre *war*   **de retour** *back*   **occidentaux** *western*   **mènent** *take*   **partout** *everywhere*   **les droits** *rights*   **début** *beginning*   **de peu** *narrowly*
attentat = attaque terroriste

PARTIE 2

LE FRANÇAIS PRATIQUE

Accidents et soins dentaires

À l'hôpital

Cette personne est **blessée** (injured, hurt).
Elle vient de **se blesser** (to get hurt).
Elle s'est cassé le bras.

se blesser à la tête	**se casser** (to break) **la jambe**
se couper (to cut) **à la main**	**se fracturer l'épaule**
se brûler to get burned	**se fouler** (to twist) **la cheville** ankle

L'infirmier(ère) va lui **faire une radio** (x-ray).

faire un plâtre cast	**faire un pansement** bandage
donner des béquilles crutches	**mettre des sutures** stitches

> Cette personne est blessée.
> Aïeee!
> On va lui faire une radio.

① Créa-dialogue: Qu'est-ce qui est arrivé?

Vous rencontrez les personnes suivantes. Avec votre partenaire, choisissez l'une des illustrations. Composez le dialogue correspondant et jouez-le en classe. Utilisez votre imagination pour expliquer l'accident!

— Eh Antoine, ça va?
— Hm, comme ci comme ça.
— Pourquoi est-ce que tu as un plâtre?
— Je me suis cassé le bras.
— Comment est-ce que c'est arrivé?
— Eh bien, voilà. Je faisais de l'alpinisme samedi dernier et je suis tombé.

1. Juliette

2. Thomas

3. Jean-Pierre

4. Véronique

5. Grégoire

6. Vanessa

Chez le dentiste

—Oh là là, j'ai **mal aux dents**.

Vous avez **une carie** *(cavity)*.

Je vais vous | faire **un plombage** *(filling)*.
faire **une piqûre de novocaïne**.
enlever *(to remove)* | **cette dent.**
cette dent de sagesse *(wisdom tooth)*.

Oh là là, j'ai mal aux dents.

Vous avez une carie.

N2

N3

Bonnes dents, belles dents. C'est promis!

2 Chez le dentiste

Avec votre partenaire, composez le dialogue suivant entre le/la dentiste et le/la patient(e).

Dentiste: *Ask the patient what's wrong.*

Patient: *Say that you have a toothache.*

Dentiste: *Ask patient to open his/her mouth.*
Say that the patient has a cavity and explain what you are going to do.

Patient: *Ask if it is going to hurt.*

Dentiste: *Say no, and tell your patient that you will give him/her a shot of novocain.*

Patient: *Say that you are not feeling well . . . and then faint.*

Conversations libres

Avec votre partenaire, choisissez l'une des situations suivantes. Composez le dialogue correspondant et jouez-le en classe.

1   **Accident de moto**

Xavier a eu un accident de moto. Le lendemain, son amie Florence lui rend visite à l'hôpital et lui pose des questions. Xavier explique ce qui est arrivé et ce que le médecin a fait.

Rôles: Xavier, Florence

2   **Visite chez le dentiste**

Le petit Pierre (6 ans) a mal aux dents. Sa mère pense qu'il a probablement une carie et veut l'amener chez le dentiste. Pierre a peur, et sa mère essaie de le rassurer en expliquant ce que le dentiste va faire. Pierre n'est pas du tout rassuré.

Rôles: la mère, Pierre

Le français pratique   **279**

A. Le passé du subjonctif

FORMS

N1

The past subjunctive is a compound tense formed according to the pattern:

> present subjunctive of **avoir** or **être** + past participle

parler	aller	s'amuser
que j'**aie parlé**	que je **sois allé(e)**	que je me **sois amusé(e)**
que tu **aies parlé**	que tu **sois allé(e)**	que tu te **sois amusé(e)**
qu'il **ait parlé**	qu'il **soit allé**	qu'il se **soit amusé**
qu'elle **ait parlé**	qu'elle **soit allée**	qu'elle se **soit amusée**
que nous **ayons parlé**	que nous **soyons allé(e)s**	que nous nous **soyons amusé(e)s**
que vous **ayez parlé**	que vous **soyez allé(e)(s)**	que vous vous **soyez amusé(e)(s)**
qu'ils **aient parlé**	qu'ils **soient allés**	qu'ils se **soient amusés**
qu'elles **aient parlé**	qu'elles **soient allées**	qu'elles se **soient amusées**

➡ The agreement of the past participle in compound tenses also applies to the past subjunctive.

Je suis content que tu **aies téléphoné** à ces filles.

Je suis heureux que tu les **aies invité es** à la boum.

USES

Compare the use of the present and the past subjunctive.

Je doute que Paul **téléphone** ce soir.	*I doubt that Paul **will call** tonight.*
Je doute qu'il **ait téléphoné** hier.	*I doubt that he **called** yesterday.*
Je regrette que vous **ne veniez pas** cet après-midi.	*I am sorry that you **are not coming** this afternoon.*
Je regrette que vous **ne soyez pas venu** samedi.	*I am sorry that you **did not come** on Saturday.*

❚ The past subjunctive is used instead of the present subjunctive to refer to past events or situations.

1 **Drôles d'excuses!**

Votre partenaire n'est pas venu(e) à une répétition *(rehearsal)* de la chorale samedi dernier. Il/elle va choisir une (mauvaise!) excuse. Vous êtes le directeur/la directrice et vous avez des doutes.

▶ — **Je ne suis pas venu(e) à la répétition parce que j'ai raté le bus.**
— **Ah oui? Écoute, Christophe, je doute que tu aies raté le bus.**

EXCUSES

• J'ai eu la grippe.
• Je me suis foulé la cheville.
• Je suis tombé(e) dans les escaliers.
• Je suis allé(e) chez le dentiste.
• J'ai raté *(missed)* le bus.
• Le bus a eu un accident.
• Mon réveil *(alarm clock)* n'a pas sonné.
• Ma cousine s'est mariée.
• Mon arrière-grand-mère est morte.

2 Réactions!

Votre partenaire va décrire un événement (imaginaire) qui lui est arrivé.
Exprimez votre réaction. Pour cela, choisissez une expression de la page 272.

ÉVÉNEMENTS

- mon oncle / avoir un accident
- ma cousine / se marier
- mon copain / voir un OVNI (UFO)   **N2**
- ma grande soeur / gagner une bourse (scholarship) pour l'université
- ma grand-mère / se casser le bras

- ma copine / oublier la date de mon anniversaire
- mes parents / rencontrer le président des États-Unis
- ma tante / m'acheter une voiture de sport

Ma tante m'a acheté une voiture de sport!

Ah oui? Écoute, je doute qu'elle t'ait acheté une voiture de sport.

(Eh bien, bravo! Je suis ravi(e) qu'elle t'ait acheté une voiture de sport.)

RÉACTIONS

joie?
tristesse?
surprise?
doute?

3 Ce qu'ils pensent

Décrivez ce que pensent les personnes suivantes.

▶ l'infirmière / craindre / tu / te fouler la cheville.
L'infirmière craint que tu te sois foulé la cheville.

1. le médecin / ne pas croire / je / me casser la jambe.
2. je / être content / tu / venir à la boum
3. Pauline / être heureuse / Jérôme / lui écrire une lettre
4. vous / être surpris / l'équipe / gagner le match
5. le guide / avoir peur / les alpinistes (mountain climbers) / se perdre dans la montagne
6. le professeur / douter / vous / faire vos devoirs
7. Madame Dumont / être fière / sa fille / réussir à l'examen d'ingénieur

4 Les mystères de l'univers

Beaucoup de mystères n'ont pas été élucidés (cleared up). Avec votre partenaire, choisissez un des sujets suivants et discutez-le. Exprimez votre opinion en utilisant une expression de doute ou de certitude, et le passé du subjonctif ou le passé composé de l'indicatif.

▶ les Vikings / découvrir l'Amérique?
Je doute (je ne crois pas / il est douteux) que les Vikings aient découvert l'Amérique.
ou: **Je suis sûr(e) (il est probable) que les Vikings ont découvert l'Amérique.**

1. les Égyptiens / utiliser l'électricité?
2. Dracula / exister?
3. un écrivain inconnu (unknown) / écrire les pièces de Shakespeare?
4. des navigateurs romains / explorer l'Amérique du Sud?
5. des extra-terrestres / venir sur la Terre?
6. des ingénieurs russes / inventer la bombe atomique?
7. un agent soviétique / assassiner le président Kennedy?

En voyage

d'après Guy de Maupassant

AVANT DE LIRE

L'histoire que vous allez lire est racontée par un médecin au cours d'un voyage en train. Les autres passagers du compartiment où il se trouve ont déjà fait le récit d'aventures plus ou moins rocambolesques° dont ils sont évidemment les héros. Ces histoires ont un point commun: elles se passent toutes dans un train.

C'est maintenant le tour du médecin. L'histoire qu'il choisit de raconter est une histoire d'amour, l'amour simple et purement spirituel unissant un homme et une femme qui se sont rencontrés dans un train.

rocambolesques = avec beaucoup d'incidents extraordinaires

NOTE CULTURELLE

Guy de Maupassant (1850-1893) a écrit des romans et des pièces de théâtre, mais il est surtout célèbre pour les centaines de contes et nouvelles qu'il a publiés. Maupassant utilise un style clair, objectif et impersonnel. Il décrit avec précision les faits, laissant au lecteur le souci° de découvrir les sentiments qui animent les personnages de ses contes.

souci *care*

Le contexte historique

Pour comprendre une histoire, il faut la situer dans son contexte historique. L'action de l'histoire racontée par le médecin se passe à la fin du 19e siècle dans un train qui va de Russie jusqu'à la Côte d'Azur en France. Les voyages de ce genre étaient très longs. Ils étaient relativement sûrs,° mais de temps en temps les trains étaient attaqués par des bandits ou par des révolutionnaires, alors particulièrement actifs dans les pays de l'Europe de l'Est et surtout en Russie.

Parmi° les passagers du train, il y a une jeune femme mariée à un aristocrate russe. Très malade, elle va en France pour se soigner. Comme les gens riches de l'époque, elle est accompagnée de ses serviteurs et elle a réservé un wagon pour elle seule.

sûrs *safe*   **parmi** *among*

Anticipons un peu!

Imaginez que vous êtes la jeune femme russe. Au cours du voyage, un homme fait irruption dans le compartiment où vous êtes seule. Il est très pâle, paraît confus et vous remarquez qu'il est blessé. Cet homme vous demande de l'aider.

Qu'est-ce que vous allez faire?
- tirer la sonnette d'alarme
- appeler vos serviteurs
- aider l'homme

À supposer que vous avez décidé d'aider cet homme, qu'est-ce que vous allez demander à cette homme de faire?
- se livrer à la police
- aller à l'hôpital
- ne jamais plus vous parler

EN VOYAGE

1

Le médecin commença ainsi son histoire:

«Moi, je n'ai pas d'aventure extraordinaire à vous raconter.
Je vais seulement vous parler d'une jeune femme que j'ai connue,
une de mes clientes, à qui il arriva la chose la plus singulière°
du monde, et aussi la plus mystérieuse et la plus attendrissante.°

C'était une Russe, la comtesse Marie Baranow, une très grande
dame, d'une exquise beauté. Vous savez comme les Russes peuvent
être belles, avec leur nez fin, leur bouche délicate, leurs yeux d'une
indéfinissable couleur, d'un bleu gris, et leur charme à la fois tendre
et sévère, que les Français trouvent tellement séduisant.

La comtesse Marie souffrait depuis plusieurs années de tuberculose.
Pour la soigner, son médecin, qui la savait très malade, voulait l'envoyer
dans le sud de la France, mais elle refusait obstinément de quitter Saint
Pétersbourg. Finalement, l'automne dernier, le docteur, réalisant la gravité
de l'état° de sa patiente, parla à son mari qui ordonna à sa femme de partir
pour Menton.

Résignée, elle prit le train. Elle était seule dans son wagon, ses gens de
service° occupant un autre compartiment. Elle restait contre la portière, un
peu triste, regardant passer les campagnes et les villages de la Russie. Elle
se sentait bien isolée dans la vie, sans enfants, sans parents et avec un mari
qui ne l'aimait plus et qui avait décidé de l'exiler à des milliers de
kilomètres de son pays.

À chaque station, son serviteur Ivan venait voir si elle avait besoin de
quelque chose. C'était un vieux domestique, totalement dévoué, à qui elle
pouvait demander n'importe quoi.

5
10
15
20
25

Mots utiles

la comtesse	countess
la portière	= la porte d'un train
souffrir *	to suffer
dévoué	devoted
exquis	exquisite
séduisant	attractive
à la fois	at the same time
n'importe quoi	anything

singulière = étrange   **attendrissante** *touching*   **l'état** = la condition   **gens de services** = servants

Avez-vous compris?

1. Qu'est-ce que le médecin pense des femmes russes?
2. Quelle était la maladie de la comtesse?
3. Qu'est-ce que son docteur en Russie voulait qu'elle fasse?
4. Avec qui a-t-elle fait le voyage?
5. Quels étaient les sentiments de la comtesse quand elle était dans le train?
6. Est-ce qu'elle avait une vie familiale intéressante? Expliquez.

Anticipons un peu!

Quelque chose de dramatique va arriver dans la scène suivante. Selon vous, qu'est-ce qui va se passer?

2

La nuit commençait à tomber. Le train allait maintenant très vite. Très énervée,° la comtesse ne pouvait pas dormir. Elle eut alors l'idée de compter l'argent que son mari lui avait donné avant son départ. Elle ouvrit son sac, en vida le contenu sur ses genoux et commença à compter les pièces d'or.

Tout d'un coup, la comtesse Marie sentit un vent froid sur son visage. 30
Elle leva la tête et elle vit un homme qui venait d'entrer dans son wagon. Il était grand, bien habillé, et il était blessé à la main. Il referma la porte, s'assit en face de la comtesse et la regarda de ses grands yeux noirs. Puis, il prit un mouchoir dans sa poche et en enveloppa son poignet pour arrêter le sang qui coulait. 35

La jeune femme eut très peur. Cet homme certainement l'avait vue compter son or. Il était venu pour la voler, ou, pire encore, pour la tuer. Il la regardait fixement, essoufflé,° le visage convulsé, prêt, sans doute, à l'attaquer.

Il dit brusquement : 40

— Madame, n'ayez pas peur.

Elle ne répondit rien, incapable d'ouvrir la bouche. Son cœur battait et ses oreilles bourdonnaient.°

L'homme continua :

— Je ne suis pas un malfaiteur°, madame. 45

Elle ne disait toujours rien, mais ses genoux tremblaient tellement que tout l'or tomba sur le sol° du wagon.

Surpris, l'homme regarda ce flot° de métal, puis il se baissa pour ramasser les pièces.

Prise de panique, la comtesse se leva. Elle courut vers la portière 50
pour sauter du train. L'homme comprit ce qu'elle voulait faire. Il l'attrapa, la saisit dans ses bras, et l'obligea à s'asseoir.

— Écoutez-moi, madame, dit-il. Je ne suis pas un malfaiteur.
La preuve° c'est que je vais ramasser cet argent et vous le rendre.
Je suis moi-même en grand danger. Si vous ne m'aidez pas à passer 55
la frontière, je suis un homme mort. Dans une heure, nous serons
à la dernière station russe. Dans une heure dix, nous serons dans
un autre pays. Si vous ne me secourez° pas, je suis condamné. Je ne
peux pas vous expliquer pourquoi, mais croyez-moi. Je n'ai pas tué.
Je n'ai pas volé, et je n'ai rien fait de mal. Je vous jure que je suis 60
un homme d'honneur, mais je ne peux pas vous en dire plus.

Mots utiles

un coin	corner
une frontière	border
le genou; les genoux	knee; lap
un mouchoir	handkerchief
une pièce d'or	gold coin
le poignet	wrist
se baisser	to stoop, bend down
battre *	to beat
compter	to count
couler	to flow
envelopper	to wrap
jurer	to swear
ralentir	to slow down
ramasser	to pick up
remplir	to fill
rouler	to roll (along); to travel
sauter	to jump
siffler	to whistle
tuer	to kill
vider	to empty
voler	to steal
muet (muette)	silent
pire	worse

énervée = nerveuse   **essoufflé** *out of breath*   **bourdonnaient** *were buzzing*   **malfaiteur** = criminel
sol *floor*   **flot** *stream, cascade*   **preuve** *proof*   **secourez** = aidez

L'homme se mit à genoux. Comme il l'avait dit, il ramassa toutes
les pièces d'or, et en remplit le sac qu'il donna à la comtesse. Puis il alla
s'asseoir à l'autre coin du wagon.

La comtesse Marie ne bougeait° pas. Immobile et muette, elle retrouva   65
peu à peu son calme. L'homme ne faisait pas un geste pas un mouvement.
Il restait droit,° les yeux fixés devant lui. De temps en temps, elle le
regardait rapidement. C'était un homme de trente ans environ.° Il était très
beau, avec l'apparence d'un gentilhomme.

Le train continuait à rouler très vite dans la nuit. Puis, il siffla plusieurs   70
fois, ralentit et finalement s'arrêta.

bougeait = changeait de position   **droit** *sitting upright*   **environ** = approximativement

---

Avez-vous compris?

1. Qu'est-ce que la comtesse faisait quand l'homme est entré
   dans le wagon?
2. Quelle était l'apparence physique de cet homme? Décrivez-le.
3. Quelle a été la réaction de la comtesse quand elle a vu
   cet homme? Pourquoi?
4. Qu'est-ce que l'homme a fait quand l'argent a roulé sur le sol?
5. Qu'est-ce que la comtesse a voulu faire ensuite?
6. Quel service est-ce que l'homme a demandé à la comtesse?

Anticipons un peu!

À votre avis, est-ce que
la comtesse va protéger l'inconnu?
- Si oui, comment?
- Si non, qu'est-ce qu'elle va
  faire?

3

Ivan, le vieux serviteur, parut à la portière du wagon pour prendre les ordres de la comtesse. Celle-ci regarda son étrange compagnon, puis elle dit à son serviteur d'une voix brusque:

— Ivan, je n'ai plus besoin de toi. Tu vas retourner à Saint Pétersbourg. 75

Le serviteur, très surpris, ouvrit des yeux énormes. Tremblant d'émotion, il put à peine dire:

— Mais, madame . . . Je pensais que . . .

D'un ton très assuré, la comtesse répondit: 80

— J'ai changé d'avis. Tu ne viendras pas avec moi à Menton. Je veux que tu restes en Russie… Tiens, prends cet argent pour payer ton billet de retour. Et donne-moi ton manteau, ta casquette et ton passeport.

Ivan enleva sa casquette et son manteau qu'il lui donna, sans 85 comprendre, à la comtesse. Il lui tendit son passeport et, puis, les larmes aux yeux, descendit du train.

Le train repartit vers la frontière. Alors, la comtesse dit à son voisin:

— Mettez ce manteau et cette casquette. Vous êtes maintenant Ivan, mon serviteur. Je mets une seule condition à ce que je fais pour vous: 90 vous ne me parlerez jamais. Je ne veux pas que vous me disiez un seul mot, même pour me remercier.

L'inconnu s'inclina,° sans prononcer un mot. Bientôt le train s'arrêta de nouveau. Des policiers en uniforme entrèrent dans le wagon. Ils regardaient partout comme s'ils cherchaient quelqu'un. La comtesse leur dit d'un ton 95 impérieux:

— Je suis la comtesse Baranow de Saint Pétersbourg, et voici mon domestique Ivan.

s'inclina *bowed*

Mots utiles	
une casquette	*cap*
un inconnu	*stranger*
une larme	*tear*
changer d'avis	*to change one's mind*
enlever	*to take off*
paraître *	*to appear*
rompre	*to break*
tendre	*to hand, give*
à cause de	*because of*
à peine	*hardly, scarcely*
debout	*standing*

Puis elle tendit les passeports à un officier qui les lui rendit en saluant. Les hommes sortirent du wagon et continuèrent leur ronde d'inspection. Après une heure d'arrêt, le train se remit en route.   100

Pendant toute la nuit, l'homme et la femme restèrent en tête-à-tête,° muets tous les deux. Le matin, le train s'arrêta dans une gare allemande. L'inconnu descendit du wagon. Debout, sur le quai, il dit à la comtesse:

— Pardonnez-moi, madame, de rompre ma promesse, mais à cause   105
    de moi, vous avez perdu votre domestique. Il est juste que je
    le remplace. Avez-vous besoin de quelque chose?

Elle répondit froidement:

— Allez chercher ma femme de chambre.

Il y alla, puis il monta dans un autre wagon.   110

Quand elle descendait à quelque buffet° de gare, elle le voyait de loin qui la regardait . . . Le train arriva finalement à Menton.

en tête-à-tête *face to face*   **buffet** *food wagon*

Avez-vous compris?

1. Qu'est-ce que la comtesse demande à Ivan, son vieux serviteur?
2. Comment est-ce que l'inconnu échappe *(escapes)* au contrôle des policiers?
3. Quelle promesse est-ce que la comtesse exige de l'inconnu?
4. Que fait l'inconnu quand le train s'arrête à la gare allemande?

Anticipons un peu!

• D'après vous, est-ce que l'inconnu va tenir *(keep)* sa promesse?
• Comment va se terminer cette histoire?

4

Le docteur toussa, puis il continua son histoire:

Un jour que je recevais mes clients dans mon cabinet, j'eus la visite d'un grand garçon que je n'avais jamais vu. Il me dit: 115

— Docteur, je viens vous demander des nouvelles de la comtesse Marie Baranow. Elle ne me connaît pas. Je suis un ami de son mari. C'est lui qui m'envoie.

Je répondis:

— La comtesse est très, très malade. Je doute qu'elle rentre un jour   120
en Russie.

À ces mots, cet homme se mit à pleurer comme un enfant. Il se leva et sortit brusquement de mon cabinet.

Ce soir-là, comme d'habitude, je rendis visite à la comtesse dans son hôtel. Je lui dit qu'un étranger était venu m'interroger° sur sa santé.   125
Elle parut émue et me raconta toute l'histoire que je viens de vous dire. Puis elle ajouta:

— Cet homme que je ne connais pas me suit maintenant comme mon ombre. Je le rencontre chaque fois que je sors. Il me regarde d'une étrange façon, mais il ne m'a jamais parlé.   130

Elle réfléchit, puis ajouta:

— Je parie qu'il est sous mes fenêtres.

interroger = poser des questions

Mots utiles	
un baiser	*kiss*
un être	*human being*
un fou	*crazy person*
une ombre	*shadow*
un sourire	*smile*
ajouter	*to add*
deviner	*to guess*
gâter	*to spoil*
parier	*to bet*
pleurer	*to cry*
se retourner	*to turn back*
réfléchir	*to think, reflect on*
suivre *	*to follow*
bouleversé	*overwhelmed*
douloureux	*painful*
ému	*moved, touched*
jusqu'au bout	*to the end*

Elle quitta sa chaise longue, alla à la fenêtre et me montra, en effet, l'homme qui était venu dans mon cabinet. Il était assis sur un banc et
135 regardait dans la direction de l'hôtel. Quand il nous vit, il se leva et partit sans se retourner.

J'assistai ainsi à une chose surprenante et douloureuse, à l'amour muet de ces deux êtres qui ne se connaissaient pas.

Il l'aimait passionnément, avec la reconnaissance° et
140 la dévotion d'un animal sauvé de la mort. Chaque jour, il venait me demander «Comment va-t-elle?», comprenant que j'avais deviné leur amour. Et il pleurait affreusement quand il apprenait qu'elle était chaque jour plus faible et plus pâle.

145 Elle me disait: «Je ne lui ai parlé qu'une seule fois, mais il me semble que je le connais depuis toujours.»

Et quand ils se croisaient° dans la rue, elle lui rendait son salut avec un sourire grave et
150 charmant. Je sentais qu'elle était heureuse, elle qui savait qu'elle était perdue. Oui, je la sentais heureuse d'être aimée ainsi, avec ce respect et cette constance, avec cette poésie exagérée, avec cette dévotion totale et absolue. Et pourtant, elle refusait
155 désespérément de le rencontrer, de connaître son nom, de lui parler . . .

Elle disait: «Non, non, cela me gâterait cette étrange amitié. Il faut que nous restions étrangers l'un à l'autre.»

Lui aussi continua à garder ses distances. Il voulait respecter
160 jusqu'au bout l'absurde promesse de ne jamais lui parler, promesse qu'il avait faite dans le wagon.

Souvent, pendant ses longues heures de faiblesse, elle se levait de sa chaise longue et allait à sa fenêtre pour voir s'il était là. Et quand elle l'avait vu, toujours immobile sur son banc, elle revenait se coucher avec
165 un sourire aux lèvres.

Elle est morte un matin vers dix heures. Comme je sortais de l'hôtel, il vint vers moi, le visage bouleversé. Il savait déjà la nouvelle.

— Je voudrais la voir une seconde seulement, en votre présence, dit-il.

Je lui pris le bras et rentrai dans la maison. Quand il fut devant le lit de
170 la morte, il lui prit la main et l'embrassa d'un interminable baiser. Puis il se sauva° comme un fou. Je ne l'ai jamais revu.

❧ ❧ ❧

la reconnaissance = la gratitude   **se croisaient** = se rencontraient   **se sauva** = partit

Le docteur toussa de nouveau, et il dit:

— Voilà certainement la plus singulière aventure de train que je connaisse. Il est vrai que les hommes sont un peu fous.

175   Une femme dit à mi-voix.°

— Ces deux êtres-là étaient moins fous que vous ne croyez . . . Ils étaient . . . ils étaient . . .

Et elle se mit à pleurer, sans terminer sa phrase. On changea de conversation pour la calmer. Personne n'a su ce qu'elle voulait dire.

à mi-voix *in a low voice*

Avez-vous compris?

1. Sous quel prétexte l'inconnu va-t-il voir le médecin? Quelle est sa réaction quand il apprend la vérité?
2. Qu'est-ce que la comtesse explique au médecin ce soir-là? Où était l'inconnu à ce moment-là?
3. Quel sentiment est-ce que la comtesse éprouve *(feel)* pour l'inconnu? Comment explique-t-elle son refus de lui parler?
4. À votre avis, comment est-ce que l'inconnu a appris la mort de la comtesse? Qu'est-ce qu'il demande au médecin?
5. À votre avis, est-ce que l'inconnu était un fou ou un héros? Expliquez pourquoi?

EXPRESSION ORALE

■ Dramatisation

Avec un(e) partenaire, jouez la scène du train (partie 3 de l'histoire).

■ Sujets de discussion

A. L'inconnu du train

Avec votre partenaire, créez une identité et une personnalité à l'inconnu du train. Imaginez, par exemple:

- qui il est
- d'où il vient
- comment, pourquoi, et dans quelles circonstances il a été blessé?
- comment et pourquoi il est entré dans le wagon où était la comtesse?
- pourquoi il a demandé sa protection?

Rappelez-vous: L'inconnu a dit qu'il était un homme d'honneur, qu'il n'avait pas tué, qu'il n'avait pas volé, et qu'il n'avait rien fait de mal.

B. L'amour platonique

Un amour platonique est un amour purement spirituel, comme l'amour qui unit l'inconnu et la comtesse russe.

- Pensez-vous que cet amour soit réel?
- Pensez-vous qu'un tel amour puisse exister aujourd'hui?

Prenez une position pour ou contre et illustrez-la avec des exemples.

■ Situations

Avec votre partenaire, choisissez l'une des situations suivantes. Composez le dialogue correspondant et jouez-le en classe.

1. Une visite

La comtesse sait qu'elle va mourir. Quelques jours avant sa mort, elle accorde (grants) une visite à l'inconnu du train en lui demandant d'expliquer ses actions.

Rôles: la comtesse, l'inconnu

2. Explications

La comtesse vient de mourir. Rentré chez lui, le docteur raconte à sa femme les faits de la journée. La femme du docteur demande des explications.

Rôles: le docteur, sa femme

3. Il y a trentre ans . . .

Trente ans ont passé. Au lieu de retourner en Russie, l'inconnu est resté en France. Un jour, il raconte l'histoire à un(e) ami(e) qui demande des détails.

Rôles: l'inconnu, son ami(e)

EXPRESSION ÉCRITE

■ Notice nécrologique (Obituary)

Vous êtes journaliste. Écrivez une brève notice nécrologique sur la comtesse Marie Baranow. (Inventez-lui une biographie.)

■ Journal intime

Dans son journal intime, la comtesse décrit la scène du train. Écrivez cette page de journal.

■ Lettre d'adieu

Sachant que la comtesse va mourir, l'inconnu lui écrit une lettre où il avoue ses sentiments. (Évidemment il ne la lui enverra pas, parce qu'il respecte la promesse qu'il a faite.) Écrivez cette lettre d'adieu.

INTERLUDE CULTUREL

▪ *Français et Européens* ▪

Pour les Français d'aujourd'hui, l'Europe est une réalité bien concrète. Ils portent des chemises italiennes et des imperméables anglais. Ils mangent des oranges espagnoles et du fromage hollandais. Au café, ils commandent de la bière belge ou irlandaise. Ils conduisent des voitures allemandes. Ils vont passer les vacances en Grèce ou au Portugal, et ils voyagent, bien sûr, avec un passeport européen. Dans leur mode de vie et aussi dans leurs attitudes, les Français se sentent à la fois français et européens.

La construction de l'Europe a commencé après la Deuxième Guerre Mondiale, avec la création du **Marché Commun**. Aujourd'hui, **l'Union européenne** est un grand ensemble de quinze pays. Elle a son Parlement, sa cour° de Justice, son unité monétaire et son drapeau. **N1**

L'existence d'un grand marché européen a permis le développement économique de la France. La France actuelle° est un pays moderne, riche et prospère. C'est l'un des leaders mondiaux dans beaucoup de domaines industriels et scientifiques: automobile, électronique, transports, communications, construction aéronautique et aérospatiale, produits pharmaceutiques, recherche° médicale et scientifique . . . Grâce° au développement économique de leur pays, les Français ont un niveau de vie° élevé et bénéficient de beaucoup d'avantages sociaux. Cela ne signifie pas, cependant, que la France soit un pays parfait.° Comme dans la plupart° des pays, il y a beaucoup de problèmes importants à résoudre.°

L'unification de l'Europe

L'Union Européenne est un groupe de quinze pays qui forment une union économique. Ces pays sont la France, l'Allemagne, l'Italie, la Belgique, les Pays-Bas, le Luxembourg, la Grande-Bretagne, l'Irlande, le Danemark, la Grèce, le Portugal, l'Espagne, l'Autriche, la Norvège, la Suède. Voici quelques étapes de cette unification européenne.

1944	Trois pays, **la Belgique, les Pays-Bas** et **le Luxembourg** décident de former une zone de libre-échange:°le Bénélux.
1957	Le Traité° de Rome crée la CEE (Communauté Économique Européenne) ou «Marché Commun» entre six pays: **la France, l'Allemagne, l'Italie** et les trois pays du Bénélux.
1973	**Le Danemark, l'Irlande** et la **Grande-Bretagne** entre dans la CEE.
1979	Élections d'un parlement européen au suffrage universel. Une Française, Simone Veil, est la première présidente de ce parlement.
1981-1986	**La Grèce,** puis **l'Espagne** et le **Portugal** deviennent membres de la CEE appelée désormais° Communauté Européenne.
1992	Le traité de Maastricht prévoit° une union économique, monétaire et politique en plusieurs étapes.° **N2**
1996	Parlement Européen
2000	L'intégration économique et politique de l'Europe est en principe réalisée.

cour *court* **actuelle** = *d'aujourd'hui* **recherche** *research* **grâce à** *thanks to* **niveau de vie** *standard of living* **parfait** *perfect* **la plupart** *the majority* **résoudre** *to solve, resolve* **libre-échange** *free trade* **traité** *treaty* **désormais** *henceforth* **prévoit** *plans ahead for* **étapes** *steps, stages*

■ *Oui à l'Europe!*

Les Français sont généralement très favorables à l'Europe. Nous avons demandé à quatre Français d'âges différents d'expliquer pourquoi.

Les symboles de l'Europe

Les symboles de l'Europe

Un lycéen (14 ans)

Pendant les vacances de printemps, je suis allé passer dix jours en Hollande avec les élèves de ma classe. Je ne me suis pas senti dépaysé° du tout. Évidemment, les Hollandais parlent une autre langue, et leur nourriture est différente, mais en général nous avons beaucoup de points communs avec eux. Et je suis sûr que c'est la même chose avec les Allemands, les Anglais et les Italiens. Nous sommes tous européens!

Le drapeau européen

Le drapeau européen représente un cercle de 12 étoiles jaunes sur un fond° bleu. Les douze étoiles représentent les douze premiers pays de la Communauté européenne.

Une étudiante (21 ans)

Je suis étudiante à l'IEP (Institut d'Études politiques) de Strasbourg. Dans ma classe, il y a 25 pourcent d'étudiants étrangers, surtout allemands, anglais et belges. Moi-même, je vais passer l'année prochaine à l'université de Fribourg en Allemagne. Tout ça, grâce au programme *Erasmus*, qui facilite les échanges entre les universités européennes. Avec *Erasmus*, l'Europe est une réalité bien concrète pour nous, étudiants.

Le passeport européen

Communauté Européenne
République Française

PASSEPORT

Les citoyens des pays de la Communauté européenne ont un passeport de format unique, le passeport européen. Cependant, ce passeport n'est pas nécessaire pour aller dans les autres pays de la CE: une simple pièce d'identité suffit.°

Une jeune cadre° (28 ans)

Je suis diplômée d'une école de commerce française, mais maintenant je travaille en Allemagne pour une compagnie anglaise. J'ai un job intéressant et je gagne très bien ma vie. Si un jour je décide de changer d'entreprise, avec mon expérience internationale je n'aurais pas de problèmes à trouver quelque chose d'autre. Si l'Europe n'existait pas, je n'aurais pas ces possibilités!

Un retraité (80 ans)

Autrefois l'histoire européenne, c'était l'histoire des conflits permanents entre la France et l'Allemagne ou l'Angleterre. Je parle en connaissance de cause° parce que j'ai fait la guerre de 40* et que j'ai passé quatre ans en Allemagne dans un camp de prisonniers. Maintenant, avec la nouvelle Europe, la guerre est devenue impossible. Je suis pour l'intégration politique de l'Europe parce que cela signifie paix° et prospérité pour mes petits-enfants . . . et leurs enfants.

* La guerre de 40, c'est la Deuxième Guerre Mondiale (1940-1944). Voir à la page 252.

---

dépaysé *lost (in a strange place)*   **cadre** *executive*   **en connaissance de cause** *knowingly*   **paix** *peace*
fond *background*   **suffit** = *est suffisant*

▪ *Nous, c'est les autres!* ▪

La France d'aujourd'hui est un pays riche et prospère. Ses habitants ont l'un des niveaux de vie les plus élevés du monde. Pourtant, comme toute société moderne, la société française a ses problèmes et ses victimes.° Il y a les chômeurs,° les sans-abri,° les gens qui ont faim. Que fait-on pour ces déshérités de la société? Certains Français ont répondu à cette question par leurs actions.

EMMAÜS FRANCE
FONDATEUR ABBÉ PIERRE

L'abbé Pierre et les «Chiffonniers d'Emmaüs»

L'abbé* **Pierre** a 80 ans ou un peu plus. C'est un homme simple qui, depuis 40 ans, porte le même béret et la même pèlerine° noire. C'est aussi l'un des hommes les plus admirés de France. Issu d'une famille riche, l'abbé Pierre a décidé de mettre sa religion en pratique et de devenir l'apôtre° des pauvres.

En réalité, l'abbé Pierre s'appelle Henri Grouès. C'est pendant la Guerre de 1940, quand il travaillait dans la Résistance, qu'il a pris le nom d'Abbé Pierre. Cette guerre, qui a duré° quatre ans, a causé la destruction d'un très grand nombre de maisons et d'immeubles dans toute la France. À la fin de la guerre, il y avait des milliers de «sans-abri». L'abbé Pierre est devenu leur porte-parole° lorsqu'il a été élu° député° à l'Assemblée Nationale** en 1945.

Mais pour l'abbé Pierre, l'activité politique n'était pas suffisante. Devant l'inaction du gouvernement, il a décidé de passer à l'action tout court.° C'est ainsi qu'il a créé les «Chiffonniers° d'Emmaüs», une organisation qui donnait du travail, un logement, et surtout une raison de vivre° à ceux que personne ne voulait employer: les alcooliques, les anciens repris de justice,° et tous les déshérités de la terre. Pour rappeler° aux Français l'existence des sans-abri, l'abbé Pierre a décidé de «squatériser», d'une manière illégale mais non injuste, les immeubles vides° ou abandonnés. Plus récemment, en 1991, il a créé des «boutiques-solidarité» pour aider les gens qui n'ont pas les moyens° de vivre comme tout le monde.

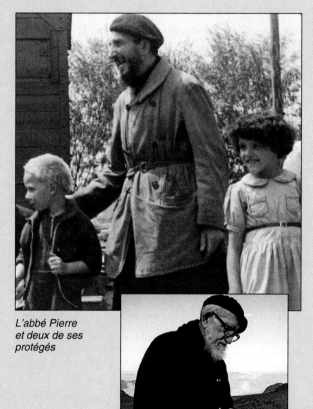

L'abbé Pierre et deux de ses protégés

L'abbé Pierre aujourd'hui

La misère n'a évidemment pas de frontière° et l'action de l'abbé Pierre est devenue internationale. Il y a aujourd'hui plus de 250 centres Emmaüs en France et 600 dans le monde.

* **L'abbé**: un titre religieux donné à certains prêtres catholiques.
** **L'Assemblée Nationale**: Avec le Sénat, chambre parlementaire qui vote les lois *(laws)*. C'est l'équivalent du «House of Representatives» du congrès américain.

---

victimes *casualties* **chômeurs** *unemployed* **sans-abri** *homeless* **pèlerine** *cape* **apôtre** *apostle, defender* **duré** *lasted* **porte-parole** *spokesperson* **élu** *elected* **député** *congressman* **tout court** = directement **chiffonniers** *ragpickers* **raison de vivre** *aim in life* **anciens repris de justice** *former prison inmates* **rappeler** *remind* **vides** *empty* **moyens** *means* **frontière** *border*

Coluche et les «Restos du Coeur»

À son époque, **Coluche**, de son vrai nom Michel Colucci, était le comédien le plus célèbre de France. Son visage bonhomme,° ses manières rustres,° sa salopette° étaient universellement connus. Mais pour Coluche, faire des films, se produire° à la télévision et gagner de l'argent, ne suffisait pas. Coluche était un homme généreux, courageux et juste qui ne pouvait pas tolérer la misère ou les inégalités sociales. Alors, un jour il est passé à l'action et il a créé les «**Restaurants du coeur**». Cette organisation prépare des repas chauds pour les sans-abri, pour les personnes sans ressources, et généralement pour tous ceux qui ont faim et qui n'ont pas d'argent.

En 1986, Coluche s'est tué dans un accident de moto, mais son oeuvre° continue. Aujourd'hui, les 1500 «Restos° du coeur», animés par des milliers de bénévoles,° servent 30 millions de repas gratuits par an.

Coluche, le comédien au grand coeur

Jeunes français, bénévoles qui servent des repas gratuits au «Restos du Coeur»

---

bonhomme *good-natured* **rustres** *boorish, lacking good manners* **salopette** *overalls* **se produire** = se montrer **oeuvre** *charitable works*
restos = restaurants °**bénévoles** = volontaires

■ *La France, une mosaïque* ■

Les Français d'aujourd'hui ne s'appellent pas seulement Dupont, Moreau, Petit ou Normand. Ils s'appellent aussi Belkacem, Lopez, Nguyen et Meyer. Ils sont blancs, noirs, bruns et jaunes. Ils vont à l'église, à la mosquée, au temple et à la synagogue*. . . Loin d'être un pays homogène, la France est en réalité une mosaïque marquée par l'intégration, la fusion et la cohabitation de cultures différentes.

Historiquement, la France a d'abord été une terre d'invasion. Au cours° des dix premiers siècles,° elle a été occupée par les Romains, les Germains, les Scandinaves . . . Au 19ᵉ siècle, elle est devenue une terre d'asile° pour des milliers de réfugiés politiques venus d'Allemagne, de Pologne, de Hongrie et de Russie.

Au 20ᵉ siècle, La France est devenue une terre d'immigration pour des millions de travailleurs étrangers. Le développement économique et industriel a en effet créé un énorme besoin de main d'oeuvre.° Pour répondre à ce besoin, le gouvernement français a invité des étrangers à venir travailler en France. Dans les années 20, ces travailleurs venaient principalement d'Italie et de Pologne. Dans les années 50, ils venaient surtout du Portugal et d'Espagne.

Depuis les années 60, la majorité des travailleurs étrangers qui viennent en France ne sont pas européens. Ce sont principalement des Maghrébins (Algériens, Marocains et Tunisiens) venus des pays d'Afrique du Nord. D'autres, moins nombreux, viennent d'Afrique occidentale° (Mali, Sénégal, Cameroun . . .) et d'Asie (Viêt-nam, Laos, Cambodge).

Après les États-Unis, la France est le pays du monde qui a le plus grand nombre d'immigrants. Les 4,5 millions d'étrangers qui habitent en France représentent 8% de la population du pays. Ces étrangers, d'origine européenne, africaine ou asiatique, donnent à la France d'aujourd'hui un visage véritablement multi-culturel et multi-ethnique.

* En France, les **Catholiques** vont **à l'église**, les **Musulmans** (*Moslems*) vont **à la mosquée**, les **Protestants** vont **au temple**, les **Juifs** vont **à la synagogue**.

---

au cours de = pendant   **un siècle** = 100 ans   **terre d'asile** *land of asylum*   **main d'oeuvre** *labor, manpower*   **occidentale** *Western*

Le Maghreb et les Maghrébins

Maghreb est un mot arabe qui signifie *le pays où le soleil se couche.*° Autrefois, le Maghreb représentait l'extrémité occidentale du monde musulman. Le Maghreb désigne les trois pays d'Afrique du Nord: l'**Algérie**, le **Maroc** et la **Tunisie**. Les Maghrébins sont les habitants de ces pays.

La majorité des Maghrébins sont arabes et musulmans. Leur religion est l'**Islam**. Un grand nombre de Maghrébins (environ deux millions) ont émigré en France où ils représentent le groupe le plus important d'étrangers.

LES ÉTRANGERS EN FRANCE

Portugais	850 000	Espagnols	350 000
Algériens	725 000	Vietnamiens	250 000
Marocains	560 000	Tunisiens	225 000
Italiens	380 000	Turcs	160 000

se couche sets

■ Djamila ou le dilemme de l'intégration

Djamila, 17 ans, est une jeune «beur». Cela signifie qu'elle est fille d'immigrés maghrébins. Ses parents sont venus d'Algérie il y a vingt ans, et elle, elle est née à Marseille. Elle a la nationalité française, parle français, va dans un lycée français où presque tous ses copains sont d'origine française. Après le bac, elle compte aller à l'université et un jour devenir vétérinaire. Est-ce qu'elle se sent vraiment française? Ou bien, est-elle restée algérienne?

Djamila explique son dilemme.

«Fondamentalement, je suis française, mais je suis différente parce que ma famille est différente. Mes parents sont arabes et musulmans pratiquants.° Cela ne signifie pas seulement qu'ils célèbrent l'aïd* et qu'ils ne mangent pas de porc et ne boivent pas d'alcool. Cela signifie aussi qu'ils ont une conception différente de la vie. Mon père, par exemple, ne veut pas que je sorte seule avec un garçon, alors que mes copines françaises n'ont pas besoin de demander la permission. C'est parfois une situation difficile, mais j'obéis parce que j'ai beaucoup de respect et d'admiration pour mon père. C'est un homme honnête qui a travaillé très dur pour donner un minimum de confort à sa famille.

* **L'aïd:** Cette fête musulmane, aussi appelée «fête du mouton», rappelle le sacrifice d'Abraham et d'Isaac.

■ L'influence maghrébine en France

La présence de deux millions de Maghrébins en France a modifié et enrichi la culture française dans beaucoup de domaines. Par exemple:

■ Religion

Aujourd'hui, l'**Islam** est la deuxième religion pratiquée en France, après la religion catholique et avant les religions protestantes et juives. Il y a 600 mosquées en France et 4 millions de Musulmans.

■ Cuisine

Le **couscous**, plat traditionnel d'Afrique du Nord, est devenu un plat très populaire en France. C'est un plat de semoule° cuit à la vapeur° et servi avec des légumes, de la viande et une sauce très pimentée.° Pour manger un bon couscous, on peut aller dans les restaurants marocains, algériens ou tunisiens. Si on veut manger un couscous chez soi, il suffit d'acheter une boîte de couscous au supermarché.

D'autres spécialités maghrébines sont les gâteaux au miel,° les gâteaux aux amandes° appelés «cornes° de gazelle» et le thé à la menthe.°

■ Vocabulaire

La langue française d'aujourd'hui contient un certain nombre de mots d'origine arabe, comme:

un toubib	*un médecin*
un bled	*un petit village, généralement isolé et sans intérêt*
un méchouï	*une grande fête où on mange généralement du mouton rôti*
avoir la baraka	*avoir de la chance*
c'est kif-kif	*c'est la même chose*

COUSCOUS REGIA MOYEN
500 g

---

pratiquants = qui observent les préceptes de leur religion **semoule** *semolina* **cuit à la vapeur** *steamed*
pimentée *hot, spicy* **miel** *honey* **amandes** *almonds* **cornes** *horns* **menthe** *mint*

«Mes parents ont la nostalgie de leur pays. Parfois, ils parlent de rentrer en Algérie et ils voudraient que je vienne avec eux. Je suis allée plusieurs fois en Algérie où nous avons de la famille, mais là-bas, je ne me sens pas chez moi. Chez moi, c'est en France. C'est là où j'habite et c'est là où je vais faire ma vie. Parce que je suis intégrée, je sais que je n'aurai pas de difficulté à trouver un bon emploi. Pourtant, il y a des problèmes. Par exemple, quand je sors avec mes copines beurs et que nous parlons arabe entre nous, j'ai parfois l'impression qu'on nous regarde de travers.° À ce moment-là, je me sens alors algérienne, et fière° d'être différente.»

Quelques prénoms arabes

FILLES

Aïcha	Ourida
Djamila	Sakinna
Farida	Soraya
Leïla	Yasmina
Malika	Zeïna
Nawel	Zohra

GARÇONS

Ahmed	Latif	Omar
Ali	Malek	Rachid
Farid	Malik	Saïd
Hacine	Mohamed	Toufik
Ismaïl	Mouloud	Youssef
Kateb	Mustapha	

La grande mosquée de Paris

Les cinq principes de la religion musulmane

La religion musulmane est l'une des religions les plus importantes du monde. Elle est pratiquée par plus de 800 millions de personnes, principalement au Moyen Orient, au Pakistan, en Indonésie, en Afrique du Nord et en Afrique occidentale.

La religion musulmane a cinq principes fondamentaux. Ces principes sont assez simples.

- Il y a un seul Dieu,° **Allah**.
- Chaque jour, le Musulman doit faire ses prières° cinq fois, tourné dans la direction de la **Mecque**,° ville natale du prophète Mahomet, et ville sainte° de l'islam.
- Le Musulman doit être charitable. Chaque année, il doit donner un pourcentage de sa fortune aux pauvres.

- Chaque année, le Musulman doit faire le jeûne° du **Ramadan**. Pendant les 30 jours du Ramadan, il doit s'abstenir totalement de manger et de boire du matin jusqu'au soir.
- Durant sa vie, le Musulman doit aller une fois en pèlerinage° à la Mecque. Ce pèlerinage s'appelle le **hadj**.

Horaire des prières

Al-Fajr	*4 h 27*
Ach-Chrouq	*5 h 58*
Ad-Dohr	*12 h 36*
Al-Asr	*16 h 10*
Al-Maghrib	*19 h 08*
Al-Ichaa	*20 h 37*

---

de travers = d'une manière étrange   **fière** *proud*   **Dieu** *God*   **prières** *prayers*   **Mecque** *Mecca (today in Saudi Arabia)*
sainte *holy*   **jeûne** *fast*   **pèlerinage** *pilgrimage*

■ *SOS Racisme*

Les travailleurs immigrés qui viennent en France apportent avec eux une culture spécifique. Ils ont leurs coutumes, leurs traditions, leur religion, leur langue, leur musique, leur cuisine, leur façon de s'habiller . . . Ces immigrés sont généralement heureux d'habiter en France, même si les conditions de travail et de logement sont souvent difficiles.

De leur côté,° la majorité des Français, les jeunes en particulier, acceptent assez bien les immigrés même si leur culture est différente de la culture traditionnelle française. D'autres, au contraire, ont beaucoup de difficultés à accepter la réalité multi-culturelle de la France d'aujourd'hui. Ils ne comprennent pas que cette réalité est irréversible. Certains pensent que les immigrés sont responsables des problèmes comme le chômage,° la délinquance, ou la drogue.° Des extrémistes voudraient même renvoyer° les immigrés dans leur pays d'origine. En France, comme dans d'autres pays européens, le racisme et la discrimination contre les immigrés sont devenus des problèmes importants à résoudre.°

Comment combattre le racisme? Un jour, il y a dix ans, des copains d'origine diverse discutaient justement° de leurs différences. «Nous sommes blancs, noirs, marron, bronzés!° Nous sommes copains depuis des années et nous le resterons, parce que nous disons oui à la solidarité et non au racisme.» Ce jour-là, un grand mouvement, **SOS Racisme**, était né.

De père martiniquais et de mère alsacienne, **Harlem Désir**, le fondateur et premier président de **SOS Racisme**, est bien le symbole même de la France multi-ethnique. «Chez nous, dit-il, on respecte l'individu et on écoute les autres.»

Les activités de **SOS Racisme** sont très nombreuses: aider les immigrés, trouver des avocats pour les victimes de la discrimination, combattre le racisme sous toutes ses formes, et, plus généralement, changer les attitudes et faire accepter le droit° à la différence. Pour mobiliser l'opinion, **SOS Racisme** organise des campagnes, des marches, et surtout de grands concerts publics où les jeunes viennent manifester leur solidarité au mouvement.

L'emblème° de **SOS Racisme** est une main ouverte, bleue, rouge ou orange, avec un slogan «Touche pas à mon pote!»° Ce slogan signifie «Nous sommes différents, mais nous sommes frères et soeurs. Si tu attaques l'un de nous, nous sommes là pour le défendre et le protéger.» Cette petite main symbolique a eu un succès extraordinaire, non seulement en France, mais aussi en Suisse et en Belgique. Des dizaines de milliers de jeunes, surtout des lycéens, portent cet emblème sur leurs vêtements. C'est une façon de dire à tout le monde: «Je suis pour la justice, pour l'intégration et contre le racisme et la discrimination.»

Une manifestation, SOS Racisme

---

de leur côté *as far as they are concerned*   **chômage** *unemployment*   **drogue** *drug addition*   **renvoyer** *to send back*   **résoudre** *to solve*
justement *as a matter of fact*   **bronzés** *light brown*   **droit** *right*   **emblème** = *logo*   **pote** = *copain (slang)*

ᛝ Éthiopie ᛝ

La chanson *Éthiopie** est chantée sur la musique universellement connue de *We are the world*. Cette chanson exprime la solidarité du peuple français avec les peuples les moins favorisés de la terre° et en particulier avec le peuple éthiopien, victime de la famine et de la guerre civile. Les chanteurs français les plus célèbres l'ont chantée dans de grands concerts publics organisés pour aider les enfants d'Éthiopie.

"L'homme libre est celui qui aide l'autre à le devenir"

Ils n'ont jamais vu la pluie
Ils ne savent même plus sourire°
Il n'y a même plus de larmes°
Dans leurs yeux si grands

Les enfants d'Éthiopie
Embarqués sur un navire°
Qui n'a plus ni voiles° ni rames°
Attendent le vent.

   Loin du coeur et loin des yeux
   De nos villes, de nos banlieues
   L'Éthiopie meurt peu à peu
   Peu à peu

   Rien° qu'une chanson pour eux
   Pour ne plus fermer les yeux
   C'est beaucoup et c'est bien peu
   C'est bien peu.

Mais à chaque enfant qui tombe
Qui meurt loin des yeux de l'occident°
Notre ciel devient plus sombre°
Et notre avenir moins grand

Sur cette terre de sécheresse°
Ne fleurissent° que les tombes°
Malgré° toutes nos richesses
Leur soleil nous fait de l'ombre.°
   (*refrain*)
   Donnons-leur des lendemains°
   En échange de rien
   Donnons-leur la vie
   Seulement la vie

Chez nous, la forêt succombe°
Là-bas, le désert avance°
Plus vite que la colombe°
Dans un ciel d'indifférence

Les enfants du tiers-monde°
N'ont que l'ombre d'une chance
Chaque jour, chaque seconde
Faisons taire° le silence.

* L'Éthiopie est un pays d'Afrique, voisin de la Somalie.

---

terre *earth*   **sourire** *to smile*   **larmes** *tears*   **navire** = bateau   **voiles** *sails*   **rames** *oars*   **rien que** = seulement   **l'occident** *Western world*   **sombre** = noir
sécheresse *drought*   **fleurissent** *blossom*   **tombes** *tombstones*   **malgré** *in spite of*   **nous fait de l'ombre** *casts a shadow on us*   **lendemains** *tomorrows*
succombe = meurt   **avance** = progresse   **colombe** *dove*   **tiers-monde** *Third World*   **faisons taire** = mettons fin à

UNITÉ 8

En ville

Thème et Objectifs

Culture
In this unit, you will discover . . .
- how French cities developed historically and what they look like
- the advantages and disadvantages of urban life
- what types of street artists you might see in Paris or other large cities

Communication
You will learn how . . .
- to arrange to meet friends
- to explain where people live
- to describe your neighborhood

Langue
You will learn how . . .
- to make wishes or suggestions
- to formulate polite requests
- to narrate past actions in sequence
- to indicate what you would do in certain circumstances

◆ LES VILLES FRANÇAISES ◆

Les Français sont des citadins°. Aujourd'hui, 90% de la population habite en zone urbaine et presque° la moitié° dans des villes de plus de 100.000 habitants. L'urbanisme est peut-être un phénomène relativement récent, mais les grandes villes françaises sont très anciennes. Marseille et Nice ont été fondées au sixième siècle avant Jésus-Christ par des marins° grecs. Paris, Lyon, Bordeaux, Toulouse, Strasbourg, Rouen, et Tours étaient déjà des centres urbains à l'époque romaine, il y a 2000 ans.

1300 200.000 HAB

1650 600.000 HAB

1850 1.000.000 HAB

1960 2.800.000 HAB

À l'origine, les villes ont été créées autour d'un point stratégique important: un port naturel, le croisement° de deux routes, le passage d'une rivière . . .

◆ Au Moyen Age, on a construit° un château et des remparts pour protéger ces villes.

◆ Quand les villes ont grandi° à partir° du XVIIᵉ siècle, les remparts ont été détruits°. Les villes se sont alors développées autour d'un nouveau centre, ou le long° de larges avenues, suivant° un plan d'urbanisme bien établi.

◆ Avec la révolution industrielle au XIXᵉ siècle, de vastes banlieues industrielles se sont développées concentriquement autour des villes.

◆ Au XXᵉ siècle et particulièrement après 1960, les possibilités de travail ont attiré° des millions d'habitants de la campagne vers les grandes villes. Cet exode rural a nécessité la construction d'énormes quartiers résidentiels dans la banlieue de ces villes.

L'histoire des villes françaises explique leur géographie. (Suite à la page 310-311)

et vous?

Faites un bref historique de la ville où vous habitez ou d'une grande ville des États-Unis. Vous pouvez mentionner . . .
- quand cette ville a été fondée: par qui? et pourquoi?
- comment elle s'est développée
- combien d'habitants elle a aujourd'hui et quelles sont ses activités principales

NOM FRANÇAIS	NOM LATIN
Paris	LUTETIA
Lyon	LUGDUNUM
Marseille	MASSILIA
Bordeaux	BURDIGALA
Toulouse	TOLOSA
Nice	NICAEA
Strasbourg	ARGENTORATUM
Rouen	ROTOMAGUS
Tours	CAESARODUNUM

---

citadins *city people*   **presque** *almost*   **moitié** *half*   **marins** *sailors*
croisement *crossing*   **✳ construire** *to build*   **grandi** *grew in size*
à partir *beginning in*   **✳détruire** *to destroy*   **le long de** *along*
suivant *according to*   **attiré** *attracted*

N1   N2   N3

VILLE OU CAMPAGNE?

Êtes-vous un citadin ou un villageois?
Êtes-vous plutôt fait(e) pour la vie en ville ou pour
la vie à la campagne?
Pour déterminer cela, évaluez les avantages et les inconvénients
des villes. Donnez une note positive de 0 (pas important) à
+5 (très important) à chacun des avantages.
Donnez une note négative de 0 (pas important) à –5 (très important)
à chacun des inconvénients.°

AVANTAGES | INCONVÉNIENTS

- **Il y a beaucoup d'endroits où on peut aller.**
  On peut aller au ciné, dans les magasins, aux restaurants . . .

- **Il y a beaucoup de choses intéressantes à faire.**
  On peut voir des expositions, assister à des événements culturels . . .

- **On peut faire la connaissance de beaucoup de gens d'origine° différente.**
  Dans les villes, il y a une grande diversité ethnique, culturelle et sociale.

- **Les villes sont généralement animées.**
  On ne s'ennuie° jamais parce qu'il y a toujours de la vie et du mouvement.

- **Il y a trop de voitures et, par conséquent, trop de bruit et trop de pollution.**
  On ne peut pas se promener tranquillement.°

- **On perd le contact avec la nature.**
  Il n'y a pas assez d'arbres, pas assez de plantes, pas assez de fleurs.

- **Pour beaucoup de gens, la vie est difficile.**
  Pour cela, les gens des villes sont souvent stressés et irritables.

- **Il y a beaucoup d'inégalités sociales.**
  Il y a trop de gens pauvres et sans-abri.°

---

inconvénients *drawbacks* **origine** *background* **s'ennuie** *gets bored* **tranquillement** *safely* **sans-abri** *homeless people*

INTERPRÉTATION

Faites le total des points positifs et négatifs.
Quel total obtenez-vous?

de 15 à 20 points

Vous êtes certainement un(e) citadin(e), mais vous
ignorez les charmes de la campagne. Un jour, vous
devriez y faire un tour.

de 5 à 14 points

Vous êtes une personne optimiste et vous aimez la
proximité des gens. Vous appréciez les avantages de la vie
en ville. Pour cela, vous en minimisez les inconvénients.

de 4 à -4 points

Vous êtes une personne réaliste. Vous êtes conscient(e)
des problèmes des grandes villes, mais vous les tolérez.

de -5 à -14 points

Vous n'aimez pas vivre là où il y a trop de gens. Vous
préférez le calme et la tranquillité.

de -15 à -20 points

La ville n'est évidemment pas faite pour vous. Mais
ne soyez pas trop idéaliste! La campagne aussi a
ses problèmes.

N1

INTERVIEW DANS LA RUE
Nous sommes place de Jaude à
Clermont-Ferrand, un samedi après-midi.

Une journaliste de «La Montagne»,
le journal local, interviewe les
gens qui passent. Elle parle
maintenant à un homme d'une
cinquantaine d'années qui porte
un sac à provisions.°

— Bonjour, Monsieur. Vous êtes
   d'ici?
— Non, je suis de la campagne.
— Qu'est-ce qui vous attire° à
   Clermont? Le cinéma?
   les restaurants? les cafés?
— Non, je n'y vais jamais.
— Pouvez-vous me dire alors pourquoi vous venez ici?
— Ben, vous voyez, je viens pour faire mes courses.
— Il n'y a pas de supermarché chez vous?
— Si, mais en ville il y a un plus grand choix.
— Vous venez souvent à Clermont-Ferrand?
— Oui, toutes les semaines.
— Vous aimez cette ville?
— Pas tellement.°
— Pourquoi donc?
— Ben, il y a trop de circulation,° trop de bruit. . .
   Et puis, les gens sont pressés° et malpolis.°
— Alors, pourquoi est-ce que vous ne restez pas
   chez vous?
— Parce que chez moi, c'est trop calme. Alors,
   je viens en ville pour trouver un peu d'animation.

---

sac à provisions *shopping bag*   **attire** *attracts*   **pas tellement** *not that much*   **circulation** *traffic*   **pressés** *in a hurry*   **malpolis** = *impolis*

LE FRANÇAIS PRATIQUE

Un rendez-vous en ville

> Qu'est-ce que tu fais samedi?

> Je suis libre.

> Est-ce que tu veux voir une exposition avec moi?

> Bonne idée! À quelle heure est-ce qu'on va se retrouver?

> À deux heures et demie.

COMMENT SE DONNER RENDEZ-VOUS

— Qu'est-ce que tu fais samedi?
    Je suis libre.

— Est-ce que tu veux | aller au ciné
    voir une exposition
    prendre un pot
    faire un tour en ville | avec moi?

> **prendre un pot** *to have something to drink in a café*

— Où est-ce qu'on va **se donner rendez-vous?**
    Chez moi.   **Devant** *(in front of)* le ciné.
    Au café «Le Bistro».   **À côté de** *(next to)* la poste.
                     En face de *(across from)* la librairie.

— À quelle heure est-ce qu'on va | **se retrouver?**
                                   | **se rencontrer?**
    À deux heures et demie.

— Alors, | d'accord! | **À samedi,** deux heures et demie devant le ciné.
       | **entendu** *(agreed).* | *(See you on Saturday . . .)*

N1

1   Créa-dialogue: Une invitation

Il y a un(e) nouvel(le) élève français(e) dans votre classe. Invitez le/la. Composez le dialogue avec votre partenaire qui va jouer le rôle de l'élève.

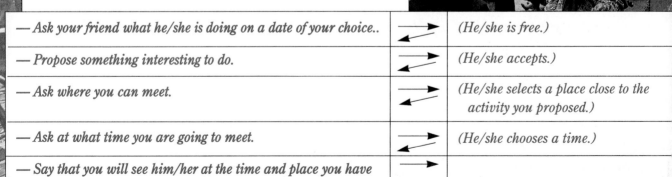

— *Ask your friend what he/she is doing on a date of your choice..*		*(He/she is free.)*
— *Propose something interesting to do.*		*(He/she accepts.)*
— *Ask where you can meet.*		*(He/she selects a place close to the activity you proposed.)*
— *Ask at what time you are going to meet.*		*(He/she chooses a time.)*
— *Say that you will see him/her at the time and place you have agreed on.*		

LES RENCONTRES ET LES RENDEZ-VOUS

On peut	**rencontrer**	**quelqu'un.**
	(meet by chance, run into)	
	faire la connaissance de	
	(meet for the first time)	

On peut	**sortir avec**	**quelqu'un.**
	avoir un rendez-vous avec	
	donner rendez-vous à	
	(make a date)	

On peut	**se donner rendez-vous**	**quelque part** *(somewhere).*
	(agree to meet)	
	se rencontrer	
	(meet each other)	
	se retrouver	
	(meet each other)	

N2

Conversations libres

Avec votre partenaire, choisissez l'une des situations suivantes. Composez ensemble un dialogue correspondant à cette situation et jouez ce dialogue en classe.

1 Une jeune fille amoureuse

Jérôme veut téléphoner à sa camarade de classe Véronique. C'est Sylvie, la soeur de Véronique, qui répond. Sylvie, qui est secrètement amoureuse de *(in love with)* Jérôme, essaie d'obtenir un rendez-vous avec lui.

Rôles: Jérôme / Sylvie

2 Au Jardin du Luxembourg

Une étudiante américaine est au Jardin du Luxembourg (un parc public à Paris). Un étudiant français engage la conversation. Il veut inviter la jeune Américaine à un concert de rock à la Villette. D'abord la jeune fille refuse poliment. L'étudiant français insiste. Elle finit par accepter l'invitation.

Rôles: l'étudiant français / l'étudiante américaine

3 Rendez-vous

Philippe téléphone à Juliette pour voir une exposition. Juliette a déjà vu cette exposition et propose autre chose.

Rôles: Philippe / Juliette

4 Une amie de passage *(A visiting friend)*

Marc téléphone souvent à sa cousine. Aujourd'hui, elle n'est pas chez elle et c'est une amie de passage qui répond. Marc s'excuse, puis il continue la conversation. Dans cette conversation il essaie de savoir ce que cette jeune fille aime faire. Finalement, il propose un rendez-vous. La jeune fille accepte, puis refuse.

Rôles: Marc / la jeune fille

A. La construction si + imparfait

Note the use of the IMPERFECT in the following sentences:

Formation de l'imparfait

Révision ▶ 📖 p. R5

Ah, si j'**étais** riche ...	*Oh, if only I **were** rich ...*
Ah, si mon frère me **prêtait** sa voiture ...	*Oh, if only my brother **would lend me** his car ...*
Dis, Alain, **si on allait** en ville!	*Hey, Alain, **what about going** downtown?*
Dis, Sophie, **si tu m'aidais?**	*Hey, Sophie, **what about helping me?***

To express a WISH or to make a SUGGESTION, the French often use the construction:

si + IMPERFECT

B. Le plus-que-parfait

As in English, the PLUPERFECT (**le plus-que-parfait**) is used to describe what people HAD DONE or WHAT HAD HAPPENED before another past action or event.

Cet été, j'ai visité Québec.	*This summer I visited Quebec City.*
L'année d'avant, **j'avais visité** Montréal.	*The year before, **I had visited** Montreal.*
Quand nous sommes arrivés à la gare, le train **était parti.**	*When I arrived at the station, the train **had left.***

The PLUPERFECT is formed as follows:

IMPERFECT of **avoir** or **être** + PAST PARTICIPLE

INFINITIVE	voyager	aller	s'amuser
PLUPERFECT	j' **avais voyagé** tu **avais voyagé** il/elle **avait voyagé** nous **avions voyagé** vous **aviez voyagé** ils/elles **avaient voyagé**	j' **étais allé(e)** tu **étais allé(e)** il/elle **était allé(e)** nous **étions allé(e)s** vous **étiez allé(e)(s)** ils/elles **étaient allé(e)s**	je **m'étais amusé(e)** tu **t'étais amusé(e)** il/elle **s'était amusé(e)** nous **nous étions amusé(e)s** vous **vous étiez amusé(e)(s)** ils/elles **s'étaient amusé(e)s**
NEGATIVE	je **n'avais pas voyagé**	je **n'étais pas allé(e)**	je **ne m'étais pas amusé(e)**
INTERROGATIVE	est-ce que tu **avais voyagé?** **avais-tu voyagé?**	tu **étais allé(e)?** **étais-tu allé(e)?**	tu **t'étais amusé(e)?** **t'étais-tu amusé(e)?**

➡ In the pluperfect, the agreement rules for the past participle are the same as in the passé composé.

J'ai vu **Pauline** ce matin.   Je **l'**avais vu**e** hier aussi.

J'ai développé **les photos** **que** j'avais pris**es** cet été.

1 En ville

Vous rencontrez votre partenaire en ville. Suggérez-lui de faire quelque chose avec vous (colonne A).
Votre partenaire va refuser et expliquer pourquoi. Il/elle va aussi proposer autre chose (colonne B).
Acceptez ou refusez. Continuez le dialogue jusqu'à ce que vous trouviez une chose d'intérêt commun.

Dis, Corinne, si on prenait un pot?

Hm, je n'ai pas soif. ' on allait plutôt au ciné?

Bonne idée! Allons au ciné.

A : VOUS	B: VOTRE PARTENAIRE
■ aller dans une pizzeria ■ prendre un pot ■ faire un tour dans le centre ■ voir une exposition ■ aller dans les magasins ■ [??]	■ aller dans un restaurant chinois ■ aller au ciné ■ se promener dans le parc ■ jouer aux jeux vidéo ■ téléphoner à des copains ■ [??]

(Écoutez, j'ai vu tous les films de la semaine. Et si on . . .)

2 Et avant?

Lisez ce que ces personnes ont fait et dites ce qu'elles avaient fait avant.

▶ Le weekend dernier, Philippe est sorti avec Alice. (le weekend d'avant / avec Karine)
Le weekend d'avant, il était sorti avec Karine.

---

1. Dimanche, nous sommes allés au ciné. (samedi soir / à un concert)
2. Hier, j'ai pris un pot au Balto. (avant-hier / au Saint Victor)
3. Cet après-midi, tu t'es promené en ville. (ce matin / dans le parc)
4. Hier, tu as donné rendez-vous à Catherine dans un café. (jeudi / devant le musée)
5. Ce weekend, les touristes ont visité le château d'Amboise. (le weekend dernier / le château de Chenonceaux)
6. Cet été, nous sommes allés au Canada. (l'été d'avant / au Mexique)

---

3 Trop tard!

On fait parfois les choses trop tard. Décrivez
ce qui est arrivé aux personnes suivantes.

▶ Jean-Claude arrive à l'aéroport.
  L'avion est parti.
  Quand Jean-Claude est arrivé
  à l'aéroport, l'avion était parti.

1. Nous arrivons au théâtre.
   La pièce *(play)* a commencé.
2. Olivier téléphone à Catherine.
   Elle est sortie avec Jean-Paul.
3. La serveuse apporte l'addition.
   Les clients sont partis.
4. Monsieur Renaud entre dans la cuisine.
   Le chien a mangé le bifteck.
5. Vous arrivez à la pâtisserie.
   Le pâtissier a vendu le dernier gâteau.
6. Le lièvre *(hare)* arrive.
   La tortue *(tortoise)* a gagné la course.

4 Pourquoi?

Expliquez pourquoi les choses suivantes sont
arrivées. Attention: le verbe peut être affirmatif
ou négatif.

N1

▶ Les touristes n'ont pas trouvé
  de chambre d'hôtel. (réserver?)
  Ils n'avaient pas réservé.

1. Monsieur Dupont a raté son avion.
   (se dépêcher?)
2. Tu n'as pas vu l'éclipse de la lune *(moon)*.
   (se coucher trop tôt?)
3. Vous n'êtes pas allés au concert.
   (acheter les billets?)
4. Thomas n'a pas vu le film à la télé.
   (rentrer trop tard chez lui?)
5. Nous avons eu une indigestion. (manger trop?)
6. Les élèves ont eu une mauvaise note
   à l'examen. (étudier?)

La géographie des villes françaises

L'histoire des villes françaises, décrite brièvement à la page 303, explique leur aspect et leur structure si différents des villes américaines. Une ville française typique comprend° les quartiers suivants.

LA VILLE MÊME

La «vieille ville»

C'est le quartier historique, aujourd'hui très touristique, où l'on trouve les vestiges du passé: la cathédrale, des rues étroites,° des maisons anciennes très pittoresques, parfois un château, des vestiges de remparts et même des ruines romaines. Les maisons anciennes ont souvent été restaurées. Ce sont des résidences très recherchées° par les habitants des villes qui y trouvent à la fois° le confort du présent et le charme du passé.

Le «centre-ville»

C'est l'endroit le plus dynamique, le plus animé et, pour beaucoup de gens, le plus intéressant de la ville. Situé généralement autour d'une place monumentale, on y trouve les bâtiments administratifs (la mairie, le palais de justice, la poste. . .), les grands magasins, les boutiques de luxe, les cinémas, le théâtre municipal, les cafés et les meilleurs restaurants de la ville. Il y a parfois un jardin public avec des fontaines, des parterres de fleurs° et des bancs.° Le weekend les gens viennent au centre-ville pour faire leur shopping et pour se distraire.° Quand il fait beau, ils s'asseyent° à la terrasse des cafés pour voir le spectacle de la rue et aussi pour être vus.

Les quartiers résidentiels

Ils sont situés autour du centre-ville et le long d'avenues transversales. C'est là que les gens habitent. Les immeubles ont un maximum de six étages. Leur rez-de-chaussée est généralement occupé par des boutiques. Le reste est divisé en appartements.

---

comprend *includes*　**étroites** *narrow*　**recherchées** *sought after*　**à la fois** *at the same time*
parterres de fleurs *flower beds*　**bancs** *benches*　**se distraire** *to have fun*
✳s'asseoir *to sit down*

N1　N2

LA BANLIEUE

Les banlieues qui s'étendent° autour des villes sont modernes, mais la vie y est généralement monotone, banale, même ennuyeuse°. Il y a différentes sortes de banlieues. Dans les banlieues «chic», les gens habitent dans des maisons individuelles entourées° de jardins. Dans les banlieues ouvrières°, les gens habitent dans des «grands ensembles°». Ce sont des immeubles de 10, 20 ou 30 étages, à l'architecture simple mais souvent sans grand intérêt. Dans les banlieues les plus défavorisées, les gens habitent dans des «bidonvilles», c'est-à-dire des logements précaires sans confort et sans hygiène. Pour aider les habitants des banlieues pauvres, le gouvernement français a financé la construction d'HLM (habitation à loyer modéré°) où les gens peuvent louer ou acheter leur appartement à des conditions avantageuses.

Les «villes nouvelles»

Toutes les grandes villes du monde ont un problème commun: la qualité de la vie y est menacée par une expansion trop rapide et souvent anarchique. Pour limiter l'expansion de Paris et de sa banlieue, le gouvernement français a décidé de créer cinq villes entièrement nouvelles dans la région parisienne: Cergy-Pontoise, Saint-Quentin-en-Yvelines, Évry, Melun-Sénart, Marne-la-Vallée. Ces «villes nouvelles» sont de dimension moyenne°. Elles ont de 100 000 à 150 000 habitants. Tout a été planifié° pour assurer à ceux-ci un bon équilibre entre le travail et les loisirs. Ces villes offrent° à leur population non seulement des logements et des emplois, mais aussi des centres commerciaux, des équipements culturels et sportifs, des parcs de loisirs. Et, pour maintenir le contact avec la nature, des espaces verts et des plans d'eau° y ont été aménagés.°

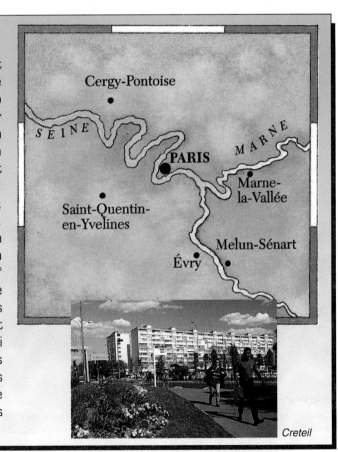

Creteil

et vous?

Imaginez que vous allez passer une année dans une grande ville française. Où préféreriez-vous habiter? dans la vieille ville? au centre-ville? dans un quartier résidentiel? dans la banlieue? dans une «ville nouvelle»? Expliquez pourquoi.

s'étendent *extend* **ennuyeuse** *boring* **entourées** *surrounded* **ouvrières** *working class* **grands ensembles** *housing projects* **loyer modéré** *low rent* **moyenne** *average* **planifié** *planned* *offrir *to offer* **plans d'eau=** *lacs artificiels* **aménagés =** développés

LE FRANÇAIS PRATIQUE

Comment expliquer où on habite

Où habites-tu?

J'habite 18, place Voltaire.

Les nombres

Révision ▶ 📖 p. R10

— Où habites-tu?

J'habite	10, rue de la République	dans la 35ᵉ rue.
	25, avenue Victor Hugo	dans la 6ᵉ avenue.
	120, boulevard Raspail	
	18, place Voltaire	

— Où est-ce exactement?

C'est	dans **le centre-ville.**
	dans **la banlieue** *(suburbs).*
	dans **le quartier** *(district, area, neighborhood)* Saint-Pierre.

— Dans quel genre de résidence habites-tu?

J'habite dans	**une maison individuelle**	**un immeuble** *(apartment building)*
	un appartement	**un HLM*** *(low-income housing project)*
	une tour *(high rise)*	

N1 🌐

— C'est près d'ici?

Oui, c'est	**tout près** *(nearby).*	Non, c'est	**loin.**
	à 100 mètres.		**à 3 kilomètres.**
	à dix minutes à pied.		**à 20 minutes en bus.**

— Comment est-ce qu'on peut aller là-bas?

On peut y aller	à pied.	On peut prendre	un bus.
	à vélo.		un taxi.
			le métro.

* HLM = Habitation à Loyer Modéré *(low-rent housing)*

---

1 Une invitation à dîner ──────────────

Vous avez invité votre camarade français(e) à dîner chez vous.
Votre camarade accepte, mais il/elle a besoin de renseignements
pour aller chez vous. Il/elle veut savoir . . .

- votre adresse
- dans quelle partie de la ville vous habitez
- si c'est loin de l'école
- comment aller chez vous

Vous lui expliquez. Composez le dialogue correspondant avec
votre partenaire et jouez-le en classe.

Dans mon quartier, il y a . . .

des boutiques	un centre sportif	un parc
des commerces *(small businesses)*	un centre de loisirs *(recreation center)*	un jardin public
un grand centre commercial *(mall)*	une Maison des Jeunes *(Youth center)*	une mairie *(city hall)* une poste *(post office)*
une station-service	une bibliothèque	un poste de police ⎫ une gendarmerie ⎬ *(police station)*
	un musée	une caserne de pompiers

FLASH d'information

La police nationale et la gendarmerie sont deux corps de police distincts. Certaines de leurs fonctions sont semblables, mais d'autres sont différentes. L'un des rôles de la gendarmerie est d'assurer la police° des routes. C'est à eux qu'on a affaire° quand on ne respecte pas le code de la route.°

N2

la police *law enforcement*
avoir affaire à *to have to deal with* **code de la route** *traffic regulations*

---

2 ## Créa-dialogue: En ville

Votre partenaire, qui est français(e), visite votre ville. Il/elle veut faire l'une des choses suivantes. Dites-lui à quel endroit aller et si c'est loin d'ici.

N3

> Je voudrais envoyer des lettres.

Est-ce que c'est loin d'ici?

Comment est-ce que je peux aller là-bas?

Va à la poste.

Non, c'est à 500 mètres.

Vas-y à pied.

(Prends le bus.)

• faire réparer ma voiture	• emprunter un livre	• interviewer un membre du conseil
• faire une promenade à pied	• faire des achats	municipal *(city council)*
• jouer au volley	• déclarer la perte *(loss)*	• envoyer des lettres
• rencontrer de jeunes Américains	de mon passeport	• voir une exposition de photos

A. Révision: le conditionnel

The CONDITIONAL is used to express what WOULD HAPPEN, what people WOULD DO in certain circumstances.

> Review the formation of the conditional:

> FUTURE STEM + IMPERFECT ENDINGS

Formation du conditionnel

Révision ▶ p. R19

INFINITIVE	parler		ENDINGS
FUTURE	je	**parler**ai	
CONDITIONAL	je	**parler**ais	-ais
	tu	**parler**ais	-ais
	il/elle/on	**parler**ait	-ait
	nous	**parler**ions	-ions
	vous	**parler**iez	-iez
	ils/elles	**parler**aient	-aient

Verbs with irregular stems:

payer	je **paier**ais	devoir	je **devr**ais
acheter	j'**achèter**ais	pouvoir	je **pourr**ais
		vouloir	je **voudr**ais
appeler	j'**appeller**ais		
être	je **ser**ais		
avoir	j'**aur**ais	envoyer	j'**enverr**ais
aller	j'**ir**ais	recevoir	je **recevr**ais
faire	je **fer**ais	savoir	je **saur**ais
venir	je **viendr**ais	voir	je **verr**ais

1 Au choix — N1

Supposez que vous ayez le choix entre les possibilités suivantes. Que choisiriez-vous?
(Si vous voulez, expliquez votre choix.)

▶ habiter en ville ou à la campagne?
   J'habiterais à la campagne (parce que j'aime la nature).

1. habiter dans le centre-ville ou en la banlieue?
2. travailler dans un restaurant ou dans un supermarché?
3. assister à un concert ou à un match de foot?
4. passer les vacances à la mer ou à la campagne?
5. aller au ciné ou au restaurant?
6. voir une comédie ou un film d'aventures?
7. avoir une moto ou une voiture de sport?
8. faire du ski nautique ou du parapente?
9. être acteur (actrice) de cinéma ou
   athlète professionnel(le)?

2 Les élections municipales

Vous êtes journaliste pour le journal de votre ville. Vous interviewez votre partenaire qui est candidat(e) à la mairie. **N2**

▸ construire des HLM?
— **Est-ce que vous construiriez des HLM?**
— **Oui, je construirais des HLM.**
    (Non, je ne construirais pas de HLM.)

- développer les transports publics
- fermer le jardin public la nuit
- contrôler la pollution
- taxer les commerces
- créer un centre de loisirs pour les personnes âgées
- construire une nouvelle caserne de pompiers
- fermer la bibliothèque le dimanche
- interdire la circulation dans le centre-ville

3 La meilleure solution

Imaginez que vous êtes dans les situations suivantes. Qu'est-ce que vous feriez? Comparez votre solution avec celle de votre partenaire.

SITUATION A

Vous habitez la banlieue. Vous êtes allé(e) au cinéma dans le centre-ville. Vous voulez rentrer chez vous, mais vous n'avez pas assez d'argent pour prendre le bus et vos parents ne sont pas à la maison.
Que feriez-vous?

- rentrer à pied?
- demander de l'argent à un passant *(passerby)*?
- faire de l'auto-stop *(hitchhiking)*?
- ??

SITUATION B

Pour son anniversaire, vous avez invité votre meilleur(e) ami(e) à dîner chez vous. Au moment de préparer le repas, vous vous apercevez *(realize)* que la cuisinière *(stove)* ne marche pas. Que feriez-vous?

- téléphoner à votre ami(e) et annuler le repas?
- acheter une pizza?
- inviter votre ami(e) au restaurant?
- ??

SITUATION C

Votre frère a une copine. Un jour vous découvrez que cette copine sort avec un autre garçon. Que feriez-vous?

- dire la vérité à votre frère?
- parler à la copine de votre frère?
- envoyer une lettre d'insultes à l'autre garçon?
- ??

SITUATION D

Vous êtes dans un ascenseur quand une panne d'électricité *(power failure)* paralyse tout l'immeuble. Que feriez-vous?

- attendre calmement l'arrivée des pompiers?
- forcer la porte?
- monter sur le toit de l'ascenseur?
- ??

4 Les vacances idéales

Avec votre partenaire, discutez des vacances idéales. Posez-vous les questions suivantes (en français, bien sûr!) **N3**

- *where would you go?*
- *how would you travel?*
- *how long would you stay?*
- *in what type of hotel would you stay?*
- *at what time would you get up?*

- *what would you do in the morning?*
- *what would you do in the afternoon?*
- *what would you do to meet people?*
- *what would you do to stay in shape* **(en forme)?**
- *what would you do in the evenings?*

Puis, mettez-vous d'accord et écrivez un petit paragraphe où vous décrivez ce que vous feriez.

Pour nos vacances idéales, nous irions...

B. Le conditionnel dans des phrases avec si

Note the use of the conditional in the following sentences.

Si j'avais une voiture, j'**irais** à la campagne.	*If I had a car (but I don't),* *I **would go** to the country.*
Si nous habitions à Paris, nous **voyagerions** en métro.	*If we were living in Paris (but we aren't),* *we **would travel** by subway.*

> The CONDITIONAL is used to express what WOULD HAPPEN,
> if certain conditions contrary to reality were met.
>
> In such sentences, the construction is usually:

si-clause: IMPERFECT	result clause: CONDITIONAL
Si je **gagnais** à la loterie,	j'**achèterais** une moto.

➡ In French, the CONDITIONAL is never used in the **si**-clause.

5 Si j'habitais . . .

Pour chaque endroit, décrivez 2 ou 3 choses que vous feriez si vous habitiez là.

▶ à Paris

**Si j'habitais à Paris, je parlerais français
tout le temps.
Je voyagerais en métro.
Je visiterais de temps en temps
le musée d'Orsay.
J'irais parfois écouter des concerts
à la Villette . . . .**

1. à San Francisco
2. en Floride
3. à la Martinique
4. dans le centre-ville
5. dans un petit village à la campagne
6. dans la banlieue d'une grande ville

6 Rêves *(Dreams)*

Rêver ne coûte rien. Expliquez les rêves des personnes suivantes en utilisant
les éléments des colonnes A et B. Soyez logique!

	A	B
nous	• invisible	• savoir tout
vous	• multi-millionnaire	• protéger les innocents
Sandrine	• extra-lucide	• voyager dans l'espace
Philippe	• Superman/Wonder Woman	• habiter dans un château
mes copains	• Robin des Bois *(Robin Hood)*	• avoir une Rolls-Royce
		• aider les pauvres
		• voler comme des oiseaux
		• passer à travers les murs
		• connaître le passé, le présent et l'avenir

▶ **Si Philippe était Robin des Bois,
il aiderait les pauvres.**

7 **Problèmes et solutions** ————————

Votre partenaire va choisir l'un des problèmes suivants.
Dites-lui ce que vous feriez à sa place. Donnez-lui
2 ou 3 suggestions (affirmatives ou négatives).

Je grossis.
> **Si je grossissais, je mangerais moins.**
> **J'irais au centre sportif et je ferais**
> **de la gymnastique tous les jours.**
> **Je ne prendrais pas le bus pour**
> **aller à l'école. J'irais à pied.**

- • Je n'ai pas d'appétit.
- • Je dors trop.
- • Je ne me sens pas très bien.
- • Je perds mon temps.
- • Je ne réussis pas à mes examens.
- • J'ai besoin d'argent.
- • Je suis déprimé(e) *(depressed)*.
- • J'ai un problème avec mon copain
  (ma copine).
- • J'ai des difficultés avec mes parents.
- • Mon frère (ma soeur) m'embête
  tout le temps.

8 **Que feriez-vous?** ————————

Choisissez l'une des situations suivantes et composez un petit paragraphe où vous décrivez
ce que vous feriez (ou ce que vous ne feriez pas) si vous étiez dans cette situation.
Utilisez le conditionnel . . . et votre imagination!

N1

1. Pour impressionner Stéphanie, sa nouvelle
   copine, Raphaël l'a invitée dans un grand
   restaurant. Au moment de payer, Raphaël
   s'aperçoit *(realizes)* qu'il a perdu son
   portefeuille.
   > **Si j'étais Raphaël, . . .**

2. Depuis plusieurs semaines, Caroline
   reçoit des lettres d'un admirateur inconnu.
   Elle veut savoir qui est ce mystérieux
   correspondant.
   > **Si j'étais Caroline, . . .**

3. Jérôme a emprunté la voiture de Cécile.
   Au moment de rendre la voiture à son amie,
   il remarque une éraflure *(dent, scratch)*
   fraîche. Il n'est pas sûr que cette éraflure
   était là quand il a emprunté la voiture.
   > **Si j'étais Jérôme, . . .**

4. Jean-Claude a passé la soirée dans une petite
   salle de la bibliothèque municipale. Il est
   maintenant onze heures. Au moment
   de sortir, Jean-Claude s'aperçoit qu'il est seul
   et que toutes les portes sont fermées à clé.
   > **Si j'étais Jean-Claude, . . .**

5. Madame Lescot a invité ses amis à dîner. Au
   moment de préparer le repas, elle s'aperçoit
   que sa cuisinière *(stove)* ne marche pas.
   > **Si j'étais Madame Lescot, . . .**

6. Monsieur Rimbaud voyage souvent en avion.
   Un jour, il prend par erreur une valise qui
   n'est pas à lui. Chez lui, il ouvre la valise et
   découvre un million de dollars . . . et
   l'adresse d'une bande de terroristes.
   > **Si j'étais Monsieur Rimbaud, . . .**

9 **Qu'est-ce que vous feriez à leur place?** ————————

Avec votre partenaire, choisissez une des situations suivantes et dites ce que vous feriez
dans ces situations.

A	B	C

C. Le conditionnel: autres usages

POLITE REQUESTS

The conditional of verbs such as **vouloir, pouvoir, devoir** is used instead of the present to express a WISH or REQUEST in a MORE POLITE manner. Compare:

Je veux regarder tes photos.	*I **want** to look at your pictures.*
Je voudrais regarder tes photos.	*I **would like** to look at your pictures.*

Peux-tu me prêter ton vélo?	***Can you** loan me your bike?*
Pourrais-tu me prêter ton vélo?	***Could you** loan me your bike?*

Vous devez être à l'heure.	*You **must** be on time.*
Vous devriez être à l'heure.	*You **should** be on time.*

INDIRECT SPEECH

The conditional is used to report what people mentioned IN THE PAST about a FUTURE EVENT. It describes what they said they WOULD DO or what WOULD HAPPEN later. Compare the use of tenses in the following sentences:

Maintenant, Éric **dit** qu'il **ira** au ciné.	*Now Eric **says** that he **will go** to the movies.*
Hier, il **a dit** qu'il **irait** au concert.	*Yesterday he **said** that he **would go** to the concert.*

After a declarative verb (such as **dire** or **écrire**), future events are expressed according to the following tense sequence:

DECLARATIVE VERB	FUTURE EVENT
present	future
past (imperfect, passé composé, pluperfect)	conditional

> Qu'est-ce que la météo a annoncé hier?

> Elle a annoncé qu'il ferait beau ce weekend!

> HOTEL DE LA PLAGE**

10 Soyons polis!

Montrez que vous êtes poli(e). Pour cela, reformulez les phrases suivantes en utilisant le conditionnel.

▶ Est-ce que tu veux un dessert?
Est-ce que tu voudrais un dessert?

1. Je veux te parler.
2. Nous voulons sortir avec vous.
3. Peux-tu m'inviter à ta boum?
4. Pouvons-nous amener nos amis?
5. Pouvez-vous être à l'heure?
6. Tu dois m'aider.
7. Vous devez être plus généreux.
8. Vous ne devez pas mentir *(tell lies)*.

11 Messages téléphoniques

Votre partenaire a écouté votre répondeur *(answering machine)* et il/elle a noté les messages suivants. Demandez-lui qui a téléphoné et ce que chaque personne a dit.

▶ Est-ce qu'il y a eu des messages?

Oui, Paul a téléphoné.

Et qu'est-ce qu'il a dit?

Il a dit qu'il viendrait demain.

Messages Téléphoniques

- Paul va venir demain.
- Marc et Sophie vont t'attendre à 5 heures au Balto.
- Ta cousine va se marier cet été.
- Sandrine va te retrouver samedi au match de foot.
- Claire et Florence vont aller au concert dimanche.
- Isabelle va voir un film ce soir.
- Tes copains vont rester chez eux ce weekend.

Le spectacle
EST DANS
LA RUE

Pour les Français, la rue n'est pas seulement un endroit où l'on passe pour aller au travail, à l'école, ou dans des magasins. C'est aussi un endroit où l'on vit.° On y rencontre ses amis. On s'y repose (à la terrasse des cafés). On y dîne (à la terrasse des restaurants). Et surtout, on s'y distrait.°

La rue est en effet un théâtre permanent qui offre toutes sortes de spectacles aux «badauds».° Certains spectacles sont spontanés et gratuits: un accident, une querelle entre deux automobilistes, une manifestation,° le passage d'une personne célèbre,° le tournage° d'un film, etc. Les autres spectacles sont organisés par des «artistes» et laissés° à l'appréciation personnelle des passants. Si vous jugez° que le spectacle est bon, vous laisserez° quelques pièces de monnaie° dans le chapeau que vous tendra° l'artiste. Sinon, vous quitterez les lieux avant la fin° du spectacle.

Autrefois, les «artistes des rues» étaient des jongleurs,° des chanteurs, des montreurs° d'animaux (ours,° singes,° chiens savants,° etc. . .). Les artistes d'aujourd'hui ne sont pas tellement° différents des artistes d'autrefois et leur principe est le même: l'artiste s'installe dans un endroit fréquenté; les «badauds» arrivent; l'artiste commence son spectacle; à la fin du spectacle, il fait la quête.° Il y a plusieurs catégories d'artistes de rue:

◇ LES MUSICIENS

Ce sont les plus nombreux.° Suivant° la clientèle ou le quartier, ils jouent du jazz, du rock, de la musique folklorique, de la musique indienne, des rythmes africains,ou même de la musique classique. L'important° est que la musique soit bonne et que le musicien soit sympathique ou ait l'air exotique. Parce que leur musique plaît,° les jeunes musiciens américains qui jouent en France ont généralement beaucoup de succès!

◇ LES MIMES

Ils opèrent° généralement devant la terrasse d'un café. Leur costume est classique: pantalon noir, gilet° rayé,° chapeau noir. La technique du mime consiste à suivre° un passant et à imiter tous ses gestes avec la plus grande exactitude possible. Le passant ne s'aperçoit° de rien, mais les spectateurs qui sont à la terrasse du café rient° . . . et contribuent!

✱vivre *to live*   **✱se distraire** *to have fun*   **badauds** *onlookers*   **manifestation** *demonstration*   **célèbre** *famous*   **tournage** *making*   **laissés** *left*   **jugez** = *pensez*   **laisserez** = *mettrez*   **monnaie** *coins*   **tendra** = *présentera*   **fin** *end*   **jongleurs** *jugglers*   **nombreux** *numerous*   **suivant** *according to*   **montreurs** *exhibitor*   **ours** *bears*   **singes** *monkeys*   **savants** *trained*   **tellement** *that (much)*   **fait la quête** *passes the hat*   **L'important** = *la chose importante*   **✱plaire** *to please*   **opèrent** = *travaillent*   **gilet** *vest*   **rayé** *striped*   **✱suivre** *to follow*   **✱s'apercevoir** *to notice*   **✱rire** *to laugh*

N1 N2

LES AUTOMATES

◆ Ils sont déguisés en personnages d'autrefois. Leur visage couvert de poudre° ne manifeste° aucune expression. Leurs gestes sont complètement mécaniques. Ils tournent la tête à droite, à gauche, ils lèvent° le bras comme des marionnettes. On ne sait vraiment pas s'ils sont réels . . . jusqu'au° moment où ils descendent de leur piédestal et passent le chapeau.

N3

DÉFINITIONS

Définissez les mots ou expressions suivantes.

- un badaud
- un mime
- une manifestation
- un automate
- un animal savant
- une marionnette
- un jongleur
- faire la quête

EXPRESSION ÉCRITE

Vous êtes en vacances à Paris. Écrivez une lettre à un(e) ami(e) où vous décrivez un spectacle de rue auquel vous avez assisté. Mentionnez, par exemple:

- le genre de spectacle
- ce que «l'artiste» a fait (donnez des détails)
- comment vous avez trouvé le spectacle
- si vous avez donné de l'argent (pourquoi ou pourquoi pas)

L'automate

C'est une «automate». Nous l'avons rencontrée un jour d'été à Strasbourg devant la cathédrale. Il était sept heures du soir. Elle avait le visage encore° tout blanc, et elle portait un grand chapeau de paille,° à la mode de 1900. Le spectacle était terminé et elle allait partir sur sa grosse moto. Nous lui avons parlé.

— Vous êtes d'ici?

— Non, je suis de la banlieue. Je viens ici parce que ça marche bien.

— Ça a marché aujourd'hui?

— Pas trop mal. J'ai fait 900 francs!

— Quel est votre endroit préféré?

— Ici devant la cathédrale. . . Il y a toujours des cars° pleins° de touristes étrangers.

— Quels sont vos meilleurs clients?

— En général, tout le monde donne quelque chose, mais j'aime beaucoup les Allemands. Ils comprennent l'effort et la qualité du travail.

— Est-ce que votre métier° est dur?°

— Très dur! Il faut se concentrer. . . C'est difficile quand il y a tant° de gens qui passent, le bruit, le vent. . . Et puis il y a la préparation, le maquillage.° Ça prend du temps! Enfin, l'essentiel, c'est que les gens s'amusent. Quand ils s'amusent, comme aujourd'hui, je sais que j'ai bien fait mon travail.

— Merci, et bonne chance.

---

poudre *powder* **manifeste** = montre **lèvent** *raise* **jusqu'au** *until* **encore** *still* **paille** *straw* **cars** *buses* **pleins** *full*
métier = profession **dur** = difficile **tant** *so many* **maquillage** *make-up*

PARTIE 3

LANGUE ET COMMUNICATION

A. Le conditionnel passé

The PAST CONDITIONAL is used to express what WOULD HAVE HAPPENED under certain circumstances. Note the forms of the verbs in heavy print:

N1

N2

À ta place,	*In your place (If I had been you),*
je **n'aurais pas pris** ma voiture.	*I **would not have taken** my car.*
Je **serais allé(e)** en ville en bus.	*I **would have gone** downtown by bus.*

FORMS

The PAST CONDITIONAL is formed as follows:

> In the past conditional, the agreement rules for the past participle are the same as in the passé composé.
>
> Tu n'as pas invité **ta copine**. À ta place, je l'aurais invité**e**.

> CONDITIONAL of **avoir** or **être** + PAST PARTICIPLE

INFINITIVE	voyager	aller	s'amuser
PAST CONDITIONAL	j' **aurais voyagé**	je **serais allé(e)**	je **me serais amusé(e)**
	tu **aurais voyagé**	tu **serais allé(e)**	tu **te serais amusé(e)**
	il/elle/on **aurait voyagé**	il/elle/on **serait allé(e)**	il/elle/on **se serait amusé(e)**
	nous **aurions voyagé**	nous **serions allé(e)s**	nous **nous serions amusé(e)s**
	vous **auriez voyagé**	vous **seriez allé(e)(s)**	vous **vous seriez amusé(e)(s)**
	ils/elles **auraient voyagé**	ils/elles **seraient allé(e)s**	ils/elles **se seraient amusé(e)s**
NEGATIVE	je **n'aurais pas voyagé**	je **ne serais pas allé(e)**	je **ne me serais pas amusé(e)**
INTERRROGATIVE	est-ce que tu **aurais voyagé?**	tu **serais allé(e)?**	tu **te serais amusé(e)?**
	aurais-tu voyagé?	**serais-tu allé(e)?**	**te serais-tu amusé(e)?**

USES

The following sentences express what WOULD HAVE HAPPENED **if** certain past conditions HAD BEEN MET.

Note the use of tenses in the sentences below.

Si j'**avais étudié**,	*If I **had studied**,*
j'**aurais réussi** à l'examen.	*I **would have passed** the exam.*
Si vous **étiez allés** à la boum,	*If you **had gone** to the party,*
vous **vous seriez amusés**.	*you **would have had fun**.*

Hypothetical sentences that refer to the past are usually formed according to the pattern:

si-clause	MAIN or RESULT clause
pluperfect	past conditional

Note the English equivalents of the past conditional of **vouloir, pouvoir** and **devoir**.

J'**aurais voulu voir** ce film.	*I **wish I had seen** that movie.*
	*(I **would have liked to see** that movie.)*
Tu **aurais pu** me téléphoner.	*You **could have called** me.*
Vous **auriez dû attendre**.	*You **should have waited**.*

1 L'incendie

Sébastien habite au deuxième étage d'un immeuble. Hier, il y a eu un commencement *(beginning)* d'incendie *(fire)* dans cet immeuble. Voici ce qu'il a fait. Dites si oui ou non vous auriez fait les mêmes choses.

▶ Sébastien est resté calme.
Moi aussi, je serais resté(e) calme.
(Moi, je ne serais pas resté(e) calme.)

1. Il a téléphoné aux pompiers.
2. Il a téléphoné à sa copine.
3. Il a fermé la porte de l'appartement à clé.
4. Il a pris sa mini-chaîne.
5. Il a laissé son argent dans un tiroir *(drawer)*.
6. Il est allé dans la salle de bains.
7. Il a mis une serviette mouillée *(wet)* sous la porte.
8. Il a ouvert la fenêtre.
9. Il a attendu dix minutes.
10. Il s'est impatienté.
11. Il a sauté *(jumped)* par la fenêtre.
12. Il s'est cassé la jambe.

2 Vive la différence!

Votre partenaire est allé(e) en ville. Il/elle explique ce qu'il/elle a fait. Dites lui que vous auriez fait quelque chose de différent. (Utilisez le même verbe, mais avec une expression de votre choix.)

▶ aller au musée
— **Je suis allé(e) au musée.**
— **Eh bien moi, à ta place, je ne serais pas allé(e) au musée.**
Je serais allé(e) au ciné (au café, dans les magasins, . . .).

N3

1. voir une exposition
2. déjeuner au McDonald's
3. manger un hamburger
4. se promener dans le parc
5. passer à la Maison des Jeunes
6. aller au centre commercial
7. acheter des CDs
8. rentrer à pied

3 Tant pis pour toi!

Votre partenaire vous décrit certains problèmes qu'il/elle a eus. Dites-lui que c'est de sa faute et expliquez pourquoi.

▶ rater l'examen / étudier

1. se perdre en ville / prendre ton plan *(map)?*
2. attendre une heure au restaurant / réserver une table?
3. arriver en retard au rendez-vous / regarder ta montre?
4. attraper un coup de soleil / mettre de la crème anti-solaire?

J'ai raté l'examen.

Est-ce que tu avais étudié?

Non, je n'avais pas étudié.

Tant pis pour toi! Si tu avais étudié, tu n'aurais pas raté l'examen.

Dommage!

Les personnes suivantes n'ont pas fait certaines choses. Décrivez ce qui serait arrivé si elles avaient fait ces choses. Attention: le verbe entre parenthèses peut être affirmatif ou négatif.

▶ Jérôme n'a pas fait attention. (tomber dans les escaliers?)
  **Si Jérôme avait fait attention, il ne serait pas
  tombé dans les escaliers.**

1. Nous ne nous sommes pas dépêchés. (rater le train?)
2. Patrick n'a pas lu les annonces. (trouver un job cet été?)
3. Mes copains n'ont pas acheté de billets. (aller au concert?)
4. Je n'ai pas utilisé ma calculatrice. (se tromper dans le problème?)
5. Les joueurs ne se sont pas entraînés. (gagner le match?)
6. Vous n'avez pas attendu. (voir l'éclipse?)
7. Tu n'as pas mis ton manteau. (attraper une pneumonie?)
8. Les élèves ne se sont pas reposés. (dormir pendant la classe?)
9. Le Petit Chaperon Rouge *(Little Red Riding Hood)* n'a pas écouté sa mère. (rencontrer le loup *[wolf]*?)

B. **Résumé: l'usage des temps avec si**

Review the sequence of tenses with **si**.

N1

To describe. . .	**si**–clause	main or result clause
• a possibility (concerning a future event)	PRESENT	FUTURE
		IMPERATIVE
• a hypothetical situation (usually contrary to reality)	IMPERFECT	CONDITIONAL
• a hypothetical situation in the past	PLUPERFECT	PAST CONDITIONAL

Si je **vais** en ville,
  j'**achèterai** le journal.
Si tu **vas** au supermarché,
  achète du pain.

Si j'**avais** un billet,
  j'**irais** au concert.

Si j'**avais étudié,**
  je **n'aurais pas raté** l'examen.

5 **Vive la différence!**

Vous et votre partenaire, vous n'êtes pas d'accord. Votre partenaire vous dit ce qu'il/elle fera. Dites-lui ce que vous feriez si vous étiez dans les mêmes circonstances. (Choisissez une option différente.)

▶ avoir faim / manger quoi?
  — **Si j'ai faim, je mangerai un sandwich.**
  — **Eh bien, moi, si j'avais faim,
    je mangerais une pizza.**

1. avoir soif / boire quoi?
2. avoir de l'argent / acheter quoi?
3. sortir samedi / aller où ?
4. aller au cinéma / voir quoi?
5. aller à Paris / visiter quoi?
6. aller en Europe / voyager comment?

6 Et si cela arrivait . . . ?

Avec votre partenaire, choisissez une des situations suivantes et discutez de ce que vous feriez et de ce que vous ne feriez pas si vous étiez dans cette situation. Puis, écrivez un paragraphe d'au moins 5 lignes où vous décrirez les résultats de votre discussion.

1. Vous êtes témoins d'un cambriolage.
2. Vous êtes prisonniers/prisonnières de dangereux bandits.
3. Vous êtes perdu(e)s dans la jungle tropicale.   jungle /ˌʒœ̃gl/ or /ˌʒə̃gl/
4. Vous êtes invité(e)s à la Maison Blanche.
5. Vous assistez au mariage d'un copain français.
6. Un réalisateur *(movie producer)* vous offre un rôle dans son prochain film.
7. Vous découvrez un trésor *(treasure)* dans une maison abandonnée.

7 Achats

Complétez les phrases suivantes avec la forme du verbe **acheter** qui convient.

N3

1. Si je vais à la poste, j'___ des timbres.
2. Si nous ___ des billets, nous aurions pu aller au concert samedi soir.
3. S'il avait de l'argent, mon oncle ___ un appartement dans le centre-ville.
4. Qu'est-ce que tu ___ si tu gagnes de l'argent l'été prochain?
5. Si j'étais passé à la boulangerie, j'___ des croissants.
6. Si tu ___ des CDs dans ce magasin, tu paieras moins cher.
7. Est-ce que tu ___ cette veste si elle était en solde?
8. Si Paul ___ une moto, il vendrait son vélo.

8 Un discours électoral — N4

À chaque élection, Monsieur Duroc est candidat à la mairie de Clocheville. Cette année, il se présente à nouveau. Vous êtes son/sa secrétaire. Complétez son discours *(speech)* avec la forme correcte du verbe entre parenthèses.

N5 🌐

Messieurs et Mesdames,

J'ai le plaisir d'annoncer pour la sixième fois ma candidature à la mairie de Clocheville. Si vous (voter) pour moi aux dernières élections, vous (voir) les nombreuses améliorations que j'(apporter) à notre bonne ville. Je/j' (construire) une nouvelle gendarmerie, une nouvelle poste et, bien sûr, une nouvelle mairie. J'(éliminer) la pollution et la criminalité. Aujourd'hui, votre ville (être) belle, propre et sans danger.

Malheureusement, aux dernières élections, vous avez voté pour mon adversaire qui est un incapable. Si je/j' (être) à sa place, je/j' (avoir) honte de me présenter à nouveau. Heureusement, vous êtes intelligents. Quand vous (voter) pour moi dimanche prochain, vous (voter) pour quelqu'un de responsable et d'honnête. Si je/j' (être) élu, vous (pouvoir) être fiers à nouveau de votre ville!

Merci!

LECTURE

Les pêches

d'après André Theuriet

André Theuriet (1833-1907)
Comme beaucoup d'écrivains français, André Theuriet s'est exprimé dans des genres littéraires différents: le roman, le conte, la poésie, le théâtre. Dans ses contes, Theuriet décrit la société de son époque. Pour son oeuvre, il a été élu membre de l'Académie Française.

AVANT DE LIRE

N1

Le contexte historique

Pour bien comprendre une histoire, il faut la placer dans son contexte historique. L'histoire suivante se passe à la «Belle Époque», il y a environ° cent ans. La vie était alors assez différente d'aujourd'hui et deux aspects sont particulièrement importants pour l'histoire que vous allez lire. N2

• À cette époque, les gens riches organisaient de temps en temps de grandes réceptions° chez eux. Ces fêtes, généralement très formelles, étaient des événements importants de la vie mondaine.° Il était donc essentiel pour son standing social d'y être invité.

• Un autre aspect important pour l'histoire concerne l'alimentation d'alors. Comme les transports étaient très limités (l'automobile et l'avion n'existaient pas encore!), la distribution des produits frais,° et particulièrement des fruits, était très localisée et très saisonnière. Si on voulait manger des fruits frais, il fallait attendre l'été, ou bien, si on avait beaucoup d'argent, il fallait faire venir° spécialement ces produits de Provence, d'Italie ou d'Espagne.

environ = approximativement **réception** = soirée de gala **mondaine** = sociale **frais** *fresh*
faire venir *to have shipped*

Anticipons un peu

Imaginez que vous êtes invité(e) à un très grand mariage. Votre meilleur(e) ami(e), qui est malade, ne peut pas vous accompagner. Vous lui avez promis de lui rapporter un morceau° du gâteau nuptial.

Le gâteau a été servi, mais comme vous êtes un peu timide, vous n'avez pas osé° en demander un second morceau à l'hôtesse. Vous n'avez cependant pas oublié votre promesse.

Vous allez au buffet et, quand personne ne regarde, vous prenez un morceau de gâteau pour votre ami(e). Comment feriez-vous pour le ramener° sans être vu(e)?

- Je le mettrais dans ma poche de pantalon ou de jupe.
- Je le cacherais sous ma veste.
- Je le mettrais dans mon sac.
- Je l'envelopperais dans une serviette.°

morceau *piece* **osé** *dared* **ramener** *to bring back* **serviette** *napkin*

LES PÊCHES

1

C'est au cours d'un dîner organisé par les anciens élèves du lycée de province où j'avais fait mes études que j'ai revu mon copain d'enfance Vital Herbelot. C'est lui qui est venu me saluer° après le café. À vrai dire, je ne l'avais pas reconnu. Vêtu d'un costume de velours côtelé°

5 et d'une chemise à carreaux,° les cheveux en brosse et le visage bronzé, il respirait° la santé et la bonne humeur. Certes, ce n'était pas le grand garçon élégant, distingué, mais un peu timide, que j'avais connu vingt-cinq ans

10 avant. Élève très doué, il était promis à l'avenir le plus brillant. Après le bac, il avait tout de suite trouvé un poste dans la plus grande banque de la ville.

Un peu surpris de le revoir, je lui ai

15 demandé:

— Alors, tu es° toujours dans la banque?

— Oh non, il y a bien longtemps que je l'ai quittée. . . J'habite à la campagne maintenant… Je suis cultivateur!

20 — Cultivateur, toi?! Mais je croyais que tu t'intéressais à la finance.

— C'est vrai… Et si j'avais continué, j'aurais certainement fait une «brillante carrière», comme on dit . . .Aujourd'hui je serais peut-être le président d'une grande banque nationale ou internationale… Qui sait? Mais tu vois, il m'est arrivé quelque chose°, il y a vingt ans de cela.

25 — Quoi? Qu'est-ce qui t'est arrivé?

— Oh, une histoire de pêches . . . mais une histoire qui a changé mon existence. Pour le meilleur!

— Tu as dit «une histoire de pêches»?

— Oui, une absurde histoire de pêches.

30 Voulant satisfaire ma curiosité évidente, Vital Herbelot a commencé à me raconter son histoire.

Mots utiles	
un ancien élève	*alumnus*
un cultivateur	*farmer*
une pêche	*peach*
doué	*gifted*
vêtu de	*dressed in*
au cours de	*during, in the course of*
à vrai dire	*to tell the truth*

saluer = dire bonjour **velours côtelé** *corduroy* **à carreaux** *plaid* **respirait** = était l'expression de
tu es = tu travailles **il m'est arrivé quelque chose** *something happened to me*

N1

Tu sais que j'étais fils et petit-fils d'employés relativement modestes.° C'est ma mère qui a insisté pour que je fasse des études et que j'obtienne mon bac. Tu te souviens, sans doute, que j'aimais les études et que j'ai obtenu mon bac avec mention.° Aussi, je n'ai pas eu de difficulté à trouver du travail.

Après le bac, j'ai été immédiatement engagé dans une grande banque d'affaires.° Tous mes camarades de classe convoitaient° le poste que je venais d'obtenir. Rappelle-toi comme vous étiez tous un peu jaloux de moi! Comme j'étais très travailleur et très discipliné et que je réussissais bien dans les affaires que je traitais, j'ai vite obtenu plusieurs promotions, et avec celles-ci des augmentations de salaire importantes.

Au bout de trois ans, j'étais devenu l'un des adjoints° principaux du patron de la banque. Je t'assure que je gagnais bien ma vie, mais en contrepartie,° je devais sacrifier tout mon temps aux affaires de la banque. C'est à ce moment-là que je me suis marié avec une jeune fille qui avait toutes les qualités et qui, de plus, était très jolie.

35

40

45

Mots utiles
N2

engager	to hire
obtenir *	to get, obtain
au bout de	after, at the end of

Avez-vous compris?

1. À quelle occasion est-ce que le narrateur rencontre Vital Herbelot?
2. Pourquoi est-ce qu'il ne le reconnaît pas?
3. Quelle est la profession de Vital Herbelot maintenant?
4. Quelle était sa profession autrefois?

Anticipons un peu!

Victor Herbelot avait une situation brillante. Maintenant, il est cultivateur.
À votre avis, qu'est-ce qui s'est passé?

- Il a eu un grave accident.
- Il a commis une faute *(mistake)* professionnelle.
- Sa femme est tombée malade.
- Quelque chose d'autre s'est passé. Imaginez quoi!

2

Mon patron était un homme très riche et très mondain.° De temps en temps il organisait de grandes réceptions où il invitait tous les notables° de la ville et quelques-uns de ses employés supérieurs.° Il y avait généralement un repas suivi d'un bal.

Peu de temps après mon mariage, j'ai reçu ma première invitation à l'une de ces réceptions. Malheureusement, quelques jours avant l'événement, ma femme est tombée malade. Je pensais envoyer mes excuses, mais ma femme a insisté pour que j'aille à cette réception.
— Ton patron est un homme généreux, mais très autoritaire. S'il ne te voyait pas à la première réception à laquelle il t'invite, il serait certainement très vexé, et cela nuirait° à ta carrière.

50

55

modestes = assez pauvres   **avec mention** with honors
une banque d'affaires investment bank   **convoitaient** = désiraient secrètement
adjoints = assistants   **en contrepartie** in exchange   **mondain** of fashionable society
notables = personnes importantes   **employés supérieurs** top executives   **nuirait à** = ruinerait

60   Bien sûr, j'aurais préféré rester avec ma femme, mais, convaincu par ses arguments, j'ai finalement accepté l'invitation.

Ce soir-là, je me suis donc habillé pour l'occasion. Alors qu'elle m'aidait à ajuster ma cravate, ma femme m'a dit:
—Je regrette vraiment de ne pas pouvoir t'accompagner.

65   Il y aura un très beau buffet . . . et j'ai entendu dire que la femme de ton patron a fait venir° spécialement des primeurs* du Midi. Il paraît même qu'il y aura des pêches… Tu sais comme je les aime. Et pourtant, c'est absolument impossible d'en trouver dans les magasins en cette saison… Oh, ces pêches! Est-ce que tu pourrais

70   m'en rapporter une . . . Une seule . . . S'il te plaît!

Surpris de cette requête inattendue, j'ai essayé d'expliquer à ma femme que c'était difficile. Comment un monsieur en habit noir° pourrait-il prendre une pêche et la mettre dans sa poche sans être vu?

Mais ma femme a insisté: «Rien de plus facile, au contraire . . .

75   Tu profiteras d'un moment où tout le monde sera en train de danser. Tu t'approcheras du buffet et tu prendras une pêche comme si c'était pour toi et tu la dissimuleras° adroitement.° Personne ne te verra… Oh, je sais bien, c'est un caprice,° mais ça me ferait tellement plaisir! Allez, promets-moi . . .»

80   Comment refuser quelque chose à la femme qu'on aime? J'ai fini par promettre, puis j'ai pris mon manteau et mon chapeau. Au moment où j'allais partir, ma femme m'a regardé de ses grands yeux bleus et m'a dit: «N'oublie pas!»

Mots utiles

un bal	*dance*	**N3**
un caprice	*whim*	
une pêche	*peach*	
une requête	*request*	
s'approcher de	*to approach*	
convaincre *	*to convince*	
entendre dire	*to hear (it said)*	
faire plaisir à	*to please*	
profiter de	*to take advantage of*	
inattendu	*unexpected*	
alors que	*while*	

Avez-vous compris?

1. Pourquoi Madame Herbelot ne va-t-elle pas à la réception?
2. Pourquoi conseille-t-elle à son mari d'y aller?
3. Qu'est-ce qu'elle lui demande de faire?
4. Pourquoi est-ce que son mari hésite?

N4   3

85   Ce soir-là, toute la société° de la ville était réunie° chez mon patron. Il y avait le maire, le président du tribunal, le général commandant la garnison et ses officiers supérieurs, et toutes les grandes familles de la ville.

Mon patron avait bien fait les choses. Le dîner était exquis. Après

90   le dîner, les invités passèrent au grand salon et le bal commença. Vers

Anticipons un peu!

À votre avis, comment est-ce que Vital Herbelot va satisfaire la requête de sa femme?
- Il va demander à l'hôtesse de la réception la permission de prendre une pêche.
- Il va prendre une pêche sans demander la permission.
- Il va acheter des pêches chez un marchand.
- Il va rentrer chez lui sans pêche.
- Il va faire autre chose. Imaginez quoi!

---

* **Les primeurs de Midi.** À cause de son climat, le Midi (dans le sud de la France) produit des **primeurs**, c'est-à-dire, des fruits et légumes consommables avant la saison normale.

a fait venir = a commandé   **habit noir** formal evening dress   **dissimuleras** = cacheras **adroitement** *skillfully*   **caprice** *whim*   **la société** = la haute société   **était réunie** = se trouvait minuit, il y eut un temps de repos pendant lequel un buffet fut servi dans une petite pièce à côté du salon. Au milieu de la table trônaient° les fameuses pêches venues° spécialement du Midi. Disposées° en pyramide sur un plateau de faïence,° elles provoquaient l'admiration générale. Oui vraiment, elles étaient superbes! Je pensais alors à la promesse que j'avais faite à ma femme et me demandais comment j'allais la réaliser. Ce n'était pas facile! 95

Les domestiques préposés° au service montaient une garde vigilante° autour de ces magnifiques et coûteux fruits. De temps en temps, sur un signe de mon patron, le maître d'hôtel prenait délicatement une pêche, la découpait avec un couteau d'argent, et en présentait les deux moitiés à un invité de marque.° Il en restait encore une demi-douzaine quand l'orchestre se remit° à jouer. Les invités se précipitèrent au salon et on recommença à danser. 100

C'est alors que j'exécutai mon projet. Je pris mon chapeau et mon manteau, comme si j'allais partir. Puis, sous un prétexte quelconque,° je passai dans la petite salle où était dressé° le buffet. Heureusement les domestiques étaient partis. Je me trouvais donc seul. M'assurant que personne ne me regardait, je ne pris non pas une mais deux de ces magnifiques pêches et je les mis discrètement dans mon chapeau. Pressant celui-ci très fort° contre ma poitrine, j'allai saluer° mon hôte et mon hôtesse. Je les remerciai de leur aimable invitation, puis je me dirigeai, digne et fier de moi, vers la sortie. 105 110

Mon projet avait parfaitement réussi. Que ma femme serait heureuse quand elle verrait le produit de mon larcin inoffensif! C'est alors que se produisit l'incident . . . 115

trônaient = occupaient la place d'honneur   **venues** *brought*   **disposées** = arrangées   **faïence** *glazed pottery*   **préposés** *assigned*   **montaient une garde vigilante** *kept watchful guard*   **de marque** = important   **se remit à** = recommença à   **un prétexte quelconque** some pretext or other   **dressé** = *placé*   **fort** *tightly*   **saluer** = dire au revoir à

Mots utiles

un larcin	*small theft*
la moitié	*half*
la poitrine	*chest*
s'assurer	*to make sure*
découper	*to cut (into pieces)*
se demander	*to wonder*
se diriger vers	*to move toward*
se précipiter	*to dash*
se produire	*to happen*
digne	*dignified*
inoffensif	*harmless*
comme si	*as if*
reste . . .	*there is/ are . . . left*

N1

Avez-vous compris?

1. À quel moment de la réception sont servies les pêches? Par qui? À qui? Comment?
2. Comment Vital Herbelot réussit-il à prendre deux pêches?
3. Qu'est-ce qu'il fait pour passer inaperçu *(unnoticed)*?

Anticipons un peu!

À votre avis, qu'est-ce qui va se passer ensuite?
- Vital Herbelot va apporter les pêches à sa femme qui sera très contente.
- Il sera dénoncé par un domestique qui l'a vu et il sera arrêté par la police.
- Après être sorti, il fera tomber *(will drop)* les pêches dans la rue et il ne pourra pas les rapporter à sa femme.
- Quelque chose d'autre arrivera. Imaginez quoi.

120   Avant de sortir, il fallait que je traverse le salon où les jeunes gens et les jeunes filles continuaient à valser.° On organisait justement une nouvelle figure: une danseuse est placée au centre des danseurs qui exécutent une ronde° autour d'elle. Elle doit tenir un chapeau à la main et en coiffer° le jeune homme avec qui elle veut danser. C'était justement

125 la fille de mon patron qui devait se placer au centre du groupe. Me voyant avec mon chapeau pressé contre la poitrine, elle s'écria:

    — Monsieur Herbelot! Monsieur Herbelot! Nous avons besoin de votre chapeau! S'il vous plaît, prêtez-le-nous pour quelques minutes seulement.

    Et sans attendre ma réponse, elle me prit le chapeau des mains d'un

130 mouvement brusque. Les pêches tombèrent et roulèrent sur le sol devant les invités ébahis.°

    La musique s'arrêta. Tout le monde riait maintenant, sauf mon patron qui avait l'air absolument furieux. Même les domestiques semblaient se moquer de moi… Alors la fille du patron me donna mon chapeau en

135 me disant d'une voix ironique:

    — Eh bien, monsieur Herbelot, ramassez donc vos pêches!

    J'aurais voulu être cent pieds sous terre.° Rouge de confusion, je pris mon chapeau, balbutiai° quelques mots d'excuses, et partis comme un fou. Je rentrai chez moi et, la mort dans le coeur, je racontai le désastre à ma femme.

140   Le lendemain, l'histoire courait° la ville. Quand je suis entré à mon bureau ce matin-là, mes collègues savaient ce qui s'était passé. Les plus malicieux° murmuraient° à mon passage: «Hé, Monsieur Herbelot, ramassez donc vos pêches.» Dans la rue, j'entendais les enfants des écoles dire en me montrant du doigt:

145 «Regardez! C'est le monsieur aux pêches!»

    Huit jours après, j'ai quitté la banque et la ville. Ma femme et moi, nous nous sommes installés à la campagne, chez un vieil oncle qui avait une grande ferme. Je ne connaissais rien aux travaux des champs,° mais avec l'aide de mon oncle,

150 j'ai vite appris. Quand celui-ci est mort, j'ai hérité de la ferme. C'est comme ça que je suis devenu cultivateur!

    Tiens, si tu es libre dimanche prochain, viens donc me rendre visite. Nous déjeunerons ensemble.

Mots utiles	
hériter de	to inherit
s'installer	to settle
montrer du doigt	to point at
se moquer de	to laugh at, to make fun of
ramasser	to pick up
traverser	to go across, to cross
justement	precisely at that moment

N2

valser = danser la valse *(waltz)*   **exécutent une ronde** = dansent dans un cercle   **coiffer** = mettre sur la tête   **ébahis** *open-mouthed* **sous terre** *underground*   **balbutiai** *mumbled*   **courait** = circulait dans **malicieux** *inclined to tease*   **murmuraient** *would say in a low voice* **travaux des champs** *farm work*

Avez-vous compris?

1. De quelle façon le larcin de Vital Herbelot a-t-il été découvert?
2. Quelle a été la réaction des autres invités?
3. Quelle a été la réaction de ses collègues le lendemain?
4. Qu'est-ce qu'il a décidé de faire à la suite de l'incident?

Et vous?

Qu'est-ce que vous auriez fait si vous aviez été à la place de Vital Herbelot? Expliquez pourquoi.

- J'aurais présenté mes excuses à mon patron et j'aurais gardé mon poste.
- J'aurais fait un procès *(filed a suit)* à mes collègues de bureau pour harcèlement professionnel.
- J'aurais quitté la ville et j'aurais cherché un travail similaire dans une autre ville.
- J'aurais fait comme Vital Herbelot.
- J'aurais fait quelque chose d'autre. Expliquez quoi.

Mots utiles

un verger	*orchard*
un pêcher	*peach tree*
cueillir * **N2**	*to pick*
sourire *	*to smile*
d'ailleurs	*besides*
en souvenir de	*in memory of*

N1

~~~ 5 ~~~

Intrigué par l'histoire de mon ancien camarade de lycée, j'ai accepté son invitation. Le dimanche suivant, je suis donc allé chez lui. Là, j'ai fait la connaissance de sa femme, toujours jolie à quarante-cinq ans, et de leurs magnifiques enfants. Nous avons fait un excellent déjeuner, accompagné d'un agréable vin blanc que mon ami faisait lui-même. 155

Après le déjeuner, il m'a proposé de faire un tour de la ferme. Il était particulièrement fier de son verger. Alors que j'admirais particulièrement un pêcher chargé de fruits splendides, il m'a dit: 160

— Celui-là, je l'ai planté en souvenir de l'histoire que je t'ai racontée! J'ai eu de la chance. Sans cette histoire absurde, je serais resté un bureaucrate toute ma vie. D'accord, j'aurais peut-être plus d'argent, mais je ne serais pas plus heureux. D'ailleurs, comment être plus heureux? J'ai tout pour moi. 165

Puis, il a cueilli deux énormes pêches et il me les donna en souriant: 170

— Tu verras! Ce sera les meilleures pêches que tu aies jamais mangées!

chargé de *laden with* **travaux des champs** *farm work*

Avez-vous compris?

1. Quelle est l'atmosphère générale à la ferme de Vital Herbelot?
2. Qu'est-ce que Vital Herbelot pense de son sort *(fate)*?

À votre avis

Est-ce que Vital Herbelot a pris la meilleure décision possible? Expliquez pourquoi.

APRÈS LA LECTURE

EXPRESSION ORALE

■ La morale de l'histoire

L'histoire des pêches peut avoir plusieurs morales. Choisissez l'une des morales suivantes (ou bien, créez votre propre morale) et expliquez pourquoi elle correspond le mieux à l'histoire.

• L'argent ne fait pas le bonheur.

• Les petits incidents peuvent avoir des conséquences importantes.
• Il vaut mieux être pauvre que ridicule.
• Le crime ne paie pas.
• Il ne faut jamais écouter les mauvais conseils.
• Le ridicule tue.
• Les gens trop ambitieux sont toujours punis.

■ Débat

Avec votre partenaire, débattez les avantages et les inconvénients de la vie en ville et à la campagne, en fonction de l'histoire que vous avez lue. Chacun va choisir une opinion différente.

■ Situations

Avec votre partenaire, choisissez l'une des situations suivantes. Composez le dialogue correspondant et jouez-le en classe.

1 Détails

Quand elle voit rentrer son mari le soir de la réception, Madame Herbelot comprend que quelque chose d'extraordinaire s'est passé. Elle veut avoir des détails.

Rôles: Monsieur et Madame Herbelot

2 À la fête

Une personne qui a assisté à la fête raconte l'histoire des pêches à un(e) voisin(e). Ce(tte) voisin(e) pose beaucoup de questions. La personne qui a été à la fête a tendance à exagérer un peu pour faire plus d'effet.

Rôles: la personne qui a été à la réception et son(sa) voisin(e)

3 Une décision

Le jour après l'incident, Vital Herbelot explique à sa femme ce qui s'est passé au bureau et dans la rue. Ils discutent de ce qu'ils doivent faire pour éviter *(to avoid)* ces problèmes. Ils prennent une décision.

Rôles: Monsieur et Madame Herbelot

4 Vingt ans après

Vingt ans après l'incident, l'un des enfants de Vital Herbelot apprend que son père a été cadre *(executive)* dans une banque. Il veut connaître le passé de son père.

Rôles: Monsieur Herbelot et son fils (sa fille)

5 Ville ou campagne ?

Après la promenade dans la ferme, le camarade de lycée de Vital Herbelot explique à son ami que la vie en ville a beaucoup d'avantages aussi. Vital Herbelot n'est pas d'accord.

Rôles: Vital Herbelot et son camarade de lycée

EXPRESSION ÉCRITE

■ «La Belle époque»

Relisez le texte et faites une liste des détails qui indiquent que cette histoire se passe il y a cent ans.

■ Lettre à un(e) ami(e)

Imaginez que vous êtes dans la situation de Vital Herbelot. Après avoir terminé vos études, vous avez trouvé un bon poste dans une banque (ou une autre sorte de travail). Vous avez reçu plusieurs promotions et vous gagnez très bien votre vie. Un jour, cependant, vous réalisez que cette existence ne correspond pas à ce que vous voulez vraiment faire.

Écrivez une lettre à un(e) ami(e). Dans cette lettre, informez-le(la) de votre décision de quitter votre travail, expliquez pourquoi et dites ce que vous allez faire.

■ Sujets de composition

1. Une situation embarrassante.
Décrivez une situation embarrassante, réelle ou imaginaire, dans laquelle une personne que vous connaissez s'est trouvée.

2. Un incident
Décrivez une situation, réelle ou imaginaire, dans laquelle un petit incident a eu des conséquences très importantes pour vous ou pour une personne que vous connaissez.

LES ANTILLES FRANCOPHONES

■ *Un peu d'histoire* ■

■ Les dates

■ Les événements

-1492-1502
Christophe Colomb fait plusieurs voyages en Amérique. Au cours de° ces voyages, il «découvre» plusieurs îles qui seront plus tard occupées par les Français: Hispaniola (1492), la Guadeloupe (1493), la Martinique (1502). À l'époque de Christophe Colomb, ces îles étaient habitées depuis des siècles par différents groupes d'«Indiens» — nom donné par Christophe Colomb aux populations caraïbes. Ces Indiens sont rapidement décimés° par les maladies et les mauvais traitements des Européens.

-1635
Les premiers colons° français arrivent à la Martinique et à la Guadeloupe. Peu après, ils font venir° de force des Africains pour travailler comme esclaves° dans leurs plantations.

-vers 1640
L'île de la Tortue,° au nord-ouest d'Hispaniola, sert de base à des pirates de toutes nationalités. Des colons français s'installent à Saint-Domingue, la partie ouest d'Hispaniola.

-1697
Saint-Domingue (Haïti) devient officiellement une colonie française.

-1763
La France perd ses colonies continentales d'Amérique (le Canada, la Louisiane), mais elle garde ses îles des Antilles.

-1791
Les Africains de Saint-Domingue se révoltent contre les Français. Toussaint Louverture devient l'un des chefs de cette révolte.

-1794
La Révolution française déclare l'abolition de l'esclavage dans toutes ses colonies.

-1802
L'esclavage est rétabli par Napoléon, ce qui provoque une nouvelle insurrection en Haïti. Napoléon envoie ses troupes pour mater° cette insurrection.

-1804
Après la victoire des Africains révoltés sur les troupes françaises, Saint-Domingue devient un pays indépendant et prend le nom d'Haïti. Les Français quittent Haïti, mais le français reste la langue officielle du pays.

-1848
L'esclavage est définitivement aboli dans les colonies françaises. Les habitants de la Martinique et de la Guadeloupe deviennent des citoyens° français à part entière.°

-1902
L'éruption de la montagne Pelée à la Martinique fait plus de 30 000 morts dans la ville de Saint-Pierre.

-1946
La Martinique et la Guadeloupe deviennent des départements d'outre-mer.°

-1990
Jean-Bertrand Aristide est élu démocratiquement Président de la République haïtienne. Quelques mois après, un coup d'État militaire l'oblige à s'exiler aux États-Unis.

-1994
La démocratie est rétablie avec le retour d'Aristide.°

---

au cours de = pendant décimés *killed* colons *settlers* ils font venir = ils amènent esclaves *slaves* tortue *turtle* mater *to put down*
citoyens *citizens* à part entière = 100% outre-mer *overseas*

La malédiction caraïbe

Nous sommes à la Martinique en 1900. À cette époque, Saint-Pierre est la capitale de l'île. Avec ses distilleries, ses docks, ses magasins, ses banques, c'est un centre économique et commercial très actif. Dans le port, on peut voir des bateaux français, mais aussi des bateaux anglais, des bateaux américains, des bateaux italiens, des bateaux japonais, des bateaux chiliens . . . Sur ces bateaux, les marins chargent° le sucre, le rhum et les produits tropicaux de l'île.

Saint-Pierre est aussi une ville artistique et culturelle. Le dimanche, les gens vont au concert ou au théâtre. Il y a, en effet, un théâtre, le seul théâtre de toutes les Antilles. Saint-Pierre mérite bien son nom de «Paris des Antilles».

En réalité, Saint-Pierre est une ville en danger. La ville est située au pied d'un volcan, la montagne Pelée. Le 8 mai 1902, à sept heures cinquante du matin, la montagne Pelée explose! À huit heures, la ville est totalement dévastée. La cathédrale, le théâtre, le jardin botanique, les monuments, les maisons sont maintenant un immense désert de ruines. En moins de cinq minutes, toute la population de Saint-Pierre a péri.° Il y a 30 000 victimes . . . et un survivant. Ce survivant est un prisonnier. Ironiquement, les murs de la prison l'ont protégé contre la violence de l'explosion.

L'explosion de la montagne Pelée est une des grandes catastrophes dans l'histoire de l'humanité. Cette catastrophe a été annoncée dans une vieille légende caraïbe. Les Indiens caraïbes sont les premiers habitants de la Martinique. Quand les Français arrivent en 1635, ils veulent faire des Caraïbes leurs esclaves. Les Caraïbes résistent, mais ils sont finalement battus.° Courageusement, ils préfèrent la mort à l'esclavage.

Avant de mourir, le dernier chef caraïbe donne sa malédiction° aux Français:

> *«Aujourd'hui, vous êtes les plus forts,*
> *mais demain*
> *la montagne de feu va nous venger.»°*

La «montagne de feu», c'est bien sûr la montagne Pelée. Le 8 mai 1902, la malédiction caraïbe s'est réalisée!

---

chargent *load*   **péri** *perished, died*   **battus** *beaten*   **malédiction** *curse*   **venger** *to avenge*

▪ *Deux Martiniquais célèbres* ▪

▪ L'impératrice Joséphine (1763-1814)

Joséphine Tascher de la Pagerie est née à la Martinique dans la plantation de ses parents. Un jour, quand elle était petite, sa gouvernante° noire lui dit: «Un jour, tu gouverneras la France.» Joséphine évidemment ne croit pas cette prédiction extraordinaire. Elle grandit° et devient une jeune fille très belle et très élégante. À seize ans, elle épouse un jeune officier noble, Alexandre de Beauharnais, mais celui-ci est guillotiné pendant la Révolution. Joséphine elle-même est emprisonnée et échappe de peu° à la mort.

Peu de temps après, Joséphine rencontre Napoléon qui tombe éperdument° amoureux d'elle. Ils se marient en 1796. Quand Napoléon devient empereur en 1804, Joséphine devient impératrice,° réalisant ainsi la prédiction de sa gouvernante. Joséphine et Napoléon n'ont pas d'enfant. Napoléon veut avoir un fils pour assurer la succession de son trône. Il divorce et se remarie avec une princesse autrichienne.° Cependant, Napoléon reste très ami avec Joséphine qui, pour les Français, continue d'être la véritable° impératrice.

L'impératrice Joséphine

Aimé Césaire, poète et homme politique

▪ Aimé Césaire (1913-   ): Poète et homme politique

Originaire de la Martinique, **Aimé Césaire** va à Paris pour faire ses études universitaires. Là, il rencontre d'autres étudiants noirs avec qui il fonde un journal intitulé *L'Étudiant noir.* C'est dans ce journal qu'il définit la notion de **négritude**. Pour exprimer la valeur de la personnalité noire, Césaire choisit la poésie. En 1939, il écrit un livre de poèmes intitulé *Cahier d'un retour au pays natal.* Césaire est aussi un homme d'action et, pour lui, l'action, c'est la politique. Il rentre à la Martinique où il fonde un parti, *le Parti Progressiste Martiniquais.* Il devient maire° de Fort-de-France. Élu° député° de la Martinique, il défend les intérêts des habitants de son île.

▪ Qu'est-ce que la négritude?

La négritude est un mouvement littéraire, philosophique et politique, né à Paris dans les années 1930. Les fondateurs de ce mouvement étaient des étudiants noirs, venus de différentes colonies françaises: Aimé Césaire (Martinique), Léon Damas (Guyane française), Léopold Senghor (Sénégal).

En quête de° leur identité, ces écrivains redécouvrent leurs racines° africaines qu'ils veulent valoriser.° La négritude est la reconnaissance d'une identité noire spécifique. Les Noirs ont leur personnalité, leur culture, leur système de valeurs, leur façon de percevoir et de comprendre l'univers. Ils doivent préserver et être fiers de cette identité spécifique liée° à l'Afrique, terre° de leurs ancêtres communs.

> *«La négritude est la conscience d'être noir, simple reconnaissance d'un fait, qui implique acceptation, prise en charge de son destin de noir, de son histoire et de sa culture.»*
>
> — *Aimé Césaire*

---

gouvernante *governess* **grandit** = devient grande **échappe de peu** *narrowly escapes* **éperdument** = passionnément
impératrice = la femme de l'empereur **autrichienne** *Austrian* **véritable** = réelle **maire** *mayor* **élu** *elected* **député** *congressman*
en quête de *in search of* **racines** *roots* **valoriser** *to emphasize the value of* **liée** *linked* **terre** *land*

Pour saluer le Tiers-Monde

Dans ce poème, écrit en 1960, Aimé Césaire, de son île de la Martinique, salue les pays d'Afrique qui viennent de gagner leur indépendance. Ce poème est dédié à son ami, Léopold Senghor, président du Sénégal.

La Guinée

Madagascar

Le Cameroun

        Ah!
mon demi-sommeil d'île si trouble
sur la mer!

Et voici de tous les points du péril
l'histoire qui me fait le signe° que
j'attendais.

Je vois pousser° des nations.
Vertes et rouges*, je vous salue,
bannières, gorges° du vent ancien,
Mali, Guinée, Ghana
et je vous vois, hommes,
point maladroits° sous ce soleil nouveau!

Écoutez:
        de mon île lointaine°
        de mon île veilleuse°
je vous dis Hoo!
        Et vos voix me répondent
        et ce qu'elles disent signifie:
«Il y fait clair.» Et c'est vrai:
même à travers orage et nuit
pour nous, il y fait clair.

Vois:
        l'Afrique n'est plus
        au diamant du malheur
            un noir coeur qui se strie;°

notre Afrique est une main hors du ceste,°
c'est une main droite, la paume° devant
et les doigts bien serrés;°

c'est une main tuméfiée°,
une blessée-main-ouverte,
tendue°,
        brunes, jaunes, blanches,
à toutes mains, à toutes les mains blessées
du monde.

N2

* Les drapeaux des pays africains de Mali, de Guinée et de Ghana ont les couleurs vertes, rouges et jaunes

le signe = le signe de la liberté   **pousser** *grow*   **gorges** *pride*   **points maladroits** *not at all clumsy*   **lointaine** = qui est loin (de l'Afrique)
veilleuse = lente   **se strie** *is lacerated [by the diamond of misfortune]*   **ceste** *boxing glove*   **paume** *palm*   **bien serrés** *close together*
tuméfiée *swollen*   **tendu** *stretched out*

▪ *Haïti* ▪

▪ *Un champion de la liberté: Toussaint Louverture (1744-1803)*

Haïti est une nation indépendante depuis près de 200 ans.
Le héros de l'indépendance haïtienne s'appelle Toussaint Louverture.
Voici l'histoire de ce grand champion de la liberté.

Cette histoire commence à la fin du 18e siècle. La partie occidentale° d'Haïti s'appelait alors Saint-Domingue. C'était une colonie française où il y avait 20 000 Français et 500 000 Africains qui travaillaient très dur comme esclaves dans les plantations des Français.

En 1789, ces esclaves ont eu un grand espoir.°Une révolution libérale venait d'éclater en France. Est-ce que cette révolution allait émanciper les Noirs? En principe, oui. Les révolutionnaires français ont décidé d'abolir l'esclavage dans les colonies. Malheureusement, Saint-Domingue était loin de Paris et les Français de l'île ont refusé de libérer leurs esclaves. Pour les Africains, il y avait une seule° solution: la révolte. En 1791, les Africains de Saint-Domingue sont entrés en rébellion contre leurs maîtres.

Trois ans plus tard, en 1794, les Anglais, qui étaient en guerre contre la France, ont voulu occuper Saint-Domingue. Pour les Français, la situation était extrêmement grave. Le gouverneur de Saint-Domingue a décidé alors de rencontrer le chef des esclaves révoltés. Ce chef était Toussaint Louverture. Il avait 4 000 hommes sous ses ordres. Il a proposé au gouverneur un marché:° «Garantissez la liberté des Noirs et mes troupes vont combattre avec vous contre les Anglais.» Le gouverneur n'avait pas le choix. Il a accepté.

Quelques semaines après, Toussaint Louverture, l'ancien esclave, a été nommé commandant. C'était un brillant stratège. Ses troupes ont chassé les Anglais de Saint-Domingue. En juillet 1795, Toussaint Louverture a été nommé général de brigade et vice-gouverneur de Saint-Domingue. En réalité, c'était maintenant lui le chef de l'île.

Avec l'émancipation des esclaves, Toussaint Louverture avait réalisé sa première ambition. Cependant, il avait une autre ambition: obtenir l'indépendance de Saint-Domingue. Oui, mais comment? Il fallait d'abord organiser le pays. Toussaint Louverture a créé une administration moderne. Il a ouvert des écoles. Il a développé le commerce. S'il a réussi dans ses projets, c'est parce que c'était un homme juste. Il ne faisait pas de distinction entre les anciens maîtres blancs et les anciens esclaves noirs. Ainsi, il a pu mobiliser tous les talents. Les résultats de cette politique ont été immédiats. En 1800, Saint-Domingue était un pays riche et prospère. Économiquement, c'était un pays indépendant.

Toussaint Louverture, un champion de la liberté.

Administrativement, cependant, Saint-Domingue était toujours une colonie française. La France, à ce moment-là, était gouvernée par Napoléon Bonaparte. Napoléon était un général brillant mais très autoritaire. Il n'aimait pas l'indépendance de Toussaint Louverture. Pire,° il a décidé de rétablir l'esclavage à Saint-Domingue. Pour cela, il a préparé une formidable expédition. Le premier février 1802, 22 000 soldats français sont arrivés dans l'île. C'était la guerre! La guerre d'indépendance a mal commencé pour les Noirs. Leur chef, Toussaint Louverture a été capturé par traîtrise.° Déporté en France, il est mort après dix mois de captivité.

La mort de Toussaint Louverture a encouragé la résistance des Noirs. Ceux-ci ont finalement battu l'armée française. Le premier janvier 1804, Saint-Domingue est devenue une nation indépendante et a pris le nom d'Haïti.

---

occidentale *western* **espoir** *hope* **une seule** *only one* **un marché** *a deal* **pire** *worse* **traîtrise** *treachery*

Pour Haïti

René Depestre est né en Haïti en 1926. À l'âge de vingt ans, il a été exilé de son pays à cause de ses activités politiques. Il habite actuellement° à Paris. Depestre est un poète engagé° qui dénonce l'oppression et l'injustice. Dans ce poème, il évoque sa terre° natale qu'il a quittée il y a longtemps, mais à laquelle il pense sans cesse.°

Pluie de la patrie,° tombe, tombe
    avec force
  Sur mon coeur qui brûle°
  Jette° ta bonne eau fraîche°
  Sur mon souvenir° en feu!

HAÏTI

Il y a des centaines d'années
Que j'écris ce nom sur du sable°
Et la mer toujours l'efface°
Et la douleur° toujours l'efface
Et chaque matin de nouveau
Je l'écris sur le sable millénaire°
    de ma patience.

HAÏTI

Les années passent
Avec leur grand silence de mer
Dans mes veines il y a encore du courage
Et de la beauté pour des milliers d'années
Mais le corps dépend de n'importe quel°
    petit accident
Et l'esprit° n'a pas l'éternité!

HAÏTI

Toi et moi nous nous regardons
À travers la vitre° infinie
Et dans mes yeux pleure°
Un seul désir:
Sentir encore ta pluie
Sur ma soif de toujours
Sur ma peine de toujours!

René Depestre, *Journal d'un animal marin* (Paris, Seghers, 1964)

---

actuellement = à présent   **engagé** *politically active*   **terre** *land*   **sans cesse** *unceasingly*   **patrie** *native land (= Haïti)*   **brûle** *is burning*   **jette** *throw*
fraîche *cool*   **souvenir** *memory*   **sable** *sand*   **efface** *erases*   **douleur** *pain, suffering*   **millénaire** = qui a mille ans   **n'importe quel** *any*   **esprit** *soul, spirit*
vitre *glass*   **pleure** *is crying*

■ *En Haïti, l'art, c'est la vie*

Tous les Haïtiens, ou presque, ont une âme° d'artiste. En Haïti,
l'art est partout:° sur les murs, sur les devantures des magasins,° sur les volets° des
maisons, dans les églises, sur les autobus, sur les camions° ou sur les voitures. Et
maintenant, il se trouve aussi dans les collections privées et dans les musées.

L'art haïtien est avant tout un art populaire: il est issu du peuple et il est fait pour le peuple. À la différence des artistes européens ou américains, les artistes haïtiens n'ont généralement pas reçu de formation technique dans des écoles d'art spécialisées. Ils ont appris eux-mêmes à peindre.° Leur style, souvent appelé «style naïf», est caractérisé par un dessin° relativement simple, l'absence de perspective et l'usage d'une palette aux couleurs chaudes et vibrantes.

Les sources de l'art haïtien sont intérieures et personnelles: c'est l'environnement immédiat de l'artiste, la nature, la culture, la religion et les croyances° d'un peuple aux profondes racines° africaines. Les sujets représentés expriment la vie et l'âme de ce peuple. Ce sont souvent des scènes de la vie quotidienne, la ville avec ses gens aux vêtements multicolores ou la campagne haïtienne avec sa végétation luxuriante, parfois des cérémonies ou des sujets religieux, ou des scènes historiques.

C'est un Américain, De Witt Peters, qui a fait découvrir au monde les merveilles de l'art haïtien. Peters était venu en Haïti au début° des années 1940 pour enseigner° l'anglais. Lui-même peintre, il a tout de suite° été séduit° par l'art simple et coloré des peintres haïtiens. Avec l'aide des gouvernements haïtien et américain, il a ouvert un Centre d'Art où étaient exposées les oeuvres° des meilleurs peintres haïtiens. L'existence de ce centre a encouragé de nombreuses vocations d'artistes. Autrefois méconnu,° l'art haïtien est aujourd'hui apprécié par un nombre croissant° d'amateurs° un peu partout dans le monde.

J.M. Obin *«La Bataille de Vertières»*

Salnave Philippe-Auguste *«Les crocodiles»*

J.M. Obin est spécialiste de scènes historiques. Ce tableau représente la dernière bataille de la guerre d'indépendance haïtienne qui a eu lieu le 13 novembre 1803 à Vertières. Au cours de cette bataille décisive, l'armée des anciens esclaves, commandée par le général Dessalines (au centre), met en fuite l'armée française (à droite). Quelques jours plus tard, l'armistice est déclaré. Le premier janvier 1804, Haïti devient une nation indépendante.

Avocat de profession, **Salnave Philippe-Auguste** s'est consacré à plein temps à la peinture à l'âge de 51 ans. Dans un style délicat et symbolique, il peint des scènes exotiques remplies d'animaux sauvages. Ici il a choisi comme sujet des crocodiles qu'on trouve encore dans les régions marécageuses° et reculées° d'Haïti. Ces crocodiles semblent protéger des fleurs aquatiques, symboles de la liberté chèrement acquise par les Haïtiens en 1804.

âme *soul* **partout** *everywhere* **devantures des magasins** *storefronts* **volets** *shutters* **camions** *trucks* **peindre** *to paint* **dessin** *design* **croyances** *beliefs* **racines** *roots* **début** *beginning* **enseigner** *to teach* **tout de suite** = immédiatement **séduit** *attracted, seduced* **oeuvres** *works* **méconnu** = peu connu **croissant** *increasing* **amateurs** *art-lovers* **marécageuses** *swampy* **reculées** *remote*

Préfète Duffaut «*Village magique*»

Préfète Duffaut est l'un des peintres haïtiens les plus célèbres. Il n'avait jamais vu d'oeuvres artistiques quand il a commencé à peindre vers l'âge de 20 ans. Dans un style tout à fait personnel, il aime peindre des villages imaginaires, mais très détaillés, avec des rues en zigzag qui s'accrochent aux flancs des montagnes. La présence de montagnes caractérise les tableaux de Duffaut et rappelle l'origine du nom d'Haïti qui, en langue arawak, signifie «pays de montagnes».

Dans ce tableau, **Dieuseul Paul** représente des *loas*, esprits bénéfiques° ou maléfiques° de la religion vaudou. Cette religion populaire d'Haïti a inspiré beaucoup d'autres artistes haïtiens. Originaire du Bénin en Afrique, le vaudou intègre les croyances et rituels des religions animistes* africaines avec certains éléments de la religion catholique. Les pratiquants du vaudou vénèrent un grand nombre de dieux et

Dieuseul Paul «*Loas*»

de loas représentant les forces visibles et invisibles du monde qui nous entoure. Chaque pratiquant a son propre° loa.

Hector Hyppolite, «*Agoué et son consort*»

Hector Hyppolite, l'un des premiers peintres exposés au Centre d'Art, était aussi un *houngan*, c'est-à-dire un prêtre vaudou. Dans ce tableau, Hyppolite a peint Agoué, loa de la mer, symbolisée ici par une ancre marine, et son consort.

* Pour une définition de l'animisme, voir page 375.

Pauleus Vital «*Paysage de Sables-Cabaret*»

Comme son demi-frère Préfète Duffaut, **Pauleus Vital** aime peindre les paysages de montagnes, mais d'une façon réaliste et précise. Dans ce tableau, l'artiste représente le travail quotidien des gens de la campagne. On peut remarquer la régularité des champs et la luxuriance de la végétation haïtienne, rendue encore plus intense par les couleurs brillantes utilisées par l'artiste.

---

bénéfiques = qui font du bien   **maléfiques** = qui font du mal   **propre** *own*

Rue Cases-nègres est un film entièrement martiniquais. Réalisé par **Euzhan Palcy**, une cinéaste martiniquaise, d'après l'oeuvre° de l'écrivain martiniquais **Joseph Zobe**l, il est joué par des acteurs martiniquais, sur une musique de biguine martiniquaise.

N1
N2
N3

☞ The film Rue Cases-nègres (Sugarcane Alley) has been rated PG. You will definitely want to preview the movie, however, before deciding whether it is appropriate for your classes.

L'action du film se passe en 1930 dans une Martinique bien différente de la Martinique d'aujourd'hui. Les différentes scènes sont reliées° entre elles par la présence d'un jeune garçon d'une douzaine d'années, **José Hassam**, un orphelin° élevé° par sa grand-mère, **M'man-Tine** (Grand-maman Amantine). Tous deux habitent rue Cases-Nègres, une rue pauvre d'un petit village de Martinique.

Les conditions de vie sont difficiles. Tout le monde doit travailler très dur° dans les champs de canne à sucre pour ne gagner presque rien. Pour échapper° à cette misère, il n'y a qu'une solution: l'instruction.°

Le jeune José a plusieurs mentors. D'abord, M'man-Tine, la vieille grand-mère pieuse,° qui va tout faire pour que son petit-fils aille à l'école. Il y a aussi le vieux **Médouze**, en quelque sorte le père spirituel de José. Médouze a passé toute sa vie au travail et maintenant son corps est usé° et brisé°. Il rêve° de l'Afrique lointaine, pays des ancêtres où il voudrait un jour retourner. Il raconte à José l'histoire du peuple: le départ forcé d'Afrique, l'esclavage dans les plantations des «Békés»*, l'émancipation qui en réalité n'a pas changé grand-chose, et le travail, le travail, toujours le travail . . . Émerveillé° et attentif, le jeune José écoute le vieillard° évoquer les éléments de la sagesse° africaine: respect de la nature, respect de la vie . . .

Il y a aussi les professeurs de José. Ils ont remarqué l'intelligence du jeune garçon et en sont d'abord surpris. L'un d'eux accuse même José d'avoir triché° à une composition. José est reçu au certificat d'études** et reçoit une bourse° partielle pour aller étudier à Fort-de-France. Malheureusement, la bourse n'est pas suffisante. M'man-Tine est une femme fière et déterminée. Elle a décidé que son petit-fils continuerait ses études, quoi qu'il lui en coûte° à elle. Malgré° son âge, la vieille femme va s'établir° à Fort-de-France où elle travaille comme lingère° pour gagner l'argent des études. L'administration comprend finalement la situation et accorde° une bourse complète à José. M'man-Tine peut retourner à son village où elle meurt heureuse d'avoir accompli son rêve.

Cette histoire simple sert de trame° générale au film où se succèdent° une série de petites scènes souvent réalistes, parfois comiques (les rapports entre José et sa tante Madame Léonce), parfois pénibles° (les rapports entre son copain Léopold et le père de celui-ci). Par son décor, le monde qu'Euzhan Palcy nous présente dans son film peut paraître archaïque et lointain.° Les gens qui vivent dans ce monde sont pauvres et simples, mais ils sont honnêtes, droits,° généreux, fiers et avant tout ils sont humains!

*Pour son film **Rue Cases-Nègres**, la réalisatrice Euzhan Palcy° a reçu le César (Oscar français) du meilleur premier film.*

---

* «Békés» est un mot créole qui désigne les descendants des anciens colons blancs venus de France pour établir des plantations dans les Antilles.

**Le certificat d'études = un diplôme de fin des études primaires.

---

l'oeuvre = le livre **reliées** *linked* **orphelin** = enfant qui a perdu son père et sa mère **élevé** *raised* **dur** *hard* **échapper à** *to escape from* **l'instruction** *education* **pieuse** *pious* **usé** *worn out* **brisé** *broken* **rêve** *dreams* **émerveillé** *amazed* **vieillard** = vieil homme **sagesse** *wisdom* **triché** *cheated* **bourse** *scholarship* **quoi qu'il lui en coûte** *whatever it may cost her* **malgré** *in spite of* **s'établir** *to settle* **accorde** = donne **lingère** *laundry woman* **trame** *plot* **se succèdent** *follow one another* **pénibles** *painful* **lointain** *distant* **droits** *straightforward* **réalistisatrice** *director*

■ *Quelques scènes du film*

Sur cette photo, on peut voir les personnages principaux du film. Au premier plan, le jeune José Hassam en costume et chapeau blancs. Derrière lui, sa grand-mère M'Man Tine. Derrière M'man Tine, on peut remarquer Euzhan Palcy, la réalisatrice du film.

Dans les champs de canne à sucre, les habitants du village travaillent très dur sous l'oeil vigilant d'un contremaître (foreman) à cheval.

José habite avec M'man Tine dans une case très simple. Pendant que sa grand-mère reprise (darns) les vêtements, José s'adonne (devotes himself) à son passe-temps favori: la lecture.

Tous les jours, José va à l'école avec les enfants du village.

José est l'élève le plus brillant de sa classe. Il répond avec intelligence et imagination aux questions de l'instituteur (teacher), Monsieur Roc.

José vient d'être reçu au certificat d'études. Monsieur Roc est très fier de son élève.

José a reçu une bourse partielle pour continuer ses études au lycée. M'man Tine part avec lui pour Fort-de-France.

Lecture et culture   343

Les relations personnelles

Thème et Objectifs

Culture

In this unit, you will discover . . .

- what friendship and family life mean to the French
- what young people in France do to help the disadvantaged
- what is involved in planning a wedding in France

Communication

You will learn how . . .

- to talk about friends and acquaintances
- to explain how people get along with one another
- how to congratulate people on their success or comfort them when they are feeling down
- to describe the various phases of the life cycle

Langue

You will learn how . . .

- to talk about how people interact with each other
- to describe people and things in a clear and complete manner

Les amis et la famille

Pour les Français, les rapports humains ont énormément d'importance. L'amitié, par exemple, est considérée comme la valeur la plus importante de l'existence. Elle passe avant le travail, l'argent et même l'amour. Un ami, évidemment, n'est pas n'importe qui.° Ce n'est pas une personne qu'on rencontre un jour et qu'on oublie le lendemain. C'est généralement quelqu'un qu'on connaît depuis très longtemps, souvent depuis l'enfance et avec qui on a beaucoup d'expériences communes.° C'est la personne spéciale à qui on dit tout, avec qui on partage° ses joies et ses peines° et sur qui on peut compter dans les moments les plus difficiles de l'existence. Les vrais amis sont peu nombreux, mais ces amis-là, c'est pour la vie.

Un autre aspect de la vie en France est la solidité des relations familiales. Autrefois, le milieu familial était très vaste et la vie familiale très active. La famille comprenait° non seulement enfants, parents, grands-parents, cousins, tantes et oncles, mais aussi toutes les autres personnes qui avaient une ascendance° commune ou qui étaient alliées par le mariage. On se réunissait assez régulièrement le dimanche, autour d'un grand repas familial, ou plus occasionnellement pour les fêtes de famille: anniversaires, mariages, cérémonies religieuses, etc.

Aujourd'hui, la famille proche se limite au couple, à leurs enfants et aux parents qu'on voit régulièrement. Cette famille est généralement très unie. Parents et enfants s'entendent° bien, même au moment difficile de l'adolescence. D'après une enquête, 77% des adolescents

français considèrent que leurs relations avec leurs parents sont excellentes ou très bonnes. De même, 88% des jeunes de 18 à 24 ans déclarent s'entendre bien avec leurs parents.

Si la vie de famille est moins active qu'autrefois, «l'esprit de famille» est resté intact. La solidarité familiale joue beaucoup dans les différentes phases de l'existence. Les parents font énormément d'efforts et de sacrifices pour assurer une bonne éducation à leurs enfants. Après leurs études, ils continuent à les aider moralement et matériellement. À leur tour, les enfants s'occupent de leurs parents au moment de leur vieillesse.

Pour les Français, la famille, c'est sacré!

---

n'importe qui *just anyone*   **communes** *shared, in common*   **partage** *shares*   **peines** *sorrows*   **comprenait** *included*   **ascendance** *ancestry*
s'entendent *get along*

Les qualités d'un(e) ami(e)

Nous choisissons nos amis parce qu'ils ont beaucoup de qualités.
Évidemment, certaines qualités sont plus importantes que d'autres.
Parmi les qualités suivantes, choisissez les cinq qui comptent le plus pour vous
et classez-les par ordre d'importance.

- l'intelligence
- l'humour
- le courage

- la patience
- la loyauté
- l'apparence physique
- la bonne humeur

- la franchise
- la sincérité
- l'honnêteté
- ??

- la générosité
- la sensibilité
- la discrétion

et vous?

Comparez votre liste de qualités avec celles de vos camarades de classe.
Vous pouvez aussi établir une liste des préférences de toute la classe.

NOUS ET LES AUTRES

La vie moderne a beaucoup d'avantages. La majorité des gens habitent dans des maisons confortables et modernes, gagnent bien leur vie, et ont des loisirs intéressants. Mais en France, comme ailleurs, il y a aussi beaucoup de gens qui ne profitent pas de ces avantages. Il y a des jeunes qui n'ont pas de travail, des familles qui n'ont pas d'argent et parfois pas d'abri, des personnes âgées qui sont malades et qui n'ont pas de famille pour s'occuper d'elles. Ces personnes aussi font partie de la société, mais la société a tendance à les oublier.

ACCUEIL TRAVAIL

Nous accueillons des personnes en difficulté, à la recherche d'un hébergement, et qui acceptent par leur travail de participer à la vie de la communauté.

Seule source de revenus, il permet de faire face aux besoins de la communauté. Chaque compagnon est appelé à travailler selon ses capacités et ses moyens. Il est ainsi reconnu et revalorisé.

NE JETEZ PAS VOTRE CŒUR À LA POUBELLE

IL PEUT ENCORE SERVIR.
EMMAÜS

abri *shelter*

Heureusement, tout le monde n'est pas égoïste. Voici le cas de trois jeunes Français qui ont décidé de «faire quelque chose» pour les autres.

Patrick Esquivel

(15 ans, lycéen)

Dans l'immeuble où j'habite, il y a une vieille dame qui a perdu son mari l'année dernière et qui maintenant vit° toute seule dans son appartement au cinquième étage sans ascenseur. Je fais les courses pour elle une ou deux fois par semaine. Ça l'aide un peu, mais le plus important, c'est quand je passe une heure ou deux à bavarder° avec elle. Je lui parle de ce que je fais au lycée et elle me raconte sa vie. J'apprends des choses fascinantes, et elle ne se sent plus seule.°

Claire Delamotte

(19 ans, étudiante)

Je travaille deux jours par mois aux «Restos° du coeur». C'est une organisation bénévole° qui prépare des repas chauds pour les sans-abri°, les personnes sans ressources et, plus généralement, pour tous ceux qui ont faim. Mon travail varie. Parfois je travaille à la collecte de la nourriture. D'autres fois, je travaille à la cuisine ou bien je sers les repas.

Dans une société qui glorifie l'argent et la réussite, il est important de préserver les vraies valeurs qui n'ont rien à voir° avec celles que nous proposent les médias. Quand je travaille aux «Restos», je suis en contact avec la réalité de la misère humaine et je peux faire quelque chose d'utile. Le problème, c'est que nous avons de plus en plus de clients!

N1

Steevy Gustave

(23 ans, musicien professionel)

Je suis d'origine martiniquaise, mais maintenant j'habite dans la région parisienne. Dans ma banlieue, il y a beaucoup de problèmes de délinquance juvénile et de drogue. Heureusement, il y a une «Maison des Jeunes» qui attire° pas mal° de monde. J'y travaille souvent comme animateur. Mon but°, c'est de récupérer les jeunes drogués en les intéressant à la musique. Ce n'est pas toujours facile, mais avec de la persévérance et beaucoup d'encouragement, on y arrive.°

- Selon vous, lequel de ces jeunes Français fait la chose la plus utile? Expliquez pourquoi.
- Avez-vous déjà travaillé comme «volontaire»? Décrivez votre expérience.

N2

---

vit / vivre *to live* **bavarder** *to chat* **seule** *lonely, alone* **Restos** = *restaurants* **bénévole** *charitable* **sans-abri** *homeless*
rien à voir = *rien à faire* **attire** *attracts* **pas mal** = *beaucoup* **but** = *objectif*
on y arrive *one can do it*

PARTIE 1

LE FRANÇAIS PRATIQUE

Les amis, les copains et les relations personnelles

— Tiens, voilà Catherine.
— Qui est-ce?
— C'est une copine.
— Tu la connais depuis longtemps?
— Oui, depuis deux ans.
— Est-ce que tu peux me la présenter?
— Oui, volontiers!

Tiens, voilà Catherine.

Qui est-ce?

C'est une copine.

LES PERSONNES QU'ON CONNAÎT

un ami **une amie**	est quelqu'un	qu'on connaît depuis longtemps pour qui on a beaucoup d'affection en qui on a **une confiance** *(trust)* absolue
un copain **une copine**	est quelqu'un	qu'on connaît bien qu'on voit souvent avec qui on fait beaucoup de choses
un camarade **une camarade**	est quelqu'un	avec qui on va en classe
une connaissance	est quelqu'un	qu'on connaît assez bien qu'on voit de temps en temps

1 **Un(e) ami(e) n'est pas n'importe qui** *(A friend is not just anybody)*

Quelle est votre définition d'<u>un ami</u>?

- Considérez la liste suivante et faites une liste des cinq caractéristiques les plus importantes. Vous pouvez aussi mentionner d'autres caractéristiques.
- Comparez votre liste avec celle de votre partenaire.

Faites la même chose pour la définition d'<u>une amie</u>.

Un ami Une amie	est quelqu'un . . .

- qui est toujours d'accord avec moi
- qui me comprend
- à qui je peux parler de tout
- qui me dit toujours la vérité
- qui m'aide quand j'ai un problème
- en qui j'ai complète confiance
- pour qui j'ai beaucoup d'admiration
- qui ne me critique jamais

- qui me donne des conseils
- qui me prête de l'argent quand j'en ai besoin
- qui est toujours loyal(e)
- que je respecte
- qui me respecte
- qui me pardonne *(forgives)* toujours
- ??

LES SENTIMENTS

On éprouve . . .   ou au contraire . . .

de l'amitié *(friendship)*	**de l'envie**
de l'affection	**de la jalousie** *(jealousy)*
de la sympathie *(instinctive liking)*	**de l'antipathie**
de l'admiration	**de l'animosité**
du respect	**de l'aversion**

> **éprouver** *to feel*

N1

L'amitié et l'amour

On | **aime bien** quelqu'un.
  | **a de l'amitié pour** quelqu'un.

On | **tombe amoureux/amoureuse de** quelqu'un.
  | **aime** quelqu'un.
  | **a le coup de foudre pour** quelqu'un.

> **aimer bien** *to like*
> **aimer** *to love*
> **tomber amoureux de** *to fall in love with*
> **avoir le coup de foudre pour** *to fall in love with at first sight*

N2

---

2 Mes sentiments

Choisissez deux des personnes suivantes et décrivez quel(s) sentiment(s) vous éprouvez pour chaque personne. Comparez vos sentiments avec ceux de votre partenaire.

Frankenstein · Monsieur Richard · Juliette · Jérôme · Patricia · Claire · Le comte Dracula · Pierre

LES RELATIONS PERSONNELLES

— Qu'est-ce que tu fais samedi?
— Je sors avec une copine.
— Tu t'entends bien avec elle?
— Oui, en général je m'entends bien avec elle.
   Parfois on se dispute, mais après on se réconcilie.

Qu'est-ce que tu fais samedi?

Je sors avec une copine.

Les rapports / Les relations

On peut . . .

| avoir | de **bons rapports** avec
de **bonnes relations** avec | quelqu'un. | avoir | de **mauvais rapports** avec
de **mauvaises relations** avec | quelqu'un. |

s'entendre bien avec *(to get along with)*
être d'accord avec *(to agree with)*

se réconcilier avec *(to make up with)*

avoir confiance en *(to trust)*

s'entendre mal avec
ne pas s'entendre avec

se disputer *(to have an argument)*
avoir une dispute avec
se quereller *(to have a fight)*
se fâcher avec *(to be upset at)*
rompre avec *(to break up with)*

COMMENT FÉLICITER QUELQU'UN

Bravo!
Quelle bonne nouvelle!

Félicitations! *(Congratulations!)*
Je te félicite.

Je suis content(e) | pour toi.
Je me réjouis

| **féliciter** to congratulate |
| **se réjouir** to be happy |

COMMENT PLAINDRE ET CONSOLER QUELQU'UN   **N1**

| **plaindre*** to feel sorry for |

Mon pauvre! Ma pauvre!
Quel dommage!
Quelle malchance *(bad luck)*!
Tu n'as pas de chance.

Je te plains.
Je suis désolé(e) pour toi.
Ne t'en fais pas! *(Don't worry! Don't feel bad!)*
Ça s'arrangera! *(Things will be okay!*
   Everything will work out all right!)   Also: **Tout s'arrange.**

3 Mon copain et moi

Décrivez vos relations avec votre copain (copine).
Comparez vos réponses avec celles de votre partenaire.

1. J'ai une confiance --- en lui/elle.
   - complète
   - presque totale
   - assez limitée
   - ??

2. En général, je m'entends ---
   avec lui/elle.
   - parfaitement
   - très bien
   - relativement bien
   - ??

3. Quand nous nous querellons, c'est
   d'habitude (usually) moi qui . . .
   - ai raison
   - gagne
   - cède (gives in) le premier/la
     première
   - ??

4. Quand nous avons une dispute
   sérieuse, nous nous réconcilions . . .
   - immédiatement
   - au bout (after) d'une heure
   - au bout d'une semaine
   - ??

5. Quand nous nous disputons,
   c'est à cause de . . .
   - ses copains
   - sa famille
   - mes copains
   - ??

6. En ce moment, nos rapports sont . . .
   - excellents
   - relativement bons
   - tendus (tense)
   - ??

4 Mes rapports personnels

Choisissez l'une des personnes suivantes et décrivez vos rapports avec cette personne. **N3**

mon meilleur ami	mon petit/grand frère	mes voisins
ma meilleure amie	ma petite/grande soeur	mon prof de maths
un(e) autre ami(e)	mes cousins	mon prof d'anglais
	un(e) autre membre de ma famille	un autre adulte

▶ **En général je m'entends bien avec ma cousine, mais je ne suis pas tout le temps
d'accord avec elle. De temps en temps je me dispute avec elle. . . .**

5 Ça va?

Choisissez d'être l'une des personnes
suivantes. Votre partenaire va vous demander
si ça va et pourquoi. Décrivez un événement
heureux ou malheureux. Il/elle va vous
féliciter ou exprimer sa sympathie.

▶ — Ça va?
— Non, ça ne va pas.
— Qu'est-ce qui t'est arrivé?
— Je viens de me fâcher avec ma copine.
— Ne t'en fais pas. Ça s'arrangera.

A. Les verbes réfléchis: sens réciproque

Reflexive verbs may be used to express a RECIPROCAL ACTION. In this case, the reflexive pronouns often correspond to the English expression *each other.* In the examples below, note the form of the verbs in heavy print.

N1

Alain connaît Sophie. Sophie connaît Alain.	Ils **se connaissent.**	*They **know each other.***
J'écris à ma copine. Ma copine m'écrit.	Nous **nous écrivons**.	*We **write each other.***
Tu téléphones à Claire. Claire te téléphone.	Vous **vous téléphonez.**	*You **phone each other.***

Since a reciprocal action involves two or more people, the subject of a reciprocal verb is always plural: **nous, vous, ils, elles.**

➡ The subject may also be **on** used in the plural sense of **nous.**

> **On se verra** demain.   ***We will see each other** tomorrow.*

1 Entre amis

Les personnes suivantes sont des amis. Décrivez leurs relations.

▶ Jérôme et moi / se voir souvent
   Nous nous voyons souvent.

1. Marc et Pauline / se téléphoner tous les jours
2. toi et tes amis / s'écrire pendant les vacances
3. Philippe et Cécile / se donner souvent rendez-vous
4. moi et mes copains / se retrouver après les classes
5. toi et François / se rendre visite tous les weekends
6. toi et tes voisins / s'entendre bien
7. moi et mes cousins / se disputer rarement
8. Caroline et Charlotte / se réconcilier après chaque dispute

2 Relations personnelles

Informez-vous sur les personnes suivantes et décrivez leurs relations en utilisant les verbes entre parenthèses dans des phrases affirmatives ou négatives.

▶ Jérôme et Alice sont fiancés. (s'aimer?)
   Ils s'aiment.

1. Marc et François sont de bons copains.
   (s'aider? se disputer? se fâcher souvent?)
2. Mes voisins et moi, nous avons de bons rapports.
   (s'entendre? s'inviter? se téléphoner?)
3. Jean-Paul et toi, vous êtes amis mais vous n'habitez pas dans la même ville.
   (se voir souvent? se téléphoner? s'écrire?)
4. Claire et sa cousine ne sont jamais d'accord.
   (se disputer? s'entendre bien? se réconcilier facilement?)
5. Delphine et moi, nous sommes fâchés.
   (se parler? s'entendre mal? se quereller?)

3 Courrier du cœur

Complétez les lettres à Zoé avec les formes appropriées des verbes suggérés.

N2

(1) s'entendre *(présent)*
(2) se fâcher *(passé composé)*
(3) ne plus se parler *(présent)*

(4) se disputer *(imparfait)*
(5) ne pas se revoir *(passé composé)*

Chère Zoé

Chère Zoé,
   Je sors avec une fille depuis trois mois. En général, nous —— (1) très bien, mais la semaine dernière, il y a eu un drame.
   Nous —— (2) parce que je suis arrivé à un rendez-vous avec vingt minutes de retard. Depuis, nous —— (3). Je ne veux pas rompre, mais j'ai peur de faire le premier pas!
           Désolé

Cher désolé,
   C'est toi qui étais en retard. Alors, si tu veux te réconcilier avec ta copine, c'est à toi de faire le premier pas.
           Zoé

Chère Zoé,
   L'été dernier, j'ai fait la connaissance d'un garçon avec qui je suis sortie pendant quelques temps. Un jour, j'ai rompu avec lui parce que nous —— (4) tout le temps. Depuis, nous —— (5).
   Samedi dernier, j'ai appris, par hasard, qu'il sortait avec ma cousine. Maintenant, je ne peux plus dormir. Je pense sans cesse à lui et je crois que je l'aime toujours!
           Nostalgique

Chère Nostalgique,
   Tu n'es pas amoureuse, seulement jalouse! Oublie ton copain et cherche quelqu'un de plus compatible avec toi.
           Zoé

4 À votre tour

Maintenant écrivez une lettre à Zoé. Dans cette lettre, vous décrivez un problème que vous avez avec un(e) ami(e) imaginaire. Votre partenaire jouera le rôle de Zoé et vous donnera un conseil.

B. Révision: Les pronoms relatifs **qui** et **que**

N1

When we want to describe people or things, we often use adjectives. We can also use CLAUSES which refer back or relate to the people and things being described (the ANTECEDENTS). Such clauses are called RELATIVE CLAUSES and are introduced by RELATIVE PRONOUNS. Note how the French relative pronouns **qui** and **que** are used to convert two clauses into a single sentence.

J'ai un ami. **Il** habite à Paris.

→ J'ai un ami **qui** habite à Paris.   *I have a friend **who** lives in Paris.*

J'ai un ami. Je **l'**invite souvent.

→ J'ai un ami **que** j'invite souvent.   *I have a friend **whom (that)** I often invite.*

J'ai lu le livre. **Il** était sur la table.

→ J'ai lu le livre **qui** était sur la table.   *I read the book **that** was on the table.*

J'ai lu le livre. Tu **l'**as apporté.

→ J'ai lu le livre **que** tu as apporté.   *I read the book **that** you brought.*

N2

Both **qui** and **que** may refer to people, things, or ideas.
The choice between **qui** and **que** is determined by their function in the sentence.

- **Qui** (*who, that, which*) is the SUBJECT of the verb of the relative clause.
- **Que** (*whom, that, which*) is the DIRECT OBJECT of the verb of the relative clause.

⇒ The verb that follows **qui** always agrees with the ANTECEDENT of **qui.**

Est-ce que c'est **vous** qui **avez pris** ces photos?

⇒ Although the object pronoun *whom, that, which* may be omitted in English, **que** is always expressed in French.

⇒ When the verb that follows **que** is in the passé composé, its past participle agrees with the ANTECEDENT of **que.**

J'ai aimé le film que j'ai vu hier.   J'ai téléphoné aux filles que j'ai vues au cinéma.

5   Mes amis

Ces personnes sont vos amis. Présentez-les à vos copains, d'après le modèle.

▶ Juliette (Elle habite à Québec.)
     Je vous présente Pauline. C'est une fille qui habite à Québec.
▶ Marc (Je l'invite souvent.)
     Je vous présente Marc. C'est un garçon que j'invite souvent.

1. Thomas (Je le connais depuis cinq ans.)
2. Nathalie (Elle habite près de chez moi.)
3. Sandrine (Elle va à mon école.)
4. Philippe (Je le vois tous les weekends.)
5. Claire (Elle est dans ma classe de maths.)
6. Antoine (Il est venu chez moi le weekend dernier.)
7. Bruno (Je l'ai rencontré pendant les vacances.)
8. Delphine (Je l'ai invitée à la boum.)

6 Pauvre Corinne!

Corinne n'a pas de chance. Expliquez pourquoi en complétant
les phrases suivantes avec **qui** ou **que (qu')**.

1. Elle a voulu aller dans un magasin _____ était fermé aujourd'hui.
2. Elle a pris un bus _____ est tombé en panne *(broke down)*.
3. Elle a acheté une montre _____ ne marche pas.
4. Elle n'a pas compris les exercices _____ le professeur a donnés.
5. Elle a vu un film _____ elle a trouvé stupide.
6. Elle a invité à dîner une copine _____ n'est pas venue.
7. Elle a perdu le numéro de téléphone d'un garçon _____ elle
   a rencontré à une boum.
8. Elle a perdu le bracelet _____ son père lui a donné pour son
   anniversaire.

7 Compliments . . . et insultes

Votre ami(e) français(e) — votre partenaire — veut avoir votre opinion sur certaines
choses qu'il/elle a faites. Faites-lui un compliment . . . ou une insulte.

▶ la veste / acheter
   très belle . . . ou moche?
— **Qu'est-ce que tu penses de la**
   veste que j'ai achetée?
— **Elle est très belle!**
   (Elle est moche!)

1. les copines / inviter
   sympathiques . . . ou snobs?
2. l'ami / rencontrer
   intelligent . . . ou stupide?
3. le repas / préparer
   délicieux . . . ou infect *(disgusting)*?

4. les photos / prendre
   jolies . . . ou ratées?
5. le poème / écrire
   sublime . . . ou ridicule?
6. l'histoire / raconter
   amusante . . . ou idiote?

C. La construction préposition + pronom relatif

In the examples below, the relative clause is introduced by a preposition **(avec)**.
Note the forms of the relative pronouns as they refer to people or things.

Philippe a une copine. Il va souvent au cinéma **avec cette copine.**

→ Philippe a une copine **avec qui** il va souvent au cinéma.
   *Philippe has a friend **with whom** he often goes to the movies.*

Tu as des idées. Je ne suis pas d'accord **avec ces idées.**

→ Tu as des idées **avec lesquelles** je ne suis pas d'accord.
   *You have ideas **with which** I do not agree.*

When relative pronouns are used with prepositions (**avec, pour, sur**, etc.), the constructions are:

PREPOSITION	+	**qui**	to refer to people
PREPOSITION	+	**lequel**	to refer to things

N3

➡ **Leque**l agrees with the noun it represents. It has the same forms
   as the corresponding interrogative pronoun:

   lequel   laquelle   lesquels   lesquelles

➡ In French, the preposition (**avec, pour,** etc.) always comes <u>before</u> the relative pronoun.
   (In English, the preposition may come at the end of the sentence.) Compare:

   Tu as des idées **avec lesquelles** je ne suis pas d'accord.
   *You have ideas **with which** I do not agree.*
   *You have ideas **that** I do not agree **with**.*

ALLONS PLUS LOIN

The relative pronoun **lequel,** like the interrogative **lequel?,** contracts with **à** and **de.**

Tu as assisté **à ce concert**?   Oui, c'est le concert **auquel** j'ai assisté.

Tu habites **près de ce parc**?   Oui, c'est le parc **près duquel** j'habite.

---

8 **Qu'est-ce qu'on fait avec?** ————————————————————————————

Définissez les choses suivantes en expliquant ce qu'on fait avec.

une caméra	• un objet	tondre la pelouse
un sécateur	• une chose	se brosser les dents
une raquette	• un appareil	repasser les chemises
une tondeuse	• une machine	prendre des films
un fer	• un produit	couper des fleurs
le dentifrice	• un instrument	jouer au tennis

▶ **Une tondeuse est une machine avec laquelle on tond la pelouse.**

---

9 **Relations personnelles** ————————————————————————————

Décrivez vos relations avec trois personnes de votre choix en utilisant les suggestions suivantes.

quelqu'un	aller souvent chez . . .
un(e) ami(e)	téléphoner souvent à . . .
une personne	avoir beaucoup d'admiration pour . . .
un(e) adulte	pouvoir compter sur . . .
une personne de ma famille	éprouver du respect pour . . .
un professeur	éprouver de l'amitié pour . . .
des gens	avoir confiance en . . .
?? ??	s'entendre bien avec . . .
	s'entendre mal avec . . .
	??

▶ **Mon oncle George est une personne de ma famille sur qui je peux compter.**

---

10 **Le job d'Alice** ————————————————————————————

Alice a trouvé un job dans une entreprise d'électronique. Un jour elle montre à un ami l'endroit où elle travaille. Complétez ses phrases.

▶ Voici la compagnie pour **laquelle je travaille.**

1. Voici le laboratoire dans _____.
2. Voici les collègues avec _____.
3. Voici le projet sur _____.
4. Voici l'ordinateur avec _____.
5. Voici les nouvelles machines avec _____.
6. Voici l'ingénieur pour _____.

D. Le pronom relatif **dont**

Note how in the examples below, the relative pronoun **dont** replaces a noun introduced by **de**.

Je ne connais pas la fille. Tu parles **de cette fille**.
→ Je ne connais pas la fille **dont** tu parles.
   *I don't know the girl (**whom, that**) you are talking **about**.*

The relative pronoun **dont** replaces

> **de** + NOUN or NOUN PHRASE

Dont is, therefore, often used with verbs and verbal expressions that are followed by **de**:

avoir besoin de	parler de
se souvenir de	faire la connaissance de
avoir envie de	discuter de
s'occuper de	être amoureux de

⇒ **Dont** may refer to PEOPLE or THINGS.

⇒ Note the word order with **dont**:

> (antecedent) + **dont** + subject + verb . . .

Je connais le restaurant. Tu parles **de ce restaurant**.
→ Je connais le restaurant **dont** tu parles.
   *I know the restaurant (**that**) you are talking **about**.*

Marc a trouvé le livre. Il avait besoin **de ce livre**.
→ Marc a trouvé le livre **dont** il avait besoin.
   *Marc found the book (**that**) he needed.*

ALLONS PLUS LOIN

Dont is also used to replace **de** + NOUN in sentences where **de** indicates possession or relationship. In this type of construction, **dont** is the equivalent of *whose*.

Voici l'ami.
  La soeur **de cet ami** habite à Paris.

Voici l'ami **dont** la soeur habite à Paris.
*This is the friend **whose** sister lives in Paris.*

Voici l'ami.
  Je t'ai donné l'adresse **de cet ami**.

Voici l'ami **dont** je t'ai donné l'adresse.
*This is the friend **whose** address I gave you.*

---

11 Tant mieux!

Décrivez ce que les personnes suivantes ont fait.

N3

▶ Christophe / trouver les livres (Il avait besoin de ces livres.)
   Christophe a trouvé les livres dont il avait besoin.

1. Pauline / acheter les chaussures (Elle avait envie de ces chaussures.)
2. Marc / trouver le magazine (Il avait besoin de ce magazine.)
3. Madame Lavoie / acheter la voiture (Elle avait envie de cette voiture.)
4. Thomas / voir le film (Sa copine lui a parlé de ce film.)
5. Véronique / visiter l'exposition (On a parlé de cette exposition dans le journal.)
6. Bruno / sortir avec la fille (Il a fait la connaissance de cette fille chez Sophie.)
7. Christine / avoir des nouvelles des enfants (Elle s'était occupée de ces enfants pendant les vacances.)
8. Caroline / se marier avec le garçon (Elle était amoureuse de ce garçon.)

12 Et vous?

Mentionnez un exemple d'une chose ou d'une personne correspondant aux définitions suivantes. Comparez vos réponses avec celles de votre partenaire.

▶ un objet dont vous avez besoin tous les jours
   Mon stylo (mon peigne, ma brosse à dents, . . .) est un objet dont j'ai besoin tous les jours.

1. un objet dont vous n'avez pas besoin en ce moment
2. une chose dont vous avez envie
3. un sujet dont vous parlez avec vos amis
4. un sujet dont vous discutez avec vos parents.

5. un événement important dont vous vous souvenez bien
6. une personne dont vous avez fait la connaissance récemment
7. une personne dont vous avez fait la connaissance pendant les vacances

Le mariage
EN FRANCE

*U*n jour, un jeune homme et une jeune fille qui s'aiment, décident de se marier. Ils annoncent la bonne nouvelle° à leurs familles respectives et à leurs amis proches.° Pour célébrer cet événement, il y a parfois une cérémonie assez simple, les fiançailles,° où le jeune homme et la jeune fille promettent° de se marier. Comme symbole de cette promesse, le fiancé offre° une bague — la bague de fiançailles — à sa fiancée.

Le mariage a lieu six mois ou un an plus tard. C'est un événement qui demande beaucoup de préparation. Il faut fixer la date du mariage, organiser la cérémonie, établir la liste des invités, envoyer les invitations, etc.

En principe, pour se marier, un jeune homme doit être âgé de 18 ans minimum et une jeune fille doit avoir 15 ans. En réalité, les Français attendent beaucoup plus longtemps avant de se marier. En moyenne,° les hommes se marient à 28 ans et les femmes à 26 ans. Avant le mariage, les fiancés doivent accomplir un certain nombre de formalités administratives: examen médical, publication des bans° de mariage, etc… S'ils le désirent, ils peuvent aussi établir officiellement un «contrat de mariage» qui détermine la disposition de leurs biens.° Quand ces formalités sont faites, ils peuvent se marier. En général, les gens choisissent de se marier le weekend et en été. (80% des mariages français sont célébrés le samedi. 60% ont lieu de juin à septembre.)

La majorité des Français ont deux mariages: un mariage civil et un mariage religieux. Le mariage civil est obligatoire. Il a lieu à la mairie de la ville où l'on habite. C'est d'habitude une cérémonie assez simple à laquelle assistent seulement le jeune couple, leurs familles proches, leurs témoins° et quelques amis intimes. Pour cette occasion, le maire° porte une écharpe°tricolore,° signe de sa fonction officielle. Il marie les époux,° les félicite° et leur délivre° un document officiel, le «livret° de famille» où seront inscrits° les événements importants de leur vie commune (naissance des enfants, décès°…). Le jeune homme et la jeune fille sont maintenant légalement mariés.

Cinquante-deux pour cent des Français décident d'avoir aussi un mariage religieux. Le mariage religieux a toujours lieu *après* le mariage civil. Il est célébré à l'église (pour les catholiques), au temple (pour les protestants) ou à la synagogue (pour les juifs).

N2

---

nouvelle *news*   proches *close*   fiançailles *engagement*   **promettent / promettre** *to promise*   **offre / offrir** *to give*   **moyenne** *on the average*
bans = annonce officielle   **biens** *assets*   **témoins** *witnesses*   **maire** *mayor*   **écharpe** *sash*   **tricolore** = bleu-blanc-rouge   **époux** *spouses*
félicite *congratulate*   **délivre** = donne   **livret** *booklet*   **inscrits / inscrire** *to inscribe*   **décès** *death*

N3

N4

C'est généralement une grande cérémonie à laquelle assistent toute la famille et un grand nombre d'invités: amis, voisins, relations, etc. Traditionnellement la mariée porte une longue robe blanche. À la main elle tient° un bouquet de fleurs d'oranger. Sur la tête, elle porte une couronne.° Un voile de dentelle° lui couvre° le visage. Accompagnée de son père, elle avance vers l'autel° où l'attend son fiancé. Pendant la cérémonie, le jeune homme et la jeune fille échangent leurs alliances° en présence de leurs témoins. Après la cérémonie, les jeunes mariés sortent de l'église accompagnés des garçons d'honneur° et des demoiselles d'honneur.° On prend beaucoup de photos. Puis tout le monde va au repas de noces.°

Comme les Français aiment se marier à la campagne, le repas de noces a souvent lieu dans une petite auberge ou dans la maison de campagne des parents de la mariée. C'est un repas très joyeux. On fait des discours.° On porte

des toasts au bonheur des jeunes mariés. On raconte des histoires. On chante des chansons. Et surtout, on mange bien. Au dessert, il y a une «pièce montée», c'est-à-dire un gâteau à l'architecture compliquée, que découpent° les mariés. Après le repas, on danse. Les jeunes mariés restent quelque temps avec les invités, puis ils partent en voyage de noces dans leur voiture décorée de rubans° blancs.

Comment se sont-ils rencontrés?

Autrefois les gens qui se mariaient avaient beaucoup de choses en commun. Ils étaient issus du même milieu social et avaient la même religion. Généralement, ils habitaient dans la même ville ou le même village et souvent ils se connaissaient depuis leur enfance.

Aujourd'hui, le mariage unit de plus en plus de gens qui se sont rencontrés par hasard.° Voici comment les futurs couples se forment:

Sur 100 jeunes mariés, se sont rencontrés ...

▪ au bal	18%
▪ dans un lieu public	14%
▪ au travail	13%
▪ chez des particuliers°	10%
▪ pendant leurs études	9%
▪ dans un club ou une association	8%
▪ au cours° d'une fête chez des amis	7%
▪ à l'occasion d'une sortie ou au spectacle (cinéma, concert, théâtre,. . .)	5%
▪ pendant les vacances	5%
▪ dans une discothèque	4%
▪ par relations de voisinage	3%
▪ dans une fête publique	3%
▪ par annonces°, agence matrimoniale, au Minitel	1%

et vous?

DÉFINITIONS

Définissez les mots et les expressions suivants.

- les fiançailles
- les bans
- un contrat de mariage
- une alliance
- un mariage civil
- le livret de famille
- le mariage religieux
- la famille proche
- les témoins
- une écharpe tricolore
- les garçons d'honneur
- les demoiselles d'honneur
- le repas de noces
- une «pièce montée»
- un voyage de noces

DISCUSSION

Avec votre partenaire, faites une liste des similarités et des différences entre un mariage français et un mariage américain.

EXPRESSION ORALE

Imaginez que vous allez vous marier. Préférez-vous avoir un mariage simple ou un mariage formel? Expliquez pourquoi.

EXPRESSION ÉCRITE

Décrivez un mariage (réel ou imaginaire) auquel vous avez assisté.
(Qui étaient les mariés? Où a eu lieu la cérémonie? Combien y avait-il d'invités? Comment était habillés le marié et la mariée? les demoiselles et les garçons d'honneur? Comment s'est déroulé la cérémonie? . . .)

---

tient / tenir *to hold* **couronne** *crown, tiara* **voile de dentelle** *lace veil* **couvre / couvrir** *to cover* **autel** *altar*
alliances *wedding rings* **garçons d'honneur** *ushers* **demoiselles d'honneur** *bridesmaids* **noces** = *mariage* **discours** *speeches*
découpent = *coupent* **rubans** *ribbons* **par hasard** *by chance* **chez des particuliers** *at the home of friends or acquaintances*
au cours de = *pendant* **annonces** *personal ads*

N5

PARTIE 2

LE FRANÇAIS PRATIQUE

Les phases de la vie

L'ENFANCE   on **naît**
   on **grandit**

naître*	*to be born*
grandir	*to grow up*

LA JEUNESSE
L'ADOLESCENCE
  (la vie scolaire)   on **développe** sa personnalité

développer	*to develop*

on **fait des étude**s | élémentaires
secondaires
universitaires

  (la vie sociale)   on **fait connaissance** | d'autres personnes
on **rencontre**
on **se fait** des amis

se faire des amis	*to make friends*

L'ÂGE ADULTE
  (la vie familiale)   on **rencontre** quelqu'un de spécial
on **tombe amoureux** de cette personne
on décide de | **vivre** ensemble
     se fiancer
     se marier
ou de rester **célibataire** *(single)*

tomber amoureux de	*to fall in love with*
vivre	*to live*
se fiancer	*to get engaged*
se marier	*to get married*

on **élève** une famille

parfois on | **se sépare**
     divorce
et on **se remarie**

élever	*to raise*
se séparer	*to separate*
divorcer	*to get divorced*
se remarier	*to remarry*

  (la vie active)   on **choisit** un métier ou une profession
on **trouve** un job
on **travaille** dur
on **gagne** sa vie
on **obtient** une promotion

N1

gagner sa vie	*to earn a living*
obtenir*	*to get*

LA VIEILLESSE   on **prend** sa retraite
on **s'occupe** de façons diverses
on **vieillit**
  parfois on **tombe malade**
on **meurt**

N2

prendre sa retraite	*to retire*
s'occuper	*to keep busy*
vieillir	*to grow old*
tomber malade	*to get sick*
mourir *	*to die*

RAPPEL!

naître: il/elle est né(e)
mourir: il/elle est mort(e)

1 Mon avenir

Faites une liste de 5 choses que vous voulez accomplir dans votre vie. Classez-les par ordre d'importance. Comparez votre liste avec celle de votre partenaire.

> *Cinq choses que je voudrais faire dans ma vie*
> 1.
> 2.
> 3.
> 4.
> 5.

2 Débat

Vous avez décidé de vous marier. Votre partenaire a décidé de rester célibataire (ou vice versa). Chacun va expliquer les raisons et les avantages (et désavantages) de sa décision.

3 Une vie

Catherine parle de son grand-père. Complétez cette description avec le passé composé des verbes de la liste. Soyez logique!

élever	naître
faire la connaissance	prendre sa retraite
faire ses études	tomber amoureux
ne pas gagner	tomber malade
grandir	travailler dur
se marier	trouver un job
mourir	ne pas vieillir

Mon grand-père _____ dans un petit village de la province de Québec où il _____ et où il _____ secondaires. À l'âge de 17 ans, il a immigré aux États-Unis et il _____ dans une usine de textile.

Un jour, il _____ d'une jeune fille, ma grand-mère dont il _____. Ils _____ peu de temps après et ensemble ils _____ une famille de six enfants.

Durant sa vie, mon grand-père _____ beaucoup d'argent. Il _____ après 50 ans de travail dans la même usine. Malheureusement, mon grand-père et ma grand-mère _____ ensemble. Ma grand-mère, en effet, _____ et elle _____ en 1975. Mon grand-père _____ dix ans après, à l'âge de 85 ans.

N3

4 À votre tour

Composez la biographie d'une personne de votre famille (votre grand-père ou votre grand-mère) ou d'une personne âgée imaginaire.

A. Résumé: les pronoms relatifs

Review the use of the relative pronouns in the chart below.

The relative pronoun functions as . . .	The relative pronoun refers to: PEOPLE	THINGS
SUBJECT	**QUI** l'ami **qui** est arrivé	**QUI** la lettre **qui** est arrivée
DIRECT OBJECT	**QUE** la fille **que** tu connais	**QUE** le café **que** tu connais
OBJECT OF A PREPOSITION (other than **de**)	**QUI** la personne **avec qui** je travaille	**LEQUEL** la machine **avec laquelle** je travaille
OBJECT OF THE PREPOSITION de	**DONT** le garçon **dont** je te parle	**DONT** le livre **dont** je te parle

1 Photos de vacances

Catherine montre ses photos de vacances à son frère Marc. Jouez les deux rôles en faisant les substitutions suggérées. (Utilisez les pronoms qui conviennent.)

▶ Mélanie / Nous avons rencontré cette fille à la plage.

Tu te souviens de Mélanie?

Non, pas vraiment.

Mais si! C'est la fille que nous avons rencontrée à la plage!

Ah, oui. Je me souviens maintenant.

1. Jean-Paul / Tu jouais au tennis avec ce garçon.
2. Pierre et Jérôme / Ces garçons nous ont invités à une boum.
3. Alice / J'ai dîné chez cette fille un jour.
4. Véronique / Tu as fait la connaissance de cette fille dans un café.
5. La Tulipe noire / Nous passions nos soirées dans cette discothèque.

2 Quel pronom?

Complétez les phrases avec le pronom qui convient.

1. Je n'ai pas trouvé le livre . . .
   ___ j'avais besoin.
   ___ était sur la table.
   dans ___ il y a des photos de Paris.
   ___ j'ai acheté ce matin.

2. Ma cousine va se marier avec un jeune homme . . .
   avec ___ elle est fiancée depuis un an.
   ___ elle connaît depuis deux ans.
   ___ elle a fait la connaissance à la Martinique.
   ___ travaille pour une agence de voyage.

3. Nous allons dîner dans le restaurant . . .
   ___ mon frère m'a recommandé.
   ___ sert des spécialités régionales.
   ___ tout le monde parle.
   devant ___ nous sommes passés ce matin.

4. Je suis sorti avec les amis . . .
   ___ je t'ai parlé.
   ___ m'ont téléphoné ce matin.
   avec ___ je suis allé en vacances.
   ___ j'ai vus le weekend dernier.

3 La légende de Tristan et Yseult

Complétez le texte suivant avec les formes appropriées des pronoms qui conviennent.

N3

Tristan et Yseult est une très vieille légende (1) date du Moyen Âge et (2) on retrouve dans les littératures anglaise, française et allemande de l'époque.

Cette légende relate la tragique histoire de deux jeunes gens, unis par un amour (3) ils ne peuvent pas contrôler. Dans cette légende, le roi Marc va épouser une jeune fille (4) il ne connaît pas mais (5) ses conseillers lui ont parlé. Il envoie Tristan, son neveu en (6) il a toute confiance, chercher cette jeune fille (7) s'appelle Yseult et (8) habite en Irlande. Tristan trouve Yseult et la ramène en Cornouailles°, le pays du roi Marc. Sur le bateau (9) les transporte, Tristan et Yseult boivent par mégarde° une potion (10) un magicien avait préparée pour assurer l'amour éternel entre Marc et Yseult. Sous l'influence de la potion (11) ils ont bue, Tristan et Yseult tombent éperdument° amoureux l'un de l'autre.

À leur retour, le roi Marc, (12) a découvert la vérité, chasse le pauvre Tristan. Des années passent. Tristan a épousé une autre jeune fille (13) il a fait la connaissance dans son exil. En réalité, il ne cesse de penser à la belle Yseult (14) il est resté amoureux. Un jour, il participe à une bataille au cours de (15) il est très grièvement° blessé! Yseult à (16) on a annoncé la nouvelle veut revoir l'homme (17) elle aime toujours. Malheureusement, quand elle arrive chez Tristan, celui-ci est déjà mort. À son tour, Yseult meurt de désespoir. Les deux amants (18) la vie a séparés sont finalement unis par la mort.

Cornouailles *Cornwall (in southwestern England)* **par mégarde** = par accident **éperdument** *madly*
grièvement = très sérieusement

4 Descriptions

Choisissez l'une des situations suivantes et décrivez la chose ou la personne dont il est question. Pour cela, utilisez la construction relative dans au moins trois phrases différentes.

▶ Vous avez perdu votre cahier d'exercices. Décrivez ce cahier.
   C'est un cahier qui est assez grand.
   C'est le cahier que j'avais avec moi ce matin.
   C'est le cahier dans lequel j'ai pris beaucoup de notes.
   C'est un cahier dont j'ai absolument besoin.

1. Vous avez perdu la montre que votre oncle vous a donnée pour votre anniversaire. Décrivez cette montre.
2. Vous avez dîné dans un restaurant qu'un ami vous a recommandé. Décrivez ce restaurant.
3. Vous avez trouvé un job pour l'été. Décrivez ce job.
4. Vous avez inventé une machine. Décrivez cette machine.
5. Vos parents ont acheté une nouvelle voiture. Décrivez cette voiture.
6. Vous avez fait la connaissance d'un(e) étudiant(e) francophone très sympathique à la dernière réunion du club français. Décrivez cet(te) étudiant(e).
7. L'été dernier, vous avez rencontré une personne très intéressante. Décrivez cette personne.

B. Ce qui, ce que and ce dont

Note the use of **ce qui, ce que** and **ce dont** in the following sentences.

Je voudrais savoir **ce qui** t'intéresse.	*I would like to know **what** interests you.*
Dis-moi **ce qui** est arrivé.	*Tell me **what** happened.*
Je ne sais pas **ce que** tu fais.	*I don't know **what** you are doing.*
Montre-moi **ce que** tu as acheté.	*Show me **what** you bought.*
Dis-moi **ce dont** tu as envie.	*Tell me **what** you want.*
Je ne comprends pas **ce dont** tu parles.	*I don't understand **what** you are talking about.*

Ce qui, **ce que**, and **ce dont** correspond to *what*.

- **Ce qui** is equivalent to **la chose/les choses qui . . . .**
    It functions as the SUBJECT of the verb that follows.

- **Ce que** is equivalent to **la chose/les choses que . . . .**
    It functions as the DIRECT OBJECT of the verb that follows.

- **Ce dont** is equivalent to **la chose/les choses dont . . . .**
    It replaces a phrase with **de**.

N1

Je voudrais savoir ce qui t'intéresse.

Dis-moi ce qui est arrivé!

Montre-moi ce que tu as acheté.

Je ne comprends pas ce dont tu parles.

LECTURE

Le bracelet

Michelle Maurois

Michelle Maurois (née en 1914) vient d'une famille d'écrivains et d'intellectuels. Son père, André Maurois, était membre de l'Académie française. Connue pour ses contes, Michelle Maurois a aussi écrit des essais et des romans.

N1

AVANT DE LIRE

Lisez le titre de cette histoire et puis regardez l'illustration. Décrivez avec le maximum de détails:
- la jeune fille
- la marchande d'antiquités
- le magasin
- le bracelet qui est à la vitrine

Anticipons un peu!

Répondez aux questions suivantes, en expliquant votre opinion.
- Quel genre d'histoire est-ce? une histoire drôle? une histoire policière? une histoire sentimentale?
  Maintenant lisez l'histoire pour voir si vous avez raison.
- Quel est le sujet de cette histoire?
- Est-ce que la marchande vendra le bracelet à la jeune fille? Pourquoi ou pourquoi pas?
Maintenant lisez l'histoire pour voir si vous avez raison.

Le bracelet

I

—Bonjour Madame, dit Denise, entrant dans le magasin de bric-à-brac.°

    —Mademoiselle ... Je ne suis pas encore Madame.

    —Excusez-moi, dit la jeune fille déconcertée. Bonjour Mademoiselle.

    —Entrez ma belle, dit la marchande sans lâcher° son tricot.

5   Denise se dirige vers la très vieille femme, vêtue d'une longue robe rouge, assise sur une chaise basse. Son visage est usé,° ses cheveux d'un blanc de neige, mais son regard° reste jeune et souriant.°

    —S'il vous plaît, Mademoiselle, quel est le prix du bracelet qui se trouve au milieu de la vitrine?

10   —Il n'est pas à vendre, dit la vieille, souriant toujours.

    —Comment cela?

    —Tout est à vendre, sauf le bracelet.

    —Mais ... vous l'exposez.

    —Oui, mais pas pour qu'on l'achète.

15   —Ah! dit Denise étonnée.° C'est dommage. Il me plaît. J'aime beaucoup les bijoux anciens.

    La marchande se lève. Elle est toute voûtée° et avance à petits pas.° La jeune fille regarde autour d'elle avec curiosité; ces vieux objets excitent son imagination, rappellent des époques disparues, des familles éteintes°.

20 Ici sont mêlés° tasses chinoises, assiettes romantiques,° boîtes marquées du «N» napoléonien,* vases de Venise° plus ou moins cassés, verres de Bohême.°

    La marchande prend dans la vitrine le bracelet et revient vers la jeune fille. Ce bracelet est en or, recouvert° de pierres de toutes les couleurs.

25 Chaque pierre a la forme d'un cœur.

    —Il est fermé par un saphir de la couleur de mes yeux, dit la vieille femme. Il est joli, n'est-ce pas, mon bracelet?

    —Très joli, dit Denise en le prenant dans ses mains.

    Quand elle le voit de près, la jeune fille est encore plus tentée. Le travail°

30 est fin, délicat. C'est un charmant bijou qui vient d'être nettoyé et qui brille de mille feux. On le remarque d'autant plus que tout ce que contient le magasin° est recouvert de poussière.

Mots utiles

un bracelet	*bracelet*
des bijoux	*(pieces of) jewelry*
la marchande d'antiquités	*antique dealer*
une pierre	*stone, gem*
la poussière	*dust*
le tricot	*knitting*
une vitrine	*store window*
briller	*to shine*
se diriger vers	*to go toward*
exposer	*to exhibit*
plaire *	*to please*
tenter	*to tempt*
d'autant plus que	*all the more that*
autour de	*around*
sauf	*except*

N3

---

* **Boîtes marquées du «N» napoléonien.** As presents to his courtiers, Napoleon used to give small boxes decorated with the imperial «N».

bric-à-brac = antiquités bon marché **lâcher** = laisser **usé** = vieux **son regard** = les yeux **souriant** *smiling* **étonnée** *astonished*
voûtée *bent over* **pas** *steps* **éteintes** = qui n'existent plus **mêlés** *mixed together* **romantiques** = décorées de sujets romantiques
vases de Venise *Venitian glass vases* **verres de Bohême** *[red] Bohemian glasses* **recouvert de** *covered with* **travail** *workmanship*
ce que contient le magasin = ce qu'il y a dans le magasin

Avez-vous compris?

1. Pourquoi est-ce que Denise entre dans le magasin?
2. À votre avis, quel âge a la marchande (approximativement)? Expliquez pourquoi vous pensez cela.
3. À votre avis, est-ce qu'elle est mariée? Expliquez comment vous savez cela.
4. En quoi le bracelet est-il différent des autres objets? Décrivez ce bracelet.

Anticipons un peu

À votre avis, pourquoi est-ce que la marchande ne veut pas vendre le bracelet? Expliquez pourquoi vous pensez cela.

- Le bracelet n'est pas à elle.
- C'est un souvenir personnel.
- Elle l'a promis à une personne de sa famille.
- Il coûte trop cher.
- Une autre raison. Imaginez laquelle.

II

Denise adore les bijoux, elle en possède plusieurs, mais elle n'a pas de bracelet. Elle vient de recevoir son salaire du mois et elle a envie de faire une folie.°   35

—Mais pourquoi, demande-t-elle, pourquoi ne voulez-vous pas me le céder?°

—Parce qu'il est à moi et parce que j'y tiens plus qu'à tout au monde.

—Mais tout, ici, n'est-il pas à vous?

—Non. Les autres objets, je les ai achetés, tandis que ce bracelet m'a été   40
donné.

—Alors, pourquoi l'exposer?

—C'est un cadeau de mon fiancé.

Denise regarde la marchande et se tait. Le mot «fiancé» dans la bouche de la vieille femme est surprenant.   45

—Frédéric avait vingt ans ... Frédéric Cottet, c'est le nom de mon fiancé. Un jour il m'a apporté ce bracelet pour me tenir compagnie pendant son absence. Il partait pour un très long voyage ... Il n'est pas revenu.

—Excusez-moi, j'ai été indiscrète. Comme c'est triste!

—Oh non! Je l'attends.   50

—Vous ... vous l'attendez ...? dit la jeune fille.

—Tous les jours, à toutes les heures. Et comme il ne sait sans doute pas où me trouver, je laisse le bracelet au milieu de la vitrine pour qu'il le reconnaisse: voilà pourquoi il n'est pas à vendre.

—Je comprends, dit Denise lentement.   55

—Je vais d'ailleurs vite le remettre. Si Frédéric passait juste maintenant ...

«La vieille femme est sûrement folle, se dit Denise en la suivant des yeux, mais touchante, mystérieuse. Peut-être ne finit-on jamais de rêver?»

La marchande prend un verre sur lequel on peut lire en lettres dorées,° un peu effacées,° «souvenir» et le tend° à la jeune fille.   60

—Je vous le donne parce que vous êtes si jolie.

—Oh! C'est trop gentil,° mais je ne peux pas l'accepter...

—Cela me fait plaisir. Et revenez me voir.

Denise part, le verre serré° dans sa main, le cœur un peu lourd. Cette nuit-là, dans son lit, elle ne réussit pas à s'endormir. Son esprit° ne peut pas se   65
détacher° de la vieille marchande, attendant toute sa vie sans se décourager.

Mots utiles

faire plaisir à	*to please*
posséder	*to own, possess*
remettre *	*to put back*
rêver	*to dream*
suivre *	*to follow*
surprendre *	*to surprise*
tenir * à	*to hold dear, to cherish*
tenir * compagnie	*to keep company*
fou (folle)	*crazy*

N1

---

une folie = quelque chose d'extravagant   **me le céder** = to let me have it   **doré** = d'or   **effacer** *to erase*
tend = donne   **gentil** = généreux   **serré** *held tightly*   **esprit** *mind*   **se détacher** = oublier

---

Avez-vous compris?

1. Qui est Frédéric Cottet?
2. Pourquoi est-ce que la marchande ne veut pas vendre le bracelet?
3. Pourquoi est-ce qu'elle continue à l'exposer dans la vitrine?
4. Qu'est-ce que Denise pense de la marchande?

À votre avis

Exprimez votre opinion sur les sujets suivants et expliquez pourquoi vous avez cette opinion.

- Est-ce que la vieille femme est bizarre, complètement folle ou simplement sentimentale?
- Est-ce que Frédéric Cottet est une personne réelle ou bien est-ce qu'il existe seulement dans l'imagination de la vieille femme?
- Est-ce que Frédéric Cottet va revenir un jour? Si oui, dans quelles circonstances?

III

Quelques mois plus tard, l'été est venu. Denise en sortant du bureau, rentre un soir par la rue où se trouve le magasin de bric-à-brac. Brillant de tous
70 ses feux, le bracelet est toujours là. La vieille femme est assise sur le trottoir devant la porte, travaillant au même tricot. Elle reconnaît la jeune fille et lui fait un grand sourire.

—Venez vous asseoir avec moi, ma belle,
75 prenez une chaise à l'intérieur.°

La jeune fille s'installe contre le mur de la maison à côté de la marchande.

—Vous avez eu beaucoup de clients aujourd'hui? demande Denise.
80 —Oh non! Je n'ai eu personne. J'ai été plus tranquille pour penser. Moi, je ne suis jamais seule ... Frédéric est près de moi ... Et vous? Avez-vous un fiancé?

—Non, dit la jeune fille en rougissant.
85 —Pourquoi?

—Je connais peu de jeunes gens ...

—Quand Frédéric viendra, je lui demanderai de vous présenter un de ses amis.

Denise frissonne; elle est saisie par une sorte d'anxiété.°
90 —Je dois rentrer, dit-elle. Ma mère m'attend. Il va être l'heure du dîner.

—Je laisse ouvert° le plus longtemps possible. Frédéric termine peut-être tard son travail. Mais je vais fermer dans quelques minutes.

La marchande se dirige vers la vitrine, sort le bracelet que Denise regarde une fois de plus avec admiration et l'attache à son bras.
95 —Je le mets tous les soirs pour dormir, dit-elle.

—Je reviendrai vous voir, dit la jeune fille.

—Adieu, ma belle. À bientôt.

Mais quelques jours plus tard, Denise tombe malade et reste couchée° près d'un mois. Elle est obligée d'aller se reposer à la montagne. Les soucis causés
100 par sa maladie lui ont fait un peu oublier la vieille dame et son éternellement jeune fiancé.

à l'intérieur = à l'intérieur du magasin   **anxiété** = peur   **je laisse ouvert** = je garde le magasin ouvert
couchée = au lit

Mots utiles	
un souci	*concern, worry*
un sourire	*smile*
un trottoir	*sidewalk*
frissonner	*to shiver, shudder*
saisir	*to seize, take*

Avez-vous compris?

1. Selon vous, est-ce que les choses ont changé quand Denise revient plus tard?
2. Qu'est-ce que la marchande propose à Denise quand elle apprend que celle-ci n'est pas mariée?
3. Quelle est la réaction de Denise?
4. Pourquoi est-ce que Denise ne revient pas voir la marchande?

Anticipons un peu

Selon vous, comment va se terminer l'histoire? Expliquez votre réponse.
• Frédéric Cottet reviendra et il se mariera avec la marchande.
• La marchande apprendra la mort de Frédéric Cottet et finalement vendra le bracelet à Denise.
• Un jour Denise fera la connaissance du petit-fils de Frédéric Cottet et se mariera avec lui.
• Quelque chose d'autre arrivera. Imaginez quoi.

IV

À son retour, Denise passe par hasard, un jour, devant le magasin qui lui plaisait tant. De très loin, elle voit

105 que le bracelet n'est plus dans la vitrine. Elle s'aperçoit aussi que quelque chose a changé. Il y a plus d'ordre, tout paraît plus propre qu'autrefois. Surprise, elle ouvre

110 la porte du magasin et voit une femme brune de cinquante ans environ, installée derrière un bureau.

—La vieille dame n'est plus là? demande la jeune fille.

115 —Non ... elle est morte depuis un mois ...

—Oh! Cela me fait de la peine,° dit Denise. Elle était si charmante.

—Elle est morte brusquement. On

120 l'a trouvée un matin ici, par terre. Vous savez, elle était un peu bizarre ...

—Oui, dit Denise, un peu bizarre ...

—Je ne sais pas ce que je vais faire du magasin ...

—Oh! J'espère que vous le garderez, il a tant de charme.

125 —Est-ce que vous désirez quelque chose?

—Il y avait dans la vitrine, dit la jeune fille, un bracelet avec des pierres de couleur en forme de cœurs: il me plaisait beaucoup.

—En effet, il était très joli. Ma tante l'avait déjà quand j'étais toute petite° ... Je l'ai vendu quelques jours après sa mort. Un

130 matin, un vieux monsieur, tout voûté, est resté longtemps dans la rue à regarder la vitrine. Puis il est entré. Il était complètement sourd° et nous avons eu beaucoup de mal° à nous comprendre. Je crois qu'il trouvait le bracelet trop cher mais il en avait très envie et, à la fin il l'a acheté.

135 —Vous ne savez pas comment il s'appelait?

—Je ne me souviens pas, mais il m'a payée par chèque. Cela vous intéresse de savoir son nom?

—Oui. J'attendais d'avoir assez d'argent pour acheter ce bracelet.

140 Je vais essayer de joindre le vieux monsieur et lui demander de me le céder.

La femme brune ouvre un secrétaire,° cherche dans des papiers.

—Ah voilà le nom: Frédéric Cottet.

me fait de la peine = me rend triste   toute petite = très jeune
sourd *deaf*   beaucoup de mal = beaucoup de difficultés
me le céder = me le vendre
un secrétaire = un petit bureau

Mots utiles

s'apercevoir *	*notice*
joindre *	*to contact (someone)*
paraître *	*to look, appear, seem*
environ	*about, approximately*
par hasard	*by chance*
par terre	*on the ground*
tant de	*so much*

N3

Avez-vous compris?

1. Qu'est-ce qui a changé quand Denise retourne au magasin?
2. Qui est la nouvelle marchande par rapport à l'ancienne?
3. Qui a finalement acheté le bracelet?

EXPRESSION ORALE

■ Débat: L'amour éternel

Selon vous, est-ce que l'amour éternel, tel qu'il est décrit dans l'histoire, est possible? Prenez une position pour ou contre et débattez le sujet avec votre partenaire. Si possible, donnez des exemples.

■ Situations

Avec votre partenaire, choisissez l'une des situations suivantes. Composez le dialogue correspondant et jouez-le en classe.

1 Coups de téléphone

Après chaque visite au magasin, Denise téléphone à un(e) ami(e) pour raconter ce qui s'est passé. L'ami(e) demande des détails.
Rôles: Denise, l'ami(e)

Rôles: Jean-Marc Larivière, sa femme

2 Conversation

Denise a réussi à retrouver Philippe Cottet. Celui-ci lui pose des questions sur sa fiancée d'autrefois.
Rôles: Denise, Frédéric Cottet

EXPRESSION ÉCRITE

■ Frédéric Cottet

Écrivez l'histoire de Frédéric Cottet en inventant des détails. Par exemple:
- Où, quand et comment Frédéric a-t-il rencontré la dame de la boutique?
- À quelle occasion est-ce qu'il lui a offert le bracelet?
- Pourquoi est-il parti à l'âge de vingt ans?
- Où est-il allé et qu'est-ce qu'il a fait là-bas?
- Pourquoi a-t-il mis si longtemps à revenir?
- Pourquoi est-ce qu'il est finalement revenu?
- Quelles étaient ses pensées en revoyant le bracelet dans la vitrine? etc.

■ Une lettre

La vieille dame, avant de mourir, décide d'écrire une lettre à Frédéric Cottet. Dans cette lettre, elle explique ce qu'elle a fait pendant son absence, pourquoi elle l'a attendu si fidèlement *(faithfully)* et comment elle espérait le revoir.

■ Une autre conclusion

Imaginez une autre conclusion moins triste et plus romantique à l'histoire que vous avez lue. Pour cela, réécrivez complètement le quatrième épisode.

INTERLUDE CULTUREL

▪ *Un peu d'histoire* ▪

■ *Les dates*   ■ *Les événements*

La préhistoire en Afrique occidentale

Pendant six mille ans avant Jésus-Christ, le Sahara était une savane habitée par un peuple qui a laissé de remarquables peintures rupestres° dans la région de Tassili. **N1** 🌐

- **6000**   *av. J.-C.*

- *Tassili*

- **0**

- **670**   *arrivée des Arabes*

- **700**   *Empire du Ghāna (700-1200)*

7e - 8e siècles: Conquête de l'Afrique du Nord par les Arabes

En 670, les Arabes arrivent en Afrique du Nord où ils imposent la religion musulmane. Ils établissent progressivement des relations commerciales avec les populations d'Afrique occidentale. Au contact des Arabes, beaucoup d'Africains adoptent la religion musulmane.

10e - 16e siècles: Période de prospérité et de grande civilisation

De puissants et vastes empires se succèdent en Afrique occidentale: empire du **Ghāna**, empire du **Mali**, empire de **Songhaï**. La prospérité de ces empires est basée sur le commerce avec l'Afrique du Nord. Les caravanes chargées de° sel traversent le Sahara. Elles arrivent à Tombouctou, capitale de l'empire du Mali, et repartent avec de l'or et des pierres précieuses. Une civilisation brillante se développe dans toute la région.

Empires africains

- **1200**   *Empire du Mali (1200-1500)*

- **1300**   *Empire de Songhaï (1350-1600)*
  Royaume du Bénin (1350-1900)

- **1500**

- **1600**

colonisation

- **1900**

- **1960**   *Indépendance*

Cette illustration, tirée d'un atlas du 14ᵉ siècle, montre un marchand arabe rendant visite au Roi du Mali. Celui-ci tient dans sa main une pépite° d'or.

rupestres *on rock walls*   **chargées de** *loaded with*   **pépite** *nugget*

TASSILI

EMPIRE de GHANA (700-1200)

EMPIRE de MALI (1200-1500)

EMPIRE de SONGHAÏ (1350-1600)

ROYAUME de BÉNIN (1350-1900)

14e - 19e siècles: Le royaume de Bénin

Indépendamment des empires d'Afrique occidentale, le royaume du Bénin se développe dans la région tropicale près du Golfe de Guinée. Le génie de cette civilisation est préservé dans de splendides sculptures de bronze.

17e et 19e siècles: Arrivée des Européens — esclavage et colonisation

À partir du 17e siècle, l'arrivée des Européens provoque le déclin progressif de cette grande civilisation africaine. Les Européens viennent en Afrique chercher des esclaves pour travailler dans leurs plantations des Antilles, de Louisiane, du Brésil . . . Des centaines de milliers d'Africains sont arrachés° de leur terre° ancestrale et déportés en Amérique dans des conditions épouvantables°. Cet odieux trafic d'êtres° humains dure jusqu'au début du 19e siècle.

Dans la seconde moitié du 19e siècle, les Européens, qui ont déjà établi des comptoirs° sur le littoral°, décident de coloniser l'intérieur du continent. C'est ainsi que l'Afrique occidentale et équatoriale est découpée° en colonies anglaises, françaises et belges. Les Européens imposent des structures administratives et économiques qui ne correspondent pas à la culture africaine traditionnelle. **N2**

20e siècle: De l'exploitation à l'indépendance

Les pays européens exploitent leurs colonies africaines. Un grand nombre de soldats africains sont recrutés par l'armée française et combattent courageusement en Europe pendant les deux guerres mondiales (1914-1918 et 1939-1945).

Après la deuxième guerre mondiale, les leaders politiques africains réclament l'indépendance des colonies avec de plus en plus d'insistance. À partir de 1960, ces colonies deviennent des pays indépendants, membres des Nations Unies.

Cette plaque de bronze représente l'**oba** ou roi du Bénin avec sa famille. Ses serviteurs le protègent du soleil.

N3

---

arrachés *torn away*   **terre** *land*   **épouvantables** *ghastly*   **êtres** *beings*   **comptoirs** *trading posts*   **littoral** *coast*   **découpée** *cut up*

L'Afrique francophone et sa culture

■ Qu'est-ce que c'est que l'Afrique francophone?

C'est un groupe d'une douzaine de pays d'Afrique occidentale et équatoriale où le français est la langue officielle. Parmi ces pays, les plus importants sont **le Sénégal, la Côte-d'Ivoire, le Mali, le Zaïre, le Bénin, le Cameroun** . . . Autrefois ces pays étaient des colonies françaises ou belges. Indépendants depuis 1960, ils ont décidé de garder le français comme langue administrative et commerciale. En général, les jeunes apprennent le français à l'école secondaire et parfois dès° l'école primaire.

■ Quelles langues parle-t-on en Afrique?

Il y a un très grand nombre de langues africaines. Au Sénégal, par exemple, on parle **wolof**. En Côte-d'Ivoire, on parle **baoulé** et **dioula**. Au Mali, il y a dix langues régionales. Ces langues reflètent la grande diversité ethnique des peuples d'Afrique. En Côte-d'Ivoire, par exemple, on compte au moins soixante groupes ethniques différents.

Les noms baoulés

Dans les familles baoulés, les noms traditionnels donnés aux enfants correspondent aux jours de la semaine où ils sont nés.

	GARÇONS	FILLES
lundi	**Kouassi**	**Akissi**
mardi	**Kouadio**	**Adjoua**
mercredi	**Konan**	**Amelan**
jeudi	**Koffi**	**Affoué**
vendredi	**Yao**	**Aya**
samedi	**Kouakou**	**Ahou**
dimanche	**Kouamé**	**Amoin**

■ Est-ce que les pays de l'Afrique francophone sont semblables ou différents?

Ils sont différents par beaucoup d'aspects et d'abord par leur climat, leur végétation et leur milieu naturel. Au nord, par exemple, il y a une zone désertique et demi-désertique qui est le prolongement° du Sahara. Puis vient la savane, c'est-à-dire une région de hautes herbes,° caractéristique des régions chaudes à longue saison sèche.° Finalement, plus au sud et le long du littoral,° là où le climat est chaud et humide, on trouve la forêt équatoriale avec ses dizaines d'espèces d'arbres différents.

---

dès *as of* **prolongement** = extension **herbes** *grass* **sèche** *dry* **littoral** *coast*

■ Quelles sont les religions de l'Afrique francophone?

Cela dépend des pays. La religion musulmane est très importante dans les régions de l'ouest et du nord où il y a eu beaucoup de contacts avec les Arabes. C'est le cas, par exemple, au Mali, au Sénégal, et au Niger, où la grande majorité des gens sont musulmans. Au sud et au centre, au contraire, ce sont les religions animistes qui prédominent, par exemple, en Côte d'Ivoire, au Bénin, et au Burkina-Faso. Dans tous ces pays, il y a aussi des minorités catholiques. N'oublions pas, par exemple, que la plus grande

Mosquée de Djemé, Mali

basilique catholique du monde, la Basilique de Notre Dame de la Paix, se trouve à Yamoussoukro, en Côte d'Ivoire, et qu'elle a été inaugurée en 1989 par le pape Jean-Paul II.

La Basilique de Notre Dame de la Paix à Yamoussoukro

Une mosquée au Niger

■ Qu'est-ce que l'animisme?

C'est la religion traditionnelle de l'Afrique noire. L'animisme attribue une âme° aux plantes, aux animaux, aux phénomènes naturels, et plus généralement à toutes les forces de la nature. Les animistes pratiquent ainsi le culte des ancêtres avec qui on peut communiquer et qui peuvent avoir une influence positive ou négative sur les événements de la vie quotidienne.° L'animisme explique l'importance de la nature, des animaux et des génies dans la littérature africaine.

âme *soul* **quotidienne** *daily*

■ *Quel est le rôle de la famille dans la société africaine?*

Pour les Africains, la famille représente une structure très importante. Tous les membres de la famille s'aident et doivent s'entraider.° La famille africaine est très vaste. Elle comprend° non seulement les grands-parents, les parents et les enfants, mais aussi tous les oncles, tantes, cousins et cousines unis par les liens de sang° et de mariage.

Dans les villages où la polygamie existe, la famille est encore plus grande puisqu'elle comprend aussi les demi-frères et les demi-soeurs. Le père est le chef de famille. Il est respecté et son autorité n'est pas contestée. S'il a plusieurs femmes, chacune a sa propre case ou maison où elle élève° ses enfants.

À côté de la famille visible, il y a aussi la famille invisible, celle des ancêtres qui restent très présents dans la mémoire des Africains. On peut communiquer avec l'esprit de ses ancêtres et, inversement, ils peuvent communiquer avec nous et influencer les événements de notre vie quotidienne.

En Mauritanie, la décoration des maisons est traditionnellement réservée aux femmes. À cause des conditions climatiques, ces maisons doivent souvent être repeintes. Ici, les femmes utilisent des éléments géométriques pour décorer leurs maisons.

s'entraider *help each other*   **comprend** *includes*   **liens de sang** *blood ties*   **élève** *raises*

■ Quelles sont les caractéristiques de la littérature africaine traditionnelle?

La littérature africaine traditionnelle est très différente de la littérature européenne. C'est avant tout une littérature orale. Son but° principal est d'expliquer et de transmettre de génération en génération les coutumes, les traditions et les valeurs du groupe. Ses thèmes sont variés: la création du monde, l'origine de l'humanité, l'histoire des ancêtres et de la tribu, les relations entre les gens. Ses formes d'expression sont la poésie, la fable, la légende, et surtout le conte.° Il y a toutes sortes de contes: contes moraux, contes humoristiques, contes d'aventures, contes d'amour, contes du merveilleux . . . Dans ces contes, les personnages sont souvent des animaux qui représentent en réalité les humains avec leurs qualités et leurs défauts.

Les conteurs° africains s'appellent des «griots». Dans les villages de l'Afrique traditionnelle, le griot joue un rôle très important. C'est lui qui transmet l'histoire et les traditions de chaque famille du village.

Aujourd'hui, il y a aussi une littérature écrite très abondante. Cette littérature reprend les thèmes de la littérature orale (contes, fables) ou traite les thèmes plus personnels (poésie, romans, récits autobiographiques). L'un des représentants les plus connus de la littérature africaine moderne est l'écrivain sénégalais Léopold Sédar Senghor. Ce poète s'exprime en français sur des thèmes africains ou des thèmes universels, comme la liberté. Considéré comme l'un des plus grands écrivains d'expression française, il a été élu en 1980 membre de l'Académie française.

N2

Léopold Sédar Senghor: Poète et homme d'action

Homme de lettres et brillant intellectuel, Léopold Senghor (1906 -) a aussi joué un rôle politique très important dans l'histoire de l'Afrique francophone. Après la deuxième guerre mondiale, il a milité pour l'indépendance de son pays, le Sénégal. Quand le Sénégal est devenu une république indépendante en 1958, il en est devenu le premier président (1958-1980).

N3

Documents: Une fable africaine

La gélinotte et la tortue

Un jour, une gélinotte° rencontra une tortue qui avançait lentement à travers la plaine. «Pourquoi est-ce que tu ne vas pas plus vite?» demanda-t-elle à la tortue. «Parce que je suis une tortue» répondit la tortue. «Eh bien, moi, je te suis supérieure non seulement parce que je vais plus vite que toi, mais aussi parce que je peux voler.»°

À ce moment des chasseurs passèrent par là. Ils mirent le feu aux herbes de la plaine pour déloger des gazelles qui s'y étaient cachées°. Le cercle de feu se rapprocha des deux animaux exposés à un péril certain. La tortue se cacha dans le trou° laissé par le pied d'un éléphant, et elle survécut. La gélinotte voulait s'envoler, mais elle fut étouffée° par la fumée° et mourut.

N'est pas supérieur celui qui se vante

but = objectif   **conte** *short story*   **conteurs** *storytellers*   **gélinotte** *grouse*   **voler** *to fly*
cachées *hidden*   **trou** *hole*   **étouffée** *suffocated*   **fumée** *smoke*   **se vante** *boasts*

Afrique

Afrique mon Afrique
Afrique des fiers guerriers° dans les savanes ancestrales
Afrique que chante ma grand-Mère
Au bord° de son fleuve° lointain°
Je ne t'ai jamais connue

Mais mon regard est plein de ton sang
Ton beau sang noir à travers les champs répandu°
Le sang de ta sueur°
La sueur de ton travail
Le travail de l'esclavage
L'esclavage de tes enfants

Afrique dis-moi Afrique
Est-ce donc toi ce dos qui se courbe°
Et se couche° sous le poids° de l'humilité
Ce dos tremblant à zébrures° rouges
Qui dit oui au fouet° sur les routes de midi

Alors gravement une voix me répondit
Fils impétueux cet arbre robuste et jeune
Cet arbre là-bas
Splendidement seul au milieu de fleurs blanches et fanées°
C'est l'Afrique ton Afrique qui repousse°
Qui repousse patiemment obstinément
Et dont les fruits ont peu à peu
L'amère° saveur° de la liberté.

N2

David Diop (1927-1960)

Né en France d'un père sénégalais et d'une mère camerounaise*, David Diop est l'un des écrivains les plus militants de la littérature africaine. Dans ce poème, publié en 1956, il dénonce le colonialisme et entrevoit° l'indépendance de l'Afrique. Diop est mort dans un accident d'avion alors° qu'il venait s'établir° définitivement au Sénégal, devenu° depuis peu° un état indépendant.

* **Le Cameroun** = un pays de l'Afrique francophone

Baobab dans la savane africaine

---

guerriers *warriors* **au bord** *on the shore* **fleuve** = rivière **lointain** = distant **répandu** *spilled* **sueur** *sweat* **se courbe** *is bent over*
se couche *is doubled over* **poids** *weight* **zébrures** *stripes (caused by lashing)* **fouet** *whip* **fanées** *withered* **repoussse** *grows back*
amère *bitter* **saveur** *taste* **entrevoit** = anticipe **alors que** = *if* **s'établir** *to settle* **devenu** = qui était devenu **depuis peu** = récemment

■ *L'art africain* ■
et
son influence sur l'art européen

Parmi les arts africains traditionnels, la forme la plus développée est la sculpture. Les principaux objets sculptés sont des statues et des masques. Pour les Africains, ces objets ne sont pas considérés comme des objets artistiques, mais comme des objets religieux. Dans les cérémonies rituelles, par exemple, les masques sont portés par des danseurs pour honorer l'esprit des ancêtres et demander leur protection.

La majorité des masques africains sont en bois. Ils représentent généralement des figures humaines sous des formes stylisées. On peut noter l'importance des formes géométriques: lignes droites° ou courbes, cercles, ovales, triangles, etc. Cette stylisation transforme le corps et le visage humains et permet l'expression d'émotions très intenses.

Au début du 20e siècle, les Européens ont pris connaissance° de l'art africain grâce à plusieurs expositions coloniales où figuraient masques et statues de l'Afrique noire. L'originalité de cet art a d'abord choqué le public peu habitué° à la représentation non-conventionnelle de l'être humain. Les grands artistes de l'époque, au contraire, ont été très impressionnés par la simplification stylistique de l'art africain. Matisse, Modigliani et surtout Picasso ont incorporé cette simplification dans leurs propres oeuvres.° En particulier, l'usage des formes géométriques, directement inspiré par la sculpture africaine, est à la base du cubisme qui allait révolutionner l'art européen du 20e siècle.

N3

Ce masque africain a appartenu au peintre Vlaminck qui l'a montré à ses amis artistes. On peut noter les ressemblances entre ce masque et la sculpture de Modigliani.

Modigliani, *Tête de femme*

À remarquer l'influence des masques africains sur le célèbre tableau de Picasso, *Les Demoiselles d'Avignon.*

Picasso, *Étude pour les Demoiselles d'Avignon*

---

droites *straight* **ont pris connaissance** *became aware* **habitué** *accustomed* **oeuvres** *works*

Bernard Dadié

Bernard Dadié, né en 1916, est originaire de la Côte d'Ivoire. C'est l'un des écrivains les plus féconds° de la littérature africaine d'expression française. Il a écrit des contes, des poèmes, des romans et des pièces de théâtre. Militant nationaliste, Dadié a été arrêté en 1949 et a passé seize mois en prison pour ses activités politiques. Après l'indépendance de la Côte d'Ivoire, il a été nommé Ministre de la Culture de son pays.

La légende baoulé est extraite du livre **Légendes africaines**. Dans ce récit, Dadié explique comment son peuple, les Baoulés, ont reçu leur nom grâce au sacrifice de leur reine, la reine Pokou.

Il y a longtemps, très longtemps, vivait au bord d'une lagune calme, une tribu paisible° de nos frères. Ses jeunes hommes étaient nombreux, nobles et courageux, ses femmes étaient belles et joyeuses. Et leur reine, la reine Pokou, était la plus belle parmi les plus belles.

Depuis longtemps, très longtemps, la paix était sur eux et les esclaves mêmes, fils des captifs des temps révolus,° étaient heureux auprès de leurs heureux maîtres.

Un jour, les ennemis vinrent nombreux comme des magnans.° Il fallut quitter les paillotes,° les plantations, la lagune poissonneuse,° laisser les filets,° tout abandonner pour fuir.°

Ils partirent dans la forêt. Ils laissèrent aux épines° leurs pagnes,* puis leur chair.° Il fallait fuir toujours, sans repos, sans trêve,° talonné° par l'ennemi féroce.

Et leur reine, la reine Pokou, marchait la dernière, portant au dos son enfant. N2

---

* **Pagne**: a rectangular strip of cloth made of vegetal fibers which is worn as a loincloth or wrapped around the hips to form a short skirt.

paisible *peaceful* **révolus** *long past* **magnans** *red ants* **paillotes** *straw huts* **poissonneuse** = *avec beaucoup de poissons* **filets** *nets* **fuir** *to flee*
épines *thorns* **chair** *flesh* **sans trêve** *unceasingly* **talonné** *followed close on their heels*

À leur passage l'hyène ricanait,° l'éléphant et le sanglier° fuyaient, le chimpanzé grognait° et le lion étonné° s'écartait du chemin.°

Enfin, les broussailles° apparurent, puis la savane et les rôniers° et, encore une fois, la horde entonna° son chant d'exil:

Mi houn Ano, Mi houn Ano, blâ ô
Ebolo nigué, mo ba gnan min —

    Mon mari Ano, mon mari Ano, viens,
    Les génies de la brousse° m'emportent.

Harassés, exténués,° amaigris,° ils arrivèrent sur le soir au bord d'un grand fleuve dont la course° se brisait° sur d'énormes rochers.

Et le fleuve mugissait,° les flots° montaient jusqu'aux cimes° des arbres et retombaient et les fugitifs étaient glacés d'effroi.°

Consternés,° ils se regardaient. Était-ce là l'Eau qui les faisait vivre naguère,° l'Eau, leur grande amie? Il avait fallu qu'un mauvais génie l'excitât contre eux.

Et les conquérants devenaient plus proches.°

Et, pour la première fois, le sorcier° parla:

«L'eau est devenue mauvaise, dit-il, et elle ne s'apaisera° que quand nous lui aurons donné ce que nous avons de plus cher.»° Et le chant d'espoir° retentit:°

Ebe nin flê nin bâ
Ebe nin flâ nin nan
Ebe nin flê nin dja
Yapen'sè ni djà wali

    Quelqu'un appelle son fils
    Quelqu'un appelle sa mère
    Quelqu'un appelle son père
    Les belles filles se marieront.

Et chacun donna ses bracelets d'or et d'ivoire, et tout ce qu'il avait pu sauver.

Mais le sorcier les repoussa du pied° et montra le jeune prince, le bébé de six mois: «Voilà, dit-il, ce que nous avons de plus précieux.»

Et la mère, effrayée,° serra° son enfant sur son coeur. Mais la mère était aussi la reine et, droite° au bord de l'abîme, elle leva l'enfant souriant° au-dessus de sa tête et le lança dans l'eau mugissante.

Alors des hippopotames, d'énormes hippopotames émergèrent et, se plaçant les uns à la suite° des autres, formèrent un pont° et sur ce pont miraculeux le peuple en fuite° passa en chantant:

Ebe nin flê nin bâ
Ebe nin flâ nin nan
Ebe nin flê nin dja
Yapen'sè ni djà wali

    Quelqu'un appelle son fils
    Quelqu'un appelle sa mère
    Quelqu'un appelle son père
    Les belles filles se marieront.

Et la reine Pokou passa la dernière et trouva sur la rive° son peuple prosterné.°

Mais la reine était aussi la mère et elle put dire seulement «baouli», ce qui veut dire: l'enfant est mort.

Et c'était la reine Pokou et le peuple garda le nom de Baoulé.

ricanait *was laughing*   **sanglier** *wild boar*   **grognait** *grunted*   **étonné** *astonished*   **s'écartait** *moved aside*   **broussailles** *brush*   **rôniers** *palm trees*
entonna = commença à chanter   **la brousse** *the bush*   **exténués** = très fatigués   **amaigris** *very thin*   **la course** = l'eau   **se brisait** *was breaking*
mugissait *was roaring*   **flots** *waves*   **cimes** = sommets   **glacés d'effroi** *frozen with fright*   **consternés** *in alarm*   **naguère** = dans le passé
plus proches *closer*   **féconds** *productive*   **sorcier** *witch doctor*   **s'apaisera** = deviendra calme   **cher** = précieux   **espoir** *hope*   **retentit** *resounded*
repoussa du pied *kicked away*   **effrayée** *scared*   **serra** *clutched*   **droite** *standing tall*   **souriant** *smiling*   **à la suite de** *right behind*   **pont** *bridge*
en fuite *fleeing*   **rive** *shore*   **prosterné** *prostrate, face to the ground*

UNITÉ 10

Vers la vie active

Thème et Objectifs

Culture

In this unit, you will discover . . .

- what the **bac** is all about and why it is so important for French young people
- which are the most popular professions in France
- how to prepare for an interview with a French company

Communication

You will learn how . . .

- to talk about what you plan to study in the future
- to indicate what type of job or profession you would like to have
- to describe your personal qualifications
- to prepare a résumé in French

Langue

You will learn how . . .

- to describe simultaneous actions
- to indicate why you do certain things
- to explain under which conditions or constraints you do certain things
- to express how your actions may depend on what others do
- to describe how your actions have an effect on other people

CE FAMEUX BAC!

Corinne, 17 ans, et Guillaume, 18 ans, sont en «terminale», c'est-à-dire, en dernière année de leurs études secondaires. Dans quelques semaines, ils vont passer le bac. Corinne est une excellente élève et pourtant elle a le trac.° «J'ai beaucoup étudié, mais on ne sait jamais. Qu'est-ce que je vais faire si je ne suis pas reçue?° Je n'ai vraiment pas envie de redoubler.»° Guillaume, lui, redouble. Il est plus philosophe et plus décontracté° que Corinne. «Si je n'ai pas mon bac cette fois, je vais faire mon service militaire. Après, on verra!»

Chaque année, en juin, 645.000 jeunes Français passent le bac. C'est un examen très important qui marque la fin des études secondaires et qui détermine, en grande partie, l'avenir des lycéens. S'ils sont reçus, ils peuvent aller à l'université et continuer leurs études. S'ils ratent le bac, ils peuvent redoubler et se représenter° l'année suivante, ou bien ils peuvent faire des études techniques, ou entrer dans la vie professionnelle, ou, pour les garçons, faire leur service militaire. Heureusement, 75% des candidats sont reçus et pour la majorité, ils continuent leurs études.

Il y a plusieurs types (ou "séries") de bac. Ils sont désignés par des lettres. Dans chaque série, l'élève doit choisir une spécialité. Voici les trois séries principales et leurs spécialités:

Ces spécialités sont importantes parce qu'elles déterminent le genre d'études universitaires qu'on peut faire et, par conséquent, sa profession future. Par exemple, si on veut être médecin ou pharmacien, il est conseillé° de faire un bac S, spécialité sciences de la vie et de la terre. Si on pense faire des études de droit ° et devenir avocat, il est préférable de faire un bac ES, spécialité sciences économiques et sociales.

Série littéraire, Bac L:
- langues vivantes
- lettres classiques
- art
- mathématiques

Série économique et sociale, Bac ES:
- sciences économiques et sociales
- mathématiques
- langues vivantes

Série scientifique, bac S:
- mathématiques
- physique chimie
- sciences de la vie et de la terre
- technologie industrielle

N1 N2

a le trac *is scared, nervous* **si je ne suis pas reçue** = si je ne réussis pas **redoubler** *to repeat a grade*
décontracté *relaxed* **conseillé** = recommandé **droit** *law*

Les études universitaires durent au moins trois ans. Aussi, certains jeunes qui ont le bac préfèrent étudier en I.U.T. (Institut Supérieur de Technologie) où ils peuvent obtenir un diplôme universitaire de technologie après deux années d'études. Les "grandes écoles" sont une autre option. Ce sont des écoles spécialisées dans certains domaines: commerce, administration publique, professions d'ingénieur, etc. Pour entrer° dans ces écoles prestigieuses, il faut passer un concours° extrêmement difficile, auquel la plupart des candidats échouent.° Cependant, si on est reçu, et si on obtient° le diplôme d'une de ces écoles, on a toutes les chances de faire une brillante carrière dans le commerce, la finance, l'industrie et même la politique.

Comme on peut le voir, les diplômes ont beaucoup d'importance en France. Un diplôme représente une carte d'entrée dans la vie professionnelle. Voilà pourquoi les parents insistent pour que leurs enfants étudient. Les enfants sont généralement d'accord pour faire l'effort nécessaire. En France, les études, c'est sérieux!

Petite histoire du bac

◆ Au Moyen-Âge, un bachelier* était un jeune gentilhomme qui voulait être chevalier.° Vers 1500, c'était un étudiant qui avait écrit une thèse° de philosophie.

◆ Le bac moderne date de Napoléon qui l'a institué° en 1808. La première année, il y avait 32 candidats. En 1900, il y en avait 4 000. Aujourd'hui, il y en a 645 000.

◆ Le bac a d'abord été un examen exclusivement masculin. La première «candidate» se présenta en 1861. (C'était une institutrice° de 37 ans!) Aujourd'hui, 57% des candidats sont en réalité . . . des candidates.

◆ À l'origine, l'examinateur interrogeait° le candidat sur une liste de questions préparées à l'avance et tirées au sort.° En un an, le candidat devait apprendre la réponse à 500 questions différentes. Ce système donna lieu° à la pratique de «bachotage», selon laquelle l'élève apprend par coeur un grand nombre d'informations sans en connaître nécessairement le sens.°

◆ Le bac se démocratise.° En 1900, seulement un jeune Français sur cent passait le bac. Aujourd'hui, cette proportion est de 45%. On espère qu'elle sera de 80% en l'an 2000.

* De nos jours, un «bachelier» est une personne qui a son baccalauréat.

---

et vous?

DÉFINITIONS
Définissez les mots ou expressions suivantes:
- le «bac»
- le «terminale»
- redoubler
- être reçu à un examen
- l'université
- être prioritaire
- une «grande école»
- un concours

ET VOUS?
Quel genre d'étudiant(e) êtes-vous? Êtes-vous plutôt comme Corinne ou comme Guillaume? Expliquez.

EXPRESSION ORALE
- Avec votre partenaire, discutez les avantages et les inconvénients d'aller à l'université.
- Expliquez à un(e) ami(e) français(e) (votre partenaire) le système d'enseignement aux États-Unis (par exemple, quels sujets on peut choisir à l'école secondaire, comment on obtient son diplôme, ce qu'on doit faire pour aller à l'université, etc.)

EXPRESSION ÉCRITE
Écrivez une lettre à un copain français où vous dites ce que vous allez faire si vous avez votre diplôme d'études secondaires et si vous ne l'avez pas.

---

entrer = être accepté **concours** *competitive exam* **échouent** = ne réussissent pas **obtient / obtenir** *to obtain, get* **chevalier** *knight* **thèse** = essai **institué** = créé **institutrice** = professeur d'école primaire **interrogeait** = posait des questions **tirées au sort** *chosen at random* **donna lieu** *gave rise* **sens** *meaning* **démocratise** = devient démocratique

Il a raté le bac

Mathieu gagne très bien sa vie. Il a une voiture de sport, voyage en première classe et, surtout, il fait ce qu'il aime. Pourtant, il a raté le fameux bac. Il raconte:

« Je ne suis pas fait° pour les études. Au lycée, ça n'allait vraiment pas. J'étais nul° en maths et en sciences, médiocre° dans les autres disciplines. La seule activité que j'aimais, c'était le sport. Là, j'étais vraiment «top», mais évidemment, ça ne suffisait° pas. J'ai raté mon bac une première fois, j'ai redoublé et je l'ai raté à nouveau. Alors, j'ai abandonné mes études. J'ai cherché un job. Tous les jours, je lisais les petites annonces dans les journaux et je téléphonais, mais sans bac je n'avais aucune chance. Alors, j'ai décidé de faire mon service militaire. J'ai opté pour un service long qui a duré° deux ans. Pendant mon service, j'ai continué à faire du sport et, surtout, j'ai fait un stage° de parachutisme.

Malheureusement, après mon service, ma situation n'avait pas changé! J'avais pensé être professeur d'éducation physique, mais sans diplôme, ce n'était pas possible. Alors, j'ai fait des petits boulots.° J'ai été chauffeur de taxi. J'ai travaillé dans un fast-food. J'ai été garde du corps° d'un banquier. Tout cela n'était pas ma vocation, et je cherchais désespérément à faire autre chose.

Un jour, finalement, la chance° m'a souri.° On tournait° un film dans le quartier où j'habitais. Je suis allé là pour regarder. Il y avait une scène où l'acteur principal devait sauter° du troisième étage d'une maison en flamme. Ce jour-là, le cascadeur° qui devait le remplacer n'est pas venu. Le metteur en scène° avait l'air désespéré. Alors, j'ai offert mes services. Ça a si bien marché° qu'on m'a embauché° pour le reste du film.

Depuis, je suis cascadeur professionnel. J'ai déjà une vingtaine de films à mon actif.° Évidemment, je ne suis pas la grande vedette,° mais je suis bien payé. Je voyage dans tous les pays du monde. Je connais des tas° d'acteurs et d'actrices et de temps en temps on me demande mon autographe. . .Et surtout, j'ai trouvé ma voie!° »

N2

Le service militaire

En France, le service militaire ou service national est obligatoire° pour les garçons et volontaire pour les filles. (Chaque année, 1500 jeunes filles françaises décident de faire leur service militaire.) Le service dure° dix mois. En principe, on doit faire son service militaire à l'âge de 18 ans, mais il est possible d'obtenir un «report d'incorporation»,° si on continue ses études.

On peut faire son service dans la «coopération». Les jeunes qui choisissent cette option vont dans un pays étranger, généralement comme enseignant° ou conseiller° technique.

Vous et nous, un service à se rendre.

et vous?

- Selon vous, quelle est la «morale» de l'histoire de Mathieu?
- Aimeriez-vous être cascadeur / cascadeuse? Expliquez pourquoi ou pourquoi pas.

EXPRESSION ORALE

- Vous êtes journaliste. Interviewez Mathieu (joué par votre partenaire).
- Connaissez-vous des personnes qui n'étaient pas faites pour les études mais qui ont trouvé un job intéressant? Donnez un ou plusieurs exemples.

---

ne suis pas fait *cut out* **nul** = *zéro* **médiocre** *below average* **suffisait** = *c'était suffisant* **duré** *lasted* **stage** *training session* **petits boulots** = *jobs* **garde de corps** *bodyguard* **chance** *luck* **souri / sourire** *to smile* **tournait** = *filmait* **sauter** *to jump* **cascadeur** *stuntman* **metteur en scène** *director* **si bien marché** *went so well* **embauché** *hired* **à mon actif** *behind me* **vedette** = *star* **tas** = *beaucoup* **voie** *way* **obligatoire** *compulsory* **dure** *lasts* **report d'incorporation** *deferment* **enseignant** = *professeur* **conseiller** *advisor*

PARTIE 1

LE FRANÇAIS PRATIQUE

Études ou travail?

Qu'est-ce que tu vas faire après le lycée?

Je vais continuer mes études.

— Qu'est-ce que tu vas faire après le lycée?

Je vais | continuer mes études
         | aller à l'université

chercher | **du travail**
         | **un emploi** *job*

gagner ma vie

| **gagner sa vie** *to earn a living* |

— Qu'est-ce que tu vas étudier?

Je vais | **étudier** les sciences
         | **faire des études de** biologie **N1**
         | **me spécialiser en** chimie

| **se spécialiser en** *to major in* |

— Qu'est-ce que tu veux faire plus tard?
Je voudrais être médecin. **N2** **N3**

LES ÉTUDES

Les études scientifiques et techniques
- la **chimie**
- la **physique**
- les **maths**
- l'**informatique**
- les **études d'ingénieur**

Les études médicales
- la **biologie**
- la **médecine**
- la **pharmacie**
- les **études vétérinaires**

Les sciences humaines
- l'**histoire**
- la **psychologie**
- les **sciences économiques**
- les **sciences politiques**

Les études commerciales
- le **commerce** *business*
- la **gestion** *management*
- le **marketing**
- la **publicité** *advertising*
- la **comptabilité** *accounting*

Les études juridiques
- le **droit** *law*

Les études littéraires et artistiques
- la **philosophie**
- la **littérature**
- les **langues étrangères**
- le **journalisme**
- la **musique**
- le **dessin** *art, design*

---

1 À l'université —————————————————

Imaginez que vous avez décidé d'aller à l'université. Choisissez . . .
- une spécialité principale *(major)*
- deux spécialités secondaires *(minors)*

Comparez votre choix de spécialité principale avec le reste de la classe.
Quelle est la spécialité favorite?

QUELQUES PROFESSIONS

La médecine
- un **médecin**
- un(e) **chirurgien(ne)** *surgeon*
- un(e) **dentiste**
- un(e) **pharmacien(ne)**
- un(e) **vétérinaire**
- un(e) **infirmier (-ère)**

Le commerce, les affaires *business*
- un(e) **vendeur (-euse)** *salesperson*
- un(e) **représentant(e)** de commerce
- un(e) **spécialiste de marketing**
- un(e) **homme (femme) d'affaires**

La finance
- un(e) **banquier (-ière)**
- un(e) **agent de change** *stockbroker*

Le droit *law*
- un(e) **avocat(e)** *lawyer*
- un(e) **juge**

La fonction publique *civil service*
- un(e) **fonctionnaire** *civil servant*
- un(e) **diplomate**
- un(e) **assistant(e) social(e)** *social worker*

La technique et les sciences
- un(e) **scientifique**
- un **ingénieur**
- un(e) **chercheur (-euse)** *researcher*
- un(e) **technicien(ne)**
- un(e) **informaticien(ne)**
- un(e) **spécialiste de logiciel** *software*
- un(e) **spécialiste de données** *data*

L'administration
- un(e) **cadre** *executive*
- un(e) **patron(ne)** *boss*
- un(e) **chef** *(head)* **de personnel**
- un(e) **directeur (-trice)** *manager*

Les emplois de bureau *office*
- un(e) **employé(e)** *clerk*
- un(e) **secrétaire**
- un(e) **comptable** *accountant*

Les services
- un **agent immobilier** *real estate agent*
- un **agent d'assurances** *insurance agent*

FLASH d'information

Les professions préférées des Français

Ce qui compte le plus dans le choix d'une profession, ce n'est pas nécessairement la possibilité de gagner beaucoup d'argent, c'est avant tout de faire quelque chose d'intéressant. Voici la liste des dix professions préférées des Francais, par ordre d'intérêt.

1.	Chercheur scientifique	16%	6.	Acteur	10%
2.	Pilote	14%	7.	Chef de publicité	7%
3.	Médecin	14%	8.	Professeur d'université	5%
4.	Journaliste	14%	9.	Avocat	5%
5.	Chef d'entreprise	11%	10.	Banquier	4%

---

2 **Choix professionnels**

Faites une liste des cinq professions qui sont les plus intéressantes pour vous et des cinq professions qui sont les moins intéressantes. Comparez votre liste avec celle de votre partenaire et expliquez votre choix.

Ma Liste
☺ ☹
1.
2.
3.
4.
5.

3 **Après le lycée**

Vous avez décidé de continuer vos études, mais votre partenaire a décidé de chercher du travail (ou vice versa). Expliquez votre décision respective en donnant des arguments. Considérez, par exemple, les aspects suivants . . .

- gagner sa vie
- être indépendant(e)
- se perfectionner en . . . *(to increase one's skills in)*
- avoir plus d'options plus tard

TEST

A. La construction préposition + infinitif

Note the use of the infinitive in the following sentences.

Je voudrais aller à l'université **pour me spécialiser** en informatique.	*I would like to go to college* **(in order) to major** *in computer science.*
Tu ne réussiras pas à ton examen **sans étudier.**	*You will not pass your exam* **without studying.**
Donne-moi ton adresse **avant de partir** en vacances.	*Give me your address* **before leaving** *on vacation.*

In French, the INFINITIVE is used after prepositions such as

> **pour** *(in order to)*
> **avant de** *(before)*
> **sans** *(without)*

Il faut manger pour vivre, et non pas vivre pour manger.

1 À l'université

Chacun a ses raisons pour aller à l'université. Expliquez les raisons des étudiants suivants.

▶ Christine étudie la physique.
> **Christine va à l'université pour étudier la physique.**

1. Nous étudions la biologie.
2. Vous apprenez la comptabilité.
3. Je fais des études de droit.
4. Jean-Paul se spécialise en chimie.
5. Tu continues tes études de musique.
6. Hélène et Alice retrouvent leurs copains de lycée.
7. Marc est avec sa copine.
8. Philippe et Antoine jouent dans l'équipe de football.

2 Ne t'en fais pas! *(Don't worry!)*

Dites à votre partenaire ce qu'il/elle doit faire. Il/elle va suivre vos conseils.

▶ sortir / prendre la clé

1. aller chez tes copains / téléphoner
2. organiser une boum / demander la permission à tes parents
3. répondre à cette question / réfléchir *(think)*
4. quitter le restaurant / payer l'addition
5. prendre la voiture / faire le plein d'essence
6. partir en vacances / réserver une chambre d'hôtel
7. aller à l'entrevue / préparer ton résumé

▶ **Ne sors pas sans prendre la clé!**

Ne t'en fais pas! Je prendrai la clé avant de sortir.

3 Conseils

Votre partenaire va choisir un objectif de la liste ou un objectif de son choix.
Expliquez-lui ce qu'il faut faire pour atteindre *(to reach)* cet objectif.

OBJECTIFS		
• être interprète	• gagner de l'argent	• devenir professeur
• être avocat	• aller à l'université	• devenir vétérinaire
• être ingénieur	• être millionnaire	• ??

▶ **Pour être ingénieur, il faut faire des études d'ingénieur (être bon en maths, aller dans une université spécialisée, . . .)**

B. L'infinitif passé

N3

The verbs in heavy print are in the PAST INFINITIVE. Note the forms of the past infinitive in the following sentences.

Je suis content d'**avoir trouvé** un emploi.	*I am happy to **have found** a job.*
Nous ne regrettons pas d'**être allés** à l'université.	*We do not regret **to have gone** (having gone) to college.*
Alice a étudié après **s'être reposée.**	*Alice studied after **having rested.***

FORMS

The PAST INFINITIVE is formed as follows:

N4

> **avoir** or **être** + PAST PARTICIPLE

➡ When the past infinitive is a reflexive verb, the reflexive pronoun represents the same person as the subject of the sentence.

> **Je** ne me souviens pas de **m'**être promené dans ce parc.

USES

The PAST INFINITIVE is used instead of the present infinitive to describe an action that takes place <u>before</u> the action of the main verb. It is <u>always</u> used after **après.**

Qu'est-ce que tu vas faire **après avoir fini** tes études?	*What are you going to do **after having finished** (after finishing) your studies?*

4 Leurs sentiments

Expliquez les sentiments des personnes suivantes en fonction de ce qu'elles ont fait.

▶ Patrick / être content / trouver un bon job
   Patrick est content d'avoir trouvé un bon job.

1. Alice / être heureuse / aller au Canada l'été dernier
2. Thomas / être enchanté / faire la connaissance de ta cousine
3. nous / avoir peur / rater l'examen
4. Bruno / être furieux / se tromper dans le problème de maths
5. vous / s'excuser / arriver en retard au rendez-vous
6. Madame Simon / être fière / créer sa propre *(own)* entreprise.

5 Hier

Demandez à votre partenaire à quelle heure il/elle a fait les choses suivantes hier et ce qu'il/elle a fait après.

▶ te coucher

1. te lever
2. prendre le petit déjeuner
3. arriver à l'école
4. déjeuner
5. rentrer chez toi
6. dîner
7. finir tes devoirs

> À quelle heure est-ce que tu t'es couché?

> Et qu'est-ce que tu as fait après t'être couché?

> À dix heures et demie.

> J'ai lu un livre.

(Je me suis endormi. J'ai regardé la télé . . .)

C. Le participe présent

Note the forms of the PRESENT PARTICIPLE in the following sentences.

Parlant français et anglais,
   je voudrais travailler pour une firme internationale.

Speaking *French and English,*
   I would like to work for an international company.

J'ai rencontré mes copains
   en **allant** au cinéma.

I met my friends
   *while **going** to the movies.*

The PRESENT PARTICIPLE always ends in **-ant.** It is formed as follows:

STEM	+	ENDING
nous-form of the present	+	**-ant**

N1

parler:	nous **parl**ons	→ **parlant**	aller:	nous **all**ons	→ **allant**
finir:	nous **finiss**ons	→ **finissant**	faire	nous **fais**ons	→ **faisant**
attendre:	nous **attend**ons	→ **attendant**	sortir:	nous **sort**ons	→ **sortant**
acheter:	nous **achet**ons	→ **achetant**	voir:	nous **voy**ons	→ **voyant**
commencer:	nous **commenç**ons	→ **commençant**	lire:	nous **lis**ons	→ **lisant**
manger:	nous **mange**ons	→ **mangeant**	prendre:	nous **pren**ons	→ **prenant**

➡ There are three irregular present participles:
   être → **étant**   avoir → **ayant**   savoir → **sachant**

➡ With reflexive verbs, the reflexive pronoun represents the same person as the subject.
   En **me** promenant, **j**'ai rencontré mon professeur d'histoire.

The construction **en** + PRESENT PARTICIPLE is used to express:
- SIMULTANEOUS ACTION *(while, on, upon* doing something)

   Éric écoute la radio
      en **lavant** sa voiture.

   Éric is listening to the radio
      *while **washing** his car.*

- CAUSE AND EFFECT *(by* doing something)

   Il gagne de l'argent
      en **lavant** des voitures.

   He earns money
      *by **washing** cars.*

C'est en forgeant qu'on devient forgeron.

6 Études de langues

Pour chaque personne, choisissez une langue et dites comment elle apprend cette langue.

moi
vous
mon copain
Alice et Catherine

l'espagnol
le français
l'anglais

- écouter Radio-France
- étudier à l'Alliance Française
- regarder des westerns à la télé
- écouter des cassettes de chansons mexicaines
- passer les vacances en Argentine
- regarder les bandes d'Astérix
- sortir avec des amis québécois
- lire des romans d'Hemingway

▶ **Mon copain apprend l'espagnol en écoutant des cassettes de chansons mexicaines (en passant les vacances en Argentine).**

7 C'est simple!

Cet été Céline a travaillé pour gagner de l'argent. Marc lui pose des questions sur son job. Céline lui répond. Avec votre partenaire, jouez les deux rôles.

N2

▶ gagner de l'argent cet été
  travailler dans un restaurant

Comment as-tu gagné de l'argent cet été?

C'est simple! J'ai gagné de l'argent en travaillant dans un restaurant.

1. trouver ce job
   lire les annonces
2. contacter le restaurant
   téléphoner à la propriétaire *(owner)*
3. réussir à l'entrevue
   avoir une bonne attitude
4. apprendre ton travail
   regarder les autres employés
5. recevoir tes pourboires *(tips)*
   être attentive et polie avec les clients

8 Zut alors!

Les personnes suivantes ont eu des problèmes. Expliquez quand ou comment c'est arrivé.

▶ Monsieur Lasalle s'est coupé. (Il se rasait.)
  Monsieur Lasalle s'est coupé en se rasant.

1. Stéphanie s'est blessée. (Elle faisait de l'alpinisme.)
2. Je suis tombé. (Je descendais les escaliers.)
3. Tu t'es cassé une dent. (Tu mangeais du homard [*lobster*].)
4. Vincent a perdu son portefeuille. (Il allait au cinéma.)
5. Nous nous sommes perdus. (Nous nous promenions à la montagne.)
6. Vous avez eu un accident. (Vous faisiez du parapente.)

9 Comment?

Dites comment les personnes suivantes font certaines choses.

▶ Philippe célèbre son anniversaire. Il organise une boum.
  Philippe célèbre son anniversaire en organisant une boum.

1. Catherine reste en forme. Elle nage tous les jours.
2. Isabelle se repose. Elle écoute de la musique classique.
3. Jérôme amuse ses amis. Il imite Arsenio Hall.
4. Alice gagne de l'argent. Elle fait du babysitting.
5. Thomas aide ses parents. Il passe l'aspirateur.
6. Stéphanie s'informe. Elle lit des magazines.
7. Carole reste en contact avec ses amis. Elle leur écrit pour leur anniversaire.
8. Marc soigne sa grippe. Il boit du thé chaud.
9. Édouard contribue à la protection de l'environnement. Il ramasse *(picks up)* les vieux papiers.
10. Hélène fait des bonnes actions *(deeds)*. Elle aide une famille d'immigrés.

10 Et vous?

Avec votre partenaire, dites comment vous faites les mêmes choses que celles de l'activité 9.

▶ **Moi, je célèbre mon anniversaire en faisant du bowling avec mes copains.**

COMMENT SE PRÉSENTER À UNE ENTREVUE

Vous avez lu les journaux et vous avez trouvé une petite annonce qui vous a intéressé(e). Vous avez téléphoné. On vous a demandé d'envoyer votre curriculum vitae. Quelques jours plus tard, on vous a convoqué(e)° pour une entrevue. Finalement le grand jour est arrivé. Ne le ratez pas! Voici quelques conseils.

Pour l'entrevue

Habillez-vous correctement.

La présentation a beaucoup d'importance. Soignez-la!° Pour les garçons, mettez un costume et une cravate. Pour les filles, mettez une robe classique. Si vous avez le temps, passez chez le coiffeur quelques jours avant l'entrevue. Laissez vos lunettes de soleil chez vous, même s'il fait beau. Évitez les couleurs criardes° et les parfums excessifs. Et pas de coiffure extravagante.

Arrivez à l'heure ou même un peu avant.

Soyez poli avec la réceptionniste. Attendez patiemment votre tour, même si la personne avec qui vous avez rendez-vous est en retard.

Ne soyez pas intimidé.

Même si vous avez le trac° intérieurement°, ayez l'air décontracté. (Ce n'est pas le dernier jour de votre vie, mais peut-être le premier jour de votre vie professionnelle.) Ne mâchez° pas de chewing-gum pour masquer votre nervosité.

Pendant l'entrevue

Répondez clairement et distinctement aux questions de l'interviewer.

Mettez en valeur° vos talents et vos qualifications, mais sans les exagérer. Surtout, ne vous inventez pas un curriculum vitae extraordinaire. (À votre âge, il est normal que votre expérience professionnelle soit limitée.)

Soyez attentif et respectueux.

Ayez l'air intéressé par ce qu'on vous dit. N'interrompez pas l'interviewer quand il vous parle. Posez des questions, mais seulement au bon° moment. À l'occasion, prenez des notes. (Pour cela, n'oubliez pas d'apporter un carnet et un stylo à l'entrevue. Cela fera bonne impression.) Ne regardez jamais votre montre pendant l'entrevue.

Ne soyez pas trop personnel.

Parlez de votre vie personnelle seulement si cela a un rapport° avec vos qualifications pour le job. Ne soyez pas familier avec votre interviewer. (Par exemple, n'essayez pas de savoir qui sont les personnes sur les photos qui peuvent être sur son bureau!)

---

convoqué(e) called   **Soignez-la!** pay careful attention to it   **criardes** loud   **trac** are scared, nervous   **intérieurement** inside   **mâchez** chew
mettez en valeur emphasize   **interrompez / interrompre** to interrupt   **bon** right   **rapport** connection

◆ **Ne parlez jamais de salaire.**
Si vous êtes accepté pour le job, il sera temps d'en discuter à ce moment-là.

Après l'entrevue

◆ **Soyez persévérant sans être trop insistant.**
Si possible, écrivez une lettre assez courte dans laquelle vous remerciez l'interviewer de l'entretien qu'il vous a donné. Cela l'aidera à se souvenir de vous. Ne téléphonez pas tous les jours à la compagnie pour connaître les résultats de l'entrevue. En fait, attendez au moins 15 jours avant de vous informer sur votre sort.°

◆ **Restez optimiste.** N3
Même en cas de réponse négative, vous avez acquis° l'expérience de l'entrevue. Cela vous sera utile pour la prochaine fois.

Avec votre partenaire, déterminez quels sont les trois (3) conseils les plus utiles et dites pourquoi.

EXPRESSION ÉCRITE
Décrivez une entrevue personnelle que vous avez eue. Mentionnez, par exemple:
- comment vous étiez habillé(e)
- quand vous êtes arrivé(e) à l'entrevue
- comment vous vous sentiez
- qui était l'interviewer
- quelles questions il/elle vous a posées
- comment vous avez répondu
- quels problèmes vous avez eus pendant l'entrevue
- qu'est-ce que vous avez fait après l'entrevue
- quel a été le résultat de cette entrevue

N4

CURRICULUM VITAE

Vous voulez travailler pour une compagnie française. Préparez votre propre curriculum vitae sur le modèle indiqué.

CURRICULUM VITAE

Karine PERRAUDIN
125, rue de l'Ermitage
37100 Tours
tél. 47-31-22-51
19 ans

ÉTUDES	1 année de préparation, École Supérieure de Commerce, Bac S, mention assez bien
LANGUES	Anglais (courant°) Allemand Notions d'espagnol
EXPÉRIENCE	été 1995 Stage d'un mois à CANAL-PLUS (service marketing)
	été 1994 Réceptionniste dans un hôtel 3 étoiles
	été 1993 Animatrice dans une colonie de vacances pour enfants handicapés
POSTE SOUHAITÉ	Stage de 4 à 6 semaines, si possible rémunéré, dans un service de publicité ou de marketing. Préférence pour compagnie internationale.
SPORTS ET HOBBIES	Tennis, Natation, Escalade Musique (violon), Photo
RÉFÉRENCES	Sur demande.°

sort *fate*
acquis / acquérir* *to acquire*
courant *fluent*
sur demande *on request*

PARTIE 2

LE FRANÇAIS PRATIQUE

La vie professionnelle

Où voudrais-tu travailler?

Je voudrais travailler pour une banque.

— Où voudrais-tu travailler?
　　Je voudrais travailler **dans/pour une banque.**

un bureau	**une compagnie internationale**
une usine *factory*	**un cabinet** *(office)* **d'avocat**
une agence de voyages	**un laboratoire de recherches**

— **Dans quelle branche d'activité** voudrais-tu | travailler?
　　　　　　　　　　　　　　　　　　　　　　 | **faire carrière?**

　　J'aimerais travailler dans **la finance.**

le commerce *trade*	**l'informatique**
l'industrie	**la recherche** *(research)* **scientifique**
la communication	**la fonction publique** *civil service*
la publicité *advertising*	**les relations publiques**
les assurances *insurance*	**l'immobilier** *real estate*
les affaires *business*	

— **Pour quel genre d'entreprise** voudrais-tu travailler?　　**N1**

　　Je voudrais travailler **pour une** | **petite** / **grande** | **entreprise.**

une compagnie	**moyenne** *average size*
une firme	**multinationale**
une société	

　　Je voudrais | travailler **à mon propre compte** *(for myself).*
　　　　　　　　 | **créer ma propre** *(own)* **entreprise.**

— **Qu'est-ce que tu recherches**
　　Qu'est-ce qui t'intéresse | dans ce travail?
　　Qu'est-ce qui compte le plus |

rechercher *to look for, search*

　　Je recherche **un bon salaire.**

une bonne ambiance *atmosphere*
de bonnes conditions de travail
la possibilité de promotion
des responsabilités importantes
des avantages sociaux *fringe benefits*

1 Un sondage

N2

Conduisez un sondage dans la classe pour déterminer . . .

- le lieu de travail préféré
- le type d'entreprise préféré
- la branche d'activité préférée
- l'aspect le plus important d'un travail

2 Choix professionnel

Votre partenaire et vous, vous allez choisir une profession qui vous intéresse.
(Chacun va choisir une profession différente.) Comparez les avantages
de chaque profession sur la base des éléments suivants.

N3

	faible	moyen(ne)	assez bon(ne)	bon(ne)	excellent(e)
• salaire/rémunération					
• intérêt du travail					
• prestige					
• ambiance de travail					
• possibilité de promotion					
• possibilité de voyager					
• possibilité de rencontrer des gens intéressants					
• ??					

3 La meilleure solution

Préféreriez-vous travailler pour une compagnie ou créer votre propre entreprise?
Chaque solution a ses avantages, mais aussi ses désavantages. Avec votre partenaire, évaluez
ces avantages et ces désavantages.

- Quelle est la meilleure solution pour vous?
- Quelle est la meilleure solution pour votre partenaire?

AVANTAGES		
peu important	important	très important

DÉSAVANTAGES		

Créer sa propre entreprise

- Satisfaction personnelle
- Indépendance
- Heures flexibles
- Possibilité de devenir riche
- ??

- Possibilité d'échec *(failure)*
- Risques financiers
- Travail très dur
- Trop de responsabilités
- ??

Travailler pour une compagnie

- Horaire régulier
- Salaire régulier
- Avantages sociaux
- Responsabilités limitées
- ??

- Salaire limité
- Hiérarchie pesante *(heavy)*
- Travail monotone
- Pas assez de responsabilités
- ??

À la recherche d'un emploi

Qu'est-ce que tu vas faire pour trouver du travail?

Je vais lire les annonces.

POUR TROUVER DU TRAVAIL

— Qu'est-ce que tu vas faire pour trouver du travail?

Je vais | **lire les annonces** classified ads.
| **répondre à l'annonce.**
| **téléphoner au chef du personnel.**
| **prendre rendez-vous** to make an appointment.
| **envoyer mon curriculum vitae** resume.
| **solliciter** to ask for | **une entrevue** interview.
| | **une interview.**
| | **un entretien.**
| **aller à l'entrevue.**

These three expressions are synonymous.

PENDANT L'INTERVIEW

— Quel emploi cherchez-vous?

Je cherche **un emploi temporaire.**

un job d'été	**un emploi à mi-temps** half time
un stage internship	**un emploi à temps partiel** part time
	un emploi à temps complet full time

— Avez-vous déjà travaillé?　**N2**

Oui, j'ai travaillé dans | un hôpital.
| une boutique.
| un supermarché.

Non, je n'ai **pas d'expérience professionnelle.**

— Qu'est-ce que vous savez faire?　**N3**

Je sais **parler anglais.**

parler français, espagnol, chinois . . .
conduire une voiture
utiliser | **un ordinateur**
me servir d' |
classer des documents

conduire to drive
se servir de to use
classer to file

— Quelles sont vos qualifications personnelles?

J'ai **l'esprit d'initiative.**

de l'ambition
le sens des contacts humains
le goût (liking) **des responsabilités**
une bonne formation (education) **générale**
des connaissances (knowledge) **techniques**

J'ai mon curriculum vitae.

— Quels documents avez-vous apportés?
J'ai **mon curriculum vitae**.

> **des lettres de recommandation**
> **mes références**
> **mes diplômes**

— Merci! **Vous faites l'affaire!** *(You are qualified.)*
Nous allons vous | **offrir** un emploi.
| **engager.**   N4

Je suis désolé(e), mais **vous ne faites pas l'affaire**.

> **offrir**   *to offer*
> **engager**   *to hire*

Conversations libres

Avec votre partenaire, choisissez l'un des sujets suivants.
Composez et jouez le dialogue correspondant à ce sujet.
Votre partenaire va jouer l'autre personne.

1   Jobs d'été

Votre camarade et vous, vous habitez
en France. Discutez de ce que vous
allez faire pour trouver un job cet été.
Rôles: deux étudiants français.

2   Télémarketing

Dans le journal, vous avez lu une annonce dans
laquelle une firme française de produits
cosmétiques cherche des étudiants américains
pour vendre ses produits par téléphone.
Téléphonez à cette firme pour expliquer vos
qualifications.

*Rôles: un(e) étudiant(e) américain(e)/
le représentant de la firme*

3   Agence de voyages

Une agence de voyages française cherche
un(e) assistant(e). Vous avez obtenu une
entrevue avec le chef du personnel.
C'est le jour de l'entrevue.

Rôles: un(e) candidat(e)/le chef du personnel

4   Compagnie internationale

Vous venez d'obtenir votre diplôme universitaire avec
une spécialité en littérature française. Vous répondez
à l'annonce d'une compagnie internationale qui
recrute des étudiants pour son département de
marketing. Vous n'avez pas fait d'études de marketing.
Expliquez à l'interviewer pourquoi vous voulez le job
et pourquoi vous êtes tout de même *(nevertheless)*
qualifié(e).

Rôles: un(e) candidat(e)/l'interviewer

5   Office de Tourisme

Vous habitez en France. L'Office de Tourisme
de votre ville recrute des étudiants parlant
anglais pour développer le tourisme dans
la région. Vous avez une entrevue avec
la directrice de l'Office du Tourisme.

Rôles: un(e) candidat(e)/la directrice

A. La construction conjonction + subjonctif

Note the use of the subjunctive in the following sentences.

Je te prête le journal
pour que tu lises les petites annonces.

I am lending you the paper
***so that you read** the ads.*

Téléphone au chef du personnel
avant qu'il parte en vacances.

Call the head of personnel
***before he leaves** on vacation.*

Nous vous engagerons
à condition que vous ayez
de bonnes recommandations.

We will hire you
***provided that you have**
good recommendations.*

N1

N2

The SUBJUNCTIVE is used after certain conjunctions which express:

- PURPOSE or INTENT

pour que	*so that*	Le professeur explique **pour que** vous **compreniez**.

- CONDITION or RESTRICTION

à condition que	*provided, on condition that*	Nous ferons une promenade à vélo **à condition qu'**il **fasse** beau.
à moins que	*unless*	J'irai à la plage **à moins qu'**il **fasse** mauvais.
sans que	*without*	Philippe est parti **sans que** tu lui **dises** au revoir.

- TIME LIMITATION

avant que	*before*	Je vous téléphonerai **avant que** vous **partiez**.
jusqu'à ce que	*until*	Nous attendrons **jusqu'à ce que** vous **veniez**.

N3

➡ The INFINITIVE is used after **avant de, pour,** and **sans** when the subject of the main clause and the dependent clause are the same.

Victor est venu . . .
pour parler de ses projets.
avant d'aller en France.
sans avoir rendez-vous.

Victor est venu . . .
pour que vous parliez de vos projets.
avant que vous alliez en vacances.
sans que vous ayez rendez-vous.

➡ Remember that the INDICATIVE is used after conjunctions, such as
parce que, pendant que, depuis que, lorsque.

Je cherche du travail **parce que** j'**ai** besoin d'argent.

1 Prêts

Vous êtes une personne généreuse qui prête ce qu'elle a. Choisissez une chose et dites à qui vous allez la prêter et pourquoi.

▶ **Je vais prêter dix dollars à mon cousin Christophe (à ma soeur Michelle) pour qu'il/elle aille au cinéma.**

QUOI?	POURQUOI?
mon vélo	s'acheter un livre
mon gant de baseball	faire un tour à la campagne
ma radiocassette	aller au ciné
ma mini-chaîne	prendre des photos
dix dollars	organiser une boum
vingt dollars	écouter ce nouveau CD
??	??

2 Il y a toujours une raison

Expliquez pourquoi les personnes suivantes font certaines choses pour d'autres personnes.

▶ Madame Bertrand / donner de l'argent à sa nièce / s'acheter une mini-chaîne
Madame Bertrand donne de l'argent à sa nièce pour qu'elle s'achète une mini-chaîne.

1. Thomas / prêter son vélo à son copain / faire une promenade à la campagne
2. Monsieur Thibault / payer les études à sa fille / être avocate
3. Madame Rémi / envoyer un chèque à son fils / payer sa scolarité *(tuition)*
4. le professeur / écrire des lettres de recommandation aux élèves / trouver du travail
5. Marc / inviter sa copine à dîner / faire la connaissance de ses parents
6. Madame Lombard / envoyer ses enfants en Angleterre / apprendre l'anglais

3 Dépêchez-vous!

Dites à votre partenaire de se dépêcher de faire certaines choses.

▶ aller à la bibliothèque (elle va fermer)

1. téléphoner à ta copine (elle va sortir)
2. ranger ta chambre (tes copains vont venir)
3. finir tes devoirs (on va aller au ciné)
4. promener le chien (il va faire noir)
5. acheter cette mini-chaîne (les prix vont augmenter)
6. chercher un job (les vacances vont commencer)
7. demander des lettres de recommandation (tes profs vont partir en vacances)
8. répondre à cette annonce (la compagnie va engager quelqu'un d'autre)

> **Va à la bibliothèque avant qu'elle ferme.**

4 Conditions

François demande à sa mère s'il peut faire certaines choses. Sa mère accepte mais à certaines conditions. Avec votre partenaire, jouez les deux rôles.

▶ aller à la boum / rentrer avant minuit

FRANÇOIS: **Dis, est-ce que je peux aller à la boum?**

SA MÈRE: **Je veux bien, mais à condition que tu rentres avant minuit.**

FRANÇOIS: **Bon, d'accord! Je rentrerai avant minuit.**

1. regarder mes vidéocassettes / finir tes devoirs avant
2. écouter mes disques / ne pas faire de bruit
3. inviter un copain à dîner / mettre la table
4. organiser un pique-nique / faire les courses
5. prendre la voiture / être prudent
6. voyager cet été / réussir à tes examens

5 Négociation

Votre partenaire va vous demander de faire une des choses suivantes pour lui/elle. Négociez un échange.

- prêter ton VTT
- prêter ta radiocassette
- prêter dix dollars
- inviter au café
- inviter à ta boum
- présenter à tes copains
- aider avec le devoir
- aider à ranger ma chambre

▶ — **Dis, est-ce que tu peux me prêter ton VTT?**
— **D'accord, mais à condition que tu me prêtes ton appareil-photo (que tu m'aides avec le problème de maths, . . .)**

6 Une promenade à vélo

Vous êtes en Touraine avec votre partenaire.
Vous organisez une promenade à vélo.
Expliquez vos projets à votre partenaire.

▶ Nous ferons une promenade samedi.
(à condition que / il fait beau)
Nous ferons une promenade samedi à condition qu'il fasse beau.

1. Le matin, nous visiterons le château d'Amboise.
(à moins que / il est fermé)
2. Je te prêterai mon appareil-photo.
(pour que / tu prends des photos)
3. Après, nous ferons un pique-nique.
(à moins que / nous trouvons une petite auberge sympathique)
4. Nous irons dans cette auberge.
(à condition que / elle a des spécialités régionales)
5. Ensuite nous continuerons notre promenade.
(jusqu'à ce que / nous sommes fatigués)
6. Nous rentrerons.
(avant que / il fait nuit)

le château d'Amboise

7 Double effet

En général, nos actions nous concernent nous-mêmes. Elles peuvent aussi concerner d'autres personnes. Exprimez cela d'après le modèle.

▶ J'achète le journal pour lire les petites annonces. (tu)
   J'achète le journal pour que tu lises les petites annonces.

1. Madame Gustave passe un an au Brésil pour apprendre le portugais. (ses enfants)
2. Monsieur Guyon commande un taxi pour être à l'heure au rendez-vous. (son patron)
3. Nous allons dans ce magasin pour regarder les ordinateurs. (vous)
4. Je rendrai visite à mes cousins avant de partir en vacances. (ils)
5. Nous te téléphonerons avant d'aller en France. (tu)
6. Monsieur Durand ne partira pas sans avoir son passeport. (sa femme)
7. Nous ne quitterons pas Paris sans voir Notre Dame. (nos enfants)
8. Monsieur Thomas achète un nouveau logiciel *(software)* pour faire sa comptabilité *(accounting).* (sa secrétaire)
9. Je téléphone à la directrice pour avoir une entrevue. (tu)
10. Madame Rimbaud relit la lettre avant de signer. (son patron)
11. Le chef du personnel n'engagera pas ces candidats sans parler au président de la compagnie. (ils)

8 C'est vous le président!

C'est vous le président de votre propre entreprise. Tous les mois, vous réunissez votre personnel. Faites votre présentation en complétant les phrases suivantes.

1. Je vous ai demandé de venir pour que . . .
   (vous / discuter des progrès de l'entreprise)
2. Nos ventes *(sale)* ont progressé depuis que . . .
   (je / vous avoir parlé le mois dernier)
3. En particulier, nos exportations vers le Japon ont augmenté depuis que . . .
   (le franc / avoir été dévalué)
4. J'ai contacté notre agence de Tokyo pour que . . .
   (elle / faire de la publicité à la télévision)
5. Nous devons développer de nouveaux produits sans que . . .
   (nos concurrents / le savoir)

6. Pour financer ces produits, je vais emprunter de l'argent à la Banque Nationale de Paris pendant que . . . (les taux [*rates*] d'intérêt / être favorables)
7. Nous allons réussir à moins que . . .
   (la situation économique / devenir mauvaise)
8. J'augmenterai vos salaires à condition que . . .
   (vous / continuer dans vos efforts)
9. Pour ma part, je vais continuer à travailler jusqu'à ce que . . .
   (cette compagnie / être la première compagnie dans sa spécialité)
10. C'est possible parce que . . .
    (nos produits / être les meilleurs produits du monde)

L ECTURE

Le portrait

Yves Thériault

Le but d'un conte est de distraire.° Pour cela, un conte doit contenir un élément qui attirera et maintiendra l'attention du lecteur: humour, intrigue, développement psychologique, etc.

Dans le conte que vous allez lire, Hélène, une jeune fille canadienne, découvre un portrait dans le grenier de la ferme où elle habite avec sa famille. Elle apprend que c'est le portrait d'un oncle mort il y a longtemps et dont personne ne veut parler.

D'après cette courte introduction, quel est, selon vous, l'élément que l'auteur utilisera pour retenir l'attention des lecteurs?

- l'humour?
- le mystère?
- l'intrigue?
- le récit d'aventures?
- le développement psychologique?
- autre élément?

Yves Thériault (1915-1983) est un auteur québécois. Avant de se consacrer à la littérature, il a fait un peu tous les métiers: conducteur de camion, marchand de fromages, présentateur à la radio, traducteur. . . Écrivain très prolifique, il a écrit des essais, des contes sur des thèmes canadiens, aussi bien qu'une série de romans policiers.

LE PORTRAIT

1

J'ai trouvé le portrait dans le grenier, un matin de juin. J'y étais allée chercher des pots° pour les confitures de fraises, puisque nous étions au temps de l'année pour ces choses.

Le portrait était derrière un bahut.° J'ai vu la dorure° du cadre. J'ai tiré à moi,
5 et voilà que c'était le portrait.

Celui d'un homme jeune, aux cheveux bruns, à la bouche agréable, et des yeux qui me regardaient. De grands yeux noirs, vivants . . .

J'ai descendu le portrait dans la cuisine.

— Voilà, mère, c'était au grenier.
10 Elle regarda le portrait d'un air surpris.

— Nous avions donc ça ici, ma fille? Tiens, tiens . . .

J'ai demandé:

— Qui est l'homme? Parce que c'est un bel homme. Il est vêtu° à la mode ancienne, mais c'est un magnifique gaillard . . .°
15 — Ton oncle, dit-elle, le frère de ton père. Le portrait a été peint alors qu'il était jeune.

— Quel oncle?

Je ne connaissais qu'une vague tante, pâle, anémique, qui vivait à la ville et venait chez nous une fois l'an. C'était, à ma connaissance, la seule parente de mon
20 père.

Je l'ai dit à ma mère.

— Je ne me connais pas d'oncle . . .

— C'était le plus jeune frère de ton père. Ils étaient quatre. Trois garçons,
25 une fille. Il ne reste que ton père et ta tante Valérienne.

— Les autres sont morts?

Elle fit° oui de la tête.

— Même celui-là? dis-je, même ce bel oncle-là?

— Oui.

Mots utiles	
le cadre	*frame*
la colère	*anger*
le grenier	*attic*
chercher à	= *essayer de*
descendre	*to bring down*
pendre	*to hang*
secouer	*to shake*
tirer	*to pull, draw*
ça n'a pas	
d'importance	*that doesn't matter*
il ne reste que…	*there is/are only . . . left*
mieux vaut	= *il vaut mieux*

pot *jar* **bahut** *cupboard* **dorure** *gilt* **vêtu** *dressed* **gaillard** *guy* **fit** = dit

— Ce n'est pas juste de mourir quand on est si jeune et si beau . . . Non, ce n'est pas juste . . . Eh bien, oui, j'avais un bel oncle. Dommage qu'il soit mort . . . 30

Ma mère me regardait curieusement.

—Hélène, tu dis de drôles de choses . . .

Mais je n'écoutais pas ma mère. Je regardais le portrait. Maintenant, à la lumière plus crue° de la cuisine, le portrait me paraissait encore plus beau, 35 encore mieux fait . . . Et j'aimais bien les couleurs.

— Je le pends dans ma chambre, dis-je . . .

— Comme tu voudras, dit ma mère, aujourd'hui, ça n'a plus d'importance.

La remarque n'était pas bien claire, et j'ai voulu savoir.

— Vous ne trouvez pas que c'est d'en dire beaucoup, et bien peu, mère? 40

— Peut-être. De celui-là, mieux vaut en dire le moins possible . . .

— Comment se nommait-il?°

— Tout simplement Jean . . .

— Et qu'est-ce qu'il faisait, demandai-je, qu'est-ce qu'il faisait dans la vie?

Mais ma mère secoua la tête. 45

— Pends, dit-elle, ce portrait où tu voudras . . . Ça n'a plus d'importance, mais si tu veux un bon conseil, ne dis rien, ne cherche à rien savoir. Et surtout, ne parle de rien à ton père.

Au fond, ça n'avait pas d'importance. J'aimais le coup de pinceau° de l'artiste. J'aimais sa façon de tracer, de poser° la couleur, j'aimais les teintes° 50 chaudes . . .

crue *direct* **se nommait-il** = s'appelait-il **au fond** *deep down* **coup de pinceau** *brush stroke*
poser = mettre **teintes** = couleurs

Je trouvais l'oncle bien beau, et bien jeune. Mais ça n'était pas si important que je doive encourir° d'inutiles colères. Et quelque chose me disait, quelque chose dans le ton de la voix de ma mère, dans la détermination de son visage,
55 que mon père n'aimerait pas du tout que j'aborde° le sujet de son frère Jean.

encourir *to incur* **aborde** = approche

Avez-vous compris?

1. Comment Hélène a-t-elle découvert le portrait?
2. Qu'est-ce que sa mère lui explique? Qu'est-ce qu'elle ne lui explique pas?
3. Qu'est-ce qu'Hélène pense de son oncle?
4. Qu'est-ce qu'elle veut faire du portrait?

Anticipons un peu!

Hélène a décidé de mettre le portrait. D'après vous, qu'est-ce qui va se passer dans l'épisode suivant?

- Le portrait va disparaître.
- Le portrait va vouloir communiquer quelque chose à Hélène.
- Hélène va tomber malade et mourir mystérieusement.
- L'oncle Jean va réapparaître dans la maison familiale bien vivant *(alive)*.
- Autre possibilité?

Expliquez votre choix.

2

J'ai pendu le portrait au mur de ma chambre.

Je l'ai regardé chaque matin en m'éveillant, et chaque soir avant de souffler la lampe.

Et puis, au bout de deux semaines, une nuit, j'ai senti que quelqu'un me touchait l'épaule. 60

Je me suis éveillée en sursaut,° j'ai allumé ma lampe de chevet.° J'avais des sueurs froides le long du corps . . . Mais il n'y avait personne dans ma chambre.

Machinalement,° j'ai regardé le portrait, et en le voyant j'ai crié, je crois, pas fort,° mais assez tout de même, et je me suis enfoui° la tête sous l'oreiller.° 65

Dans le portrait, l'oncle Jean, très habilement° rendu,° regardait droit devant lui... Mais lorsque je me suis éveillée, j'ai vu qu'à cette heure-là de la nuit, il regardait ailleurs. En fait il regardait vers la fenêtre. Il regardait dehors . . .

Le matin, je n'ai rien dit. Je n'ai rien dit non plus les jours suivants, même si, chaque nuit, quelqu'un . . . ou quelque chose m'éveillait en me touchant 70 l'épaule. Et même si chaque nuit, l'oncle Jean regardait par la fenêtre . . .

Naturellement, je me demandais bien ce que ça voulait dire. Plusieurs fois je me suis pincée, très fort,° pour être bien sûre que je ne dormais pas.

Chose certaine, j'étais bien éveillée.

Et quelque chose se passait . . . Mais quoi? 75

Au sixième matin . . . vous voyez comme je suis patiente . . . j'ai voulu tout savoir de maman.

— L'oncle Jean, qui est-il? Qu'est-ce qu'il faisait? Pourquoi ne faut-il pas en parler devant papa, de cet oncle?

— Tu as toujours le portrait dans ta chambre? dit ma mère. 80

— Oui.

Elle continua ses occupations pendant quelques minutes, puis elle vint s'asseoir devant moi, à la table.

— Ma fille, me dit-elle, il y a des choses qui sont difficiles à dire. Moi, ton oncle Jean, je l'aimais bien, je le trouvais charmant. Et ça mettait ton père dans 85 tous les états° quand j'osais dire de telles choses.

Je lui ai demandé:

— Mais pourquoi, mère?

— Parce que ton oncle Jean, c'était une sorte de mouton noir dans la famille . . . il a eu des aventures, je t'épargne° les détails. 90 Surtout, il avait la bougeotte.° Il s'est enfui jeune de la maison, on ne l'a revu que plus tard . . . . Puis il est reparti. Un jour, ton père a reçu une lettre. Ton oncle Jean s'était fait tuer,° stupidement, dans un accident aux États-Unis. On a fait transporter son corps ici, pour être enterré dans le lot° familial au cimetière. Il n'aurait pas dû . . . mais . . . 95

en sursaut *with a start* **de chevet** *bedside* **machinalement** *unconsciously* **pas fort** *not very loud*
enfoui *buried* **oreiller** *pillow* **habilement** *skillfully* **rendu** = *peint* **pincée très fort** *pinched hard*
dans tous les états = *en colère* **épargne** *spare* **bougeotte** *travelling urge*
s'était fait tuer *was killed* **lot** *plot*

N1

Mots utiles	
l'épaule	*shoulder*
la sueur	*sweat*
un testament	*will*
allumer	*to light*
crier	*to scream*
se demander	*to wonder*
s'enfuir *	*to run away*
éveiller	*to wake up*
oser	*to dare*
souffler	*to blow out*
vouloir dire	*to mean*
ailleurs	*elsewhere*
au bout de	= *après*
tel (telle)	*such*

— Pourquoi? ai-je demandé, pourquoi n'aurait-il pas dû?

— Parce que, dans un testament découvert par la suite dans les effets de Jean, celui-ci exigeait d'être enterré n'importe où, mais pas dans le lot° familial . . .

Il disait dans cet écrit qu'il n'avait aucunement° le désir de reposer aux côtés de la paisible° et sédentaire famille. Il avait un autre mot pour eux . . . pas très gentil.

Moi je croyais comprendre, maintenant.

— Est-ce que papa l'a fait transporter ailleurs?

— Euh . . . non . . . question° des dépenses que ça signifiait° . . . Jean n'a rien laissé, il est mort pauvre.

lot *plot* **aucunement** = pas du tout **paisible** *quiet* **question des** = à cause des **signifiait** = représentait

Avez-vous compris?

1. Pourquoi est-ce qu'Hélène s'est éveillée en sursaut?
2. En quoi le portrait de son oncle était-il différent à ce moment-là?
3. Que pensait la mère d'Hélène de l'oncle Jean?
4. Quelles étaient les rapports entre le père d'Hélène et son frère Jean?
5. Comment est mort l'oncle Jean?
6. Qu'est-ce que son testament stipulait? Est-ce qu'il a été respecté?

Anticipons un peu!

D'après vous, qu'est-ce que l'oncle Jean voulait communiquer à Hélène?
- Qu'elle ouvre la fenêtre.
- Qu'elle sorte *(take out)* le portrait de la maison.
- Qu'elle prie *(pray)* pour lui.
- Qu'elle quitte elle-même la maison familiale et parte à l'aventure.

Expliquez votre choix.

3

Ce soir-là, j'ai mieux dormi. J'ai été éveillée vers quatre heures, et toute la scène d'habitude s'est répétée. 105

— Soit,° ai-je déclaré au portrait de l'oncle Jean . . . Demain, je vais faire quelque chose.

Et le lendemain matin, j'ai pris le portrait, et je l'ai porté dehors, derrière la remise.° Je l'ai appuyé là, face au soleil levant.° 110

Plusieurs fois dans la journée, je suis allée voir. L'oncle Jean regardait en face, mais j'ai cru voir comme une lueur° amusée dans ses yeux. Je me suis dit que je n'avais pas remarqué ce sourire auparavant.°

Au crépuscule,° le portrait était encore là . . .

Durant la nuit, je fus éveillée de nouveau. Seulement, au lieu d'une main discrète sur mon épaule, ce fut un très gentil baiser sur la joue qui m'éveilla. 115

Et je vous jure que pendant les quatre ou cinq secondes entre le sommeil profond et l'éveil complet, j'ai bien senti des lèvres tièdes° sur ma joue.

Je me suis rendormie paisiblement. J'avais comme une sensation de bien-être.

Au matin, le portrait n'était plus à sa place. 120

J'ai demandé à papa s'il l'avait pris, et il m'a dit que non. Maman n'y avait pas touché. Mes petits frères non plus.

Le portrait avait disparu. Et moi j'étais convaincue que sa disparition° coïncidait avec le baiser de reconnaissance si bien donné au cours de la nuit. 125

Vous voulez une explication? Je n'en ai pas. La chose est arrivée. Elle s'est passée comme ça peut être une suite° de rêves. Freud aurait une explication, je suppose . . . N'empêche° que les faits sont là. 130 Un portrait est disparu, et l'oncle Jean regardait. Pour un homme qui avait toujours eu la bougeotte, c'était tout de même assez significatif . . .

soit *all right, so be it* **remise** *shed* **levant** *rising* **lueur** *gleam* **auparavant** = *avant* **crépuscule** *dusk* **tièdes** *warm* **disparition** *disappearance* **suite** *series, sequence* **n'empêche que** *nevertheless*

N1

Mots utiles

un baiser	*kiss*
le bien-être	*well-being*
l'éveil	*wakefulness*
la reconnaissance	= *la gratitude*
un rêve	*dream*
le sommeil	*sleep*
appuyer	*to lean*
jurer	*to swear*
se rendormir *	*to go back to sleep*

Avez-vous compris?

1. Qu'est-ce qu'Hélène fait avec le portrait? Pourquoi?
2. Quelle semble être la réaction du portrait? Pourquoi?
3. Qu'est-ce qui se passe cette nuit-là? Pourquoi?
4. Que devient le portrait?
5. Quelle est l'explication d'Hélène?

Et vous?

D'après vous, qu'est-ce qui est arrivé au portrait?

EXPRESSION ORALE

■ Situations

Avec votre partenaire, choisissez l'une des situations suivantes. Composez le dialogue correspondant et jouez-le en classe.

1 L'histoire du portrait

Hélène raconte l'histoire du portrait à un(e) copain (copine). Incrédule, celui-ci (celle-ci) veut connaître les détails.

Rôles: Hélène, le copain (la copine)

2 La rupture

Quelques années après, Hélène demande à son père les raisons de la rupture avec son jeune frère Jean. Le père hésite et finalement répond à Hélène qui veut des détails. (Imaginez les raisons de cette rupture.)

Rôles: Hélène, le père

EXPRESSION ÉCRITE

■ Le journal d'Hélène

Vous êtes Hélène. Dans votre journal, décrivez les événements suivants.
- la découverte du portrait
- ce qui s'est passé la première nuit
- ce qui s'est passé la dernière nuit

■ La biographie de l'oncle Jean

Un jour Hélène a trouvé dans le grenier le journal de l'oncle Jean dans lequel il décrit sa vie. Avec votre partenaire, imaginez la biographie de l'oncle Jean. Décrivez, par exemple . . .
- où il a passé sa jeunesse
- quelles étaient ses relations avec sa famille (Pourquoi s'est-il disputé avec sa famille?)
- quels problèmes il a eus
- pourquoi il s'est enfui une première fois
- où il est allé et qu'est-ce qu'il a fait
- pourquoi il est revenu
- pourquoi il est reparti une seconde fois
- où il est allé cette fois-là et qu'est-ce qu'il a fait
- comment il est mort

INTERLUDE CULTUREL

■ *L'histoire franco-américaine* ■ *en dix questions*

Depuis cinq siècles, l'histoire de la France et celle de l'Amérique du Nord sont étroitement liées.° Voici quelques pages d'histoire franco-américaine.

1. *Combien est-ce qu'il y a d'Américains d'origine française?*

Aux États-Unis, il y a plus de trois millions et demi de personnes qui se considèrent d'origine française. En outre,° il y a aussi dix millions de personnes qui ont au moins un ancêtre d'origine française. Ces personnes habitent principalement dans les états de la Nouvelle Angleterre et en Louisiane.

La Nouvelle-Orléans

Festival en Louisiane

Une fête française à Boston

2. *Quand est-ce que les premiers Français sont venus sur le continent américain?*

L'arrivée de Jacques Cartier à Gaspé (1534).

Jacques Cartier, un explorateur français, est arrivé au Canada en 1534. Sa mission était de trouver des mines d'or et de diamants pour le roi de France. Au lieu de découvrir des richesses fabuleuses, il a découvert un immense pays inconnu des Européens: le Canada. Il a débarqué° à Gaspé le 24 juillet 1534. Là, il a planté une croix° dans le sol,° et il a pris possession de la région au nom du roi de France. Au cours d'une seconde expédition l'année suivante, il a découvert l'estuaire d'un grand fleuve° qu'il a appelé le Saint-Laurent (parce que c'était le 10 août, fête de Saint Laurent). Puis il a remonté° ce fleuve jusqu'à un petit village indien appelé Hochelaga, site de la future ville de Montréal.

Les premiers colons français sont arrivés au Canada seulement 70 ans plus tard. Ils se sont d'abord installés° en Acadie (aujourd'hui la Nouvelle Écosse°) où ils ont fondé Port Royal (aujourd'hui Annapolis Royal) en 1605. En 1608, **Samuel de Champlain** a fondé la ville de **Québec**.

---

liées *interwoven* **en outre** *in addition* **a débarqué** *landed* **croix** *cross* **sol** *ground* **fleuve** = rivière **a remonté** *sailed up*
se sont installés *settled* **Nouvelle Écosse** *Nova Scotia*

3. *Quand a été fondé Montréal?*

En 1642, une petite expédition de 50 Français sous le commandement de Paul Chomedey de **Maisonneuve** est arrivée sur le site du village indien d'**Hochelaga**. Le but° de cette expédition était de créer une communauté religieuse pour soigner les malades et convertir les Iroquois. C'est ainsi qu'est née la ville de **Montréal**, appelée alors Ville Marie de Montréal. Parmi les membres de l'expédition, il y avait une jeune femme, **Jeanne Mance**, co-fondatrice de Montréal avec Maisonneuve. En 1644, elle a fondé l'Hôtel-Dieu*, un hôpital qui existe toujours aujourd'hui.

Peu à peu, Montréal a grandi.° C'est devenu un important centre du commerce de la fourrure° et le point de départ d'importantes expéditions vers la région des Grands Lacs et le Mississippi. Avec une population de 3 000 000 d'habitants, en majorité francophones, Montréal est aujourd'hui la seconde ville d'expression française du monde.

Jeanne Mance et Paul Chomedey de Maisonneuve, fondateurs de Montréal

Les «Filles du Roy»

Après la fondation de Québec (1608) et de Montréal (1642), des familles françaises se sont installées au Canada, mais ces familles n'étaient pas nombreuses: quelques dizaines seulement. Le roi Louis XIV, qui voulait établir une grande colonie, a encouragé le départ de centaines de colons. C'étaient des «habitants» qui travaillaient la terre,° des «coureurs des bois»° qui faisaient le commerce de la fourrure° avec les Indiens, et des soldats qui défendaient la colonie contre les attaques des Anglais et de leur alliés Iroquois.

Évidemment, pour assurer la survie° et le développement de cette petite colonie, il fallait que ces hommes se marient et aient des enfants. Oui, mais où trouver des épouses? L'administration royale a eu l'idée de recruter des jeunes filles françaises, volontaires pour partir dans un pays totalement inconnu et y fonder une famille. Pour les encourager, le roi leur donnait une dot° et leur assurait une éducation.

Les «filles du Roy» arrivent au Canada (1665-1675)

C'est ainsi qu'entre 1665 et 1675, plus de mille jeunes Françaises, les «Filles du Roy», ont quitté leur pays pour la grande aventure. Arrivées au Canada, elles étaient accueillies° dans des centres d'apprentissage° fondés par une autre Française, **Marguerite Bourgeoys**. Là, elles apprenaient ce qui était nécessaire pour survivre dans un pays rude° et parfois hostile. Puis, elles se mariaient . . .

Un très grand nombre de familles québécoises d'aujourd'hui descendent directement de ces courageuses pionnières, arrivées au Canada il y a plus de 300 ans.

---

* **Hôtel-Dieu**: nom donné autrefois à l'hôpital public de la ville.

but = objectif **a grandi** = s'est développé **fourrure** *fur* **terre** *earth* **coureurs des bois** *fur trappers* **survie** *survival* **dot** *dowry*
accueillies *welcomed* **centres d'apprentissage** = écoles **rude** *rough*

4. Qu'est-ce qu'on appelle les «guerres françaises et indiennes» (1689-1763)?

Les Français ont créé une vaste colonie qu'ils ont appelée **la Nouvelle France**. Ce n'était pas les seuls occupants de cette partie de l'Amérique du Nord. Il y avait aussi les Anglais qui s'étaient établis en Nouvelle Angleterre. La rivalité entre ces deux groupes était intense. Chacun avait des alliés indiens. Les alliés des Français étaient les Hurons et les Algonquins. Les alliés des Anglais étaient les Iroquois. De temps en temps, chaque groupe faisait des raids sur le territoire de l'autre.

Finalement en 1756, une guerre générale a éclaté° entre la France et l'Angleterre. Au début, les Français ont été victorieux. Mais l'armée anglaise était bien supérieure en nombre et les forts français sont tombés les uns après les autres. Les Anglais ont pris Québec en 1759 et Montréal

Les «guerres françaises et indiennes»

en 1760. Au traité de Paris de 1763, la France a dû abandonner toutes ses colonies d'Amérique du Nord. Le Canada et toute la rive est du Mississippi sont passés sous contrôle anglais.

5. Quand la Louisiane était-elle française?

LaSalle prend possession de la Louisiane au nom de la France

Vers le milieu du 17e siècle, des expéditions françaises, parties de Montréal, avaient exploré la région des Grands Lacs. En 1673, le père **Marquette** avait découvert le Mississippi, mais personne ne savait jusqu'où allait ce long fleuve. **Cavelier de La Salle** décida d'entreprendre° cette exploration. En 1681, il organisa une petite expédition et il partit à l'aventure. Après un voyage très difficile, il arriva à l'estuaire du Mississippi le 9 avril 1682.

Au passage, La Salle prit possession des territoires qu'il traversait° au nom de la France. Il nomma cette région **Louisiane** en l'honneur du roi Louis XIV. Plus tard, d'autres Français

arrivèrent dans la région. Ils fondèrent **la Nouvelle Orléans** en 1718 et construisirent des forts le long du Mississippi. À cette époque, la Louisiane était un immense territoire puisqu'elle représentait toute la vallée du Mississippi et ses affluents.°

À la suite° de traités, la France dut abandonner la Louisiane. La rive° ouest du Mississippi devint espagnole en 1762 et la rive est devint anglaise en 1763.

En 1800, la France acquit° par traité la partie espagnole. En 1803, Napoléon, qui avait besoin d'argent pour financer ses guerres, la revendit aux États-Unis pour la somme de 15 millions de dollars.

---

a éclaté *broke out* **entreprendre** *undertake* **traversait** *crossed* **affluents** *tributaries* **à la suite** *as a result* **rive** *shore, bank* **acquit** *acquired*

6. *Qui sont les Huguenots français?*

«Huguenot» était le nom que les Français donnaient aux Protestants au 16e siècle. À cette époque, il y avait des guerres de religion entre Protestants et Catholiques. Les Protestants, très inférieurs en nombre, ont été persécutés et chassés° de France. Beaucoup sont allés en Hollande et en Allemagne. Certains ont immigré en Amérique. Des Huguenots français venus de La Rochelle, France, ont fondé la ville de New Rochelle, New York, en 1688.

Parmi les Américains d'origine huguenote: Peter Minuit qui a acheté Manhattan pour 24 dollars, Paul Revere, patriote et héros de la Révolution américaine, John Jay, premier juge de la Cour Suprême, Louis Tiffany, joaillier de réputation internationale.

Peter Minuit, arrivant à la Nouvelle Amsterdam, aujourd'hui New York.

Paul Revere, patriote américain d'origine française

7. *Comment les Français ont-ils aidé les Américains pendant la guerre d'Indépendance?*

Quand ils ont déclaré leur indépendance en 1776, les Américains avaient besoin d'aide. Pour obtenir cette aide, ils ont envoyé Benjamin Franklin comme ambassadeur en France. Franklin, qui était très admiré et très respecté des Français, a pleinement réussi dans cette mission. Conseillé par sa femme Marie-Antoinette, le roi de France, Louis XVI, a reconnu° la jeune république des États-Unis en 1778. Mieux, il a décidé d'envoyer sa flotte° et ses meilleures troupes au secours° des «insurgés» américains.

La bataille de Yorktown

La bataille décisive de la guerre d'Indépendance a eu lieu à Yorktown en octobre 1781. D'un côté° il y avait une armée anglaise commandée par Cornwallis. De l'autre côté, il y avait une armée américaine commandée par Washington et une armée française commandée par **Rochambeau.** Pendant que la bataille faisait rage,° la flotte française empêchait° les renforts° anglais d'arriver. Encerclées, les troupes anglaises ont capitulé. Cette victoire franco-américaine a mis fin aux hostilités. Deux ans plus tard, l'Angleterre reconnaissait l'indépendance des États-Unis.

---

chassés *expelled* **reconnu** *recognized* **flotte** *fleet* **au secours** = pour aider **côté** *side* **faisait rage** *was raging*
empêchait *prevented* **renforts** *reinforcements*

8. Qui était La Fayette?

Une université, de nombreuses écoles, plusieurs villes portent le nom de ce héros de la guerre d'Indépendance américaine. Qui était exactement **La Fayette**?

La Fayette (1757-1834) était un aristocrate français qui appartenait° à l'une des familles les plus illustres du pays. En 1777, il avait seulement vingt ans et il était immensément riche. Un jour, il a entendu parler° de la Révolution américaine. Il a pris contact avec Benjamin Franklin qui était alors l'ambassadeur des États-Unis en France. Après cette entrevue, il a décidé de rejoindre les «insurgés» américains comme volontaire. Malheureusement, le roi de France était tout à fait opposé à cette idée et lui a interdit de partir. Que faire? La Fayette était un jeune homme déterminé avec beaucoup d'imagination … et beaucoup d'argent. Il a quitté la France en secret. Il est allé en Espagne où il a acheté un bateau qu'il a appelé *La Victoire* et il est parti pour les États-Unis.

 Après avoir débarqué° en Caroline du Sud, La Fayette est allé à Philadelphie pour offrir ses services au Congrès américain. Le Congrès, impressionné par ses qualités et son enthousiasme, l'a nommé général auprès° de George Washington. Les deux hommes sont immédiatement devenus de grands amis.* En Octobre 1777, La Fayette a pris part à sa première bataille et il a été blessé à la jambe. Peu de temps après, le Congrès, reconnaissant son courage et ses talents militaires, lui a donné le commandement de la division de Virginie.

En 1779, La Fayette est retourné brièvement en France. Sa mission était de plaider la cause américaine et d'obtenir l'aide de la France. Il est allé voir le roi qui cette fois-ci l'a écouté. Quelques temps après, l'armée française est arrivée aux États-Unis. De retour aux États-Unis, La Fayette a rejoint son poste de commandement. À la bataille décisive de Yorktown, en 1781, il était à la tête d'une division américaine dans l'armée de Washington.

Après la guerre d'Indépendance, La Fayette est rentré en France où il a continué à combattre pour la justice et pour les idées nouvelles de liberté et d'égalité. Quand la Révolution française a éclaté en 1789, c'était l'homme le plus populaire de France. C'est lui qui a proposé la déclaration européenne des *Droits de l'homme et du citoyen* et qui a fait accepter le drapeau tricolore comme drapeau national. La Fayette était aussi un membre très actif du Club des Amis des Noirs, un club politique qui voulait l'abolition de l'esclavage° dans les colonies françaises. À cause du rôle important qu'il a joué aux États-Unis d'abord et en France ensuite, on appelle souvent La Fayette «le héros des deux mondes».

La Fayette, héros de la guerre d'Indépendance américaine.

* Plus tard, La Fayette a nommé son fils George Washington La Fayette.

appartenait *belonged to* **a entendu parler de** *heard about* **débarqué** *landed* **auprès de** *on the staff of* **esclavage** *slavery*

Une lettre du Marquis de La Fayette à Madame de La Fayette

La Fayette est arrivé aux États-Unis le 13 juin 1777. Quelques jours plus tard, il était à Charleston où il a écrit la lettre suivante à sa jeune femme. Dans cette lettre, il décrit ses premières impressions sur le pays et ses habitants.

Adrienne de Noailles de La Fayette

N3

1777, à Charlestown

... Je vais à présent vous parler du pays, mon cher cœur, et de ses habitants. Ils sont aussi aimables que mon enthousiasme avait pu se le figurer.° La simplicité des manières, le désir d'obliger,° l'amour de la patrie° et de la liberté, une douce° égalité, règnent ici parmi tout le monde. L'homme le plus riche et le plus pauvre sont de niveau,° et quoiqu'il y ait° des fortunes immenses dans ce pays, je défie° de trouver la moindre° différence entre leurs manières respectives les uns pour les autres.

J'ai commencé par la vie de campagne, chez le major Huger; à présent, me voici à la ville. Tout y ressemble assez à la façon anglaise, excepté qu'il y a plus de simplicité chez eux qu'en Angleterre. La ville de Charlestown est une des plus jolies, des mieux bâties° et des plus agréablement peuplées que j'aie jamais vues. Les femmes américaines sont fort jolies, fort simples et d'une propreté° charmante ...

Ce qui m'enchante ici, c'est que tous les citoyens sont frères. Il n'y a en Amérique ni pauvres, ni même ce qu'on appelle paysans.° Tous les citoyens ont un bien honnête,° et tous, les mêmes droits° que le plus puissant° propriétaire du pays.

Les auberges sont bien plus différentes d'Europe; le maître et la maîtresse se mettent à table avec vous, font les honneurs d'un bon repas, et en partant vous payez sans marchander.° Quand on ne veut pas aller dans une auberge, on trouve des maisons de campagne où il suffit d'être bon Américain pour être reçu avec les attentions qu'on aurait en Europe pour un ami.

... Il est fort avant° dans la nuit, il fait une chaleur affreuse, et suis dévoré de moucherons° qui vous couvrent de grosses ampoules,° mais les meilleurs pays ont, comme vous voyez, leurs inconvénients.
Adieu mon cœur, adieu.

Lafayette

---

figurer = imaginer   **obliger** = rendre service   **patrie** *fatherland*   **douce** *gentle*   **de niveau** *at the same level*   **défie** *challenge*
la moindre = la plus petite   **bâties** *built*   **propreté** *cleanliness, hygiene*   **paysans** *peasants*   **un bien honnête** *a property of their own*   **droits** *rights*
puissant *powerful*   **marchander** *to bicker over the price*   **fort avant** = très tard   **moucherons** *gnats*   **ampoules** *swellings*

9. Qui a dit «La Fayette, nous voilà!» et à quelle occasion?

On attribue cette phrase au général américain John Pershing à son arrivée en France en 1917. En rendant hommage à La Fayette, héros français de la guerre d'Indépendance, il voulait réaffirmer l'amitié et la solidarité qui unissaient le peuple français et le peuple américain. Le général Pershing était le commandant du corps expéditionnaire américain en France pendant la Première Guerre Mondiale (1914-1918).

En réalité, les premiers Américains qui sont venus aider la France pendant cette guerre étaient des volontaires incorporés dans l'armée française. Parmi ceux-ci, il y avait les pilotes de la fameuse «Escadrille Lafayette». Il y avait aussi les ambulanciers de l'«American Field Service Ambulance Corps». C'était des lycéens de 17 ans, des étudiants de Yale et de Harvard, ou de simples citoyens venus par idéalisme.

Les États-Unis sont officiellement entrés en guerre aux côtés° de la France et de l'Angleterre en avril 1917. Cette année-là, des centaines de milliers de soldats américains sont venus combattre sur le sol° français. Parmi ces soldats, il y avait un jeune capitaine d'artillerie venu du Missouri, Harry Truman, futur président des États-Unis. C'est grâce à l'intervention des troupes américaines que les Alliés ont finalement pu gagner la guerre en 1918.

Pilotes de l'Escadrille Lafayette. (Remarquez que ces pilotes américains portent des uniformes français.)

10. Où se trouve Omaha Beach?

Omaha Beach se trouve en Normandie. C'est sur cette plage et d'autres plages normandes que le plus grand débarquement° de l'histoire a eu lieu le 6 juin 1944. Ce jour-là, 100 000 soldats américains, anglais, canadiens, français, polonais° ont débarqué sur le sol de France occupé par l'Allemagne nazie. Peu après, les armées alliées commandées par le général Eisenhower ont libéré le reste de la France. Près de Omaha Beach il y a un grand cimetière où se trouvent les tombes de 9 385 soldats américains, héros de la libération de la France.

Le 6 juin 1944 les troupes alliées débarquent sur la plage d'Omaha Beach en Normandie

Un GI réconforte un enfant français

aux côtés de *on the side of* **sol** *soil* **débarquement** *landing* **polonais** *Polish*

Villes américaines — noms français

Un certain nombre de villes américaines portent des noms français. Ces noms rappellent quelques épisodes de la longue histoire franco-américaine.

■ **Duluth** (Minnesota)
Cette ville porte le nom d'un Français, Daniel **du Luth** (1636-1710), explorateur du Lac Supérieur et ami des Indiens de la région.

■ **Fond du Lac** (Wisconsin)
Cette ville est appelée ainsi à cause de sa position à l'extrémité sud du lac Winnebago. Au 18e siècle, c'était un centre où les Français faisaient le commerce de la fourrure avec les Indiens.

■ **Détroit** (Michigan)
Cette ville a été fondée en 1701 par un explorateur français, Antoine **de la Mothe Cadillac**, futur gouverneur de la Louisiane. À l'origine, la ville s'appelait Fort Pontchartrain du Détroit, en l'honneur du ministre français de la Marine.

■ **Marietta** (Ohio)
En 1788, d'anciens° soldats de la guerre d'Indépendance ont fondé une petite colonie qu'ils ont appelée Mariette, en l'honneur de la reine de France, **Marie-Antoinette**. Dix ans plus tôt, Marie-Antoinette avait convaincu° son mari d'envoyer ses troupes à l'aide des patriotes américains.

■ **Laramie** (Wyoming)
Cette ville porte le nom de Jacques **La Ramie**, un trappeur canadien qui est arrivé dans la région vers 1820. Il a construit une cabane pour stocker ses fourrures. Plus tard, Fort Laramie, bâti sur ce site, a joué un rôle important dans la conquête de l'ouest.

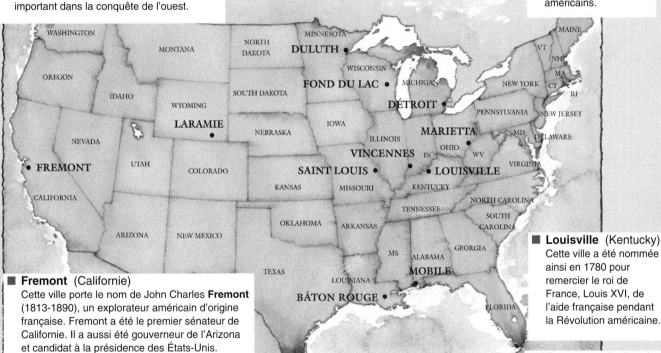

■ **Fremont** (Californie)
Cette ville porte le nom de John Charles **Fremont** (1813-1890), un explorateur américain d'origine française. Fremont a été le premier sénateur de Californie. Il a aussi été gouverneur de l'Arizona et candidat à la présidence des États-Unis.

■ **Louisville** (Kentucky)
Cette ville a été nommée ainsi en 1780 pour remercier le roi de France, Louis XVI, de l'aide française pendant la Révolution américaine.

■ **Vincennes** (Indiana)
Cette ville porte le nom de son fondateur, l'explorateur canadien Jean-Baptiste **Vincennes** (1668-1719). Elle est restée pendant longtemps une ville française. Pendant la guerre d'Indépendance, ses habitants ont aidé les Américains contre les Anglais.

■ **Bâton Rouge** (Louisiane)
En 1699, une expédition française découvre le site de la ville actuelle.° Les Indiens de la région appellent ce site «Istrouma» expression qui signifie «bâton° rouge». Les Français donnent ce nom au fort qu'ils construisent là quelques années plus tard.

■ **Saint Louis** (Missouri)
René Chouteau, un jeune homme de la Nouvelle Orléans, avait seulement 15 ans quand il a fondé Saint Louis en 1764. Il a nommé la ville en l'honneur de deux rois de France: **Louis XV** et son patron, **Saint Louis**.

■ **Mobile** (Alabama)
Vers 1700, des explorateurs français sont arrivés dans la région. Ils ont construit un fort qu'ils ont appelé Fort Louis de la Mobile: Fort Louis, en l'honneur du roi de France, Louis XIV; de la Mobile, du nom de Mauvile, une tribu indienne de la région.

actuelle *present* **bâton** *stick, pole* **anciens** *former* **convaincu** *convinced*

■ Les héritiers de la Louisiane française ■

Des gens d'origine française, venus surtout du Canada, ont été les premiers blancs à occuper la partie centrale de ce qui allait devenir les États-Unis. C'était pour la plupart des soldats, des missionnaires, des trappeurs. Ils construisirent des comptoirs° et des forts dans la vallée du Mississippi. Après la fondation de la Nouvelle Orléans en 1718, une colonie française s'établit en Louisiane. Au cours des années qui suivirent, cette colonie s'enrichit d'éléments nouveaux: d'abord Acadiens venus du Canada, puis Créoles venus des Antilles françaises. Les descendants de ces deux groupes représentent aujourd'hui la quasi-totalité de la population de la Louisiane d'origine française.

La Mothe-Cadillac, explorateur français

Des musiciens cajuns

■ Les Acadiens ou «Cajuns»

Les Acadiens doivent leur nom à leur région d'origine, l'Acadie, ce territoire du Nord-Est canadien représenté aujourd'hui par les provinces du Nouveau Brunswick et de la Nouvelle Écosse.° C'est dans cette région que s'établirent des colons français dès° 1640. Devenus sujets britanniques à la suite° d'un traité° (1713) qui donnait l'Acadie à l'Angleterre, les Acadiens refusèrent de prêter serment° à leur nouveau gouvernement. Pour cet acte de rébellion, toute la population française fut expulsée d'Acadie par l'armée anglaise. Un grand nombre d'Acadiens retournèrent en France. D'autres s'éparpillèrent° dans les territoires français d'Amérique. Un premier contingent de 231 réfugiés arriva en Louisiane en 1765, suivi d'autres groupes de plusieurs milliers de personnes. Leurs descendants et leurs alliés par mariage (Espagnols, Allemands, Indiens) constituent la population «cajun» actuelle. Aujourd'hui cette population habite principalement dans la région des bayous. Les centres cajuns se reconnaissent facilement à leurs noms français: Lafayette, Abbeville, Saint Martinville, Ville Platte, Thibodaux.

■ Les Créoles

Il existe plusieurs définitions du terme *créole*. La définition généralement acceptée s'applique aux descendants des habitants de Saint Domingue (aujourd'hui Haïti), blancs et noirs, venus en Louisiane pendant la Révolution française (1789-1799) et, plus tard, après l'indépendance d'Haïti (1804). Ces créoles s'établirent à la Nouvelle Orléans et dans les plantations à proximité du Mississippi et des bayous. Beaucoup de créoles de la Nouvelle Orléans habitaient le quartier du Vieux Carré° qu'ils quittèrent vers 1910.

---

comptoirs *trading posts* **Nouvelle Écosse** *Nova Scotia* **dès** *beginning in* **à la suite de** *as the result of* **traité** *treaty*
prêter serment *to pledge allegiance* **s'éparpillèrent** *were scattered* **Carré** *Square*

RÉVEILLE

Réveille,° réveille! . . .
C'est les goddams* qui viennent
brûler° la récolte.°
Réveille, réveille, hommes acadiens
pour sauver le village.

Mon grand-grand-grand-grand-père
est venu de la Bretagne;
le sang de ma famille est mouillé° l'Acadie
et là les maudits* viennent
nous chasser comme des bêtes,
détruire les saintes familles**
nous jeter° tous au vent.
      Réveille, réveille! . . .

J'ai entendu parler
de monter avec Beausoleil***
pour prendre le fusil,°
battre les sacrés° maudits.
J'ai entendu parler°
d'aller en la Louisiane
pour trouver de la bonne paix
là-bas dans la Louisiane.
      Réveille, réveille! . . .

J'ai vu mon pauvre père
qui était fait prisonnier
pendant que ma mère,
ma belle mère braillait.°
J'ai vu ma belle maison
qui était mise aux flammes.
Et moi j'suis resté orphelin.°
Orphelin de l'Acadie.
      Réveille, réveille! . . .

Réveille, réveille! . . .
C'est les goddams qui viennent
voler° les enfants.
Réveille, réveille, hommes acadiens
pour sauver l'héritage.

Zachary Richard

Zachary Richard est un poète et chanteur cajun. Dans cette chanson célèbre, il évoque un événement historique important: l'attaque des Acadiens par les Anglais et leur expulsion. La sonnerie de clairon° «Réveille, réveille» alerte la population que les «goddams», c'est-à-dire les soldats anglais, arrivent.

   * **Les goddams; les maudits** *(damned ones):* Terme qui désigne les soldats anglais.
  ** **Les saintes familles:** Les familles acadiennes françaises étaient catholiques. Massacrées par les soldats protestants anglais, elles sont devenues martyres.
*** **Beausoleil:** Capitaine, héros de la Résistance acadienne contre les Anglais.

N3

sonnerie de clairon *bugle call* • **réveille** *wake up* • **brûler** *to burn* • **récolte** *crops* • **mouillé** *soaked (in)* • **jeter** *to throw* • **fusil** *rifle* • **sacrés** *«cursed»*
entendu parler *heard about* • **braillait** *was crying and screaming* • **orphelin** *orphan* • **voler** *to steal*

■ *Le drapeau acadien* ■

L es différents éléments du drapeau des Acadiens de Louisiane rappellent l'histoire du peuple cajun.

Les fleurs de lys sur fond bleu étaient l'emblème des rois de France. Elles représentent l'héritage français des cajuns et leur langue.

La tour jaune sur fond rouge était l'emblème des rois d'Espagne. Quand les premiers Acadiens sont arrivés en Louisiane, celle-ci était devenue espagnole. Cette partie du drapeau rappelle l'hospitalité du gouverneur espagnol.

Le blanc était la couleur de l'ancienne Acadie. Le triangle de cette couleur rappelle l'origine canadienne des Cajuns. L'étoile jaune est un double symbole. Elle représente la dévotion des Acadiens à la Vierge Marie, leur sainte patronne. Elle symbolise aussi le patriotisme des premiers Acadiens et leur participation comme volontaires à la Guerre d'indépendance (1775-1783). À peine arrivés en Louisiane, ils se sont ralliés à la cause américaine. Organisés en milices, ils ont combattu victorieusement contre les Anglais.

REFERENCE SECTION

APPENDIX A: *Reprise*

1 VERBES ....

A. Le présent

Révision
present tense of stem-changing verbs
Appendix C pp. R20-21

Verbes réguliers

	parler	-er	finir	-ir	vendre	-re
STEM	**parl-**		**fini-**		**vend-**	
je	**parle**	**-e**	**finis**	**-is**	**vends**	**-s**
tu	**parles**	**-es**	**finis**	**-is**	**vends**	**-s**
il/elle/on	**parle**	**-e**	**finit**	**-it**	**vend**	**—**
nous	**parlons**	**-ons**	**finissons**	**-issons**	**vendons**	**-ons**
vous	**parlez**	**-ez**	**finissez**	**-issez**	**vendez**	**-ez**
ils/elles	**parlent**	**-ent**	**finissent**	**-issent**	**vendent**	**-ent**

NEGATIVE	INTERROGATIVE	
je **ne parle pas**	**est-ce qu'**il/elle **parle?**	**parle-t**-il/elle?
je **ne finis pas**	**est-ce qu'**il/elle **finit?**	**finit**-il/elle?
je **ne vends pas**	**est-ce qu'**il/elle **vend?**	**vend**-il/elle?

Le verbe **sortir** (to go out)

STEM		**sor-**		**sort-**
	je	**sors**	nous	**sortons**
	tu	**sors**	vous	**sortez**
	il/elle/on	**sort**	ils/elles	**sortent**

Verbes comme sortir

partir	to leave	**je pars**	**nous partons**
dormir	to sleep	**je dors**	**nous dormons**
servir	to serve	**je sers**	**nous servons**

Les verbes **vouloir** (want, wish), **pouvoir** (can, be able) et **devoir** (must, have to)

	vouloir	pouvoir	devoir
je	**veux**	**peux**	**dois**
tu	**veux**	**peux**	**dois**
il/elle/on	**veut**	**peut**	**doit**
nous	**voulons**	**pouvons**	**devons**
vous	**voulez**	**pouvez**	**devez**
ils/elles	**veulent**	**peuvent**	**doivent**

Il doivent travailler.

Les verbes **prendre** (to take), et **mettre** (to put, place)

	prendre	mettre
je	**prends**	**mets**
tu	**prends**	**mets**
il/elle/on	**prend**	**met**
nous	**prenons**	**mettons**
vous	**prenez**	**mettez**
ils/elles	**prennent**	**mettent**

Verbes comme prendre

apprendre	to learn
comprendre	to understand

Verbes comme mettre

promettre	to promise
permettre	to permit, allow

Les verbes être, avoir, aller, faire, venir

PRESENT	être *(to be)*	avoir *(to have)*	aller *(to go)*	faire *(to do, make)*	venir *(to come)*
je (j')	suis	ai	vais	fais	viens
tu	es	as	vas	fais	viens
il/elle/on	est	a	va	fait	vient
nous	sommes	avons	allons	faisons	venons
vous	êtes	avez	allez	faites	venez
ils/elles	sont	ont	vont	font	viennent

Quelques expressions avec avoir

avoir chaud/froid	*to be warm, hot/cold*
avoir faim/soif	*to be hungry/thirsty*
avoir raison/tort	*to be right/wrong*
avoir sommeil	*to be sleepy*
avoir peur (de)	*to be afraid (of)*
avoir de la chance	*to be lucky*
avoir . . . ans	*to be . . . years old*
avoir mal	*to hurt*
avoir besoin de	*to need*
avoir envie de	*to feel like, to wish*

Quelques expressions avec faire

faire { du (de l') / de la (de l') / des } + sport / subject (of study) / activity

faire du ski   faire de la natation
faire de l'algèbre   faire des maths
faire du camping   faire du théâtre

faire attention (à)	*to pay attention (to), to be careful (with), to watch out (for)*
faire les courses	*to go shopping (for food)*
faire des achats	*to go shopping (for items other than food)*
faire la cuisine	*to cook*
faire la vaisselle	*to do the dishes*
faire ses devoirs	*to do one's homework*
faire ses valises	*to pack (one's suitcases)*
faire une promenade (à pied)	*to go for a walk*
faire une promenade (en auto, à vélo)	*to go for a ride (by car, by bicycle)*
faire un tour	*to take a walk, ride*
faire une randonnée	*to take a hike, a long drive*
faire un voyage	*to go on a trip, to take a trip*
faire un séjour	*to spend time (in a place away from home)*

B. Le passé composé

Le passé composé avec **avoir**

PAST PARTICIPLE	parler → parlé	finir → fini	vendre → vendu
PASSÉ COMPOSÉ	j'**ai parlé** tu **as parlé** il/elle/on **a parlé** nous **avons parlé** vous **avez parlé** ils/elles **ont parlé**	j'**ai fini** tu **as fini** il/elle/on **a fini** nous **avons fini** vous **avez fini** ils/elles **ont fini**	j'**ai vendu** tu **as vendu** il/elle/on **a vendu** nous **avons vendu** vous **avez vendu** ils/elles **ont vendu**
NEGATIVE	je **n'ai pas parlé**		
INTERROGATIVE	est-ce que tu **as parlé**? **as**-tu **parlé**? **a-t**-il/elle **parlé**?		

PARTICIPES PASSÉS DES VERBES IRRÉGULIERS

-é	être	j'ai **été**
-ait	faire	j'ai **fait**
-ert	ouvrir	j'ai **ouvert**
	découvrir	j'ai **découvert**
-i	suivre	j'ai **suivi**
	dormir	j'ai **dormi**
	sentir	j'ai **senti**
-is	mettre	j'ai **mis**
	prendre	j'ai **pris**
	apprendre	j'ai **appris**
-it	dire	j'ai **dit**
	écrire	j'ai **écrit**
-uit	conduire	j'ai **conduit**
	détruire	j'ai **détruit**
-u	avoir	j'ai **eu**
	boire	j'ai **bu**
	savoir	j'ai **su**
	voir	j'ai **vu**
	pouvoir	j'ai **pu**
	devoir	j'ai **dû**
	vouloir	j'ai **voulu**
	recevoir	j'ai **reçu**
	lire	j'ai **lu**
	courir	j'ai **couru**
	connaître	j'ai **connu**
	vivre	j'ai **vécu**
	il y a	il y a **eu**
	il faut	il a **fallu**

Le passé composé avec **être**

PASSÉ COMPOSÉ	je **suis allé** tu **es allé** il/on **est allé** nous **sommes allés** vous **êtes allé(s)** ils **sont allés**	je **suis allée** tu **es allée** elle **est allée** nous **sommes allées** vous **êtes allée(s)** elles **sont allées**
NEGATIVE	je **ne suis pas allé(e)**	
INTERROGATIVE	est-ce que tu **es allé(e)**? **es**-tu **allé(e)**? **est**-il/elle **allé(e)**?	

VERBES CONJUGUÉS AVEC **ÊTRE**

aller (to go)	je suis **allé(e)**	**passer** (to pass)	je suis **passé(e)**
venir (to come)	je suis **venu(e)**	**rester** (to stay)	je suis **resté(e)**
		rentrer (to go back)	je suis **rentré(e)**
arriver (to arrive, come)	je suis **arrivé(e)**	**retourner** (to return)	je suis **retourné(e)**
partir (to leave)	je suis **parti(e)**	**revenir** (to come back)	je suis **revenu(e)**
entrer (to enter, come in)	je suis **entré(e)**	**devenir** (to become)	je suis **devenu(e)**
sortir (to go out)	je suis **sorti(e)**		
		naître (to be born)	je suis **né(e)**
monter (to go up)	je suis **monté(e)**	**mourir** (to die)	je suis **mort(e)**
descendre (to go down)	je suis **descendu(e)**		
tomber (to fall)	je suis **tombé(e)**		

C. L'imparfait

The imperfect tense is formed as follows:

> **nous**-form of the present minus **-ons** + endings

	parler	**finir**	**vendre**	**faire**	
(PRESENT) nous	**parl**ons	**finiss**ons	**vend**ons	**fais**ons	
IMPERFECT STEM	**parl-**	**finiss-**	**vend-**	**fais-**	**endings**
je	**parlais**	**finissais**	**vendais**	**faisais**	**-ais**
tu	**parlais**	**finissais**	**vendais**	**faisais**	**-ais**
il/elle/on	**parlait**	**finissait**	**vendait**	**faisait**	**-ait**
nous	**parlions**	**finissions**	**vendions**	**faisions**	**-ions**
vous	**parliez**	**finissiez**	**vendiez**	**faisiez**	**-iez**
ils/elles	**parlaient**	**finissaient**	**vendaient**	**faisaient**	**-aient**
NEGATIVE	je **ne parlais pas**				
INTERROGATIVE	**est-ce que** tu **parlais**? **parlais**-tu?				

IMPERFECT STEMS	
manger	**je mangeais**
commencer	**je commençais**
être	**j'étais**
avoir	**j'avais**
aller	**j'allais**
venir	**je venais**
sortir	**je sortais**
dormir	**je dormais**
mettre	**je mettais**
suivre	**je suivais**
devoir	**je devais**
pouvoir	**je pouvais**
vouloir	**je voulais**
savoir	**je savais**
connaître	**je connaissais**
prendre	**je prenais**
dire	**je disais**
lire	**je lisais**
écrire	**j'écrivais**
conduire	**je conduisais**
boire	**je buvais**
croire	**je croyais**
voir	**je voyais**

HIER APRÈS-MIDI, NOUS SOMMES ALLÉS EN VILLE. NOUS AVONS VU UN ACCIDENT.

PENDANT LES VACANCES, J'ALLAIS SOUVENT À LA PLAGE. IL Y AVAIT TOUJOURS BEAUCOUP DE MONDE.

D. Passé composé ou imparfait?

Use:	to describe:	
the PASSÉ COMPOSÉ	• what you did • what happened	Hier après-midi, nous **sommes allés** en ville. Nous **avons vu** un accident.
the IMPERFECT	• what you used to do • what used to be	Pendant les vacances, j'**allais** souvent à la plage. Il y **avait** toujours beaucoup de monde.
	• what you were doing • what was going on	Hier à neuf heures, je **regardais** la télé. Il y **avait** une comédie.
	• the circumstances of an event (time, weather)	Quelle heure **était**-il? Quel temps **faisait**-il?

A. Les articles

In French, nouns are frequently introduced by ARTICLES. The choice of article depends on the <u>context</u> in which the noun is used.

These articles . . .		introduce . . .	
DEFINITE:	**le (l')** **la (l')**	a noun used in a GENERAL or COLLECTIVE sense	J'aime **le** fromage. **La** patience est une qualité.
	les	a SPECIFIC thing (or things)	Voici **le** fromage. *(the one I bought)* **La** patience du professeur est remarquable.
INDEFINITE:	**un** **une**	one (or several) WHOLE items	J'ai acheté **un** fromage. *(a whole cheese)*
	des	one of a kind	Ce boulanger *(baker)* fait **un** pain excellent. Vous avez **une** patience extraordinaire.
PARTITIVE:	**du (de l')**	SOME, ANY, a PORTION	Nous mangeons **du** fromage. *(just a piece)*
	de la (de l') **des**	an UNSPECIFIED AMOUNT of something	Vous avez **de la** patience. Veux-tu **des** spaghetti?

REMARKS:

→ In <u>negative</u> sentences, **un, une, du, de la, des → de (d')**.

    Marc mange **du** fromage.   Alice ne mange pas **de** fromage.
    Philippe a **un** couteau.   Mélanie n'a pas **de** couteau.

→ The DEFINITE article is generally used after the following verbs:

    aimer   J'aime **le** gâteau.
    préférer   Marc préfère **la** glace.

Philippe préfère le gâteau.

→ The PARTITIVE article is often, but <u>not always</u>, used after the following:

voici	**boire**	**acheter**
voilà	**manger**	**avoir**
il y a	**prendre**	**vouloir**

It is the context that determines which article is used. Compare:

    Je mange **la** pizza.   *(= the pizza that I bought)*
    Je mange **une** pizza.   *(= a whole pizza)*
    Je mange **de la** pizza.   *(= a piece of pizza)*

Les boissons sont sur la table.

→ The PARTITIVE article is <u>not</u> used to introduce a subject. Compare:

    Le lait est dans le réfrigérateur.   Il y a **du lait** dans le réfrigérateur.

→ The PARTITIVE article can be used with <u>abstract</u> as well as <u>concrete</u> nouns.

    Vous avez **de l'argent.**   Moi, j'ai **du talent.**

B. Les adjectifs irréguliers

Irregular feminine forms

MASCULINE	FEMININE		
-eux	-euse	curieux	curieuse
-f	-ve	actif	active
-en	-enne	canadien	canadienne
-on	-onne	mignon	mignonne
-el	-elle	ponctuel	ponctuelle
-er	-ère	régulier	régulière
-et	-ète	discret	discrète

Ils sont actifs!

Irregular masculine plural forms

SINGULAR	PLURAL		
-eux	-eux	curieux	curieux
-al	-aux	loyal	loyaux

Les adjectifs: **beau, nouveau, vieux**

SINGULAR		FEMININE	PLURAL	FEMININE
MASCULINE		FEMININE	MASCULINE	FEMININE
beau	(bel)	belle	beaux	belles
nouveau	(nouvel)	nouvelle	nouveaux	nouvelles
vieux	(vieil)	vieille	vieux	vieilles

Est-ce que ces belles maisons à Annecy sont nouvelles?

REMARKS:

➡ In French, adjectives usually come <u>after</u> the noun.

J'aime la musique **classique**.   Anne porte une jupe **rouge** et **noire**.

➡ The following adjectives usually come <u>before</u> the noun:

grand ≠ **petit**	**jeune** ≠ **vieux**		**joli** = **beau**
bon ≠ **mauvais**	**nouveau** ≠ **ancien**		

Nous avons une grande maison dans un **vieux** quartier de Tours.

NOTE: Often **des** ➡ **de** before a plural adjective.

Il porte **des** sandales. Il porte **de vieilles** sandales.

Ce monsieur est-il jeune ou vieux?

C. Les noms irréguliers

SINGULAR	PLURAL		
-al	-aux	un animal	des animaux
-eau	-eaux	un chapeau	des chapeaux
-eu	-eux	un cheveu	des cheveux

➡ A few nouns in **-al** form their plural by adding **–s**:
un festival   **des festivals**

Malice est un animal domestique.

D. Les pronoms compléments d'objet direct et indirect

FORMS AND USES

SUBJECT	DIRECT and INDIRECT
je (j')	me (m')
tu	te (t')
nous	nous
vous	vous

SUBJECT	DIRECT	INDIRECT
il	le (l')	lui
elle	la (l')	
ils	les	
elles		leur

A DIRECT OBJECT answers the questions:
qui? *(whom?)* or **quoi?** *(what?)*

qui?	Je vois **Pauline**.	Je **la** vois.
quoi?	Je vois **la voiture**.	Je **la** vois.

VERB + DIRECT OBJECT
(quelqu'un)

aider	inviter
aimer	regarder
chercher	rencontrer
connaître	retrouver
écouter	voir

VERB + INDIRECT OBJECT
(à quelqu'un)

dire à
écrire à
parler à
téléphoner à
rendre visite à
rendre service à

donner à *(to give)*
emprunter à *(to borrow)*
montrer à *(to show)*
prêter à *(to borrow)*
rendre à *(to return, to give back)*

An INDIRECT OBJECT answers the question:
à qui? *(to whom?)*

à qui?	Je parle **à Pauline**.	Je **lui** parle.

E. Connaître ou savoir?

Connaître and **savoir** both mean *to know*, but they are used differently.

Connaître . . . is used with NOUNS (or pronouns) designating:

je	connais
tu	connais
il/elle/on	connaît
nous	connaissons
vous	connaissez
ils/elles	connaissent

- PEOPLE   **Je connais** Jean-Philippe.
- PLACES   **Je connais** bien Paris.
                      Je connais un bon restaurant italien.
- INFORMATION   Je **ne connais pas** ton adresse.

POSITION

Object pronouns come **before** the verb EXCEPT in affirmative commands.

	AFFIRMATIVE	NEGATIVE
Present	Je **t'**invite. Je **le** connais. Je **lui** téléphone.	Je ne **t'**invite pas. Je ne **le** connais pas. Je ne **lui** téléphone pas.
Passé composé	Je **t'**ai vu. Je **l'**ai invité. Je **leur** ai parlé.	Je ne **t'**ai pas vu. Je ne **l'**ai pas invité. Je ne **leur** ai pas parlé.
Imperative (commands)	Écris-**moi**. Invite-**les**. Rends-**leur** visite.	Ne **m'**écris pas. Ne **les** invite pas. Ne **leur** rends pas visite.
Infinitive construction	Je vais **t'**inviter. Je vais **les** voir. Je vais **leur** écrire.	Je ne vais pas **t'**inviter. Je ne vais pas **les** voir. Je ne vais pas **leur** écrire.

Savoir . . .	is used (with):	

je **sais**
tu **sais**
il/elle/on **sait**
nous **savons**
vous **savez**
ils/elles **savent**
	• ALONE
	• a CLAUSE introduced by . . .
	    que *(that)*
	    si *(if, whether)*
	    an INTERROGATIVE
	    expression
	
	• an INFINITIVE
	• a NOUN designating
	  something LEARNED
		Tu sais? Non, je ne **sais** pas.
		
		Je sais que tu as une nouvelle moto.
		Est-ce que tu **sais** si Éric va venir?
		Je ne **sais** pas où tu habites.
		Sais-tu qui a téléphoné?
		Je ne **sais** pas quand je vais aller à Nice.
		Savez-vous utiliser un ordinateur?
		Les élèves ne **savent** pas la leçon.

3 VOCABULAIRE ....

A. Les nombres

LES NOMBRES CARDINAUX

To count, we use CARDINAL numbers: 1, 2, 3 . . .

0 à 99

0	zéro	10	dix	20	vingt	60	soixante
1	un	11	onze	21	vingt et un	61	soixante et un
2	deux	12	douze	22	vingt-deux	70	soixante-dix
3	trois	13	treize	23	vingt-trois	71	soixante et onze
4	quatre	14	quatorze	30	trente	72	soixante-douze
5	cinq	15	quinze	31	trente et un	80	quatre-vingts
6	six	16	seize	40	quarante	81	quatre-vingt-un
7	sept	17	dix-sept	48	quarante-huit	90	quatre-vingt-dix
8	huit	18	dix-huit	49	quarante-neuf	91	quatre-vingt-onze
9	neuf	19	dix-neuf	50	cinquante	99	quatre-vingt-dix-neuf

100 à 1 000 000

100	cent	400	quatre cents	1 000	mille
101	cent un	520	cinq cent vingt	1 210	mille deux cent dix
110	cent dix	675	six cent soixante-quinze	2 000	deux mille
200	deux cents	880	huit cent quatre-vingts	15 000	quinze mille
215	deux cent quinze	900	neuf cents	100 000	cent mille
371	trois cent soixante et onze			1 000 000	un million

LES NOMBRES ORDINAUX

To rank or put in sequence, we use ORDINAL numbers: 1st, 2nd, 3rd . . .

> ordinal number = cardinal number + **ième**
> (minus **-e**, if any)

deux	→ **deuxième**	EXCEPTIONS:	
douze	→ **douzième**	un →	**premier (première)**
vingt et un	→ **vingt et unième**	cinq →	**cinquième**
cent huit	→ **cent huitième**	neuf →	**neuvième**

B. La nourriture et les boissons

Boulangerie Pâtisserie

le pain *bread*
un croissant
un gâteau *cake*
une tarte *pie*

Boucherie

la viande *meat*
le rosbif
le jambon *ham*
le porc
le veau *veal*

Alimentation générale

le ketchup
la mayonnaise
le sel *salt*
le poivre *pepper*
le sucre *sugar*
la confiture *jam*
le riz *rice*
les spaghetti
les céréales

Produits laitiers
(Dairy products)

le lait *milk*
le beurre *butter*
la margarine
le fromage *cheese*
la glace *ice cream*
le yaourt *yogurt*
un oeuf *egg*

Poissonnerie

le poisson *fish*
la sole
le thon *tuna*
le saumon *salmon*

Fruits

une orange
une banane
un melon
une pomme *apple*
une poire *pear*
une pamplemousse
  grapefruit
une fraise *strawberry*
une cerise *cherry*
du raisin *grapes*

Légumes

le céleri
une salade *lettuce*
une carotte
une tomate
une pomme de terre
  potato
des petits pois *peas*

Boissons

le thé
le café
l'eau *water*
l'eau minérale
le jus de fruits
le jus de pomme
le jus de raisin

le corps (body)

la tête

le nez

la bouche

l'épaule (f.)

un doigt

le bras

le ventre
l'estomac (m.)

le genou

la jambe

la figure

les cheveux

l'oeil (les yeux)

l'oreille

le cou

le dos

le coeur

la main

le pied

Note the expression **avoir mal à:**

J'ai mal à la tête.	*I have a headache. (My head hurts.)*
J'ai mal au dos.	*I have a backache. (My back hurts.)*
J'ai mal aux dents.	*I have a toothache.*
J'ai mal au coeur.	*I have an upset stomach.*

D. Les vêtements et les accessoires

des sandales

un sweat

un short

un tee-shirt

un maillot de bain

des chaussettes

des tennis

un blazer

un polo

une veste

une casquette

un survêtement

un pull

un chapeau

un blouson

une cravate

un pantalon

un jean

un bracelet

des boucles d'oreilles

un chemisier

une bague

un tailleur
(woman's suit)

des baskets

des lunettes de soleil

un collier

un imperméable

une ceinture

une jupe

un costume
(man's suit)

une robe

un manteau

un parapluie

des collants

un foulard

des bottes

des chaussures

un sac

E. Les pays

LES CONTINENTS ET LES PAYS DU MONDE

L' Amérique du Nord et l'Amérique du Sud

1. le Canada
2. les États-Unis
3. le Mexique
4. le Guatemala
5. le Venezuela
6. le Pérou
7. le Brésil
8. l'Argentine
9. le Chili

L' Afrique

10. le Maroc
11. l'Algérie
12. la Tunisie
13. l'Égypte
14. le Sénégal
15. la Côte d'Ivoire
16. le Zaïre
17. Madagascar

L' Europe

18. la France
19. l'Espagne
20. le Portugal
21. l'Angleterre
22. l'Irlande
23. l'Écosse
24. la Belgique
25. le Luxembourg
26. la Suisse
27. les Pays-Bas
28. l'Allemagne
29. l'Italie
30. la Grèce
31. le Danemark
32. la Norvège
33. la Suède
34. la Pologne
35. la Russie

Le Moyen Orient

36. Israël
37. le Liban
38. l'Arabie Saoudite

L' Asie et l'Océanie

39. la Chine
40. le Japon
41. la Corée
42. le Viêt-nam
43. le Cambodge
44. l'Inde
45. les Philippines
46. l'Australie
47. la Nouvelle Zélande

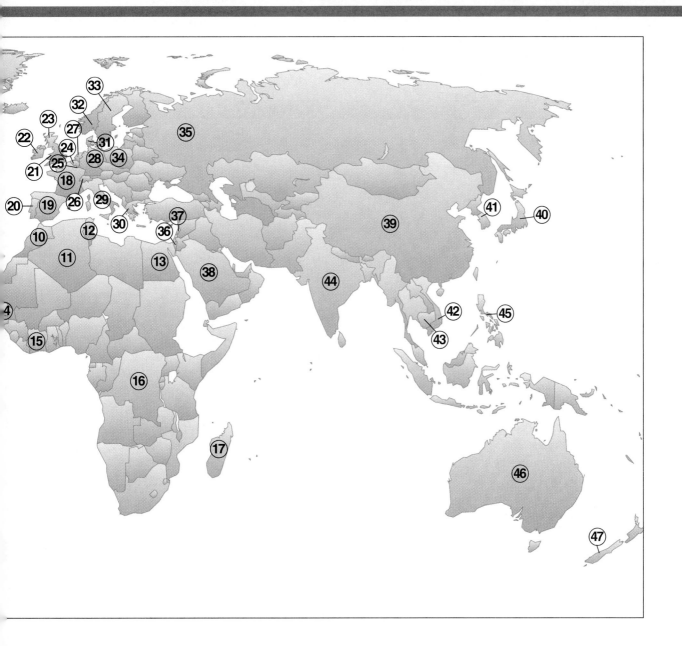

Les articles et les prépositions avec les noms des pays

	masculine country beginning with a consonant	feminine country or masculine country beginning with a vowel	plural country
Je visite . . .	**le** Canada	**la** France **l'**Israël	**les** États-Unis
Je vais . . . J'habite . . .	**au** Canada	**en** France **en** Israël	**aux** États-Unis
Je viens . . .	**du** Canada	**de** France **d'**Israël	**des** États-Unis

APPENDIX B: *Sound-Spelling Correspondence*

Vowels

SOUND	SPELLING	EXAMPLES
/a/	**a, à, â**	Madame, là-bas, théâtre
/i/	**i, î**	visite, Nice, dîne
	y (initial, final, or between consonants)	Yves, Guy, style
/u/	**ou, où, oû**	Toulouse, où, août
/y/	**u, û**	tu, Luc, sûr
/o/	**o** (final or before silent consonant)	piano, idiot, Margot
	au, eau	jaune, Claude, beau
	ô	hôtel, drôle, Côte-d'Ivoire
/ɔ/	**o**	Monique, Noël, jolie
	au	Paul, restaurant, Laure
/e/	**é**	Dédé, Québec, télé
	e (before silent final **z, t, r**)	chez, et, Roger
	ai (final or before final silent consonant)	j'ai, mai, japonais
/ɛ/	**è**	Michèle, Ève, père
	ei	seize, neige, Tour Eiffel
	ê	tête, être, Viêt-nam
	e (before two consonants)	elle, Pierre, Annette
	e (before pronounced final consonant)	Michel, avec, cher
	ai (before pronounced final consonant)	française, aime, Maine
/ə/	**e** (final or before single consonant)	je, Denise, venir
/ø/	**eu, oeu**	deux, Mathieu, oeufs
	eu (before final **se**)	nerveuse, généreuse, sérieuse
/œ/	**eu, oeu** (before final pronounced consonant except /z/)	heure, neuf, Lesieur, soeur, coeur, oeuf

Nasal vowels

SOUND	SPELLING	EXAMPLES
/ɑ̃/	**an, am**	France, quand, lampe
	en, em	Henri, pendant, décembre
/ɔ̃/	**on, om**	non, Simon, bombe
/ɛ̃/	**in, im**	Martin, invite, impossible
	yn, ym	syndicat, sympathique, Olympique
	ain, aim	Alain, américain, faim
	(o) + in	loin, moins, point
	(i) + en	bien, Julien, viens
/œ̃/	**un, um**	un, Lebrun, parfum

Semi-vowels

SOUND	SPELLING	EXAMPLES
/j/	**i, y** (before vowel sound)	b<u>i</u>en, p<u>i</u>ano, L<u>y</u>on
	-il, -ill (after vowel sound)	oe<u>il</u>, trava<u>ill</u>e, Marse<u>ill</u>e
/ɥ/	**u** (before vowel sound)	l<u>u</u>i, S<u>u</u>isse, j<u>u</u>illet
/w/	**ou** (before vowel sound)	<u>ou</u>i, L<u>ou</u>is, j<u>ou</u>er
/wa/	**oi, oî, oy** (before vowel)	v<u>oi</u>ci, Ben<u>oî</u>t, v<u>oy</u>age

Consonants

SOUND	SPELLING	EXAMPLES
/b/	**b**	Bar<u>b</u>ara, <u>b</u>anane, <u>B</u>elgique
/k/	**c** (before **a, o, u,** or consonant)	<u>C</u>o<u>c</u>a-<u>C</u>ola, <u>c</u>uisine, <u>c</u>lasse
	ch(r)	<u>Ch</u>ristine, <u>Ch</u>ristian, <u>Ch</u>ristophe
	qu, q (final)	<u>Qu</u>ébec, <u>qu</u>'est-ce <u>qu</u>e, cin<u>q</u>
	k	<u>k</u>ilo, <u>K</u>i<u>k</u>i, <u>k</u>etchup
/ʃ/	**ch**	<u>Ch</u>arles, blan<u>ch</u>e, <u>ch</u>ez
/d/	**d**	<u>D</u>idier, <u>d</u>ans, mé<u>d</u>ecin
/f/	**f**	<u>F</u>élix, <u>f</u>ranc, neu<u>f</u>
	ph	<u>Ph</u>ilippe, télé<u>ph</u>one, <u>ph</u>oto
/g/	**g** (before **a, o, u,** or consonant)	<u>G</u>abriel, <u>g</u>orge, lé<u>g</u>umes, <u>g</u>ris
	gu (before **e, i, y**)	va<u>gu</u>e, <u>Gu</u>illaume, <u>Gu</u>y
/ɲ/	**gn**	mi<u>gn</u>on, champa<u>gn</u>e, Allema<u>gn</u>e
/ʒ/	**j**	<u>j</u>e, <u>J</u>érôme, <u>j</u>aune
	g (before **e, i, y**)	rou<u>g</u>e, <u>G</u>igi, <u>g</u>ymnastique
	ge (before **a, o, u**)	oran<u>ge</u>ade, <u>Ge</u>orges, na<u>ge</u>ur
/l/	**l**	<u>L</u>ise, e<u>l</u>le, cheva<u>l</u>
/m/	**m**	<u>M</u>aman, <u>m</u>oi, to<u>m</u>ate
/n/	**n**	ba<u>n</u>ane, <u>N</u>ancy, <u>n</u>ous
/p/	**p**	<u>p</u>eu, <u>P</u>apa, <u>P</u>ierre
/r/	**r**	a<u>rr</u>ive, <u>r</u>ent<u>r</u>e, Pa<u>r</u>is
/s/	**c** (before **e, i, y**)	<u>c</u>e, <u>C</u>é<u>c</u>ile, Nan<u>c</u>y
	ç (before **a, o, u**)	<u>ç</u>a, gar<u>ç</u>on, dé<u>ç</u>u
	s (initial or before consonant)	<u>s</u>ac, <u>S</u>ophie, re<u>s</u>te
	ss (between vowels)	boi<u>ss</u>on, de<u>ss</u>ert, Sui<u>ss</u>e
	t (before **i** + vowel)	atten<u>t</u>ion, Na<u>t</u>ions Unies, nata<u>t</u>ion
	x	di<u>x</u>, si<u>x</u>, soi<u>x</u>ante
/t/	**t**	<u>t</u>rop, <u>t</u>élé, <u>T</u>ours
	th	<u>Th</u>érèse, <u>th</u>é, Mar<u>th</u>e
/v/	**v**	<u>V</u>iviane, <u>v</u>ous, nou<u>v</u>eau
/gz/	**x**	e<u>x</u>amen, e<u>x</u>emple, e<u>x</u>act
/ks/	**x**	Ma<u>x</u>, Me<u>x</u>ique, e<u>x</u>cellent
/z/	**s** (between vowels)	dé<u>s</u>ert, télévi<u>s</u>ion, Loui<u>s</u>e
	z	Su<u>z</u>anne, <u>z</u>ut, <u>z</u>éro

APPENDIX C: *Verbes*

1 REGULAR VERBS

INFINITIF	parler *(to talk, speak)*	finir *(to finish)*	vendre *(to sell)*	se laver *(to wash oneself)*
PRÉSENT	je **parle** tu **parles** il **parle** nous **parlons** vous **parlez** ils **parlent**	je **finis** tu **finis** il **finit** nous **finissons** vous **finissez** ils **finissent**	je **vends** tu **vends** il **vend** nous **vendons** vous **vendez** ils **vendent**	je **me lave** tu **te laves** il **se lave** nous **nous lavons** vous **vous lavez** ils **se lavent**
IMPÉRATIF	**parle!** **parlons!** **parlez!**	**finis!** **finissons!** **finissez!**	**vends!** **vendons!** **vendez!**	**lave-toi!** **lavons-nous!** **lavez-vous!**
PASSÉ COMPOSÉ	j'**ai parlé** tu **as parlé** il **a parlé** nous **avons parlé** vous **avez parlé** ils **ont parlé**	j'**ai fini** tu **as fini** il **a fini** nous **avons fini** vous **avez fini** ils **ont fini**	j'**ai vendu** tu **as vendu** il **a vendu** nous **avons vendu** vous **avez vendu** ils **ont vendu**	je **me suis lavé(e)** tu **t'es lavé(e)** il/elle **s'est lavé(e)** nous **nous sommes lavé(e)s** vous **vous êtes lavé(e)(s)** ils/elles **se sont lavé(e)s**
IMPARFAIT	je **parlais** tu **parlais** il **parlait** nous **parlions** vous **parliez** ils **parlaient**	je **finissais** tu **finissais** il **finissait** nous **finissions** vous **finissiez** ils **finissaient**	je **vendais** tu **vendais** il **vendait** nous **vendions** vous **vendiez** ils **vendaient**	je **me lavais** tu **te lavais** il **se lavait** nous **nous lavions** vous **vous laviez** ils **se lavaient**
PLUS-QUE-PARFAIT	j'**avais parlé** tu **avais parlé** il **avait parlé** nous **avions parlé** vous **aviez parlé** ils **avaient parlé**	j'**avais fini** tu **avais fini** il **avait fini** nous **avions fini** vous **aviez fini** ils **avaient fini**	j'**avais vendu** tu **avais vendu** il **avait vendu** nous **avions vendu** vous **aviez vendu** ils **avaient vendu**	je **m'étais lavé(e)** tu **t'étais lavé(e)** il/elle **s'était lavé(e)** nous **nous étions lavé(e)s** vous **vous étiez lavé(e)(s)** ils/elles **s'étaient lavé(e)s**
PASSÉ SIMPLE	je **parlai** tu **parlas** il **parla** nous **parlâmes** vous **parlâtes** ils **parlèrent**	je **finis** tu **finis** il **finit** nous **finîmes** vous **finîtes** ils **finirent**	je **vendis** tu **vendis** il **vendit** nous **vendîmes** vous **vendîtes** ils **vendirent**	je **me lavai** tu **te lavas** il **se lava** nous **nous lavâmes** vous **vous lavâtes** ils **se lavèrent**

INFINITIF	parler *(to talk, speak)*	finir *(to finish)*	vendre *(to sell)*	se laver *(to wash oneself)*
FUTUR	je **parlerai** tu **parleras** il **parlera** nous **parlerons** vous **parlerez** ils **parleront**	je **finirai** tu **finiras** il **finira** nous **finirons** vous **finirez** ils **finiront**	je **vendrai** tu **vendras** il **vendra** nous **vendrons** vous **vendrez** ils **vendront**	je **me laverai** tu **te laveras** il **se lavera** nous **nous laverons** vous **vous laverez** ils **se laveront**
CONDITIONNEL	je **parlerais** tu **parlerais** il **parlerait** nous **parlerions** vous **parleriez** ils **parleraient**	je **finirais** tu **finirais** il **finirait** nous **finirions** vous **finiriez** ils **finiraient**	je **vendrais** tu **vendrais** il **vendrait** nous **vendrions** vous **vendriez** ils **vendraient**	je **me laverais** tu **te laverais** il **se laverait** nous **nous laverions** vous **vous laveriez** ils **se laveraient**
CONDITIONNEL PASSÉ	j'**aurais parlé** tu **aurais parlé** il **aurait parlé** nous **aurions parlé** vous **auriez parlé** ils **auraient parlé**	j'**aurais fini** tu **aurais fini** il **aurait fini** nous **aurions fini** vous **auriez fini** ils **auraient fini**	j'**aurais vendu** tu **aurais vendu** il **aurait vendu** nous **aurions vendu** vous **auriez vendu** ils **auraient vendu**	je **me serais lavé(e)** tu **te serais lavé(e)** il/elle **se serait lavé(e)** nous **nous serions lavé(e)s** vous **vous seriez lavé(e)(s)** ils/elles **se seraient lavé(e)s**
SUBJONCTIF	que je **parle** que tu **parles** qu'il **parle** que nous **parlions** que vous **parliez** qu'**ils parlent**	que je **finisse** que tu **finisses** qu'il **finisse** que nous **finissions** que vous **finissiez** qu'ils **finissent**	que je **vende** que tu **vendes** qu'il **vende** que nous **vendions** que vous **vendiez** qu'ils **vendent**	que je **me lave** que tu **te laves** qu'il **se lave** que nous **nous lavions** que vous **vous laviez** qu'ils **se lavent**
PASSÉ DU SUBJONCTIF	que j'**aie parlé** que tu **aies parlé** qu'il **ait parlé** que nous **ayons parlé** que vous **ayez parlé** qu'ils **aient parlé**	que j'**aie fini** que tu **aies fini** qu'il **ait fini** que nous **ayons fini** que vous **ayez fini** qu'ils **aient fini**	que j'**aie vendu** que tu **aies vendu** qu'il **ait vendu** que nous **ayons vendu** que vous **ayez vendu** qu'ils **aient vendu**	que je me **sois lavé(e)** que tu **te sois lavé(e)** qu'il/elle **se soit lavé(e)** que nous **nous soyons lavé(e)s** que vous **vous soyez lavé(e)(s)** qu'ils/elles **se soient lavé(e)s**
PARTICIPE PRÉSENT	**parlant**	**finissant**	**vendant**	**se lavant**
INFINITIF PASSÉ	**avoir parlé**	**avoir fini**	**avoir vendu**	**s'être lavé(e)**

2 VERBS WITH SPELLING CHANGES ....

Some -**er** verbs have spelling changes in certain tenses. These changes are highlighted in the chart below. All other forms of these verbs are similar to those of regular -**er** verbs.

The verbs listed below follow the pattern of the indicated model verbs. Note that reflexive verbs are conjugated with **être** in the compound tenses. (All other are conjugated with **avoir**.)

verbs like **acheter** *(to buy)*	verbs like **appeler** *(to call)*	verbs like **préférer** *(to prefer)*
amener *(to take, bring along)*	**s'appeler** *(to be named, to be called)*	**accélérer** *(to accelerate)*
élever *(to educate, to raise)*	**empaqueter** *(to bag)*	**célébrer** *(to celebrate)*
enlever *(to take off)*	**épousseter** *(to dust)*	**espérer** *(to hope)*
lever *(to lift, raise)*	**étinceler** *(to twinkle)*	**s'inquiéter** *(to worry)*
se lever *(to get up)*	**jeter** *(to throw)*	**posséder** *(to possess, to own)*
mener *(to take, to lead)*	**rappeler** *(to call back)*	**protéger** *(to protect)*
promener *(to walk [a dog])*	**se rappeler** *(to remember)*	**répéter** *(to repeat)*
se promener *(to take a walk,*	**rejeter** *(to reject)*	**sécher** *(to dry)*
		se sécher *(to dry oneself)*
		suggérer *(to suggest)*

INFINITIF	PRÉSENT		IMPÉRATIF	PASSÉ COMPOSÉ	IMPARFAIT
acheter e → è	j'**achète** tu **achètes** il **achète**	nous **achetons** vous **achetez** ils **achètent**	**achète!** achetons! achetez!	j'ai acheté	j'**achetais** nous **achetions**
appeler l → ll (double consonant)	j'**appelle** tu **appelles** il **appelle**	nous **appelons** vous **appelez** ils **appellent**	**appelle!** appelons! appelez!	j'ai appelé	j'**appelais** nous **appelions**
préférer é → è	je **préfère** tu **préfères** il **préfère**	nous **préférons** vous **préférez** ils **préfèrent**	**préfère!** préférons! préférez!	j'ai préféré	je **préférais** nous **préférions**
payer y → i	je **paie** tu **paies** il **paie**	nous **payons** vous **payez** ils **paient**	**paie!** payons! payez!	j'ai payé	je **payais** nous **payions**
commencer c → ç (before a,o)	je **commence** tu **commences** il **commence**	nous **commençons** vous **commencez** ils **commencent**	commence! **commençons!** commencez!	j'ai commencé	je **commençais** nous **commencions**
manger g → ge (before a,o)	je **mange** tu **manges** il **mange**	nous **mangeons** vous **mangez** ils **mangent**	mange! **mangeons!** mangez!	j'ai mangé	je **mangeais** nous **mangions**

verbs like **payer** (to pay, pay for)

balayer (to sweep)
employer (to use, to employ)
s'ennuyer (to be bored)
essayer (to try)
essuyer (to wipe, to dry)
nettoyer (to clean)

verbs like **commencer** (to begin, start)

annoncer (to announce, proclaim)
se divorcer (to divorce)
se fiancer (to get engaged)
menacer (to threaten)

verbs like **manger** (to eat)

arranger (to arrange, to fix)
changer (to change)
charger (to charge)
s'en charger (to take charge)
corriger (to correct)
dégager (to shorten)
déranger (to disturb)
diriger (to direct, to run)
exiger (to demand)
égorger (to slit the throat)
engager (to hire)
interroger (to interrogate)
juger (to judge)

mélanger (to mix)
nager (to swim)
négliger (to neglect)
neiger (to snow)
obliger (to oblige)
partager (to share)
plonger (to dive)
protéger (to protect)
ranger (to pick up, to put away)
venger (to avenge)
voyager (to travel)

PASSÉ SIMPLE	FUTUR	CONDITIONNEL	SUBJONCTIF	PARTICIPE PRÉSENT
j'**achetai** il **acheta** ils **achetèrent**	j'**achèterai**	j'**achèterais**	que j'**achète** que nous **achetions**	**achetant**
j'**appelai** il **appela** ils **appelèrent**	j'**appellerai**	j'**appellerais**	que j'**appelle** que nous **appelions**	**appelant**
je **préférai** il **préféra** ils **préférèrent**	je **préférerai**	je **préférerais**	que je **préfère** que nous **préférions**	**préférant**
je **payai** il **paya** ils **payèrent**	je **paierai**	je **paierais**	que je **paie** que nous **payions**	**payant**
je **commençai** il **commença** ils **commencèrent**	je **commencerai**	je **commencerais**	que je **commence** que nous **commencions**	**commençant**
je **mangeai** il **mangea** ils **mangèrent**	je **mangerai**	je **mangerais**	que je **mange** que nous **mangions**	**mangeant**

3 AUXILIARY FORMS

INFINITIF	PRÉSENT		IMPARFAIT		FUTUR	
avoir	j'ai	nous avons	j'avais	nous avions	j'aurai	nous aurons
	tu as	vous avez	tu avais	vous aviez	tu auras	vous aurez
	il a	ils ont	il avait	ils avaient	il aura	ils auront
être	je suis	nous sommes	j'étais	nous étions	je serai	nous serons
	tu es	vous êtes	tu étais	vous étiez	tu seras	vous serez
	il est	ils sont	il était	ils étaient	il sera	ils seront

4 IRREGULAR VERBS

For the conjugation of the irregular verbs listed below, follow the pattern of the indicated verbs.
Verbs conjugated with **être** as an auxiliary verb in the compound tenses are noted with an
asterisk (*). All others are conjugated with **avoir**.

accueillir	(see **cueillir**)	**craindre**	(see **peindre**)	**s'endormir**	(see **dormir**)
admettre	(see **mettre**)	**cuire**	(see **conduire**)	**s'enfuir**	(see **fuir**)
apercevoir	(see **recevoir**)	**débattre**	(see **battre**)	**entreprendre**	(see **prendre**)
apparaître	(see **connaître**)	**décevoir**	(see **recevoir**)	**entretenir**	(see **tenir**)
appartenir	(see **tenir**)	**découvrir**	(see **ouvrir**)	**éteindre**	(see **peindre**)
apprendre	(see **prendre**)	**décrire**	(see **écrire**)	**s'étendre**	(see **rendre**)
atteindre	(see **peindre**)	**se déplacer**	(see **placer**)	**inscrire**	(see **écrire**)
attendre	(see **rendre**)	**déplaire**	(see **plaire**)	**interdire**	(see **dire**)
combattre	(see **battre**)	**détruire**	(see **conduire**)	**interrompre**	(see **rompre**)
comprendre	(see **prendre**)	**descendre**	(see **rendre**)	**intervenir**	(see **venir**)
confier	(see **planifier**)	*devenir	(see **venir**)	**introduire**	(see **conduire**)
conquérir	(see **acquérir**)	**disparaître**	(see **connaître**)	**joindre**	(see **peindre**)
construire	(see **conduire**)	**effacer**	(see **placer**)	**lancer**	(see **placer**)
contenir	(see **tenir**)	**élire**	(see **lire**)	**maintenir**	(see **tenir**)
convaincre	(see **vaincre**)	**entendre**	(see **rendre**)	**se marier**	(see **planifier**)
couvrir	(see **ouvrir**)	**s'entendre**	(see **rendre**)	**se méfier**	(see **planifier**)

INFINITIF	PRÉSENT		IMPÉRATIF	PASSÉ COMPOSÉ	IMPARFAIT
acquérir (to acquire, get)	j'**acquiers**	nous **acquérons**	**acquiers**	j'ai **acquis**	j'**acquérais**
	tu **acquiers**	vous **acquérez**	**acquérons**		
	il **acquiert**	ils **acquièrent**	**acquérez**		
aller (to go)	je **vais**	nous **allons**	**va**	je **suis allé(e)**	j'**allais**
	tu **vas**	vous **allez**	**allons**		
	il **va**	ils **vont**	**allez**		

CONDITIONNEL		SUBJONCTIF	
j'aurais	nous aurions	que j'aie	que nous ayons
tu aurais	vous auriez	que tu aies	que vous ayez
il aurait	ils auraient	qu'il ait	qu'ils aient
je serais	nous serions	que je sois	que nous soyons
tu serais	vous seriez	que tu sois	que vous soyez
il serait	ils seraient	qu'il soit	qu'ils soient

mentir	(see sortir)	promettre	(see mettre)	*revenir	(see venir)
obtenir	(see tenir)	reconnaître	(see connaître)	sentir	(see sortir)
offrir	(see ouvrir)	réconcilier	(see planifier)	servir	(see sortir)
opérer	(see céder)	reconstruire	(see conduire)	souffrir	(see ouvrir)
paraître	(see connaître)	récupérer	(see céder)	sourire	(see rire)
parcourir	(see courir)	redécouvrir	(see ouvrir)	soutenir	(see tenir)
*partir	(see sortir)	réduire	(see conduire)	se souvenir	(see venir)
parvenir	(see venir)	remarier	(see planifier)	subvenir	(see venir)
pendre	(see rendre)	remercier	(see planifier)	succéder	(see céder)
se perdre	(see rendre)	remettre	(see mettre)	surprendre	(see prendre)
permettre	(see mettre)	se rendre à	(see rendre)	survenir	(see venir)
peser	(see acheter)	renoncer	(see placer)	survivre	(see vivre)
plaindre	(see peindre)	renvoyer	(see envoyer)	tondre	(see rendre)
poursuivre	(see suivre)	répandre	(see rendre)	se tordre	(see rendre)
prédire	(see dire)	répondre	(see rendre)	traduire	(see conduire)
prévoir	(see voir)	ressentir	(see sortir)		
produire	(see conduire)	retenir	(see tenir)		

PASSÉ SIMPLE	FUTUR	CONDITIONNEL	SUBJONCTIF	PARTICIPE PRÉSENT
j'acquis	j'acquerrai	j'acquerrais	que j'acquière que nous acquérions	acquérant
j'allai	j'irai	j'irais	que j'aille que nous allions	allant

INFINITIF	PRÉSENT		IMPÉRATIF	PASSÉ COMPOSÉ	IMPARFAIT
appuyer *(to push)*	j'**appuie** tu **appuies** il **appuie**	nous **appuyons** vous **appuyez** ils **appuient**	**appuie!** **appuyons!** **appuyez!**	j'**ai appuyé**	j'**appuyais**
s'asseoir *(to sit down)*	je m'**assieds** tu t'**assieds** il s'**assied**	nous **nous asseyons** vous **vous asseyez** ils s'**asseyent**	**assieds-toi!** **asseyons-nous!** **asseyez-vous!**	je me suis **assis(e)**	je m'**asseyais**
avoir *(to have)*	j'**ai** tu **as** il **a**	nous **avons** vous **avez** ils **ont**	**aie!** **ayons!** **ayez!**	j'**ai eu**	j'**avais**
il y a *(there is, are*	**il y a**		– –	**il y a eu**	**il y avait**
battre *(to beat)*	je **bats** tu **bats** il **bat**	nous **battons** vous **battez** ils **battent**	**bats!** **battons!** **battez!**	j'**ai battu**	je **battais**
boire *(to drink)*	je **bois** tu **bois** il **boit**	nous **buvons** vous **buvez** ils **boivent**	**bois!** **buvons!** **buvez!**	j'**ai bu**	je **buvais**
céder *(to cede)*	je **cède** tu **cèdes** il **cède**	nous **cédons** vous **cédez** ils **cèdent**	**cède!** **cédons!** **cédez!**	j'**ai cédé**	je **cédais**
conduire *(to drive)*	je **conduis** tu **conduis** il **conduit**	nous **conduisons** vous **conduisez** ils **conduisent**	**conduis!** **conduisons!** **conduisez!**	j'**ai conduit**	je **conduisais**
connaître *(to know)*	je **connais** tu **connais** il **connaît**	nous **connaissons** vous **connaissez** ils **connaissent**	**connais!** **connaissons!** **connaissez!**	j'**ai connu**	je **connaissais**
courir *(to run)*	je **cours** tu **cours** il **court**	nous **courons** vous **courez** ils **courent**	**cours!** **courons!** **courez!**	j'**ai couru**	je **courais**
croire *(to believe, think)*	je **crois** tu **crois** il **croit**	nous **croyons** vous **croyez** ils **croient**	**crois!** **croyons!** **croyez!**	j'**ai cru**	je **croyais**
cueillir *(to gather, pick)*	je **cueille** tu **cueilles** il **cueille**	nous **cueillons** vous **cueillez** ils **cueillent**	**cueille!** **cueillons!** **cueillez!**	j'**ai cueilli**	je **cueillerais**
devoir *(must, to have to, owe)*	je **dois** tu **dois** il **doit**	nous **devons** vous **devez** ils **doivent**	**dois!** **devons!** **devez!**	j'**ai dû**	je **devais**

PASSÉ SIMPLE	FUTUR	CONDITIONNEL	SUBJONCTIF		PARTICIPE PRÉSENT
j'**appuyai**	j'**appuierai**	j'**appuierais**	que j'**appuie** que nous **appuyions**		**appuyant**
je m'**assis**	je m'**assiérai**	je m'**assiérais**	que je m'**asseye** que nous **nous asseyions**		s'**asseyant**
j'**eus**	j'**aurai**	j'**aurais**	que j'**aie** que tu **aies** qu'il **ait**	que nous **ayons** que vous **ayez** qu'ils **aient**	**ayant**
il y **eut**	il y **aura**	il y **aurait**	qu'il y **ait**		– –
je **battis**	je **battrai**	je **battrais**	que je **batte** que nous **battions**		**battant**
je **bus**	je **boirai**	je **boirais**	que je **boive** que nous **buvions**		**buvant**
je **cédai**	je **céderai**	je **céderais**	que je **cède** que nous **cédions**		**cédant**
je **conduisis**	je **conduirai**	je **conduirais**	que je **conduise** que nous **conduisions**		**conduisant**
je **connus**	je **connaîtrai**	je **connaîtrais**	que je **connaisse** que nous **connaissions**		**connaissant**
je **courus**	je **courrai**	je **courrais**	que je **coure** que nous **courions**		**courant**
je **crus**	je **croirai**	je **croirais**	que je **croie** que nous **croyions**		**croyant**
je **cueillis**	je **cueillerai**	je **cueillerais**	que je **cueille** que nous **cueillions**		**cueillant**
je **dus**	je **devrai**	je **devrais**	que je **doive** que nous **devions**		**devant**

INFINITIF	PRÉSENT		IMPÉRATIF	PASSÉ COMPOSÉ	IMPARFAIT
dire *(to say, tell)*	je **dis** tu **dis** il **dit**	nous **disons** vous **dites** ils **disent**	**dis!** **disons!** **dites!**	j'**ai dit**	je **disais**
dormir *(to sleep)*	je **dors** tu **dors** il **dort**	nous **dormons** vous **dormez** ils **dorment**	**dors!** **dormons!** **dormez!**	j'**ai dormi**	je **dormais**
écrire *(to write)*	j'**écris** tu **écris** il **écrit**	nous **écrivons** vous **écrivez** ils **écrivent**	**écris!** **écrivons!** **écrivez!**	j'**ai écrit**	j'**écrivais**
envoyer *(to send)*	j'**envoie** tu **envoies** il **envoie**	nous **envoyons** vous **envoyez** ils **envoient**	**envoie!** **envoyons!** **envoyez!**	j'**ai envoyé**	j'**envoyais**
être *(to be)*	je **suis** tu **es** il **est**	nous **sommes** vous **êtes** ils **sont**	**sois!** **soyons!** **soyez!**	j'**ai été**	j'**étais**
faire *(to make, do)*	je **fais** tu **fais** il **fait**	nous **faisons** vous **faites** ils **font**	**fais!** **faisons!** **faites!**	j'**ai fait**	je **faisais**
falloir *(to be necessary)*	il **faut**	– –	– –	il **a fallu**	il **fallait**
fuir *(to flee)*	je **fuis** tu **fuis** il **fuit**	nous **fuyons** vous **fuyez** ils **fuient**	**fuis!** **fuyons!** **fuyez!**	j'**ai fui**	je **fuyais**
lire *(to read)*	je **lis** tu **lis** il **lit**	nous **lisons** vous **lisez** ils **lisent**	**lis!** **lisons!** **lisez!**	j'**ai lu**	je **lisais**
mettre *(to put, place)*	je **mets** tu **mets** il **met**	nous **mettons** vous **mettez** ils **mettent**	**mets!** **mettons!** **mettez!**	j'**ai mis**	je **mettais**
mourir *(to die)*	je **meurs** tu **meurs** il **meurt**	nous **mourons** vous **mourez** ils **meurent**	**meurs!** **mourons!** **mourez!**	je **suis mort(e)**	je **mourais**

PASSÉ SIMPLE	FUTUR	CONDITIONNEL	SUBJONCTIF		PARTICIPE PRÉSENT
je **dis**	je **dirai**	je **dirais**	que je **dise** que nous **disions**		**disant**
je **dormis**	je **dormirai**	je **dormirais**	que je **dorme** que nous **dormions**		**dormant**
j'**écrivis**	j'**écrirai**	j'**écrirais**	que j'**écrive** que nous **écrivions**		**écrivant**
j'**envoyai**	j'**enverrai**	j'**enverrais**	que j'**envoie** que nous **envoyions**		**envoyant**
je **fus**	je **serai**	je **serais**	que je **sois** que nous **soyons** que tu **sois** que vous **soyez** qu'il **soit** qu'ils **soient**		**étant**
je **fis**	je **ferai**	je **ferais**	que je **fasse** que nous **fassions**		**faisant**
il **fallut**	il **faudra**	il **faudrait**	qu'il **faille**		– –
je **fuis**	je **fuirai**	je **fuirais**	que je **fuie** que nous **fuyions**		**fuyant**
je **lus**	je **lirai**	je **lirais**	que je **lise** que nous **lisions**		**lisant**
je **mis**	je **mettrai**	je **mettrais**	que je **mette** que nous **mettions**		**mettant**
je **mourus**	je **mourrai**	je **mourrais**	que je **meure** que nous **mourions**		**mourant**

INFINITIF	PRÉSENT		IMPÉRATIF	PASSÉ COMPOSÉ	IMPARFAIT
naître (to be born)	je **nais** tu **nais** il **naît**	nous **naissons** vous **naissez** ils **naissent**	**nais!** **naissons!** **naissez!**	je **suis né(e)**	je **naissais**
ouvrir (to open)	j'**ouvre** tu **ouvres** il **ouvre**	nous **ouvrons** vous **ouvrez** ils **ouvrent**	**ouvre!** **ouvrons!** **ouvrez!**	j'**ai ouvert**	j'**ouvrais**
peindre (to paint)	je **peins** tu **peins** il **peint**	nous **peignons** vous **peignez** ils **peignent**	**peins!** **peignons!** **peignez!**	j'**ai peint**	je **peignais**
placer (to place)	je **place** tu **places** il **place**	nous **plaçons** vous **placez** ils **placent**	**place!** **plaçons!** **placez!**	j'**ai placé**	je **plaçais**
plaire (to please)	je **plais** tu **plais** il **plaît**	nous **plaisons** vous **plaisez** ils **plaisent**	**plais!** **plaisons!** **plaisez!**	j'**ai plu**	je **plaisais**
planifier (to plan)	je **planifie** tu **planifies** il **planifie**	nous **planifions** vous **planifiez** ils **planifient**	**planifie!** **planifions!** **planifiez!**	j'**ai planifié**	je **planifiais**
pleuvoir (to rain)	il **pleut**	– –	– –	il **a plu**	il **pleuvait**
pouvoir (to be able, can)	je **peux** tu **peux** il **peut**	nous **pouvons** vous **pouvez** ils **peuvent**	– –	j'**ai pu**	je **pouvais**
prendre (to take, have)	je **prends** tu **prends** il **prend**	nous **prenons** vous **prenez** ils **prennent**	**prends!** **prenons!** **prenez!**	j'**ai pris**	je **prenais**
recevoir (to receive, get, obtain)	je **reçois** tu **reçois** il **reçoit**	nous **recevons** vous **recevez** ils **reçoivent**	**reçois!** **recevons!** **recevez!**	j'**ai reçu**	je **recevais**
rendre (to render)	je **rends** tu **rends** il **rend**	nous **rendons** vous **rendez** ils **rendent**	**rends!** **rendons!** **rendez!**	j'**ai rendu**	je **rendais**
résoudre (to resolve)	je **résous** tu **résous** il **résout**	nous **résolvons** vous **résolvez** ils **résolvent**	**résous!** **résolvons!** **résolvez!**	j'**ai résolu**	je **résolvais**
rire (to laugh)	je **ris** tu **ris** il **rit**	nous **rions** vous **riez** ils **rient**	**ris!** **rions!** **riez!**	j'**ai ri**	je **riais**

PASSÉ SIMPLE	FUTUR	CONDITIONNEL	SUBJONCTIF	PARTICIPE PRÉSENT
je **naquis**	je **naîtrai**	je **naîtrais**	que je **naisse** que nous **naissions**	**naissant**
j'**ouvris**	j'**ouvrirai**	j'**ouvrirais**	que j'**ouvre** que nous **ouvrions**	**ouvrant**
je **peignis**	je **peindrai**	je **peindrais**	que je **peigne** que nous **peignions**	**peignant**
je **plaçai**	je **placerai**	je **placerais**	que je **place** que nous **placions**	**plaçant**
je **plus**	je **plairai**	je **plairais**	que je **plaise** que nous **plaisions**	**plaisant**
je **planifiai**	je **planifierai**	je **planifierais**	que je **planifie** que nous **planifiions**	**planifiant**
il **plut**	il **pleuvra**	il **pleuvrait**	qu'il **pleuve**	**pleuvant**
je **pus**	je **pourrai**	je **pourrais**	que je **puisse** que nous **puissions**	**pouvant**
je **pris**	je **prendrai**	je **prendrais**	que je **prenne** que nous **prenions**	**prenant**
je **reçus**	je **recevrai**	je **recevrais**	que je **reçoive** que nous **recevions**	**recevant**
je **rendis**	je **rendrai**	je **rendrais**	que je **rende** que nous **rendions**	**rendant**
je **résolus**	je **résoudrai**	je **résoudrais**	que je **résolve** que nous **résolvions**	**résolvant**
je **ris**	je **rirai**	je **rirais**	que je **rie** que nous **riions**	**riant**

INFINITIF	PRÉSENT		IMPÉRATIF	PASSÉ COMPOSÉ	IMPARFAIT
rompre *(to break)*	je **romps** tu **romps** il **rompt**	nous **rompons** vous **rompez** ils **rompent**	**romps!** **rompons!** **rompez!**	j'ai **rompu**	je **rompais**
savoir *(to know)*	je **sais** tu **sais** il **sait**	nous **savons** vous **savez** ils **savent**	**sache!** **sachons!** **sachez!**	j'ai **su**	je **savais**
sortir *(to go out)*	je **sors** tu **sors** il **sort**	nous **sortons** vous **sortez** ils **sortent**	**sors!** **sortons!** **sortez!**	je **suis sorti(e)**	je **sortais**
suivre *(to follow)*	je **suis** tu **suis** il **suit**	nous **suivons** vous **suivez** ils **suivent**	**suis!** **suivons!** **suivez!**	j'ai **suivi**	je **suivais**
se taire *(to be quiet)*	je me **tais** tu te **tais** il se **tait**	nous **nous taisons** vous **vous taisez** ils se **taisent**	**tais-toi!** **taisons-nous!** **taisez-vous!**	je me **suis tu(e)**	je me **taisais**
tenir *(to hold)*	je **tiens** tu **tiens** il **tient**	nous **tenons** vous **tenez** ils **tiennent**	**tiens!** **tenons!** **tenez!**	j'ai **tenu**	je **tenais**
vaincre *(to win, conquer)*	je **vaincs** tu **vaincs** il **vainc**	nous **vainquons** vous **vainquez** ils **vainquent**	**vaincs!** **vainquons!** **vainquez!**	j'ai **vaincu**	je **vainquais**
valoir *(to be worth, deserve, merit)*	je **vaux** tu **vaux** il **vaut**	nous **valons** vous **valez** ils **valent**	**vaux!** **valons!** **valez!**	j'ai **valu**	je **valais**
venir *(to come)*	je **viens** tu **viens** il **vient**	nous **venons** vous **venez** ils **viennent**	**viens!** **venons!** **venez!**	je **suis venu(e)**	je **venais**
vivre *(to live)*	je **vis** tu **vis** il **vit**	nous **vivons** vous **vivez** ils **vivent**	**vis!** **vivons!** **vivez!**	j'ai **vécu**	je **vivais**
voir *(to see)*	je **vois** tu **vois** il **voit**	nous **voyons** vous **voyez** ils **voient**	**vois!** **voyons!** **voyez!**	j'ai **vu**	je **voyais**
vouloir *(to want, wish)*	je **veux** tu **veux** il **veut**	nous **voulons** vous **voulez** ils **veulent**	**veuille!** **veuillons!** **veuillez!**	j'ai **voulu**	je **voulais**

PASSÉ SIMPLE	FUTUR	CONDITIONNEL	SUBJONCTIF	PARTICIPE PRÉSENT
je **rompis**	je **romprai**	je **romprais**	que je **rompe** que nous **rompions**	**rompant**
je **sus**	je **saurai**	je **saurais**	que je **sache** que nous **sachions**	**sachant**
je **sortis**	je **sortirai**	je **sortirais**	que je **sorte** que nous **sortions**	**sortant**
je **suivis**	je **suivrai**	je **suivrais**	que je **suive** que nous **suivions**	**suivant**
je **me tus**	je **me tairai**	je **me tairais**	que je **me taise** que nous **nous taisions**	**se taisant**
je **tins**	je **tiendrai**	je **tiendrais**	que je **tienne** que nous **tenions**	**tenant**
je **vainquis**	je **vaincrai**	je **vaincrais**	que je **vainque** que nous **vainquions**	**vainquant**
je **valus**	je **vaudrai**	je **vaudrais**	que je **vaille** que nous **valions**	**valant**
je **vins**	je **viendrai**	je **viendrais**	que je **vienne** que nous **venions**	**venant**
je **vécus**	je **vivrai**	je **vivrais**	que je **vive** que nous **vivions**	**vivant**
je **vis**	je **verrai**	je **verrais**	que je **voie** que nous **voyions**	**voyant**
je **voulus**	je **voudrai**	je **voudrais**	que je **veuille** que nous **voulions**	**voulant**

5 PASSÉ SIMPLE

The PASSÉ SIMPLE is a past tense which is used mainly in literary French. You may encounter the passé simple in newspaper and magazine articles, in short stories and novels. The passé simple is generally not used in conversational French, nor is it used in informal notes and letters.

FORMS

The PASSÉ SIMPLE is a simple tense.
For REGULAR VERBS, this tense is formed as follows:

> PASSÉ SIMPLE = INFINITIVE STEM + PASSÉ SIMPLE ENDINGS

INFINITIVE	parler	
STEM	parl-	ENDINGS
je	parlai	-ai
tu	parlas	-as
il/elle/on	parla	-a
nous	parlâmes	-âmes
vous	parlâtes	-âtes
ils/elles	parlèrent	-èrent

INFINITIVE	finir	
STEM	fin-	ENDINGS
je	finis	-is
tu	finis	-is
il/elle/on	finit	-it
nous	finîmes	-îmes
vous	finîtes	-îtes
ils/elles	finirent	-irent

INFINITIVE	vendre	
STEM	vend-	ENDINGS
je	vendis	-is
tu	vendis	-is
il/elle/on	vendit	-it
nous	vendîmes	-îmes
vous	vendîtes	-îtes
ils/elles	vendirent	-irent

PASSÉ SIMPLE OF SELECTED IRREGULAR VERBS
(FOR RECOGNITION)

il alla	aller
il but	boire
il conduisit	conduire
il connut	connaître
il craignit	craindre
il crut	croire
il dit	dire
il dormit	dormir
il dut	devoir
il eut	avoir
il écrivit	écrire
il fallut	il faut
il fit	faire
il fut	être
il lut	lire
il mit	mettre
il mourut	mourir
il naquit	naître
il ouvrit	ouvrir
il plut	plaire
il plut	il pleut
il prit	prendre
il put	pouvoir
il reçut	recevoir
il rit	rire
il sortit	sortir
il suivit	suivre
il tint	tenir
il vécut	vivre
il vit	voir
il voulut	vouloir
il sut	savoir

Many IRREGULAR VERBS have irregular stems in the passé simple. These are always given in the **je**-form in dictionaries and verb charts.

Irregular verbs fall into three groups, according to their endings:

	je-form in **-us** connaître		**je**-form in **-is** prendre		**je**-form in **-ins** venir	
je	**connus**	**-us**	**pris**	**-is**	**vins**	**-ins**
tu	**connus**	**-us**	**pris**	**-is**	**vins**	**-ins**
il/elle/on	**connut**	**-ut**	**prit**	**-it**	**vint**	**-int**
nous	**connûmes**	**-ûmes**	**prîmes**	**-îmes**	**vînmes**	**-înmes**
vous	**connûtes**	**-ûtes**	**prîtes**	**-îtes**	**vîntes**	**-întes**
ils/elles	**connurent**	**-urent**	**prirent**	**-irent**	**vinrent**	**-inrent**

➡ Note that **aller** follows the pattern of **-er** verbs: **j'allai, il alla, ils allèrent.**

USES

The passé simple corresponds to the simple past in English.

Champlain **fonda** Québec en 1608.   *Champlain **founded** Quebec in 1608.*

Contrast the use of the past tenses in French:

To express:	in LITERARY French:	in CONVERSATIONAL French:
• an on-going event or action (*what was happening*)	IMPERFECT **Il neigeait.** (*It was snowing.*)	IMPERFECT **Il neigeait.** (*It was snowing.*)
• a habitual past action (*what used to happen*)	IMPERFECT **En hiver, nous faisions du ski.** (*In winter, we used to go skiing.*)	IMPERFECT **En hiver, nous faisions du ski.** (*In winter, we used to go skiing.*)
• a specific event completed at a given moment in the past (*what happened*)	PASSÉ SIMPLE **Paul tomba et se cassa le bras.** (*Paul fell and broke his arm.*)	PASSÉ COMPOSÉ **Paul est tombé et il s'est cassé le bras.** (*Paul fell and broke his arm.*)
• an action that took place in the past at an indefinite time and has consequences in the present (*what has happened*)	PASSÉ COMPOSÉ **Personne ne l'a vu depuis l'accident.** (*Nobody has seen him since the accident.*)	PASSÉ COMPOSÉ **Personne ne l'a vu depuis l'accident.** (*Nobody has seen him since the accident.*)

APPENDIX D

La France

Paris

Paris
Métro Map

Le Monde francophone

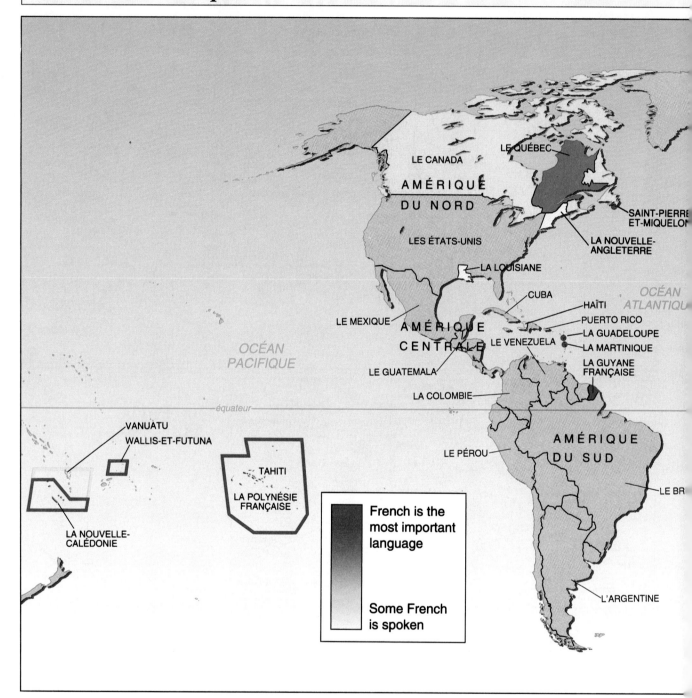

LE CANADA

LE QUÉBEC

AMÉRIQUE
DU NORD

LES ÉTATS-UNIS

SAINT-PIERRE
ET-MIQUELON

LA NOUVELLE-
ANGLETERRE

LA LOUISIANE

CUBA

HAÏTI

OCÉAN
ATLANTIQU

LE MEXIQUE

AMÉRIQUE
CENTRALE

PUERTO RICO

LA GUADELOUPE

LE VENEZUELA

LA MARTINIQUE

OCÉAN
PACIFIQUE

LE GUATEMALA

LA GUYANE
FRANÇAISE

LA COLOMBIE

équateur

VANUATU

WALLIS-ET-FUTUNA

LE PÉROU

AMÉRIQUE
DU SUD

TAHITI

LA POLYNÉSIE
FRANÇAISE

LE BR

LA NOUVELLE-
CALÉDONIE

French is the
most important
language

Some French
is spoken

L'ARGENTINE

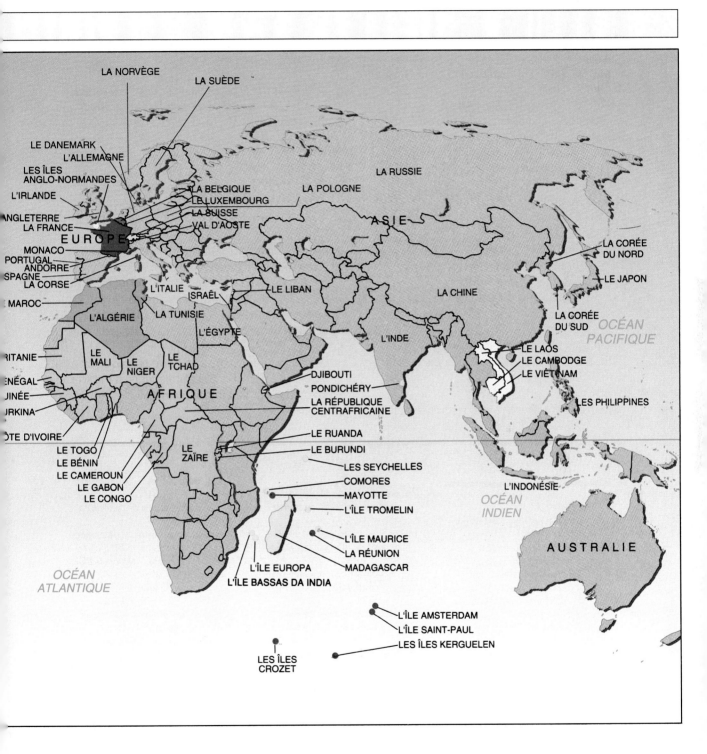

LA NORVÈGE

LA SUÈDE

LE DANEMARK

L'ALLEMAGNE

LES ÎLES
ANGLO-NORMANDES

L'IRLANDE

LA BELGIQUE

LE LUXEMBOURG

LA POLOGNE

LA RUSSIE

ANGLETERRE

LA SUISSE

LA FRANCE

VAL D'AOSTE

EUROPE

ASIE

MONACO

PORTUGAL

ANDORRE

SPAGNE

LA CORSE

MAROC

L'ALGÉRIE

L'ITALIE

ISRAËL

LE LIBAN

LA TUNISIE

L'ÉGYPTE

LA CORÉE
DU NORD

LE JAPON

LA CHINE

LA CORÉE
DU SUD

OCÉAN
PACIFIQUE

L'INDE

RITANIE

LE
MALI

LE
NIGER

LE
TCHAD

ENÉGAL

JINÉE

AFRIQUE

DJIBOUTI

PONDICHÉRY

LA RÉPUBLIQUE
CENTRAFRICAINE

LE LAOS

LE CAMBODGE

LE VIÊTNAM

LES PHILIPPINES

URKINA

ÔTE D'IVOIRE

LE TOGO

LE BÉNIN

LE CAMEROUN

LE GABON

LE CONGO

LE
ZAÏRE

LE RUANDA

LE BURUNDI

LES SEYCHELLES

COMORES

MAYOTTE

L'ÎLE TROMELIN

L'INDONÉSIE

OCÉAN
INDIEN

AUSTRALIE

L'ÎLE MAURICE

LA RÉUNION

MADAGASCAR

OCÉAN
ATLANTIQUE

L'ÎLE EUROPA

L'ÎLE BASSAS DA INDIA

L'ÎLE AMSTERDAM

L'ÎLE SAINT-PAUL

LES ÎLES KERGUELEN

LES ÎLES
CROZET

VOCABULAIRE: Français–Anglais

The French—English vocabulary contains active and passive words from the text, as well as the important words of the illustrations used within the units.

The numbers and letters following an entry indicate the first unit section in which the words or phrase is activated. The following abbreviations have been used:

R   Reprise
L   Lecture
IM   Info Magazine
IC   Interlude Culturel
FP   Français Pratique
TA   Teachers' Annotation
LC   Langue et Communication
A   Appendix

The number after the section abbreviation indicates the unit *Partie* in which the vocabulary word is introduced.

An asterisk (*) after the unit reference indicates that the word or phrase is presented in the *Mot Utiles* section of the reading.

Nouns: If the article of a noun does not indicate gender, the noun is followed by *m. (masculine)* or *f. (feminine)*. If the plural is irregular, it is given in parentheses.

Adjectives: Adjectives are listed in the masculine form. If the feminine form is irregular, it is given in parentheses. Irregular plural forms are also given in parentheses.

Verbs: Verbs are listed in the infinitive form. An asterisk (*) in front of an active verb means that it is irregular. (For forms, see the verb charts in the Appendix.) Irregular past participle *(p. p.)*, present participle *(pres. part.)*, future *(fut.)*, and subjunctive *(subj.)* forms are listed separately.

Words beginning with an **h** are preceded by a bullet (•) if the **h** is aspirate; that is, if the word is treated as if it begins with a consonant sound.

A

à to, at
  à + *length of time* (length of time) from . . .
  à + *distance* (distance) from . . .
  à + *mode of transport* by (mode of transport) . . .
  à + *date, time* see you (date, time)
  à condition de on the condition that **10.LC1TA**
  à côté de beside, to the side of **8.FP1**
  à deux lits (a room) with two beds **6.FP1**
  à l'étranger to be abroad, overseas **5.FP1**
  à moi mine **6.LC2TA**
  à son propre compte on his own account **10.FP2**
une abeille bee **3.FP1TA**
  abord: d'abord first, at first

3.FP2
l' abri *m.* shelter **9.IM**
l' accès *m.* access, approach **6.FP1**
un accident accident **3.FP3**
l' accord *m.*: **d'accord** OK **2.FP2**
  *accueillir to welcome **6.IM**
  accueillant welcoming **6.LC1**
*acheter to buy **5.FP2**
  s'acheter to buy for oneself **1.FP3**
l' acier *m.* steel **2.FP3**
*acquérir to acquire **10.IM**
actif (active) active **R.A**
  à mon actif behind me **10.IM**
une action: les bonnes actions good deeds **10.LC1**
s' adresser à to speak to, to address **2.IM**
l' administration *f.* administration **10.FP1**

l' admiration *f.* admiration **9.FP1**
l' adolescence *f.* adolescence **9.FP3**
un aérogramme pre-stamped envelope **4.FP1**
l' aéroport *m.* airport **5.FP2**
une affaire affair
  avoir affaire à to have to deal with **8.FP2**
  les affaires business (affairs) **L.2***
l' affection *f.* affection **9.FP1**
  affectueux (affectueuse) affectionate **R.A**
  afin de in order to **10.LC1TA**
l' âge *m.* age
  l'âge adulte adulthood
une agence agency **10.FP2**
  une agence de voyages travel agency **10.FP2**
  un agent d'assurances insurance agent **10.FP2**

un(e) agent(e) agent 10.FP1
un agent de change
change teller 10.FP1
un agent immobilier
real estate agent 10.FP1
agir to act 3.IA
s' agir: de quoi il s'agit what it's
all about 8.IM
agité agitated 1.FP4TA
aider to help 2.FP2
aïe! ouch! 7.FP1
une aiguille needle 4.FP1
ailleurs elsewhere 7.IM
d'ailleurs besides 8.L*
aimer to like 2.S2
aimable likeable R.A
aimer bien to like someone
aimer qq'un to love
someone
l' aîné eldest R.L*
l' air m. air
l'air conditionné m. air
conditioning 6.FP1
en plein air outdoors 1.IC
ajouter to add 7.L*
un aller et retour round-trip ticket
un aller simple one-way
ticket
*aller to go 5.FP2
aller à + place to
go (somewhere)
aller à la pêche to go
fishing 3.L*
aller dans to go into
aller voir to go look 1.L*
s'en aller to go away 1.LC4
une allergie allergy
les alliances f. wedding rings
9.IM
l' alimentation f. food
distribution 8.L
allumer to turn on, to light
5.LC1
allumer un feu to light a
fire 2.L
allumé turned on 5.LC1
une allumette match 4.FP1
l' allure f. allure, impression
2.IM
alors: alors que whereas 2.IC
les Alpes the Alps 1.LC1
l' alpinisme m. mountain
climbing 3.IM
les alpinistes mountain-
climbers 7.LC2
altier (altière) proud 1.IM
l' aluminium m. aluminum
2.FP3
l' ambition f. ambition 10.FP3
une amende fine 5.FP2
aménagé equipped 6.IM

un ami (une amie) friend 9.FP1
l' amitié f. friendship 9.FP1
l' amour m. love 2.IM
l' ampleur f. amplitude, extent
4.L
l' ampli amplifier 4.FP2
amuser: amusant amusing
R.A
s' amuser to have fun 1.FP3
ancien (ancienne) old,
former 2.FP3
un ancien élève alumnus 8.L
une angine strep throat 7.FP1
l' animation f. organized
activities 8.FP3
animé animated, busy
une animatrice (un
animateur) counselor R.V
un animal (animaux) animals
2.FP1
les animaux domestiques
pets, domestic animals
2.FP1
l' animosité f. animosity 9.FP1
les annonces f. personal ads 2.IM
annuler to cancel 5.FP2
l' antenne f. antenna 4.FP2
un antibiotique antibiotic 7.FP1
l' antipathie f. antipathy 9.FP1
*s' apercevoir to notice 1.LC4TA
l' apparence f. appearance
2.FP3
l'apparence générale
general appearance 1.FP1
un appartement apartment 8.FP2
appartenir to belong to 2.L
*appeler to call 6.FP2
s'appeler to be called, be
named 1.LC4
apporter to bring 6.L*
s' approcher to come closer
1.LC4
s'approcher de to approach
8.L*
*appuyer to push 4.IM
après after 3.FP3
l'après-rasage m.
aftershave 1.FP2
l'après-shampooing m.
hair conditioner 1.FP2TA
les arbustes m. shrubbery 2.FP1
une arche: l'Arche de Saint Louis
the Arch of St. Louis 2.FP3
un(e) architecte architect
10.FP1TA
l' argent silver L.R*
une armoire wardrobe, cabinet 1.L*
arracher to pull out 1.IC
arranger to fix 4.L
arrêter to arrest 5.L
s' arrêter to stop (oneself) 1.FP3

l' arrière-garde f. rear guard
2.IC
l' arrivée f. destination 5.FP2
arriver to arrive 3.FP3, to
happen 6.IC
arriver à to manage to 4.L*
on y arrive one can do it
9.IM
arroser to water (plants,
flowers) 2.FP1
l'arrosoir m. watering can
2.IM
un article item 4.FP1
une ascendance ancestry 9.IM
un ascenseur elevator 6.FP1
un aspirateur vacuum 2.FP1
l' aspirine f. aspirin 4.FP1
*s' asseoir to sit down 1.LC4
un(e) assistant(e) social(e) social
worker 10.FP1
assister to assist
assister à to be present at
3.FP3
les assurances f. insurance
10.FP2
s' assurer to make sure 8.L*
l' asthme m. asthma 7.FP1
astiquer: astiquer les meubles
to polish the furniture
2.FP1TA
astucieux smart 2.IC
un atelier workshop 1.IC
athlétique athletic 1.FP1
attacher to attach 5.FP2
attacher sa ceinture de
sécurité to fasten one's
seatbelt
attaquer to attack 7.L
*atteindre to reach, attain 1.4
*attendre to wait for
en attendant in the
meantime 2.IM
s'attendre à to expect 4.IM
un attentat terrorist attack 7.IM
attentif (attentive) attentive
R.A
atterrir to land 5.FP2
attirer to attract 2.IM
attirant attracting 1.IC
attraper: attraper un coup de
soleil to get a sunburn
3.FP1
au: à + le
au bout d'une heure at the
end of an hour 9.FP2
au lieu de instead of
10.LC1TA
au pair: jeune homme au
pair male exchange
student 2.FP2
auquel to which 6.LC2

une **auberge** inn **6.FP1**
    une **auberge de campagne**
      country inn **6.LC1**
    une **auberge de jeunesse**
      youth hostel **6.FP1**
aucun no **1.IC**
    aucun rapport no
      relationship **1.IC**
augmenter to increase, to turn
    up **3.IM**
ausculter to listen to someone's
    chest **7.FP1TA**
aussi also **6.LC1**
    aussi . . . que as . . . as
      6.LC1
    aussitôt que as soon as
      5.S2
autant almost **5.IMLC**
    autant de as much as
      6.LC1
    d'autant plus que all the
      more that **9.L***
l' **autel** *m.* altar **9.IM**
l' **auto-stop** *m.* hitchhiking
    8.FP2
une **autoroute** turnpike **5.IM**
autour around **5.FP1**
    autour du monde around
      the world **5.FP1**
autre other
    autre chose à faire
      something else to do
      2.FP2
    autre chose? is there
      something else? **4.FP**
    d'autres others, some
      others **4.LC1**
    les autres others **6.LC2TA**
    un(e) autre another (one)
une **avalanche** avalanche **3.FP2**
avaler to swallow **7.FP1**
une **avance** advance **5.FP2**
avant before
    avant de before **10.LC1**
    l'avant-bras *m.* forearm
      1.IC
les **avantages sociaux** social
    benefits **10.FP2**
avec with
    avec douche (a room) with
      a shower **6.FP1**
    avec plaisir with pleasure
      2.FP2
l' **avenir** *m.* future **3.IB**
l' **aversion** *f.* aversion **9.FP1**
aveugle blind **1.IC**
un(e) **avocat(e)** lawyer **10.FP1**
***avoir** to have
    avoir beau (+ inf.) to do
      something in vain **4.L**
    avoir besoin de to need

    4.FP1
avoir bonne (mauvaise)
  mine to look healthy
  (unhealthy) **7.FP1TA**
avoir confiance en to trust
  9.FP2
avoir de bons rapports avec
  have a good relationship
  with **9.FP2**
avoir de la peine to be sad,
  to be in pain **3.L***
avoir honte to be ashamed
  7.LC2TA
avoir l'air to seem (person)
  1.FP4
avoir le coup de foudre to
  fall in love with at first sight
  9.FP1
avoir le mal de mer to be
  seasick **3.FP1**
avoir lieu to take place **2.L***
avoir mal to be hurt **7.FP1**
avoir mal à l'estomac to
  have an upset stomach **1.L***
avoir mal à la tête to have
  a headache **1.L***
avoir rendez-vous avec to
  have a date with **8.FP1**
avoir tiré to take
  (something) out **L.5**
avoir un rhume to have a
  cold **7.FP1**
avoir une douleur to have
  (a) pain **7.FP1**
avoir une entorse to have a
  sprain **7.FP2TA**
avouer to admit **1.IM**

B ▬▬▬▬▬▬▬▬▬

les **badauds** onlookers **8.IM**
les **bagages** *m.* baggage, luggage
    5.FP1
    un bagage à la main carry-
      on luggage, duffle **5.FP1**
une **bague** ring **R.L***
se **baigner** to bathe **2.FP3**
bâiller to yawn **1.IM**
un **bain** bath **1.FP3**
un **baiser** kiss **L.7***
baisser to decrease, to lower
    6.FP2
se **baisser** to stoop, bend down
    7.L*
un **bal** dance **8.L***
le **balai** broom **2.FP1**
  ***balayer** to sweep **2.FP1**
    balayer le sol to sweep the
      floor **2.FP1**
le **ballon** balloon, ball **2.FP3**
un **banc** bench **8.IM**

une **bande** gang **5.L***
    une **bande timbrée**
      stamped sticker **4.IM**
la **banlieue** suburbs **1.LC1**
un **banquier (une banquière)**
    bank teller **10.FP1**
les **bans** *m.* official announcements
    9.IM
une **barbe** beard **1.FP1**
    bas (basse) low **2.FP3**
une **bascule** scale **4.IM**
un **bateau (les bateaux)** boat
    un bateau à voile sailboat
      8.LC2
le **bâtiment des Nations Unies**
    United Nations building
    2.FP3
un **bâton: un bâton de craie**
    piece of chalk **2.LP3TA**
  battre** to beat **7.L
*se **battre** to fight **2.IC**
  bavarder to chat **9.M**
  beau (belle) good-looking,
    beautiful
  beaucoup (de) alot (of), many,
    much
    beaucoup d'endroits
      intéressants lots of
      interesting places **8.FP3**
    beaucoup de choses à
      faire lots of things to do
      8.FP3
    beaucoup de gens d'origine
      diverse lots of people of
      diverse origins **8.FP3**
  bénévole charitable **9.IM**
  bête silly **R.A**
une **bibliothèque** library, bookcase
    8.FP2
  bien well, indeed, very much
    1.FP4
    bien situé well located
      6.FP1
    bien sûr of course **2.FP2**
    le bien-aimé beloved **2.IC**
    le bien être well-being
      10.L
    les bienfaits *m.* benefits,
      blessings **3.IM**
    les biens *m.* assets, wealth
      2.L
  bientôt soon **4.LC2**
les **bijoux** pieces of jewelry **9.L***
un **billet** ticket
la **biologie** biology **10.FP1**
une **blanchisserie** laundromat
    2.FP1
le **blé** wheat **R.V**
se **blesser** to get hurt **7.FP2**
    se blesser à la tête to hurt
      one's head **3.FP1**

blessé injured, hurt **7.FP2**
le bleu blue **1.FP1**
le bleu clair light blue **1.FP1**
le bleu foncé dark blue **1.FP1**
un bloc: un bloc de papier pad of stationery **4.FP1**
blond blond **1.FP1**
un bocal glass jar **3.L***
le bois wood(s) **1.IC**
une boîte company **10.IM**
une boîte (de). . . a box (of) . . . **4.FP1**
une boîte de couleurs paintbox **1.IC**
un bombardement bombing, shelling **10.FP2**
bon (bonne) good
au bon moment at the right time **10.IM**
il est bon que . . . it is good that . . . **2.LC2**
les bons rapports good relations
un bon salaire a good salary
une bonne ambiance a nice atmosphere **10.FP2**
une bonne formation générale good general education **10.FP3**
le bonheur happiness **2.L***
la bonté goodness **1.IM**
le bord brim **3.IM**
la bouche mouth **1.FP1**
les boucles f. curls **1.FP1**
bouclé curly **1.FP1**
la boue mud **7.IM**
la bouffe (slang) food **5.IM**
un boulanger (une boulangère) baker **10.FP1**
une boule (bowling) ball **4.L**
la boule à zéro bald head **4.L**
bouleversé overwhelmed **7.L***
un boulot job **10.IM**
les Bourguignons people native of Burgundy **2.IC**
une bourse scholarship **7.LC2**
une boussole compass **3.FP1**
un bout end, goal **9.FP2**
une bouteille bottle **2.FP3**
les boutiques f. boutiques **4.FP1**
un bouton button, pimple **4.FP1**
un bracelet bracelet **9.L***
une branche: une branche d'activité branch office **10.FP2**
brancher to plug in **1.LC1**

Bravo! Bravo! **9.FP2**
bref (brève) brief **2.IM**
les bretelles f. suspenders **1.IM**
le bricolage fixing and building things **2.IM**
les brigands m. bandits **2.IC**
brillant brilliant **2.FP3**
briller to shine **2.FP3**
la brique brick **2.FP2**
briser to break **2.IC**
une bronchite bronchitis **7.FP1**
se bronzer to tan one's self **3.FP1**
une brosse a brush **1.FP2**
une brosse à cheveux hairbrush **1.FP2**
une brosse à dents toothbrush **1.FP2**
se brosser to brush (one's hair, one's teeth) **1.FP2**
le brouillard fog **3.FP2**
le bruit noise **1.LC1**
se brûler to burn oneself **7.FP2**
brûlé burned **2.IC**
la brume mist **3.FP2**
brun brown **1.FP1**
un buffet side board **1.L***
un bureau (les bureaux) office, bureau **10.FP2**
un bureau de tabac tobacco shop **4.IM**
un bus bus **8.IM**
un but objective, goal **5.IMA**
un butin booty **2.IC**

C

ça this, that
ça a eu lieu this happened, took place **3.FP3**
ça fait combien? how much does that come to? **4.FP1**
ça n'a pas d'importance that doesn't matter **10.L***
ça s'arrangera things will take care of themselves **9.FP2**
ça s'est passé . . . this happened . . . **3.FP3**
ça va? How's it going? how are you? **1.FP3**
une cabine booth **4.IM**
un cabinet office **10.FP2**
un cabinet d'avocat lawyer's office
un cabinet de médecin doctor's office
cacher to hide **5.L***
se cacher to hide oneself **1.IC**
les cachets m. tablets (medicine) **7.FP1**
un cadeau gift **6.L***
le cadran (telephone) dial **7.IM**

un(e) cadre executive, frame (picture) **10.FP1**
la caisse check-out counter **4.IM**
calme calm **1.FP4**
se calmer to get calm **1.LC4TA**
un(e) camarade acquaintance, classmate **9.FP1**
un cambriolage burglary **3.FP2**
le Canada Canada **1.LC1**
un canapé small sofa **1.L**
les Canaries f. Canary Islands **5.FP1**
le cancer: le cancer cutané skin cancer **3.IM**
le caoutchouc rubber **2.FP3**
la capacité capacity, volume **2.FP3**
un caprice whim **8.L***
un car bus **8.IM**
le/la cardiologue cardiologist **7.FP1TA**
une carie cavity **6.FP2**
un carnet notebook **4.FP1**
carré square **1.FP1**
une carte card, map
une carte d'embarquement boarding pass **5.FP2**
une carte d'identité identification card **5.FP1**
une carte de crédit credit card **6.FP1**
une carte postale postcard **4.FP1**
le carton cardboard **2.FP3**
un cas: un cas d'urgence inv. emergency **7.IM**
le cascadeur (la cascadeuse) stuntman **10.IM**
une caserne de pompiers fire station **8.FP2**
une casquette cap (hat) **1.IM**
casser to break **3.FP1**
se casser to break (body part) **7.FP2**
une casserole pot, pan **1.L**
le caissier (la caissière) cashier **6.FP2**
cause: à cause de because of **7.L***
ce it, that
ce (cet, cette, ces) this, that, these, those
ce dont of which **9.LC2**
ce n'est pas croyable! That's not for real! **3.FP3**
ce que what **9.LC2**
ce qui that which **9.LC2**
ce qui m'a frappé . . . what struck me . . . **5.IM**
ce sera prêt this will be ready
c'est arrivé it happened

3.FP3

c'est incroyable! that's unbelievable! **3.FP3**

c'est tout? that's all? **4.FP1**

c'est votre tour it's your turn **4.FP3**

***céder** to yield, to give in **9.FP2**

célèbre famous **8.IM**

célibataire single **9.FP3**

celui, celle, ceux, celles this one, the one **6.LC2**

celui de that of, the one belonging to **6.LC2**

celui où the one where **6.LC2TA**

celui qui, que the one who(m), the one that **6.LC2**

celui-ci this one **2.L***

celui-là that one **6.LC2**

une **centaine** about 100 **7.L**

un **centre** center

un centre de loisirs recreation center **8.FP2**

un centre sportif gym, sports center **8.FP2**

cependant however **5.IM**

une **cerise** cherry **R.A**

certain(e)s some, certain ones **4.LC1**

la **chaleur** warmth **1.IC**

une **chambre** a room **7.FP1**

une chambre à air innertube **6.IM**

une chambre à un lit a single room **6.FP1**

une chambre d'hôte guest room **6.IM**

champêtre rural **1.1IC**

les **champs** m. fields **6.L***

la **chance** luck **9.FP2**

une **chandelle** candle **6.L**

changer to change

changer d'avis to change one's mind **7.L***

changer les talons to replace the heels of one's shoes **4.FP2**

un **chantier** worksite **R.V**

une **charge** burden **2.L***

***charger** to load **5.IM**

chargé loaded **2.IC**

un **chariot** shopping cart **4.IM**

le **chat** cat **2.FP1**

châtain chestnut brown (hair) **1.FP1**

chaud hot/warm **2.FP3**

le **chauffage** heating **6.FP2**

chauve bald **1.FP1**

un **chef** chef, head, chief, leader **10.FP1TA**

un chef de personnel head of personnel **10.FP1**

les chefs-d'oeuvre m. masterpieces **1.IC**

le **chemin** path, way

en chemin on the way **10.IM**

un chemin de fer railroad track **6.IM**

la **cheminée** fireplace **L.6***

un **chenil** kennel **2.IM**

un **chèque: les chèques de voyage** traveler's checks **6.FP1**

chercher to look for

chercher à to try **10.L***

chercher leurs bagages to claim their baggage **5.FP2**

un **chercheur (un chercheuse)** researcher **10.FP1**

chéri darling **6.IM**

les **chevaliers** m. knights **2.IC**

les **cheveux** m. (un cheveu) hair **1.FP1**

un **chevreuil** deer **3.FP1TA**

chez home, at home, at the house of, to the house of

chez le dentiste at the dentist's office **7.FP2**

chez le photographe at the photographer's **4.FP1**

chez un copain at a friend's place **3.FP3**

chez des particuliers at the home of friends **9.IM**

le **chien** dog **2.FP1**

un chien savant trained dog **8.IM**

le **chiffon** cloth rag **2.FP1**

la **chimie** chemistry **10.FP1**

les **chips** f. potato chips

un **chirurgien (une chirurgienne)** surgeon **7.FP1**

choisir to choose **9.FP3**

choisir un métier to choose a career **9.FP3**

la **Chrétienté** Christendom **2.IC**

une **chute** a fall

une **cicatrice** scar **1.FP1**

le **ciel (les cieux)** sky **1.IC**

le **cil** eyelash **1.FP2TA**

un **cimetière** cemetery **7.L**

le **ciné** (*pop.*le cinéma) cinema

circulaire circular **2.FP3**

la **circulation** traffic **6.L***

les **ciseaux** m. (un ciseau) scissors **1.FP2**

les **citadins** city people **8.IM**

les **citoyens (citoyennes)** citizens **7.LC2**

clair clear, light

classe f class

la classe touriste tourist class **5.FP2**

classer to arrange (by class) **10.FP3**

une **clé** key **R.L***

la **climatisation** air conditioning **6.FP1**

le climatiseur air conditioner **6.IM**

le **clou** nail (metal) **2.FP3**

un **cochon d'Inde** guinea pig **2.FP1TA**

le **code: le code de la route** traffic regulations **8.FP2**

un **coffre** safe **R.L***

une **coiffure** hairstyle **1.IM**

un **coin** corner **1.IC**

coincé(e) stuck, cornered **8.LC2**

la **colère** anger **1.FP3**

un **colis** package **4.FP1**

la **colle** glue **4.FP1**

coller to stick, to glue **4.IM**

un **colorant** dye **5.IM**

colorer les cheveux to color one's hair **4.FP3TA**

combien how many

combien de temps how long **6.FP1**

combien de temps comptez-vous rester? how long do you count on staying? **6.FP1**

combien en voulez-vous? how many would you like? **4.FP1**

combien est-ce que je vous dois? how much do I owe you? **4.FP1**

une **commande** order **4.IM**

comme like, as

comme d'habitude as usual **R.V**

comme si as if **8.L***

le **commencement** beginning **8.LC3**

comment how

comment vous sentez-vous? how do you feel? **7.FP1**

les **commerces** m. (small) businesses **8.FP2**

un **commerçant (une commerçante)** shopkeeper, merchant **10.FP1TE**

commun in common, shared **9.IM**

la **communication** communication **10.FP2**

une **compagnie** company **10.FP2**

complet (complète) complete, full (sold out) **5.FP2**

un(e) **complice** accomplice **5.L***

le **composteur** time punch

***comprendre: compris** included **4.IM**

compréhensif (compréhensive) understanding **R.A**

les **comprimés** *m.* tablets (medicine) **7.FP1**

la **comptabilité** accounting **10.FP1**

un(e) **comptable** accountant **10.FP1**

compter to count

compter faire to count on doing **10.IM**

une **comtesse** countess **7.L***

le **comptoir** counter **5.FP2**

un/une **concierge** concierge **2.FP1**

un/une **concierge d'immeuble** building superintendent **2.FP1**

un **concours** *inv.* competitive exam **10.IM**

la **condition** condition **2.FP3**

les **conditions de travail** working conditions

conduire** to drive **3.L

une **confidence** secret (to confide) **9.FP1**

***confier** entrust **2.IM**

confiant trusting **R.A**

confirmer ma réservation to confirm my reservation **5.FP2**

la **confiture** jam **R.A**

une **connaissance** acquaintance **9.FP1**

***connaître** to know

en faisant connaître by making known **1.IC**

connu known **R.V**

consciencieux (consciencieuse) conscientious **R.A**

conscient: être conscient to be conscious, to know **10.IM**

conseiller to advise **10.IM**

conseillé recommended **10.IM**

les **conseils** *m.* advice **1.IC**

la **consigne** baggage-check **5.FP2**

les **consignes** *f.* rules **3.IM**

la **consistance** consistency **2.FP3**

consoler to console **9.FP2**

consommer to take (medicine), to consume, to drink

***construire** to build **8.IM**

un **conte** short story **7.L**

***contenir** to contain **3.IM**

content happy, content **1.FP4**

un **contremaître** foreman **10.FP1TA**

un **contrôle** control, test

un **contrôle de sécurité** security check **5.FP1**

un **contrôle des passeports** passport check **5.FP1**

un **contrôleur** train conductor **5.FP2**

***convaincre** to convince **5.FP2**

convaincu convinced **2.FP2**

convainquant convincing **3.IM**

convoqué to be called together **10.IM**

un **copain (une copine)** boy/girl friend **9.FP1**

la **coqueluche** whooping cough **7.FP1**

un **corbeau (les corbeaux)** crow **3.FP1TA**

le **cordonnier** cobbler **4.FP2**

une **corne** horn **2.IC**

Cornouailles Cornwall **9.LC2**

le **corps** *inv.* body **1.IM**

une **correspondance** correspondence **5.FP2**

costaud strong, strapping **1.FP1**

la **Côte d'Azur** French Riviera (blue coast) **R.V**

le **côté** side **4.FP3**

les **côtelettes** *f.* de **veau** veal chops **R.A**

un **coton-tige** cotton swab **4.FP1**

le **cou** neck **1.FP1**

se **coucher** to go to sleep **1.FP3**

***coudre** to sew **4.FP2**

coudre ce bouton to sew this button

couler to flow **3.IM**

un **coup** stroke, blow

un **coup de foudre** love at first sight **9.FP1**

un **coup de téléphone** phone call **2.IM**

une **coupe** cut **1.IM**

une **coupe de cheveux** haircut **4.FP3**

une **coupe-brushing** a cut and a blow-dry **4.FP3**

couper to cut

couper le pain to cut the bread **2.FP1**

se **couper** to cut (oneself) **1.FP2**

se **couper les cheveux** to cut one's hair

se **couper les ongles** to cut one's nails **1.FP2**

coupez-les-moi courts cut my hair short **4.FP3**

courageux (courageuse) brave, courageous **R.A**

courbé rounded, arched **2.FP3**

courir** to run **1.L

une **couronne** crown **2.FP3**

le **courrier** mail **1.LC3**

le **cours** *inv.* course

au cours (de) during, in the course of **3.LC1**

en cours de route during the voyage **10.IM**

court short **1.FP1**

le **couteau** knife **2.R***

un **couvert** lid (pot)

le **couvert** table setting

une **couverture** covering, blanket **6.FP2**

***couvrir** to cover **9.IM**

couvert covered **3.FP2**

la **crainte** fear **7.LC2**

***craindre** to fear, to be afraid of **7.LC1**

un **crayon** pencil **4.FP1**

créer to create

en créant by creating **1.IC**

créer sa propre entreprise start one's own business

la **crème** cream, lotion

la **crème hydratante** moisturizing lotion

creuser to dig **5.IM**

criard loud (color) **10.IM**

crier to yell, shout **1.L***

***croire** to believe **7.LC1**

le **croisement** crossing **8.IM**

un **croissant** crescent roll **R.A**

une **croix** cross **7.IM**

***cueillir** to pick (flowers, etc) **3.IM**

le **cuir** leather **2.FP3TA**

une **cuisine** kitchen

la **cuisine thaïlandaise** Thai cuisine **R.A**

un **cuisinier** cook, chef **10.FP1TA**

une **cuisinière** stove **8.LC2**

le **cuivre** copper **2.FP3**

un **cultivateur** farmer **8.L***

dans   in, into, inside
 dans deux jours   in two days' time
 dans la forêt   in the forest
 dans un magasin   in a store **3.FP3**
une dame de compagnie   lady-in-waiting **3.IC**
davantage   even more **9.IC**
de   of, from, away, with
 d'abord   first **3.FP3**
 d'à côté   next door **6.IM**
 d'accord   okay, all right **2.FP2**
 d'emblée   immediately **9.IC**
 d'ici une semaine   one week from now **4.FP2**
 d'occasion   second-hand, used **2.FP3**
 de beau temps   good weather
 de bonne humeur   in a good mood **1.FP4**
 de grande valeur   of important value **5.LC1**
 de l'autre côté   from the other side **5.L**
 de peu   narrowly **7.IM**
 de quelle forme est cet objet?   what is the shape of this object? **2.FP2**
 de rien   it was nothing, you're welcome **2.FP2**
 de taille moyenne   of medium height **1.FP1**
 de travers   in a strange manner **7.IC**
de + le, la, les
 du beau temps   nice weather **3.FP2**
 duquel, de laquelle, desquels, desquelles   of which **6.LC2 9.LC1**
débarquer   to land **5.FP2**
débarrasser   to clear **2.FP1**
 débarrasser la table   to clear the table **2.FP1**
se débarrasser   to get rid of **3.L***
***débattre**   to debate
débordant   overflowing **1.IC**
 débordé   overworked **2.IM**
debout   standing up **5.L**
le début   beginning **7.IM**
 un débutant (une débutante)   beginner **R.V**
un décès *inv.*   death **9.IM**
les déchets *m.*   refuse, trash **3.IM**
décimé   killed **8.IC**

décoller   to take off **5.FP2**
décontracté   relaxed **5.IM**
un décorateur (une décoratrice)   decorator **10.FP1TA**
un découpage   division **5**
découper   to cut **9.IM**
 découpé   cut out **1.IC**
***découvrir**   to discover **2.IM**
déçu   disappointed, deceived **1.FP4**
les défauts *m.*   faults, failings **2.IC**
défendu   forbidden **3.L***
un défi   challenge **10.IC**
***dégager**   to shorten (hair) **4.FP3**
 dégagez-les   to cut back, clip short **4.FP3**
les dégâts *m.*   damages **3.LC2**
dehors   outside **3.FP3**
déjà   ever, yet, already **3.LC1**
délivrer   to give, to deliver **9.IM**
demander   to ask, to necessitate **2.IM**
 demander un service   to ask for a favor
se demander   to wonder **8.L***
une démarche: les démarches amoureuses   steps in courtship **3.IC**
la demi-pension   room with breakfast, dinner **7.FP1**
démissionner   to resign **6.IC**
une demoiselle: les demoiselles d'honneur   bridesmaids **9.IM**
se démocratiser   to become democratic **10.IM**
démonter   to take apart **2.IM**
 démontable   removable **6.IM**
dénicher   to find **1.IM**
une dent   tooth **7.FP2**
 le dentifrice   toothpaste **1.FP2**
 le/la dentiste   dentist **7.FP1**
 une dent de sagesse   wisdom tooth
la dentelle   lace **9.IM**
le déodorant   deodorant **1.FP2**
le départ   departure (time) **5.FP2**
dépaysé   lost (in a strange place) **7.IC**
se dépêcher   to hurry (oneself) **1.FP3**
les dépens: aux dépens   at the expense (of) **3.IC**
***se déplacer**   to move **1.LC4TA**
déplorer   to lament **7.LC2**
un dépôt   deposit (bank) **4.IM**
déprimé   depressed **7.FP1**
depuis
 depuis peu   recently **9.IC**
 depuis que   since **10.LC2**

un député   congressman **7.IC**
***déranger**   to bother **3.IM**
déraper   to slip, slide down **3.FP1TA**
la dérision   mockery **1.IC**
se dérouler   to take place **5**
derrière   behind **4.FP3**
dès   as of **9.IC**
 dès que   as soon as **5.LC2**
 dès lors   from then on **3.IC**
un désastre   disaster, catastrophe **4.L**
un désavantage   disadvantage **8.FP3TA**
***descendre**   to go down, to descend **5.FP2**
 descendre du train   to get off the train **5.FP2**
 descendre mes bagages   to bring my luggage down **5.FP2**
 descendre: avoir+descendu   to carry something down **3.LC1**
 descendre: être + descendu   to go down **3.LC1**
désert   deserted **8.FP3**
se déshabiller   to get undressed **1.FP3**
désirer   to desire **2.LC2**
désolé   sorry, sad **2.FP2**
le désordre   disorder **2.FP1**
désormais   henceforth **7.IC**
le dessin   design **8.IC**, drawing **10.FP1**
un détective   detective **5.L***
 un détective privé   private eye **5.L***
détendu   loose, relaxed **1.FP4TA**
le détergent   detergent **4.FP1**
détester   to detest **9.FP1TA**
***détruire**   to destroy **3.IM**
 détruire la végétation   to destroy the vegetation **3.FP1**
deux   two
 deux fois par jour   twice a day **7.FP1**
 deux tiers   two-thirds **7.IM**
 deuxième   second
 la deuxième classe   second class **5.FP2**
devant   in front (of) **4.FP3**
les devantures *f.*   store fronts **1.IC**
développer   to develop (photos, personnality) **4.FP2**
***devenir**   to become **9.IC**
deviner   to guess **1.IM**
une devise   motto **5.IC**
***devoir**   to owe **4.FP1**

dévoué devoted **7.L***

une diapositive picture slides **4.FP1TA**

    les diapos *f.* picture slide **4.FP1**

une dictature dictatorship **5.IC**

Dieu God **2.IC**

    le dieu (les dieux, une déesse) god, deity **3.IM**

digne dignified **8.L***

les dimensions *f.* dimensions, size **2.FP3**

la diminution decrease **5.IM**

un(e) diplomate diplomat **10.FP1**

les diplômes *m.* diplomas **10.FP3**

direct direct (flight)

un(e) directeur (directrice) director **10.FP1**

se diriger: se diriger vers to move toward **8.L***

un discours *inv.* speech **8.LC3**

discret discreet **R.A**

    ***disparaître** to disappear **5.L**

    disparu disappeared **5.LC1**

dispos rested **5.IM**

disposer to have (at one's disposal) **2.IM**

se disputer to have an argument **9.FP2**

distant distant **R.A**

***distraire** to amuse **1.IC**

    se distraire to have fun **8.IM**

divorcer to divorce **9.FP2**

les documents *m.* papers, documents **10.FP3**

dommage: il est dommage que it is too bad that . . . **2.LC2**

donc therefore **3.IM**

donner to give

    donner à manger à to feed (pet) **2.FP1**

    donner des béquilles to give crutches **7.FP2**

    donner rendez-vous à to make an appointment with **8.FP1**

    donner lieu to give rise **10.IM**

    donner un coup de main to lend hand, to help **2.IM**

    donnez-m'en dix give me ten (of them) **4.FP1**

    donnez-moi aussi. . . give me as well. . .**4.FP1**

    se donner to render one's self **8.FP1**

    se donner rendez-vous to agree to meet

dont whose **1.IC**

doré gilded, golden **6.IC**

une dot dowry **10.IC**

la douane customs **5.FP2**

    un douanier (une douanière) customs officer **1.3**

douce (doux) gentle **2.IM**

doucement gently **1.5A**

la douceur kindness **1.IM**

une douche shower **1.FP3**

doué gifted **8.L***

une douleur pain, suffering **8.IC**

    douloureux (douloureuse) painful **7.L**

un drap sheet (bedding) **7.FP2**

une drogue drug **7.IC**

le droit law **1.IC**

    droit straight, 90 degree angle **2.FP3**

les droits *m.* rights **5.IC**

drôle funny **R.A**

    drôlement truly **4.L***

dur difficult, hard **2.L***

durer to last **2.L***

    la durée duration **3.IM**

dynamique dynamic **R.A**

E

l' eau *f.* water

    l'eau de toilette perfume **1.FP2**

    l'eau minérale mineral water **R.A**

    les plans d'eau man-made lakes **8.IM**

un ébahissement amazement **9.IC**

un ébéniste cabinetmaker **10.FP1TA**

s' écarter to separate oneself, move away **9.IC**

échapper: échapper de peu to escape narrowly **8.IC**

une écharpe sash **9.IM**

les échecs *m.* failures **1.IC**

une échelle ladder **2.IM**

    échouer to fail **10.IM**

les éclairs *m.* (flashes of) lightning **3.FP2**

    éclater to break out **2.IC**

    éclatant very loud **3.IC**

une école: une école de commerce business school **10.IM**

l' écorce *f.* bark (tree) **7.IM**

l' écran *m.* screen **3.IC**

un écrivain writer **R.A**

un écureuil squirrel **3.FP1TA**

l' eczéma *m.* rash (skin) **7.FP1**

l' éducation *f.*: **une bonne éducation générale** good general upbringing **10.FP3**

***effacer** to erase **1.IC**

effectuer to achieve, to do **5.IM**

effrayé scared **9.IC**

égoïste egotistical **R.A**

***égorger** to slit the throats of **5.IC**

les égouts sewer **5.IC**

un élastique rubber band, elastic **4.FP1**

élever** to raise **2.L

    élevé raised, high, elevated **1.IM**

    élever une famille to raise a family **9.FP3**

    mal élevé impolite, poorly raised **4.IM**

***élire** to elect **3.IM**

s' éloigner to go away **1.LC4TA**

élucidé illuminated, cleared up **7.LC2**

les emballages *m.* packaging **3.IM**

embarquer to embark **5.FP2**

l' embarras *m.* difficulty **5.L**

embarrassé embarrassed **7.LC2TA**

embaucher to hire (someone) **10.FP3**

s' embêter to get bored **1.LC4**

un emblème emblem, logo **7.IC**

un embouteillage traffic jam **5.IMB**

embrasser to kiss **1.L***

une embuscade ambush **2.IC**

émerveillé amazed **8.IC**

émettre to emit **2.L**

une émission TV program **6.LC1**

emmener to bring **3.L***

l' émotion *f.* emotion **7.LC2TA**

    émouvant moving, emotional **6.IC**

***empaqueter** to bag (groceries) **4.IM**

empêcher to prevent **1.L***

    empêcher la réalisation de qqch to prevent something from happening **5.IM**

s' empêcher (de) to prevent one's self from **3.L***

un emploi employment, job **10.FP1**

    un emploi à mi-temps half-time employment **10.FP3**

    un emploi à temps complet full-time employment **10.FP3**

    un emploi à temps partiel part-time employment **10.FP3**

    l'emploi du temps

schedule **2.FP2**

un emploi temporaire temporary employment **10.FP3**

un employé (une employé) employee **10.FP1**

emporter to take along **3.IM**

(qqch) l'emporte (something) wins out **9.IC**

ému moved **3.IC**

en in, by, to

s' en aller: s'en va-t-en guerre goes off to war **4.IC**

en avance early, in advance

en bande in a group **R.A**

en colère to be angry at **1.FP4**

en désordre in disorder

en espèces in cash **6.FP1**

en face de opposite **6.L***, across from **8.FP1**

en fer (made) from iron **2.FP2**

en forme in shape **1.FP4**

en fuite in flight, fleeing **9.IC**

en moyenne on the average **7.IM**

en outre in addition **7.IM**

en pierre made of stone

en plein air outdoors **R.V**

en plus in addition **6.IM**

en quoi est. . . what is. . . . made of? **2.FP2**

en retard late

en tant que as **9.IC**

en verre made of glass **2.FP2**

en ville downtown

en vitesse (to do something) fast **5.L**

j'en veux I would like (some) **4.LC1**

***s' en charger** to take care of **2.IM**

enchanté enchanted **7.LC2TA**

s'échapper to escape **5.IC**

encore again **5.L**

encore lui! him again! **5.L**

***s' endormir** to fall asleep **1.LC1**

s' énerver to get upset **1.LC4**

énervé(e) bothered, frustrated

l' enfance f. childhood **1.IM**

enfiler to put on (clothes) **1.LC1**

enfin at last **3.FP3**

***s' enfuir** to flee **5.IC**

engager to engage, to take on (a person) **8.L***, to hire **2.IM**

engagé politically active **8.IC**

les engagés volunteers **5.IC**

***s' engager** to commit oneself **3.IM,** to join **7.LC2**

***enlever** to take off, remove **R.A**

enlever cette dent to remove this tooth **7.FP2**

enlever cette tache to take out this stain **4.FP2**

enlever la poussière to dust **2.FP1TA**

s' ennuyer to be bored **1.IM**

ennuyeux(se) boring **8.IM**

énorme enormous

énormément very much, enormously **1.IM**

une enquête survey **3.IM**

enregistrer leurs bagages to check their bags, luggage

un enseignant (une enseignante) teacher **10.IM**

enseigner to teach **3.FP1**

un ensemble: un grand ensemble housing project **8.IM**

ensuite then, after, next **3.FP3**

***entendre** to hear **5.IM**

entendre dire to hear it said **8.L***

entendre parler de to hear of **3.IM**

entendu understood, agreed **8.FP1**

***s' entendre** to get along with **9.IA**

un enterrement funeral **4.IC**

enterrer to bury **2.IC**

entouré surrounded **8.IM**

s' entraider to help each other out **9.IC**

entre among **2.IM,** between **9.LC1**

entre-temps meanwhile **3.IC**

***entreprendre** to undertake **3.IM**

une entreprise de nettoyage cleaning business **2.FP1**

entrer to be accepted (school) **10.IM**

***entretenir** to take care of **1.IM**

un entretien interview **10.FP3**

une entrevue interview **10.FP3**

envahir to invade **5.IC**

les envahisseurs invaders **3**

envelopper to wrap **7.L***

les enveloppes f. envelopes **4.FP1**

l' envie f. envy, desire

environ about, approximately **9.L***

***envoyer** to send

envoyer cette lettre to send this letter **4.FP1**

envoyer mon curriculum vitae to send my resume **10.FP3**

l' envoyé(e) messenger **2.E**

épais (épaisse) thick **2.FP3**

s' éparpiller to scatter **10.IC**

une épée sword **2.IC**

l' épaule f. shoulder **10.L***

éperdument madly **3.IC**

une épine thorn **9.IC**

une épingle a pin **4.FP1**

une épingle de sûreté safety pin

une éponge sponge **2.FP1**

épouser to marry **2.L***

***épousseter** to dust **2.FP1TA**

épouvantable ghastly **9.IC**

les époux spouses **9.IM**

épris enamored **3.IC**

éprouvait experienced, felt **1.IC**

épuisé exhausted **1.IM**

éplucher to peel **2.FP1**

éplucher les carottes to peel the carrots

une éraflure f. dent, scratch **8.LC2**

l' escalade: faire de l'escalade rock climbing **3.IM**

une escale stopover, connection **5.FP2**

l' esclavage m. slavery **5.IC**

les esclaves slaves **8.IC**

les espaces m.: **les espaces verts** greens, grassy places **8.FP3TA**

un espion (une espionne) spy **5.L***

l' espoir m. hope **3.IC**

l' esprit m. spirit **8.IC**

un esprit d'initiative **10.FP3**

***essayer** to try **3.IM**

essayer: essayer (+ piece of clothing) to try on **1.IM**

l' essence f. gasoline **1.LC1**

essentiel: il est essentiel que it is essential that . . . **2.LC2**

***essuyer** to wipe **2.FP1**

essuyer la table to wipe the table **2.FP1**

essuyer les verres to wipe the glasses **2.FP1**

s' essuyer to wipe (oneself) dry **1.FP2**

est-ce que ça vous fait mal? does this hurt you?

et and **5.LC1**

établir to settle, to establish

8.IC

une **étagère** shelf **2.IM**
un **étang** pond **3.L***
étant being **2.IC**
une **étape** step, stage **5.FP2**
l' **état** m. state, appearance **2.FP3**
les **États-Unis** m. United States **1.LC1**
***éteindre** to turn off, to extinguish **2.IC**
les **étendards** m. military banners **5.IC**
***s' étendre** to extend **8.IM**
éternuer to sneeze **4.FP1**
***étinceler** to twinkle, to shine **9.IC**
l' **étoffe** f. fabric **2.FP3**
les **étoiles** f. stars **1.IC**
étonner to surprise
étonné astonished **7.LC1**
étonnant amazing **6.LC1**
l' **étonnement** m. amazement **7.LC2**
l' **étranger (étrangère)** stranger **5.FP1**
les **êtres** m. being **2.IM**
***être** to be
être barbu to have a beard
être bien portant of good health **6.FP1**
être cassé to be broken **4.FP2**
être content pour qq'un to be happy for someone **9.FP2**
être d'accord avec to agree with **9.FP2**
être désolé to be sorry **9.FP2**
être en bonne santé to be of good health **7.FP1**
être en colère to be angry
être en forme to be in (good) shape
être enrhumé to have a cold **7.FP1**
être fait to be cut out **10.IM**
être libre to be free **8.FP1**
être malade to be sick **7.FP1**
être mordu to be bitten
être piqué par les moustiques to be bitten by mosquitos **3.FP1**
être pressé to be in a hurry **4.IM**
être prêt to be ready **4.FP2**
être primé to win prizes **3.IM**
être sensible to have

feelings **2.IM**
être témoin to be witness **3.FP3**
n' **étant plus** no longer being **4.IC**
étroit(e) narrow, tight **2.FP3**
étudier to study **10.FP1**
une **étude** course of study
les **études commerciales** trade studies **10.FP1**
les **études d'ingénieur** engineering studies **10.FP1**
les **études juridiques** law studies **10.FP1**
les **études littéraires et artistiques** literary studies **10.FP1**
les **études médicales** medical studies **10.FP1**
les **études scientifiques et techniques** scientific and technical studies **10.FP1**
les **études vétérinaires** veterinary studies **10.FP1**
eux: à eux of/to them **4.LC2**
s' **évader** to escape **5.IC**
s' **évanouir** to faint **6.FP2TA**
l' **éveil** m. wakefulness **10.L***
éveiller to wake up **10.L***
un **événement** event **3.FP3**
un **évêque** bishop **5.IC**
l' **évier** m. kitchen sink **1.IC**
éviter to escape, to avoid **3.IM**
examiner to examine **7.FP1**
s' **excuser** to excuse oneself, to apologize **1.FP3**
les **exemplaires** m. copies (books, magazines) **6.IM**
***exiger** to demand **2.LC2**
l' **exode** m. exodus, departure **6.L**
l' **expérience** f. experience
l' **expérience professionnelle** professional experience **10.FP3**
expliquer to explain **2.L***
exposer to exhibit **9.L***
une **exposition** exposition
exquis exquisite **7.L***
exténué exhausted **9.IC**
l' **eye-liner** eyeliner **1.FP1**

F ━━━━━━━━

se **fâcher avec** to be angry with **8.FP1**
fâché upset **3.L***
la **façon** manner, way **1.IM**
faible weak **1.FP1**
la **faim** hunger **4.IC**
***faire** to make, to do

faire + infinitive to have (something) done **4.LC3**
faire aah say aah **7.FP1**
faire appel to call **2.IM**
faire attention to pay attention **2.FP3**
faire bouillir to boil **4.LC3**
faire carrière to have a career **10.FP2**
faire cuire to cook **4.LC3**
faire de l'alpinisme to go mountain climbing **3.FP1**
faire de l'escalade to go rock-climbing **3.FP1**
faire de la planche à voile to go windsurfing **3.FP1**
faire de la plongée sous-marine to go scuba diving **3.FP1**
faire des études to complete one's studies **10.FP1**
faire des études élémentaires to complete one's elementary **9.FP3**
faire des études secondaires to complete one's high school **9.FP3**
faire des études universitaires to complete one's university **9.FP3**
faire des mèches to streak the hair **4.FP3TA**
faire des tours to do tricks **3.L***
faire du camping to go camping **3.FP1**
faire du patinage to go skating **3.FP2**
faire frire to fry **4.LC3**
faire interruption dans to burst in **7.L**
faire l'affaire to be qualified
faire la connaissance de to make the acquaintance of, to meet **8.FP1**
faire la preuve to prove **6.IM**
faire la récolte to harvest **R.V**
faire la vaisselle to wash the dishes **2.FP1**
faire le lit to make the bed **2.FP1**
faire le ménage to do house work **2.FP1**
faire (du) mal (à) to hurt, to inflict **3.L***
faire marcher to operate **4.LC3**
faire noir to be dark, night

3.FP2

faire partie to be a part of **1.IM** to belong, be a member **3.IM**

faire peur to scare **3.FP1**

faire peur aux animaux to scare the animals

faire plaisir à to please **8.L***

faire rage to rage **10.IC**

faire un pansement to make a bandage **7.FP2**

faire un pique-nique sur l'herbe to have a picnic on the grass **3.FP1**

faire un séjour to go on holiday **5.FP1**

faire un stage to take lessons (in order to learn a skill) **R.V**

faire un tour to take a tour of **3.FP1**

faire un voyage to go on a trip **5.FP1**

faire une analyse de sang to take a blood sample **7.FP1**

faire une décoloration to color one's hair **4.FP3TA**

faire une piqûre to give a shot, injection **7.FP1**

faire un plâtre to make a cast (broken bone) **7.FP2**

faire une promenade en bateau to take a boat trip **3.FP1**

faire une radio to x-ray **7.FP1**

faire vite to hurry **4.IM**

faire voir to show **4.LC3**

se faire to make (for oneself)

se faire des amis to make friends **9.FP3**

se faire couper les cheveux to get a haircut **4.IM**

se faire mal to get hurt **3.FP1**

se faire nommer to name himself **2.IC**

un fait a fact **3.FP3**

un fait divers a minor news event **3.FP3**

***falloir** to be necessary **4.FP1**

il faut que it is necessary **2.LC1**

il me faut I need

un fantôme ghost **8.LC2**

le fard à paupières eyeshadow **1.FP2**

fatigué to be tired **1.FP4**

la faune wildlife **R.V**

les fauves *m.* wild beasts **1.3**

faux (fausse) false **8.FP1**

un faux numéro wrong number **8.FP1**

fécond productive, fertile **9.IC**

féliciter to congratulate **9.IM**

Félicitations! Congratulations!

la femme de chambre maid **2.IM**

une fenêtre window **2.FP1TA**

le fer iron **2.FP1**

un fer à repasser iron (for clothes) **2.FP1**

une ferme farm **6.L***

ferroviaire railroad **5.IM**

le feu fire **3.IM**

un feu-rouge red light **1.LC3**

les feux d'artifice fireworks **3.LC1**

une feuille form (paper), leaf (tree) **7.IM**

le feuillage leaves **1.IC**

les fiançailles *f.* engagement **9.IM**

***se fiancer** to get engaged **9.FP3**

la ficelle thread **4.FP1**

fidèle loyal, faithful **3.IC**

fier (fière) proud **3.L***

la fièvre fever **7.FP1**

la figure face **1.FP1**

figurer to imagine **10.IC**

le fil thread **4.FP1**

les filets *m.* nets **9.IC**

le filtre filter **4.FP2**

la fin end **R.V**

à la fin towards the end **2.IC**

finalement finally **3.FP3**

la finance finance **10.FP1**

une firme firm (company) **10.FP2**

se fixer to settle **4.IC**

le flash camera flash **4.FP2**

le flash est cassé the flash is broken **4.FP2**

fleurir to bloom **7.IC**

les fleurs *f.* flowers **2.FP1**

un fleuve river **9.IC**

flexible flexible **2.FP3**

la flore plantlife **3.IM**

une fois once, one time **7.FP1**

la fois: à la fois at the same time **1.IC**

foncé dark

fonctionner to function **4.FP2**

la fonction publique public service **10.FP1**

un(e) fonctionnaire civil servant **10.FP1**

le fond background **1.IC**

le fond de teint foundation (makeup) **1.FP2TA**

au fond in the back **2.IC**

le fondateur founder **7.LC2**

une fontaine fountain **3.L**

la force strength **2.IC**

un forgeron blacksmith **9.IC**

la forme form **1.FP3**

être en forme to be in good shape **1.IM**

la formation training **2.IM**

formidable great, terrific **R.V**

fort strong **1.FP1,** loud **6.L***

la fortune fortune, wealth **7.IC**

fou (folle) crazy **3.L***

un fou madman **7.L***

fougueux (fougueuse) brave **3.IC**

la foule crowd **3.IC**

se fouler to sprain **7.FP2**

se fouler la cheville to sprain one's ankle **7.FP2**

un four oven **1.L***

une fourmi an ant **3.FP1TA**

la fourrure fur **10.IC**

se fracturer l'épaule to fracture one's shoulder **7.FP2**

fragile weak **2.FP3**

la fraîcheur coolness **1.IC**

frais et dispos fresh and rested **5.IM**

franchir to cross, to bridge **5.IM**

une frange bangs (hair) **4.FP3TA**

frapper to strike **1.L***

les freins *m.* brakes **4.FP1**

fréquenter to visit **1.IC**

les fringues *f.* *(slang)* clothing **1.IM**

frisé curly, frizzy **1.FP1**

frissonner to shiver, shudder **9.L***

froid cold **2.FP3**

le fromage cheese **R.A**

le front forehead **1.FP1**

les frontières *f.* borders **5.IC**

***fuir** to flee **9.IC**

la fumée smoke **2.LC2**

furieux (furieuse) furious **1.FP4**

un fusil gun, rifle **10.IC**

G ▬▬▬▬▬▬▬▬▬▬

gagner to win, to earn

gagner sa vie to make a living **R.L***

un gamin kid, child **5.IC**

le gant de toilette wash cloth **1.FP2**

un **garçon** bellboy **7.FP2**
    les **garçons d'honneur**
        ushers (wedding) **9.IM**
un **garde du corps** bodyguard
    10.IM
    garder to keep **2.LC2**
    gâter to spoil **7.L***
le **gel coiffant** hair gel
    1.FP2TA
    ***geler** to freeze, to be cold
    3.FP2
une **gélinotte** grouse **10.IC**
    gênant bothersome **3.L***
une **gendarmerie** highway police
    station **8.FP2**
    gêné bothered **7.LC2TA**
    généreux (généreuse)
        generous **R.A**
un **genou (les genoux)** knee, lap
    7.L*
    se **mettre à genoux** to
        kneel **7.L**
un **genre** kind **7.FP1**
    gentil (gentille) nice, kind
    2.FP2
le/la **gérant(e)** manager **7.FP2**
un **geste** gesture, movement
    7.L
la **gestion** management **10.FP1**
un **gilet** vest **8.IM**
un **gîte** simple lodging **3.IM**
la **glace** ice cream, ice, mirror
    1.FP2
    glacé: glacé d'effroi frozen
        with fear **9.IC**
    glisser to slip **3.FP1**
les **gouttes** f. drops **7.FP1**
le **goût** taste, liking **2.IM**
    le **goût des responsabilités**
        the inclination for
        responsibility **10.FP3**
une **gouvernante** governess **8.IC**
    grâce à thanks to **2.L***
le **grain de beauté** beauty mark
    1.FP1
    grand big, grand **1.FP1**
    un **grand centre**
        commercial mall **8.FP2**
    grande ouverte wide open
    5.LC1
    une **grande surface**
        shopping center **1.IM**
    grandir to grow larger **3.L***
    gratter to scratch
un **gratte-ciel** skyscraper
    gratuit free **6.IM**
    gratuitement free of charge
    6.IM
la **Grèce** Greece **5.FP1**
    grêle frail **4.IC**
un **grenier** attic **1.IM**

une **grenouille** frog **3.L***
    grièvement very seriously,
        grievously **9.LC2**
la **grippe** the flu **6.FP1**
    gris grey **1.FP1**
    grogner to grunt **9.IC**
    gros (grosse) fat, big
    1.FP1
une **guêpe** wasp **3.FP1TA**
une **guerre** war **2.IC**
    un **guerrier** soldier **5.IC**
le **guichet** ticket window
    5.FP2

    s' **habiller** to dress **1.IM**
    habitué accustomed **9.IC**
une **haie** hedge **6.L**
    ***haïr** to despise, to hate
    9.FP1TA
la•**haine** hatred **9.FP1TA**
les•**haltères** m. weights **2.LC2**
un•**hamster** hamster **2.FP1TA**
    hardiment boldly **2.IC**
le•**hasard: par hasard** by chance
    9.IM
le•**haut-parleur** loudspeaker
    4.FP2
l' **herbe** f. grass **2.FP1**
    hériter (de) to inherit **8.L***
un **héritier** m. (une **héritière** f.)
    heir **R.L***
un **héros** hero **6.L**
l' **heure** f. time, hour **4.FP2**
    tout à l'heure in a while
    4.L*
    heureux (heureuse) happy
    1.FP4
    hier yesterday
    hier soir last night
l' **histoire** f. history **10.FP1**
un **HLM (Habitation à Loyer**
    Modéré) low-income housing
    8.IM
le•**homard** lobster **10.LC1**
un(e) **homme (femme) d'affaires**
    business man, woman
    10.FP1
    honteux (honteuse) ashamed
    3.IC
l' **hôpital** m. hospital **7.FP2**
les **horaires** m. schedule (of
    hours) **5.FP2**
l' **horlogerie** f. clock mechanism
    9.IC
un **hôtel** hotel **6.FP1**
un **hôtel bon marché**
    inexpensive hotel **6.FP1**
    un **hôtel de luxe** luxury
        hotel **6.FP1**

l' **hôtesse de l'air** f. stewardess
    5.FP2
l' **humeur** f. mood **1.FP4**
    humide humid, wet **2.FP3**

    il y a there is, there are
    il y a quinze jours two
        weeks ago **3.FP3**
    il y en a dix there are ten
        (of them)
s' **illuminer** to brighten **3.IC**
    imaginatif (imaginative)
        imaginative **R.A**
un **immeuble** apartment building
    1.LC1
l' **immobilier** m. (**immobilière** f.)
    real estate **10.FP2**
s' **impatienter** to get impatient
    1.LC4
une **impératrice** emperor's wife **8**
    impoli impolite **R.A**
l' **important** m. the important
    thing **8.IM**
    il est important que . . . it
        is important that . . . **2.LC2**
    importe
    n'importe qui just
        anyone **9.IM**
    n'importe quoi anything
    7.L*
    imprescriptible that which can-
        not be legally taken away
    6.IC
    imprimer to print **4.IM**
    improviste: à l'improviste
        unannounced **6.IM**
    imprudent careless, imprudent
    3.IM
    inactif (inactive) idle **R.A**
    inattendu unexpected **8.L***
un **incendie** fire **3.IM**
    incompréhensif
        (incompréhensive)
        insensitive **R.A**
    inconnu unknown **7.LC2**
un **inconvénient** inconvenience
    8.IM
    indifférent indifferent **R.A**
une **indigestion** indigestion **7.FP1**
    indiscipliné undisciplined **R.A**
    indiscret (indiscrète)
        indiscreet **R.A**
    indispensable: il est
        indispensable que . . . it is
        indispensable that . . . **2.LC2**
l' **industrie** f. industry **10.FP2**
    inexpérimenté inexperienced
    infect disgusting **9.LC1**
    infirme crippled **1.IC**

un **infirmier (une infirmière)**
nurse **6.FP1**
l' **informatique** *f.* data processing
10.FP1
un **informaticien (une informatici-**
enne) computer specialist
10.FP1
un **ingénieur** engineer **10.FP1**
injuste unfair **R.L***
innocemment innocently **3.L**
inoffensif harmless **8.L***
***s' inquiéter** to worry **1.LC4**
***inquiet (inquiète)** worried,
concerned **1.FP4**
***inscrire** to register **7.IM,** to
inscribe **9.IM**
un **insecte** insect **3.FP1TA**
insensible insensitive **7.LC2**
insister: insister pour que . . .
to insist that **2.LC2**
l' **insolation** *f.* sunstroke **3.IM**
insouciant carefree **5.IC**
un **inspecteur** inspector **5.L**
un inspecteur de police
police detective **5.L***
s' **installer** to settle **8.L**
un **instant: pour l'instant** for the
time being **2.IM**
instituer to create **10.IM**
une **institutrice** elementary school
teacher **10.IM**
l' **instruction** *f.* education **8.IC**
l' **insu** *m.*: **à l'insu de** without
the knowledge of **3.IC**
insupportable unbearable
1.LC4
interdit prohibited **5.IC**
s' **intéresser (à)** to be interested
in **1.IM**
intéressant interesting **R.A**
intérieurement internally,
inside **10.IM**
***interroger** to interrogate **3.IM**
***interrompre** to interrupt **10.I**
***intervenir** to intervene **7.LC2**
une **interview** interview **10.FP3**
***introduire** to place **4.IM**
un **invité** guest **3.IM**
irrité irritated **1.FP4TA**

J ■■■■■■■■■■■■■■■■■■■■■■

la **jalousie** jealousy **9.FP1**
un **jardin** garden **8.FP2**
un **jardin public** public garden
8.FP2
le **jardinage** gardening
2.IM
un **jardinier** gardner
2.FP1
je I

je t'en prie you're welcome
2.FP2
***jeter** to throw **10.IC**
jeter des vieux papiers to
litter **3.FP1**
jeûner to fast **7.IC**
la **jeunesse** youth **9.FP3**
les **jeux** *m.* games **3.LC1**
un **job d'été** summer job **10.FP3**
la **joie** joy **7.LC2**
les **jongleurs** jugglers **8.IM**
les **joues** *f.* cheeks **1.M**
un **jouet** toy **1.FP1**
***joindre to contact someone**
9.L*
jouir to enjoy **6.IM**
le **jour** day **4.FP2**
un **jour de congé** day off **4.L***
un **journal** diary **2.LC2**
le **journalisme** journalism
10.FP1
joyeux (joyeuse) joyous, happy
R.A
un(e) **juge** judge **10.FP1**
***juger** to judge, think **8.IM**
les **Juifs** Jewish people **6.IC**
les **jumelles** *f.pl.* binoculars **6.LC2**
jurer to swear **3.IC**
jusqu'à until **7.FP1**
jusqu'à quand until when
7.FP1
jusqu'alors since then
jusqu'au bout to the end
7.L*
jusqu'ici until now **4.L***
juste fair **2.IM**
il est juste que . . . it is fair
that . . . **2.LC2**
justement as a matter of fact
7.IC

L ■■■■■■■■■■■■■■■■■■■■■■

la/le/les (plus) moins (de) . . .
the (most) least . . .(of)
6.LC1
le, la, les (direct object)
his, her, it **4.LC2**
un **laboratoire de recherche** research laboratory **10.FP2**
laid ugly **3.IC**
laisser to leave **R.L***
laissé left **8.IM**
laisser des déchets to
leave trash **3.FP1**
laisser tomber to drop
3.IC
laissez-les-moi longs leave
my hair long (haircut)
4.FP3
le **lait** milk **R.A**

la **lame de rasoir** razor blade
1.FP2TA
lancer to launch **3.L***
lancer un défi to challenge
3.IC
une **langue** language
les langues étrangères
foreign languages **10. FP1**
un **lapin** rabbit **2.FP1**
la **laque à cheveux** hair spray
1.FP2TA
laquelle which **R.A**
un **larcin** theft **5.IC**
large wide **2.FP3**
une **larme** teardrop **7.IC**
laver to wash **4.FP2**
laver la voiture to wash the
car **2.FP1**
laver le linge to wash the
clothes **2.FP1**
laver les chemises to wash
the shirts **4.FP2**
laver les légumes to wash the
vegetables **2.FP1**
se **laver** to wash one's self **1.FP2**
se laver les cheveux to
wash one's hair **4.FP2**
la **laverie** laundry **4.LC3**
léger light **1.LC3**
(légère)/ 2.FP3
le **lendemain** the day after **6.L**
la **lenteur** slowness **1.5A**
la **lentille** lens (camera) **4.FP2**
les lentilles de contact
contact lenses **1.FP1**
lequel, laquelle, lesquels,
lesquelles which one
6.LC2
une **lettre** letter **4.FP1**
une lettre de recommanda-
tion letter of recommendation **10.FP3**
les **Lettres** literary studies (university) **10.IM**
***se lever** to wake up, to get up
1.FP3
lever to raise **5.IC**
les **lèvres** *f.* lips **1.IM**
libre free **2.FP2**
authorised, permitted **3.IM**
le libre-échange free trade
7.IC
librement freely **1.IC**
un **lien: les liens de sang** blood
ties **9.IC**
lier to tie, to link **5.IM**
lié interwoven, linked **8.IC**
lier conversation to initiate
conversation **5.IM**
un **lieu: au lieu de** instead of **1.IC**
un **lièvre** hare **8.LC1**

la limonade lemonade **R.A**
le linge laundry **3.IM**
une lingère laundry woman **8.IC**
 ***lire** to read
  lire les annonces to read
   the classifieds
  lire les offres d'emploi to
   read the job postings
   10.FP3TA
 lisse straight (hair), smooth
  1.FP1
le litre liter **1.LC1**
la littérature literature **10.FP1**
le littoral coast **9.IC**
 livrer to deliver **4.IM**
se livrer à to give one's self over
  to **7.L**
la livraison des bagages baggage
  claim **5.FP2**
un livret booklet **9.IM**
les locataires tenants **1.LC1**
 ***loger** to lodge, to stay (have a
  room) **2.L***
une loge dressing room **1.FP2TA**
le logiciel software **10.IM**
la loi law **6.IC**
 loin far, far away
 au loin in the distance **6.L***
 lointain distant **8.IC**
 long (longue) long **1.FP1**
le long along, length of **3.IM**
 lors de at the time of **6.L**
 lorsque when, during **3.LC2**
  lorsque j'aurai mon
   passeport . . . when I
   have my passport
 louer: louer une voiture
  to rent a car
un loup wolf **3.FP1TA**
une loupe magnifying glass **5.L***
 lourd heavy **2.IM**
une loutre otter **3.FP1TA**
 lui, leur (indirect object)
  him/her, them **4.LC2**
la lumière light **1.IC**
 lundi Monday **3.FP3**
  lundi dernier last Monday
   3.FP3
la lune moon **1.IC**
les lunettes *f.* glasses **1.FP1**
une lutte fight **3.IA**
  en lutte struggling **2.B**

M ▬▬▬▬▬▬▬▬▬

 mâcher to chew **10.IM**
un maçon mason **10.FP1TA**
les magnans red ants **9.IC**
 maigre thin **1.FP1**
une main d'oeuvre worker **6.IM**
 maint many, several **3.IC**

le maire mayor **5.IC**
une mairie mayor's office
  8.FP2
le maïs corn **R.V**
une maison house
  une Maison des Jeunes
   youth center **8.FP2**
  une maison individuelle
   single-family house **8.FP2**
 mal bad, harm **1.FP4**
  pas mal alot **10.IM**
 malade sick **1.FP4**
une maladie sickness **7.FP1**
 maladroit(e) clumsy **2.IM**
une malédiction curse **8.IC**
 maléfique detrimental **8.IC**
 malgré inspite of **2.E**
 malheureux(se) unhappy
  7.LC2
une mallette briefcase **5.L***
 malpoli(e) impolite **8.IM**
 manifester to show, manifest
  8.IM
  une manifestation demonstration **8.IM**
un mannequin model **4.IC**
 manquer to lack **6.IC**
le maquillage makeup **1.IM**
se maquiller to put on makeup
  1.FP2
les maquis *m.* guerilla troops **6.IC**
un marchand merchant **2.L***
le/la marchand(e) d'antiquités
  antique dealer **9.L***
la marche à pied walking **3.IM**
les marches *f.* steps, stairs **6.IC**
 marcher to work, function, to
  walk **4.FP2**
  marcher bien to go well
   10.IM
  marcher sur to step on
   1.LC3
 marécageux (marécageuse)
  swampy **8.IC**
***se marier** to get married **9.FP3**
 marin marine **6.IC**
les marins *m.* sailors **8.IM**
le marketing marketing **10.FP1**
une marmotte woodchuck, groundhog **3.FP1TA**
une marque brandname, designer
  1.IM
 marrant (slang) funny **1.IM**
 marron brown, chestnut **1.FP1**
le mascara mascara **1.FP2**
 masquer to mask, hide **4.L**
 massif (massive) massive
  2.FP3
le matériel material, equipment
  2.IM
les maths *f.* mathematics **10.FP1**

la matière synthétique synthetic
  material **2.FP3**
le matin et le soir morning and
  evening **7.FP1**
 me, te, nous, vous me, you,
  us, you **4.LC2**
un mécanicien mechanic
  10.FP1
 méchant(e) mean **R.A**
une mèche streak, highlight (hair)
 méconnu unknown, unrecognized **1.IC**
la Mecque Mecca **7.IC**
la médecine medicine (ie, the
  practice of) **10.FP1**
un médecin doctor **7.FP1**
un médecin généraliste
  general practitioner
  7.FP1TA
les médicaments *m.* medicine,
  drugs **7.IM**
 médiocre average, mediocre
  10.IM
***se méfier** to be distrustful **5.IC**
 mégarde: par mégarde by
  mistake **8.LC**
le/la meilleur(e) the best **6.LC1**
 ***mélanger** to mix **1.ILC**
  mélanger les colorants to
   mix dyes **5.IM**
 même even **1.IC**
  moi-même, lui-même
   myself, himself **1.LC1**
***menacer** to threaten
le ménage housework **2.FP1**
 ménagé provided **9.IC**
 ***mener** to take, to lead **5.IC**
les mensonges *m.* lies **2.LC2**
 ***mentir** to lie **8.LC2**
  sans mentir to tell the truth
   3.IC
le menton chin **1.FP1**
un menuisier carpenter **10.FP1**
le mépris scorn **9.FP1TA**
 merci thank you
  merci beaucoup thank you
   very much **2.FP2**
  merci mille fois thanks a
   million **2.FP2**
 mérité deserved
les mésaventures *f.* mishaps
  3.LC2
 Messire Sir **2.IC**
 mesurer to measure
le métal (les métaux) metals
  2.FP3
la météo weather report **3.FP2**
un métier trade **1.IC,** profession
  8.IM, career **9.FP3**
le métro subway **8.FP2**
le metteur en scène director

10.IM

*mettre to put, to place

mettre à la porte to show (someone) the door **10.FP3**

mettre au point to develop, put into action **3.IM**

mettre en question to call into question **5.IC**

mettre en valeur to emphasize **10.IM**

mettre fin à to put an end to **5.IC**

*se mettre to place one's self **5.L**

se mettre à to begin, to start **3.L***

se mettre en colère to get angry **1.LC4**

un meuble: des meubles rustiques rustic furniture **6.L***

une mise en pli a set (hair) **4.FP3**

le Mexique Mexico **5.FP1**

mi-homme half man **1.5B**

le micro microphone **4.FP2**

le miel honey **7.IC**

le/la mien(ne) mine **6.LC2**

mieux better **7.FP1**

mieux situé(e) better situated **7.FP1**

mieux vaut better not to **10.L***

millénaire 1000 years **8.IC**

mince thin, slender

minuscule minuscule **2.FP3**

un miroir mirror

le Mississippi Mississippi **1.LC1**

un mitron baker's helper **5**

une mode way, mode **5.IM**

modique low, modest **5.IM**

la moindre the least, the smallest **10.IC**

un moine monk **2.C**

moins less

moins (de) less (of) **6.LC1**

moins . . . que less . . . than **6.LC1**

moins bruyant less noisy **7.FP1**

moins cher (chère) less expensive **7.FP1**

un mois month **3.FP3**

la moitié half **2.L***

moment: au moment où just as **3.LC2**

mon (ma, mes) my

Mon (Ma) pauvre . . . My poor. . . **9.FP2**

Mon Dieu! My Goodness! **3.FP3**

la monnaie change **4.IM**

les monnaies f. coins **3.LC2**

la mononucléose mononucleosis **7.FP1**

le montant amount, total **4.IM**

monter to go up **5.FP2**

monter (dans) to get on (train, bus)

monter les bagages to bring up the bags **6.FP2**

monter: avoir + monté to take or carry something up **3.LC1**

monter: être + monté(e) to go up **3.LC1**

une montre watch **2.LP3TA**

montrer: montrer du doigt to point **8.L***

les montreurs m. exhibitors **8.IM**

se moquer de to make fun of **2.IC**

mordu bitten **7.FP1**

une mort death, casualty, victim **3.IM**

un mot word **6.L***

mou (molle) soft, squishy **2.FP3**

les moucherons m. gnats **10.IC**

un mouchoir m. a handkerchief **1.L***

un mouchoir en papier paper tissue **4.FP**

mouillé soaked, wet **2.FP3**

un moulin électrique electric coffee grinder **1.LC1**

*mourir to die **9.FP3**

mourir de faim to die of hunger **3.IC**

la moustache moustache **1.FP1**

le mouvement movement **8.FP3**

les moyens m. resources **6.IM**

moyen(ne) average **1.FP1** way, means **5.IM**

le Moyen Âge Middle Ages **5.IC**

muet (muette) silent **7.L***

mugir to roar **5.IC**

multinational multinational, pertaining to all nations

un mur wall **R.V**

un musée museum **8.FP2**

la musique music **10.FP1**

musulman Moslem, **6.IC**

N

*nager to swim **3.FP1**

naguère in the past **9.IC**

*naître to be born **9.FP3**

les nattes f. braids **4.FP3TA**

naturel: il est naturel que . . it is natural that . . . **2.LC2**

naufragé(e) shipwrecked

8.LC2

les nausées f. nausea **7.FP1**

une navette shuttle train **5.IM**

un navire boat, ship **7.IC**

navré(e) (to be) very sorry **7.LC2TA**

ne

n'importe quel (le) any, no matter which **8.IC**

ne . . . aucun(e) no, not any **5.LC1**

ne . . .jamais never **3.LC1**

ne . . . ni . . . ni neither, nor **5.LC1**

ne . . . nulle part nowhere **5.LC1**

ne . . .pas encore not yet **3.LC1**

ne . . . personne no one, nobody **5.LC1**

ne. . . plus no longer **1.L***

ne . . . que only **5.IM**

ne . . . rien nothing **5.LC1**

ne t'en fais pas don't worry yourself (over it) **9.FP2**

néanmoins nevertheless **9.IC**

*se négliger neglect one's self **1.IM**

la neige snow **3.FP2**

nerveux (nerveuse) nervous **7.FP1**

le nettoyage cleaning **2.FP1**

*nettoyer to clean **2.FP1**

nettoyer cette veste to clean, wash this vest

nettoyer la cage to clean the cage

nettoyer le lavabo to clean the bathroom sink

nettoyer les vitres to wash the windows

se nettoyer les dents to brush one's teeth **7.FP2TA**

neuf (neuve) brand new **2.FP3**

le/la neurologue neurologist **7.FP1TE**

un neveu nephew **R.L***

le nez nose **1.FP1**

ni . . . ni neither . . .nor **1.IM**

le nickel nickel **2.FP3TA**

un nid nest **6.IC**

un niveau (les niveaux) level **10** le niveau de vie standard of living **6.IC**

la noblesse nobility **1.IM**

les noces f. marriage **9.IM**

nocif (nocive) harmful **3.IM**

noir(e) black **1.FP1**

nombreux (nombreuse) numerous **6.L**

la Norvège Norway **2.IC**

la **note** bill 6.FP2
les **notes** *f.* grades 4.LC2
    nouveau: de nouveau again
      1.L*
une **nouvelle** (bit of) news 9.IM
la **Nouvelle Écosse** Nova Scotia
    10.IC
la **novocaïne** novocaine 7.FP2
*se **noyer** to drown 3.FP1
    nu naked 6.IC
les **nuages** *m.* clouds 3.FP2

O

l' **objectif** *m.* camera lens 4.FP2
    obligatoire compulsory 10.IM
    ***obliger** to oblige, to do a favor
      10.IC
l' **obscurité** *f.* darkness 4.L
    obsédé obsessed 5.IM
    observer to watch 3.FP1
    observer les animaux to
      watch the animals 3.FP1
    ***obtenir** to obtain, to get 4.IM
    obtenir leur carte
      d'embarquement to
      obtain their boarding pass
      5.FP2
    obtenir une promotion to
      receive a promotion 9.FP3
une **occasion** occasion, opportunity
    d'occasion second-hand,
      used 6.L*
    occidental western 2.IC
s' **occuper de** to be busy with, to
    take care of 1.LC4
    occupé busy 2.FP2
l' **oculiste** ophthamologist 7.FP1
un **oeil (les yeux)** eye 1.FP1
les **oeufs** *m.* eggs R.A
les **oeuvres** *f.* works 1.IC
    ***offrir** to offer 8.IM
l' **oiseau** *m.* bird 2.FP1
une **ombre** shadow 1.IC
    ondulé(e) wavy 2.FP3
    ***opérer** to work, operate 8.IM
    opprimé oppressed 5.IC
    optimiste optimistic R.A
l' **or** *m.* gold R.L*
un **orage** storm 3.FP2
un **ordinateur** computer
une **ordonnance** prescription
    7.FP1
une **oreille** ear 1.FP1
un **oreiller** pillow 6.FP2
les **oreillons** *m.pl.* mumps 7.FP1
un **orfèvre** goldsmith 9.IC
    organisé organized R.A
l' **orgueil** *m.* pride 7.LC2
l' **origine** *f.* background 8.IM
    orner to decorate, embellish

    2.IM
un/une **orphelin(e)** orphan 8
    oser to dare 5.IC
    ou or 5.LC1
    où where
    où avez-vous mal? where
      does it hurt?
l' **ouate** *f.* cotton balls 4.FP1
les **oubliés** forgotten people 7.LC2
un **ouragan** hurricane 3.FP2
un **ours** bear 3.LC2
les **outils** *m.* tools 2.IM
    outre-mer overseas 8.IC
    ouvert open, honest 1.IC
un **ouvrier (une ouvrière)** worker
    R.L*
    les ouvriers working class
      8.IM
    un ouvrier agricole
      agricultural worker
      10.FP1TA
    un ouvrier spécialisé
      specialized worker
      10.FP1TA
    ***ouvrir** to open 7.FP1
    ouvrir la bouche to open
      one's mouth 6.FP1
*s' **ouvrir** to open 7.L
    oval oval 2.FP2
un **OVNI** UFO 3.FP3

P

un **paillasson** door mat 1.L*
la **paille** straw 8.IM
les **paillotes** *f.* straw huts 9.IC
le **pain** bread R.A
    paisible peaceful 9.IC
la **paix** peace 2.IC
les **palpitations** *f.* rapid pulse
    7.FP1
une **panne: en panne** to be broken
    down 9.LC1
    une panne d'électricité
      power failure 8.LC3
un **panneau** street sign 2.LC2
un **pansement adhésif** adhesive
    bandage 4.FP1
la **papeterie** stationery store
    4.FP1
    le rayon papeterie
      stationery aisle 4.FP1
le **papier** paper 2.FP3
    le papier à lettres letter
      stationery 4.FP1
    le papier hygiénique toilet
      paper 4.FP1
un **paquet** package, pack 4.IM
    un paquet d'enveloppes a
      package of envelopes 4.FP1
    par by, through, per

    par chèque (paid) by check
      6.FP1
    par hasard by chance 9.L*
    par terre on the ground 5.L
un **parachute** parachute 2.FP3
    ***paraître** to appear 7.L*
le **parapente** parasailing 3.IM
un **parapluie** umbrella 3.FP2TA
un **paratonnerre** lightning rod
    3.FP2TA
un **parc** park 8.FP2
    parce que because 10.LC2
    ***parcourir** to travel through
      5.IC
    pardonner to forgive 9.FP1
    paresseux (paresseuse) lazy
      R.A
    parfait perfect 3.L*
le **parfum** perfume 1.FP2
se **parfumer** to perfume one's self
    1.LC1
    parier to bet 7.L*
    parler français to speak
      French 10.FP3
    parmi among 1.IC
une **paroi** wall 9.IC
un **parterre: les parterres de**
    fleurs flower beds 8.IM
    ***partir** to leave 5.LC2
    partir à (en, pour) to leave
      for (a destination) 5.LC2
    partir de to leave (a place)
      5.LC2
    à partir de from 1.IC
les **partis** *m.:* **partis politiques**
    political parties 3.IM
    partout everywhere 1.L*
    ***parvenir** to accomplish 9
    pas
    pas mal de . . . alot of . . .
      1.IM
    pas plus tôt no sooner 9.IC
    pas possible! impossible!
      3.FP3
les **pas** *m.* steps 2.IC
    passage: être de passage to
      be traveling through
un **passant** passerby 8.LC2
un **passeport** passport 5.FP1
se **passer** to happen 3.FP3
    passer to pass
    passer l'aspirateur to
      vacuum 2.FP1
    passer la nuit to spend the
      night 5.FP2
    passer par la douane to
      pass through customs
      5.FP2
    avoir + passé to pass by
      3.LC1
    être passé(e) to spend

(time) **3.LC1**

    passer une commande to give an order **4.IM**

se passionner to passion, interest deeply **10.IM**

les passionnés *m.* real devotees **2.IM**

les pastilles *f.* tablets (medicine) **7.IM**

    ***partager** to share **9.IM**

patient patient **R.A**

un pâtissier pastry cook **10.FP1**

la patrie native land **8.IC**

un patron (une patronne) boss **2.LC2**

la paume palm **8.IC**

la paupière eyelid **1.FP2TA**

un pays country **5.FP1**

les paysages *m.* landscapes **1.IC**

les paysans (une paysanne) peasants **2.IC**

un péage toll (highway) **5.IM**

la peau (les peaux) skin **1.FP2TA**

une pêche peach **8.L***

    pêcher to go fishing **L.3***

un pêcher peach tree **8.L***

un pêcheur fisherman **R.V**

un(e) pédiatre pediatrician **6.FP1**

se peigner to comb one's hair **1.FP2**

le peigne comb **1.FP2**

    ***peindre** to paint **1.IC**

la peine effort, trouble, work **2.IC**

    à peine hardly **2.IC**

    les peines *f.* sorrows **9.IM**

    peiné in pain **IC**

une peinture painting **1.IC**

un pèlerinage pilgrimage **7.IC**

une pèlerine cape **7.IC**

une pellicule film

    une pellicule en noir et blanc black and white film **4.FP1**

    une pellicule-couleurs color film **4.FP1**

une pelote de ficelle ball of string **4.FP1**

la pelouse lawn **2.FP1**

pendant

    pendant + noun during **3.LC2**

    pendant que while **3.LC2**

    ***pendre** to hang (up) **6.IM**

pénible annoying **R.A**

la pension complète full room & board **6.FP1**

un(e) pensionnaire boarding student **6.IC**

***se perdre** to lose one's self **3.FP1**

perfectionner to improve **5.IM**

une permanente hair perm **4.FP3**

    ***permettre** to permit **3.IM**

un permis: un permis de conduire driver's license **4.IM**

perplexe perplexed **1.FP4**

un perroquet parrot **2.FP1TA**

la perruche parakeet **2.FP1**

    ***peser** to weigh **1.FP1**

pessimiste pessimistic **R.A**

petit little, small, short **1.FP1**

    le Petit Chaperon Rouge Little Red Riding Hood **8.LC3**

    le petit déjeuner breakfast **6.FP1**

peuplé populated **1.IC**

avoir peur to be afraid **7.LC2**

la peur fright **6.IC**

un phare lighthouse **6.IC**

la pharmacie pharmacy **4.FP1**

le pharmacien (la pharmacienne) pharmacist **4.FP1**

le phénix phoenix **3.IC**

la philosophie philosophy **10.FP1**

le/la photographe photographer **4.FP1**

la physique physics **10.FP1**

une pièce play **8.LC1**

    une pièce d'argent coin **4.IC**

    une pièce d'identité identity card **5.FP1**

une pièce de théâtre play **7.L**

un pied: les pieds nus bare feet **7.LC2**

une pierre stone, gem **2.FP2**

une pile battery **4.FP1**

les pillards (une pillarde) looters **2.IC**

le pilote pilot **5.FP2**

les pilules *f.* pills **7.FP1**

    pimenté hot, spicy **7.IC**

un pinceau (les pinceaux) brush **1.3IC**

un pique-nique picnic **3.FP1**

une piqûre shot, injection **4.LC3**

    une piqûre de novocaïne shot of novocaine **7.FP2**

pire worse **7.L***

une piscine swimming pool **6.FP1**

la pitié pity **9.FP1TA**

    pitoyable pitiful **3.L***

une place place, seat, plaza **4.IM**

    la place d'Armes parade ground **9.IC**

    une place près du couloir a seat next to the aisle **5.FP2**

***plaindre** to feel sorry for **9.FP2**

***se plaindre (de)** to complain about **7.LC1**

***plaire** to please **8.IM**

plaisanter to joke **3.FP3**

un plan map **8.LC3**

***planifier** to plan **8.IM**

les plantes *f.* plants **2.FP1**

une plaque d'immatriculation license plate **5.L***

le plastique plastic **2.FP3**

plat flat **2.FP3**

plein full **1.IM**

pleurer to cry **1.L***

plier to fold (up) **3.L***

le plomb lead **2.FP3**

un plombage tooth filling **7.FP2**

un plombier plumber **10.FP1**

plonger to plunge **3.L***

la pluie rain **3.FP2**

    la pluie tombe rain is coming down **3.FP2**

une plume quill pen **5.IC**

la plupart: la plupart de most: the most (majority) of **4.LC1**

plus (de) more (of) **6.LC1**

    plus . . . que more . . . than **6.LC1**

    plus calme calmer, more calm **6.FP1**

    plus claire clearer, lighter, more clear **6.FP1**

    plus confortable more comfortable **6.FP1**

    plus grande bigger **6.FP1**

    plus spacieuse more spacious **6.FP1**

    de plus en plus more and more **1.IM**

    en plus in addition **3.IM**

plusieurs several **4.LC1**

un pneu (les pneus) tires **6.IM**

une pneumonie pneumonia **7.FP1**

une poche pocket **1.L***

le poids weight **1.FP1**

un poignet wrist **7.L***

    point not at all

    point maladroit not at all clumsy **8.IC**

le point the point

    sur le point de on the verge, ready to **9.IC**

    pointu(e) pointed **2.FP3**

une poire pear **R.A**

le poisson fish **R.A**

    un poisson rouge goldfish **2.FP1TA**

la poitrine chest **8.L***

poli polite **R.A**

polir: **polir l'argenterie**   to polish the silverware **2.FP1TA**

polluer   to pollute **3.FP1**

la **pollution**   pollution **8.FP3**

polonais   Polish **10.IC**

une **pommade**   ointment **7.IM**

une **pomme de terre**   potato **R.A**

un **pont**   bridge **5.IM**

la **porte**   door, boarding gate **2.LP3TA**

un **portemanteau**   hanger **6.FP2**

un **porte-parole**   spokesperson **3.IC**

le **portier**   doorman **1.LC1**

porter   to wear **1.FP1**

> **porter des lunettes**   to wear eyeglasses **1.FP1**

se **porter**   to concern, to bear on **3.IM**

la **portière**   train door **7.L***

le **Portugal**   Portugal **5.FP1**

poser   to put, to place **5.L**

posséder   to own, possess **9.L***

une **possibilité**   possibility, opportunity

> **la possibilité de promotion**   opportunity for promotion **10.FP2**

la **poste**   post office, mail **4.FP1**

> **la poste restante**   general delivery

un **poste**   post, station **4.FP1**

> **un poste de police**   police station

un **pote**   buddy **7.IC**

une **poubelle**   garbage can **1.L***

un **pouce**   inch **5.IC**

la **poudre**   powder **1.FP2TA**

le **poulet**   chicken **R.A**

pour   for, in order to **10.LC1**

> **une chambre pour deux personnes**   a room for two **6.FP1**

un **pourboire**   restaurant tip **2.IM**

pousser   to grow **2.IM**

> **pousser des cris**   to scream **3.L***

la **poussière**   dust **1.5A**

pouvoir   to be able to

> **pouvez-vous me donner . . .**   can you give me . . .

le **pouvoir**   power **5.IC**

les **pratiquants** *m.*   practitioners (religion) **7.IC**

se **précipiter**   to dash **2.IM**

préconiser   to advocate **6.IC**

***prédire**   to predict **3.FP2**

***préférer**   to prefer **2.LC2**

premier (première)   first

> **la première classe**   first class **5.FP2**

***prendre**   to take

> **on ne l'y prendrait plus**   he wouldn't be taken in again **3.IC**
>
> **prendre garde**   to take care not to **9.IC**
>
> **prendre la température**   to take one's temperature **7.FP1**
>
> **prendre la tension**   to take one's blood pressure **7.FP1**
>
> **prendre le deuil**   to be in mourning **3.IC**
>
> **prendre rendez-vous**   to make an appointment, date **7.FP1**
>
> **prendre sa retraite**   to retire **9.FP3**
>
> **prendre un bain de soleil**   to sunbathe **3.FP1**
>
> **prendre un bus**   to take a bus
>
> **prendre un pot**   to go have something to drink in a café **8.FP1**
>
> **pris par**   seized by

préoccupé   preoccupied **1.FP4**

se **préparer**   to prepare one's self **1.FP3**

près: de près   closely, from close up **4.L***

présenter   to present, to show

> **présenter leur billet**   to show one's ticket

se **présenter à la porte de départ**   to show up at the boarding gate

presque   almost **5.IM**

se **presser**   to hurry **3.IC**

prétentieux (prétentieuse)   pretentious **R.A**

prêter: prêter serment   to pledge allegiance **10.IC**

un **prêtre**   priest **6.IC**

prévenir**   to warn **3.L

***prévoir**   to plan ahead for **7.IC**

une **prière**   prayer **7.IC**

prioritaire: être prioritaire   to have priority **10.IM**

la **prise**   electrical plug **4.FP2**

un **prix**   prize

prochain   next

> **le prochain train**   the next train **5.FP2**

prochainement   next **7.LC2**

proche   close **9.IM**

***produire**   to produce **3.IM**

***se produire**   to happen **7.IC**

un **produit**

> **les produits d'entretien** *m.*   household products **4.FP1**
>
> **les produits d'hygiène**   personal hygiene products **4.FP1**
>
> **les produits de maison** *m.*   housecleaning products **4.FP1**

une **profession**   profession **9.FP3**

profiter: profiter de   to take advantage of **1.L***

une **proie**   prey **3.IC**

le **prolongement**   extension **9.IC**

une **promesse**   promise **7.L***

***promettre**   to promise **9.IM**

***se promener**   to take a walk **1.FP3**

> **promener le chien**   to walk the dog **2.FP1**

propre   clean **2.IM;** own **1.IC**

la **propreté**   cleanliness, hygiene **10.IC**

un(e) **propriétaire**   owner **R.L***

prosterné   prostrate, face to the ground **9.IC**

***protéger l'environnement**   to protect the environment **3.FP1**

provoquer   to provoke, to bring about

> **provoqué**   caused, provoked **3.LC2**

la **Prusse**   Prussia (northern Germany) **5.IC**

la **psychologie**   psychology **10.FP1**

le **psychiatre**   psychiatrist **6.FP1**

la **publicité**   advertising **10.FP1**

publier   to publish **7.L***

puis   then, next **3.FP3**

puisque   since **3.L***

puissant   powerful **3.IC**

un **pupitre**   school desk **6.IC**

pur   fresh, pure **3.1IM**

Q ━━━━━━━━━━━━━━━

Qu'est-ce que. . .   what. . .

> **qu'est-ce qu'il y a eu?**   What happened? **3.FP3**
>
> **qu'est-ce qu'il y a?**   What's wrong? **4.FP2**
>
> **qu'est-ce que tu as?**   what's wrong? **1.FP4**

Qu'est-ce qui. . .   who, what. . .

> **qu'est-ce qui a eu lieu?**   what happened? **3.FP3**
>
> **qu'est-ce qui est arrivé?**   what happened? **3.FP3**
>
> **qu'est-ce qui ne marche pas?**   what doesn't work **4.FP2**

qu'est-ce qui ne va pas?
what's wrong? **6.FP1**
qu'est-ce qui s'est passé?
what happened? **3.FP3**
le **quai** dock, quai **5.FP2**
quand when **5.LC2**
quand même anyhow **3.L***
quant à as for **1.IM**
une **quantité** quantity, amount
4.FP1
le **quartier** neighborhood, district
8.FP2
que that **9.LC1**
quel (quelle) what, which
quel dommage too bad
9.FP2
quel est le problème?
what is the problem? **4.FP2**
quel genre what kind
7.FP1
quelle bonne nouvelle
what good news **9.FP2**
quelle malchance what bad
luck **9.FP2**
quelque some
quelqu'un someone, somebody **5.LC1**
quelque chose something
5.LC1
quelque chose d'autre
something else **4.FP1**
quelque part somewhere
8.FP1
quelques some, a few
4.LC1
quelques-un(s) some, a few
4.LC1
se **quereller** to quarrel **9.FP2**
une **quête** quest
en quête in search of **8.IC**
faire la quête to pass the
hat **8.IM**
une **queue** tail, line (of people)
1.FP1
une queue de cheval
ponytail **1.FP1**
qui who **9.LC1**
un **quiproquo** misunderstanding
3.IC
quitter to leave **5.LC2**
quitter + quelqu'un to
leave a person (somewhere)
5.LC2
quitter + quelque part to
leave a place **5.LC2**
quoi what **3.FP3**
il n'y a pas de quoi it was
nothing **2.FP2**
quoi de neuf? what's new?
quoi qu'il lui en coûte
whatever it may cost him

8.IC
quotidien (quotidienne) daily,
common **1.IM**
la vie quotidienne daily life
4.IM

R

les **racines** *f.* roots **3.IM**
raconter to tell what happened
3.FP3
une **radio** x-ray **7.IM**
une **raie** part (hair) **4.FP3TA**
une **raison: raison de vivre** aim in
life **7.IC**
ralentir to slow down **7.L***
les **ramages** *m.* songs **3.IC**
ramasser to pick up **7.L***
une **rame** oar **7.IC**
ramener to bring back **3.L***
la **rancune** grudge, hard feelings
9.FP1
une **randonnée** long hike **R.V**
faire de la randonnée
pédestre to go hiking
3.IM
***ranger** to put away **2.FP1**
ranger les magazines to
put away the magazines
rangé clean, put-away
2.FP1
***rappeler** to remind **1.IC**
***se rappeler** to remember, to
recall **1.LC4**
un **rapport** connection, relation
9.FP2
rapporter to bring back **3.IM**
se **raser** to shave **1.FP2**
le **rasoir** shaver **1.FP2**
rassurer to reassure **4.L**
rater to miss (a bus, a date)
5.FP2
rater un examen to flunk
an exam **2.IM**
un **raton-laveur** racoon **3.FP1TA**
rattacher to attach, to link
se **rattraper** to make up for lost
time **R.A**
ravi delighted **7.LC2**
rayé striped **8.IM**
un **rayon** ray (sun), sections, aisles
(as in a store) **4.FP1**
un **réalisateur** movie director **6.IC**
la **réception** reception desk
7.FP1; gala party **8.L**
le/la réceptionniste
receptionist, secretary
7.FP2
***recevoir** to get, receive **2.IM**
recevoir une amende to
receive a fine **5.FP2**

réchauffer to reheat **5.IM**
rechercher to look for, to
search for **10.FP2**
recherché sought after
8.IM
la **recherche** research **7.IC**
la recherche scientifique
scientific research
un **récit** story **5.L***
une **récolte** crop **10.IC**
récompenser to reward **3.L***
***se réconcilier avec** to make up
with **9.FP2**
la **reconnaissance** gratitude
10.L*
***reconnaître** to recognize
10.IC
***reconstruire** to rebuild **R.V**
***recoudre** to mend (sewing)
4.FP2
récréatif (récréative)
recreational **2.IM**
rectangulaire rectangular
1.FP1
***recueillir** to pick up **6.L**
recueilli adopted **5.IC**
reculé remote **8.IC**
***récupérer** to get back, to
recuperate **5.L***
***redécouvrir** to rediscover
7.IM
redonner to give back **6.LC2**
redoubler to repeat a grade
10.IM
les **références** *f.* references
10.FP3
réfléchir to reflect **2.IM**
le **réfrigérateur** refrigerator
2.FP3
un **régime** diet **4.LC2**
les **règlements** *m.* rules **3.IM**
réglé par structured according
to **3.IC**
regretter to regret **2.FP2**
le **regret** regret **7.LC2**
la **reine** queen **2.IC**
les **reins** *m.* kidneys **7.IM**
réjouir to rejoice, to celebrate
9.FP2
se **réjouir** to be happy **1.LC4TA**
relâché released **5.IC**
les **relations** *(f.)* **publiques** public
relations **10.FP2**
relié linked **8.IC**
***se remarier** to remarry **9.FP3**
remarquer to notice **2.L***
rembourser to reimburse
***remercier** to thank **2.FP2**
remettre to put back **9.L***
se **remettre** to get back (into
shape) **7.IM**

remonter to go back to (in time), to visit **5.IC**

remplir to fill out **7.IM**

rempli filled **2.IC**

remplir l'aquarium to fill the aquarium **2.FP1**

rencontrer to meet by chance, run into (person)

se rencontrer to meet each other **8.FP1**

un rendez-vous appointment, date **7.FP1**

se rendormir** to go back to sleep **10.L

***se rendre (à)** to go, to render one's self **1.LC**

se rendre compte to realize **2.L***

rendre service to do a favor **2.FP2**

renfermé aloof, closed off **R.A**

les renforts *m.* reinforcements **10.IC**

renommé reputed **9.IC**

***renoncer** to give up **2.IM**

les renseignements *m.* information **4.IM**

***renvoyer** to send away, to fire (an employee) **3.IC**

***répandre** to spill **9.IC**

***se répandre** to spread **3.IC**

réparer to repair

réparer la fermeture éclair to repair the zipper **4.FP2**

réparer les chaussures to repair shoes **4.FP2**

réparer mon appareil-photo to repair my camera **4.FP2**

un réparateur repairman **10.FP1**

la répartition distribution **2.FP2**

repasser to iron **2.FP1**

repasser les chemises to iron the shirts

un répondeur answering machine **8.LC2**

***répondre** to respond

répondre à l'annonce to respond to an ad

un report d'incorporation deferment **10.IM**

se reposer to relax, to rest **1.FP3**

repousser to reject, repel **9.IC**

repousser du pied to kick away **9.IC**

un(e) représentant(e) de commerce sales representative **10.FP1**

une représentation performance **1.FP2**

se représenter au bac to take the bac again **10.IM**

une requête request **8.L***

réserver to reserve **7.FP1**

réserver une chambre to book, reserve a hotel room **7.FP1**

réserver une place to reserve a place **5.FP2**

une résidence apartment building **1.LC1**

***résoudre** to solve **6.IM**

le respect respect **9.FP1**

respecter la nature to respect nature **3.FP1**

respirer to breathe **2.IM**

les responsabilités importantes important responsibilities **10.FP2**

***ressentir** to feel **1.FP4TA**

le ressort spring **4.FP2**

rester to stay, to remain

il reste. . . there is. . . left **8.L***

rester au lit to stay in bed **7.FP1**

rester célibataire to stay single **9.FP3**

retard: en retard to be late **5.FP2**

retentissant big, huge (sound) **5.IC**

retirer to withdraw (money) **4.IM**

un retour return **6.LC2**

se retourner to turn around **7.L***

retrouver to rediscover **1.IM**

se retrouver to meet each other **8.FP1**

se réunir to unite, get together **4.IC**

réussir to succeed **10.IM**

un réveil alarm clock **1.LC1**

réveiller to wake (something, someone) **6.FP2**

se réveiller to wake (one's self) up **1.FP3**

se réveiller en musique to wake up to music **1.LC1**

revenir** to come back **1.L

rêver to dream **6.IC**

un rêve dream **1.4**

révolu long past **9.IC**

un rhume a cold **7.FP1**

un rhume des foins hayfever **6.FP1**

ricaner to laugh **9.IC**

riche rich, wealthy **R.A**

rien: rien à voir (avec) nothing to do (with) **9.IM**

le rimmel mascara **1.FP2**

rire** to laugh **3.L

une rive bank, shore **9.IC**

le riz rice **R.A**

une robe de chambre bathrobe **1.LC1**

Robin des Bois Robin Hood **8.LC2**

le robinet faucet **3.IB**

le roi king **4.IC**

Roi du Ciel King of Heaven **2.E**

rompre** to break **7.L

***rompre avec** to break up with **9.FP2**

rond round **1.FP1**

les rôniers *m.* palm trees **9.IC**

le rosbif roastbeef **R.A**

la roue wheel **4.FP2**

le rouge à lèvres lipstick **1.FP2**

la rougeole measles **7.FP1**

rougir to blush **4.L***

un rouleau (les rouleaux) a roll (of paper towels, of scotch tape) **4.FP1**

rouler to go, to roll (car, bus, train) **4.IC**

roux (rousse) red-headed **1.FP1**

un royaume kingdom **2.IC**

un ruban ribbon **9.IM**

la rubéole German measles **7.FP1**

rude rough **10.IC**

rugueux (rugueuse) rough, coarse **2.FP3**

la Russie Russia **5.FP1**

rustre boorish, lacking good manners **7.IC**

S ▬▬▬▬▬▬▬▬▬▬

le sable sand **3.IM**

un sac bag **2.LP3TE**

sac à dos backpack **3.IM**

un sac à provisions shopping bag **8.IM**

sacré "cursed" **10.IC**

la sagesse wisdom **8.IC**

saigner to bleed **7.FP1**

saigner du nez to bleed from the nose

saisir to seize **9.L***

s' en saisir to seize, to take **3.IC**

saisi seized, taken **5.IC**

saisonnière seasonal **7.L**

la salade salad, lettuce **R.A**

sale dirty **2.FP1**

une salle hall, room **2.IC**

la salle d'armes fencing hall **3**

la salle d'attente waiting room **7.FP1**

la salle d'exercices exercise gym **6.FP1**

la salle de bains privée private bath **6.FP1**

un salon a show, exhibition **2.IA**

le salon de coiffure beauty salon **4.FP3**

une salopette overalls **7.IC**

le sang blood **5.IC**

un sanglier wild boar **9.IC**

sans without **10.LC1**

les sans-abri *m.* homeless people **7.IC**

sans bouger without moving **1.5A**

la santé health **2.LC2**

sauf except **3.IM**

sauter to jump **1.L***

sauvage wild **7.IM**

sauver to save **5.L***

les savants *m.* scientists **2.IC**

la saveur taste **9.IC**

le savon soap **1.FP2**

les scénarios *m.* scripts **1.IC**

la scène: sur scène on the stage **4.IC**

la scie saw **2.FP3TA**

les sciences *f.* the sciences

les sciences économiques economics **10.FP1**

les sciences humaines humanities **10.FP1**

les sciences politiques political science **10.FP1**

un(e) scientifique scientist **10.FP1**

la scolarité tuition **10.LC2**

le scotch scotch tape **4.FP1**

les séances *f.* sessions **1.LC3**

un seau (les seaux) bucket **3.LC2**

sec (sèche) dry **2.FP3**

le sécateur shrub clippers **2.FP1**

***sécher** to dry **1.FP2**

une sécheresse drought **7.IC**

se sécher to dry one's self **1.FP2**

le séchoir dryer **1.FP2**

secouer to shake **10.L***

secoue-toi! shake yourself up! **1.IM**

un(e) secrétaire secretary **10.FP1**

une section section

la section non-fumeur non-smoking section **5.FP2**

séduire** to attract, seduce **7.L

un seigneur nobleman, lord **2.E**

séjourner to stay, lodge **6.FP1**

un séjour stay, vacation **4.IC**

une semaine week **4.FP2**

la semaine dernière last week **3.FP3**

semblable similar, alike **4.IM**

sembler to seem, to appear **1.FP4**

la semoule semolina **7.IC**

le sens sense, direction **5.IM,** meaning **10.IM**

le sens des contacts humains ability to network **10.FP3**

les sensations *f.* feelings **1.IC**

sensible sensitive **R.A**

un sentier trail (hiking) **3.IM**

***sentir** to perceive (smell, touch) **1.FP4TA**

***se sentir** to feel **1.LC4**

se séparer to separate (husband & wife) **9.FP3**

sérieux (sérieuse) serious **R.A**

un serin canary **2.FP1TA**

un serpent snake **9.IC**

serrer: bien serré close together

la serrurerie locksmith **4.LC3**

un service service, favor **10.FP1**

le service dans les chambres room service **6.FP1**

un serviteur servant **7.L***

une serviette towel **1.FP2**

***servir** to serve **6.FP2**

***se servir (de)** to serve one's self **10.FP3**

le seul (la seule) the only **1.IC**

un seul only one **1.IC**

seul alone, lonely **9.IM**

seulement only **5.FP1**

sévère severe **R.A**

le shampooing shampoo **1.FP2**

un shampooing a shampoo (hair salon) **4.FP3**

un shampooing colorant shampoo-in hair color **1.FP2**

si if **5.LC2**

s'il en est ainsi if it is so **9.IC**

s'il vous plaît, donnez-moi. . . please give me. . . **4.FP1**

s'il vous plaît . . . please . . .

le SIDA AIDS **7.LC2**

un siècle century **R.V**

un siège a seat **4.IM**

un siège près de la fenêtre a seat next to the window **5.FP2**

siffler to whistle **3.L***

un sifflet whistle **5.IC**

un sifflet à roulette whistle **3.L***

un signe sign **1.FP1**

les signes *(m.)* **particuliers**

personal attributes **1.FP1**

la signification meaning **1.IC**

sillonner to voyage across **5.IM**

un singe monkey **8.IM**

situer to situate **7.L***

une société society **10.FP2**

un socle pedestal

se soigner to heal one's self, to take care of one's self **7.FP1**

soigner to treat (medical) **7.FP1**

soignez-le (la)! pay careful attention to it! **10.IM**

le sol ground, floor **2.IM**

au ras du sol at ground level **9.IC**

un soldat soldier **6.L**

un solde sale **1.IM**

en solde on sale **4.IM**

le soleil sun **2.IM**

le soleil levant rising sun **1.IC**

le soleil brille the sun is shining **3.FP2**

solliciter to solicit, to ask for **10.FP2**

solliciter une interview to ask for an interview

solide solid **2.FP3**

sombre black, somber **7.IC**

le sommeil sleep **6.IM**

sonner to ring **1.LC1,** to blow **2.IC**

la sonnerie de clairon bugle call **10.IC**

la sonnette d'alarme alarm bell **7.L**

le Sopalin paper towels (brand name) **4.FP1**

la sorcellerie witchcraft **2.IC**

un sorcier (une sorcière) witch doctor **9.IC**

le sort fate **7.LC**

la sortie exit **5.FP2**

***sortir** to go out **2.FP1**

sortir avec to go out with **8.FP1**

sortir: avoir + sorti to take something out **3.LC1**

un sot stupid person **3.IC**

un souci concern, worry **9.L***

soucieux (soucieuse) worried **1.FP3**

souffler to blow **3.FP2**

***souffrir** to suffer **7.LC2**

souhaiter to wish **2.LC2**

les souhaits *m.* wishes **2.LC2**

un soupir: soupir de soulagement sigh of relief **2.IM**

le sourcil eyebrow **1.FP2TA**

*sourire   to smile **7.IC**
un sourire   smile **1.IM**
une souris   mouse **2.FP1TA**
un sous-titre   subtitle **4.L**
soustraire à   to protect from
6.IC
*soutenir   to support **4.IC**
un souvenir: en souvenir de   in
memory of **8.L***
*se souvenir (de)   to remember
1.LC4
se spécialiser en   to specialize,
major in **10.FP1**
un(e) spécialiste   specialist **7.FP1**
un(e) spécialiste de
données   data processor
10.FP1
un(e) spécialiste de
logiciel   software specialist
10.FP1
un(e) spécialiste de
marketing   marketing
specialist **10.FP1**
spirituel (spirituelle)   witty
R.A
spontané   spontaneous **R.A**
un stage   internship **10.IM,** study
abroad **10.FP3**
le standard   switchboard
6.FP2
une station   station
une station thermale   hot springs
resort **R.V**
une station-service   gas station
8.FP2
la Statue de la Liberté   Statue of
Liberty **2.FP3**
une stèle   stele, stone marker with
an inscription **6.L***
le steward   steward **5.FP2**
les strophes f.   verses **5.IC**
stupide   stupid **R.A**
un stylo à bille   ball point pen
4.FP1
subitement   suddenly **9.IC**
*subvenir   to meet **2.IM**
subvenir aux besoins   to meet
the needs **4.IC**
les subventions f.   subsidies **3.IM**
*se succéder   to follow one another
8.IC
succomber   to die, succumb
7.IC
la sueur   sweat **9.IC**
*suffire   to be sufficient **4.IM**
il suffit de...   it is sufficient
to... **1.IM**
suffisant   sufficient, enough
la suite: à la suite de   right
behind **9.IC**
*suivre   to follow **4.IM**

suivant   according to **5.IM**
suivre un cours   to take a
class **R.A**
une supérette   convenience store
4.FP1
supporter   to bear, stand **2.L***
les supporteurs m.   fans **7.LC2**
supposer: à supposer que   let
us suppose that **7.L**
surpris   surprised **7.LC2**
sur   on, above
sur le champ   immediately
3.IC
sur le dessus   on the top
sur le devant   in front
sur les côtés   on the sides
*surprendre to surprise **9.L***
surprenant   surprising **2.IM**
la surprise   surprise **3.FP3**
sursauter: en sursaut   with a
start **1.LC1**
*survenir   to happen **9.IC**
*survivre   to survive **10.IC**
susceptible   touchy **3.IC**
la sympathie   instinctive liking
9.FP1
sympathique   nice **R.A**
sympa (pop. sympathique)
nice, kind **2.FP2**
le Syndicat d'Initiative   Chamber
of Commerce **6.LC1**

T

un tableau (les tableaux)   painting
1.IC
le tableau d'affichage
billboard **5.FP2**
une tache   task, spot **1.IC**
une tâche domestique
chores **2.IM**
les taches de rousseur
freckles **1.FP1**
la taille   size (person) **1.FP1**
tailler   to trim **2.FP1**
*se taire   to be quiet, to shut up
1.LC4
talonner   to follow on one's
heels **9.IC**
les tanières f.   lairs **1.IC**
tant   so many **8.IM**
tant pis!   too bad! **2.LC2**
tant que   as long as **6.IC**
un tapis   rug **1.L***
la tapisserie   tapestry **2.IC**
une tarte aux pommes   apple pie
R.A
des tas m.   tons, alot **10.IM**
un taxi   taxi **8.FP2**
la technique   technology **10.FP1**
un technicien (une technicienne)

technician **10.FP1**
le teint   complexion **1.IM**
une teinturerie   drycleaner's **2.LC2**
le teinturier   cleaners
4.FP2
tel (telle): tel qu'on le connaît
as we know it **1.IC**
le téléobjectif   telephoto lens
4.FP2
le téléphone   telephone **6.FP1**
téléphoner au chef du
personnel   to call the head
of personnel
la télévision   television **6.FP1**
tellement **4.L***
pas tellement   not that
much **8.IM**
témoigner   to witness **3.FP3**
un témoin   witness **9.IM**
la température   temperature **2.FP**
la tempête   storm **3.FP2**
une tempête de neige
snowstorm **3.FP2**
le temps   weather, time **2.FP2**
de temps en temps   from
time to time **4.L***
tendre   to present **7.L***
tendu   tense, uptight **1.FP4,**
stretched out **8.IC**
*tenir   to hold **3.L***
tenir à   to hold dear, to
cherish **9.L***
tenir compagnie   to keep
company **9.L***
tenir une promesse   keep a
promise **7.L**
que cela ne tienne   that
won't matter **3.IC**
tenter   to tempt **9.L***
la tenue   clothing **1.IM**
un terme: à long terme   in the
long run **3.IM**
téméraire   bold **3.IC**
terne   dull **2.FP3**
la terre   land **3.IM**
la Terre Sainte   Holy Land
2.D
la terre ferme   solid ground
5.IM
la Terre-Neuve
Newfoundland **3.LC2**
un testament   will **R.L***
un têtard   tadpole **3.L***
une tête: en tête à tête   face to face
7.L
une thèse   thesis, essay **10.IM**
le thon   tunafish **R.A**
tiède   warm **2.FP3**
le tiers-monde   third world **7.LC2**
une tignasse   unruly mop (of hair) **4.L**
un timbre   stamp **4.FP1**

timide timid **R.A**
tirer to pull **5.L**, derive **6.IC**
  tiré de based on **5.IC**
  tirer la langue to stick out one's tongue **7.FP1**
  tirer au sort to choose at random **10.IM**
un **tiroir** drawer **8.LC3**
la **toile** canvas **1.IC**
tolérant tolerant **R.A**
une **tombe** tombstone **7**
tomber to fall **3.FP1**
  tomber amoureux de to fall in love with **4.IC**
  tomber dans l'eau to fall in the water **3.FP1**
  tomber malade to fall sick **9.FP3**
tondre** to mow **2.FP**, clip very short **3.L, to shear **5.IM**
la **tondeuse** lawnmower **2.FP1**
le **tonnerre** thunder **3.FP2**
la **tonte des moutons** sheep-shearing **5.IM**
***se tordre** to sprain (part of the body) **7.FP2TA**
  se tordre le poignet to sprain one's wrist
une **tortue** tortoise **3.FP1TA**
une **touche** button **4.IM**
toujours still **3.IC**
un **tour** turn **2.IB**, trick **2.IC**
une **tour** tower, high-rise **8.FP2**
  la Tour Eiffel Eiffel Tower **2.FP3**
le **tournage** making (of a film) **8.IM**
une **tournée** tour **4.IC**
  tourner: tourner un film to film **10.IM**
  se tourner to turn around **4.L***
tousser to cough **7.FP1**
tout (toute, tous, toutes) any, all **L.5**
  tout à fait quite, very much **5.IM**
  tout court directly **7.IC**
  tout de même nevertheless **5.IM**
  tout de suite immediately **L.5**
  tout près nearby **8.FP2**
  tous les . . . every **1.IM**
  tous sauf everyone except **1.LC1**
  tout d'un coup all of a sudden **1.LC1**
  toutes les 4 heures every four hours **7.FP1**
une **toux** cough **7.IM**
le **trac: avoir le trac** to be

nervous, scared, have stagefright **10.IM**
trahir to betray **2.IC**
une **trahison** betrayal **2.D**
un **train** train **5.FP2**
un **trait** feature **1.IM**
un **traité** treaty **7.IC**
un **traiteur** caterer **2.IM**
une **trame** plot **8.IC**
tranquille calm, quiet **1.FP4TA**
  être tranquille to be alone, undisturbed **1.L***
tranquillement safely **8.IM**
transpirer to sweat **7.FP1**
les **transports** *m.* transportation **8.L**
traqué tracked, hunted **6.IC**
travailler to work
le **travail** work **2.FP1**
  les travaux domestiques housework **2.FP1**
traverser to cross **3.IC**
travers: à travers across, through **1.L***
une **traversée** crossing **5.IM**
trempé soaking wet **3.L***
tresser to braid **4.FP3TA**
les **tresses** *f.* braids **4.FP3TA**
  tressez-moi les cheveux braid my hair **4.FP3TA**
un **trésor** treasure **8.LC3**
triangulaire triangular **2.FP2**
tricher to cheat **8.IC**
tricolore blue, white, red **9.IM**
le **tricot** knitting **9.L***
triste: être triste to be sad, melancholy **R.A**
la **tristesse** sadness **7.LC2**
un **trombone** paper clip **4.FP1**
les **trombones** *m.* paper clips
se tromper to make a mistake **1.LC4**
le **trottoir** sidewalk **5.L**
un **trou** hole **9.IC**
la **trousse de toilette** toiletry bag **1.FP2TA**
se trouver to be found, to be located **1.LC4**
trouver to find **9.FP3**
  trouver un job to find a job **9.FP3**
tu you
  tu plaisantes! you're kidding! **3.FP3**
  tu n'as pas de chance you are out of luck **9.FP2**
un **tube** a tube **3.FP1**
tuer to kill **2.IC**
se tuer to kill one's self
tuméfié swollen **8.IC**

turbulent turbulent, hyper-active **3.L***
le **tuyau d'arrosage** garden hose **2.FP1**
un **type** (*fam.*) guy, person **5.L**

U ▬▬▬▬▬▬▬▬▬▬

unir to unite **7.L**
l' **université** *f.* university, college **10.FP1**
usagé worn **2.FP3**
usé worn out **4.FP2**
une **usine** factory **10.FP2**
utiliser to use **10.FP3**
utile: il est utile que . . . it is useful that. . . **2.LC2**

V ▬▬▬▬▬▬▬▬▬▬

la **vaisselle** dishes
  ranger la vaisselle to put the dishes away **2.FP1**
la **valeur** value **5.LC1**
  ***valoir** to be worth **3.IC**
  il vaut mieux que . . . it is better that . . . **2.IC**
  valent are worth **1.IC**
valoriser to emphasize the value of **8.IC**
vaniteux (vaniteuse) vain **R.A**
se vanter to boast **9.IC**
la **varicelle** chicken pox **7.FP1**
les **vassaux (le vassal)** *m.* subjects **2.IC**
une **vedette** star **4.IC**
veilleuse (en veilleuse) low (as a light) **8.IC**
un **vélodrome** bicycle racetrack **1.IC**
un **vendeur (une vendeuse)** salesperson **10.FP1**
***venger** to avenge **2.IC**
le **vent** wind **3.FP2**
un **verger** orchard **8.L***
le **verglas** sheet ice **3.FP2**
véritable true **1.IC**, real **8.IC**
le **vernis à ongles** nail polish **1.FP2**
le **verre** glass **2.FP2**
les **verres de contact** *m.* contact lenses **1.FP1**
vers at, about **1.FP3**, towards **3.L***
verser to pour **3.L***
vert green
  vert foncé dark green **1.FP1**
les **vertiges** *m.* dizzy spells, vertigo **7.FP1**

un(e) **vétérinaire**   veterinary doctor **10.FP1**

***vêtir**   to dress **5.L**

vêtu de bleu   dressed in blue **5.L**

une **victime**   victim, casualty **7.IC**

vide   empty **2.FP3**

vider   to empty **2.FP1**

vider l'aquarium   to empty the aquarium

vider la corbeille   to empty the trash

vider les ordures   to empty the garbage

la **vie**   life **R.V**

la vie active   active life

la vie en ville   city life

la vie scolaire   school life

la vie sociale   social life

la vie courante   daily life **1.IC**

un **vieillard**   elderly man **8.IC**

la **vieillesse**   elderly years **9.FP3**

vieillir   to grow old **9.FP3**

le **vieillissement**   aging **3.IM**

vieux (vieille)   old **2.FP3**

la **Virginie**   Virginia **1.LC1**

le **visage**   face **1.FP1**

une **visite**   visit **7.FP1**

les **vitamines** *f.*   vitamins **4.FP1**

la **vitesse**   speed **1.IC**

une **vitre**   window pane **2.FP1TA**

une **vitrine**   store window **9.L***

***vivre**   to live **7.LC2**

vécu   lived **1.IC**

vivant   living **2.IM**

vivre ensemble   to live together **9.FP3**

vivre à la française   to live (as the French do) **4.IM**

les **voeux** *m.* (**un voeu**)   wishes, season's greetings **4.LC2**

une **voie**   way, path **1.IC**

les **voiles** *f.*   sails **7.IC**

***voir**   to see **5.L**

ça n'a rien à voir (avec)   it has nothing to do (with) **1.IM**

voyant . . .   while seeing . . . **5.L**

un **vol**   flight (airplane) **5.IM** theft **5.IC**

voler   to steal **5.L*** to fly **9.IC**

les **volets**   shutters **8.IC**

un **voleur (une voleuse)**   thief **5.L**

la **volonté**   will **7.LC2**

volontiers!   sure! with pleasure! I'd love to! **2.FP2**

volumineux (volumineuse)   voluminous, large in volume **2.FP3**

vomir   to throw up **7.FP1**

***vouloir**   to want, to wish **2.LC2**

vouloir bien   to want (used to accept an offer), to accept, agree **4.FP1**

vouloir dire   to mean **10.L***

***voyager**   to travel **5.FP1**

un **voyage**   voyage, trip

vrai   true

à vrai dire   to tell the truth **8.L***

Vraiment?   Really? Truly? **3.FP3**

une **vue: une belle vue**   a nice view **6.FP2**

W ▬▬▬▬▬▬▬▬▬▬▬▬▬▬▬

un **wagon**   car (train) **5.FP2**

un wagon-lit   sleeping car (train) **5.IM**

un wagon-restaurant   dining car (train) **5.IM**

Y ▬▬▬▬▬▬▬▬▬▬▬▬▬▬▬

y: j'y vais   there: I'm going (there) **4.LC1**

les **yeux** *m.* (**un oeil**)   eyes **1.FP1**

Z ▬▬▬▬▬▬▬▬▬▬▬▬▬▬▬

les **zébrures** *f.*   stripes, welts **9.IC**

VOCABULAIRE: Anglais—Français

The French—English vocabulary contains active and passive words from the text, as well as words introduced in the *Mots utiles* sections of the Lectures.

The numbers and letters following an entry indicate the first unit section in which the words or phrase is activated. The following abbreviations have been used:

R	Reprise
L	Lecture
IM	Info magazine
IC	Interlude Culturel
FP	Français pratique
TA	Teachers' Annotation
LC	Langue et communication
A	Appendix

The number after the section abbreviation indicates the unit Partie in which the vocabulary word is introduced.

An Asterisk (*) after the unit reference indicates that the word or phrase is presented in the Mot Utiles section of the reading.

Nouns: In the article of a noun does not indicate gender, the noun is followed by *m. (masculine)* or *f. (feminine)*. If the plural is irregular, it is given in parentheses.

Verbs: Verbs are listed in the infinitive form. An asterisk (*) in front of an active verb means that it is irregular. (For forms, see the verb charts in the Appendix.)

Words beginning with an h are preceded by a bullet (•) if the h is aspirate; that is, if the word is treated as if it begins with a consonant sound.

A

ability: ability to network le sens des contacts humains **10.FP2**
about, approximately environ **9.L***
  about 100 une centaine **7.L**
access l'accès *m.* **6.FP1**
accident un accident **3.FP2**
accomplice un(e) complice **5.L***
to **accomplish** parvenir **9.IC**
according to suivant **5.IM**
accountant un(e) comptable **10.FP1**
  accounting la comptabilité **10.FP1**
accustomed habitué
to **achieve, to do** effecteur **5.IMB**
acquaintance un(e) camarade, une connaissance **9.FP1**
to **acquire** acquérir **10.IM**
  across, through à travers **1.L***
    across from en face de **8.FP1**
to **act** agir **3.IM**
  active actif (active) **R.A**
    active life la vie active **7.L**
to **add** ajouter **7.L***
  adhesive: adhesive bandage un

pansement adhésif **4.FP1**
administration l'administration *f.* **10.FP1**
admiration l'admiration *f.* **9.FP1**
to **admit** avouer **1.IM**
adolescence l'adolescence *f.* **9.FP2**
adopted recueilli **5.IC**
adulthood l'âge adulte
advance une avance **5.FP2**
advertising la publicité **10.FP1**
advice les conseils *m.* **1.IC**
  advisor conseiller **10.IM**
to **advocate** préconiser **6.IM**
affair une affaire
affection l'affection *f.* **9.FP1**
  affectionate affectueux (affectueuse) **R.A**
after après **3.FP2**
  after au bout de **10.L***
  aftershave l'après-rasage *m.* **1.FP2**
again de nouveau **1.L***; encore **5.L**
age l'âge *m.*
agency une agence **10.FP2**
  agent un agent **10.FP1**
aging le vieillissement **3.IM**

agitated agité **1.FP4TE**
agricultural worker un ouvrier agricole **10.FP1TE**
to **agree: to agree with** être d'accord avec **9.FP2**
  to agree to meet se donner rendez-vous
AIDS le SIDA **7.LC2**
aim: aim in life une raison: raison de vivre **7.IM**
air l'air *m.*
  air conditioning l'air conditionné *m.* **6.FP1**; la climatisation **6.FP1**
  air conditionner le climatiseur **6.IM**
airport l'aéroport *m.* **5.FP2**
alarm: alarm bell la sonnette d'alarme **7.L**
  alarm clock un réveil **1.LC1**
  all of a sudden tout d'un coup **1.LC1**
all tout (toute, tous, toutes) **5.L**
  all the more that d'autant plus que **9.L***
allergy une allergie
allure l'allure *f.* **2.IM**
almost autant **5.IM**; presque

5.IM
alone   seul 9.IM
along   le long de 6.L
along: along length of   le long
    3.IM
aloof   renfermé R.A
alot   beaucoup, pas mal 10.IM
    alot of...   pas mal de...1.IM
Alps   les Alpes 1.LC1
also   aussi 6.LC1
altar   l'autel m. 9.IM
aluminum   l'aluminium m. 2.FP3
alumnus   un ancien élève 8.L*
amazed   émerveillé 8.IM
    amazement   l'étonnement m.
        7.LC2, l'ébahissement m. 9.IM
    amazing   étonnant 6.LC1
ambition   l'ambition f. 10.FP3
ambush   une embuscade 2.IC
among   entre 2.IM
amount   le montant 4.IM
amplifier   l'ampli m. 4.FP2
amplitude, extent   l'ampleur f.
    4.L
to amuse   distraire 1.IC
    amusing   amusant R.A
ancestry   une ascendance 9.IM
and   et 5.LC1
anger   la colère 1.FP3
animals   un animal (animaux)
    2.FP1
to animate, to give life to   animer
    7.L
    animated   animé
animosity   l'animosité f. 9.FP1
annoying   pénible R.A
another: another one   un(e) autre
answering machine   un répon-
    deur 8.LC2
ant   une fourmi 3.FP1TE
antenna   l'antenne f. 4.FP2
antibiotic   un antibiotique 7.FP1
antipathy   l'antipathie f. 9.FP1
antique: antique dealer   le/la
    marchande d'antiquités 9.L*
any   tout (toute, tous, toutes) 5.L
    any, no matter which
        n'importe quel (le) 8.IM
    anyhow   quand même 3.L*
    anything   n'importe quoi 7.L*
apartment   un appartement 8.FP2
    apartment building   un
        immeuble, une résidence
        1.LC1
to appear   *paraître 7.L*
    appearance   l'apparence f
        2.FP3
apple: apple pie   une tarte aux
    pommes R.A
appointment, date   un rendez-
    vous 7.FP1

to approach   s'approcher de 8.L*
    an approach   l'accès m. 7.FP1
Arc of St. Louis   l'Arche f. de
    Saint Louis 2.FP3
architect   un(e) architecte
    10.FP1TE
around   autour 5.FP1
    around the world   autour du
        monde 5.FP1
to arrange (by class)   classer
    10.FP3
to arrest   arrêter 5.L*
to arrive   arriver 3.FP2
as   en tant que 9.IM
    as a matter of fact   justement
        7.IM
    as for   quant à 1.IM
    as if   comme si 8.L*
    as long as   tant que 6.IM
    as much as   autant de 6.LC1
    as of   dès 9.IM
    as soon as   aussitôt que
        5.LC2, dès que 5.LC2
    as usual   comme d'habitude
        R.V
    as we know it   tel qu'on le
        connaît 1.IM
    as...as   aussi...que 6.LC1
ashamed   honteux (honteuse)
    3.IM
to ask: to ask for a favor   demander
    un service
    to ask for an interview
        solliciter une interview
    to ask, to necessitate   deman-
        der 2.IM
aspirin   l'aspirine f. 4.FP1
assets   les biens m. 9.IM
to assist   assister
asthma   l'asthme m. 7.FP1
astonished   étonné 7.LC2
at   à
    at a friend's place   chez un
        copain 3.FP2
    at ground level   au ras du sol
        9.IM
    at last   enfin 3.FP2
    at the dentist's office   chez le
        dentiste 7.FP2
    at the end of an hour   au bout
        d'une heure 9.FP2
    at the expense (of)   les
        dépens: aux dépens 3.IM
    at the home of friends   chez
        des particuliers 9.IM
    at the photographer's   chez le
        photographe 4.FP1
    at the same time   à la fois 1.4
    at the time of   lors de 6.L
    at, about   vers 1.FP3
athletic   athlétique 1.FP1

to attach   attacher 5.FP2
    to attach, to link   rattacher
to attack   attaquer 7.L
    attentive   attentif (attentive) R.A
    attic   le grenier 10.L*, 1.IM
to attract   attirer 2.IM
    attracting   attirant 1.3
    attractive   séduisant 7.L*
avalanche   une avalanche 3.FP2
to avenge   venger 2.IC
average   moyen(ne) 1.FP1;
    médiocre 10.IA
aversion   l'aversion f. 9.FP1
away   loin

background   l'origine f. 8.IM, le
    fond 1.IM
backpack   le sac à dos 3.IM
bad   mal 1.FP4
to bag (groceries)   empaqueter 4.IM
bag   un sac 2.LP3TA
    baggage claim   la livraison des
        bagages 5.FP2
    baggage   les bagages m. 5.FP1
    baggage-check   la consigne
        5.FP2
baker   un boulanger (une
    boulangère) 10.FP1
bald   chauve 1.FP1
    bald head   la boule à zéro 4.L
ball   le ballon 2.FP3
    ball of string   une pelote de
        ficelle 4.FP1
    ball point pen   un stylo à bille
        4.FP1
balloon   le ballon 2.FP3
bandits   les brigands m. 2.IC
bangs (hair)   une frange
    4.FP3TA
bank teller   un banquier (une
    banquière) 10.FP1
bank (river)   une rive 9.IC
bare feet   un pied: les pieds nus
    7.LC2
bark (tree)   l'écorce f. 7.IM
based on   tiré de 5.IM
bath   un bain 1.FP3
    bathrobe   une robe de chambre
        1.LC1
to bathe   se baigner 2.FP3
battery   une pile 4.FP1
to be   être
    being   (n.) un être 2.IM; (pp.)
        étant 2.IC
    to be a part of   faire partie
        1.IM
    to be able to   pouvoir
    to be abroad, overseas   à
        l'étranger 5.FP1

to be accepted (school) entrer **10.IM**

to be afraid avoir peur **7.LC2**

to be alone, undisturbed être tanquille **1.L***

to be angry être en colère **1.FP4**

to be angry with se fâcher avec **8.FP1**

to be ashamed avoir honte **7.LC2TA**

to be bitten by mosquitos être piqué par les moustiques **3.FP1**

to be bitten être mordu

to be bored s'ennuyer **1.IM**

to be born naître **9.FP2**

to be broken down une panne: être en panne **9.LC1**

to be broken être cassé **4.FP2**

to be busy with, to take care of s'occuper de **1.LC4**

to be called être convoqué **10.IM**

to be called, be named s'appeler **1.LC4**

to be conscient, to know conscient: être conscient **10.IM**

to be cut out être fait **10.IM**

to be dark, night faire noir **3.FP2**

to be distrustful se méfier **5.IC**

to be être

to be found, to be located se trouver **1.LC4**

to be free être libre **8.FP1**

to be happy for someone être content pour qq'un **9.FP2**

to be happy se réjouir **1.LC4TA**

to be hired être engagé **2.IM**

to be hurt avoir mal **6.FP1**

to be in a hurry être pressé **4.IM**

to be in good shape être en forme **1.IM**

to be in mourning prendre le deuil **3.IC**

to be in pain, to be sad avoir de la peine **3.L***

to be interested in s'intéresser (à) **1.IM**

to be late retard: être en retard **5.FP2**

to be located se trouver **6.L**

to be necessary falloir **4.FP1**

to be nervous, scared, have

stagefright le trac: avoir le trac **10.IM**

to be of good health être en bonne santé **7.FP1**

to be present at assister à **3.FP2**

to be qualified faire l'affaire

to be quiet, to shut up se taire **1.LC4**

to be ready être prêt **4.FP2**

to be seasick avoir le mal de mer **3.FP1**

to be sick être malade **7.FP1**

to be sorry être désolé **9.FP2**

to be sufficient suffire **4.IM**

to be tired être fatigué **1.FP4**

to be traveling through passage: être de passage

to be very sorry navré **7.LC2TA**

to be witness être temoin **3.FP2**

to be worth valoir **1.IC**

bear un ours **3.LC2**

to bear, stand supporter **2.L***

beard une barbe **1.FP1**

to beat *battre **7.L***

beauty salon le salon de coiffure **4.FP3**

beauty: beauty mark le grain de beauté **7.FP1**

because of à cause de **7.L***; parce que **10.LC2**

to become devenir **9.IC**

to become democratic se démocratiser **10.IM**

bee une abeille **3.FP1TA**

before avant de **10.LC1**

to begin commencer

to begin to *se mettre à **1.FP3**

beginner un débutant **R.V**

beginning le début **7.LC2**, le commencement **8.LC3**

behind derrière **4.FP3**

behind me à mon actif **10.IM**

to believe croire **7.LC1**

bellboy un garçon **7.FP2**

to belong to *appartenir à **2.L***; faire partie **3.IM**

beloved le bien-aimé **2.IC**

bench un banc **8.IM**

benefits, blessings les bienfaits *m.* **3.IM**

beside, to the side of à côté de

besides d'ailleurs **8.L***

best le/la meilleur(e) **6.LC1**

to bet parier **7.L***

betrayal une trahison **2.IC**

better mieux **7.FP1**

better situated mieux située

7.FP1

to betray trahir **2.IC**

between entre **9.LC1**

bicycle: bicycle racetrack un vélodrome **1.IC**

big grand **1.FP1**; retentissant (sound) **5.IM**

bigger plus grande **6.FP1**

bill la note **6.FP2**

billboard le tableau d'affichage **5.FP2**

binoculars les jumelles *f.pl.* **6.LC2**

biology la biologie **10.FP1**

bird l'oiseau *m.* **2.FP1**

bishop un évêque **5.IM**

bit: bit of news une nouvelle **9.IM**

bitten mordu **7.FP1**

black and white film une pellicule en noir et blanc **4.FP1**

black noir **1.FP1**

blacksmith un forgeron **9.IM**

blanket une couverture **2.L***

to bleed saigner **7.FP1**

to bleed from the nose saigner du nez

blind aveugle **1.IC**

blond blonde **1.FP1**

blood le sang **5.IC**

blood ties un lien: les liens de sang **9.IM**

to blossom fleurir **7.IC**

to blow out souffler **3.FP2**

blue le bleu **1.FP1**

blue, white, red tricolore **9.IM**

to blush rougir **4.L***

boarding student un(e) pensionnaire **6.IM**

boarding: boarding pass une carte d'embarquement **5.FP2**

to boast se vanter **9.IC**

boat un bateau (les bateaux)

body le corps *inv.* **1.IM**

bodyguard un garde du corps **10.IM**

to boil faire bouillir **4.LC3**

bold téméraire **3.IM**

boldly hardiment **2.IC**

bombing, shelling un bombardement **10.FP2**

to book, reserve a hotel room réserver une chambre **7.FP1**

booklet un livret **9.IM**

boorish, lacking good manners rustre **7.IM**

booth une cabine **4.IM**

booty un butin **2.IC**

borders les frontières *f.* **5.IC**
boring ennuyeux(se) **8.IM**
boss un patron (une patronne) **2.LC2**
to **bother** déranger **3.IM**
bothered gêné **7.LC2TA,** énervé
bothersome gênant **3.L***
bottle une bouteille **2.FP3**
boutiques les boutiques *f.* **4.FP1**
bowling ball une boule **4.L**
box (of)… une boîte (de)… **4.FP1**
boy (girl) friend un copain (une copine) **9.FP1**
bracelet un bracelet **9.L***
to **braid** tresser **4.FP3TA**
braids les nattes *f.* **4.FP3TA,** les tresses *f.* **4.FP3TA**
    braid my hair tressez-moi les cheveux **4.FP3TA**
brakes les freins *m.* **4.FP1**
    the brakes don't work les freins ne marchent pas
branch: branch office une branche: une branche d'activité **10.FP2**
    brand new neuf (neuve) **2.FP3**
brand: brand name, designer une marque **1.IM**
brave fougueux (fougueuse) **3.IM;** courageux (courageuse) **R.A**
Bravo! Bravo! **9.FP2**
bread le pain **R.A**
to **break (object)** briser **2.IC,** casser **3.FP1; (body part)** se casser **6.FP2**
to **break out** éclater **2.IC**
to **break up with** *rompre avec **7.L***
breakfast le petit déjeuner **6.FP1**
to **breathe** respirer **2.IM**
brick la brique **2.FP2**
bridesmaids les demoiselles d'honneur **9.IM**
bridge un pont **5.IM**
brief bref (brève) **2.IM**
    briefcase une mallette **5.L***
to **brighten** s'illuminer **3.IC**
brilliant brillant **2.FP3**
brim le bord **3.IM**
to **bring (object)** apporter **6.L***; **(person)** emmener **3.L***
    bring back rapporter **3.IM;** ramener **3.L***
    to bring down descendre **10.L***
    to bring my luggage down descendre mes bagages **5.FP2**
bronchitis une bronchite **7.FP1**
broom le balai **2.FP1**

brown brun **1.FP1,** marron **1.FP1**
to **brush: to brush (one's hair, one's teeth)** se brosser **1.FP2**
    to brush one's teeth se brosser les dents **7.FP2TA**
brush un pinceau (les pinceaux) **1.IC;** une brosse **1.FP2**
bucket un seau (les seaux) **3.LC2**
buddy un pote **7.IC**
bugle call la sonnerie de clairon **10.IC**
to **build** construire **8.IM**
building superintendant un(e) concierge d'immeuble **2.FP1**
burden une charge **2.L***
burglary un cambriolage **3.FP2**
burned brûlé **2.IC**
    to burn one's self se brûler **6.FP2**
to **burst in** faire irruption dans **7.L**
to **bury** enterrer **2.IC**
bus un bus, un car **8.FP2**
bush un arbuste **6.L**
business les affaires *f.* **2.L***
    business man, woman un(e) homme (femme) d'affaires **10.FP1**
    business school une école: une école de commerce **10.IM**
busy occupé **2.FP2;** animé
button une touche **4.IM,** un bouton **4.FP1**
to **buy** acheter **5.FP2**
    to buy for one's self s'acheter **1.FP3**
by par
    by (mode of transport) à + *mode of transport*
    by chance le hasard: par hasard **9.IM, 9.L***
    by creating en créant **1.IC**
    by making known en faisant connaître **1.IC**
    by mistake mégarde: par mégarde **8.LC2**

C

cabinetmaker un ébéniste **10.FP1TA**
to **call** faire appel **2.IM;** appeler **6.FP2**
    to call into question mettre en question **5.IC**
    to call the head of personnel téléphoner au chef du personnel

calm calme **1.FP4;** tranquille **1.FP4TA**
    calmer, more calm plus calme **7.FP1**
camera: camera flash le flash **4.FP2**
    camera lens l'objectif *m.* **4.FP2**
Canada le Canada **1.LC1**
Canary Islands les Canaries *f.* **5.FP1**
canary un serin **2.FP1TA**
to **cancel** annuler **5.FP2**
candle une chandelle **6.L***
canvas la toile **1.IC**
cap (hat) une casquette **1.IM**
capacity la capacité **2.FP3**
cape une pèlerine **7.IC**
car (train) un wagon **5.FP2**
card une carte
cardboard le carton
cardiologist le/la cardiologue **7.FP1**
care; carefree insouciant **5.IC**
career un métier **9.FP2**
careless, imprudent imprudent **3.IM**
carpenter un menuisier **10.FP1**
to **carry something down** descendre: avoir + descendu **3.LC1**
    carry-on luggage, duffle un bagage à main **5.FP1**
cashier le caissier (la caissière) **7.FP2**
cat le chat **2.FP1**
catastrophe un désastre **4.L***
caterer un traiteur **2.IM**
caused, provoked provoqué **3.LC2**
cavity une carie **7.FP2**
cemetery le cimetière **7.L**
center un centre
century un siècle **R.V**
to **challenge** lancer: lancer un défi **3.IC**
Chamber of Commerce le Syndicat d'Initiative **6.LC1**
change la monnaie **4.IM**
to **change** changer
to **change one's mind** changer d'avis **7.L***
    change: change teller un agent de change **10.FP1**
charitable bénévole **9.IM**
to **chat** bavarder **9.IM**
to **cheat** tricher **8.IC**
to **check their bags, luggage** enregistrer leurs bagages
    check: check-out counter la caisse **4.IM**
cheeks les joues *f.* **1.IM**

cheese   le fromage **R.A**
chef   un chef **10.FP1TA**
chemistry   la chimie **10.FP1**
cherry   une cerise **R.A**
chest   la poitrine **8.L***
chestnut brown (hair)   châtain **1.FP1**
to **chew**   mâcher **10.IM**
chicken   le poulet **R.A**
   chicken pox   la varicelle **7.FP1**
childhood   l'enfance *f.* **1.IM**
chin   le menton **1.FP1**
to **choose**   choisir **9.FP2**
   to **choose a career**   choisir un métier **9.FP2**
   to **choose at random**   tirer au sort **10.IM**
chore   une tâche domestique **2.IM**
Christendom   la Chrétienté **2.IC**
cinema   le ciné (*pop.*le cinéma)
circular   circulaire **2.FP3**
citizens   les citoyens **7.LC2**
   city people   les citadins **8.IM**
city: city life   la vie en ville
civil servant   un(e) fonctionnaire **10.FP1**
to **claim their baggage**   chercher leurs bagages **5.FP2**
class   la classe
   classmate   un(e) camarade **9.FP1**
to **clean**   nettoyer **2.FP1**
   to **clean the bathroom**   nettoyer le lavabo
   to **clean the cage**   nettoyer la cage
   to **clean, wash this vest**   nettoyer cette veste
clean   propre **2.IM**
   cleaners   le teinturerier **4.FP2**
   cleanliness, hygiene   la propreté **10.IC**
   cleansing products aisle   le rayon produits d'entretien
cleaning   le nettoyage **2.FP1**
   cleaning business   une entreprise de nettoyage **2.FP1**
to **clear**   débarrasser **2.FP1**
   to **clear the table**   débarrasser la table **2.FP1**
clear   clair
   clearer   plus clair **7.FP1**
to **clip: to clip very short**   tondre **4.L***
clock mechanism   l'horlogerie *f.* **9.IC**
to **close: close**   proche **9.IM**
   close together   serrer: bien serré
   closed off   renfermé **R.A**

to **close again**   refermer **7.L**
closely, from close up   de près **4.L***
cloth: cloth rag   le chiffon **2.FP1**
   clothing   la tenue **1.IM**; les fringues *f.* (*pop.*) **1.IM**
clouds   les nuages *m.* **3.FP2**
clumsy maladroit(e) **2.IM**
coast   le littora **9.IC**
cobbler   le cordonnier **4.FP2**
coin   une pièce d'argent **4.IC**
   coins   les monnaies *f.* **3.LC2**
cold   le froid **2.FP3**; un rhume **7.FP1**
to **color: color one's hair**   faire une décoloration **4.FP3TA**
color: color film   une pellicule-couleurs **4.FP1**
to **comb: comb one's hair**   se peigner **1.FP2**
comb   le peigne **1.FP2**
to **come: come back**   *revenir **1.L***
   to **come closer**   s'approcher **1.LC4**
to **commit one's self**   s'engager **3.IM**
communication   la communication **10.FP2**
company   une boîte **10.IM**; une compagnie **10.FP2**
compass   une boussole **3.FP1**
competitive exam   un concours *inv.* **10.IM**
to **complain about**   se plaindre (de) **7.LC1**
to **complete one's studies**   faire des études **10.FP1**
   to **complete one's high school**   faire des études secondaires **9.FP2**
   to **complete one's university**   faire des études universitaires **9.FP2**
complete (sold out)   complet (complète) **5.FP2**
complexion   le teint **1.IM**
compulsory   obligatoire **10.IM**
computer specialist   un informaticien (une informaticienne) **10.FP1**
computer   un ordinateur
to **concern, to bear on**   se porter **3.IM**
concern, worry   un souci **9.L***
concierge   une concierge **2.FP1**
condition   la condition **2.FP3**
confirm my reservation   confirmer ma réservation **5.FP2**
to **congratulate**   féliciter **9.IM**
Congratulations!   Félicitations!
congressman   un député **7.IC**

connection, relation   un rapport **9.FP2**
conquest   une conquête
conscientious   consciencieux (consciencieuse) **R.A**
consistency   la consistance **2.FP3**
to **console**   consoler **9.FP2**
to **contact (someone)**   *joindre **9.L***
contact lenses   les lentilles *f.* (verres *m.*) de contact **1.FP1**
to **contain**   contenir **3.IM**
control, test   un contrôle
convenience store   une supérette **4.FP1**
to **convince**   *convaincre **5.FP2**
   convinced   convaincu **2.FP2**
   convincing   convainquant **3.IM**
to **cook**   faire cuire **4.LC3**
cook, chef   un cuisinier **10.FP1TA**
coolness   la fraîcheur **1.IC**
copies (books, magazines)   les exemplaires *m.* **6.IM**
copper   le cuivre **2.FP3**
corn   le maïs **R.V**
corner   un coin **1.IC**
   cornered, stuck   coincé(e) **8.LC2**
Cornwall   Cornouailles **9.LC2**
correspondence   une correspondance **5.FP2**
to **cotton swab**   un coton-tige **4.FP1**
cotton: cotton balls   l'ouate *f.* **4.FP1**
to **cough**   tousser **7.FP1**
cough   une toux **7.IM**
counselor   une animatrice **R.V**
to **count on doing**   compter: compter faire **10.IM**
to **count**   compter **7.L***
counter   le comptoir **5.FP2**
countess   la comtesse **7.L***
country   un pays **5.FP1**
   country inn   une auberge de campagne **6.LC1**
course of study   une étude
to **cover**   couvrir **9.IM**
   covered   couvert **3.FP2**
   covering, blanket   une couverture **7.FP2**
crazy   fou (folle) **9.L***
   crazy person   un fou **7.L***
cream, lotion   la crème **1.FP1**
to **create**   créer; instituer **10.IM**
credit: credit card   une carte de crédit **6.FP1**
crescent roll   un croissant **R.A**
crew: crew cut   les cheveux en brosse **1.FP1**

crippled   infirme **1.IC**
crop   une récolte **10.IC**
to cross   traverser **3.IC**; franchir **5.IM**
cross   une croix **7.LC2**
    crossing   une traversée **5.IM**; le croisement **8.IM**
crow   un corbeau (les corbeaux) **3.FP1TA**
crowd   la foule **3.IC**
crown   une couronne **2.FP3**
to cry   pleurer **1.L***
curls   les boucles *f* **1.FP1**
    curly   bouclé **1.FP1**
    curly, frizzy   frisé **1.FP1**
curse   une malédiction **8.IC**
    cursed   sacré *(pop.)* **10.IC**
customs (airport)   la douane **5.FP2**
    customs officer   un douanier (une douanière) **1.IC**
to cut   couper; découper **9.IM**; (one's self) se couper **1.FP2**
    cut my hair short, to cut back, clip short   dégagez-les **4.FP3**
    to cut into pieces   découper **8.L***
    to cut one's hair   se couper les cheveux **4.FP3**
    to cut one's hand   se couper à la main
    to cut one's nails   se couper les ongles **1.FP2**
    to cut the bread   couper le pain **2.FP1**
cut   une coupe **1.IM**
    cut out   découpé **1.IC**

D

daily, common   quotidien (quotidienne) **1.IM**
    daily life   la vie courante **1.IC**, la vie quotidienne **4.IM**
damages   les dégâts *m.* **3.LC2**
dance   un bal **8.L***
to dare   oser **5.IC**
dark, *adj.*   foncé; *n.* l'obscurité **4.L**
    dark blue   le bleu foncé **1.FP1**
    dark green   le vert foncé **1.FP1**
    darling   chéri **6.IM2**
to dash   se précipiter **8.L***
data: data processing   l'informatique *f.* **10.FP1**
    data processor   un(e) spécialiste de données **10.FP1**
day   le jour **4.FP2**
    day after   le lendemain **6.L***

day before yesterday   avant-hier
    day off   un jour de congé **4.L***
death   un décès *inv.* **9.IM**
    death, casualty, victim   un mort **3.IM**
to debate   *débattre **8.L**
to decorate, embellish   orner **2.IM**
    decorator   un décorateur, (une décoratrice) **10.FP1TA**
to decrease, to lower   baisser **6.FP2**
decrease   la diminution **5.IMA**
deer   un chevreuil **3.FP1TA**
deferment   un report d'incorporation **10.IM**
delighted   ravi **7.LC2**
to deliver   livrer **4.IM**
to demand   exiger **2.LC2**
demonstration   une manifestation **8.IM**
dent, scratch   une éraflure *f.* **8.LC2**
dentist   le/la dentiste **6.FP1**
deodorant   le déodorant **1.FP2**
departure (time)   le départ **5.FP2**
deposit (bank)   un dépôt **4.IM**
depressed   déprimé **7.FP1**
derive   tirer **6.L**
deserted   désert **8.FP3**
deserved   mérité
design   le dessin **8.FPI**
designer   une marque **1.IA**
to desire   désirer **2.LC2**
to despise, to hate   haïr **9.FP1TA**
destination   l'arrivée *f.* **5.FP2**
to destroy   détruire **3.IM**
to destroy the vegetation   détruire la végétation **3.FP1**
detective   un détective **5.L**
detergent   le détergent **4.FP1**
detest   détester **9.FP1TA**
detrimental   maléfique **8.IC**
to develop (photos, personality)   développer **4.FP2**
    to develop, put into action   mettre au point **3.IM**
devoted   dévoué **7.L***
diary   un journal **2.LC2**
to die   mourir **9.FP3**
    to die of hunger   mourir de faim **3.IC**
    to die, succumb   succomber **7.IC**
diet   un régime **4.LC**
difficult, hard   dur **6.IM**
    difficulty   l'embarras *m.* **5.L**
to dig   creuser **5.IM**
dignified   digne **8.L***
dimensions, size   les dimensions *f.* **2.FP3**

dining car (train)   un wagon-restaurant **5.IMB**
diplomas   les diplômes *m.* **10.FP2**
diplomat   un(e) diplomate **10.FP1**
direct (flight)   direct
    directly   tout court **7.IC**
director   le metteur en scène **10.IM**; un(e) directeur (directrice) **10.FP1**
dirty   sale **2.FP1**
disadvantage   un désavantage **8.FP3TA**
to disappear, to go away   *disparaître **5.L***
    disappeared   disparu **5.LC1**
disappointed, deceived   déçu **1.FP4**
to discover   découvrir **2.IM**
discreet   discrète **R.A**
disgusting   infect **9.LC1**
dishes   la vaisselle
disorder   le désordre **2.FP1**
distance: distance from...   à + *distance*
distant   distant **R.A**; lointain **8.IC**
distribution   la répartition **2.FP2**
division   un découpage **5.IC**
to divorce   se divorcer **9.FP2**
dizzy spells, vertigo   les vertiges *m.* **7.FP1**
to do   faire
    to do a favor   rendre service **2.FP2**
    to do housework   faire le ménage **2.FP1**
    to do something fast   en vitesse **5.L**
    to do something in vain   avoir beau (+ *inf*) **4.L**
    to do tricks   faire des tours **3.L***
    does this hurt you?   est-ce que ça vous fait mal?
    don't worry yourself (over it)   ne t'en fais pas **9.FP2**
dock   le quai **5.FP2**
doctor   un médecin **7.FP1**
    doctor's office   un cabinet de médecin
dog   le chien **2.FP1**
door, boarding gate   la porte **2.LP3TA**
    door of a train   la portière **7.L***
    door mat   un paillasson **1.L***
    doorman   le portier **1.LC1**
downtown   le centre-ville **8.FP2**
    (to go) downtown   (aller) en ville

dowry   une dot **10.IC**
drawer   un tiroir **8.LC3**
drawing   le dessin **10.FP1**
to dream   rêver **6.IC**
   dream   un rêve **1.IC**
to dress   s'habiller **1.IM**; vêtir **5.L**
   dressing room   une loge
      1.FP2TA
to drive   *conduire **6.L***
   driver's license   un permis: un
      permis de conduire **4.IM**
to drop   laisser tomber **3.IC**
   drops   les gouttes *f.* **7.FP1**
   drought   une sécheresse **7.IC**
to drown   se noyer **3.FP1**
   drug   une drogue **7.IC**
to dry   sécher **1.FP2**
   to dry one's self   se sécher
      1.FP2
   dry   sec (sèche) **2.FP3**
   drycleaner's   une teinturerie
      2.LC2
   dryer   le séchoir **1.FP2**
dull   terne **2.FP3**
duration   la durée **3.IM**
during   pendant + noun **3.LC2**
   during, in the course of   le
      cours *inv.* au cours (de)
      3.LC1
   during the voyage   en cours de
      route **10.IM**
to dust   enlever: enlever la poussière
      2.FP1TA; épousseter
      2.FP1TA
   dust   la poussière **1.IC**
dye   un colorant **5.IMA**
dynamic   dynamique **R.A**

E

ear   une oreille **1.FP1**
early, in advance   en avance
to earn: to earn one's living   gagner
      sa vie **R.L***
economics   les sciences
      économiques **10.FP1**
education   l'instruction **8.IC**
effort, trouble, work   la peine
      2.IC
eggs   les oeufs *m.* **R.A**
egotistical   égoïste **R.A**
Eiffel Tower   la Tour Eiffel **2.FP3**
elderly, old   vieux, vieille **8.IC**
   elderly man   un vieillard **8.IC**
   elderly years   la vieillesse
      9.FP2
   eldest   l'aîné **R.L***
to elect   élire **3.IM**
electric: electric coffee
      grinder   un moulin élec-
      trique **1.S1**

electrical plug   la prise **4.FP2**
elementary school teacher   un
      instituteur, une institutrice
      10.IM
elevator   un ascenseur **6.FP1**
elsewhere   ailleurs **7.IM1**
to embark   embarquer **5.FP2**
embarrassed   embarrassé
      7.LC2TA
emblem, logo   un emblème **7.IC**
emergency   un cas: un cas
      d'urgence *inv.* **7.IM1**
emotion   l'émotion *f.* **7.S2TA**
to emphasize   mettre en valeur
      10.IM
   to emphasize the value
      of   valoriser **8.IC**
employee   un employé **10.FP1**
employment, job   un emploi
      10.FP1
emperor's wife   une impératrice
      8.IC
to empty   vider **2.FP1**
   to empty the aquarium   vider
      l'aquarium
   to empty the garbage   vider
      les ordures
   to empty the trash   vider la
      corbeille
   to the end   jusqu'au bout **7.L***
enamoured   épris **3.IC**
enchanted   enchanté **7.S2TA**
end   la fin **R.V**; un bout **9.FP2**
to engage, to take on (a
      person)   engager **10.FP2**
engagement   les fiançailles *f.* **9.IM**
engineer   un ingénieur **10.FP1**
   engineering studies   les
      études d'ingénieur **10.FP1**
to enjoy   jouir **6.IM2**
enormous   énorme
to entrust   confier **2.IM**
envelopes   les enveloppes *f.*
      4.FP1
envy, desire   l'envie *f.* **7.LC2**
equipped   aménagé **6.IM1**
to erase   effacer **1.IC**
to escape, to avoid   éviter **3.IM**;
      s'évader **5.IC**; s'échapper
      5.IC
   to escape narrowly   échapper
      de peu
even   même **1.IC**
   even more   davantage **9.IC**
event   un événement **3.FP2**
ever, yet, already   déjà **3.LC1**
every   tous les... **1.IM**
   every four hours   toutes les 4
      heures **7.FP1**
   everyone except   tous sauf
      1.LC1

everywhere   partout **1.L***
to examine   examiner **6.FP1**
except   sauf **3.IM**
to excuse oneself, to
      apologize   s'excuser
      1.FP3; je m'excuse **2.FP2**
executive, frame (picture)   un(e)
      cadre **10.FP1**
exercise gym   la salle d'exercices
      6.FP1
exhausted   épuisé **1.IM**
to exhibit   exposer **9.L***
   exhibitors   les montreurs *m.* **8.IM**
exit   la sortie **5.FP2**
exodus, departure   l'exode *m.* **6.L**
to expect   s'attendre à **4.IM**
experience   l'expérience *f.*
to experience, feel   éprouver **1.IM**
to explain   expliquer **2.L***
exposition   une exposition
to express, emit   émettre **2.L**
exquisite   exquis **7.L***
to extend   s'étendre **8.IM**
   extension   le prolongement **9.IC**
eye   un oeil (les yeux) **1.FP1**
   eyebrow   le sourcil **1.FP2TA**
   eyelash   le cil **1.FP2TA**
   eyelid   la paupière **1.FP2TA**
   eyeliner   l'eye-liner **1.FP2**
   eyeshadow   le fard à paupières
      1.FP2

F

fabric   l'étoffe *f.* **2.FP3**
face   la figure, le visage **1.FP1**
   face to face   en tête-à-tête **7.L**
fact   un fait **3.FP2**
factory   une usine **10.FP2**
to fail   échouer **10.IM**
   failures   les échecs *m.* **1.IM**
to faint   s'évanouir **6.FP2TA**
fair   juste **R.L***
to fall   tomber **3.FP1**
   to fall asleep   s'endormir
      1.LC1
   to fall in love with   tomber
      amoureux de **4.IC**
   to fall in love at first
      sight   avoir le coup de
      foudre **9.FP1**
   to fall in the water   tomber
      dans l'eau **3.FP1**
   to fall sick   tomber malade
      9.FP2
   fall   une chute **3.FP1**
false   faux (fausse) **8.FP1**
famous   célèbre **8.IC**
fans   les supporters *m.* **7.LC2**
far, far away   loin
farm   une ferme **6.L***

farmer   un cultivateur **8.L***
to fast   jeûner **7.IC**
to fasten one's seatbelt   attacher sa
    ceinture de sécurité
fat, big   gros (grosse) **1.FP1**
fate   le sort **7.LC2, 10.IM**
faucet   le robinet **3.IM**
faults, failings   les défauts *m.* **2.IC**
to fear, to be afraid of   craindre
    7.LC1
fear   la crainte **7.LC2**
feature   un trait **1.IM**
to feed (pet)   donner à manger à
    2.FP1
to feel   ressentir **1.FP4TA;** se sentir
    1.LC4
    to feel sorry for   plaindre
      9.FP2
feelings   les sensations *f.* **1.IC**
fencing hall   la salle d'armes **3.IC**
fever   la fièvre **7.FP1**
fields   les champs *m.* **6.L***
to fight   se battre **2.C**
fight   une lutte **3.IM**
to fill out   remplir **7.IM**
    to fill the aquarium   remplir
      l'aquarium **2.FP1**
to film   tourner un film **10.IM**
film   une pellicule
filter   le filtre **4.FP2**
finally   finalement **3.FP2**
finance   la finance **10.FP1**
to find   dénicher **1.IM;** trouver
    9.FP2
    to find a job   trouver un job
      9.FP2
fine   une amende **5.FP2**
fire   le feu **3.IM,** un incendie
    3.IM
    fire station   une caserne de
      pompiers **8.FP2**
    fireplace   la cheminée **6.L***
    fireworks   les feux d'artifice *m.*
      3.LC1
firm (company)   une firme
    10.FP2
first class   la première classe
    5.FP2
first, at first   d'abord **3.FP2**
    first   premier (première)
to fish   pêcher **3.L***
    fish   le poisson **R.A**
    fisherman   un pêcheur **R.V**
to fix   arranger **4.L***
    fixing and building things   le
      bricolage **2.IM**
    flash is broken   le flash est cassé
      4.FP2
flat   plat **2.FP3**
to flee   s'enfuir **5.IC;** fuir **9.IC**
fleet   une flotte **10.IC**

flexible   flexible **2.FP3**
flight (airplane)   un vol **5.IMA**
to flow   couler **3.IM**
flowers   les fleurs **2.FP1**
    flower beds   les parterres *m.*
    de fleurs **8.IM**
flu   la grippe **6.FP1**
to flunk: flunk an exam   rater un
    examen **2.IM**
to fly   voler **9.IC**
fog   le brouillard **3.FP2**
to fold up   plier **3.L***
to follow   *suivre **4.IM**
    to follow on one's heels
      talonner **9.IC**
    to follow one another   se
      succéder **8.IC**
food   la bouffe *(slang)* **5.IMA**
    food distribution   l'alimenta-
      tion *f.* **8.L**
for, in order to   pour **10.LC1**
    for the time being   un instant:
      pour l'instant **2.IM**
forbidden   défendu **3.L***
forearm   l'avant-bras *m.inv* **1.3**
forehead   le front **1.FP1**
foreign languages   les langues
    étrangères **10.FP1**
foreman   un contremaître
    10.FP1TE
to forgive   pardonner **9.FP1**
forgotten people   les oubliés
    7.LC2
form (paper), leaf (tree)   une
    feuille **7.IM1**
form   la forme **1.FP3**
former   ancien **6.L**
fortune, wealth   la fortune **7.IC**
foundation (makeup)   le fond de
    teint **1.FP2TE**
founder   le fondateur **7.LC2**
fountain   une fontaine **3.L**
to fracture one's shoulder
    se fracturer l'épaule
    7.FP2
frail   grêle **4.IC**
frame   le cadre **10.L***
freckles   les taches de rousseur
    1.FP1
free   gratuit **6.IM1**
    free   libre **2.FP2**
    free of charge   gratuitement
      6.IM1
    free trade   le libre-échange
      7.IC
    freely   librement **1.IC**
to freeze   geler **3.FP2**
French Riviera (blue coast)   la
    Côte d'Azur **R.V**
fresh, pure   pur **3.IM**
    fresh and rested   frais et

    dispos **5.IMB**
friend   un ami (une amie) **9.FP1**
    friendship   l'amitié **9.FP1**
fright   la peur **6.IC**
frog   une grenouille **3.FP1TA**
from   de
    from   à partir de **1.IC**
    from the other side   de l'autre
      côté **5.L**
    from then on   dès lors **3.IC**
    from time to time   de temps
      en temps **4.L***
frozen   glacé
    frozen with fear   glacé d'effroi
      9.IC
frustrated   énervé(e) **FP4**
to fry   faire frire **4.LC3**
full   plein **1.IM**
    full room & board   la pension
      complète **6.FP1**
    full (sold out)   complet (com-
      plète) **5.FP2**
    full-time employment   un
      emploi à temps complet
      10.FP2
to function   fonctionner **4.FP2;**
    marcher **4.FP2**
funeral   un enterrement **4.IC**
funny   drôle **R.A;** marrant *(pop.)*
    1.IM
fur   la fourrure **10.IC**
furious   furieux (furieuse) **1.FP4,**
    7.LC2
future   l'avenir *m.* **3.IM**

G

gagner   to win
gala party   la réception **8.L**
games   les jeux *m.* **3.LC1**
gang   une bande **5.L***
garbage can   une poubelle **1.L***
garden hose   le tuyau d'arrosage
    2.FP1
garden   un jardin **8.FP2**
    gardening   le jardinage **2.IM**
    gardener   un jardinier **2.FP1**
gasoline   l'essence *f.* **1.LC1**
    gas station   une station-service
      8.FP2
general: general
    appearance   apparence
      générale **1.FP1**
    general delivery   la poste
      restante
    general practitioner   un
      médecin généraliste
      7.FP1TA
generous   généreux (généreuse)
    R.A
gentle   douce (doux) **2.I**

gently   doucement 1.IC
German measles   la rubéole
   7.FP1
gesture, movement   un geste 7.L
to get, obtain   *obtenir 8.L*;
   recevoir 2.IM
   to get a haircut   se faire
      couper les cheveux 4.IM
   to get a sunburn   attraper:
      attraper un coup de soleil
      3.FP1
   to get along with   s'entendre
      9.IM
   to get angry   se mettre en
      colère 1.LC4
   to get back (into shape)   se
      remettre (en forme) 7.IM
   to get bored   s'embêter 1.LC4
   to get calm   se calmer
      1.LC4TA
   to get engaged   se fiancer
      9.FP2
   to get hurt   se faire mal
      3.FP1; se blesser 7.FP1
   to get impatient   s'impatienter
      1.LC4
   to get married   se marier
      9.FP2
   to get off the train   descendre
      du train 5.FP2
   to get on (train, bus)   monter
      (dans)
   to get rid of   se débarrasser
      3.L*
   to get undressed   se désha-
      biller 1.FP3
   to get upset   s'énerver 1.LC4
to give   donner
   give me as well . . . donnez-moi
      aussi . . . 4.FP1
   give me ten (of them)   don-
      nez-m'en dix 4.FP1
   to give a shot, injection   faire
      une piqûre 7.FP1
   to give an order   passer une
      commande 4.IM
   to give back   redonner 6.LC2
   to give crutches   donner des
      béquilles 7.FP2
   to give, deliver   délivrer 9.IM
   to give oneself over to   se
      livrer à 7.L
   to give rise   donner lieu 10.IM
   to give stitches   mettre des
      sutures 7.FP2
   to give up   renoncer 2.IC
ghastly   épouvantable 9.IC
ghost   un fantôme 8.LC2
gift, present   un cadeau 6.L*
gifted   doué 8.L*
gilded, golden   doré 6.IC

glass   le verre 2.FP2
   glass jar   un bocal 3.L*
   glasses   les lunettes f. 1.FP1
glue   la colle 4.FP1
gnats   les moucherons m. 10.IC
to go   aller 5.FP2
to go (somewhere)   aller à + place
   I'm going (there)   y: j'y vais
      4.LC1
   to go across, to cross   traver-
      ser 8.L*
   to go away   s'éloigner
      1.LC4TA; s'en aller 1.LC4
   to go back to (in time), to
      visit   remonter 5.IC
   to go back to sleep   *se ren-
      dormir 10.L*
   to go camping   faire du cam-
      ping 3.FP1
   to go down   descendre: être +
      descendu 3.LC1
   to go down, to
      descend   descendre 5.FP2
   to go fishing   aller à la pêche
      3.L*
   to go have something to drink
      in a café   prendre un pot
      8.FP1
   to go hiking   faire de la randon-
      née pédestre 3.IM
   to go into   aller dans
   to go look   aller voir 1.L*
   to go mountain
      climbing   faire de l'alpi-
      nisme 3.FP1
   to go off to war   s'en aller en
      guerre
   to go on a trip   faire un voyage
      5.FP1
   to go on holiday   faire un
      séjour 5.FP1
   to go out   sortir 2.FP1
   to go out with   sortir avec
      8.FP1
   to go rock-climbing   faire de
      l'escalade 3.FP1
   to go scuba diving   faire de la
      plongée sous-marine 3.FP1
   to go skating   faire du patinage
      3.FP2
   to go to sleep   se coucher
      1.FP3
   to go up   monter 5.FP2
   to go well   marcher bien
      10.IM
   to go windsurfing   faire de la
      planche à voile 3.FP1
   to go, to render oneself   se
      rendre (à) 1.LC1
   to go, to roll (car, bus,
      train)   rouler 4.IC

God   Dieu m. 2.IC
   god, deity   le dieu (les dieux,
      une déesse)3.IM
gold   l'or m. R.L*
   gold coin   une pièce d'or
      7.L*
goldfish   un poisson rouge
      2.FP1TE
goldsmith   un orfèvre 9.IC
good   bon (bonne)
   good deeds   une action: les
      bonnes actions 10.LC1
   good general upbringing   une
      bonne éducation générale
      10.FP3
   good relations   les bons rap-
      ports
   good weather   de beau temps
   good-looking, beautiful   beau
      (belle)
   goodness   la bonté 1.IM
governess   une gouvernante
      8.IC
grades   les notes f. 4.LC2
grass   l'herbe f. 2.FP1
gratitude   la reconnaissance
      10.L*
great, terrific   formidable R.V
Greece   la Grèce 5.FP1
green   vert
   greens, grassy places   les
      espaces m. les espaces verts
      8.FP3TE
grey   gris 1.FP1
ground, floor   le sol 2.IC
to grow   pousser 2.IM
   to grow larger   grandir
      3.L*
   to grow old   vieillir 9.FP2
grudge, hard feelings   la rancune
      9.FP1
to grunt   grogner 9.IC
guerilla troops   les maquis m.
      6.IC
to guess   deviner 3.FP2
guest   un invité 3.IM
   guest room   une chambre
      d'hôte 6.IM1
guinea pig   un cochon d'Inde
      2.FP1TE
gun, rifle   un fusil 10.IC
guy, person   un type (fam.) 5.L
gym, sports center   un centre
      sportif 8.FP2

H

hair   les cheveux m. (un cheveu)
      1.FP1
   hair conditioner   l'après-
      shampooing m. 1.FP2TA

hair gel le gel coiffant **1.FP2TA**

hair perm une permanente **4.FP3**

hair spray la laque à cheveux **1.FP2TA**

hairbrush une brosse à cheveux **1.FP2**

haircut une coupe de cheveux **4.FP3**

hairstyle une coiffure **1.IM**

half la moitié **2.L***

half man mi-homme **1.IC**

half-time employment un emploi à mi-temps **10.FP3**

hall une salle **2.IC**

hamster un hamster **2.FP1TA**

to **hand, give** tendre **7.L***

handicap access l'accès pour les individus handicapés

handkerchief un mouchoir **1.L***

to **hang** pendre **6.IM2**

hanger un portemanteau **7.FP2**

to **happen** se passer **3.FP2**; arriver **6.IM**; se produire **7.IC**; survenir **9.IC**

happy heureux (heureuse) **1.FP4**; content **1.FP4**

hard-hearted dur **2.L***

hardly à peine **2.IC**

hare un lièvre **8.LC1**

harm mal **1.FP2**

harmful nocif (nocive) **3.IM**

harmless inoffensif (inofensive) **8.L***

to **harvest** faire la récolte **R.V**

hatred la haine **9.FP1TA**

to **have** avoir

to have (a) pain avoir une douleur **7.FP1**

to have (at one's disposal) disposer **2.IM**

to have (something) done faire + *infinitive* **4.LC3**

to have a beard être barbu

to have a career faire carrière **10.FP2**

to have a cold avoir un rhume **7.FP1**; être enrhumé **7.FP1**

to have a date with avoir un rendez-vous avec **8.FP1**

to have a picnic on the grass faire un pique-nique sur l'herbe **3.FP1**

to have a sore (part of the body) avoir mal à + *(part of the body)* **7.FP1**

to have a sprain avoir une entorse **7.FP2TA**

to have an argument se

disputer **9.FP2**

to have feelings être sensible **2.IM**

to have fun s'amuser **1.FP3**; se distraire **8.IM**

to have priority être prioritaire **10.IM**

to have to deal with avoir affaire à **8.FP2**

hayfever un rhume des foins **7.FP1**

he: he wouldn't be taken in again on ne l'y prendrait plus

head, chief, leader un chef **10.FP1TA**

head of personnel un chef de personnel **10.FP1**

to **heal oneself, to take care of oneself** se soigner **7.FP1**

health la santé **2.LC2**

to **hear** entendre **5.IMA**

to hear of entendre parler de **3.IM**

heart palpitations les palpitations *f.*

heating le chauffage **7.FP2**

heavy lourd **2.FP3**

hedge une haie **6.L**

heir un héritier (une héritière *f.*) **R.L***

to **help** aider **2.FP2**; **help me to . . .** m'aider à **2.FP2**

to help each other out s'entraider **9.IC**

henceforth désormais **7.IC**

here is/are … left il reste… **8.L***

hero un héros **6.L**

to **hide** cacher **5.L***

hide oneself se cacher **1.5A**

highway police station une gendarmerie **8.FP2**

him/her, them lui, leur (indirect object) **4.LC2**

him again! encore lui! **5.L**

to **hire** engager **8.L***; embaucher **10.FP3**

his, her, it le, la, les *(direct object)* **4.LC2**

history l'histoire *f.* **10.FP1**

hitchhiking l'auto-stop *m.* **8.FP2**

to **hold** *tenir **3.L***

to hold dear, to cherish *tenir à **9.L***

hole un trou **9.IC**

Holy Land la Terre Sainte **2.IC**

home, at home, at the house of, to the house of chez

homeless people les sans-abri *m.* **7.IC**

honey le miel **7.IC**

hope l'espoir *m.* **3.IC**

horn une corne **2.C**

hospital l'hôpital *m.* **7.FP2**

hot, spicy pimenté **7.IC**

hot, warm chaud **2.FP3**

hot springs resort une station thermale **R.V**

hotel un hôtel **6.FP1**

house une maison

housecleaning products les produits de maison *m.* **4.FP1**

household products les produits d'entretien *m.* **4.FP1**

housework le ménage **2.FP1**; les travaux domestiques **2.FP1**

housing project un ensemble: un grand ensemble **8.IM**

how comment

how much does that come to? ça fait combien? **4.FP1**

how do you feel? comment vous sentez-vous? **7.FP1**

how long combien de temps **6.FP1**

how long do you count on staying? combien de temps comptez-vous rester? **6.FP1**

how much do I owe you? combien est-ce que je vous dois? **4.FP1**

how many combien

how many would you like? combien en voulez-vous? **4.FP1**

how: how's it going? how are you? ça va? **1.FP3**

however cependant **5.IM**

human being un être **7.L***

humanities les sciences humaines **10.FP1**

humid, wet humide **2.FP3**

hunger la faim **4.IC**

hurricane un ouragan **3.FP2**

to **hurry (oneself)** se dépêcher **1.FP3**; se précipiter **2.IM**; se presser **3.IC**; faire vite **4.IM**

to **hurt, to inflict** faire mal (à) **7.FP1**

to hurt one's head se blesser à la tête **3.FP1**

I je

I (don't) feel well je (ne) me sens (pas) bien **1.FP3TA**

I congratulate you je te (vous) félicite

I didn't go anywhere je ne suis allé nulle part **5.LC1**

I don't know anyone je ne connais personne **5.LC1**
I had to je devais **R.V**
I have a temperature of 39 j'ai 39 degrés de température **6.FP**
I have nothing to say je n'ai rien à dire **5.LC1**
I keep my T-shirt on je garde mon tee-shirt **3.FP1**
I need il me faut
I pity you je te (vous) plains
I regret, I'm sorry je regrette **2.FP2**
I speak French only in France je ne parle français qu'en France **5.LC1**
I thank you je (te) vous remercie
I would like je veux bien **2.FP2**
I'm happy je me réjouis, je suis content(e)
I'm very sorry for you je suis désolé(e) pour toi (vous)
ice la glace **1.FP2**
ice cream la glace **1.FP2**
identification card une carte d'identité **5.FP1**
if si **5.LC2**
  if it is so s'il en est ainsi **9.IC**
illuminated, cleared up élucidé **7.LC2**
to **imagine** figurer **10.IC**
imaginative imaginatif (imaginative) **R.A**
immediately sur le champ **3.IC**
impolite impoli **R.A**
important: important responsibilities les responsabilités importantes **10.FP2**
  the important thing l'important m. **8.IM**
Impossible! Pas possible! **3.FP2**
impression l'allure f. **2.IC**
to **improve** perfectionner **5.IMA**
in, by, to en; in, into, **inside** dans
in a disorder en désordre
in a good mood de bonne humeur **1.FP4**
in a group en bande **R.A**
in a store dans un magasin **3.FP3**
in a strange manner de travers **7.IC**
in a while tout à l'heure **4.L***
in addition en outre **7.IM1**; en plus **3.IM**
in cash en espèces **6.FP1**
in common, shared commun

9.IM
in flight, fleeing en fuite **9.IC**
in front (of) devant **4.FP3**
in front sur le devant
in memory of en souvenir de **8.L***
in order to afin de **10.LC1TA**
in pain peiné **3.IC**
in search of en quête de **8.IC**
in shape en forme **1.FP4**
in spite of malgré **2.IC**
in the back au fond **2.E**
in the distance au loin **6.L***
in the forest dans la forêt
in the long run un terme: à long terme **3.IM**
in the meantime en attendant **2.IM**
in the past naguère **9.IC**
in two days' time dans deux jours
inch un pouce **5.IC**
inclination for responsibility le goût des responsabilités **10.FP2**
included comprendre: compris **4.IM**
inconvenience un inconvénient **8.IM**
to **increase, to turn up** augmenter **3.IM**
indifferent indifférent **R.A**
indigestion une indigestion **7.FP1**
indiscreet indiscret (indiscrète) **R.A**
industry l'industrie f. **10.FP2**
inexpensive hotel un hôtel bon marché **7.FP1**
inexperienced inexpérimenté
information les renseignements m. **4.IM**
to **inherit** hériter de **8.L***
to **initiate conversation** lier conversation **5.IMA**
injured, hurt blessé **7.FP2**
inn une auberge **6.FP1**
innertube une chambre à air **6.IM1**
innocently innocemment **3.L**
insect un insecte **3.FP1TA**
insensitive incompréhensif (incompréhensive) **R.A**; insensible **7.LC2**
to **insist** exiger **2.L***
  to insist that insister pour que **2.LC2**
inspector un inspecteur **5.L**
instead of un lieu: au lieu de **1.IC**
instinctive liking la sympathie **9.FP1**

insurance les assurances f. **2.IM**
insurance agent un agent d'assurances **10.FP2**
interesting intéressant **R.A**
internally, inside intérieurement **10.IM**
internship un stage **10.IM**
to **interrogate** interroger **3.IM**
to **interrupt** interrompre **10.IM**
to **intervene** intervenir **7.LC2**
interview un entretien **10.FP2**
interwoven, linked lié **8.IC**
to **invade** envahir **5.IC**
invaders les envahisseurs m. **3.IC**
to **iron** repasser **2.FP1**
  to iron these shirts repasser ces chemises
  iron (for clothes) un fer à repasser **2.FP1**; (metal) le fer **2.FP1**
irritated irrité **1.FP2TA**
is there something else? autre chose?
it, that ce
  It was nothing il n'y a pas de quoi **2.FP2**
  it has nothing to do (with) ça n'a rien à voir (avec) **1.IM**
  it is better that mieux vaut **10.L***
  it is better that... il vaut mieux que... **2.LC2**
  it is enough, sufficient il suffit **7.LC2**
  it is essential that... essentiel: il est essentiel que **2.LC2**
  it is fair that... il est juste que... **2.LC2**
  it is good that... il est bon que...**2.LC2**
  it is important that... il est important que...**2.LC2**
  it is indispensable that... indispensable: il est indispensable que...**2.LC2**
  it is natural that... naturel: il est naturel que...**2.LC2**
  it is necessary il faut que **2.LC1**
  it is sufficient to... il suffit de...**1.IM**
  it is too bad that... dommage: il est dommage que **2.LC2**
  it is useful that... utile: il est utile que... **2.LC2**
  it was nothing il n'y a pas de quoi **2.FP2**
  it was nothing, you're welcome de rien **2.FP2**
  It's arrived, it's happening, it has happened C'est arrivé

3.FP2

It's your turn c'est votre (ton) tour **4.FP1**

item un article **4.FP1**

J

jam la confiture **R.A**

jealousy la jalousie **9.FP1**

Jewish people les Juifs **6.IC**

job un boulot **10.IM**

to **join** s'engager **7.LC2**

to **joke** plaisanter **3.FP2**

journalism le journalisme **10.FP1**

joy la joie **7.LC2**

joyous, happy joyeux (joyeuse) **R.A**

to **judge, think** juger *m.* **8.IM**

judge un(e) juge **10.FP1**

jugglers les jongleurs **8.IM**

to **jump** sauter **1.L***

just: just anyone importe: n'importe qui **9.IM**

just as moment: au moment où **3.LC2**

K

to **keep** garder **2.LC2**

to **keep a promise** tenir une promesse **7.L**

to **keep company** *tenir compagnie **9.L***

key une clé **R.L***

to **kick: to kick away** repousser du pied **9.IC**

kid, child un gamin **5.IC**

kidneys les reins *m.* **7.IM**

kill tuer **2.IC**

killed décimé **8.IC**

to **kill one's self** se tuer

kind un genre **7.FP1**

kindness la douceur **1.IM**

king le roi **4.IC**

King of Heaven Roi du Ciel **2.IC**

kingdom un royaume **2.IC**

to **kiss** embrasser **1.L***

kiss un baiser **7.L***

kitchen sink l'évier *m.* **1.LC**

kitchen une cuisine

knee, lap le genou; les genoux **7.L***

to **kneel** genou: se mettre à genoux **7.L**

knife le couteau **2.FP1**

knights les chevaliers *m.* **2.IC**

knitting le tricot **9.L***

to **knock** frapper **1.L***

to **know** connaître

known connu **R.V**

L

lace la dentelle **9.IM**

to **lack** manquer **6.IC**

ladder une échelle **2.IM**

lairs les tanières *f.* **1.IC**

to **lament** déplorer **7.LC2**

to **land** atterrir **5.FP2**; débarquer **5.FP2**

land la terre **3.IM**

landscapes les paysages *m.* **1.IC**

language une langue

to **last** durer **2.L***

last: last Monday lundi dernier **3.FP2**

last month le mois dernier **3.FP2**

last night hier soir

last week la semaine dernière **3.FP2**

late en retard

latter celui-ci, celle-ci **2.L***

to **laugh** *rire **3.L***; ricaner **9.IC**

to laugh at, to make fun of se moquer de **8.L***

to **launch** lancer **4.L***

laundry (clothing) le linge **3.IM**; **(room)** la laverie **4.LC3**

laundromat une blanchisserie **2.FP1**

laundry woman une lingère **8.IC**

law le droit **1.IC**, la loi **6.IC**

law study les études juridiques **10.FP1**

lawn la pelouse **2.FP1**

lawnmower la tondeuse **2.FP1**

lawyer un(e) avocat(e) **10.FP1**

lawyer's office un cabinet d'avocat

lazy paresseux (paresseuse) **R.A**

to **lead** *conduire **3.L***

lead le plomb **2.FP3**

to **lean** appuyer **10.L***

least, smallest le/la moindre **10.IC**

leather le cuir **2.FP3TE**

to **leave** laisser **R.L***; partir **5.LC2**; quitter **5.LC2**

leave my hair long (haircut) laissez-les-moi longs **4.FP3**

to leave (a place) partir de **5.LC2**

to leave a person (somewhere) quitter + quelqu'un **5.LC2**

to leave a place quitter + quelque part **5.LC2**

to leave for (a destination) partir à (en, pour) **5.LC2**

to leave trash laisser des déchets **3.FP1**

leaves le feuillage **1.IC**

left laissé **8.IM**

lemonade la limonade **R.A**

to **lend a hand** donner un coup de main **2.FP2**

length: length of time from... à + length of time

lens (camera) la lentille **4.FP2**

less (of) moins (de) **6.LC1**

less expensive moins cher (chère) **6.FP1**

less noisy moins bruyant **6.FP1**

less...than moins...que **6.LC1**

to **let: let us suppose that** à supposer que **7.L**

letter une lettre **4.FP1**

letter of recommendation une lettre de recommandation **10.FP2**

letter stationery le papier à lettres **4.FP1**

level un niveau (les niveaux) **10.IC**

library, bookcase une bibliothèque **8.FP2**

license plate une plaque d'immatriculation **5.L***

lid (pot) un couvert

to **lie** mentir **8.LC2**

lies les mensonges *m.* **2.LC2**

life la vie **R.V**

to **light** allumer **10.L***

to light a fire allumer un feu **2.L***

light *(n.)* la lumière **1.IC** léger (légère)

light blue le bleu clair **1.FP1**

lighter, more clear plus clair **7.FP1**

lighthouse un phare **6.IC**

lightening les éclairs *m.* **3.FP2**

lightening rod un paratonnerre **3.FP2TE**

to **like** aimer **2.LC2**

likeable aimable **R.A**

to like someone aimer bien

linked relié **8.IC**

lips les lèvres *f.* **1.IM**

lipstick le rouge à lèvres **1.FP2**

to **listen to someone's chest** ausculter **7.FP1**

liter le litre **1.LC1**

literary: literary studies (university) les Lettres **10.IM**
literature la littérature **10.FP1**
to litter jeter des vieux papiers **3.FP1**
little, small, short petit **1.FP1**
Little Red Riding Hood le Petit Chaperon Rouge **8.LC3**
to live vivre **7.LC2**
  to live, lodge loger **2.L***
  lived vécu **1.IC**
  living vivant **2.IM**
  to live as the French do vivre à la française **4.IM**
  to live together vivre ensemble **9.FP2**
to load charger **5.IM**
  loaded chargé **2.IC**
lobster le•homard **10.LC1**
locksmith la serrurerie **4.LC3**
to lodge, to stay (have a room) loger **7.FP1**
lonely seul **9.I**
long long (longue) **1.FP1**
  long hike une randonnée **R.V**
  long past révolu **9.IC**
to look, appear, seem *paraître **9.L***
  to look healthy (unhealthy) avoir bonne (mauvaise) mine **7.FP1**
to look for chercher; rechercher **10.FP2**
loose, relaxed détendu **1.FP2TE**
looters les pillards (une pillarde) **2.IC**
to lose one's self se perdre **3.FP1**
  lost (in a strange place) dépaysé **7.IC**
lots: lots of interesting places beaucoup d'endroits intéressants **8.FP3**
  lots of people of diverse origins beaucoup de gens d'origine diverse **8.FP3**
  lots of things to do beaucoup de choses à faire **8.FP3**
loud (color) criard **10.IM**
loud: loudly fort **6.L***
  loudspeaker le•haut parleur **4.FP2**
to love someone aimer qq'un
love l'amour *m.* **2.IM**
  love at first sight un coup de foudre **9.FP1**
low bas (basse) **2.FP3**
  low, modest modique **5.IM**
  low-income housing un HLM (Habitation à Loyer Modéré) **8.IM**
loyal, faithful fidèle **3.IC**

luck la chance **9.FP2**
luggage les bagages *m.* **5.FP1**
luxury hotel un hôtel de luxe **6.FP1**

M

madly éperdument **3.IC**
magnifying glass une loupe **5.L***
maid la femme de chambre **2.IC**
mail le courrier **1.LC3**
to make, to do faire
  made from glass en verre **2.FP2**
  made from iron en fer **2.FP2**
  to make (for oneself) se faire
  to make a bandage faire un pansement **7.FP2**
  to make a cast (broken bone) faire un plâtre **7.FP2**
  to make a living gagner sa vie **9.FP2**
  to make a mistake se tromper **1.LC4**
  to make an appointment with donner rendez-vous à **8.FP1**
  to make an appointment, date prendre rendez-vous **6.FP1**
  to make friends se faire des amis **9.FP2**
  to make fun of se moquer de **2.IC**
  to make sure s'assurer **8.L***
  to make the acquaintance of, to meet faire la connaissance de **8.FP1**
  to make the bed faire le lit **2.FP1**
  to make up for lost time se rattraper **R.A**
  to make up with se réconcilier avec **9.FP2**
male exchange student au pair: jeune homme au pair **2.FP2**
mall un grand centre commercial **8.FP2**
man-made lakes les plans d'eau *m.* **8.IM**
to manage to arriver à **4.L***
  management la gestion **10.FP1**
manager le/la gérant(e) **7.FP2**
manner, way la façon **1.IM**
many, several maint **3.IC**; tellement **4.L***; beaucoup (de)
map un plan **8.LC3**
marine marin **6.IC**
marketing le marketing **10.FP1**
  marketing specialist un(e) spécialiste de marketing **10.FP1**

marriage les noces *f.* **9.IM**
to marry épouser **2.L***
mascara le mascara, le rimmel **1.FP2**
to mask, hide masquer **4.L**
mason un maçon **10.FP1TA**
massive massif (massive) **2.FP3**
masterpieces les chefs-d'oeuvre *m.* **1.5B**
match une allumette **4.FP1**
material, equipment le matériel **2.IM**
mathematics les maths *f.* **10.FP1**
mayor le maire **5.IC**
  mayor's office une mairie **8.FP2**
me, you, us, you me, te, nous, vous **4.LC2**
mean méchant **R.A**
to mean vouloir dire **10.L***
  meaning le sens **10.IM** la signification **1.IC**
  meanwhile entre-temps **3.IC**
measles la rougeole **7.FP1**
to measure mesurer
Mecca la Mecque **7.IC**
mechanic un mécanicien **10.FP1**
medicine (ie, the practice of) la médecine **10.FP1**
  medical study les études médicales **10.FP1**
  medicated cream la crème de soin **1.FP2TA**
  medicine, drugs les médicaments *m.* **7.IM1**
mediocre médiocre **10.IA**
to meet (each other) se rencontrer **8.FP1**; se retrouver **8.FP1**
  to meet by chance, run into (person) rencontrer
  to meet the needs subvenir aux besoins **4.IC**
to mend (sewing) recoudre **4.FP2**
merchant un(e) marchand(e) **2.L***
messenger l'envoyé *m.* **2.IC**
metals le métal (les métaux) **2.FP3**
Mexico le Mexique **5.FP1**
microphone le micro **4.FP2**
Middle Ages le Moyen Âge **5.IC**
military banners les étendards **5.IC**
milk le lait **R.A**
mine à moi **6.LC2TA**; le/la mien(ne) **6.LC2**
mineral water l'eau minérale **R.A**
minuscule minuscule **2.FP3**
minor news event un fait divers **3.FP2**
mirror la glace **1.FP2**

mishaps les mésaventures *f.* **3.LC2**

to **miss (a bus, a date)** rater **5.FP2**

Mississippi le Mississippi **1.LC1**

mist la brume **3.FP2**

misunderstanding un quiproquo **3.IC**

to **mix** mélanger **1.IM**
    to **mix dyes** mélanger les colorants **5.IMA**

mockery la dérision **1.1**

model un mannequin **4.IC**

moisturizing lotion la crème hydratante **1.FP2TA**

Monday lundi *m.* **3.FP2**

monk un moine **2.C**

monkey un singe **8.IM**

mononucleosis la mononucléose **7.FP1**

month un mois **3.FP2**

mood l'humeur *f.* **1.FP4**

moon la lune **1.IC**

more (of) plus (de) **6.LC1**
    more and more de plus en plus **1.IM**
    more comfortable plus confortable **6.FP1**
    more spacious plus spacieux **6.FP1**
    more...than plus...que **6.LC1**

morning and evening le matin et le soir **7.FP1**

Moslem, Hindu musulman **6.IC**

most: the most (majority) of la plupart: la plupart de **4.LC1**
    the most...(of) la/le/les plus (de)... **6.LC1**

mountain: mountain climbing l'alpinisme *m.* **3.IM**
    mountain-climbers les alpinistes **7.LC2** *m.*

mouse une souris **2.FP1TA**

moustache la moustache **1.FP1**

mouth la bouche **1.FP1**

to **move** se déplacer **1.LC4TA**
    to **move toward** se diriger vers **8.L***
    to **move, budge** bouger **7.L**
    moved ému **3.IC**
    movement le mouvement **8.FP3**
    moving, emotional émouvant **6.IC**

movie director un réalisateur (une réalisatrice) **6.IC**

to **mow** tondre **2.FP**

mud la boue **7.IM1**

multinational multinational, pertaining to all nations

mumps les oreillons *m.pl.* **7.FP1**

museum un musée **8.FP2**

music la musique **10.FP1**

my mon (ma, mes)

My Goodness! Mon Dieu! **3.FP2**

My poor... Mon (Ma) pauvre...**9.FP2**

myself, himself moi-même, lui-même **1.LC1**

N ▬▬▬▬▬▬▬▬

nail (metal) le clou **2.FP3**

nail polish le vernis à ongles **1.FP2**

naked nu **6.IC**

to **name: to name himself** se faire nommer **2.IC**

napkin une serviette **8.L**

narrow, tight étroit **2.FP3**
    narrowly de peu **7.LC2**

native land la patrie **8.IC**

nausea les nausées *f.* **7.FP1**

nearby tout près **8.FP2**

neck le cou **1.FP1**

to **need** avoir besoin de **4.FP1**

needle une aiguille **4.FP1**

to **neglect one's self** se négliger **1.IM**

neighborhood, district le quartier **8.FP2**

neither...nor ni...ni **1.IM**

nephew un neveu **R.L***

nervous nerveux (nerveuse) **7.FP1**

nest un nid **6.IC**

nets les filets *m.* **9.IC**

neurologist le/la neurologue **7.FP1TA**

never ne...jamais **3.LC1**
    nevertheless tout de même **5.IMB**; néanmoins **9.IC**

Newfoundland la Terre-Neuve **3.LC2**

next *(adj.)* prochain; *(adv.)* prochainement **7.LC2**
    next door d'à côté **6.IM2**
    the next train le prochain train **5.FP2**

nice, kind sympathique **R.A**; sympa (*pop.* sympathique) **2.FP2**; gentil (gentille) **2.FP2**
    nice atmosphere une bonne ambiance **10.FP2**
    nice view une vue: une belle vue **6.FP2**
    nice weather du beau temps **3.FP2**

nickel le nickel **2.FP3TA**

no aucun **1.IC**
    no longer being n'étant plus **4.IC**

no longer ne...plus **4.IC**

no longer, not anymore ne...plus **1.L***

no one, nobody ne...personne **5.LC1**

no relationship aucun rapport **1.IC**

no sooner pas plus tôt **9.IC**

no, not any ne...aucun(e) **5.LC1**

noble: nobility la noblesse **1.IM**
    nobleman, lord un seigneur **2.IC**

noise le bruit **1.LC1**

non-smoking section la section non-fumeur **5.FP2**

Norway la Norvège **2.IC**

nose le nez **1.FP1**

not: not at all clumsy point maladroit
    not at all point
    not that much tellement: pas tellement **8.IM**
    not yet ne...pas encore **3.LC1**

note, word un mot **6.L***
    notebook un carnet **4.FP1**

nothing ne...rien **5.LC1**
    nothing to do (with) rien: rien à voir (avec) **9.IM**

notice une annonce **2.IM**

to **notice** remarquer **2.L***; s'apercevoir **1.LC4TA, 9.L**

Nova Scotia la Nouvelle Écosse **10.IC**

novocaine la novocaïne **7.FP2**

nowhere ne...nulle part **5.LC1**

nugget une pépite **9.IC**

numerous nombreux **6.L**

nurse un infirmier (une infirmière) **6.FP1**

O ▬▬▬▬▬▬▬▬

oar une rame **7.IC**

objective, goal un but **5.IM**

to **oblige, to do a favor** obliger **10.IC**

to **obsess: obsessed** obsédé **5.IM**

to **obtain, to get** obtenir **4.IM**
    to **obtain their boarding pass** obtenir leur carte d'embarquement **5.FP2**

occasion, opportunity une occasion

of, from, away, with de
    of/to them eux: à eux **4.LC2**
    of course bien sûr **2.FP2**
    of good health bien portant **6.FP1**
    of important value de grande

valeur **5.LC1**

of medium height de taille moyenne **1.FP1**

of which ce dont **9.LC2**

of which duquel, de laquelle, desquels, desquelles **9.LC1,** **6.LC2**

to **offer** offrir **8.IM**

office, bureau un bureau (les bureaux) **10.FP2**

office un cabinet **10.FP2**

office jobs les emplois de bureau **10.FP1**

official: official announcements les bans *m.* **9.IM**

ointment une pommade **7.IM1**

okay, all right d'accord **2.FP2**

old vieux (vieille) **2.FP3;**
  former ancien (ancienne) **2.FP3**

on, above sur
  on his own account à son propre compte **10.FP2**
  on sale en solde **4.IM**
  on the average en moyenne **7.IM1**
  on the condition that à condition de **10.LC1TA**
  on the ground par terre **5.L,** **9.L***
  on the sides sur les côtés
  on the stage sur scène **4.IM**
  on the top sur le dessus
  on the verge, ready to sur le point de **9.IC**
  on the way en chemin **10.IM**

one: one time, once une fois **7.FP1**

one can do it on y arrive **9.IM**

one thousand years millénaire **8.IC**

one week from now d'ici une semaine **4.FP2**

one who(m), one that celui qui, que **6.LC2**

(the) one where celui où **6.LC2TA**

the only one la seule **3.IM**

onlookers les badauds *inv.* **8.IM**

only le seul (la seule) **1.IC;** ne...que **5.IM;** seulement **5.FP1**

only one un seul **1.IC**

to **open** ouvrir **7.FP1;** s'ouvrir **6. L**
  open, honest ouvert **1.IC**
  to open one's mouth ouvrir la bouche **6.FP1**

to **operate** faire marcher **4.LC3;** opérer **8.IC**

opportunity for promotion la possibilité de promotion **10.FP2**

opposite en face **6.L***

oppressed opprimé

ophthamologist l'oculiste **7.FP1**

optimistic optimiste **R.A**

or ou **5.LC1**

orchard un verger **8.L***

order une commande **4.IM**

to **organize: organized** organisé **R.A**
  organized activities l'animation *f.* **8.FP3**

orphan un orphelin (une orpheline) **8.IC**

other autre
  others les autres **6.LC2TA**
  others, some others d'autres **4.LC1**

otter une loutre **3.FP1TA**

ouch! aïe! **7.FP1**

out: outdoors en plein air **R.V**
  outside dehors **3.FP3**

oval oval **2.FP2**

oven un four **1.L***

over: overalls une salopette **7.IC**
  overflowing débordant **1.3**
  overseas outre-mer **8.IC**
  overwhelmed bouleversé **7.L***
  overworked débordé **2.IM**

to **owe** devoir **4.FP1**

to **own, possess** posséder **9.L***
  (one's) own propre **1.IC**

owner un(e) propriétaire **R.L***

P

package un paquet **4.IM;** un colis **4.FP1**
  package of envelopes un paquet d'enveloppes **4.FP1**
  packaging les emballages *m* **3.IM**

pad: pad of stationery un bloc: un bloc de papier **4.FP1**

pain, suffering une douleur **8.IC**
  painful douloureux **7.L***

to **paint** peindre **1.IC**
  to have passed by avoir + passé **3.LC1**

paintbox une boîte de couleurs **1.IC**

painting un tableau (les tableaux) **1.IC;** une peinture **1.IC**

palm la paume **8.IC**
  palm trees les rôniers *m.* **9.IC**

paper le papier **2.FP3**
  papers, documents les documents *m.* **10.FP3**

paper clip un trombone **4.FP1**

paper tissue un mouchoir en papier **4.FP**

paper towels (brand name) le Sopalin **4.FP1**

parachute un parachute **2.FP3**

parade ground la place d'Armes **5.IC**

parakeet la perruche **2.FP1**

parasailing le parapente **3.IM**

park un parc **8.FP2**

parrot un perroquet **2.FP1TA**

part (hair) une raie **4.FP3TA**

part-time employment un emploi à temps partiel **10.FP3**

to **pass: pass the hat** faire la quête **8.IM**
  pass through customs passer par la douane **5.FP2**
  passerby un passant **8.LC2**
  passport check un contrôle des passeports **5.FP1**
  passport un passeport **5.FP1**

to **passion, interest deeply** se passionner **10.IM**

pastry cook un pâtissier (une pâtissière) **10.FP1**

path, way le chemin

patient patient **R.A**

to **pay** payer
  to pay attention faire attention **2.FP3**
  pay careful attention to it! soignez-le (la)! **10.IM**
  paid by check payé par chèque **7.FP1**

peace la paix **2.D**
  peaceful paisible **9.IC**

peach une pêche **8.L***
  peach tree un pêcher **8.L***

pear une poire **R.A**

peasant un paysan (une paysanne) **2.IC**

pedestal un socle

pediatrician le/la pédiatre **6.FP1**

pencil un crayon **4.FP1**

people: people native of Burgundy les bourguignons **2.IC**

to **perceive (smell, touch)** sentir **1.FP4TA**

perfect parfait **3.L***

performance une représentation **1.FP2**

to **perfume: to perfume one's self** se parfumer **1.LC1**

perfume l'eau de toilette *f.* **1.FP2;** le parfum **1.FP2**

to **permit** permettre **3.IM**

perplexed perplexe **1.FP4**

personal: personal ads les annonces *f.* **2.IC**

personal attributes les signes *(m.)* particuliers **1.FP1**

personal hygiene section le rayon produits d'hygiène

personal hygiene products les produits d'hygiène **4.FP1**

pessimistic pessimiste **R.A**

pets, domestic animals les animaux domestiques *m.* **2.FP1**

pharmacy la pharmacie **4.FP1**

pharmacist le pharmacien (la pharmacienne) **4.FP1**

philosophy la philosophie **10.FP1**

phoenix le phénix **3.IC**

photographer le/la photographe **4.FP1**

photography supply section le rayon photo

physics la physique **10.FP1**

to **pick** *cueillir **3.IM**

to **pick up** recueillir **6.L**; ramasser **7.L***

picnic un pique-nique **3.FP1**

picture slides les diapos *f.* **4.FP1**

piece of chalk piece: un bâton de craie **2.LP3TA**

pieces of jewelry des bijoux **9.L***

pilgrimage un pèlerinage **7.IC**

pillow un oreiller **6.FP2**

pills les pilules *f.* **7.FP1**

pilot le pilote **5.FP2**

pimple un bouton **4.FP1**

pin une épingle **4.FP1**

pitiful pitoyable **4.L***

pity la pitié **9.FP1TA**

to **place** introduire **4.IM**

to **place oneself** se mettre **5.L**

place, seat, plaza une place **4.IM**

to **plan** planifier **8.IM**

plants les plantes *f.* **2.FP1**

plantlife la flore **3.IM**

plastic le plastique **2.FP3**

play une pièce de théâtre **7.L**

to **please** faire plaisir à **8.L***; *plaire **8.IM**

please... s'il vous plaît...

please give me... s'il vous plaît, donnez-moi...**4.FP1**

to **pledge allegiance** prêter: prêter serment **10.IC**

plot une trame **8.IC**

to **plug in** brancher **1.LC1**

plumber un plombier **10.FP1**

to **plunge** plonger **3.L***

pneumonia une pneumonie **6.FP1**

pocket une poche **1.L***

to **point: point at** montrer du doigt **8.L***

pointed pointu(e) **2.FP3**

point le point

police: police detective un inspecteur de police **5.L***

police station un poste de police

to **polish: polish the furniture** astiquer les meubles **2.FP1TA**

to **polish the silverware** polir: polir l'argenterie **2.FP1TA**

Polish polonais **10.IC**

polite poli **R.A**

political: political parties les partis *m.*: partis politiques **3.IM**

political science les sciences politiques **10.FP1**

politically active engagé **8.IC**

to **pollute** polluer **3.FP1**

pollution la pollution **8.FP3**

pond un étang **3.L***

ponytail une queue de cheval **1.FP1**

populated peuplé **1.3**

Portugal le Portugal **5.FP1**

possibility, opportunity une possibilité

post, station un poste **4.FP1**

post card une carte postale **4.FP1**

post office, mail la poste **4.FP1**

pot, pan une casserole **1.L***

potato une pomme de terre **R.A**

potato chips les chips *f.*

pound une livre **5.IC**

to **pour** verser **3.L***

powder la poudre **1.FP2TA**

power le pouvoir **5.IC**

power failure une panne d'électricité **8.LC3**

powerful puissant **3.IC**

practitioners (religion) les pratiquants **7.IC**

precisely at that moment justement **8.L***

to **predict** prédire **3.FP2**

to **prefer** préférer **2.LC2**

preoccupied préoccupé **1.FP4**

to **prepare oneself** se préparer **1.FP3**

prescription une ordonnance **6.FP1**

to **present** tendre **8.IM**; présenter **8.IM**

pre-stamped envelope un aérogramme **4.FP1**

pretentious prétentieux (préten-

tieuse) **R.A**

to **prevent** empêcher **3.IC**

to **prevent something from happening** empêcher la réalisation de quelque chose **5.IMB**

pride l'orgueil *m.* **7.LC2**

priest un prêtre **6.IC**

to **print** imprimer **4.IM**

private: private bath la salle de bains privée **6.FP1**

private eye un détective privé **5.L***

prize un prix

to **produce** produire **3.IM**

productive, fertile fécond **9.IC**

profession un métier **8.IM**; une profession **9.FP3**

professional experience l'expérience professionnelle **10.FP3**

to **promise** promettre **9.IM**

promise une promesse **7.L***

prostrate, face to the ground prosterné **9.IC**

to **protect: protect the environment** protéger l'environnement **3.FP1**

to **protect from** soustraire à **6.IC**

proud altier (altière) **1.IM**; fier (fière) **3.L***

to **prove** faire la preuve **6.IM1**

provided ménagé **9.IC**

to **provoke, to bring about** provoquer

Prussia (northern Germany) la Prusse **5.IC**

psychology la psychologie **10.FP1**

psychiatrist le psychiatre **6.FP1**

public: public garden un jardin public **8.FP2**

public relations les relations *(f.)* publiques **10.FP2**

public service la fonction publique **10.FP1**

to **publish** publier **7.L**

to **pull** tirer **5.L**

to **pull out** arracher **1.IC**

to **push** appuyer **4.IM**

to **put, to place** mettre; poser **5.L**

to **put an end** mettre fin à **5.IC**

to **put away one's clothes** ranger ses vêtements **2.FP1**

to **put away** ranger **2.FP1**

to **put away the magazines** ranger les

magazines

to put back *remettre 9.L*

to put in a classified ad mettre une annonce 10.FP3

to put in a hair conditioner mettre un après-shampooing 4.FP3

to put on (clothes) enfiler 1.LC1

to put on braces mettre un appareil 6.FP2TA

to put on make-up se maquiller 1.FP2

to put the dishes away ranger la vaisselle 2.FP1

put-away, clean rangé 2.FP1

quantity, amount une quantité 4.FP1

to quarrel se quereller 9.FP2

queen la reine 2.IC

quill pen une plume 5.IC

quite, very much tout à fait 5.IM

rabbit un lapin 2.FP1

racoon un raton-laveur 3.FP1TA

to rage faire rage 10.IC

railroad ferroviaire 5.IMB

railroad track un chemin de fer 6.IM2

rain la pluie 3.FP2

to rain: rain is coming down la pluie tombe 3.FP2

to raise élever 2.L*; lever 5.IC

raised, high, elevated élevé 5.IM

to raise a family élever une famille 9.FP3

rapid pulse les palpitations f. 7.FP1

rash (skin) l'eczéma m. 7.FP1

razor blade la lame de rasoir 1.FP2TA

to reach, attain atteindre 1.IC

to read lire

to read the classifieds lire les annonces

to read: to read the job postings lire les offres d'emploi 10.FP3TA

real véritable 8.IC

real devotees les passionnés m. 2.IM

real estate l'immobilier m. (immobilière f.) 10.FP2

real estate agent un agent immobilier 10.FP1

Really? Truly? Vraiment? 3.FP3

to realize se rendre compte 1.LC4TA

rear guard l'arrière-garde f. 2.IM

to reassure rassurer 4.L

to rebuild reconstruire R.V

recently depuis peu 9.IC

reception: reception desk la réception 7.FP1

receptionist, secretary le/la réceptionniste 7.FP2

to receive: receive a fine recevoir une amende 5.FP2

to receive a promotion obtenir une promotion 9.FP3

to recognize reconnaître 10.IC

to recommend: recommended conseillé 10.IM

recreational récréatif (récréative) 2.IM

recreation center un centre de loisirs 8.FP2

rectangular rectangulaire 1.FP1

red: red ants les magnans m. 9.IC

red light un feu-rouge 1.LC3

red-headed roux (rousse) 1.FP1

to rediscover redécouvrir 7.IM1; retrouver 1.IM

references les références f. 10.FP3

to reflect réfléchir 2.IM

refrigerator le réfrigérateur 2.FP3

refuse, trash les déchets m. 3.IM

to register s'inscrire 7.IM1; to inscribe inscrire 9.IM

to regret regretter 2.FP2

regret le regret 7.LC2

to reheat réchauffer 5.IMA

to reimburse rembourser

reinforcements les renforts m. 10.IC

to reject, to repel repousser 9.IC

to rejoice, to celebrate réjouir 9.FP2

relation un rapport 9.FP2

to relax, to rest se reposer 1.FP3

relaxed décontracté 5.IMA

to release: released relâché 5.IC

to remarry se remarier 9.FP3

to remember se souvenir (de) 1.LC4

to remember, to recall se rappeler 1.LC4

to remind rappeler 1.5B

remote reculé 8.IC

to remove: remove this

tooth enlever cette dent 7.FP2

removable démontable 6.IM1

to render oneself se donner 8.FP1

to repair réparer

to repair my camera réparer mon appareil-photo 4.FP2

to repair these shoes réparer ces chaussures 4.FP2

to repair the zipper réparer la fermeture éclair 4.FP2

repairman un réparateur 10.FP1

to repeat: to repeat a grade redoubler 10.IM

respect le respect 9.FP1

to respect nature respecter la nature 3.FP1

to replace the heels of one's shoes changer les talons 4.FP2

reputed renommé 9.IC

request une requête 8.L*

research la recherche 7.IC

research laboratory un laboratoire de recherches 10.FP2

researcher un chercheur (une chercheuse) 10.FP1

to reserve réserver 7.FP1

to reserve a place réserver une place 5.FP2

to resign démissionner 6.IC

resources les moyens m. 6.IM1

to respond répondre

to respond to an ad répondre à une annonce

restaurant tip un pourboire 2.IC

rested dispos 5.IMB

to retire prendre sa retraite 9.FP3

return un retour 6.LC2

to reward récompenser 4.L*

ribbon un ruban 9.IM

rice le riz R.A

rich, wealthy riche R.A

right: right behind à la suite de 9.IC

right time au bon moment 10.IM

rights les droits m. 5.IC

to ring sonner 1.LC1

ring une bague R.L*

to rinse rincer 2.FP1

to rinse the carrots rincer les carottes

to rise: rising sun le soleil levant 1.IC

river un fleuve 9.IC

to roar mugir 5.IC

roast beef le rosbif R.A

Robin Hood Robin des Bois

8.LC2
rock climbing (*n.*) l'escalade; (*v.*) faire de l'escalade 3.IM
to roll (along); to travel rouler 7.L*
roll (of paper towels, of scotch tape) un rouleau (les rouleaux) 4.FP1
room une chambre 6.FP1
room and board (breakfast, dinner) la demi-pension 6.FP1
room service le service dans les chambres 6.FP1
room for two une chambre pour deux personnes 6.FP1
room with a shower avec douche 6.FP1
room with two beds à deux lits 6.FP1
roots les racines *f.* 3.IM
rough, coarse rugueux (rugueuse) 2.FP3; rude 10.IC
round rond 1.FP1
round-trip ticket un aller et retour
rounded, arced courbé 2.FP3
rubber le caoutchouc 2.FP3
rubber band, elastic un élastique 4.FP1
rug un tapis 1.L*
rules les consignes *f.* 3.IM; les règlements *m.*
to run *courir 1.L*
to run away *s'enfuir 10.L*
rural champêtre 1.IC
Russia la Russie 5.FP1
rustic furniture des meubles *m.* rustiques 6.L*

S

sad, melancholy triste: être triste R.A
sadness la tristesse 7.LC2
safe un coffre R.L*
safe: safely tranquillement 8.IM
safety pin une épingle de sûreté
sailboat un bateau à voile 8.LC2
sailors les marins *m.* 8.IM
sails les voiles *f.* 7.IC
salad, lettuce la salade R.A
sale un solde 1.IM
sales: sales representative un(e) représentant(e) de commerce 10.FP1
salesperson un vendeur (une vendeuse) 10.FP1
sand le sable 3.IM
sash une écharpe 9.IM

to save sauver 5.L*
saw la scie 2.FP3TA
to say: say aah faire aah 7.FP1
scale une bascule 4.IM
scar une cicatrice 1.FP1
to scare faire peur 3.FP1
to scare the animals faire peur aux animaux
scared effrayé 9.IC
to scatter s'éparpiller 10.IC
schedule l'emploi du temps *m.* 2.FP2; (of hours) les horaires *m.* 5.FP2
scholarship une bourse 7.LC2
school: school desk un pupitre 6.IC
school life la vie scolaire
sciences les sciences *f.*
scientist un savant 2.IC; un(e) scientifique 10.FP1
scientific and technical studies les études scientifiques et techniques 10.FP1
scientific research la recherche scientifique
scissors les ciseaux *m.* (un ciseau) 1.FP2
scorn le mépris 9.FP1TA
scotch tape le scotch 4.FP1
Scottish écossais 3.IC
to scratch gratter
to scream pousser des cris 3.L*; crier 10.L*
screen l'écran *m.* 3.IC
scripts les scénarios *m.* 1.IC
seasonal saisonnier (saisonnière) 8.L
seat un siège 4.IM
seat next to the aisle une place près du couloir 5.FP2
seat next to the window un siège près de la fenêtre 5.FP2
second deuxième
second class la deuxième classe 5.FP2
second-hand, used d'occasion 2.FP3
secret (to confide) une confidence 9.FP1
secretary un(e) secrétaire 10.FP1
sections, ailes (as in a store) un rayon 4.FP1
security check un contrôle de sécurité 5.FP1
to see voir 5.L
see you (date, time) à + *date, time*
to seem (person) avoir l'air 1.FP4; (thing) sembler 1.FP4
to seize, take s'en saisir 3.IC; saisir

9.L*
seized by pris par
seized, taken saisi 5.IC
semolina la semoule 7.IC
to send envoyer
to send away, to fire (an employee) renvoyer 3.IC
to send my resume envoyer mon curriculum vitae 10.FP3
to send this letter envoyer cette lettre 4.FP1
sense, direction le sens 5.IM
sensitive sensible R.A
to separate: to separate (husband & wife) se séparer 9.FP3
to separate oneself, move away s'écarter 9.IC
serious sérieux (sérieuse) R.A
servant le serviteur 7.L
to serve servir 7.FP2
to serve one's self se servir de 10.FP3
to service desservir 5.IMB
service, favor un service 10.FP1
sessions les séances *f.* 1.LC3
set (one's hair) une mise en pli 4.FP3
to set: to set fire mettre le feu 3.FP1
to set places (at the table) mettre le couvert 2.FP1
to set the table mettre la table 2.FP1
to settle se fixer 4.IC; s'installer 8.L*; établir 8.IC
several plusieurs 4.LC1
severe sévère R.A
to sew coudre 4.FP2
to sew this button coudre ce bouton
sewers les égouts 5.IC
shadow une ombre 1.IC
to shake secouer 10.L*
shake yourself up! secoue-toi! 1.IM
shampoo le shampooing 1.FP2
a shampoo (hair salon) un shampooing 4.FP3
shampoo-in hair color un shampooing colorant 1.FP2
to share partager 9.IM
to shave se raser 1.FP2
shaver le rasoir 1.FP2
shaving cream la crème à raser 1.FP2
she: she feels at home elle se sent chez elle 4.IC
to shear tondre 5.IMA
sheep: sheep-shearing la tonte des moutons 5.IMA
sheet: sheet (bedding) un drap

7.FP2

sheet ice le verglas **3.FP2**
shelf une étagère **2.IM**
shelter l'abri *m.* **9.IM**
to **shine** briller **2.FP3**
ship un navire **7.IC**
shipwrecked naufragé(e) **8.LC2**
to **shiver, shudder** frissonner **9.L***
shopkeeper, merchant un commerçant (une commerçante) **10.FP1TA**
shopping: shopping bag un sac à provisions **8.IM**
   shopping cart un chariot **4.IM**
   shopping center une grande surface **1.IM**
shore une rive **9.IC**
short court **1.FP1**
   short story un conte **7.L**
to **shorten (hair)** dégager **4.FP3**
shot, injection une piqûre **4.LC3**
   shot of novocain une piqûre de novocaïne **7.FP2**
shoulder l'épaule *f.* **10.L***
to **show** faire voir **4.LC3**; manifester **8.IC**
   to show (someone) the door mettre à la porte **10.FP3**
   to show one's ticket présenter leur billet
   to show up at the boarding gate se présenter à la porte de départ
show, exhibition un salon **2.IA**
shower une douche **1.FP3**
shrub: shrub clippers le sécateur **2.FP1**
   shrubbery les arbustes *m.* **2.FP1**
shutters les volets *m.* **8.IC**
shuttle train une navette **5.IMB**
sick malade **1.FP4**
   sickness une maladie **7.FP1**
side un côté **4.FP3**
side: sideboard un buffet **1.L***
   sidewalk le trottoir **5.L**
sigh of relief un soupir: soupir de soulagement **2.IM**
sign un signe **1.FP1**
silent muet (muette) **7.L***
silly bête **R.A**
silver l'argent **R.L***
similar, alike semblable **4.IM**
simple: simple lodging un gîte **3.IM**
since puisque **3.L***; depuis que **10.LC2**
   since then jusqu'alors
single célibataire **9.FP3**
   single-family house une maison individuelle **8.FP2**

single room une chambre à un lit **6.FP1**
Sir Messire **2.IC**
to **sit down** *s'asseoir **1.LC4**
to **situate** situer **7.L**
size (person) la taille **1.FP1**
skin la peau (les peaux) **1.FP2TA**
   skin cancer le cancer: le cancer cutané **3.IM**
sky le ciel (les cieux) **1.IC**
   skyscraper un gratte-ciel
slaves les esclaves **8.IC**
   slavery l'esclavage *m.* **5.IC**
sleep le sommeil **6.IM**
   sleeping car (train) un wagon-lit **5.IM**
to **slip** glisser **3.FP1**; déraper **3.FP1TA**
to **slit the throats of** égorger **5.IC**
to **slow down** ralentir **7.L***
   slowness la lenteur **1.IC**
small menu **5.IC**
   small businesses les commerces *m.* **8.FP2**
   small sofa un canapé **1.L***
   small theft un larcin **8.L***
smart astucieux **2.IC**
to **smile** *sourire **8.L***
smile un sourire **1.IM**
smoke la fumée **2.LC2**
snake un serpent **9.IC**
to **sneeze** éternuer **4.FP1, 6.FP1**
snow la neige **3.FP2**
   snowstorm une tempête de neige **3.FP2**
so: so many tant **8.IM**
soaked, wet mouillé **2.FP3**
   soaking wet trempé **3.L***
soap le savon **1.FP2**
social: social benefits les avantages sociaux **10.FP2**
   social life la vie sociale
   social worker un(e) assistant(e) social(e) **10.FP1**
society une société **10.FP2**
soft doux (douce) **2.IM**; mou (molle) **2.FP3**
software le logiciel **10.IM**
   software specialist un(e) spécialiste de logiciel **10.FP1**
soldier un guerrier **5.IC**; un soldat **6.L**
sun: the sun is shining le soleil brille **3.FP2**
to **solicit, to ask for** solliciter **10.FP2**
solid solide **2.FP3**
   solid ground la terre ferme **5.IM**
to **solve** résoudre **6.IM2**
somber sombre **7.IC**
some, a few quelques **4.LC1**;

quelques-uns (unes) **4.LC1**
some, certain ones certain(e)s **4.LC1**
I would like (some) j'en veux **4.LC1**
someone, somebody quelqu'un **5.LC1**
something quelque chose **5.LC1**
something else quelque chose d'autre **4.FP1**
something else to do autre chose à faire **2.FP2**
somewhere quelque part **8.FP1**
songs (of a bird) les ramages *m.* **3.IC**
soon bientôt **4.LC2**
sorrows les peines *f.* **9.IM**
sorry, sad désolé **2.FP2**
sought after recherché **8.IM**
to **speak** parler
   to speak French parler français **10.FP3**
   among parmi **1.IC**
   to speak to, to address s'adresser **2.IM**
to **specialize, major in** se spécialiser en **10.FP1**
specialist un(e) spécialiste **7.FP1**
   specialized worker un ouvrier spécialisé **10.FP1TA**
speech un discours *inv.* **8.LC3**
speed la vitesse **1.IC**
to **spend (time)** se passer **3.LC1**
   spend the night passer la nuit **5.FP2**
to **spill** répandre **9.IC**
spirit l'esprit **8.IC**
to **spoil** gâter **7.L***
spokesperson un porte-parole **3.IC**
sponge une éponge **2.FP1**
spontaneous spontané **R.A**
spouses les époux **9.IM**
to **sprain (part of the body)** se fouler **7.FP2**; se tordre **7.FP2TA**
   to sprain one's ankle se fouler la cheville **7.FP2**
   to sprain one's wrist se tordre le poignet
to **spread** se répandre **3.IC**
   to stay in bed rester au lit **6.FP1**
   to stay single rester célibataire **9.FP3**
spring le ressort **4.FP2**
spy un espion (une espionne) **5.L***
square carré **1.FP1**
squirrel un écureuil **3.FP1TA**
stamp un timbre **4.FP1**

stamped sticker une bande
timbrée **4.IM**
to **stand (up)** s'élever **6.L**
standing debout **5.L**
standard of living le niveau de vie
6.IC
star une vedette **4IC**
stars les étoiles **1.IC**
to **start: start one's own**
business créer sa propre
entreprise
state, appearance l'état *m.*
2.FP3
station une station
stationery store la papeterie
4.FP1
stationery aisle le rayon
papeterie **4.FP1**
Statue of Liberty la Statue de la
Liberté **2.FP3**
to **stay, lodge** séjourner **6.FP1**;
rester
stay, vacation un séjour **4.IC**
to **steal** voler **5.L***
steel l'acier *m.* **2.FP3**
stele (stone marker with an
inscription) une stèle **6.L**
to **step on** marcher sur **1.LC3**
step, stage une étape **5.FP2.IC**
steps les pas *m.* **2.IC**
steps, stairs les marches *f.*
6.IC
steward le steward **5.FP2**
stewardess l'hôtesse de l'air *f.*
5.FP2
to **stick, to glue** coller **4.IM**
to **stick out one's**
tongue tirer la langue
6.FP1
still toujours **3.IC**
stone, gem une pierre **2.FP2**
to **stoop, bend down** se baisser
7.L*
to **stop, keep from** empêcher **1.L***
to **stop, keep oneself from** s'arrêter
1.FP3; s'empêcher de **4.L***
stopover, connection une escale
5.FP2
store: store fronts les devantures
f. **1.IC**
store window une vitrine **9.L***
storm la tempête **3.FP2**; un orage
3.FP2
story un récit **5.L**
stove une cuisinière **8.LC2**
straight (hair), smooth lisse
1.FP1
straight, 90-degree
angle droit **2.FP3**
stranger l'étranger (étrangère)
5.FP1; un inconnu **7.L***

straw la paille **8.IM**
straw huts les paillotes *f.* **9.IC**
streak, highlight (hair) une
mèche
street: street sign un panneau
2.LC2
strength la force **2.IC**
strep throat une angine **7.FP1**
stretched out tendu **8**
to **strike** frapper **2.IC**
striped rayé **8.IM**
stripes, welts les zébrures *f.*
9.IC
stroke, blow un coup
strong fort **1.FP1**
strong, strapping costaud
1.FP1
structured according to réglé
par **3.IC**
struggling en lutte **2.IC**
to **study** étudier **10.FP1**
study abroad un stage **10.FP3**
stuntman le cascadeur **10.IM**
stupid stupide **R.A**
stupid person un sot **3.IC**
subjects les vassaux *m.* **2.IC**
subsidies les subventions *f.* **3.IM**
subtitle le sous-titre **4.L**
suburbs la banlieue **1.LC1**
subway le métro **8.FP2**
to **succeed** réussir **10.IM**
such tel (telle) **10.L***
suddenly tout d'un coup **7.L**;
subitement **9.IC**
to **suffer** *souffrir **7.IM1**
sufficient, enough suffisant
to **suffocate** (s)'étouffer **9.IC**
summer job un job d'été **10.FP3**
sun le soleil **2.IM**
sunstroke l'insolation *f.* **3.IM**
to **sunbathe** prendre un bain de
soleil **3.FP1**
superhighway une autoroute
6.L*
to **support** soutenir **4.IC**
sure! with pleasure! I'd love
to! volontiers! **2.FP2**
surgeon un chirurgien (une
chirurgienne) **7.FP1**
to **surprise** *surprendre **9.L***;
étonner
surprised surpris **7.LC2**
surprising surprenant **2.IM**
surprise la surprise **3.FP3**
to **surround: surrounded** entouré
8.IM
survey une enquête **3.IM**
to **survive** survivre **10.IC**
suspenders les bretelles *f.* **1.IM**
to **swallow** avaler **7.FP1**
swampy marécageux

(marécageuse) **8.IC**
to **swear** jurer **3.IC**
sweat la sueur **9.IC**
to **sweat** transpirer **7.FP1**
to **sweep** balayer **2.FP1**
to **swim** nager **3.FP1**
swimming pool une piscine
6.FP1
switchboard le standard
switchboard operator le/la
standardiste **6.FP2**
swollen tuméfié **8.IC**
sword une épée **2.IC**
synthetic material la matière
synthétique **2.FP3**

T ▬▬▬▬▬▬▬▬▬

table setting le couvert
tablets (medicine) les comprimés
m. **6.FP1**; les cachets *m.*
7.FP1
tablets (medicine) les pastilles *f.*
7.IM1
tadpole un têtard **3.L***
tail, line (of people) une queue
1.FP1
to **take** prendre
to **take (medicine), to consume,**
to drink consommer
to **take a blood sample** faire
une analyse de sang **7.FP1**
to **take a boat trip** faire une
promenade en bateau **3.FP1**
to **take a bus** prendre un bus
to **take a class** suivre un cours
R.A
to **take a tour of** faire un tour
3.FP1
to **take a walk** se promener
1.FP3
to **take advantage of** profiter
de **1.L***
to **take along** emporter **3.IM**
to **take apart** démonter **2.IM**
to **take care not to** prendre
garde **9.IC**
to **take care of** entretenir
1.IM; s'en charger **2.IM**
to **take lessons (in order to**
learn a skill) faire un stage
R.V
to **take off (plane)** décoller
5.FP2
to **take off, remove** enlever
R.A
to **take one's blood pressure**
prendre la tension **7.FP1**
to **take one's temperature**
prendre la température **7.FP1**
to **take or carry something**

up monter: avoir + monté 3.LC1

take out this stain enlever cette tache 4.FP2

to take place avoir lieu 2.L*; se dérouler 5.IC

to take (something) out avoir tiré 5.L

to have taken (something) out avoir + sorti 3.LC1

to take the Bac again se représenter au bac 10.IM

to take, to lead mener 5.IC

to tan: to tan oneself se bronzer 3.FP1

tapestry la tapisserie 2.IC

task une tâche 1.IC

taste la saveur 9.IC

taste for, liking le goût 2.IM

taxi un taxi 8.FP2

to teach enseigner 3.FP1

teacher un enseignant (une enseignante) 10.IM

tear une larme 7.L*

teardrop une larme 7.IC

technical knowledge les connaissances techniques 10.FP3

technician un technicien (une technicienne) 10.FP1

technology la technique 10.FP1

telephone le téléphone 6.FP1

telephone dial le cadran 7.IM1

telephoto lens le téléobjectif 4.FP2

television la télévision 6.FP1

to tell what happened raconter 3.FP3

to tell the truth sans mentir 3.IC; à vrai dire 8.L*

temperature la température 2.FP

temporary employment un emploi temporaire 10.FP3

to tempt tenter 9.L*

tenants les locataires 1.LC1

tense, uptight tendu 1.FP4

terrorist attack un attentat 7.LC2

Thai cuisine la cuisine thaïlandaise R.A

to thank (polite) remercier 2.FP2

thank you: thank you very much merci beaucoup 2.FP2

thanks a million merci mille fois 2.FP2

thanks to grâce à 1.IC

that *(direct object)*que 9.LC1; *(subject)* ce

that doesn't matter ça n'a pas d'importance 10.L*

that of, the one belonging

to celui de 6.LC2

that one celui-là 6.LC2

that which cannot be legally taken away imprescriptible 6.IC

that which ce qui 9.LC2

that won't matter que cela ne tienne 3.IC

That's all? C'est tout? 4.FP1

That's not for real! Ce n'est pas croyable! 3.FP3

That's unbelieveable! C'est incroyable! 3.FP3

theft un larcin 5.IC, un vol 5.IC

then, after, next ensuite 3.FP3

there is, there are il y a

there are ten (of them) il y en a dix

there is/are only ... left il ne reste que... 10.L*

therefore donc 3.IM

thesis, essay une thèse 10.IM

thick épais (épaisse) 2.FP3

thief un voleur (une voleuse) 5.L*

thin maigre 1.FP1; mince

things will take care of themselves ça s'arrangera 9.FP2

to think, reflect réfléchir 3.L*

third world le tiers-monde 7.LC2

this, that ça

this, that, these, those ce (cet, cette, ces)

this happened, took place ça a eu lieu 3.FP3; ça s'est passé...3.FP3

this one, that one celui-ci, celui-là 6.LC2

this one, the one celui, celle, ceux, celles 6.LC2

this will be ready ce sera prêt

thorn une épine 9.IC

thread la ficelle, le fil 4.FP1

to threaten menacer

through, per par

to throw *jeter 10.IC

to throw up vomir 7.FP1

thunder le tonnerre 3.FP2

ticket un billet

ticket window le guichet 5.FP2

to tie, to link lier 5.IM

time, hour l'heure *f.* 4.FP2

time punch le composteur

timid timide R.A

tires un pneu (les pneus) 6.IM1

to, at à

tobacco shop un bureau de tabac 4.IM

toilet paper le papier hygiénique 4.FP1

toiletry bag la trousse de toilette

1.FP2TA

tolerant tolérant R.A

toll (highway) un péage 5.IM

tombstone une tombe 7.IC

tomorrow le lendemain 7.IC

tons, alot des tas *m.* 10.IM

too bad! tant pis! 2.LC2; quel dommage! 9.FP2

tools les outils *m.* 2.IM

tooth une dent 7.FP2

tooth filling un plombage 7.FP2

toothbrush une brosse à dents 1.FP2

toothpaste le dentifrice 1.FP2

tortoise une tortue 3.FP1TA

total le montant 4.IM

touchy susceptible 3.IC

tour une tournée 4.IC

tourist class la classe touriste 5.FP2

towards vers 1.IC

towards the end à la fin 2.IC

towel une serviette 1.FP2

tower, high-rise une tour 8.FP2

toy un jouet 1.FP1

tracked, hunted traqué 6.IC

trade un métier 1.IC

trade study les études commerciales 10.FP1

traffic la circulation 6.L*

traffic jam un embouteillage 5.IMB

traffic regulations le code de la route 8.FP2

trail (hiking) un sentier 3.IM

train un train 5.FP2

train conductor un contrôleur 5.FP2

trained dog un chien savant 8.IC

training la formation 2.IM

transportation les transports *m.* 8.L

travel agency une agence de voyages 10.FP2

to travel voyager 5.FP1

to travel through *parcourir 5.IM

traveler's checks un chèque: les chèques de voyage 6.FP1

treasure un trésor 8.LC3

to treat (medical) soigner 7.FP1

treaty un traité 7.IC

triangular triangulaire 2.FP2

trick un tour 2.IC

to trim tailler 2.FP1

true véritable 1.IC

truly drôlement 4.L*

to trust avoir confiance en 9.FP2

trusting confiant R.A

to try essayer 3.IM

to try on   essayer (+ piece of clothing) **1.IM**

   to try to   chercher à **10.L***
tube   un tube **3.FP1**
tuition   la scolarité **10.LC2**
tunafish   le thon **R.A**
turbulent, hyper-active   turbulent **3.L**
to **turn: to turn around**   se tourner **4.L***

   to turn back   se retourner **7.L***
   to turn off, to extinguish   éteindre **2.IM**
   to turn on, to light   allumer **5.LC1**
   turned on   allumé **5.LC1**
turn   un tour **2.IM**
turnpike   une autoroute **5.IM**
TV program   une émission **6.LC1**
twice a day   deux fois par jour **7.FP1**
to **twinkle, to shine**   étinceler **9.IC**
two   deux

   two weeks ago   il y a quinze jours **3.FP3**
   two-thirds   deux tiers **7.IM**

U

UFO   un OVNI **3.FP3**
ugly   laid **3.IC**
umbrella   un parapluie **3.FP2TA**
unannounced   improviste: à l'improviste **6.IM1**
unbearable   insupportable **1.LC4**
unceasingly   sans trêve **9.IC**
uncommunicative   renfermé(e) **R.A**
understanding   compréhensif (compréhensive) **R.A**
understood, agreed   entendu **8.FP1**
to **undertake**   entreprendre **3, 10.IM**
undisciplined   indiscipliné **R.A**
unexpected   inattendu **8.L***
unfair   injuste **R.L***
to **unite**   se réunir **4.IC;** unir **7.L**
unhappy   malheureux(se) **7.LC2**
United Nations building   le bâtiment des Nations unies **2.FP3**
United States   les États-Unis **1.LC1**
university, college   l'université *f.* **10.FP1**
unknown   inconnu **7.LC2**
unknown, unrecognized   méconnu **1.3, 8**
ushers (wedding)   les garçons d'honneur **9.IM**
unruly mop (of hair)   la tignasse

4.L
until   jusqu'à **7.FP1**
until now   jusqu'ici **4.L***
until when   jusqu'à quand **7.FP1**
upset   fâché **3.L***
to **use**   utiliser **10.FP3**

V

to **vacuum**   passer l'aspirateur **2.FP1**
vacuum   un aspirateur **2.FP1**
vain   vaniteux (vaniteuse) **R.A, 2.B**
value   la valeur **5.LC 1**
veal chops   les côtelettes *f.* de veau **R.A**
very: very loud   éclatant **3.TC**
   very much, enormously   énormément **1.IM**
   very seriously, grievously   grièvement **9.LC 2**
vest   un gilet **8.IM**
veterinary: veterinary doctor   un(e) vétérinaire **10.FP1**
   veterinary studies   les études vétérinaires **10.FP1**
victim, casualty   une victime **7.IC**
Virginia   la Virginie **1.LC 1**
to **visit**   fréquenter **1.3**
visit   une visite **7.FP1**
vitamins   les vitamines *f.* **4.FP1**
volume   la capacité **2.FP3**
   voluminous, large in volume   volumineux (volumineuse) **2.FP3**
volunteers   les engagés *m.* **5.IC**
to **voyage across**   sillonner **5.IMB**
voyage, trip   un voyage

W

to **wait for**   attendre
waiting room   la salle d'attente **7.FP1**
to **wake (oneself) up**   se réveiller **1.FP3;** se lever **1.FP3;** éveiller **10.L***
   to wake up to music   se réveiller en musique **1.LC1**
   to wake (something, someone)   réveiller **6.FP2**
wakefulness   l'éveil *m.* **10.L***
to **walk: to walk the dog**   promener le chien **2.FP1**
walking   la marche à pied **3.IM**
wall   un mur **R.V;** une paroi **9.IC**
to **want, to wish**   vouloir **2.LC2**
to **want (used to accept an offer), to accept, agree**   vouloir bien **4.FP1**

war   une guerre **2.IC**
wardrobe, cabinet   une armoire **1.L***
warm   tiède **2.FP3**
   warmth   la chaleur **1.IC**
to **warn**   *prévenir **3.L***
to **wash**   laver **4.FP2**
   to wash one's self   se laver **1.FP2**
   to wash one's hair   se laver les cheveux **4.FP2**
   to wash the car   laver la voiture **2.FP1**
   to wash the clothes   laver le linge **2.FP1**
   to wash the dishes   faire la vaisselle **2.FP1**
   to wash the shirts   laver les chemises **4.FP2**
   to wash the vegetables   laver les légumes **2.FP1**
   to wash the windows   nettoyer les vitres
wash cloth   le gant de toilette **1.FP2**
wasp   une guêpe **3.FP1TA**
to **watch**   observer **3.FP1**
   to watch the animals   observer les animaux **3.FP1**
watch   une montre **2.LP3TA**
to **water (plants, flowers)**   arroser **2.FP1**
water   l'eau *f*
   watering can   l'arrosoir *m.* **2.IM**
waves   les flots *m.* **9.IC**
wavy   ondulé(e) **2.FP3**
way, mode   une mode **5.IMA;** une voie **1.IC**
weak   faible **1.FP1;** fragile **2.FP3**
wealth   les biens *m.* **2.L***
to **wear**   porter **1.FP1**
   to wear eyeglasses   porter des lunettes **1.FP1**
weather, time   le temps **2.FP2**
   weather report   la météo **3.FP2**
week   une semaine **4.FP2**
wedding rings   les alliances *f.* **9.IM**
to **weigh**   peser **1.FP1, 4.IM**
   weight   le poids **1.FP1;** les haltères *m.* **2.LC2**
to **welcome**   accueillir **6.IM1**
welcoming   accueillant **6.LC1**
welcome   l'accueil **6.IM2**
well, indeed, very much   bien **1.FP4**
   well-being   le bien-être **10.L***
   well-located   bien situé **6.FP1**
western   occidental **2.IC**

what quoi **3.FP2;** quel (quelle); qu'est-ce que...; ce que **9.LC**

    what bad luck quelle malchance **9.FP2**

    what counts the most ce qui compte le plus

    what doesn't work qu'est-ce qui ne marche pas? **4.FP2**

    what good news quelle bonne nouvelle **9.FP2**

    what happened? qu'est-ce qu'il y a eu? **3.FP2;** qu'est-ce qui a eu lieu? **3.FP2;** qu'est-ce qui est arrivé? **3.FP2;** qu'est-ce qui s'est passé? **3.FP2**

    what is the problem? quel est le problème? **4.FP2**

    what is the shape of this object? de quelle forme est cet objet? **2.FP2**

    what is...made of? en quoi est... **2.FP2**

    what it's all about de quoi il s'agit **8.IM**

    what kind quel genre **7.FP1**

    what struck me... ce qui m'a frappé... **5.IM**

    what would you like? vous désirez? **4.FP1**

    what's new? quoi de neuf?

    what's wrong? qu'est-ce que tu as? **1.FP2;** qu'est-ce qu'il y a? **4.FP2;** qu'est-ce qui ne va pas? **6.FP1**

    whatever it may cost him quoi qu'il lui en coûte **8.IC**

wheat le blé **R.V**

wheel la roue **4.FP2**

when, during lorsque **2. IC;** **when** quand **5.LC**

    when I have my passport lorsque j'aurai mon passe-port...

where où

    where does it hurt? où avez-vous mal?

    whereas alors: alors que **2.IC**

which laquelle **R.A**

    to which auquel **6.LC2**

    which one lequel, laquelle, lesquels, lesquelles **6.LC2**

while alors que **8.L*;** pendant que **2.IC**

while seeing... voyant...**5.L**

---

whim un caprice **8.L***

to **whistle** siffler **3.L***

    whistle un sifflet à roulette **3.L*;** un siffle **5.IC**

who qui **9.LC1**

    who, which... qu'est-ce qui...

    whooping cough la coqueluche **7.FP1**

whose dont **1.IC**

wide large **2.FP3**

    wide open grande ouverte **5.LC**

wild sauvage **7.IM1**

    wild beasts les fauves *m.* **1.IC**

    wild boar un sanglier **9.IC**

    wildlife la faune **R.V**

will la volonté **7.LC**

will un testament **R.L***

to **win: to win prizes** être primé **3.IM**

wind le vent **3.FP2**

window une fenêtre **2.FP1TA**

    window pane une vitre **2.FP1TA**

to **wipe** essuyer **2.FP1**

    to wipe (one's self) dry s'essuyer **1.FP2**

    to wipe the glasses essuyer les verres **2.FP1**

    to wipe the table essuyer la table **2.FP1**

wisdom la sagesse **8.IC**

    wisdom tooth un dent de sagesse

to **wish** souhaiter **2.LC2**

wishes les souhaits *m.* **2.LC2**

    wishes, season's greetings les voeux *m.* (un voeu) **4.LC**

witch: witch doctor un sorcier (une sorcière) **9.IC**

    witchcraft la sorcellerie **2.IC**

with avec

    with a start sursauter: en sursaut **1.LC1**

    with pleasure avec plaisir **2.FP2**

    without moving sans bouger **1.5IC**

    without sans **10.LC1**

    without the knowledge of l'insu *m.*: à l'insu de **3.IC**

to **withdraw (money)** retirer **4.IM**

to **witness** témoigner **3.FP2**

witty spirituel (spirituelle) **R.A**

---

wolf un loup **3.FP1TA**

to **wonder** se demander **8.L***

wood(s) le bois **1.IM**

woodchuck, groundhog une marmotte **3.FP1TA**

word un mot **6.IC**

to **work** travailler

work le travail **2.FP1**

    worker un ouvrier (une ouvrière) **R.L*;** une main-d'oeuvre **6.IM1**

    working class les ouvriers **8.IM**

    working conditions les conditions de travail

    works les oeuvres *f.* **1.IC**

    workshop un atelier **1.IC**

    worksite un chantier **R.V**

worn usagé **2.FP3**

    worn out usé **4.FP2**

to **worry** s'inquiéter **1.LC4**

worried, concerned inquiet (inquiète) **1.FP2;** soucieux (soucieuse) **1.FP2**

worse pire **7.L***

to **wrap** envelopper **7.L***

wrist le poignet **7.L***

writer un écrivain **R.A**

wrong: wrong number un faux numéro **8.FP1**

X

to **x-ray** faire une radio **7.FP1**

x-ray une radio **7.IM**

Y

to **yawn** bâiller **1.IM**

to **yell, shout** crier **1.L***

yesterday hier

to **yield, to give in** céder **9.FP2**

you tu

    you are out of luck tu n'as pas de chance **9.FP2**

    you're kidding! tu plaisantes! **3.FP2**

    you're welcome je t'en prie **2.FP2**

youth la jeunesse **9.FP2**

    youth center une Maison des Jeunes **8.FP2**

    youth hostel une auberge de la jeunesse **6.FP1**

INDEX

Text Credits

p. 4: source: *Bulletin Pacijou* volume 1, number 4, June 1992. **p. 56:** Eugène Ionesco, "Deuxième conte pour enfants de moins de trois ans," *Présent passé, Passé présent* © 1968 Mercure de France . **p. 67:** Robert Desnos, "La fourmi," from *Chantefables et chantefleurs* ©1944 Librairie Gründ. **p. 68:** Jacques Prévert, "Pour faire le portrait d'un oiseau" from *Paroles* ©1949 Éditions Gallimard Collections Folio. **p. 96:** "Le Partage de la couverture," in Louis Brandin, ed., *Lais et Fabliaux du Treizième siècle*. [Poèmes et récits de la vieille France, tome XV] © 1932 Boccard. **p.100–101:** Excerpt from *Astérix le Gaulois* ©1961 Éditions Albert René/Goscinny–Uderzo. **p. 110:** source; *Journal Français d'Amérique*, May 3, 1993. **p. 111:** source; *Journal Français d'Amérique*, May 26 1992. **p. 123:** Jacques Prévert, "Soyez polis," from *Histoires* ©1963 Gallimard. p. 134: Sempé/Goscinny, "King" in *Les Aventures de Petit Nicolas* © 1966 Macmillan/Glencoe Publishing. **p. 142–145:** *Cyrano de Bergerac*, ©1989 **p. 146:** La Fontaine, "Le corbeau et le renard," from *Fables Choisies*, Livre I. **p. 170:** "Une histoire de cheveux" adapted from "Une bonne coupe," by Christian Grenier, in Michel Barbier, ed., *Onze Nouvelles Inédites*. © Hachette. **p. 183:** Lyrics to "Mon pays" by Gilles Vigneault © Musicor. **p.256:** Paul Éluard, "Liberté," from *Oeuvres complètes* © 1968 Gallimard: Bibliothèque de la Pléiade. Illustrations by Fernand Léger © 1953 Éditions Senghers. **pp. 256–259:** *Au revoir, les enfants* ©1986. **p. 282:** Guy de Maupassant, "En voyage," *Le Gaulois*, May 10 1883. **p. 297:** source: *Quid* 1993. **p. 301:** Lyrics to "Éthiopie" ©1985 EMI Records. **p.326:** "Les pêches," by André Theuriet and adapted by D. C. Heath. **p. 336:** source: Interview with Aimé Césaire in *Les écrivains noirs de langue française: naissance d'une littérature*, Lilyan Kesteloot © 1964 Université de Bruxelles. **p. 337:** "Pour saluer le tiers-monde," from *Ferrements*, Aimé Cesaire © 1960 Éditions Le Seuil. **p. 339:** René Depestre, "Pour Haïti," from *Journal d'un animal marin*, © 1964 Éditions Senghers. **pp. 342–343:** *Rue Cases-nègres*, ©1983. **p. 345:** source: *Francoscopie*, 1993. **p. 359:** source: *Francoscopie*, 1993. **p. 366:** Michelle Maurois, "Le bracelet," *Contes de Michelle Maurois*, © 1966 Meiden, Boston: Houghton Mifflin. **p. 377:** Blaise Cendrars, "La gélinotte et la tortue," from *Anthologie nègre*, © 1921 Éditions la Sirène. **p. 378:** David Diop, "Afrique," from *Coups de Pilon* ©1964 Éditions Senghers. **p. 380–381:** Bernard Dadié, "Légende baoulé," from *Légendes africaines* ©1966, 1973 Éditions Seghers. **p. 387:** source: *Francoscopie*, 1993. **p. 403:** Yves Thériault, "Le Portrait," *L'île introuvable* © 1968 Éditions du jour. **p. 415:** excerpt from LaFayette *In the Age of the American Revolution: Selected Letters and Papers, 1777–1790*, Volume 1 ©1977 Cornell University Press. **p. 419:** Lyrics to "Réveile" by Zachary Richard ©1976–1986 Les Éditions du Marais Bouleur.

Acknowledgements

The editorial staff at D.C. Heath would like to extend special thanks to the following people for their help and support in the production of **Discovering French–*Rouge***:

William Price, Day Junior High School

Arthur Greenspan, Colby College

Seldan Rodman

The staffs of the French Library and the French Consulate in Boston.

Realia Credits

pp. 33–34: compilation of realia from *La Redoute* spring/summer 1990, *Elle* September 10, 1984, *Madame Figaro* November 26, 1988, *Cosmopolitain* October 1988, *Marie Claire* number 394 June. **p. 72:** realia from *Astrapi* magazine July 1989 and *L'Ami des jardins* magazine April 1986. **pp. 109–110:** Le Ministère de l'environnement, France. **p. 111:** environmental ad campaign from Monoprix stores, June 1989. **p. 121:** environmental ad campaign from Monoprix stores, June 1989 **p. 123:** compilation of realia from *La Redoute* spring/summer 1990, and *Elle* September 10, 1984. **p. 127:** weather map from *Le Figaro* January 27 1994 **p. 159:** Le Ministère du tourisme, Quebec. p. **p. 161:** compilation of realia from France Telecom and Jean Louis David salons. 163: France Telecom. **p. 181:** compilation of CD and tape jackets from Youssou N'Dour, *The Lion*, Virgin Records ©1989; Souskous Stars, *"Gozando,"* Stern's Records ©1993; Touré Kunda *Dance of the Leaves (The Celluloid Recordings 1983–1987)*, Metrotone Records ©1993; Zap Mama *Adventures in Afropea 1*, Warner Bros. Records ©1993. **p. 190:** Mix of realia from Embassy of Switzerland, Washington, DC; Brittours; Air Canada; Swissair; International Travel Service Tunisia. **p. 194:** Eurail, USA. **p. 199:** compilation of realia from Martinique Tourist Office/IGN Paris; British Airways; and Recta Folder Maps/Cartographia. **p. 203:** Greater Québec Area Tourism and Convention Bureau; Québec Minister of Tourism and International Relations. **p. 206:** Swiss Bank Corporation. **pp. 228–229:** *Le Guide Michelin Rouge*, ©1992 by la Manufacture des pneumatiques Michelin/Michelin et compagnie, propriétaires-éditeurs. **pp. 230–231:** Office du tourisme et des congrès de la Communauté urbaine de Québec. **p. 233:** Syndicat d'Initiative d'Amboise. **pp. 240–241:** compilation of realia from French Office of Tourism and L'Hôtel Saint Germain. **pp. 264–266:** mix of realia from Ministère des Communications/Communication-Québec; France Telecom; Healthwest Consultants, May 1991; Health and Welfare, Canada; Canadian Psychiatric Association; République Rwandaise/Ministère de la santé publique et des affaires sociales; Clinique de traitement de l'asthme; Weber Vitamins; Uniprix; Jean Coutou. **pp. 268–269:** compilation of realia from Clinic Lac-saint-Louis, Pointe-Claire Québec; Centre de Santé, Kirkland, Québec; Clinique de traitement de l'asthme; KiloControl. **p. 277:** compilation of realia from Médecins aux pieds nus, Médecins du monde, Médecins sans frontières. **p. 279:** *Marie Claire* number 394 June. **p. 319:** France Telecom. **p. 383:** Ministère de l'éducation.

Photo Credits

Illustration Credits